Karl Heinrich von Weizsäcker

Untersuchungen über die evangelische Geschichte,

ihre Quellen und den Gang ihrer Entwicklung

Karl Heinrich von Weizsäcker

Untersuchungen über die evangelische Geschichte,
ihre Quellen und den Gang ihrer Entwicklung

ISBN/EAN: 9783743304123

Hergestellt in Europa, USA, Kanada, Australien, Japan

Cover: Foto ©Lupo / pixelio.de

Manufactured and distributed by brebook publishing software (www.brebook.com)

Karl Heinrich von Weizsäcker

Untersuchungen über die evangelische Geschichte,

über die

evangelische Geschichte,

ihre Quellen

und

den Gang ihrer Entwicklung.

Von

C. Weizsäcker.

Gotha.

Verlag von Rud. Besser.

1864.

Vorwort.

Die gegenwärtige Schrift schließt sich zunächst an einige Abhandlungen in den Jahrbüchern für deutsche Theologie an, in welchen ich Beiträge zu der Kritik des johanneischen Evangeliums und zugleich zu der geschichtlichen Erkenntniß Jesu zu geben versucht habe.[1]) In einer derselben ist die Untersuchung ausdrücklich über den Kreis jenes Evangeliums ausgedehnt; indem ich das Bild, welches uns dasselbe von dem Entwicklungsgange Jesu gibt, mit dem der synoptischen Evangelien verglichen habe.[2])

In der gleichen Richtung sind nun auch diese umfassenderen Untersuchungen gearbeitet: das heißt, sie wollen die Geschichte Jesu ganz nur durch Erörterung und Vergleichung der ersten Quellen beleuchten, aber auch andererseits die Erkenntniß der Quellen durch die geschichtliche Frage selbst fördern. So ergaben sich von selbst die beiden Theile, deren erster es mit den Quellen, der zweite mit den wichtigsten Problemen der Geschichte Jesu zu thun hat. Beides nebeneinanderzustellen schien nach dem jetzigen Stande der Dinge rathsam, obwohl hiebei in der Verweisung vom einen zum andern auch die Wiederholung nicht ganz zu vermeiden war.

Wenn ich von Anfang an der Ansicht war, daß nur durch Verbindung der literarischen Kritik mit der historischen Realkritik die beiderseitigen Aufgaben der Lösung näher gebracht werden können, so konnten mich die neueren Erscheinungen in der Literatur dieses Gegenstandes in dieser Ueberzeugung nur bestärken. Das Bedeutendste, was nach dem Erlöschen des Streites über das frühere Leben Jesu von Strauß geschrieben worden ist, die Geschichte Christus im fünften Bande der Geschichte des Volkes Israel von Ewald, hat seine Stärke darin, daß die geschichtliche Darstellung auf einer ganz bestimmten und selbstständigen Ansicht von den Quellen beruht, und ist eben da-

---

[1]) Das Selbstzeugniß des johanneischen Christus. 1857. S. 154 ff. Beiträge zur Charakteristik des johanneischen Evangeliums. 1859. S. 685 ff. Die johanneische Logoslehre. 1862. S. 619 ff.

[2]) a. a. O. 1859. S. 716 ff.

durch bahnbrechend geworden. So hat neuerdings auch Holtzmann gezeigt, wie eine wirklich eingehende und unbefangene Quellenuntersuchung sofort der Erkenntniß des Lebensbildes Jesu näher führt, und dieß zur Probe jener Untersuchung dient. Dagegen ist es der stärkste Vorwurf gegen Renan geblieben, daß es seinem Entwurfe an einer solchen Grundlage fehle; das Mißtrauen, welches hieraus erwuchs, hat in Deutschland dahin geführt, daß man auch gegen die glücklichen Blicke, welche er dennoch gethan hat, nicht gerecht wurde, und sein Werk als ein Blendwerk für die Massen, ohne wissenschaftlichen Charakter, ansehen zu dürfen meinte. Aber auch Strauß hat eben deßwegen einen wesentlichen Fortschritt über sein früheres Werk nicht gemacht, weil er in der Quellenkritik theils an veralteten Sätzen festhielt, theils es für unmöglich hielt auf den Grund zu kommen, obwohl er in seiner positiven Darstellung der Geschichte Jesu sich genöthigt sah, Ansätze dazu zu machen. Aber weil er bei solchen es bewenden ließ, so schwebt doch eben diese Darstellung, so manches Beachtenswerthe sie enthält, im Ganzen in der Luft.

Jedermann weiß, wie tief die Frage über den Ursprung des johanneischen Evangeliums in die Auffassung der geschichtlichen Person Jesu eingreift. Je inniger das kirchliche Dogma mit dem johanneischen Christusbilde zusammenhängt, desto mehr muß für alle, welche von der Voraussetzung jenes Dogma's ausgehen, die Aechtheit dieses Bildes Axiom sein. Für die Gegner ist es aber ebensosehr Axiom, daß die Uebernatürlichkeit desselben es als eine spätere Phantasie ohne geschichtlichen Werth charakterisiere. Beide Theile haben es sich zu leicht gemacht: die ersteren schon darum, weil eine unmittelbare Vereinigung jenes Bildes mit dem synoptischen Bilde unmöglich ist; die anderen, weil es ebenso unmöglich bisher war und immer sein wird, die Entstehung jenes Evangeliums in späterer Zeit zu erklären. Ich habe bisher eine mittlere Ansicht vertreten, und halte dieselbe auch nach allen erfahrenen Einwendungen noch für eine Nothwendigkeit. Wir besitzen in diesem Evangelium ursprüngliche, apostolische Erinnerungen, so gut als in irgend einem Theile der drei ersten Evangelien, aber diese Erinnerungen sind durch die Entwicklung ihres ersten Trägers zu einer großartigen Mystik, und durch die Einflüsse einer hier zum erstenmale so mit dem Evangelium einsgewordenen Philosophie hindurchgegangen, sie können daher nur kritisch erkannt werden; und die große geschichtliche Wahrheit dieses Evangeliums darf deßhalb nicht ängstlich an seinem Buchstaben gemessen werden. Daß aber dasselbe auf jene Eigenschaft ein Recht hat, ergibt sich nicht bloß aus jeder sorgfältigen Prüfung seines Inhaltes, sondern auch daraus, daß die Geschichte Jesu ohne diese Anerkennung in ihren tiefsten Beziehungen und großen Wirkungen ein Räthsel bleibt.

Minder eingreifend für die geschichtliche Frage scheint auf den ersten Blick die Untersuchung der synoptischen Evangelien, ihres Verhältnisses und ihres Ursprunges, da dieselben doch immer im Ganzen ein in sich übereinstimmendes Bild geben. Aber es ist dieß nur Schein. Zunächst handelt es sich darum: haben wir hier überhaupt nur noch ein Aggregat von Erinnerungen, auf dessen einzelne Theile bald die Sage, bald die Vorurtheile des apostolischen Zeitalters ihren Einfluß geübt haben, so daß der Historiker dieselben nur als Rohmaterial benützen kann, welches er ganz nach seinem Gutdünken verwendet, um ein Bild, das er selbst entworfen, zu belegen? Oder sind wir noch im Stande, die älteren Theile von später Hinzugekommenen zu unterscheiden, und haben wir in den ältesten Quellen noch die sicheren Fingerzeige, welche uns den wirklichen Gang der Dinge, den Verlauf der Entwicklung mindestens in seinen Hauptwendungen an die Hand geben? In ersterem Sinne hat es Renan angesehen. Die deutsche Wissenschaft hält das Letztere fest, und ist eben jetzt darin begriffen, es zu begründen, nachdem sie längere Zeit einseitig die Evangelienkritik bloß literarisch getrieben hatte, und auf diesem Wege dahin gekommen war, den geschichtlichen Anfang des Christenthums selbst in völliges Dunkel zu versetzen.

Auf diesem synoptischen Gebiete gehen die Ansichten kaum weniger auseinander als in der johanneischen Frage. Einige Sätze sind zwar allmählich zum Gemeingute geworden. Die Kritik ist fast einig darüber, daß die drei ersten Evangelien sämmtlich nicht ursprüngliche Schriften, sondern schon Verarbeitungen solcher sind. Niemand verkennt insbesondere mehr, daß wir im Lukasevangelium wohl die letzte dieser Bildungen haben. Ob aber unter allen dreien das Matthäusevangelium das relativ ursprünglichste und das des Markus von ihm abhängig, oder ob das letztere in relativer Selbstständigkeit den Schlüssel für den Ursprung beider enthalte, diese Frage scheidet noch zwei Heerlager. Was ich zu Gunsten der letzteren Ansicht, und im Zusammenhange damit über die Quellen der synoptischen Evangelien überhaupt beigebracht, kann bei den zahlreichen und eingehenden Untersuchungen, die uns hierüber jetzt vorliegen, der Natur der Sache nach nur wenig Neues bieten; der Sachkundige findet das Eigenthümliche von selbst.

Jedem Anderen muß in diesen Dingen Vieles den Eindruck willkürlicher Aufstellung geben. Nur wer sich lange und vielfach damit beschäftigt, vermag die Ergebnisse wirklicher Untersuchung, ob er sie billigt oder nicht, als solche von augenblicklichen Einfällen zu unterscheiden.

Auch diese Frage hängt mit der Ansicht, die wir von Jesu selbst haben oder gewinnen, an entscheidenden Punkten zusammen. Man hatte sich lange daran gewöhnt, dem urapostolischen Christenthume eine ziemlich engherzige und beschränkte jüdische Färbung zuzuschreiben, viel enger als der Standpunkt der alten Prophetie gewesen war, welchen doch sicher das Christenthum in seinen Anfängen nicht nur erneut, sondern übertroffen haben muß. So konnte man auch Jesus selbst kaum höher stellen, und dazu bot unter allen Evangelien das des Matthäus noch die meisten Stützpunkte. Kein Wunder, daß man auch bei der Erkenntniß der verschiedenen Schichten in diesem Evangelium doch die Grundlage nicht durch Vergleichung des Markus erkennen wollte, sondern lieber von einer durchaus judaistischen Urschrift phantasierte, und dieselbe wohl gar durch so offenbar abhängige Bildungen, wie die Evangelienbearbeitungen der späteren judenchristlichen Sekten, wahrscheinlich zu machen suchte. Strauß hat mit richtigem Blicke erkannt, daß es geschichtlich unmöglich sei, in Jesus einen beschränkten Juden und Eiferer für das Gesetz zu sehen; er ist soweit gegangen, was im ersten Evangelium darauf hinzuführen scheint, als späteren Zusatz auszuscheiden. Aber dieses Urtheil muß weiter ausgedehnt und auf die ganze synoptische Frage angewendet werden. In jedem Falle zeigt sich an diesem einen Verhältnisse hinreichend, wie kein Schritt auf dem Gebiete der Geschichte Jesu möglich ist ohne die sorgfältigste Behandlung der Quellenfrage, und wie diese und die eigentlich geschichtliche überall ineinandergreifen.

Unter den neuesten Arbeiten ist es das Charakterbild Jesu von Schenkel, welches die Geschichte Jesu ganz auf eine Ansicht der synoptischen Kritik, und zwar thatsächlich auf das Markusevangelium aufzubauen unternommen hat.[1]) Es ist dieß wohl eine einseitige Anwendung des Princips, und eine solche, die dem oberflächlichen Zuschauer um so willkürlicher scheinen kann, als die kritische Voraussetzung nicht umfassend entwickelt ist. Aber Niemand kann bestreiten, daß eine solche Unternehmung nach dem jetzigen Stande der Wissenschaft ihr Recht hat.

---

[1]) Vgl. Jahrb. f. d. Th. 1864. S. 764 ff.

Wenn man aber einer solchen Schrift zum Vorwurfe gemacht hat, daß der Verfasser in der heiligen Schrift nach seiner Willkür anerkenne was ihm zusagt, und verwerfe was ihm mißfällt, daß er hiedurch diese Schrift in eine Reihe mit den übrigen menschlichen Schriftwerken stelle: so liegt darin eine bedenkliche Verkennung des Rechtes der evangelischen Schriftforschung. Was ganz besonders die Evangelienfrage betrifft, so weiß Jeder, der sich je mit derselben beschäftigt hat, daß wir nicht Alles in den Evangelien gleichmäßig festhalten können. Wollte man auch jede kritische Aufstellung hierüber in der evangelischen Kirche und Theologie zum Schweigen bringen, so würde der Buchstabe der Schrift selbst reden. Es ist eine unschätzbare Fügung dessen, dem wir diese Schriften danken, daß wir das höchste Erbe der Kirche, das Evangelium selbst in mehreren so verschiedenen, und menschlich eigenthümlichen Schriften besitzen, daß wir beinahe keine Nachricht, beinahe kein Wort Jesu haben, welches darin nicht seine mehrfache Ausprägung gefunden hätte. Die Gefahr ist allerdings immer vorhanden, daß Einige sagen: wenn die Theologen selbst dieß und das als unächt oder unsicher aufgeben, so steht offenbar gar Nichts fest. Um diese aber werden wir nicht dann erst zu klagen haben. Es ist nicht der Glaube, der auf diese Weise sich selbst aufgibt. Wohl aber sind unter den Nichttheologen, welchen das Evangelium ein Heiligthum ist, gar Viele, die selbst von den Fragen unserer Kritik bewegt werden, und kein Vertrauen zu den Theologen haben, die ihnen einreden möchten, daß diese Schwierigkeiten gar nicht vorhanden seien.

Die Wahrheit allein darf uns leiten. Die Augen gegen sie verschließen und damit die Kritik abweisen, heißt das Evangelium selbst aufgeben. Uebrigens beweisen unsere neueren Erfahrungen, daß wir dem Gange unserer Wissenschaft ruhig zusehen können, wenn wir nur Geduld und Fleiß haben. Wohin hat denn die so gefürchtete und geschmähte Evangelienkritik geführt? Dahin, daß wir allmählich einen viel festeren gewisseren Boden gewonnen haben und immer mehr gewinnen, auf welchem wir das Lebensbild Jesu erkennen, und seine geschichtliche Größe und Herrlichkeit sehen. Gerade die Kritik, welche so willkürlich mit den Denkmälern seines Lebens und Wirkens umzugehen scheint, Alles zerreißt und überall das Messer anlegt, führt immer mehr dahin, daß wir mit sicherer Begründung nachweisen können, was Jesus gesprochen, was er gethan. Sie zeigt uns als die wesentlichsten Bestandtheile unserer Evangelien Quellen, welche schon der Zeit ihres Ursprunges nach der wirklichen Geschichte viel näher liegen, als man früher zu hoffen gewagt. Sie vergegenwärtigt uns in denselben die wichtigsten Momente jener Geschichte mit einer Klarheit, welche beweist, wie sehr die Erinnerung hier unwiderstehlich von Thatsachen beherrscht ist. Wie jede Geschichtsforschung beginnt sie mit Verlusten, welche zuerst befremden, aber ihnen folgt der Gewinn, daß die Vergangenheit lebendig und wahr vor uns aufersteht. Irrthümer sind auf diesem Wege unvermeidlich, Uebereilungen erklärlich. Aber die Wissenschaft, welche sie erzeugt, berichtigt sie wieder. Im Großen kann sie nur der Wahrheit näher kommen, je mehr sie ihren großen Gegenstand selbst frei in das Auge faßt.

Was von der Evangelienkritik gilt, dürfen wir auch auf die Bearbeitungen der Geschichte Jesu selbst anwenden, und ich nehme keinen Anstand mich zu der Ueberzeugung zu bekennen, daß die Wissenschaft über diesen Gegenstand durch die Arbeiten, in welchen man so oft bloß Angriff und Zerstörung sieht, gewonnen hat. Das Lebensbild, welches Strauß von Jesus jetzt entwirft, ist ein sehr dürftiges. Es ist wenig, was er als sicheres Wissen von ihm geben zu können glaubt, und in dem Wenigen sind einige nicht aufgeklärte Punkte von großem Belange.[1]) Er kann nicht ernstlich bestreiten, daß Jesus seiner Person Dinge, wie die Aufrichtung des künftigen Reiches der Vollendung zugeeignet hat, und weiß doch keine Erklärung, wie sich diese Schwärmerei mit seinem übrigen sittlich sowohl als der Erkenntniß nach so hohen Charakter vereinigen lasse. Aber er hat doch gründlich dagegen gestritten, daß Jesus nichts als der Gegner des Pharisäismus und im Uebrigen ein nicht weniger beschränkter Jude gewesen wäre. Er hat ihm die ganze Größe freier Sittlichkeit und reiner Menschlichkeit, einer geistigen Religion, ihres Glaubens und ihrer Kraft, zugesprochen. Das haben Rationalisten früherer Zeiten auch gethan. Aber es ist nicht das Nämliche, wenn es jetzt nur von dieser Seite geschieht. Die Gänge, welche dazwischen liegen, machen diese Anerkennung zu einer Errungenschaft, welche jetzt größeren Werth hat. Es ist jetzt ein abgenöthigtes Bekenntniß der Geschichtsforschung, was früher eine Vorstellung nach eigener Einbildung war.

Fast höher noch wird die Förderung durch Renan anzuschlagen sein.[2]) Er hat allerdings nach seiner Ansicht von den Quellen mit dem geschichtlichen Stoffe ziemlich frei gespielt, und in vielen Stücken

---

[1]) Vgl. Jahrb. f. deutsche Theol. 1864, IV. 769 ff.

[2]) Vgl. ebendas. 1864, I. S. 180 ff.

bloß ein Phantasiegebilde geschaffen. Er hat auch in auffallender Weise zum Theile die altrationalistische Bahn der natürlichen Wundererklärung wieder betreten, und dadurch am meisten verletzt, daß er sich nicht scheute, Jesus wenigstens als Mitwisser zweideutiger Handlungen erscheinen zu lassen, überhaupt in den Charakter Jesu ein desselben nicht würdiges und geschichtlich nicht begründetes Schwanken zu legen. Es war ihm endlich sehr leicht nachzuweisen, daß er an die Stelle des übernatürlichen Wunders die moralische Unbegreiflichkeit setze wenn er sich Jesus stufenweise von einem staren und reinen Gottesglauben aus in die Rolle des Messias bis zuletzt zur Vorstellung von seiner Person als einem göttlichen Mittelwesen einleben ließ. Nichtsdestoweniger liegt gerade hier die Stärke seiner Schrift. In der Wissenschaft ist die Aufstellung eines Problemes selbst mit verfehlter Lösung häufig von nicht geringerem Verdienst, als die eines richtigen Satzes. Renan hat seine Darstellung gegeben in der vollen Erkenntniß davon, was es überhaupt heiße, daß Jesus sich vor seinem Volke als den Messias erklärt habe, und was dieß insbesondere gegenüber den Lehren und Meinungen, welche seine Zeit über den Messias hatte, zu bedeuten habe. Sicher ist ihm die Erklärung, wie dieß möglich gewesen sei, nicht gelungen, aber er hat uns in den Brennpunkt der geschichtlichen Aufgabe hineingestellt, und selbst der Mißgriff ist eine fruchtbare Lehre von größter Tragweite.

Die früheren Verhandlungen über die Geschichte Jesu haben sich großentheils auf einem wenig fruchtbaren Boden bewegt. Die Hauptsache schienen die Wunder, die Untersuchung der Berichte über sie, der Streit über ihre Glaubwürdigkeit und Möglichkeit. Einen unverhältnißmäßig großen Raum nahmen die unsichersten Gebiete der evangelischen Geschichte, so die Kindheitsgeschichte, die Vorgeschichte überhaupt, ein. Die Kritik, welche nur überhaupt den Glauben an die biblischen Berichte erschüttern wollte, hatte sich diese Dinge zum vorzugsweisen Gegenstand ihres Angriffes auserſehen, die Vertheidigung ließ sich durch diese Taktik beherrschen, und schwächte dadurch von vorneherein selbst ihre Stellung. Darum ist so wenig eigentliches Ergebniß erzielt, der christliche Glaube nicht von der Seite, wo er am sichersten steht, der Seite des geistigen Lebens, der geistigen Stellung Jesu aus, gerechtfertigt worden.

Die Verhandlungen der Gegenwart zeigen den großen Fortschritt, daß sie sich eben auf diese Hauptfrage beziehen, und die Aufgabe sich hier concentriert. Die Kritik selbst ist eine positive geworden. Der

Mann, der einst gegen Strauß nicht als Theologe, sondern als Orientalist, den Vorwurf erhoben hatte, daß das Verfahren desselben zu wenig historisch sei, hat sich selbst dem Unternehmen unterzogen, diesen Fehler zu verbessern; er hat uns eine Geschichte Jesu geliefert, welche denselben aller Welt als Menschen verständlich machen, aber auch seine große religiöse Leistung erklären sollte. Strauß selbst hat gleichzeitig in seiner Neubearbeitung des Lebens Jesu zwar die alte Mythenauflösung in aller Breite erneuert, aber doch ebenfalls zu zeigen versucht, wie es mit dem religiösen Bewußtsein Jesu sich in der Wirklichkeit verhalten habe, wie er sich mit demselben zu seiner Zeit gestellt habe.

Die Sachlage ist hiedurch eine ganz andere geworden. Eben dieses „religiöse Bewußtsein Jesu", welches jetzt mit Recht zur Hauptfrage geworden, läßt sich nicht so leicht fertig machen, wie die Kindheitsgeschichte, die Auferstehungsberichte und eine Reihe von Wundererzählungen. Hier steht ein großes Problem, das nicht die Theologie, nicht der Kirchenglaube geschaffen hat, sondern das die Geschichte selbst darbietet, und mit welchem sie sich nicht abweisen läßt. Es ist die Frage, was derjenige gewesen sein muß, welcher auch der modernen Sittlichkeit und Humanität als ein Ideal erscheint, und welcher zugleich im Stande war, sich seiner Nation als den verheißenen Messias, der Welt als ihren Erlöser anzukündigen. Renan hat versucht uns dieses geschichtlich durch einen Fortschritt zu erklären, der doch im Grunde nichts als eine Kette von steigenden Selbsttäuschungen wäre. Strauß ist über die geschichtliche Aufgabe ziemlich leicht durch die nichts erklärende Wendung hinweggegangen, daß wir in ihm die höhere Einheit von Hellenismus und Judaismus sehen müssen. So lange uns nicht bessere Erklärungen geboten werden, haben wir gewiß das Recht zu der Annahme, daß Jesus derjenige war, als den er sich ausgegeben, oder daß uns die Geschichte selbst hier auf eine ganz außerordentliche Person, ein ursprüngliches höheres Selbstbewußtsein hinweist, welches allein den Schlüssel zu jenem Auftreten gibt.

Aber wir dürfen es nicht hiebei bewenden lassen, wir haben die bestimmten Gänge näher zu untersuchen, an welchen sich diese Annahme bewahrheitet, die Entwicklung, welche unter jener Voraussetzung ächt menschlich sich vollzogen hat. Meine Ansicht über die Grundlage habe ich in den obenerwähnten Abhandlungen ausgesprochen, und ich wollte in dieser Schrift nicht in alles dort Erörterte in ausführlicher Wiederholung eingehen, die Aufgabe, welche ich mir hier gestellt habe, war vielmehr: den Verlauf der Geschichte, wie er sich aus den ältesten

Quellen ergibt, in seinen Hauptwendungen so zu zeichnen, daß durch denselben die Forderung eines solchen außerordentlichen Selbstbewußtseins oder wenn man lieber will religiösen Bewußtseins Jesu als der Grundlage für alle Stufen und Wendungen seines Auftretens sich ergebe. Ich habe deßhalb kein Leben Jesu geschrieben, sondern eine theologische Abhandlung zur Beleuchtung seiner Geschichte in dieser Hauptfrage, wenn ich auch dabei den ganzen Umriß seines öffentlichen Lebens und Wirkens hereinziehen mußte. Aber nicht nur des Geschichtlichen Manches mußte hiebei zur Seite liegen bleiben, sondern auch des eigentlich Dogmatischen habe ich mich möglichst enthalten. Ich bin überzeugt, daß man die Person Jesu nur mit Hilfe allgemeiner Begriffe von Religion und Offenbarung ganz erkennen kann. Die Geschichte aber hat eben nur bis dahin zu führen, wo diese Erklärung einzutreten hat; sie beweist aus den vollbeglaubigten Thatsachen, daß eine solche Person gelebt hat; die begriffliche Zurechtstellung ist nicht ihre Sache.

Auf Eines aber kann die Geschichte nicht führen, wie ihr von der Theologie noch oft genug zugemuthet wird, nämlich auf eine Person, deren Bewußtsein kein menschliches, sondern ein göttliches, kein irdisches, sondern ein vor- und überzeitliches wäre. Hier bekenne ich offen, wie schon bisher in der Frage über den johanneischen Christus, daß ich auch, was in den Berichten dafür Sprechendes vorliegt, nicht als geschichtlich ansehen kann. Ein solches Bewußtsein ist für die Geschichte nicht vorhanden, so wenig in der Darstellung, wie in der Wirklichkeit. Will die Dogmatik davon nicht lassen, so muß sie auf den geschichtlichen Nachweis ihres Glaubens verzichten. In der That aber scheint mir doch, daß unsere ganze Theologie, soweit sie Wissenschaft ist, von der Erkenntniß getragen wird, daß wir die Persönlichkeit Jesu in seiner menschlichen Natur, und nicht in einer göttlichen zu suchen haben, daß die Gottheit dieser Person vielmehr in der eigenthümlichen realen Beziehung, in welcher er zu Gott stand, zu finden ist. Auf was sonst beruht jene zahlreich vertretene Richtung, welche sich das menschliche Leben des Sohnes Gottes nur dadurch erklären zu können glaubt, daß er sein göttliches in dasselbe verwandelt habe? Doch hüten wir uns vor Vorstellungen, welche mehr Phantasiegebilde, als Begriffe sind. Halten wir aber mit ganzem Ernste daran, daß wir, um den Christus, der die Welt erlöst hat, zu behalten, ihn in seiner menschlichen Lebenswahrheit erkennen müssen.

In der That trifft in diesem Punkte die Forderung des lebendigen

Glaubens ganz mit dem Gesetze der Geschichte und ihrer Wissenschaft zusammen. Nicht ebenso scheint sich dieß bei einem anderen Gegenstande, nämlich in der Wunderfrage, zu verhalten. Es ist ein oft ausgesprochener, ebenso oft freilich angegriffener und verdächtigter Satz, daß es keinen geschichtlichen Beweis für ein Wunder geben kann, weil keine Häufung von Wahrnehmungen und Zeugnissen derselben im Stande ist, eine solche Sicherheit zu geben, wie sie erforderlich wäre, um eine Ausnahme von den allgemeinen Gesetzen des Geschehens anzuerkennen. Indem dieses Nichtzureichen jeder Erfahrung und geschichtlichen Bezeugung zum Beweise eines Wunders zuletzt auf dem Widerspruche des gesetzmäßigen Wahrnehmens und des sich dem Gesetze entziehenden Gegenstandes beruht, ist es nur ein anderer Ausdruck für die Antinomie, welche im Begriffe des Wunders selbst liegt, die Antinomie der Erfahrung und des absoluten Aktes selbst. Kann aber die Geschichtsforschung als solche das Wunder in diesem dogmatischen Sinne nicht beweisen oder nicht als bewiesen anerkennen, so scheint es für sie überhaupt nicht vorhanden zu sein. Dagegen gilt dasselbe in der Regel als etwas dem religiösen Glauben unentbehrliches, wesentlich insbesondere zu der Person und Geschichte Jesu gehöriges. In der That verhält es sich hiermit anders als mit manchen Bestandtheilen der evangelischen Geschichte, welche wir durch die Kritik unserer Quellen berechtigt sind, in den Hintergrund zu stellen. Wie man diese als Sage oder Mythus erklären mag, in jedem Falle ist der spätere Ursprung eines Berichtes Grund genug, seinen Inhalt nicht zu den sicher beglaubigten Stoffen der evangelischen Geschichte zu zählen. Dieß trifft nun aber keineswegs zu für die Wunder überhaupt und insbesondere die Heilungswunder, aber auch die anderen Naturwunder. Denn sie sind ein Element auch der ältesten Quellen, und so gut bezeugt als irgend ein Wort Jesu. Und doch sind unter denselben Thaten und Begebenheiten begriffen, welche nicht aus allgemeinen philosophischen oder kritischen Gründen, sondern um ihrer besonderen Natur willen auch der entschiedenste Apologet heutzutage kaum mehr buchstäblich festzuhalten wagt. Hier dürfen wir daher das Bekenntniß nicht scheuen, daß unsere Art diese Dinge anzusehen eine andere geworden ist, als die der ursprünglichen Zeugen der Geschichte Jesu, und zwar deßwegen, weil wir die Natur und das Geschehen in derselben überhaupt anders ansehen gelernt haben. So gewiß daher die ersten Zeugen schon großentheils die Dinge so angesehen haben mögen, wie sie uns berichtet sind, so wenig können wir durchweg an ihre Auffassung gebunden sein, noch können dieselben in dem gleichen Sinne wie für sie, auch für uns noch wesentliche Bestandtheile unseres Glaubens an Jesus sein. Wohl aber müssen wir zugeben, daß der Unterschied zwischen ihnen und uns keineswegs bloß ein Unterschied der Vorstellung ist, sondern ebensosehr des wirklichen Lebens. Gerade im Zusammenhange mit jenen Vorstellungen des Alterthums sind sicher und ganz besonders im Gebiete der Krankheiten und Heilungen auch in der Wirklichkeit damals Thaten geschehen, welche uns fremd geworden sind, welche wir ebendaher mit Recht Wunder nennen dürfen, ohne sie unter den abstracten Schulbegriff des Wunders zu stellen, welchen ohnehin die Zeugen der evangelischen Geschichte nicht gehabt haben. Die Grenze für diese Möglichkeit aber sind wir zu ziehen nicht im Stande, und wir müssen uns daher, indem wir auf die Ergründung des Thatsächlichen im Einzelnen verzichten, darauf beschränken, auch in diesen Dingen das allgemeine Zeugniß der gewaltigsten hierin aber gemäß der Zeit gearteten Geistesbewegung zu erkennen. Andrerseits haben wir um so mehr Recht und Freiheit, die einzelnen Berichte kritisch anzusehen.

Halten wir diese Gesichtspunkte fest, so werden wir nicht in Gefahr sein, um dieser Elemente willen die Erzählungen, welche mit Wundern verbunden sind, überhaupt als solche, deren geschichtlicher Inhalt sich nicht mehr bestimmen lasse, in Frage zu stellen. Wir müßten aus diesem Grunde nicht bloß einzelne Geschichten, wir müßten die ganze evangelische Geschichte, ja die beglaubigtste Geschichte der apostolischen Zeit aufgeben. In der That aber haben wir hiezu kein Recht, wenn sich doch die Wunderüberzeugung bei den ersten Erzählern keineswegs bezweifeln läßt. Und im Gegentheile sind die wunderbarsten Berichte zum Theil mit solchen Momenten verbunden, welche in ihrer Natur und Bedeutung das vollste Siegel der geschichtlichen Beglaubigung an sich tragen.

Aber auch nach anderer Seite hin werden wir sagen dürfen, daß die Freigebung der Naturwunder an die Kritik keine Gefahr im Gefolge hat für die Anerkennung des großen Geisteswunders in der Person Jesu, und des Außerordentlichen und Uebernatürlichen auf geistigem Gebiete, was mit demselben zusammenhängt. Das Gesetz des geistigen Lebens ist ein anderes, als das der Natur; es ist das Gesetz der Freiheit. Was wir hier Wunder nennen, ist die Bedingung, unter welcher wir überhaupt nur ein reales Leben der Religion, ein reales Verhältniß des Menschen zu Gott denken können. Wenn wir daher auch durch die geschichtliche Kritik die äußeren Wunder in der evangelischen Geschichte alle verlieren könnten, so wäre damit das Wunder seiner Person noch keineswegs gefährdet; er wäre darum noch nicht vom Welterlöser zum Ideale der Menschheit, oder zu einem ihrer edleren Geister herabgerückt. Im Gegentheile, je freier wir über das äußere Wunder denken, desto freier, das heißt reiner werden wir auch jenes Geisteswunder zu erkennen im Stande sein. Wer das erstere jetzt noch im dogmatischen Sinne rechtfertigen kann oder zu können glaubt, soll darum nicht angefochten sein; aber wir alle sollten in der Erkenntniß einig sein, daß weder die Herrlichkeit Christi noch die Wahrheit seines Evangeliums davon abhängig ist.

Je mehr der Gegenstand dieser geschichtlichen Untersuchung zugleich der höchste des christlichen Glaubens ist, desto mehr müssen sich hier die Gegensätze in aller Schärfe gegenüberstehen, und es begreift sich leicht, daß man geneigt ist, dieselben auf das Für und Wider in gewissen Formeln zurückzuführen. Diejenigen, welche das Christenthum für ein Erzeugniß des menschlichen Geistes aus sich selber und darum auch für eine vorübergehende Erscheinung ansehen, geben hiebei gerne den Ton an, den Glauben oder die Verwerfung des sinnlichen Wunders als Unterscheidungszeichen aufzustellen, und finden damit auf der Gegenseite nur zu leicht Anklang. Wir sollten aber vielmehr das Für oder Wider darin erkennen, ob der Person Jesu selbst eine einzige und darum immerwährende Stellung zu Gott sowie zur Menschheit zuerkannt wird oder nicht. Hierin liegt die Frage, ob das Christenthum etwas Vergängliches oder etwas Bleibendes sei, die Frage aber auch, welche die Theologie, unbeirrt von Naturwissenschaft und Philosophie, auf dem Boden der Geschichte und der religiösen Erfahrung sowie vom Wesen der Religion aus entscheiden kann.

Die folgenden Blätter haben keine andere Absicht, als hiezu einen Beitrag auf dem Boden der Geschichte zu geben. Möge es Anderen besser gelingen, den Charakter der Offenbarung in der menschlichen Entwicklung dieser Geschichte nachzuweisen. Der Gegenstand ist so groß, daß jeder für seinen Theil zufrieden sein muß, wenn er nur einigen Anlaß zum Fortschritte gegeben hätte. Keine Betrachtung vermag die Größe dieser Offenbarung darzustellen; wohl aber dürfen wir trachten, sie uns auch durch unser Forschen lebendiger anzueignen.

Tübingen, im September 1864.

Inhalts-Uebersicht.

Erster Theil.

Die Quellen.

Erster Abschnitt.

Das älteste Evangelium.

Zweiter Abschnitt.

Die Redensammlung.

Dritter Abschnitt.

Das Johannesevangelium.

Zweiter Theil.

Der Entwicklungsgang der Geschichte.

Erster Theil.

Die Quellen.

Einleitung.

Die Zeit liegt noch nicht weit hinter uns, da die Kritik der evangelischen Geschichte einfach durch Vergleichung der verschiedenen Berichte und Anwendung innerer Gründe geübt wurde. Aus den Abweichungen der Berichte von einander schloß man auf die Unsicherheit der Ueberlieferung, auf ihren sagenhaften Charakter. Das Wunder in denselben ebenso wie der ideale Gehalt, der Ausdruck des Glaubens, der in einer Geschichte lag, war ein Zeichen des Mythus. Da das Ergebniß bei diesem Verfahren ein lediglich verneinendes blieb, so konnte man sich demselben gegenüber mit Recht auf die große historische Bezeugung jener Geschichte durch ihre Folgen, auf die Stiftung des Christenthums überhaupt berufen; allein es lag dann auch die Versuchung nahe, durch diese Berufung die Ueberlieferung ganz wie sie vorliegt für gerettet anzusehen, und sich damit gegen alle weitere Untersuchung abzuschließen. Ein wirklicher Fortschritt ist aber gekommen durch die Ausbildung der Kritik der Evangelien und die geschichtliche Erforschung des Urchristenthums, welche es möglich machte, den Evangelienschriften selbst ihren Ort in der Geschichte des letzteren anzuweisen. Für die Geschichte Jesu selbst trug zwar dieser Fortschritt erst allmählich seine Früchte, da man anfänglich den Ueberlieferungscharakter im Inhalt jener Schriften ganz zurückstellte, und sie einseitig eben nur in ihren Beziehungen zu der apostolischen Zeit und ihrer Entwicklung betrachtete. Aber der Gewinn konnte doch nicht ausbleiben. Zeigen die Evangelien den Proceß einer Literatur, welche die Geschichte der apostolischen Zeit in gewissem

Grade widerspiegelt, so löst sich hiedurch die Zuthat späterer Auffassung von der Geschichte ab; es wird sich aber eben dadurch auch der ursprüngliche Stamm der Ueberlieferung ausscheiden, und so muß sich ein Kern der evangelischen Geschichte erkennen lassen, immer weniger bloß durch allgemeine Reflexionen vermuthet, sondern durch literargeschichtliche Kritik festgestellt. Denn der Grundsatz, daß, wo überhaupt die Sage gewaltet habe, ein geschichtlicher Kern zwar sich noch vermuthen aber nicht mehr herstellen lasse, findet seine natürliche Einschränkung in dem Maße, als es möglich ist, den Gang der Sage selbst noch zu verfolgen. So schwierig daher dieses Verfahren ist, so sehr es auch sich im Gebiete der Combination bewegt, so ist damit doch sicher der Weg angezeigt, auf welchem man es versuchen kann, die Geschichte Jesu in ihren Grundzügen und wichtigsten Wendungen festzustellen. Den Ausgangspunkt bildet demnach die Untersuchung der Quellen. Aber es findet hiebei naturgemäß eine Wechselwirkung statt. Sind wir in unseren Ansichten über die Geschichte abhängig von der Erkenntniß der Quellen, so werden doch auch die ersteren zurückwirken auf die Untersuchung der Quellen und das Urtheil über sie, und darum eben mag es sich rechtfertigen, wenn in dem Augenblicke, da die Erforschung der Quellen noch im vollen Flusse ist, doch schon Versuche gemacht werden, die Umrisse der Geschichte nach dem jetzigen Stande jener Forschung zu zeichnen. In manchen Dingen gibt es jedenfalls eine von den Evangelien unabhängige selbstständige geschichtliche Erkenntniß darüber, was Jesus gethan und erlebt hat, da nämlich, wo die Geschichte des apostolischen Zeitalters selbst mit zwingender Gewalt auf die Anfänge, welche von ihm ausgegangen sind, zurückweist.

Wer einen Blick in die schwierige Grundlegung dieser Geschichte aus ihren Hauptquellen thut, kann leicht zu der Ansicht gelangen, daß eine wirklich sichere Aufstellung über die Geschichte Jesu und ihre Hauptthatsachen überhaupt nicht möglich sei, daß hier doch Alles in Frage stehe, und die großen Lücken nur durch die Phantasie des Glaubens oder der Geschichtsmalerei und Dichtung ausgefüllt werden können. Diese Meinung stützt sich nicht nur auf die Verschiedenheit der Darstellung in den Evangelien und die Dunkelheit ihres Ursprunges, sondern überhaupt auch darauf, daß wir keine anderen Quellen für die Geschichte Jesu haben, als diese in der Religionsgemeinde selbst entstandenen und daher so leicht durch den Glauben der Gemeinde gefärbten Lebensbeschreibungen ihres Stifters. Hieran ist so viel richtig, daß wir überhaupt keine Darstellung der Stiftung des Christenthums von nichtchristlichem Standpunkte aus besitzen, durch welche die christliche bestätigt oder berichtigt werden könnte.

Was der Talmud über Jesus gibt, ist ohne allen Werth und verräth in allen Zügen das Gemachte und Absichtsvolle späterer Zeit. Was aber in den Alterthümern des jüdischen Geschichtschreibers Josephus steht,[1]) kann so, wie es dort steht, nicht von ihm, sondern nur von christlicher Hand herrühren. Zwar kann man noch erkennen, daß nicht das Ganze überhaupt erst eingeschaltet wurde, sondern daß eine ursprüngliche Aeußerung des Verfassers zu Grunde liegt. Denn obgleich die Stelle jetzt Jesus nicht bloß als Wunderthäter und Lehrer, sondern selbst als den Christus, den Messias anerkennt, so ist doch noch stehen geblieben, daß sein Tod auf Betrieb der ersten Männer erfolgt sei, und daß die Christen hartnäckig genug seien, ihre Sache auch jetzt noch nicht aufzugeben. Was aber Josephus sonst gesagt hat, läßt sich nicht weiter mehr feststellen. Denn der Text hat jedenfalls nicht bloß Zusätze erhalten, er ist vielmehr ganz umgestaltet worden. Möglich, daß er die Gerechtigkeitslehre Jesu anerkannte und nur sein messianisches Auftreten verwarf. Sicheres werden wir darüber nie erfahren.

Von heidnischen Schriftstellern bestätigt Tacitus in seinem Berichte über die Neronische Christenverfolgung,[2]) daß der Stifter dieser Genossenschaft unter Tiberius durch den Procurator Pontius Pilatus hingerichtet wurde, daß es aber nur für den Augenblick gelungen sei, damit diesen verwerflichen Aberglauben zu unterdrücken; bald habe er sich auf's Neue erhoben. Von dem jüngeren Plinius wissen wir,[3]) daß die Christen zur Zeit Trajans in ihren Zusammenkünften Christo göttliche Ehre erwiesen.

---

[1]) 18, 3, 3. [2]) Ann. 15, 44. [3]) Epp. X. 96.

Nicht viel mehr als die Thatsache der Religionsstiftung durch die bestimmte Person und der Tod dieses Stifters steht demnach durch außerchristliche Nachrichten fest. In der That ist auch kaum abzusehen, was durch eingehendere heidnische Berichte gewonnen werden sollte, da dieselben für den geistigen Charakter der ganzen Erscheinung doch keinerlei Verständniß haben könnten.

Dagegen haben wir doch auf christlichem Boden neben den Evangelien eine Classe von Nachrichten, durch welche die Umrisse der Geschichte unabhängig von den ersteren feststehen. Dahin gehören vor Allem die Beziehungen der apostolischen Predigt auf Jesus und sein Leben in der Apostelgeschichte. Da indessen die Apostelgeschichte von dem Verfasser des dritten Evangeliums herrührt, und die Glaubwürdigkeit jener Reden eine bestrittene ist, so kann man von dieser Quelle absehen, um so mehr als sie neben der unanfechtbaren, den paulinischen Briefen, für den Hauptzweck entbehrlich ist. Diese Briefe nun sind allerdings nicht weniger als die Evangelien christliche Schriften. Aber ihre Nachrichten über Jesus, seine Geschichte und seinen Charakter sind deßwegen neben den Evangelien ein unabhängiges Zeugniß, weil sie diese Dinge nicht geflissentlich behandeln, sondern nur voraussetzen und als Anerkanntes erwähnen. Dazu stammen sie aus einer früheren Zeit als unsere jetzigen Evangelien.

Zunächst muß nun auffallen, daß die paulinischen Briefe weniger von Jesus erwähnen, als man erwarten könnte. Zwar stützt sich die ganze paulinische Lehre auf den Glauben an die Person Christi und die großen entscheidenden Thatsachen seiner göttlichen Sendung, besonders aber seines Todes und seiner Auferstehung, aber nur wenig erwähnen die Briefe von seinem vorhergehenden Leben. Doch dieß erklärt sich aus der Natur dieser apostolischen Sendschreiben, welche nirgends den christlichen Glauben erst begründen und das Evangelium einführen wollen, sondern lediglich Ermahnung für Gemeinden, deren Glaube schon feststeht, enthalten. Eine Anwendung der Reden und Thaten Jesu in aller christlichen Lehre, wie sie sich in der Kirche später ausgebildet hat, setzt schon die Anerkennung und den Gebrauch gewisser Evangelienschriften voraus und kann eben, weil dieser noch fehlt, in jener

Zeit noch nicht erwartet werden. Daß aber die Anfänge dazu damals schon gemacht worden, und der Apostel selbst bei der eigentlichen Missionsarbeit eine eingehende Erzählung von Christus zu Grunde legte, läßt sich deutlich genug erkennen. So beruft er sich darauf, wie er ihnen die Kreuzigung Christi den Galatern anschaulich gemacht, wie er den Korinthiern die Auferstehung als Grundlage ihres Glaubens dargethan, wie er denselben die Stiftung des Abendmahls überliefert habe.[1] Wir sehen aber ferner sogar, daß er in wichtigen Fällen zur Entscheidung von großen Lebensfragen sich auf einen bestimmten Ausspruch Jesu beruft, so für die Vorgänge bei der Wiederkunft Christi, für das Verbot der Ehescheidung und für das Recht der Apostel, von der Verkündigung des Evangeliums zu leben.[2] Hieraus ergibt sich, daß diese Aussprüche sorgfältig überliefert wurden, und die höchste Autorität bildeten.

Von Begebenheiten des Lebens Jesu ist es die Leidensgeschichte, von welcher sich in den paulinischen Briefen eine Menge einzelner Züge aufgenommen finden, so daß sie ihren wesentlichen Umrissen nach aus dieser Quelle allein genügend hergestellt werden kann. Neben der Einsetzung des Abendmahls steht die Wahl der zwölf Apostel durch Jesus fest, ebenso das arme Leben Jesu. Wunder werden außer der Auferstehung nicht erwähnt, ohne daß jedoch daraus zu schließen ist, dieselben seien erst später überhaupt erzählt worden. Der indirekte Beweis für das Gegentheil liegt vielmehr darin, daß der volle Glaube an die in der Gemeinde Christi noch lebende Wunderkraft besteht und dieselbe als göttliche Beglaubigung angesehen ist. Dagegen legt der Apostel großen Nachdruck auf eine andere Seite des Lebens Jesu, welche eine genaue Bekanntschaft mit demselben und Anwendung davon im evangelischen Unterricht voraussetzt, nämlich seine sittliche Reinheit und Freiheit von Sünden.[3] Wie man auch historisch oder dogmatisch über die Sündlosigkeit Jesu denken mag, so ist es doch

---

[1]) Gal. 3, 1. 1 Cor. 15, 1. 11, 23.

[2]) 1 Thessal. 4, 15. 1 Cor. 7, 10. 9, 14.

[3]) 2 Kor. 5, 21. vgl. Röm. 5, 18 f. Phil. 2, 8.

wohl nicht zu verkennen, daß die Behauptung derselben bei dem Apostel nur auf einer historischen Ueberzeugung beruhen und nur mit Hilfe historischer Darstellung von ihm verkündet werden konnte. Sie bildet einen Theil seiner Lehre, aber sie selbst mußte auf die Geschichte gegründet werden.

Bedeutsamer als alle einzelnen Nachrichten und die Beweise früher Ueberlieferung derselben ist das geschichtliche Zeugniß für das Leben und die Person Jesu aus dem Glauben und Leben der apostolischen Zeit überhaupt, welches in erster Linie widerum durch den Apostel Paulus getragen wird. Wenige Jahre nach dem Tode Jesu predigt dieser Apostel von ihm, daß sein menschliches Leben nur eine Erscheinungsform für seine höhere himmlische Natur gewesen, daß er die Mittelursache der göttlichen Weltschöpfung sei. Wir sehen nicht, daß er damit Widerstand gefunden oder Anstoß gegeben hätte, wie dieses mit anderen seiner Lehren wenigstens bei einem Theile der älteren Gemeinde geschah. Indessen darf man deßhalb allerdings noch nicht schließen, daß gerade jene Lehren auch von den anderen getheilt worden seien; nur die Bereitwilligkeit, der Person Jesu das Höchste zuschreiben zu lassen, muß bei ihnen vorausgesetzt werden, der neue Glaube muß auch bei ihnen schon seinen Schwerpunkt ganz in der Person Jesu und dem Werke desselben gehabt haben. Für die Geschichte Jesu selbst läßt sich daraus sicher ein Schluß von höchstem Gewichte ziehen, nämlich daß der Glaube an ihn als den Messias von ihm selbst ausgieng und so fest genug begründet wurde, um als die Grundlage der neuen Gesellschaft fortzubestehen. Läßt sich dieses von den sichersten Zeugnissen des apostolischen Zeitalters aus kaum bestreiten, so ist in Wahrheit die wichtigste Thatsache der Geschichte Jesu, aus welcher sich alles Wesentliche von selbst ergibt, ohne die Evangelien festgestellt. Daraus, daß Jesus mit seiner messianischen Selbstoffenbarung Glauben gefunden, läßt sich auf die geistig-sittliche Größe und die wunderbare Natur seines Auftretens hinreichend schließen. Daraus, daß er selbst sich für den Messias erklären konnte, ergibt sich mit Nothwendigkeit ein Selbstbewußtsein von ganz eigenthümlicher Art, durch dessen innere ursprüngliche Gewißheit die That gerechtfertigt ist, die ohne dasselbe eine unbegreifliche Vermessenheit wäre.

Man kann demnach mit Recht sagen: weder daß Jesus persönlich das Christenthum gestiftet hat, noch daß er derjenige war, für welchen ihn die Christenheit, wenn auch in wechselnder Formel von jeher gehalten hat, ist eine Frage, welche erst durch die kritische Untersuchung der Evangelien und des sicheren Kerns der evangelischen Geschichte beantwortet werden müßte. Was uns hiedurch klarer werden muß, betrifft allein die Art und Weise, wie er jene Selbstoffenbarung durchgeführt und bewiesen, in welchem Stufengange er das Werk seines Lebens vollendet hat. Nicht gering ist darum dennoch der Gewinn, wenn die Umrisse der Wahrheit, welche wir aus der Urgeschichte des Christenthums überhaupt voraussetzen dürfen, Fleisch und Blut gewinnen, und durch die Erkenntniß des Ganges das große Geisteswunder dieses Lebens sich bestätigt.

Andere Quellen, als die Evangelien des Neuen Testamentes haben wir hiefür nicht. Was von anderen Evangelien in schwachen Resten auf uns gekommen ist, läßt sich leicht als spätere Bildung erkennen, welcher keine eigenthümliche Ueberlieferung zu Grunde liegt, die sich vielmehr entweder auf unsere Evangelien gründet, oder aber ganz fremdartige spätere Sonderansichten in die evangelische Geschichte hineintragen wollte. Diese Reste haben daher ihren großen Werth für die ältere Kirchengeschichte, für die Geschichte Jesu selbst kommen sie nicht in Betracht. Wir können diese nur auf unsere vier Evangelien bauen.

Erster Abschnitt.

Das älteste Evangelium.

1. Die drei ersten Evangelien.

1. Die drei ersten Evangelien lassen sich dem vierten gegenüberstellen als ein Ganzes vermöge der eigenthümlichen Art von Geschichtschreibung, durch welche sie ebensosehr untereinander zusammenhängen, als sie sich von jenem unterscheiden. Wenn das vierte Evangelium die Person und Geschichte Jesu von vorneherein und durchaus folgerichtig unter den Gesichtspunkt einer dogmatischen Idee stellt, so bewahren sie vielmehr noch das einfachere Gepräge der Erzählung. Diese Erzählung ist wohl schon durch den bestimmten Glauben an das Evangelium getragen; aber sie gibt die Thatsachen, auf welche sie denselben gründet, noch als solche; sie stellt das Außerordentliche hin mit der Unmittelbarkeit des Glaubens, so daß damit eine Aufgabe der Erkenntniß gesetzt, aber noch nicht gelöst ist. Allerdings haben Lehren der apostolischen Kirche über Christus, über sein Verhältniß zu seinem Volke, zu der messianischen Erwartung, über einzelne Wahrheiten und Lebensordnungen schon Einfluß auf diese Darstellung gewonnen, und derselben auch im Einzelnen eine verschiedene Färbung verliehen, aber dieß bleibt untergeordnet; die Lehren und Ansichten der Verfasser treten nicht als das beherrschende heraus, sie werden vielmehr noch von dem Stoffe der Erzählung selbst beherrscht, die

Reflexion tritt nur als Anmerkung zu demselben ein. So bilden auch diese Arbeiten, obwohl sie schon mit einer gewissen Kunst verfaßt sind, doch im Großen und Ganzen noch Reihen von einzelnen Geschichten, deren Zusammenhang großentheils mehr oder weniger lose ist. Sie unterscheiden sich hiedurch nicht nur von der idealen Geschichtschreibung des vierten Evangeliums, sondern auch von dem durchgeführten Pragmatismus desselben. Solche allgemeine Betrachtungen über die Aufnahme, welche Jesus fand, wie sie dieses Joh. 12, 37 ff. enthält, sind ihnen fremd. Sie erläutern daher auch nicht in solcher Weise die Katastrophe seines Todes. Sie lassen dieselbe einfach eintreten.

Man kann daher die Erzählung dieser Evangelisten mit Recht eine ursprüngliche und volksmäßige nennen gegenüber der individuellen und lehrhaften des vierten. Wie sehr dabei die Individualität des Darstellers vergleichungsweise untergeordnet bleibt, zeigt sich schlagend an dem Verhältnisse, in welchem die drei unter sich stehen. Sie bilden eine Einheit, nicht nur durch die gleichmäßige Art, in welcher sie Geschichte schreiben, sondern auch durch die besondere Verwandtschaft, in der sie untereinander nach Stoff und Darstellung stehen. Die Masse der gemeinsamen Erzählungen überwiegt über das Besondere. Ebenso überwiegt die Aehnlichkeit in der Reihenfolge über die Abweichungen in derselben. Die Gemeinschaft erstreckt sich aber weit über den Stoff und die einzelnen Züge der Begebenheiten hinaus bis in die Gleichheit des Bildes, des Wortes, des Satzgefüges. Unter allen Umständen beweist dieses, daß wir es hier mit den Sprossen eines gemeinsamen Triebes, den Erzeugnissen einer kirchlichen Arbeit zu thun haben, welche zwar dem Einzelnen eine gewisse Freiheit ließ, aber doch frühe ein Gemeingut erzeugte, an welches derselbe sich gebunden sah. Wie man sich auch dabei das Verwandtschaftsverhältniß der einzelnen Evangelien erklären mag, so bleibt diese Wahrnehmung jedenfalls Grundlage und Voraussetzung. Ob sie von gemeinschaftlicher mündlicher oder schriftlicher Quelle abhängen oder einer von ihnen selbst die Quelle für die anderen gewesen ist; jedenfalls handelte es sich in diesem Kreise nur darum, das gegebene Gemeingut zu verwerthen und zu bereichern. Und insoferne kann man den Standpunkt dieser Geschichtschreibung gegenüber vom Johanneischen schlechtweg als den der Tradition bezeichnen.

Wir haben innerhalb dieser Literatur selbst eine ganz deutliche Erklärung über dieses Verhältniß im Eingange des Lukasevangeliums, 1, 1—4: „Da nun, schreibt der Verfasser, schon Manche es versucht haben eine Erzählung über die unter uns beglaubigten Dinge gemäß der Ueberlieferung derer, die von Anfang an Augenzeugen und Diener des Wortes waren, zu verfassen, wollte auch ich, nachdem ich Allem von vorneherein sorgfältig nachgegangen, dir eine zusammenhängende Darstellung geben, lieber Theophilos, damit du den sicheren Grund des empfangenen Unterrichtes erkennest." Man geht zu weit, wenn man meint, die schriftliche Aufzeichnung sei hier als das Werk einer zweiten Periode der ursprünglichen Ueberlieferung als einer bloß mündlichen entgegengesetzt. In welcher Form diese Ueberlieferung gegeben war, darüber ist Nichts gesagt. Das Neue, was jetzt schon Viele versuchten, ist nur die zusammenhängende Darstellung, und nur, daß diese nicht von Anfang an schon geübt wurde, ergibt sich daraus. Dieser Aufgabe unterzieht sich daher auch der Verfasser, und bemüht sich seine Vorgänger in Vollständigkeit und richtiger Ordnung zu übertreffen, wahrscheinlich nicht, ohne sie zu benützen. So sagt er dann im Rückblick beim Eingang der Apostelgeschichte: sein erster Theil habe gehandelt von Allem, was Jesus von Anfang an gethan und gelehrt habe. In jedem Falle aber betrachtet er als den Ausgangspunkt jeder derartigen Arbeit das Gemeingut der apostolischen Tradition, welches die Kirche besaß. Wer auch die Darstellung der Geschichte Jesu versuchen mochte, welche besondere mittelbare oder unmittelbare Erkenntniß er dazu mitbringen mochte, so handelte es sich eben nach der hier ausgedrückten Vorstellung dabei nur um die Aufzeichnung des in dieser Tradition gegebenen Stoffes. Denn dieser Stoff war der Gegenstand der evangelischen Missionspredigt, er war durch diese verbreitet und autorisirt.

Insoferne also war es eine im Allgemeinen berechtigte Anschauung, welche hinter den drei Evangelien als ihre Quelle ein Urevangelium sah, geschichtlich jedenfalls viel berechtigter als diejenige, welche die Verwandtschaft derselben nur aus der Abhängigkeit erklären wollte, in welcher sie unter sich stünden.[1]) Aber auch nur der allgemeinen Vorstellung kann dieses Recht zuerkannt werden, und die beiden Formen, welche sie angenommen hat, die Annahme vom schriftlichen Urevangelium sowohl, als von der festen mündlichen Tradition haben die Grenzen derselben überschritten. Wenn man mit der letzteren das Zusammentreffen der Evangelisten bis in das Wort erklären will, so fordert man für diese Tradition einen Mechanismus, der überall nicht angezeigt ist. Entweder müßte dann von Anfang an eine förmliche Vereinbarung und Feststellung dieser Predigt stattgefunden oder sie müßte sich wenigstens zunächst in dem engen Kreise und in den Formen einer Schule gebildet, und dann nach ihrer Sicherstellung in diesem weiter hinausgetragen worden sein. Von Beidem haben wir keine Spur. Beides widerspricht aber vielmehr den thatsächlichen Verhältnissen. Die Verkündigung von Jesus, als dem Christus, seinen Thaten und Reden trat nicht in der Form einer geschlossenen Lehre auf und sie war von Anfang an eine freie Sache der einzelnen Zeugen. Sie blieb dieß noch bis tief in das zweite Jahrhundert. Selbst als diese Augenzeugen ausstarben, galt wieder Jeder, der nachweisen konnte, daß er einen von ihnen gehört hatte, als ein Gewährsmann für sich. Die Paradosis, von welcher Lukas redet, ist also nur eine collective, und ihre Einheit und Solidarität eine ideelle. Nur in diesem Sinne läßt sich von einem Urevangelium der mündlichen Tradition reden. Zur Erklärung der Wortübereinstimmung unter den synoptischen Evangelisten läßt sich dieselbe aber schon darum nicht gebrauchen, weil aus einer so im Gedächtniß festgestellten identischen Ueberlieferung, wenn sich dieselbe nur auf die einzelnen Erzählungsstücke bezog, keine solche Verwandtschaft des Ganges und der Anlage abzuleiten ist, wie sie die synoptischen Evangelien zeigen, oder wenn sie auch den Verlauf bestimmte, eben nur Ein Evangelium hervorgehen

---

[1]) Vgl. zu dem Folgenden die Geschichte der synoptischen Evangelienkritik bei Baur, kritische Untersuchungen S. 22 ff. Hilgenfeld, Kanon und Kritik des Neuen Testaments S. 125 ff. 209 ff., besonders Holtzmann, die synoptischen Evangelien S. 10—67.

konnte, die Abweichungen unserer Schriften aber sich nicht erklären lassen.[1])

Ganz ähnlich verhält es sich mit der zum gleichen Zwecke gebrauchten Vorstellung eines schriftlichen Urevangeliums. Sollte dieses frühe mit einer gewissen Autorität aufgestellt sein, so begreift sich die freie Behandlung desselben nicht, welche eingetreten sein müßte, um unsere verschiedene Evangelienschriften hervorzubringen. War es aber die Arbeit eines Einzelnen, so ist nicht abzusehen, warum es sollte vereinzelt geblieben, warum nicht viel mehr unter gleichen Bedingungen mehrere solcher Schriften entstanden sein. Nur die Untersuchung der wirklichen Beschaffenheit der synoptischen Evangelien könnte das Recht geben, eine solche einzige Quelle vorauszusetzen. In der That hat aber vielmehr jede Durchführung der Hypothese eher das Gegentheil bewiesen. Sie konnte ihre Urschrift nur in dem suchen, was jene Schriften gemeinsam haben: da zeigte sich aber bald, daß die Zusätze und Veränderungen in ihrer Art ebenso wichtig sind, als der angenommene Stamm. Ihr Gewicht erdrückt die Hypothese und indem dieselbe immer mehr einen verwickelten Proceß der Bildung unserer Evangelien annehmen mußte, ist sie über sich selbst hinausgegangen, die Grundlage ist werthlos geworden. Widerlegt aber wird diese schon durch die Aussage des Lukas. Denn das ist doch das Gewisseste an dieser, daß die ältere Ueberlieferung keine Schrift von so ausschließlichem Ansehen darbot.

So gewiß daher die Beherrschung der synoptischen Evangelien durch eine Urtradition ist, so wenig reicht diese doch aus, das Verhältniß dieser Schriften zu erklären; sie liegt vielmehr nur im Hintergrunde derselben.

2. Unsere drei Evangelien gehören jedenfalls in die gleiche Periode und unter die gleiche Art der Arbeit, zu welcher das dritte

---

[1]) Die jüdische Gewohnheit mündlicher Lehrfortpflanzung kann schon deßwegen nicht zur Erklärung der Evangelienbildung verwendet werden, weil die ersten Boten des Evangeliums keine Gelehrtenschule bildeten, noch viel weniger die in der pseudoclementinischen Literatur absichtsvoll eingeführte Vorstellung von den Erinnerungen des Petrus.

von ihnen sich selbst rechnet; sie sind alle solche Versuche, aus dem vorhandenen Stoffe der apostolischen Ueberlieferung eine Gesammtdarstellung des Lebens Jesu zu geben. Wenn sie nun bloß in den benützten Stoffen übereinstimmen würden, so wäre dieses durch ihr gemeinsames Verhältniß zu derselben erklärt. Daß sie aber in der Anordnung des Ganzen und daß sie andererseits in der wörtlichen Darstellung zusammentreffen, fordert eine andere Erklärung. Für diese sind nur zwei Wege denkbar. Entweder benützte ein Evangelist den anderen, oder sie benützten unabhängig von einander schriftliche Quellen, deren Inhalt und Anlage bis auf einen gewissen Grad gerade daraus zu erkennen sein muß.

Indem man zunächst das Erstere vermuthete, war man insoferne im Rechte, als die Kritik zuerst die Verpflichtung hatte, die Erklärung der literarischen Thatsache aus den vorliegenden Schriften selbst zu versuchen. Erst wenn dieß nicht gelang, durfte man dazu schreiten, solche Faktoren aufzustellen, welche uns nicht mehr unmittelbar gegeben und daher nur auf dem Wege der Combination zu erkennen sind. In neuerer Zeit verfolgte man jenes Ziel um so entschiedener und mit einer gewissen Einseitigkeit, als man eben an der verunglückten Hypothese des Urevangeliums sich überzeugt hatte, wie gefährlich dieses Rechnen mit unbekannten Größen sei. Da nun überdieß die altkirchliche Ansicht, wonach im Anschlusse an die hergebrachte Stellung der Evangelien Matthäus als der erste und älteste zu betrachten ist, den die anderen benützt haben, mit Scharfsinn neu begründet wurde, so erklärt sich, daß diese Auffassung eine Zeit lang die Kritik beherrschen, und sich unter sehr verschiedener Combination halten konnte, sowohl bei der kritischen Ansicht, welche die Evangelisten ganz mit der Tradition arbeiten, als bei derjenigen, welche sie bestimmte kirchliche und dogmatische Zwecke verfolgen ließ.

Die Benützungshypothese hat alle Combinationen, welche ihr vorlagen, erschöpft. Indem sich hiebei eine Reihe derselben, als unhaltbar erwiesen hat, ist sie zuletzt auf eine einfache Wahl zurückgeführt, wodurch zugleich das vorliegende Problem überhaupt wesentlich vereinfacht und in's Licht gestellt ist.

Vor Allem mußte man davon abkommen, dem Evangelium

des Lukas die Ursprünglichkeit vor den beiden anderen zuzuschreiben, mindestens vor Matthäus. Nur an einem Punkte konnte es scheinen, als sei die Abhängigkeit des letzteren von ihm angezeigt. Beide Evangelien zeichnen sich durch den Reichthum an lehrenden Reden Jesu aus. Beide haben dieselben nicht bloß in der Form von Sprüchen, sondern von größeren Vorträgen. Aber Manches dieser Art, was bei Matthäus zu einem Ganzen vereinigt ist, findet sich bei Lukas noch vereinzelt und zerstreut. Es lag daher nahe, hier eine ältere ursprüngliche Form der Aufbewahrung dieser Aussprüche, und demnach die Quelle für die höhere fortgeschrittenere Arbeit des Matthäus zu finden. Aber alles Uebrige widersprach dieser Ansicht. Man darf, um sich davon zu überzeugen, nur die Darstellung, welche Lukas von dem Auftreten Jesu in Nazareth gibt, mit der des Matthäus, sowohl in Ansehung ihres Inhaltes, als besonders ihrer Stellung im Evangelium vergleichen. Was bei Matthäus ein einzelner Vorfall im Verlaufe der Thätigkeit Jesu ist, das bildet bei Lukas den Anfang seines Auftretens, und begründet die Entfernung von seiner Heimat die Wahl eines andern Wohnortes. Es ist nicht denkbar, daß dieses Moment bei der Benützung durch Matthäus sollte verloren gegangen sein. Dasselbe Verhältniß aber findet noch entscheidender als bei solchen Einzelheiten statt bei dem Gange im Großen. Lukas hat einen großen Abschnitt, 9, 51—18, 14, welcher mit dem Berichte von der Reise Jesu nach Jerusalem beginnt und innerhalb derselben einen reichen Stoff von Geschichten und Reden gehäuft hat. Nur ganz zuletzt von 18, 15 an berührt sich Matthäus mit diesem Abschnitte: wie derselbe bei der Abhängigkeit des Matthäus verschwunden sein sollte, bleibt ein Räthsel. Ganz dasselbe gilt, wenn Matthäus die Vorgeschichte des Lukas schon vor sich gehabt hätte. Hier aber ist nun auch der Punkt, an welchem sich diese Betrachtung umkehren läßt: die gänzliche Verschiedenheit der Vorgeschichte bei beiden Evangelisten beweist für sich allein genügend, daß keiner den anderen, ebensowenig Lukas den Matthäus, als Matthäus den Lukas benützt haben kann. Nicht ganz so grell, aber doch ebenfalls deutlich genug läßt sich das Nämliche aus den letzten Stücken besonders der Auferstehungsgeschichte ersehen. Diese beiden Endpunkte sind noch lange, zumal die Vorgeschichte, beweglicher und offener für Zusätze geblieben, als der übrige Theil der evangelischen Geschichte. Da unsere beiden Evangelien in denselben so auffallend auseinandergehen, so scheint es, daß sie zwar im Uebrigen ein wenigstens zum großen Theile identisches Material bearbeitet, dieses aber ganz unabhängig von einander in eigenthümliche Rahmen gefaßt haben.

Andererseits gilt wenigstens ein Theil der Gründe, aus denen folgt, daß Matthäus den Lukas nicht vor sich gehabt haben kann, ebenso auch für Markus. Auch er weicht von Lukas in der Erzählung des Vorfalles in Nazareth gerade so ab, wie Matthäus. Dieses zwar hat man leicht daraus erklärt, daß Markus die beiden anderen vor sich gehabt und in diesem Falle wie in ähnlichen den Matthäus als Gewährsmann vorgezogen habe. Daß er aber auch keine Spur von dem ganzen großen Reiseabschnitt des Lukas enthält, läßt sich nicht ebenso erklären, sondern hier ist offenbar, daß er diese Erzählungen nicht gekannt haben muß. Auch mit der Leidens- und Auferstehungsgeschichte verhält es sich so, und erst ein späterer, der den Zusatz Mk. 16, 9 ff. schrieb, wollte das Markusevangelium wenigstens in diesem Stücke nach Lukas ergänzen. Auch dieser also hat schon eingesehen, daß der Verfasser desselben von der eigenthümlichen Lukasüberlieferung noch Nichts gewußt hat.

Nicht ebenso unzweifelhaft aber doch mit großer Wahrscheinlichkeit ergibt sich aber auch umgekehrt, daß Lukas unseren Markus nicht gekannt hat. Manche Einzelheiten, die Markus in gemeinsamen Stücken voraus hat, würden ihm sonst schwerlich fehlen. Ein Punkt ist wohl entscheidend. Unter den drei Evangelisten ist Markus der einzige, welcher im Verzeichniß der Apostel die drei Vertrautesten, Petrus, Jakobus und Johannes voranstellt. Lukas dagegen wie Matthäus zählt die vier ersten paarweise auf, so daß voran die Brüder Petrus und Andreas und nach diesen Jakobus und Johannes stehen. Er ist also hier jedenfalls einer anderen Quelle gefolgt. Nehmen wir aber hinzu, daß er dann im ersten Capitel der Apostelgeschichte wie zur Berichtigung des früheren Cataloges einen anderen gibt, in welchem sich jene Voranstellung der drei findet, so läßt sich daraus mit Sicherheit schließen, daß er diese eigenthümliche und jedenfalls sehr alte Zählungsweise zwar in seinen Quellen für die Apostelzeit, nicht aber in denjenigen die für das Evangelium vorlagen, gefunden hat. Dasselbe Resultat ergibt sich, wenn wir die gemeinsamen Stoffe beider Evangelisten vergleichen, daraus, daß Lukas nicht selten die Erzählung in einer offenbar ursprünglicheren Form als Markus gibt, mindestens in einer solchen, welche beweist, daß er dieselbe nicht aus Markus genommen hat. Anzeichen dieser Art sind zahlreich genug und in ihrer Vereinigung stark genug, um auch auf dieser Seite ein negatives Resultat festzustellen. Nimmt man dieses zu dem Vorigen hinzu, so steht zunächst fest, daß es sich von dem Verhältnisse der Benutzung zwischen Lukas und den beiden anderen nicht handeln kann, und die Frage hierüber auf die beiden ersten Evangelien beschränkt ist.

3. Nur darüber ist in der That jetzt noch ernstlich zu verhandeln, ob zwischen dem ersten und dem zweiten Evangelium ein unmittelbares Verhältniß der Abhängigkeit besteht. Zwar daß Matthäus den Markus benützt habe, wird kaum noch behauptet. Auch die Vertreter der Ansicht eines Urmarkus als eines wichtigen ja des ersten Factors in dem Entstehungsprocesse unserer Evangelien sind doch beinahe ausnahmslos darüber einig, daß unser zweites Evangelium eben nur eine Nachbildung oder Ueberarbeitung desselben ist. Wohl aber hat die ältere Vorstellung, daß Matthäus die Quelle unseres Markus sei, noch zahlreiche und gewichtige Vertreter, und ihr gegenüber wird von jener Seite die relative Unabhängigkeit des Markus und noch mehr die Abhängigkeit des Matthäus von diesem Urmarkus behauptet.

In der That ist es diese letzte Frage, von deren Entscheidung es abhängt, sicheren Boden in der Kritik unserer beiden Evangelien zu gewinnen. Und diese Frage darf nicht getrübt werden durch Vermischung mit der anderen, ob die gemeinsamen Erzählungen bei Matthäus sich zum Theile in ursprünglicherer Form finden, als bei Markus. Eine klare Einsicht in den Ursprung unserer Evangelien hängt von der Erkenntniß ab, daß Matthäus eine Quelle benützt hat, die uns mindestens ihrem Umfange nach durch unser Markusevangelium noch näher erkennbar ist, von der Erkenntniß, daß unser Markus demnach eine andere Bedeutung in der Evangelienliteratur hat, als die, ein Auszug aus Matthäus zu sein. Hiegegen ist es eine untergeordnete Sache, ob Matthäus diese Quelle in der Gestalt unseres zweiten Evangeliums oder in einer früheren vor sich gehabt habe. Denn die Benutzung erklärt uns in keinem Falle den ganzen Ursprung des Matthäusevangeliums, dessen Selbstständigkeit durch seine übrigen umfangreichen Bestandtheile hinreichend gesichert ist.

Was nun die Vorstellung betrifft, daß Markus lediglich aus Matthäus ausgezogen sei, so hat dieselbe ihre Haltbarkeit zum guten Theile schon verloren, sobald wir anerkennen, daß es sich dabei nicht um eine gleichzeitige Benützung des ersten und des dritten Evangeliums durch ihn handeln kann. Denn nur in dieser ihr durch Griesbach und seine Nachtreter gegebenen Gestalt hatte sie einen verlockenden Schein für sich.[1]) Bei Lukas ist es augenfällig gewesen, daß sich doch kein Grund denken läßt, warum Markus in den späteren Theilen vor der Leidensgeschichte gar nicht mehr auf ihn zurückkehren, warum er den Bericht desselben über die Reise Jesu ganz unbeachtet lassen sollte. Aber ein ganz ähnlicher Grund macht auch die Benutzung des Matthäus von seiner Seite undenkbar. Hier ist es zwar nicht ein ganzer großer zusammenhängender Abschnitt, welchen er übergangen hätte. Aber es ist eine Reihe von Stoffen, welche durch das Ganze vertheilt, in nicht weniger unbegreiflicher Weise übergangen wären, nämlich die großen Redestücke des Matthäus. Markus hätte die Erzählungen jenes Evangeliums zum größten Theile nachgeschrieben: warum sollte er an diesen Reden konsequent vorübergegangen sein? Man wollte finden, daß er sich an dem Inhalte derselben, an den näheren Beziehungen auf die jüdische Welt, an Aussprüchen partikularistischen Sinnes gestoßen habe. Aber er hätte auch eine Menge solcher Reden weggelassen, welche ihm in dieser Beziehung durchaus keinen Anstoß geben konnten. Und

[1]) Vgl. hierüber und zum Folgenden Holtzmann a. a. O. S. 113 ff.

wenn er diesen Anstoß überhaupt genommen hat, warum konnte er nicht überall durch Abänderung helfen? Man hat daher lieber eine allgemeine Abneigung gegen größere Reden vorgewendet. Aber diese fehlen ihm nicht ganz. Er hat die Gleichnißrede vom Reiche Gottes und an sie angehängt eine Anzahl dem Sinne oder Worte nach verwandter Aussprüche. Er hat die Vertheidigungsrede Jesu über die Kraft, in welcher er Wunder thut, die Streitrede gegen die Pharisäer über die Waschungen, die Reden über den Rangstreit der Jünger, das Gleichniß von dem an die Arbeiter ausgegebenen Weinberge; er hat die große eschatologische Rede. Diese größeren Reden, welche sich bei ihm finden, erklären ihre Aufnahme nicht durch eine ganz besondere sachliche Beziehung zu seinen Zwecken. Man hat wahrscheinlich zu machen gesucht, daß in der Evangelienschreibung auf die erste Periode mit ihrer Vorliebe für Aussprüche Jesu eine zweite gefolgt sei, welche diese aufgegeben und sich vielmehr ganz der Sammlung von Wundergeschichten zugewendet habe. Aber eine solche Richtung ist nie dagewesen, sie ist eine Erfindung der Kritik zu Gunsten ihrer vorgefaßten Meinung.[1]) Schon das Lukasevangelium beweist, daß dieselbe nur ganz vorübergehend gewesen sein könnte. Wir haben aber vielmehr geschichtliche Beweise, daß man in ununterbrochener Folge bis tief in das zweite Jahrhundert immer vorzugsweise noch darnach fragte, was Christus gesprochen, was er gelehrt habe.[2]) Und wenn der Verfasser ganz von der Vorliebe für das Wunder und die Steigerung des Wunderbaren geleitet war, warum hätte er dann auch in seiner Matthäus-Quelle Geschichten übergangen wie den Stater im Fischmaul, die Wundererscheinungen bei Jesu Tod, die Sendung der Frau des Pilatus, die absichtsvolle Bewachung des Grabes? Denn nicht bloß Reden,

[1]) Ganz anders verhält es sich mit der Frage, ob nicht in der älteren Aufzeichnung zwei Richtungen neben einander bestanden, von welchen die eine die Geschichten, die andere die Sprüche Jesu zu ihrem Gegenstande machte. Diese Richtungen konnten auch später vertreten sein. Sie erklären dann das einseitige Zurückgehen auf die eine Art von Quellen, aber sie erklären nicht ein so seltsames und inconsequentes Auszugsverfahren.

[2]) Vgl. Eus. h. e. 3, 39.

sondern auch Geschichten hätte er ausgelassen und zwar gerade solche, welche der Manier, von der er bei seiner Auswahl geleitet sein soll, am meisten entsprechen mußten. Selbst die Entfernung der Kindheitsgeschichte läßt sich nur auf höchst unnatürliche Weise aus dogmatischem Interesse erklären. Ueberdieß hat man immer mit Recht darauf aufmerksam gemacht, daß Markus anerkanntermaßen die Erzählung in die Breite zieht, und diese Manier doch nur schwer damit zu vereinigen ist, daß er im Großen durchaus als Epitomator verfahren sein soll.

Läßt sich Markus als Epitomator des Matthäus nicht durchführen, so läßt sich dagegen leicht zeigen, daß er, selbst wenn er dieß wäre, für die von ihm verarbeiteten Stoffe eigenthümliche anderweitige Quellen gehabt haben müßte, nach welchen er Zusätze und Veränderungen machte. Zwar wenn er jüdische Gebräuche erläutert,[1]) so konnte er dieß vielleicht aus seinem Eigenen nehmen. Wenn er aber Namen angibt, wie den des Zöllners Levi, des Jairos, des Blinden von Jericho, der Zebedaiden, oder die der Söhne Simons von Cyrene, der Frauen unter dem Kreuze,[2]) Namen, deren Aufführung weder in ihnen selbst noch in sonstigen Beziehungen des Evangeliums eine besondere Erklärung findet, so folgt er hierin jedenfalls einer eigenen Ueberlieferung. Oder wenn er Züge erzählt, wie die Flucht des Jünglings bei der Gefangennahme Jesu,[3]) die ihm selbst nicht mehr ganz deutlich sind, so zeigt sich hieran ebenso sicher, daß dieß keine schriftstellerische Erweiterung, sondern das Zeichen selbstständiger Nachrichten ist. Und wie schon gegen Lukas so ist auch gegen Matthäus seine Selbstständigkeit entscheidend bewiesen durch den Einen Umstand, daß er einen eigenthümlichen abweichenden Apostelkatalog hat. Will man aber auch hier noch die Ausflucht ergreifen, daß solche Dinge auf vereinzelter Kenntniß aus der Tradition beruhen könnten, wodurch sich doch die Abhängigkeit der Erzählung selbst von Matthäus nicht aufhebe: so müssen wir

---

[1]) Mark. 7, 3 f. 11, 16.

[2]) Mark. 2, 14. 5, 22. 10, 46. 3, 17. 15, 21. 40., vgl. 6, 45. 8, 22. 7, 26. 8, 10. [3]) Mark. 14, 51 f.

noch einen anderen höheren Gesichtspunkt geltend machen, welcher sich allen solchen Erklärungen entzieht. Jede Darstellung, welche ganz abhängig von einem Vorgänger entstanden ist, muß eine gewisse Ungleichheit und Unsicherheit an der Stirne tragen, welche eben aus dem Unterschiede des Originales und der eigenen Manier sich erklärt. Benützt sie überdieß neben den Hauptquellen noch andere Nachrichten irgend welcher Art, so wird sie um so bunter und zusammengesetzter auf den ersten Blick erscheinen. Nichts von dem trifft bei dem Evangelium des Markus zu. Vielmehr ist es dasjenige unter den synoptischen Evangelien, welches bei Weitem die größte schriftstellerische Einheit und Gleichmäßigkeit zeigt. Jedermann nimmt bei Matthäus die großen Unterschiede wahr, wenn wir von einer Kette wohl zusammengefügter Lehrreden zu einer Reihe von kleinen Geschichten übergehen, um doch bald wieder zu einer solchen Redensammlung zurückgeführt zu werden. Noch viel bunter ist die Zusammensetzung im dritten Evangelium, in welchem die Reden keineswegs durchgängig so wohl geordnet sind, wie dieß im Allgemeinen bei Matthäus der Fall ist, sondern die Sprüche derselben oft nur im seltsamen Spiele lose zusammengetragen scheinen, in welchem sich dicht neben eigenthümlich kurzen und einfachen Worten große Redeausführungen in blühender Farbe finden, bei denen der Spruchcharakter ganz zurücktritt. Und dieselbe Mannigfaltigkeit zeigt es auch in der Erzählung. Man vergleiche Geschichten wie die von der Bekehrung des Petrus im Schiffe, oder der Sünderin im Hause des Pharisäers mit Erzählungen wie die über die Nachstellung des Herodes,[1]) und man wird keinen Augenblick im Zweifel darüber sein, daß sich trotz aller schriftstellerischen Kunst deutlich die Ungleichheit der abhängigen Arbeit verräth. Dagegen bei Markus trägt das ganze Evangelium, wenn wir einige wenige Abschnitte abrechnen, durchaus den Stempel einer gleichartigen Arbeit, sowohl was die Art der Geschichten als was die Darstellung derselben betrifft. Mag diese Darstellung eine manierirte sein, mag dieses Ausmalen im Einzelnen bis zur Unnatur nicht die Weise eines ersten Erzählers,

---

[1]) Luk. 5, 1—11. 7, 36—50. 13, 31—33.

einer ursprünglichen Quelle sein — so viel geht jedenfalls aus dieser gleichartigen Durchführung hervor, daß die Manier nicht die des unselbstständigen Abschreibers eines Anderen ist, zumal wenn dieser Andere selbst einen keineswegs gleichförmigen Text hiezu darbot.

Die Ergänzung dieser Betrachtung liegt daher darin, daß wie sich leicht nachweisen läßt, das erste Evangelium in jedem Falle schon eine Arbeit zweiter Hand ist, welche die Zusammensetzung aus verschiedenen Bestandtheilen nicht verbergen kann. Zwar darf man diese Bestandtheile nicht daran erkennen wollen, daß die Richtung das Einemal eine partikularistische jüdische, das anderemal eine in freiem universalistischen Sinne vorgeschrittene wäre. Dieses Merkmal könnte in jedem Falle bloß das Ende, nicht aber den Anfang und die Grundlage der Untersuchung bilden. Es ist aber auch an sich unwahrscheinlich, daß Bestandtheile von in diesem Sinne verschiedener Art sich vorfinden, da ein universalistischer Ueberarbeiter viel eher jene Spuren seines Vorgängers ausgemerzt haben würde. Allein auch wenn man ohne Vorurtheil über Tendenzverschiedenheit die Composition des Evangeliums prüft, so kann über jene Natur derselben kaum ein Zweifel obwalten. Nicht als ob sich in der Sprache solche Verschiedenheiten erkennen ließen, welche die Einheit des Darstellers aufhöben, oder gar auf eine wenigstens theilweise hebräische Urschrift hinwiesen. Der Verfasser hat mit zu viel Kunst und Eigenthümlichkeit gearbeitet, als daß die Dinge noch so offen dalägen. Aber die Merkzeichen sind doch deutlich genug. In erster Linie gehört dazu der schon erwähnte Wechsel von Reden und Geschichten.[1]) Dieser ist

---

[1]) Längst hat man gesehen, daß die alttestamentlichen Citate in den Reden des Evangeliums sich durch strengeren Anschluß an die LXX auszeichnen, während die des Evangelisten selbst theils freier, theils im Anschlusse an den hebräischen Text gebildet sind, vgl. Credner, Beiträge, II., Bleek, Beiträge, S. 57 ff., Ritschl, theologische Jahrbücher, 1851. S. 519 ff., Köstlin, Ursprung rc. S. 37 ff., Weiß, Studien und Kritiken, 1861. S. 91 ff., und dagegen: Ebrard, wissenschaftliche Kritik rc., 2. Aufl. S. 764, Delitzsch, Matthäusevangelium S. 15 ff., Anger, ratio qua loci Vet. Test. in ev. M. laudantur etc. part. I—III, 1861—1862. Der Letztere hat den gründlichsten Versuch gemacht, zu beweisen,

zwar an und für sich kein Grund die Einheit des Ursprunges zu bezweifeln. Es wird aber zu einem solchen durch die Art der Ausführung. Ein Geschichtschreiber, welcher bei dem Wechsel von Rede und Geschichte bloß der Sache selbst oder vielmehr seiner Vorstellung von dieser folgt, wird auch die Reden, die er widergibt, durchaus der Geschichte einverleiben, oder er wird, wenn ihm ein gewisser Rest derselben, wie er ihm überliefert ist, nicht in seiner Geschichte aufgeht, diesem einen besonderen Ort anweisen. Ganz anders ist das Verfahren bei Matthäus. Hier wird der Gang der erzählenden Darstellung fortwährend durch das Eintreten von Redegruppen unterbrochen, welche zwar großentheils nicht der geschichtlichen Motive entbehren, aber doch damit nicht der übrigen Geschichterzählung angehören; sie bilden vielmehr jedesmal die Probe einer anderen Art von Darstellung, welche um so deutlicher zu erkennen ist, je mehr die Gruppe eben wie z. B. bei den in Matth. 11 und 12 enthaltenen Reden einen selbstständigen Zusammenhang in sich hat und selbst schon den Charakter einer kleinen Sammlung trägt. Der Verfasser läßt uns aber zudem nicht bloß merken, daß er, wenn er eine solche Redegruppe gegeben hat, wieder zu einer anderen Form übergeht, sondern er sagt es ausdrücklich, indem er die Erzählung mit der Wendung fortführt, Jesus habe nun weiter, nachdem er diese Reden vollendet, Anderes gethan.[1]) Mag daher die Vertheilung dieser Redegruppen noch so sehr von einem Plane und von pragmatischen Gründen geleitet sein, so kann sie doch nicht verbergen, daß dieselben

daß die Citate nicht nur überhaupt gewisse Charakterzüge durchgängig gemeinsam haben, sondern insbesondere jener Unterschied nur ein quantitativer und fließender sei. Aber der Beweis, daß auch Citate der Reden, ebenso wie die messianischen Citate des Evangelisten, auf den hebräischen Text zurückgehen, kann nicht als erbracht angesehen werden. Derselbe hat keine stärkere Stütze als Matth. 11, 10; aber gerade hier muß man sehr vorsichtig sein, da dieses Citat höchst wahrscheinlich erst von dem Evangelisten in die Rede eingelegt ist, und den Gedankengang auf eine störende Weise unterbricht. Wie dasselbe zum messianischen Beweisverfahren gehörte, zeigt sich Mark. 1, 1. Vgl. auch Weiß, Studien und Kritiken, 1864. I. S. 152.

[1]) Matth. 7, 28. 11, 1. 13, 53. 19, 1. 26, 1.

an ihrem Orte Einschaltungen bilden. So beweist schon dieses Uebergehen von Einer Art der Darstellung zur anderen, daß der Verfasser zwei verschiedene Quellen, in welchen die eine und die andere geherrscht hat, auf diese Art miteinander vermischte.

Ein zweites Merkmal seines Verfahrens liegt in gewissen Wiederholungen derselben Sache, welche sich fast nur aus dem Zusammenarbeiten verschiedener schriftlicher Quellen erklären lassen.[1]) Hieher kann nun zwar das mehrfache Vorkommen der gleichen oder ähnlicher Aussprüche nicht unbedingt gezählt werden; denn eine Aufzeichnung der Reden kann recht wohl den gleichen Spruch in verschiedenem Zusammenhang wiederholen. Auch die Aehnlichkeit der Begebenheit reicht noch nicht hin, wenn dieselbe, wie bei den zwei wunderbaren Speisungen von dem Schriftsteller durch Zahlen und andere nähere Angaben absichtlich unterschieden werden. Aber es finden sich auch andere Beispiele, von welchen die beiden folgenden schlagend sind. Matthäus berichtet zweimal an verschiedenem Ort,[2]) daß man von Jesus ein Zeichen vom Himmel gefordert und daß er dasselbe nicht gegeben, vielmehr erklärt habe, dieses Geschlecht werde kein anderes als das Zeichen des Jona erhalten, und die Darstellung beider Fälle ist so ähnlich, daß man wohl sieht, wie der Evangelist, obwohl er sie nicht ganz gleichlautend darstellt, sie doch eigentlich nicht zu unterscheiden wußte. Das andere Beispiel ist die Wiederholung der Beschuldigung,[3]) daß Jesus seine Wunder in Kraft eines Bundes mit Beelzebub thue. Dieser Angriff ist das einemal nur einfach als geschichtliches Faktum erzählt, das anderemal ist eine apologetische Streitrede damit verbunden. Sicherlich hätte er den ersten Fall nicht besonders erwähnt, wenn er nicht durch die Erwähnung desselben in einer andern Quelle dazu veranlaßt worden wäre.

Der Evangelist verräth seine Stellung aber endlich auch noch dadurch deutlich, daß er in gewissen Fällen die geschichtlichen Stoffe, die ihm vorliegen, auf eine sonderbare Weise zusammenzudrängen sucht. Das Auffallendste in dieser Art ist, daß er die

---

[1]) Vgl. Holtzmann a. a. O. S. 254 ff.

[2]) Matth. 12, 38 ff. 16, 1 ff.

[3]) Matth. 9, 34. 12, 24.

Individuen verdoppelt. Wenn, zumal bei den Wundern, überhaupt nur das Einfache zur Mehrheit gesteigert wird, so kann dieß freilich auch einfach schriftstellerische Manier sein. Daß aber gerade aus Einem Zwei gemacht sind, weist doch darauf hin, daß hier zwei Geschichten verschmolzen werden. So hat der Evangelist den Garadener Besessenen verdoppelt 8, 28, während er den Besessenen in Kapernaum nicht hat,[1]) er hat zwei Blinde, die Jesus als den Sohn Davids anrufen, 9, 27, und von ihm geheilt werden, wogegen der Blinde Mark. 8, 22 ff. bei ihm fehlt, und noch einmal zwei Blinde in Jericho, bei welchen sich dasselbe wiederholt, 20, 30. Ja er hat sogar in der Geschichte des Einzuges Jesu in Jerusalem, 21, 5—7 zwei Thiere, die Eselin und ihr Füllen, welche Jesu zum Gebrauche zugeführt worden. Mag auch die Verdoppelung in den einzelnen Fällen sehr verschiedene Anlässe haben: im Ganzen beruht dieselbe sicher auf der Gewohnheit des verkürzenden und kombinirenden Verfahrens.

Diese Merkmale genügen zu zeigen, daß Matthäus seiner Composition nach keine ursprüngliche Einheit ist, und damit fällt eine wesentliche Stütze des Vorurtheiles über das sekundäre Verhalten des Markus zu ihm. Nun geben die Vertreter der letzteren Ansicht allerdings zum Theil zu, daß Matthäus schon eine zusammengesetzte Schrift sei, wollen aber dabei die Abhängigkeit des Markus doch festhalten. Wenn man aber erwägt, daß gerade die dem Markus fehlenden Reden ein besonderes Element in Matthäus zu bilden scheinen, und daß Matthäus in der Darstellung der Geschichten, die Markus aus ihm genommen haben soll, schon künstlich kombinirend verfahren ist, so wird man sich nicht verbergen dürfen, daß mit der Erkenntniß des Charakters des Matthäus auch jene vermeinte Priorität von Markus selbst beseitigt oder doch wesentlich erschüttert ist.[2])

4. Wollen wir das Verhältniß der beiden Evangelien vorläufig feststellen, so fordert vor Allem auch die Tradition über sie

---

[1]) Vgl. 8, 29 mit Mark. 1, 24 und dazu Holtzmann a. a. O. S. 256.

[2]) Anger, a. a. O. II. S. 32 f. hat zu beweisen gesucht, daß sich in den

Gehör. Unter ihren Zeugnissen ist jedoch nur ein einziges, welches auf Beachtung Anspruch machen kann, als dem Alter nach der wirklichen Kenntniß der Dinge noch nahe stehend. In der ersten Hälfte des zweiten Jahrhunderts sammelte der Bischof Papias von Hierapolis für seine fünf Bücher „Erklärung der Aussprüche des Herrn" noch Alles, was zu seiner Zeit als ächte Ueberlieferung in diesem Gebiete angesehen werden konnte.[1]) Zwar sind seine Nachrichten schon nur aus zweiter Hand. Denn, wie Eusebius, dem wir unsere Mittheilung verdanken, richtig gesehen hat, beweisen seine eigenen Worte, daß er die erste apostolische Generation nicht mehr selbst gekannt hat,[2]) sondern nur bei Anderen forschen konnte, was die Männer derselben einst erzählt hatten. Sein kritischer Eifer ging aber darauf, die eigenen Ansichten dieser Zeitgenossen sorgfältig von ihrem historischen Zeugniß, von dem, was sie aus apostolischem Munde wußten, zu sondern.[3]) Indem er so die mündliche apostolische Ueberlieferung erforschte, war ihm diese doch keineswegs die erste Quelle. Seine Auslegung bezog sich vielmehr zunächst auf die geschriebenen Evangelien; er fand für nöthig zu rechtfertigen, daß er hiebei auch mittheilte, was er aus der mündlichen Tradition erforscht,[4]) und sein vorsichtiges

---

gemeinsamen Citaten die Abhängigkeit des Markus und Lukas von Matthäus verrathe. Aber in Beziehung auf die Hauptbeweisstelle Matth. 22, 24. Mark. 12, 19. Luc. 20, 28 ist schon von Weiß, Studien und Kritiken, 1864. S. 152 entgegnet worden, daß die Combination von Deut. 25, 5 und Genes. 38, 8 durch welche Matthäus das Mittelglied zwischen dem alttestamentlichen Text, und dem Citate der beiden Evangelisten bilden soll, nicht stattfindet. Das Wahre ist, daß Matthäus im Unterschiede von der freien an ein alttestamentliches Wort nur anklingenden Formulirung des Gebotes bei Markus und Lukas nach seiner Art auf den Text jenes Wortes genauer zurückgegangen ist. Weiteres s. unten.

[1]) Eus. h. e. 3, 39.

[2]) a. a. O.: αὐτός γε μὴν ὁ Παπίας κατὰ τὸ προοίμιον τῶν αὐτοῦ λόγων ἀκροατὴν μὲν καὶ αὐτόπτην οὐδαμῶς ἑαυτὸν γενέσθαι τῶν ἱερῶν ἀποστόλων ἐμφαίνει — —.

[3]) εἰ δέ που καὶ παρακολουθηκώς τις τοῖς πρεσβυτέροις ἔλθοι, τοὺς τῶν πρεσβυτέρων ἀνέκρινον λόγους κ. τ. λ.

[4]) — οὐκ ὀκνήσω δέ σοι καὶ ὅσα ποτὲ παρὰ τῶν πρεσβυτέρων

Verfahren bei dieser Forschung in's Licht zu setzen, damit man sein Werk nicht mit den damals aufkommenden falschen Evangelien verwechsle. Aber allerdings schien ihm die Fülle der Ueberlieferung durch die vorhandenen Schriften keineswegs erschöpft zu sein, ja im gegenwärtigen Augenblicke, wo es sich um Unterscheidung des Falschen und Aechten handelte, nicht zu genügen.[1]) Von diesem Gesichtspunkte aus erklären sich die Angaben, welche er über die beiden Evangelien des Matthäus und des Markus macht. Beiden gegenüber drückt er ein gewisses Ungenügen aus, nicht ohne durch die Erklärung ihres Ursprunges eine Entschuldigung beizufügen. Was er über den Ursprung weiß, führt er auf Angaben eines Apostelschülers, dessen Zeugniß er öfters benützt, eines Presbyters Johannes zurück.[2]) Diesen läßt er über

---

καλῶς ἔμαθον καὶ καλῶς ἐμνημόνευσα, συντάξαι ταῖς ἑρμηνείαις, διαβεβαιούμενος ὑπὲρ αὐτῶν ἀλήθειαν.

[1]) οὐ γὰρ τὰ ἐκ τῶν βιβλίων τοσοῦτόν με ὠφελεῖν ὑπελάμβανον, ὅσον τὰ παρὰ ζώσης φωνῆς καὶ μενούσης.

[2]) Ob dieser Johannes von Papias als Apostelschüler oder als apostelgleicher Mann bezeichnet werde, ist eine Streitfrage. Für die oben vertretene Ansicht spricht: 1) Papias redet von den Zeugnissen aller Apostel als in die Vergangenheit fallend, von dem des Aristion und des Presbyters Johannes als gegenwärtig: — τοὺς τῶν πρεσβυτέρων ἀνέκρινον λόγους· τί Ἀνδρέας ἢ τί Πέτρος εἶπεν ἢ τί — — ἤ τις ἕτερος τῶν τοῦ κυρίου μαθητῶν, ἅ τε Ἀριστίων καὶ ὁ πρεσβύτερος Ἰωάννης οἱ τοῦ κυρίου μαθηταὶ λέγουσιν. Von diesen beiden hat er daher auch ganze Stücke in sein Werk aufgenommen: — καὶ ἄλλας δὲ τῇ ἑαυτοῦ γραφῇ παραδίδωσιν Ἀριστίωνος τοῦ πρόσθεν δεδηλωμένου τῶν τοῦ κυρίου λόγων διηγήσεις καὶ τοῦ πρεσβυτέρου Ἰωάννου παραδόσεις — —. 2) Allerdings heißen zuerst die Apostel οἱ πρεσβύτεροι, und dann dieser Johannes ὁ πρεσβύτερος. Ferner heißen die beiden, Aristion und Johannes, ebenso wie die Apostel οἱ τοῦ κυρίου μαθηταί. Letzteres aber drückt bloß den gemeinsamen Gegensatz zu τοῖς τὰς ἀλλοτρίας ἐντολὰς μνημονεύουσιν aus. Dagegen sind οἱ πρεσβύτεροι allerdings die Männer der ersten Generation, bei Johannes aber ist ὁ πρεσβύτερος im technischen Sinn zur Unterscheidung von dem Apostel gebraucht. Gerade weil es hier Amtsname ist, kann die Bedeutung wechseln. Aristion, der dem Johannes ganz gleich steht, heißt ja darum nicht πρεσβύτερος, also gehören beide nicht zu den οἱ πρεσβύτεροι. 3) Da Papias den Presbyter Johannes selbst gesprochen hat, kann dieser schon deßwegen nur ein Apostelschüler sein. Wenn Papias sagt: ὅσα ποτὲ παρὰ τῶν πρεσβυ-

Markus sagen: Markus, der Dollmetscher des Petrus, schrieb seine Erinnerungen genau auf, keineswegs aber in Reihenfolge der Reden und Thaten Christi. Denn er hatte Christum nicht gehört, er war nicht sein Nachfolger gewesen, sondern nur später der des Petrus, welcher die Lehrstücke je für den Gebrauch verfaßte, und keineswegs eine Zusammenstellung der Aussprüche Jesu geben wollte. So daß auch Markus kein Tadel trifft, wenn er eben Einzelnes nach seinem Gedächtnisse aufschrieb. Denn das Eine hatte er sorgfältig im Auge, nichts wegzulassen, was er gehört, und in diesem nichts Unwahres zu bringen. Kürzer läßt er sodann dieselbe Quelle sich über Matthäus äußern: Matthäus nun stellte die Aussprüche in hebräischer Sprache zusammen; diese dollmetschte aber dann Jeder so gut er es vermochte.

Bei Markus ist ganz klar, was diese Erläuterung seines Ursprunges sagen will. Er will den Inhalt des Evangeliums in keiner Weise antasten, aber er will auch zeigen, warum man sich auf denselben nicht beschränken könne. Der Ursprung der Schrift soll beweisen, daß es sich von einer erschöpfenden Darstellung in derselben gar nicht handeln könne. Einen Mangel der Schrift also deutet er allerdings an, aber nicht einen Mangel der Ordnung, sondern der Vollständigkeit. Denn wenn er sagt, Markus habe Reden und Thaten Jesu nicht *τάξει* geschrieben, und Petrus habe nur eine praktische Auswahl, nicht eine *σύνταξις* der Aussprüche des Herrn für seine Vorträge gebraucht und gegeben, so ist dieß erläutert durch den Schluß: daß Markus demnach ohne Schuld sei, wenn er nur *ἔνια* berichte. Die geordnete Darstellung,

---

τέρων ἔμαθον, so ist dieß kein unmittelbares hören, das *παρα* erklärt sich aus seiner Anschauung von der *ζῶσα φωνή*. Wenn er aber weiterhin sagt: *εἰ δέ που καὶ παρηκολουθηκώς τις τοῖς πρεσβυτέροις ἔλθοι, τοὺς τῶν πρεσβυτέρων ἀνέκρινον λόγους*, so heißt dieß nicht: auch die Apostelschüler habe er nach dem Zeugnisse der Apostel gefragt, so wie er zuvor diese selbst gefragt hätte, sondern: auch bei den Apostelschülern sei es ihm nicht auf das eigene Zeugniß derselben, sondern auf das der Apostel, welches sie mittheilen konnten, angekommen. Vgl. Hilgenfeld, Evangelien S. 339 f., Kanon ꝛc. S. 13.

die Zusammenstellung wird als Bedingung der Vollständigkeit angesehen.

Bei Matthäus trifft das Gleiche nicht zu. Er hat die λόγια wirklich zusammengestellt, und ist auf eine vollständige Darstellung ausgegangen. Aber dieß geschah in hebräischer Sprache. Und diese Urschrift war, nach der Aeußerung hierüber zu schließen, nicht mehr vorhanden; sondern man hatte nur verschiedene, doch nur mehr oder weniger freie Uebersetzungen. Auch hier waltete also ein Verhältniß ob, welches die Berechtigung zu weiterer eigener Forschung zu geben schien.

Diese Aeußerungen bestätigen vor Allem das Verhältniß der Evangelien, über welche sie handeln, zu der Tradition. Das Evangelium des Markus gilt als eine glaubwürdige Quelle über Jesus, weil seine Berichte auf die Angaben des Petrus selbst zurückführen. Aber es ist doch auch so nur ein Ausschnitt aus dem großen Kreise der Ueberlieferung überhaupt. Die Mittheilungen des Petrus, abgesehen davon, daß sie nur die Erinnerungen eines einzelnen Apostels geben, sind nicht vollständig, weil sie nur die einzelnen Vorträge enthalten. Daher schon das Beschränkte an Markus. Was dann Matthäus betrifft, so besteht seine Arbeit schon ganz im Zusammentragen. Aber die Sprüche, welche er so zusammengebracht hat, sind offenbar eben in jener Gesammtquelle der Ueberlieferung, welcher Papias nachforscht, im Umlaufe.

Im Einzelnen ergibt sich auf der ersteren Seite das wichtige Resultat, daß in diesem hohen Alterthume in jedem Falle eine Evangelienschrift unter dem Namen des Markus — ob diese nun unser Markus ist oder nicht — als eine selbstständige Schrift angesehen wurde. Sodann das Weitere, daß diese Schrift sich durch ihren geringeren Umfang kennzeichnete. Und dieses wird man noch näher dahin bestimmen dürfen, daß sie insbesondere als Sammlung der Reden Jesu ungenügend erschien. Denn, wenn Papias zuerst sagt, Markus habe nicht Reden und Thaten Jesu der Reihe nach darstellen wollen, so hebt er weiterhin von Petrus besonders hervor, daß derselbe nicht eine Zusammenstellung der Reden Jesu gegeben habe. Man hat kein Recht, diese beiden Bezeichnungen so identisch zu setzen, daß die zweite, welche nur von λόγοι oder λόγια redet, durch die erste, welche τὰ ὑπὸ τοῦ χριστοῦ ἢ λεχθέντα ἢ πραχθέντα nennt, erläutert wäre, sondern Papias läßt in der zweiten durch die engere Bestimmung erkennen, warum gerade ihm für seine Gesichtspunkte dieses Evangelium nicht genügen konnte. Endlich geht aus seiner Darstellung noch weiter hervor, daß diese Schrift einzelne Gruppen des Stoffes erkennen ließ. Mag die Angabe über die Lehrvorträge des Petrus als die Quelle derselben richtig sein oder nicht, so muß man doch in jedem Falle, und zwar im letzteren nur um so entschiedener annehmen, daß dieser Vorstellung die Beschaffenheit der Schrift irgendwie entsprach, das heißt, daß sie das Ansehen solcher für den praktischen Zweck abgefaßter Lehrstücke hatte. Ob dieses Merkmal auf unser Markusevangelium paßt, hat erst die nähere Betrachtung desselben zu untersuchen. In jedem Falle entsteht schon von vorneherein ein starkes Vorurtheil gegen die Meinung, daß das Evangelium dieses Namens nur ein Auszug sei, oder es wird das gegentheilige Ergebniß, welches innere Gründe festgestellt, durch dieses Zeugniß bestätigt.

Bei Matthäus hingegen ist der erste Gewinn aus dieser Angabe ohne Zweifel der, daß wir die ursprüngliche Schrift, welche das Alterthum diesem Apostel zuschrieb, ebensowenig mehr haben, als sie schon Papias zu seiner Zeit noch hatte. Wir haben vielmehr eine von den Schriften, welche er als Uebersetzungen desselben bezeichnet, welche aber nach seiner Andeutung über ihre Mannigfaltigkeit und die Freiheit der Versuche wohl als Ueberarbeitungen und Ergänzungen zu betrachten sind. Wenn daher jetzt das Evangelium keine Spur einer Uebersetzung, vielmehr hinreichend solche Bestandtheile enthält, die beweisen, daß es griechisch gedacht ist, so steht dieß mit unserer Angabe keineswegs im Widerspruch; es stimmt vielmehr ganz mit der Vorstellung von freier Verarbeitung, welche wir aus derselben gewinnen. Außerdem ist aber der Charakter jener ursprünglichen Schrift des Matthäus dadurch bezeichnet, daß der Gegenstand ihrer erschöpfenden Darstellung die λόγια sind, was wir aus dem Urtheile über Markus ergänzen können als die λόγια κυριακά. Mithin war es eine Sammlung der Aussprüche Jesu. Niemand zweifelt daran, daß τα λόγια ursprünglich Aussprüche bedeutet, und daß heilige Schriften im Allgemeinen überhaupt nur so genannt werden können, wenn sie als göttliche Inspiration bezeichnet werden sollen. Hier handelt es sich aber von λόγια Christi. Mag man auch später diesen Namen den Evangelien überhaupt gegeben haben, so kann dieß doch nur dadurch entstanden sein, daß man als den eigentlichen Inhalt derselben eben die Aussprüche Jesu betrachtete.[1]) Wenn aber Papias die Schrift des Matthäus so charakterisirt, daß derselbe die λόγια zusammengestellt habe, so darf man jedenfalls das Wort bei ihm nur aus seinem eigenen Sprachgebrauche erklären. Dieser ergibt sich unzweifelhaft aus der Aufgabe, welche er sich mit seinem eigenen Sammelwerke gesteckt hatte. Sein Werk war eine Erklärung der λόγια κυριακὰ, welche er theils aus den von ihm benützten Evangelien, theils aus der ächten mündlichen Ueberlieferung entnahm; aber er sagt uns auch, worin dieselben bestanden; es handelte sich ihm um die Gebote Christi. Denn nicht an diejenigen habe er sich gehalten, welche fremde lehren, sondern welche die von dem Herrn selbst dem Glauben gegebenen und von der Wahrheit selbst stammenden Gebote verkünden. In den λόγια haben wir also die ἐντολαὶ zu finden; Papias verstand darunter nichts anderes, als die gesammelten Aussprüche Jesu. Hieraus ergibt sich sicher, daß das ursprüngliche Matthäusevangelium nach seiner Vorstellung eine Sammlung solcher Sprüche war, und man darf dagegen nicht geltend machen, daß er nach der Angabe des Eusebius a. a. O. in seinem Werke die Geschichte von einer bei

[1]) Neuerdings hat R. Anger, ratio qua loci V. T. in evangelio Matthaei laudantur etc., part. III. Lips. 1862 S. 7 f. aus Photius c. 228, p. 248, den Beweis zu liefern versucht, daß τὰ κυριακὰ λόγια schlechtweg die Evangelien bezeichnen. Aber wenn es dort von Ephraem Syr. heißt: αἱ δὲ γραφαί εἰσιν αὐτῷ ἥ τε παλαιὰ διαθήκη καὶ τὰ κυριακὰ λόγια καὶ τὰ ἀποστολικὰ κηρύγματα, so ergibt sich von selbst aus der Parallele von κηρύγματα, daß hier die Evangelien nur in der bestimmten Beziehung τὰ κυριακὰ λόγια genannt werden, nämlich soferne sie im Unterschiede von der apostolischen Predigt die Worte Jesu selbst enthalten. Gerade die Anwendung dieser Charakterbezeichnung gibt also nur einen Beweis weiter, daß man ursprünglich bei jenem Ausdrucke an nichts als die Sprüche des Herrn zu denken hat.

Jesus vieler Sünden wegen verklagten Frau, die auch im Hebräerevangelium stand, aufgenommen hatte. Denn er stellte nicht nur die Sprüche zusammen, sondern seine Absicht war, dieselben zu erklären. Zu dieser Erklärung zog er aber eben auch die Geschichten.

Wenn demnach die Matthäusschrift des Papias nichts als eine Sammlung der Sprüche Jesu war, so kann sie nicht in unserem Matthäusevangelium gefunden werden, welches sich zwar durch den Reichthum seiner Reden auszeichnet, aber seiner Anlage nach doch eine Geschichte ist. Umsomehr aber steht andererseits auch durch dieses Merkmal fest, daß wir in unserem Matthäus, in welchem doch die Redestücke so stark aus der Erzählung hervortreten, auf der Spur einer Schrift sind, welche dieses hohe Alterthum mit Sicherheit dem Matthäus zuschrieb.

Die Angaben des Papias treffen in freier Weise mit gewissen Merkmalen unserer beiden Evangelien zusammen; sie entfernen sich aber, wie sofort wenigstens am Matthäusevangelium erhellt, von diesen soweit, daß man annehmen muß, die von ihm erwähnten Schriften seien bis zu ihrer jetzigen Gestalt durch ansehnliche Veränderungen hindurch gegangen. Bei Matthäus deutet er den Anfang derselben selbst an. Und überdieß beweist er durch seine eigene Arbeit wie man mit diesen alten Schriften verfuhr, bei aller Anerkennung sie doch combinirend und ergänzend, so gut man vermochte.

---

2. Kritische Synopse der drei ersten Evangelien.

a) Die ältere galiläische Zeit.

1. Wie wir gesehen, gibt das älteste historische Zeugniß von Gewicht über unsere Evangelien wohl der Untersuchung über ihren Ursprung beachtenswerthe Winke und Haltpunkte. Aber es überläßt die Entscheidung der Hauptfragen doch ganz der Analyse der Evangelien selbst. Die letztere aber führt, sobald man sich von der Verwirrung der Benutzungshypothese los-

sagt, unzweifelhaft zu einigen sicheren Grundwahrheiten von höchster Bedeutung. Unter diesen steht obenan die Gewißheit, daß das erste sowohl als das dritte Evangelium eine ältere Schrift verarbeitet haben, deren Inhalt und Gestalt im Wesentlichen jetzt noch in unserem zweiten Evangelium erhalten ist.

Vergleicht man die ganze Anlage der drei Evangelien im Großen, so ergibt sich vor Allem, daß sie auf der Grundlage eines gemeinsamen Entwurfes aufgebaut sind. Sie geben sämmtlich eine Vorgeschichte, welche in die Geschichte des öffentlichen Wirkens Jesu einleitet durch die Erzählung von dem Auftreten des Täufers Johannes und dem Zusammentreffen Jesu mit demselben. Diese Vorgeschichte ist aber rückwärts bei Matthäus erweitert zur Geschichte der Geburt und ersten Kindheit Jesu, bei Lukas ebenso und noch weiter zur Geburtsgeschichte auch des Täufers. In jedem Falle läßt sich schon an dieser Einleitung ein gemeinsamer Typus erkennen. Sodann theilt sich das eigentliche Evangelium bei Allen entschieden nur in zwei Hauptabschnitte; nämlich zuerst eine Reihe von Thaten und Reden Jesu in Kapernaum, in den westlichen Landschaften des galiläischen See's überhaupt, und in der nördlichen Nachbarschaft von Galiläa, sodann seine Reise nach Jerusalem, der Aufenthalt weniger Tage daselbst und sein Todesgeschick. Diese Anordnung ist nur bei Lukas insoferne durchbrochen, als die Reise sich zu einer eigenen langen Geschichte von Reden und Thaten meist ohne bestimmte Angabe des Ortes erweitert. Aber der Charakter einer Einschaltung ist hier so deutlich, daß diese gerade nur dazu dient, das ursprüngliche Gefüge, welches durch sie durchbrochen ist, um so heller zu beleuchten. Nun kann allerdings diese einfache Gliederung theils durch den thatsächlichen Verlauf der Geschichte selbst, theils durch die allgemeine Tradition gegeben sein.[1]) Aber anders

[1]) In der That zeigen die Spuren der einfachsten Verkündigung der Geschichte Jesu, daß man sie unter die Anfänge in Galiläa und die Vollendung in Jerusalem theilte, Apostelgesch. 13, 31. 10, 37, und die entscheidende Wendung, welche die Reise nach Jerusalem seinem Leben gab, mußte von selbst zuerst dazu dienen, daß die Erzählung seiner Thaten zur Einheit verbunden wurde.

wird dieß doch dadurch, daß die Erzählung der drei Evangelien von der Reise nach Jerusalem in solchen Begebenheiten zusammentrifft, welche in sich selbst keinen unmittelbaren sachlichen Zusammenhang mit diesem Zeitmomente haben, deren Stellung an diesem Orte also auf eine gemeinsame Quelle hinweist. Und diese Identität wird um so augenfälliger, je näher man in die Betrachtung des Einzelnen eingeht.

Steht diese Voraussetzung im Allgemeinen fest, so muß sich aus der Vergleichung der drei Evangelien theils der Inhalt dieser Quelle, theils die Art, wie dieselbe von den einzelnen Evangelien benützt oder verarbeitet worden ist, mithin ihr ursprünglicher Text, annähernd bestimmen lassen. Läßt man dabei die Vorgeschichte, in welcher sichtlich das Verfahren das freieste gewesen ist, zunächst zur Seite, so theilt sich der übrige Stoff von selbst in vier Abschnitte, deren Unterscheidungsmerkmale und Grenzen die Untersuchung näher ergibt. Der erste derselben enthält die Schilderungen des Wirkens Jesu in Galiläa vom ersten Auftreten daselbst bis zu dem Eingreifen des Tetrarchen Herodes Antipas. Als Theil des ganzen Lebens Jesu betrachtet enthält dieser Abschnitt die Anfänge desselben.

Die erste Frage ist nun, was sich aus dem Inhalte und Gange der synoptischen Evangelien in diesem Abschnitte über den Bestand einer gemeinschaftlichen ihr Verwandtschaftsverhältniß bedingenden Quelle erkennen läßt. Gehen wir hiebei von dem ersten Evangelium aus, so ist der Gang desselben der folgende. Nach der Vorgeschichte erzählt es, wie Jesus sich in Galiläa, näher in Kapernaum niedergelassen und damit die Weissagung erfüllt sei, womit zugleich die Angabe seiner Predigt verbunden ist, 4, 12—16. 17. Hierauf berichtet es, wie Jesus vier Fischer, zwei Brüderpaare als Begleiter gewonnen, und knüpft daran eine summarische Betrachtung seiner lehrenden und heilenden Thätigkeit in Galiläa, 4, 18—22—25. An diese allgemeine Schilderung schließt sich die große Probe seines Lehrens in der Bergpredigt Kap. 5—7. Auf sie folgt Kap. 8. 9. eine Reihe von Geschichten größtentheils wunderbarer Art, durchaus messianische Erweisung enthaltend, nämlich: die Heilung eines Aussätzigen, die des Sohnes eines Hekatretarchen, und die der Schwiegermutter des Petrus; die Verhandlung mit zwei, die seine Schüler werden wollten, die Seefahrt mit Stillung des Sturmes und die Heilung zweier Gadarener Besessenen, sowie die des Paralytischen; die Berufung des Zöllners Matthäus, die Rede über das Fasten mit Beziehung auf die Johannesjünger; die Heilung des blutflüssigen Weibes und Erweckung der Tochter eines Archon; zuletzt die Heilung zweier Blinden und eines Stummen. Hier tritt ein Abschnitt ein, der sich schon dadurch ankündigt, daß die Darstellung bei den letzten Geschichten summarisch geworden ist. Außerdem aber liegt ein Schluß des Abschnittes in der zusammenfassenden Schilderung des Wirkens Jesu und seiner Betrachtung über die Noth des Volkes und das Bedürfniß von Arbeitern 9, 35—38. Diese Betrachtung leitet nun wieder eine große Rede ein Kap. 10, deren Anlaß und Gegenstand die Aussendung der zwölf Apostel ist. An sie schließt sich in Kap. 11 unmittelbar an die Nachfrage des Täufers vom Gefängnisse aus nach Jesu, mit der betreffenden Rede des letzteren und einigen weiteren Reden über seine Zeitgenossen und das Volk seiner Umgebung. Darauf folgen Kap. 12 zwei Angriffe der Pharisäer wegen Sabbathsverletzung durch Jesus und eine Betrachtung des Evangelisten über Jesus als den sanften Knecht Gottes nach Jesaja 42; sodann die Streitrede Jesu über den Bund mit Beelzebub, seine Antwort auf die Forderung eines Zeichens, und die auf das Verlangen seiner Verwandten, zu ihnen herauszukommen. Nun tritt wieder ein größeres Lehrstück ein Kap. 13, nämlich eine Zusammenstellung von Parabelreden Jesu, welchem noch die Erzählung von seiner ungünstigen Aufnahme in Nazareth folgt, die Grenze des Abschnittes aber bildet die Nachstellung des Tetrarchen Herodes, mit welcher zugleich der Bericht über die Hinrichtung des Täufers durch den letzteren verbunden ist, 14, 1—13. Wie hiedurch eine Epoche in der Geschichte angezeigt ist, so findet auch die synoptische Betrachtung einen Ruhepunkt, weil eben das Verhältniß der Evangelisten untereinander von hier an ein anderes wird.

Ueberblickt man nun diesen großen Abschnitt der Darstellung der galiläischen Wirksamkeit Jesu bei Matthäus, so läßt sich eine planmäßige Gliederung und mithin das Merkmal eigener Composition nicht verkennen. Die erste Wahrnehmung ist, daß die Geschichte von den einfachen Kundgebungen Jesu fortschreitet zu den feindseligen Beziehungen. Nach diesem Gesichtspunkt ergeben sich zwei Theile, von welchen der erste bis zur Aussendung der Apostel geht. Das Thema für denselben ist durch die vorangestellte Betrachtung 4, 23—25 gegeben. Die Bergpredigt und die Geschichten seines Heilens und ebenso großen als wohlthätigen Wirkens bilden die Belege für sein messianisches Auftreten, welches zuletzt durch den Auftrag an die Zwölfe größeren Umfang annimmt. Der zweite Theil von der Sendung des Täufers an zeigt lauter widerwärtige Zusammenstöße mit der Welt, in Reden und Geschichten. Die verschiedenen Classen der Ungläubigen und Gegner treten nach einander auf; der Täufer selbst, das Volk, die nächste Umgegend, sodann die Pharisäer, später seine Verwandten, und zuletzt die Mitbürger von Nazareth. Bei den Pharisäern steigert sich das Mißverhältniß zu bösen Anschlägen, und diesen stellt der Evangelist, um sie durch den Contrast zu beleuchten, das wahre Lebensbild Jesu gegenüber. In der Beschuldigung der Dämonenhilfe wie in der Zeichenforderung entwickeln sich die verschiedenen Stellungen des Unglaubens, Lästerung und Versuchung treten ihm nacheinander entgegen. Mutter und Brüder sind ihm entfremdet. Das Volk aber ist schon durch eine solche Kluft von ihm geschieden, daß sein Lehren in Parabeln nur den Zweck der Verstockung desselben haben kann. Zuletzt wird Jesus in seiner Vaterstadt verworfen, und da ihm endlich von seinem Landesherrn Verfolgung droht, so wird das Ende dieser Geschichten sein Rückzug in die Einsamkeit 14, 13. Der Zweck dieser ganzen Darstellung ist also klar: er ist zu zeigen, daß Gott dem Volke das Reich angeboten, daß aber dieses dasselbe verschmäht hat.

Hat so die Arbeit ihren bestimmten Zweck und Plan, so ist damit doch nicht sicher, daß dieß zugleich die ursprüngliche Anordnung dieser Geschichten ist. Vielmehr sind Anzeichen davon vorhanden, daß hiebei schon gegebene Stoffe verarbeitet wurden. Wir haben daher unzweideutige Spuren der Combination. Am auffallendsten ist dieß in der Erzählung von Herodes. Der Verfasser will zeigen, daß Jesus vor den Nachstellungen des Herodes fliehen muß, er berichtet aus diesem Anlaß den Untergang des Täufers, um zu erklären, wie Herodes den Gemordeten und die Erscheinung Jesu in seinen Gedanken kombiniren konnte. Indem er nun aber die Nachricht von dem Tode des Täufers durch die Jünger desselben an Jesum gelangen läßt, verwirrt er hiebei die Dinge so, als ob diese längst geschehene Benachrichtigung im jetzigen Augenblick die Ursache der Flucht Jesu wäre, 14, 12. 13. Ein anderer Punkt ist die Aussendung der Zwölfe. Die Einleitung zu diesem Stücke 9, 36—38 läßt vermuthen, daß die Wahl und Bestimmung derselben begründet werden solle, wie dieß auch 10, 1 geschieht, mit derselben ist aber sofort die erste Aussendung, 10, 5 kombinirt.[1]) Eine Combination läßt sich auch bei der Bergpredigt nicht verkennen, welche der Einleitung 5, 1 f. zufolge von Jesus an seine Schüler gesprochen ist, indem er sich vor dem Volke zurückgezogen hat, während dann die Wirkung derselben, 7, 28 f., als Wirkung auf die Volksmassen geschildert wird. Offenbar ist daher entweder das Eine oder das Andere nicht ursprünglich für diese Rede geschrieben, sondern erst in zweiter Hand damit verbunden. Aber auch im Allgemeinen läßt sich wohl erkennen, daß das Material des Evangelisten nicht für seine Zwecke ursprünglich zusammengestellt ist. So deutlich in dem ersten Abschnitte von der Bergpredigt bis zur Aussendung der Apostel die Absicht ist, Erweisungen der Herrlichkeit Jesu zusammenzustellen, so sind doch darunter Stücke, wie die Antworten auf Anerbietungen

---

[1]) Daß beides ursprünglich verschieden ist, ergibt sich nicht erst aus Markus und Lukas, so daß man noch zweifeln könnte, ob diese die Trennung der Momente nicht erst gemacht haben, sondern es erhellt bei Matthäus selbst aus dem Verhältnisse zwischen 10, 1 und 5, vgl. 10, 1 und 8; es wird aber allerdings durch die Vergleichung von Matth. 10, 1, Mark. 3, 14. 15 und Matth. 10, 5. 7. 8, Mark. 6, 7, Luk. 9, 1, (10, 9) entscheidend bestätigt. Man sieht hieraus, daß es 1) einen Bericht über die Wahl gab, in welchem der Bestimmung zum Heilen gedacht war, 2) einen Bericht über die Aussendung und zwar in doppelter Gestalt, so daß bei der einen wiederum jene Bestimmung in der Einleitung zur Rede, bei der anderen in dieser selbst erwähnt war. Bei Matthäus ist dieselbe historisch und in der Rede genannt, 10, 1 und 8, weil Wahl und Aussendung kombinirt sind.

zur Nachfolge, oder das Gespräch mit den Johannesjüngern über das Fasten, welche ein erster Sammler gewiß nicht unter diesen Gesichtspunkt gestellt hätte, und welche nur deßwegen hier stehen, weil sie schon vorher mit anderen dahin gehörigen verbunden waren, und sich in gewissem Sinne neben diesen hier verwenden ließen. Wenn ferner in dem verurtheilenden Weherufe über die Gegend, welche am meisten Wohlthaten von ihm empfangen hat, Ortschaften aufgeführt sind, 11, 21, welche in der ganzen bisherigen Erzählung gar nicht genannt waren, so ist damit deutlich genug gezeigt, daß diese Erzählung und jene Rede nicht ursprünglich für einander gemacht sind. Ueberhaupt aber greifen die Reden und Redegruppen in den Gang der Geschichte selbst offenbar nicht ein, sondern sie haben vielmehr die Bedeutung, durch ihren Inhalt gewisse Abschnitte und Gruppen der Erzählungen in ein bestimmtes Licht zu setzen, dieselben so zu beherrschen und in eine höhere Oekonomie zu bringen.

Diese Ansicht über die Bildung der Erzählungsgruppen bei Matthäus müßten wir freilich aufgeben, wenn wir den Formeln, mit welchen er die Folge der einzelnen Glieder untereinander herstellt, irgend welches Gewicht beilegen könnten. Die Verbindungen des Matthäus zeichnen sich von denjenigen der beiden andern Synoptiker dadurch aus, daß sie zu einem großen Theile die Ereignisse in einen unmittelbaren zeitlichen Zusammenhang miteinander bringen. Ein solcher verbindet die Dinge von der Bergpredigt bis zu der großen Krankenheilung in Kapernaum 8, 1. 5. 14. 16, ferner von den Nachfolge-Erbietungen bis zum Paralytischen 8, 18. 23. 28. 9, 1, von der Berufung des Matthäus bis zu den letzten Heilungen 9, 9. 14. 18. 27. 32, dann die beiden Sabbathgeschichten 12, 9, und endlich die sämmtlichen Stücke von der Vertheidigungsrede gegen die Pharisäer bis zu der Scene in Nazareth 12, 22. 38. 46. 13, 1. 53. Man weiß, welche Schwierigkeiten diese Verbindungen den Versuchen einer harmonistischen Synopse gemacht, zu welchen Künsteleien sie dieselbe gezwungen haben.[1]) Aber auch bei freierem kritischen Verfahren lag es nahe, zu ver-

[1]) Zuletzt Ebrard, wissensch. Kr. d. ev. Gesch. S. 80 ff.

muthen, daß wir in diesen Erzählungen in der That nur die Berichte über einige ausgezeichnete Tage epochemachende Momente des Galiläischen Lebens Jesu [1]) haben. Die unbefangene synoptische Vergleichung kann darin nur Versuche des Evangelisten erkennen, den ihm gegebenen Stoff so viel als möglich in eine Zeitfolge zu bringen. Charakteristisch hiefür ist neben den engeren Verbindungen besonders der ihm eigene häufige Gebrauch von τότε, welches (man vergleiche die Anwendung in der Leidensgeschichte 26, 31. 36. 38. 45. 52. 65. 74 ꝛc.) offenbar die Zeitfolge bestimmen soll, aber vorzugsweise bei der Verbindung von Reden, wo kein Stoff für eine konkretere Formel gegeben ist, benützt wird, vgl. 11, 20. 12, 44, und den ganzen Versuchscharakter dieser Verbindungen überhaupt erkennen läßt. Auch die Ueberleitungen, wie: „an jenem Tage" 13, 1 oder „während er noch sprach" 9, 18. 12, 46 und dgl. können deßhalb keinen höheren Werth ansprechen, der Verfasser hat den durchaus sekundären Charakter derselben dadurch gezeichnet, daß er die zwei Sabbathanklagen 12, 9 im Streben nach solchen Formeln auf Einen Sabbath verlegt. So wird also gerade dieses Verfahren hier wie im ganzen Evangelium zum stärksten Merkmale seiner sekundären Stellung.

Vergleichen wir nun das Markusevangelium, so hat dasselbe zwischen den beiden Endpunkten, nämlich der Berufung der zwei Brüderpaare und der Nachstellung des Herodes zum großen Theile die gleichen Geschichten und wenigstens theilweise auch in der gleichen Folge. Nach jener Berufung, welcher auch hier noch eine kurze Anzeige seiner Predigt vorangeht, heilt hier Jesus zuerst einen Dämonischen in der Synagoge zu Kapernaum, sodann die Schwiegermutter des Petrus und viele andere Kranke, erst in Kapernaum, dann in weiterem Kreise, zuletzt den Aussätzigen 1, 16—45. Sodann folgt die Heilung des Paralytischen, die Berufung Levis, das Gespräch über das Fasten, die beiden Sabbathverletzungen 2, 1—3, 6, hierauf nach einer allgemeinen Schilderung seiner großen ausgedehnten Wirksamkeit die Erwählung

---

[1]) Vgl. Erlanger Zeitschr. N. F. XXXI. 1. Dagegen Chavannes, in nouv. revue de théol. III. 1, 3, der freilich eine ähnliche Annahme auf Markus stützt.

der Zwölfe, die Beschuldigung des Bundes mit den Geistern und die Forderung seiner Verwandten 3, 7—35; die Gleichnisse, oder wenigstens das erste derselben mit einer Anzahl anderer bildlicher Reden c. 4. Jetzt die Geschichten vom Seesturm, dem Gadarener Besessenen, dem blutflüssigen Weibe und der Tochter des Jairos, den Einwohnern von Nazareth, der Aussendung der Zwölfe und der Nachstellung des Herodes, und der Rückkehr der Zwölfe 5, 1—6, 33.

Der Hauptunterschied von dem parallelen Abschnitte des Matthäus ist der, daß bei Markus der größere Theil der Reden, welche jener hat, fehlt, außerdem aber, daß die Geschichten zum Theil anders gestellt sind. Die Gesichtspunkte, nach welchen der Darsteller verfahren ist, lassen sich nicht so leicht erkennen, wie bei Matthäus. An solchen Fingerzeigen, wie sie die Reflexionen des ersten Evangelisten geben[1]) fehlt es hier fast ganz. Markus versetzt sogleich mitten in die Thatsachen und schreitet beinahe ohne Anhalten von einer zur andern fort. Ein einziges Mal in diesem Abschnitte, 3, 7—12, gibt er eine allgemeine Schilderung des Wirkens Jesu; aber vergleicht man diese mit der entsprechenden des Matthäus 4, 23—25, so ergibt sich auch hier der Unterschied, daß Markus bloß übersichtlich schildert, und überdieß an eine Scene anknüpft, während Matthäus dabei absichtsvoll charakterisirt. Dieser Unterschied wird zu einem sicheren Merkmale dafür, daß die Anlage des Markusevangeliums ursprünglicher ist, wenn sich zugleich zeigt, daß dieselbe ihre eigenen von Matthäus unabhängigen, nicht erst durch seine Reflexionen erläuterten Gesichtspunkte hat. In der That schließen sich die parallelen Stoffe bei seiner Ordnung wenigstens in mehreren ihrer Gruppen ganz unverkennbar zu Abschnitten von gewissem Charakter zusammen, welcher keiner weiteren Erläuterung bedarf, sondern sich durch den Inhalt selbst unzweideutig ausspricht. So bilden die ersten Stücke bis zu der Heilung des Aussätzigen eine Gruppe, welche ganz den Charakter des ersten wunderbaren Auftretens an sich hat. Eine zweite Gruppe geht von dem Paralytischen bis zur Heilung der verdorrten Hand am

---

[1]) Vgl. Matth. 4, 14 ff. 23. 8, 17. 9, 35. 12, 15—21.

Sabbath und befaßt lauter Begebenheiten, in welchen ein Widerspruch gegen Jesus laut wird. Weiterhin treten noch einmal die Geschichten vom Sturm bis zur Erweckung der Tochter des Jairos als eine Kette von Wunderthaten deutlich hervor. Eben das aber, daß nur die Verwandtschaft der Farbe solche Gruppen charakterisirt und nirgends die Reflexion die Anordnung deutlich bestimmt wie bei Matthäus, bestätigt die Wahrnehmung, daß wir es hier mit einer ursprünglicheren, einfacheren Anordnung dieser Stoffe zu thun haben.

Hätten wir jedoch bloß diese beiden Synoptiker, so bliebe immerhin die Frage dem Streite offen, ob die eine oder die andere der beiden Anordnungen auf die Quelle selbst zurückweise. Unter den Punkten, welche am stärksten für die Abhängigkeit des Matthäus sprechen, steht in erster Linie die Combination der Berufung und der ersten Aussendung der Zwölfe, welche bei ihm stattgefunden hat. Bei Markus sind, wie wir sahen, beides getrennte Akte, bei der Aussendung hat auch er eine kurze Ansprache, bei der Berufung selbst nichts der Art. Um so weniger läßt sich bezweifeln, daß hier die erste Erzählung ist, welche eben den Akt als solchen darstellen wollte. Diese besondere Darstellung desselben wäre unerklärlich, wenn sie erst aus der andern heraus geworden sein sollte.[1]) Wohl aber läßt sich die Uebergehung bei Matthäus erklären. Die Stelle dieser Apostelberufung ist bei ihm von vorneherein vertreten durch die Bergpredigt. Indem er dieselbe in diesem Sinne voranstellte, konnte er nachher den Berufungsakt übergehen, und hatte nur die Namen der Zwölfe bei der Aussendung noch nachzutragen.[2])

---

[1]) Strauß, Leben Jesu S. 270, meint allerdings, der Bericht des Markus und Lukas über die Wahl habe „ganz das Ansehen aus der herrschenden Voraussetzung, daß die Zwölfe von Jesu selbst ausgewählt seien, nach eigener Phantasie herausgesponnen zu sein.“ Ist aber, wie er selbst annimmt, diese Zwölfzahl auf Jesum zurückzuführen, so konnte dieselbe ihrem Sinn und Zwecke nach nur in einem bestimmten Akte festgestellt sein, und daß dieser in der apostolischen Erinnerung fortlebte, hat alle Wahrscheinlichkeit für sich.

[2]) Die Wahl ist Mark. 3, 7—13 ff. (vgl. Luk. 6, 12—20 ff.) durch eine Schilderung des Volkszudranges zu Jesus eingeleitet. Matthäus hat diese Schilderung 4, 23—25 vor die Bergpredigt gestellt, obwohl sie historisch und

Aber entschieden wird unsere Frage erst durch die Vergleichung des Lukasevangeliums. Durch seine Parallele wird vor Allem festgestellt, daß die Anordnung der Geschichten bei Markus die der Quelle selbst sein muß. Das Lukasevangelium beginnt allerdings damit, eine Begebenheit, welche die beiden andern fast zuletzt haben, die Verwerfung Jesu in Nazareth, an den Eingang zu stellen, 4, 16—30. Von da an aber geht es mit Markus bis zu der Berufung der Zwölfe, mit dem einzigen Unterschiede, daß es zwischen die Heilung der Schwiegermutter des Petrus und des Aussätzigen eine eigenthümliche Erzählung von der Berufung des Petrus, welche die bei ihm übergangene Berufung der beiden Brüderpaare ersetzt, eingeschaltet hat, 5, 1—11. An die Wahl der Zwölfe schließt es eine größere Rede, die Parallele der Bergpredigt des Matthäus, 6, 20—49, und an diese sofort 7, 1—8, 3 eine Reihe von zum Theil dem Stoffe nach, jedenfalls aber ihrer Zusammenstellung nach ihm eigenthümlichen Stücken an, nämlich die Heilung des Knechtes des Hekatontarchen, die Erweckung des Jünglings zu Nain, die Botschaft des Täufers, die Sünderin im Hause des Pharisäers und die dienenden Frauen. Dieser ganze Abschnitt ist dem Markus völlig fremd. Mit Matthäus berühren sich zwar die drei Stücke desselben: Bergpredigt, Hekatontarch, Johannes Botschaft, aber so, daß die Darstellung der ersteren und der Ort aller drei ganz eigenthümlich sind. So daß also der ganze Abschnitt eine besondere Einschaltung des dritten Evangeliums ist, welcher auf der Seite des Markus die bei Lukas fehlende aber an anderem Orte nachgebrachte Beschuldigung des Bundes Jesu mit den Dämonen gegenüber steht. Nach dieser trifft es nun wieder ganz mit Markus zusammen bis zum Schlusse, nur mit den beiden Differenzen, daß die Gleichnißreden vor dem Besuche der Verwandten Jesu kommen, während dieß bei Markus umgekehrt ist, und daß dann weiterhin der Besuch in Nazareth, weil er schon im Eingange vorkam, wegfällt. Zieht man diese kleinen in ihrer Absicht leicht erkenntlichen Veränderungen

---

ursprünglich gar noch nicht so am Anfange stehen konnte: nur um damit die Bergpredigt selbst der Jüngerwahl entsprechend einzuleiten.

sowie die genannte größere Einschaltung ab, so wiederholt demnach das Lukasevangelium ganz den Gang des Markus. Dieses Zusammentreffen ist die entscheidende Bestätigung dafür, daß wir in dieser Redaktion in der That den ursprünglichen Entwurf dieser Geschichten, die wesentliche Gestalt derselben in der gemeinsamen Quelle besitzen.[1])

Steht dieses erst fest, so können wir auch die Frage beantworten, wie die Umgestaltung derselben bei Matthäus zu erklären ist. Wir haben jetzt das Recht zu der Vermuthung, daß er die Geschichten theilweise versetzt und die Gruppen derselben zerrissen hat, um sie an den Ort zu bringen, wo sie sich nach dem Pragmatismus seines Entwurfes am besten verwenden ließen. Seine Hauptabweichung beruht darauf, daß er die Geschichten vom Sturm und Besessenen nach vorne gerückt hat, wo sie unter den Wundererweisungen einen hervorragenden Platz einnahmen, und daß er andererseits die beiden Sabbathverletzungen aus dem gegebenen Zusammenhange heraus an einen späteren Ort gestellt hat, um durch sie die offene Anfeindung Jesu von Seiten der Pharisäerpartei zu widerlegen. Während die Reihenfolge bei Markus und Lukas einen freieren Wechsel im Charakter der Stücke erkennen läßt, hat Matthäus dieselben mehr im Großen unter allgemeine Kategorien gestellt.

---

[1]) Warum Lukas die Begebenheit in Nazareth voranstellte, ist klar; sie motivirt bei ihm durch Thatsache und Rede die Wahl Kapernaums zum Schauplatze der Thätigkeit Jesu. Die Bergpredigt ist bei ihm ganz Jüngerrede und schien daher zu der Wahl der Apostel zu gehören. Für diese bildete das Stück von den dienenden Frauen eine Ergänzung, und die Geschichte der Sünderin erläuterte wieder dieses Verhältniß. Die Botschaft des Täufers mußte hier gegeben werden, weil später sein Tod vorausgesetzt wird. Die Erweckung des Jünglings zu Nain war ein Beleg dazu, daß Jesus sich gegen ihn auch auf Todtenerweckungen berufen konnte. Auch die Einschaltung der Berufung des Petrus an ihrem bestimmten Orte ist bei ihm dadurch erklärt, daß nach seiner Fassung derselben ein schon bestehendes Verhältniß Jesu zu diesen Jüngern vorausgesetzt ist. Je leichter sich alle diese Elemente als zweckvolle Einschaltungen an ihrem Orte erkennen lassen, desto deutlicher tritt der mit Markus übereinstimmende Grundstock als Erbe der Hauptquelle hervor.

2. Haben wir hiermit die ursprüngliche Ordnung der synoptischen Geschichten unseres Abschnittes erkannt, so ist nun weiter die Frage, ob die Redestücke, welche sich in dieser Ordnung bei den einzelnen Evangelisten oder bei mehreren finden, als eingeschaltet angesehen werden müssen. Von vorneherein wird die Kritik in dieser Frage den Maßstab anlegen dürfen, daß der feste Ort einer Rede in der synoptischen Folge auch das Zeichen der ursprünglichen Zugehörigkeit ist, wogegen ein nur vereinzeltes Vorkommen oder eine offenbar schwankende, unsichere Stellung das Merkmal der Einschaltung bilden muß.

Von den größeren Reden des ersten Evangeliums kommen zuvörderst diejenigen in Betracht, welche bei Markus ganz fehlen, nämlich: die Bergpredigt, die Rede über den Täufer, über die galiläischen Städte und über den Unglauben der Zeitgenossen überhaupt, sowie weiterhin über die Zeichenforderung. Von diesen fünf Reden haben nur die beiden ersten ihre Parallelen im Abschnitte bei Lukas, die drei letzteren aber hat dieser in seinem Evangelium an ganz anderem Orte und offenbar aus anderer Quelle, worüber später zu reden ist. Sie haben also schon deßhalb schwerlich einen ursprünglichen Bestandtheil dieses Abschnittes gebildet. Daß das Gleiche auch von der Rede über die Botschaft des Johannes gilt, ist daraus abzunehmen, daß Lukas dieselbe in seiner eigenthümlichen Einschaltung gegeben hat. Die Bergpredigt aber steht an der Spitze der letzteren und hier ist daher noch die Frage offen, ob sie nicht noch zum vorigen, d. h. zum Körper des Ganzen gehöre. Dagegen spricht aber der Umstand, daß Matthäus und Lukas diese Rede, welche trotz aller Abweichungen doch im Wesentlichen bei Beiden identisch ist, an verschiedenem Orte haben. Hieraus geht hervor, daß man zwar die Ansicht hatte, diese Ansprache sei in die ersten Zeiten Jesu zu verlegen, daß aber ein sicherer Ort dafür nicht gegeben war.[1]) Sie kann also nicht in der Quelle enthalten, sondern nur

---

[1]) Das entscheidende Moment für diese Frage liegt in der Auffassung der Rede selbst, von welcher wir später zu zeigen haben, daß sie ihrer ursprünglichen Idee nach gar keine Jüngerrede war. Allerdings hat man sie bald als eine solche vorzustellen begonnen. Den ersten Schritt dazu thut

aus einer anderen in dieselbe versetzt sein. Scheint es wohl an sich natürlich, daß eine derartige, wenn auch nur kürzere Ansprache mit dem Berichte über die Jüngerwahl verbunden gewesen, so haben wir andererseits demnach doch keinen Grund, eine solche in der synoptischen Quelle anzunehmen, und den zufälligen Wegfall derselben bei Markus zu vermuthen.[1])

Wir haben mithin die sämmtlichen Reden, welche nur Matthäus, sowie diejenigen, welche nur Matthäus und Lukas haben, als Einschaltung zu betrachten, und es ist nur noch die Frage, wie es sich mit den Reden, die auch in Markus sich finden, verhält.

Markus trifft mit den Reden des Matthäus in unserem Abschnitte dreimal, darunter zweimal auch mit Lukas, zusammen. Er hat, wenn auch jedesmal verkürzt, die Rede über den Bund mit Beelzebub, sodann die Gleichnißreden, und endlich die Aussendungsrede. Die beiden letzteren nun, die einzigen, welche in sämmtlichen drei Evangelien parallel sind, haben nicht nur hiedurch das Vorurtheil ihrer Ursprünglichkeit für sich, sondern es treffen auch besondere Gründe genug zusammen, sie als Bestandtheile der Hauptquelle anzuerkennen. Die Aussendungsrede trägt in der Gestalt, die sie bei Markus und Lukas hat, ganz das eigenthümliche schriftstellerische Gepräge derselben, daß man sie ihr nicht wohl absprechen kann. Die Erweiterung derselben bei Matthäus ist offenbar aus der Combination mit einer anderen Quelle

---

Matthäus, der zwar sie noch als die Probe der großen Reichspredigt Jesu an die Spitze stellt, aber doch sie schon an die Jünger Jesu zunächst gerichtet sein läßt, und bei dem sie daher auch die Einleitung zur Jüngerberufung an sich gezogen hat. Freilich diese selbst konnte er schon deßwegen nicht hieher setzen, weil Matthäus erst nachher berufen wird. Aber eben hierin zeigt sich, daß seiner Combination doch noch eine Erkenntniß von der Bedeutung der Bergpredigt zu Grunde liegt, welche ihn hindert, den Schritt zu thun, den dann Lukas gethan hat, indem er sie geradezu mit der Apostelwahl verband, und den dieser auch bei seiner Redaction der Rede thun konnte.

[1]) Daß die Apostelwahl bei Markus 3, 19 den Ausfall einer solchen Ansprache verrathe (Ewald, die drei ersten Ev. S. 208, Holtzmann, syn. Ev. S. 76), läßt sich nicht begründen. Dem Verfasser war die feierliche Aufstellung der Personen, verbunden mit neuer Namengebung Handlung genug, und daß keine Ansprache nachfolgte, ist aus 3, 14. 15 von selbst klar.

hervorgegangen.[1]) Fast ebenso sicher darf man annehmen, daß das erste Gleichniß Matth. 13, 1 ff. Par. ursprünglich an dieser Stelle ist, wie es denn auch von sämmtlichen Evangelisten an der gleichen Stelle gegeben wird; daß aber die Verbindung mit den folgenden Parabeln auch hier bei Matthäus auf einer ähnlichen Combination beruht, geht schon aus der Unklarheit der Scene hervor, welche durch diese Erweiterung entstanden ist.[2]) Wenn Markus diesem Gleichnisse noch die Worte vom Leuchter und vom Offenbarwerden der Wahrheit, sowie das von der Vermehrung der empfangenen Gabe anschließt, so ist dieß nicht nur durch die Parallele des Lukas bestätigt,[3]) sondern auch dadurch daß es im Zusammenhang mit dem Gedanken des ganzen Stückes steht, nämlich damit, daß das Lehren Jesu als parabolisch überhaupt ein verborgenes gewesen sei. Dagegen ist die folgende Parabel des Markus, von dem während des Schlafes des Sämanns wachsenden Korn ihrem ganzen Inhalte nach von sekundärer Natur;[4]) und diese wie die weiter angefügte vom Senfkorn[5]) dürfen sicher als Zusätze des Bearbeiters angesehen werden.

Was aber nun die noch übrige Rede betrifft, welche Markus mit Matthäus, wenn auch nicht in ihrem ganzen Umfange und nicht ihrem Orte nach, gemeinsam hat, die über den Bund mit Beelzebub, so ist sie schwerlich in der synoptischen

[1]) Das hier bestehende Verhältniß, daß Markus und Lukas ein kurzes Analogon einer größeren Matthäusrede haben, wiederholt sich bei der Pharisäerrede, Matth. 23. Mark. 12, 38—40. Luk. 20, 45—47. Nur wenn man Markus von den beiden anderen abhängig sein läßt, erklärt sich diese Erscheinung. Aber diese Erklärung fällt nicht nur mit jener Voraussetzung, sondern die Erscheinung ist auch von der Art, daß sie billiger Weise gegen das Vorurtheil selbst bedenklich machen sollte.

[2]) Vgl. Matth. 13, 10. 24. 34—36.

[3]) Vgl. Mark. 4, 21—24, Luk. 8, 16—18. Es kommt noch hinzu, daß bei Lukas diese Worte Dubletten sind, vgl. 11, 33. 12, 2. 6, 38. 19, 26. Sie stammen also nicht bloß aus seiner Redenquelle.

[4]) Sie enthält eine Beruhigung über die Verzögerung der erwarteten Parusie, vgl. Mark. 4, 27. 28.

[5]) Mark. 4, 30—32, wenn auch diese Parabel nicht wie die vorige eine Umbildung, sondern ein ächtes Wort Jesu enthält.

Quelle ursprünglich. Lukas übergeht sie nicht nur hier, sondern er zeigt auch in der Art wie er sie später mit der Rede über die Zeichenforderung zusammennimmt, 11, 15 f., daß sie in dieser auch durch Matthäus bestätigten Verbindung einer anderen Quelle angehört. Bei Markus aber unterbricht sie offenbar den Zusammenhang. Er hat vorher die Erzählung von dem Versuche der Verwandten Jesu, sich seiner zu bemächtigen, begonnen 3, 21. Weil diese von der Meinung ausgiengen, er sei von Sinnen gekommen, erwähnt er nun auch die Beschuldigung des dämonischen Bundes 22, und kommt erst nach Einschaltung der Gegenrede Jesu hierüber auf den Faden jener ersten Begebenheit zurück 31—35.[1]) Auch ist die Rede selbst den einleitenden Worten nach 3, 23 deutlich nicht als Bestandtheil der Erzählung behandelt sondern als etwas Besonderes, was hier angeführt werde, bezeichnet (vgl. 3, 30) und durch die Charakterisierung als Gleichnißrede zur selbstständigen Rede gemacht, wie sie fast nur aus einer Redensammlung genommen sein kann. Somit ist Grund genug vorhanden, sie vom Stamme der Quelle auszuschließen. Warum sie aber dennoch derselben einverleibt werden konnte, ist theils aus dem berührten Verhältnisse zwischen Mark. 3, 21 und 22, theils aus Matthäus zu ersehen. Die Beschuldigung nämlich gehört unter die Stücke, bei welchen er durch die ausgezeichnete Wiederholung deutlich auf das Vorkommen derselben in zwei Quellen hinweist Matth. 9, 34. 12, 24.[2]). Es ist demnach anzunehmen, daß auch in unserer Quelle sich die Angabe

---

[1]) Allerdings wiederholt sich dieses Theilen einer Erzählung durch Zwischeneinschieben einer anderen auch in der Geschichte des Feigenbaumes, Mark. 11, 12—14. 20—25, ferner in der Einschaltung des Endes des Täufers in die Geschichte der ersten Jüngeraussendung, Mark. 6, 7—13. 30 ff. Aber wenn dieß auch Gewohnheit des Schriftstellers sein mag, und diese selbst schon der Grundschrift eigen sein sollte, so mochte auch hier wohl etwa die Erzählung des pharisäischen Vorwurfes stehen, aber es folgt daraus doch nicht, daß die Rede 3, 23 ff. anfänglich in den Text gehört.

[2]) Es folgt daraus noch nicht, daß die Rede Matth. 12, 25 ff. in ihrer Quelle die geschichtliche Einleitung 12, 22—24 gehabt haben müsse; aber daß das Factum in 9, 27 besonders steht, beweist, daß es zugleich anderswoher als aus den Reden aufgenommen ist.

über diesen aus Gelegenheit der Heilung eines Dämonischen ausgesprochenen Vorwurf, aber ohne weitere Gegenrede fand. Indem der Bearbeiter des Markus hier die Rede einschaltete, nahm er wohl auch mit dem Texte über die Geschichte des Vorwurfes selbst eine Veränderung vor, so daß sich diese jetzt wahrscheinlich richtiger bei Matthäus erhalten hat.

Wir kommen somit zu dem Ergebnisse, daß der synoptische Text, welcher unseren Evangelien zu Grunde liegt, ursprünglich von den in Frage kommenden Reden allein die kurze Apostelinstruction und die Parabel vom Acker enthalten hat, und dieses aus der Synopse selbst gewonnene Ergebniß bestätigt sich durch den Charakter dieser beiden Worte, welche sich durch ihre Einfachheit und historische Beziehung wesentlich von den Lehrdarstellungen in den ausgeschiedenen größeren Reden und Redegruppen unterscheiden. Die bisherige Untersuchung bedarf aber noch einer Ergänzung. Haben wir den Bestand der Quelle in Betreff der Ordnung der gemeinsamen Geschichten sowie ihres Inhaltes an Reden festgestellt, so erübrigt noch die Untersuchung darüber, ob das Geschichtliche, was Matthäus und Lukas weiter als Markus haben, als Zusatz angesehen werden dürfe, oder bei Markus weggefallen sei. Von den Stücken, welche hier in Frage kommen, ist die Heilung des Sohnes oder Knechtes des Hekatontarchen den beiden anderen Evangelisten gemeinsam. Vgl. Matth. 8, 5—13. Luk. 7, 1—10. Sie treffen ferner auch darin zusammen, daß Lukas dieselbe unmittelbar hinter seiner Bergpredigt, Matthäus sie wenigstens ganz in der Nähe derselben hat. Man darf daraus schließen, daß sie diese Stellung schon in der Quelle hat, aus welcher die beiden Evangelisten die Bergpredigt genommen haben, mithin aus einer anderen Quelle, als dem Complexe unserer Geschichten.[1]) Zu erklären bleibt dabei jedoch, wie die Ordnung bei Matthäus entstanden ist, dieser läßt nämlich auf

[1]) In wiefern dieses denkbar sei, muß später erörtert werden. Eine Bestätigung übrigens, daß dieses Stück einer besonderen Quelle angehöre, liegt auch darin, daß das vierte Evangelium Joh. 4, 54 bemüht ist, demselben seine richtige Stellung anzuweisen, wonach diese in Frage gestanden zu sein scheint.

die Bergpredigt den Aussätzigen, und auf diesen erst den Hekatontarchen folgen, so daß also der letztere durch ein Markusstück von jener getrennt ist. Die Erklärung hiefür liegt in den inneren Beziehungen beider Geschichten, und der Bedeutung, welche dieselben für Matthäus bekamen. Bei der Heilung des Aussätzigen hat es Jesus mit einem Juden zu thun, und fordert von diesem die Beobachtung der gesetzlichen Vorschrift. Mit Rücksicht hierauf bildet die Geschichte des Hekatontarchen ein Gegenstück, indem die Heilung einem Heiden erwiesen wird, und Anlaß zu einem Worte über die Stellung der Heiden gibt. Die so unter sich zusammenhängenden beiden Geschichten schließen sich daher sinnvoll an die große Rede an, in welcher Jesus von seinem Verhältnisse zum Gesetz ausgegangen ist; sie bilden in ihrer wechselseitigen Ergänzung einen Commentar zu derselben.[1])

Außer diesem mit Lukas gemeinschaftlichen hat Matthäus noch zwei Stücke für sich, bei welchen es sich um die Frage handeln kann, ob sie bei Markus ausgefallen sind; das Eine ist die Erzählung von zwei Blinden und einem Stummen, welche Jesus geheilt hat Matth. 9, 27—34; diese Geschichten, welche hier ganz summarisch erzählt sind, haben bei Markus ihren Ersatz in später berichteten Heilungen, die dann dort am parallelen Orte bei Matthäus fehlen, Mark. 7, 31—34. 8, 22—26, und es ist daher jedenfalls zweifelhaft, ob sie von Anfang an unserem Abschnitte angehören. Das Andere ist die Erzählung von zwei Nachfolgern, welche Jesus abweist Matth. 8, 18—22. Diese Erzählung könnte bei Markus vor der Apostelwahl ausgefallen sein, wo er Jesus 3, 7 sich an den See begeben läßt,[2]) wie wenn damit ein besonderes Ereigniß eingeleitet werden sollte, ohne daß dieses doch wirklich erzählt wird. Aber Lukas hat diese

[1]) Daß aber hiebei die Heilung des Aussätzigen an einen Ort gerückt ist, an dem sie nicht ursprünglich stand, zeigt sich an dem offenbaren Widerspruche, wonach Jesus, weil von der Bergpredigt kommend, von großer Volksmenge begleitet ist, 8, 1, und dann doch Angesichts derselben, 8, 4, dem Geheilten verbietet, das Geschehene irgend Jemanden zu sagen.

[2]) Vgl. Matth. 8, 18, wo diese Begegnungen mit dem Unternehmen einer Reise über den See eingeleitet sind.

noch um einen dritten Fall vermehrte Darstellung 9, 57—62 in einem ganz anderen Theile seines Evangeliums, und schon hiedurch ist wahrscheinlich, daß sie hier nicht ursprünglich stand. Da nun überdieß diese Gruppirung verwandter Fälle mit kurzen entsprechenden Sentenzen ein anderes Gepräge der Darstellung trägt als unsere Quelle es zeigt, so darf man den Ursprung wohl in einer anderen, mündlichen oder schriftlichen Ueberlieferung suchen.

Von den Stücken aus Lukas, welche hier noch in Betracht zu ziehen sind, ist die Berufung des Petrus durch den wunderbaren Fischfang offenbar ein Ersatz für die ursprünglichere Erzählung von der Berufung des Petrus und seines Bruders, welche Markus hat. Unter den gleichen Gesichtspunkt fällt die Geschichte von der Sünderin im Hause des Pharisäers, welche bei Lukas die Stelle der bei den anderen Evangelisten der Leidensgeschichte zugehörigen Salbung Jesu vertritt; beide Erzählungen sind überdieß von einer ganz anderen Farbe der Darstellung und daher als spätere Zusätze zu betrachten. Als einen solchen charakterisirt sich auch die Erweckung des Jünglings zu Nain dadurch, daß sie Judäa als ihren Schauplatz angibt Luk. 7, 17. Dagegen hat Lukas in dem kurzen Berichte 8, 1—3 über die mit Jesus und den Zwölfen verbundenen Frauen ein Stück von jedenfalls hohem Alter aufbewahrt, dessen Ursprung jedoch sich nicht weiter bestimmen läßt.

3. Auch die Abweichungen der Synoptiker in Ansehung der von ihnen in unseren Abschnitt aufgenommenen Geschichten bestätigen daher nur das Ergebniß der ganzen Untersuchung, daß ihre Erzählung eine gemeinsame schriftliche Quelle erkennen läßt, deren Umfang und Ordnung im Wesentlichen in der Darstellung des Markus wiederzuerkennen ist. Es erhebt sich aber nun die weitere Frage, in welcher der drei Redactionen diese Quelle, sofern dieß überhaupt anzunehmen ist, auch ihre ursprüngliche Form, den Charakter ihrer Darstellung am meisten erhalten hat. Diese Frage ist auch nach dem bisherigen eine offene, da nicht nur Matthäus und Lukas offenbar Bearbeiter derselben sind, sondern

auch Markus sicher wenigstens durch einige Zusätze die zweite Hand verräth.[1])

Die Darstellung zeigt bei den synoptischen Stücken neben der unverkennbaren Identität des Ursprunges doch eine große Freiheit der Behandlung. Es ist möglich, daß manche Differenzen über den jetzigen Verfasser hinaus auf ältere Redactionen der Quelle zurückzuführen sind. Aber bei weitem das Meiste, was hieher gehört, läßt eine durchgehende schriftstellerische Eigenthümlichkeit der jetzigen Verfasser erkennen; und dies weist von vorneherein darauf hin, daß keiner von denselben die gemeinsame Quelle ganz treu oder doch beinahe wörtlich wiedergegeben hat. Sie sind sämmtlich Bearbeiter und nur die Art der Bearbeitung selbst kann noch eine nähere oder fernere Stellung zur gemeinsamen Grundlage enthalten.

Vergleichen wir nun die Bearbeitung in diesem Sinne, so ergibt sich ein Verhältniß, welches im Wesentlichen doch ganz dem aus der Vergleichung der Stoffe und ihrer Anordnung gewonnenen Resultate entspricht. Vor Allem wiederholt sich wie dort die Thatsache, daß von den dreien Markus und Lukas sich unter einander näher stehen, als jeder von ihnen dem Matthäus. In der Regel oder doch sehr häufig bilden sie eine Textfamilie gegenüber von dem abweichenden Matthäus. Unter sich verhalten sich die beiden dann wieder so, daß Lukas häufig einen kürzeren und ursprünglicheren Text zeigt als Markus. Dieser hat eine große Anzahl von Erweiterungen in schildernder ausmalender Art, welche offenbar auf seine Rechnung kommen. Dagegen hat Lukas in seinem Texte nicht selten einzelne Veränderungen angebracht, welche auf unverkennbarer Reflexion beruhen, und theilweise spätere erläuternde Vorstellungen in denselben tragen. Sein Text ist daher

---

[1]) Die beiden Fragen über den Bestand der Quelle und die Form ihrer Redaction dürfen nicht mit einander verwechselt werden. Nur deßhalb, weil man dieß immer wieder vergessen hat, konnte man auf vielen Seiten dem klaren Augenschein des literarischen Gesammtbestandes der Synoptiker immer wieder die Merkzeichen sekundärer Darstellung des Markusevangeliums entgegenhalten, und sich an die unnatürlichsten Vermuthungen hängen, um jenen Augenschein zu verdunkeln.

der ungleichartigste, am auffallendsten aus ursprünglicher Einfachheit und charakterisirter Zuthat gemischte. Ganz anders sind die Erweiterungen des Markus; sie ändern nicht leicht etwas am Gedanken, sie sind vielmehr fast durchaus lediglich formeller Natur, umschreibend und weiter ausführend, so daß bei ihm sachlich kaum etwas hinzugetreten, aber auch in der Form besonders in der Durchführung von Parallelismen, Synonymen, Tautologien, so wie der anschaulichen Beschreibung wahrscheinlich die Eigenthümlichkeiten der Quelle selbst nur gesteigert sind. Im Unterschiede von diesen beiden endlich läßt sich am Texte des Matthäus vielfach ein verkürzendes Verfahren bemerken. Aber auch bei ihm greift die Redaction mehr als bei Markus in den sachlichen Gehalt der Erzählung ein. Und dieß beschränkt sich nicht wie bei Lukas auf einzelne Zusätze; es ist viel mehr eine durchgehende Ueberarbeitung von selbstständigen Gesichtspunkten aus. So entspricht also das ganze Verhältniß der Redactionen im Einzelnen dem Verhältniß derselben im Großen.

Wie dort ist Matthäus der eigentliche Ueberarbeiter, Lukas der spätere Verarbeiter, welcher im Einzelnen sich größere Veränderungen nach seinem kritischen Urtheil am Text erlaubt, im Ganzen aber diesen doch mehr bloß aufgenommen hat; Markus hat sich am meisten der Quelle in gebundener Weise angeschlossen.

4. Diese charakteristischen Unterschiede lassen sich leicht an schlagenden Beispielen belegen. Sehen wir zunächst auf die Art des Matthäus, so handelt es sich in erster Linie darum, daß er abgekürzt oder ausgezogen hat. Vergleicht man freilich bloß seine kürzere summarische Erzählungsweise mit der viel breiteren, ausmalenden und häufig manierirten des Markus: so kann man immerhin darüber schwanken, ob wir auf der einen Seite Verkürzung, oder auf der anderen Erweiterung haben. Die Entscheidung wird aber leicht durch die Beobachtung, daß der kürzere Text in gewissen Fällen an Unklarheiten leidet, welche eben nur dadurch entstanden sein können, daß in demselben durch die vorgenommene Verkürzung Etwas ausgefallen ist, was ursprünglich in die Darstellung gehört.

So fehlt in der Heilung des Gadarener Besessenen, oder vielmehr nach Matthäus der zwei Kranken dieses Charakters das Gespräch zwischen Jesus und dem Kranken (Mark. 5, 9. Luk. 8, 30), aus welchem hervorgeht, daß demselben eine ganze Schaar von Dämonen inwohnt, und ohne welches daher der folgende Uebergang zu der Schweineheerde Matth. 8, 30 f. unmotivirt ist, obwohl Matthäus durch die Verdoppelung des Kranken wenigstens das eingeleitet hat, daß er von Dämonen überhaupt in der Mehrzahl reden kann. Aehnlich verhält es sich mit einem wesentlichen Zug bei der Auferweckung der Tochter des Jairos, obwohl man gerade hier rühmen zu können schien, daß sich sein Bericht durch klassische Einfachheit gegenüber den scheinbaren Zuthaten der beiden anderen empfehle. Unter diese Zuthaten gehört insbesondere der Umstand, daß Jesus, da er die Menge der Klagenden aus dem Hause vertrieb, nach Markus und Lukas nur die drei vertrautesten seiner Jünger und die Eltern des Kindes mit in das Haus nahm, Mark. 5, 37. 40. Luk. 8. 51, und daß er dann zuletzt den Zeugen des geschehenen Wunders verbietet, von demselben zu reden, Mark. 5, 43. Luk. 8, 56. Dieses Alles findet sich bei Matthäus nicht, statt des Letzteren vielmehr die Bemerkung, daß durch diese That sein Ruhm sich mächtig verbreitet habe, Matth. 9, 26. Wohl aber ist auch in der Darstellung des Matthäus noch ein Zug, der nur in der Verbindung mit jenen Umständen sein rechtes Licht erhält. Als Jesus das Haus betritt, erklärt er den Leuten nach allen Berichten, auch dem des Matthäus 9, 24, das Kind sei nicht todt, es schlafe nur. Da die Erzählung aber den wirklich eingetretenen Tod zweifellos hervorhebt, und zwar gerade bei Matthäus schon von Anfang an Matth. 9, 18, vgl. Mark. 5, 23. 35. Luk. 8, 42. 49, so kann dieß unmöglich besagen wollen, dasselbe sei nur scheintodt. Unnatürlich ist aber auch die Erklärung, als habe Jesus damit andeuten wollen, dieser Tod sei für ihn, für seine Macht nicht mehr als ein Schlaf, und das Kind werde ganz wie aus dem Schlafe wieder erwachen. Dagegen erklären sich diese Worte leicht und einzig daraus, daß er die große Menge im Ungewissen über das Wunder, welches vorgieng, erhalten wollte, und daß eben deßwegen nur seine Vertrautesten Zeugen desselben sein durften. Indem nun diese Umstände bei Matthäus fehlen, ist jenes Wort bei ihm unklar geworden, aber es erhellt hieraus auch unzweifelhaft, daß er auf Grundlage der ausführlicheren Erzählung gearbeitet hat. In anderen Fällen hat zwar die Verkürzung den Sinn nicht getrübt, sie ist aber dennoch unverkennbar, weil sie dasjenige weggelassen hat, was in der Erzählung gerade das Schlagende war; so in der Geschichte von der Heilung des Paralytischen, wo Matthäus in der Schilderung des vollzogenen Wunders 9, 7 wegläßt, daß der Kranke der Aufforderung Jesu entsprechend, sein Bett getragen hat.[1])

Die Ueberarbeitung des Matthäus beschränkt sich aber nicht auf das Verkürzen, sondern sie bessert auch am Texte. Vor Allem treten zu den bei gewissen Anlässen gesprochenen kurzen Worten Jesu Ergänzungen hinzu, welche auch im Einzelnen bestätigen, daß Matthäus noch eine andere Quelle benützt hat. Dahin gehören die Zusätze in den beiden Sabbathanklagen 12, 5—7. 11 f., von welchen der letztere schon durch die Parallele in Luk. 14, 4 seine anderweitige Abkunft verräth, der erstere aber seinem Inhalte und dessen Richtung nach (vgl. auch Matth. 9, 13) ganz zu den eigenthümlichen Matthäusreden, nicht aber zu unserer Quelle stimmt. Ebenso stammen die abweichenden Vorschriften über das äußere Leben der Apostel in der Instructionsrede Matth. 10, 9 f. ohne Zweifel aus einer anderen Quelle, vgl. Luk. 10, 5. Wenn dagegen die freie Anwendung der jesajanischen Worte Mark. 4, 12. Luk. 8, 10 bei Matthäus 13, 12—17 in Anwendung und förmliches Citat zur Erläuterung derselben auseinandergezogen ist, so ist darin wohl die eigene schriftstellerische Manier des Evangelisten aber eben nach seiner Stellung zweiter Hand zu erkennen. Aber auch in den synoptischen Erzählungen zeigt die Hand unseres Evangelisten Abweichungen, welche deutlich den Charakter der Reflexion über den Stoff tragen. So läßt sich dieselbe nicht verkennen, wenn er das Aehrenraufen der Jünger 12, 1 dem von

---

[1]) Auch bei der Heilung des Paralytischen fordern die Worte Jesu Matth. 9, 6 eine concretere Angabe über die Gedanken der Gegner, als wie dieselbe 9, 3 vorausgeschickt ist; vgl. dagegen Mark. 2, 7. Luk. 5, 21.

Jesus nachher angeführten Beispiele Davids ähnlicher machen will, indem er auch die Jünger aus Hunger so handeln läßt. In der Geschichte von der Heilung der verdorrten Hand will er den Gegensatz schärfen, indem er 12, 10 das Lauern der Gegner Jesu auf eine Sabbathheilung in eine Frage derselben über die Berechtigung solchen Heilens verwandelt. Bei dem Sturm auf dem See wird der Tadel Jesu gegen die Jünger schroffer dadurch, daß derselbe 8, 26 seiner Hilfe vorangestellt ist. Ein Versuch näherer Erläuterung ist es, daß er in der Verhandlung über das Fasten die Johannisjünger selbst als Frager auftreten läßt 9, 14. In der Scene mit den Verwandten Jesu hat er dem Gedanken, daß die Gott gehorsamen Freunde seine wahren Verwandten seien, nachzuhelfen gesucht, indem er 12, 50 Gott dabei mit dem hier bezeichnenden, und ihm aus den größeren Reden geläufigen Namen des Vaters im Himmel benennt. Bei dem Auftritte in Nazareth läßt er 13, 55 die Einwohner Jesus nicht als den Zimmermann, sondern weil dieses schon weniger schicklich schien, nur als den Sohn des Zimmermanns bezeichnen.[1]) Alles dieses sind kleine, aber doch für den sekundären Charakter bezeichnende Veränderungen. Tiefer greifen diese in den Wundergeschichten von dem blutflüssigen Weibe und von dem Gadarener Besessenen. In der ersteren ist der wesentliche Unterschied, daß Markus und Lukas die Heilung auf die Berührung selbst eintreten und dann durch das hinzutretende Wort über den helfenden Glauben nur bestätigt werden lassen,[2]) Matthäus dagegen 9, 22 die Heilung an das letztere knüpft. Hier ist offenbar der Unterschied zweier verschiedener Vorstellungsweisen über die Krankenheilungen Jesu bestimmend. Nach jener Darstellung ist dieser Fall ein Beleg für

---

[1]) Wahrscheinlich ist *ὁ τοῦ τέκτονος υἱὸς* Combination aus dem *ὁ τέκτων* in Mark. 6, 3 und *ὁ υἱὸς Ἰωσήφ*, was Lukas aus einer anderen Quelle 4, 22, vgl. Joh. 6, 42, erhalten hat. Der übrige Text des Matthäus 13, 55 stimmt ganz zu Mark. 6, 3 und beweist, daß am letzteren Orte *ὁ υἱὸς Μαρίας* nicht absichtlich, zum Ausschlusse des Vaters, gesagt ist, sondern sich nur darauf bezieht, daß die noch lebende Mutter sowie die Brüder und Schwestern ihnen bekannt sind.

[2]) Mark. 5, 29. Luk. 8, 44.

das leibliche Ausströmen der Wunderkraft, nach dieser für die Macht seines Wortes. Das Letztere aber ist eine in die Geschichte später hineingetragene höhere Vorstellung von der Sache, denn auch die Matthäusdarstellung zeigt noch, daß die Erzählung ursprünglich für den ersteren Zweck verfaßt war. Vgl. Matth. 9, 20. 21. Aber auch in der Erzählung von dem Gadarener Besessenen greift die Veränderung, daß das Gespräch fehlt, in welchem sich der böse Geist als eine Legion ankündigt, in den Geist der Darstellung selbst ein, indem sie eine Vorstellung, welche anstößig sein konnte, zu beseitigen sucht.

5. Wie sehr gegenüber von Matthäus die beiden anderen Einen Text repräsentiren, zeigt sich beinahe überall, am auffallendsten aber wohl in dem ganzen Abschnitt von der Stillung des Seesturmes bis zu der Heilung der Tochter des Jairos. Sie haben beide nur einen Besessenen, und lassen ihn von der Legion besessen sein. Sie kennen beide den Namen des Jairos,[1]) und lassen die Erweckung seiner Tochter im Geheimen vorgenommen werden, ebenso, wie sie das Wunder an der Blutflüssigen unter dem gleichen Modus denken. Man könnte versucht sein, diese Uebereinstimmung aus einer andern Redaktion der Quelle, als welche Matthäus benützt hat, abzuleiten. Aber sie ist doch frei genug, um diese Vermuthung entbehrlich zu machen. Nicht nur hat jeder Evangelist seine eigenthümliche Weise und besonderen Zusätze, sondern auch wenn sie die nämlichen Einzelheiten bringen, geschieht dieß in ungebundener Art; wie denn zum Beispiel Lukas die zwölf Jahre der Tochter des Jairos am Eingange, Markus dieselben fast am Ende der Geschichte anbringt.

In der Redaction des Lukas lassen sich zunächst einzelne Fälle erkennen, in welchen er sichtlich die Darstellung der Quelle unter Allen am meisten unverändert bewahrt hat. So hat er die Einleitung zu der Rede Jesu über das Fasten, in welcher die beiden anderen die auftretenden Personen deutlich zu machen suchen,

---

[1]) So wie sie auch beide den Namen Levi für den Zöllner haben, welchen das erste Evangelium Matthäus nennen zu müssen glaubt.

5, 33 in der einfachsten Weise wiedergegeben. So hält er sich in der Darstellung des Sturmes auf dem See, 8, 23—25 ebenso von der Ausmalung des Markus wie von der Verschärfung des Matthäus ferne; die einzelnen Glieder der Erzählung reihen sich scharf abgegrenzt und gleichmäßig abgerundet an einander an. So läßt er bei dem Besuche der Verwandten Jesu die Worte des letzteren selbst erklären, daß sie sich auf die Jünger beziehen, während die beiden anderen Evangelisten dieß ihn durch Geberden anschaulich machen lassen. Diesen Fällen stehen jene größeren Abweichungen gegenüber, welche bei ihm von der Combination einzelner Stücke mit anderen Quellen herrühren. So hat er in unserem Abschnitte die Scene in Nazareth, indem er sie in pragmatischer Absicht an die Spitze des Ganzen stellte, mit einer dem Gedanken entsprechenden Rede[1]) ausgestattet, ohne jedoch den Zusammenhang mit der synoptischen Grundlage verläugnen zu können. Denn wenn diese enthält, daß Jesus wegen des Unglaubens, der ihm entgegentrat, in Nazareth am Wunderthun verhindert war, so scheint dieß noch in dem Worte durch, 4, 23, daß man ihn wohl auffordern könne auch in seiner Heimath Zeichen zu thun.[2]) In anderer Richtung ist die Erzählung von der Gefangenschaft und Hinrichtung des Täufers 3, 18—20 frei bearbeitet, indem er den Täufer selbst mit der ganzen Vorgeschichte von der Wirksamkeit Jesu fertig machen wollte, und daher sein Ende vorangestellt, aber auch hiebei nur einen kurzen Auszug des synoptischen Textes gegeben hat.

Aber auch da, wo der Evangelist den synoptischen Text ohne

---

[1]) Die in den Text hereingezogenen Worte sind in 4, 25—27 zu finden; der Gedanke, daß die göttliche Hilfe sich Einzelne frei auswählt, an denen sie sich beweist, leitet die Uebersiedelung nach Kapernaum, ist aber nur künstlich mit der Scene und dem Worte in Nazareth verbunden, wonach vielmehr gerade nur der einzelne Ort ausgeschlossen ist. Daher wird dann 4, 23 die Stellung Jesu zu Kapernaum schon hereingezogen, obwohl das ganze Stück erst die Uebersiedelung vorbereitet.

[2]) Zu dem secundären Charakter der Darstellung gehört auch, daß die Nazarethaner anfangs ihn nur bewundern, und selbst in diesem Sinne nur sich erinnern, daß er der Sohn Josephs ist, worauf er erst durch seine Reden ihren Unwillen herausfordert.

weitere Combinationen wiedergegeben hat, zeigt sich an einzelnen Fällen unverkennbar, daß er demselben als Bearbeiter gegenübersteht. Hievon gibt schon das Eine Beweis, daß er 6, 1 den Sabbath, auf welchen das Aehrenraufen der Jünger fällt, als δευτερόπρωτον bezeichnet. Mit einer Sabbathgeschichte beginnt bei Markus die Erzählung in Kapernaum; da Lukas vor dieser Erzählung noch das Auftreten Jesu in Nazareth hat, welches ebenfalls an einem Sabbath stattfindet, so hat er gleich anfangs zwei Sabbathgeschichten. Jetzt aber treten abermals zwei neue Sabbathgeschichten ein, die vom Aehrenraufen und die von der verdorrten Hand. Jene ist die erste von beiden; er ist aber doch nicht der erste Sabbath überhaupt, sondern er ist nur der erste in dieser zweiten Folge. Daher der Name des zweitersten. Könnte an und für sich auch der erste Verfasser einer Geschichtenfolge in dieser Art einzelne derselben zählen, so liegt es doch viel näher, daß dieß von einem zweiten Bearbeiter geschieht, und ist in diesem Falle wohl noch besonders dadurch motivirt, daß derselbe diese Sabbathgeschichten der Quelle, oder vielmehr ihrer ersten Theile durch jene Verlegung um eine vermehrt hatte.[1]) Ist hiermit das Verhältniß des Bearbeiters durch sein formelles Verhalten gezeichnet, so haben wir aber auch noch Modifikationen und Zusätze des Textes, welche in denselben offenbar spätere Reflexionen getragen haben. Dahin gehört der Zusatz in der Berufungsgeschichte des

[1]) Der C. Sin. liest zwar δευτεροπρώτῳ nicht, es möchte aber darauf weniger Gewicht zu legen sein, da das Wort in der Handschrift den gleichen Raum wie das folgende διαπορεύεσθαι einnehmen würde, nämlich den einer gebrochenen Zeile, und das Auge bei dem Zusammentreffen mehrerer Buchstaben leicht über das eine weg zum anderen gleiten konnte, wofern man nicht überhaupt annehmen will, daß das Wort sehr frühe wegfiel, weil es unverständlich geworden war. Das Zusammentreffen von Sin. und Vat. möchte dann nur für die Allgemeinheit dieses Verfahrens in einem Kreise, dem beide entstammen, sprechen, und die Gründe, welche Tischendorf ed. VII. zur Beibehaltung (synopsis II. wenigstens bloß in Klammernsetzung) bestimmt haben, möchten noch fortbestehen. Alle Erklärung des Wortes als Bezeichnung eines bestimmten Sabbathes nach gottesdienstlicher Rechnung (vgl. Wieseler, chronol. Syn. der vier Ev. S. 225 ff.) scheitert daran, daß das Lukasevangelium derartigen Dingen viel zu ferne steht, und selbst aus einer ihm zugekommenen speciellen Ueberlieferung das Wort schwerlich beibehalten hätte.

Levi in den Worten Jesu, daß die Berufung der Sünder geschehe zur Sinnesänderung 5, 32. Noch deutlicher ist diese lehrhafte Reflexion in den Worten Jesu über das Nichtfasten seiner Jünger. Während die beiden anderen Evangelien die Unmöglichkeit, das alte Kleid mit dem neuen Zeuge zu flicken, einfach daraus ableiten, daß das Werk nicht halte und der Riß dadurch nur größer werde, läßt Lukas Jesus 5, 36 sagen: das neue reiße und das neue Stück passe zugleich nicht zu dem alten. Während die ersteren Worte sich ganz innerhalb der geschichtlichen Stellung Jesu selbst bewegen, der nur davon redet, daß er die Gebrechen der alten Ordnung nicht mit Palliativmitteln und halben Maßregeln helfen wolle, so ist hier von einer Gefahr der neuen Ordnung durch trübe Vermischung mit der alten die Rede, wodurch wir in Gedanken des apostolischen Zeitalters versetzt werden. Und ebenso hat Lukas 5, 39 das Wort hinzugefügt, daß die Gewohnheit des alten Weines abhalte, den neuen anzunehmen, und weist auch hiermit auf die Schwierigkeit der Judenmission hin. Von etwas anderer Art ist eine Veränderung in der Geschichte von der verdorrten Hand. Die Schlußanmerkung, daß von da an die Feinde Jesu begonnen haben, ihm nach dem Leben zu trachten, Matth. 12, 14. Mark. 3, 6 hat Lukas 6, 11 nur in der milderen Form, daß sie darauf gesonnen haben, was sie ihm wohl anthun könnten. Offenbar glaubte er, daß in dieser Zeit wohl von feindlichen Absichten, noch nicht aber von tödtlichen Nachstellungen die Rede sein könne.

6. Wenn wir endlich die Redaction des Markus beurtheilen wollen, so dürfen wir vor Allem den Charakter nicht nach der Vergleichung der Rede über den Bund mit Beelzebub und der Instruktionsrede an die Apostel bemessen. In der ersteren ist seine Darstellung allerdings unzweifelhaft sekundär: so schon in der Form des Satzes über die Folgen der inneren Spaltung eines Reiches 3, 24 f., noch mehr, wenn er in den Aussprüchen über die Lästerung nichts von der Lästerung gegen den Menschensohn hat.[1])

---

[1]) Wobei aber der übergangene υἱὸς τοῦ ἀνθρώπου noch in den υἱοῖς τῶν ἀνθρώπων nachklingt.

Aus einem andern Grunde darf die Instruktionsrede 6, 8. 9 nicht verglichen werden: nämlich weil Matthäus hier ohne Zweifel der Darstellung in einer anderen Quelle von Sprüchen Jesu folgt, und Lukas, obwohl er diese eigentlich erst 10, 1 ff. reproducirt, sich doch auch hier von der Fassung derselben leiten läßt. Wir haben daher hier schwerlich eine Milderung der Rede durch Markus, sondern zwei gleich ursprüngliche Darstellungen desselben Stoffes, welche recht gut nebeneinander sich bilden konnten. Die Vorschrift bei Markus gibt ein unmittelbares Bild aus dem Leben, wenn sie gebietet, Nichts mitzunehmen, keine Tasche, kein Brod, kein Geld im Gürtel, kein zweites Kleid, sondern auszuziehen, einfach mit dem Wanderstab die Sandalen unter den Füßen. Ebenso gut aber konnte in summarischer Reproduktion des Spruches das Verbot auf die sämmtlichen überhaupt genannten Gegenstände [1]) ausgedehnt werden.

Unter allen Modifikationen der synoptischen Quelle aber ist der Zusatz in der Sabbathgeschichte 2, 27, daß der Sabbath um des Menschen willen da sei und nicht umgekehrt, wohl der einzige der eine eigene spätere Reflexion in die Quelle getragen hat. Von allen anderen Veränderungen des Textes durch Markus läßt sich leicht zeigen, daß sie nur formeller Art sind. Am meisten noch geht seine Redaction in das Sachliche ein, wenn sie in gewissen Augenblicken der Erzählung die Bezeichnung einer erhöhten Gemüthsstimmung Jesu beifügt, so also bei der Heilung des Aussätzigen 1, 41—43 ihn zuerst von Erbarmen, dann aber von Unmuth ergriffen werden läßt. Aber auch dieß ist doch mehr nur pragmatisirendes Ausmalen der Scene und darauf lassen sich noch entschiedener beinahe alle übrigen Abweichungen zurückführen, welche uns die Synopse auf Rechnung des Verfassers zu setzen nöthigt. Dahin gehört schon in der Berufung der vier ersten Jünger, daß die Zebedaiden ihren Vater mit seinen Knechten im Schiffe zurück gelassen haben 1, 20. Sodann bei der Heilung der Schwiegermutter des Petrus, daß Jesus in das Haus des letzteren mit

[1]) Schwerlich ist übrigens bei dem Verbote eines Stockes, wie es Matthäus und Lukas haben, mit Bleek, synopt. Erkl. I. S. 225 (vgl. Holtzmann, syn. Ev. S. 83), an den Gebrauch des Stockes als Waffe zu denken.

Jakobus und Johannes kam, und das Haus nicht bloß das Haus des Petrus, sondern des Petrus und Andreas genannt wird, bei der Berufung des Levi, daß die Zöllner in großer Zahl dem Gastmahle anwohnten, weil ihrer viele sich an Jesus angeschlossen hatten 2, 15. Noch auffallender wird dieses Verfahren in der Geschichte des Seesturmes, in der Erwähnung anderer Schiffe, welche mitfuhren, sowie der Beschreibung des Schlafes Jesu 4, 36. 38. Ebenso in der Geschichte des Gadarener Besessenen, wo er den Zusatz hat, Niemand habe denselben zu bändigen vermocht 5, 4, wo er allein eine Zahl der umgekommenen Schweine — zweitausend, entsprechend der Legion — angibt, 13, in der Geschichte des blutflüssigen Weibes, wo er nicht nur Jesus empfinden läßt, daß eine Kraft von ihm ausströmt, sondern auch das Weib, daß eine solche heilend auf sie einwirkte 5, 29. Absichtliche Anschaulichkeit, Ergänzung und Motivirung zeigt sich in der Scene mit den Verwandten, wenn er auch die Schwestern Jesu auftreten läßt, 3, 32, Jesus sich im Kreise umblicken läßt, 34, in dem Auftritte zu Nazareth, wenn er das Wort vom Unwerth des Propheten im Vaterland auch auf seine Verwandten bezieht, 6, 4, wenn er doch wenigstens etliche wenige Leidende geheilt werden läßt 6, 5; besonders stark ist diese Ueberarbeitung in der Erzählung vom Ende des Täufers, die zwar in den wesentlichen Zügen ebenso von Matthäus gegeben ist, welcher aber Markus nicht nur äußerliche Illustrationen, sondern auch den Umstand, daß Herodes selbst den Täufer hochgehalten habe, 6, 20, beigefügt hat. Im Ganzen aber sind offenbar alle diese Veränderungen von der Art, daß sie die Erzählung selbst nicht antasten. Sie geben keinen hohen Begriff von der Kunst des Bearbeiters, aber sie verbürgen, daß uns derselbe das, was er vorgefunden, zwar zum Theil mit Schmuck behängt, aber doch dabei in der Sache selbst unversehrt erhalten hat.

Als Probe der letzteren Gewißheit darf man die Erhaltung der schon früher zu Gunsten der Originalität des Evangeliums erwähnten Einzelheiten betrachten, so den Namen des Levi und des Jairos, der Zebedaiden als Boanerges 2, 14. 5, 22. 3, 17 der Bezeichnung Jesu selbst als Zimmermann, aber auch der aramäischen Worte, welcher sich Jesus bei der Erweckung der Tochter des Jairos bediente.[1]) Aber auch jene manierirte Anschaulichkeit schließt sich mitunter so an eine ächte an, daß die Grenze kaum zu bestimmen ist. Wenn Markus am ersten Sabbath, an welchem Jesus in Kapernaum aufgetreten war, spät Abends bei Sonnenuntergang 1, 32 noch eine Menge von Kranken zu ihm gebracht werden läßt, so begreift sich wohl, daß die anderen Redactionen Matth. 8, 16. Luk. 4, 40 hierin nur die Bestimmung der Zeit sahen, und diese theils als einbrechenden Abend, theils als Untergang der Sonne wiedergaben, aber die doppelte Bezeichnung des Markus ist sicher das ursprüngliche, weil sie das Ende des Sabbaths, als den Augenblick, wo die Kranken herbeigebracht werden konnten, andeutet.[2]) Was so von den ausmalenden Zügen gilt, das gilt noch mehr von den Tautologien und Parallelismen in der Darstellung. In der Berufungsgeschichte des Levi sagt Markus von den Pharisäern nicht nur historisch, daß sie Jesum mit den Zöllnern und Sündern essen sahen, sondern er wiederholt auch dieses Essen mit denselben sogleich in der Frage der Pharisäer 2, 15. 16. Diese Wiederholung zeigt ganz den Rhythmus einer doch ursprünglich aus dem Redevortrag hervorgegangenen alten Darstellung. Ebenso verhält es sich mit dem Parallelismus in der Rede über das Fasten der Jünger: können denn die Söhne des Bräutigams, während der Bräutigam bei ihnen ist, fasten? So lange sie den Bräutigam bei sich haben, können sie nicht fasten, 2, 19. Ebenso hat sich in dieser Rede sicher die ursprüngliche Form 2, 21 f. erhalten in dem parallelen: wofern aber doch (εἰ δὲ μή) bei dem Bilde vom Kleid und vom Weine, das übrigens auch Lukas hat.

Wir haben demnach durch Markus den Vortheil, nicht bloß, daß uns im Wesentlichen die Geschichten ohne weiteren sachlichen Zusatz aufbewahrt sind, sondern auch, daß die schriftstellerische Manier des Bearbeiters sich an die Darstellungsweise seiner

---

[1]) Mag auch die Anführung derselben in der den Lesern des Evangeliums unverständlichen Sprache das Merkmal eines der Sache selbst schon ferner stehenden Bearbeiters sein, so hat derselbe doch jedenfalls den Zutritt zu der Quelle gehabt, welche sie gab.

[2]) Vgl. Holtzmann a. a. O. S. 114.

Quelle angeschlossen hat, und daher diese noch durchscheinen läßt. Nehmen wir das, was sich auf diesem Wege erkennen läßt, zusammen mit den Zügen, die sich an gewissen Orten aus Lukas abnehmen lassen, so läßt sich die Form derselben ziemlich genau vermuthen. Die Erzählung war zwar einfach, aber keineswegs ohne Kunst. Sie rundete die Glieder ab, und setzte sie so in eine geschlossene Reihe, welche die Dinge Schlag auf Schlag sich folgen läßt. Rhythmische Anordnung, volltönende Wiederholungen in den verschiedenen Wendungen erhöhten die Wirkung. Von dieser Art muß die Schrift gewesen sein, von welcher die Ueberlieferung annehmen konnte, sie sei aus den Lehrvorträgen des ersten Apostels hervorgegangen. In jedem Falle trug sie noch das Gepräge einer Aufzeichnung, welche dem lebendigen Zwecke der Verkündigung des Evangeliums diente.[1])

b) Die späteren galiläischen Ereignisse.

1. Mit der Nachstellung des Herodes einen neuen Abschnitt der synoptischen Darstellung beginnen zu lassen, gestattet zunächst

---

[1]) Besonders charakteristisch ist in dieser Beziehung die Verbindung der Stücke bei Markus. Höchst wahrscheinlich bestand die Verknüpfung derselben in der Quelle selbst, lediglich in dem überleitenden καὶ oder καὶ πάλιν, und so hat sie sich in der That bei Markus großentheils noch erhalten, vgl. 1, 16. 21. 40. 2, 1. 13. 18. 23. 3, 1. 7. 13. 19. 4, 1. Aber der Bearbeiter verstärkt das Schlagende, was darin liegt, durch Hinzufügung von εὐθὺς oder εὐθέως 1, 12. 21. 23. 29. 2, 2. Einmal deutet er ausdrücklich an, daß die aufeinanderfolgenden Stücke doch durch einen längeren Zeitraum getrennt seyn können (δι' ἡμερῶν) 2, 1. Dieser Charakter der Erzählung wird nur in den späteren Stücken, von der Seefahrt und dem Sturme an bis zu der Erweckung der Tochter des Jairos, verlassen, und hier war es die Reise über den See selbst, welche den Anlaß zu einer fortlaufenden Verknüpfung gab, und weil die Parabelrede vorher am See stattgefunden hatte, so läßt er auch die Ueberfahrt selbst unmittelbar sich an jene anschließen 4, 35: ἐν ἐκείνῃ τῇ ἡμέρᾳ, wogegen Lukas nach seiner Art ἐν μιᾷ τῶν ἡμερῶν gesetzt hat 8, 22. Daß aber in der That die Quelle nicht eine Akoluthie, wie sie Matthäus, sondern die lose Zusammenstellung, wie sie Markus hat, enthielt, zeigt die Parallele des Lukas, der das Letztere festhaltend, sich auf die Bildung rein oratorischer Eingänge wie ἐγένετο ἐν — 5, 1. 12. 17. 6, 1. 6. 12. (7, 11.) (8, 1.) 8, 22. 40 oder καὶ μετὰ ταῦτα 5, 27 beschränkte.

die Vergleichung der Evangelien selbst, deren Verhältniß von diesem Punkte an bis zu der Reise nach Jerusalem ein anderes wird, als bisher. Ueberblicken wir nämlich die weitere Reihenfolge der synoptischen Geschichten, so zeigt sich, daß von jetzt an ebenso die Versetzungen wie die Einschaltungen der einzelnen Evangelien aufhören. Nur am Schlusse findet sich bei Matthäus wieder eine größere Redemasse, die ihm eigenthümlich ist. Im Uebrigen zeigt sich eine festgeordnete Reihe von Erzählungen, von der ersten wunderbaren Speisung an bis zum Rangstreite der Jünger: so zwar, daß Matthäus nur einige untergeordnete derselben weniger hat als Markus, Lukas dagegen zwar eine Anzahl derselben gleich anfangs übergeht, in dem aber, was er hat, ebenfalls genau die synoptische Folge beobachtet. Diese größere Uebereinstimmung der Texte erklärt sich im Vergleiche mit dem vorigen Abschnitte daraus, daß in dem gegenwärtigen die eigentliche geschichtliche Handlung vorherrscht, während im ersten die Geschichten mehr den Charakter von Beispielen gewisser allgemeiner Verhältnisse haben. Konnte man die letzteren in verschiedener Weise unter sachliche Gesichtspunkte ordnen, so hob sich dieß bei der Natur der nun folgenden Stoffe fast von selbst auf. Daran, daß die Evangelisten hier die Ordnung festgehalten haben, zeigt sich, daß man eben allgemein sich dieser Natur bewußt war. In jedem Falle aber wird die Synopse hier von selbst zum Zeugniß für die von ihnen benützte Quelle.

Der Bestand der Quelle legt sich demnach hier von selbst dar. Gehen wir zunächst von Markus aus, so beginnt der Abschnitt nach der Nachfrage des Herodes, 6, 14 ff., und der Rückkehr der ausgesandten Apostel 6, 30 ff. mit der Speisung der Fünftausend, und auf diese folgt sodann das Wandeln Jesu auf dem See, eine Schilderung des großen Zusammenlaufs der Menge ihm nach, die Verhandlungen über das unterlassene Händewaschen, die Heilung der Tochter der Kanaanäerin, und die eines Taubstummen 6, 34 — 7, 37. An die zweite Speisung schließt sich sodann ferner die Zeichenforderung und die Rede über den pharisäischen Sauerteig, sowie die Heilung eines Blinden an, 8, 1—26.

Diese sämmtlichen Geschichten hat Matthäus 14, 1—16, 12 ebenso mit Ausnahme der beiden Krankenheilungen: wogegen Lukas von allem diesem nur den Anfang, nämlich die Speisung der Fünftausend berichtet, 9, 10—17. Im Folgenden dagegen vertritt auch er wieder die synoptische Reihe, welche nun das Bekenntniß des Petrus, die Leidensverkündigung, die Verklärung, die Heilung eines dämonischen Knaben, zweite Leidensverkündigung und den Rangstreit enthält, Matth. 16, 13—18, 35. Mark. 8, 27—9, 50. Luk. 9, 18—50, wobei Matthäus außer den Redezusätzen bei dem letzteren und bei dem Bekenntnisse Petri, die Geschichte vom Stater im Fischmaul 18, 24—27 (vor dem Rangstreite) voraus hat.

Die größte Differenz unter den Evangelisten ist hienach die Auslassung einer ganzen Reihe der synoptischen Stücke bei Lukas. Die einfachste Vermuthung, um diese zu erklären, ist die, daß er den entsprechenden Abschnitt in seiner Quelle nicht gelesen, mit anderen Worten, daß derselbe in seiner Handschrift verloren gewesen sei.[1]) Wir würden aber hiezu doch nur dann berechtigt sein, wenn die Sache sich auf keinem anderen Wege erklären ließe. Nun bietet sich wenigstens für einen Theil der ausgelassenen Geschichten die Erklärung von selbst an, sofern Lukas diese Stoffe anderwärts in anderer Gestalt hat, ohne Zweifel also aus anderer Quelle: es sind dieß die Verhandlung über das Händewaschen, vgl. Luk. 11, 38 ff., die Rede über das geforderte Zeichen, vgl. Luk. 11, 29 ff., und die vom pharisäischen Sauerteig, vgl. Luk. 12, 2. Bei diesen Stücken verhält es sich also ohne Zweifel so wie auch im vorigen Abschnitte bei der Beschuldigung des Bundes mit Beelzebub anzunehmen ist, nämlich daß er dieselben wegläßt, weil er die andere Redaction des gleichen Stoffes vorgezogen hat. Was aber die übrigen Geschichten betrifft, so lassen sich beinahe durchaus kritische Gründe vermuthen, die ihn zum Weggehen über dieselben bewegen konnten. Vor Allem ist dieß der Fall bei der zweiten Speisung, welche ihm als bloße Widerholung der ersteren überflüssig erscheinen

---

[1]) Reuß, Gesch. der h. Schr. N. T. 4. A. S. 180. Vorsichtiger Ewald, Jahrb. d. b. W. II. S. 223, vgl. d. dr. erst. Ev. S. 261.

mochte. Und vielleicht hat er schon das Wunder des Wandelns auf dem See ebenso beurtheilt neben dem verwandten Wunder der Stillung des Sturmes. Daß der Evangelist überhaupt historisch-kritischen Gründen nach seiner Ansicht einen großen Einfluß auf seine Redaction gewährte, beweist doch schon hinreichend die Versetzung der Scene in Nazareth an den Anfang des Wirkens Jesu, ebenso die Weglassung der Salbung in der Leidensgeschichte zu Gunsten einer modificierten viel früheren Salbungsgeschichte. Was endlich noch die Begebenheit mit dem kanaanäischen Weibe betrifft, so enthält diese (vgl. Mark. 7, 27 ff. Matth. 15, 24 ff.) Aeußerungen über die besondere Mission Jesu für das israelitische Volk, welche die Auslassung erklären können, da Lukas wohl nichts aufnehmen mochte, wodurch die Wohlthaten des Evangeliums auf das Volk Israel beschränkt, und nur bedingungsweise auch für Proselyten zugänglich erschienen.[1]) Somit wären nahe liegende Gründe für alle Hauptstücke dieser Auslassung vorhanden, welche dieselbe bedingen oder wenigstens rechtfertigen konnten. Zu diesen Gründen im Einzelnen kommt aber noch ein weiterer, welcher sich auf das Ganze bezieht. Die große Einschaltung aus einer anderen als der synoptischen Hauptquelle, welche der Evangelist von 9, 51 an mit der letzteren combiniert hat, berührte sich in vielen Stücken mit dem Inhalte dieser. Da nun der Evangelist die Combination im Ganzen so vollzog, daß er jeder dieser Quellen ihre eigenthümliche Gestalt möglichst bewahrte, so hatte er in vielen Fällen, wenn er nicht widerholen wollte, sich zu entscheiden, auf welcher Seite er das betreffende Stück geben, auf welcher es auslassen wollte. Theilweise können wir dieß noch zeigen, es mag aber noch öfter geschehen sein als wir wissen, da wir für den Bestand seiner zweiten Hauptquelle keine anderen Zeugen haben. Da aber nun diese zweite Quelle überhaupt die spätere vorjerusalemische Zeit bei ihm repräsentiert, so übte sie von selbst auf die

[1]) Künstlicher ist die Erklärung der Auslassung bei Wilke dadurch, daß das Wunder als ein Eliaswunder bezeichnet wird, welches bei Lukas durch den Jüngling von Nain ersetzt sei. vgl. Urevangel. S. 570. Eher könnte man an den Ersatz durch die Heilungsgeschichte Luk. 13, 10—13 denken.

synoptische Darstellung der späteren Zeit einen Druck, oder der Verfasser war hier zur Verkürzung derselben geneigt.[1])

Die Stoffunterschiede des Abschnittes zwischen Markus und Matthäus, so unbedeutend sie verhältnißmäßig sind, bleiben nichts destoweniger lehrreich. Was Matthäus zur Weglassung der beiden Heilungen Mark. 7, 31—37. 8, 22—26 veranlaßt haben kann, ist leicht zu errathen. Man hat mit Recht hervorgehoben, daß diese beiden Erzählungen bei Markus einen besonderen Typus haben, indem sie beide die Heilung allmählich und mit Anwendung leiblicher Berührungen geschehen lassen, also das Heilverfahren in einer bestimmten Weise charakterisieren. Da nun Matthäus wie wir sahen, das Heilen vielmehr umgekehrt gerne als Heilen durch das Wort schildert, so liegt schon darin ein Grund zur Abweichung für ihn. Daß er aber nicht bloß die Darstellung verändert, sondern die Geschichten selbst ausgelassen hat, erklärt sich weiter aus dem Schematismus seines Evangeliums, dem zufolge die Heilungen Jesu in dem vorigen Abschnitte zusammengestellt sind. Heilungsgeschichten kommen allerdings auch noch im gegenwärtigen vor, aber doch nur solche, deren Bedeutung in einem anderen Momente liegt. Dieß ist der Fall bei der Kanaanäerin, wo es sich um das Verhältniß zu Israel und den Heiden, und bei dem besessenen Knaben, wo es sich um die Stellung der Jünger zu ihrem Berufe handelt. Daß aber Matthäus in der That hier weggelassen und nicht vielmehr Markus zugesetzt hat, erhellt daraus, daß der erstere diesen beiden Geschichten im ersten Abschnitte am Schlusse seiner Darstellung der Wunder Jesu Matth. 9, 27—34, wenn auch nur in summarischer Gestalt einen Platz gegeben hat.

Hienach dürfen wir auch diese Stücke als ursprüngliche Bestandtheile der synoptischen Quelle annehmen und die letztere uns nach dem Umfange, in welchem sie Markus erhalten hat, vorstellen. So bald man dieselbe nun ihrer Anlage nach näher untersucht, ergibt sich für den größeren Theil derselben eine Vorstellung, bei welcher gerade jene beiden kleinen Stücke von wesentlicher

---

[1]) Dafür, daß er überhaupt noch weiter gelesen als die erste Speisung, hat Ewald (Ev. S. 261) mit Recht geltend gemacht, daß Bethsaida in Luk. 9, 10 ohne Zweifel aus Mark. 6, 45 gekommen ist.

Bedeutung sind. Es stehen sich nicht nur die beiden Speisungen parallel, sondern auch die jedesmal auf dieselben folgenden Abschnitte. Nehmen wir an, daß die Speisung jedesmal als das große Zeichen des Wohlthuns Jesu an seinem Volke gedacht ist, so bildet der pharisäische Angriff wegen des Händewaschens ebenso einen Gegensatz hiezu, wie im zweiten Falle die Zeichenforderung.[1]) Beide Male hat die sich so kundgebende Gesinnung die Folge, daß Jesus sich entfernt, und die Geschichte der Kanaanäerin, nach welcher er jetzt Glauben unter den Heiden finden muß, hat abermals ihre Parallele an der Warnung vor dem pharisäischen Sauerteige, soferne nämlich in beiden ein ähnliches Urtheil über das Volk und seine Leiter enthalten ist. Wir haben also hier zwei Gruppen von je drei Stücken, welche ganz nach demselben Plane angelegt sind. Nehmen wir als viertes Stück jedesmal noch die betreffende Heilungsgeschichte hinzu, so rundet sich die Darstellung in jeder von beiden zuletzt ab in einer Wundergeschichte, welche den eingetretenen Mißklang lösend zeigt, daß zuletzt doch immer die Herrlichkeit seines Thuns durchbricht; wobei zugleich jedesmal ein Beleg für die eigenthümliche Weise des Heilungsverfahrens Jesu gegeben ist.[2]) Kaum irgendwo anders zeigt sich demnach so deutlich wie hier, daß die synoptische Quelle wirklich aus solchen lehrenden Darstellungen aus dem Leben Jesu besteht, wie sie der Gewährsmann des Papias als den Ursprung des Markusevangeliums bezeichnet hat. Hiebei ergibt sich für die historische Kritik aus diesem Verhältnisse überdieß noch ein wichtiger Fingerzeig für den Ursprung der zwei Speisungsberichte. Alle inneren Gründe[3])

---

[1]) Wie überhaupt die Zeichenforderung in der Evangelienliteratur als Parallele zu einem pharisäischen Angriff galt, zeigt sich auch daran, daß sie in der Redensammlung in dieser Eigenschaft mit der Streitrede über den Bund mit Beelzebub verbunden war, vgl. Matth. 12, 24. 38. Luk. 11, 15. 16.

[2]) Die beiden Gruppen zeigen die Parallele:

Erste Speisung.	Zweite Speisung.
Händewaschen.	Zeichenforderung.
Kanaanäerin.	Sauerteig der Pharisäer.
Taubstummer.	Blinder von Bethsaida.

[3]) Es kommt hier nicht nur in Betracht, daß der zweite Bericht keine Spur eines früheren ähnlichen Vorganges zeigt, denselben vielmehr durch die

lassen vermuthen, daß diese nur die Variationen einer und derselben Erzählung sind, und doch haben wir keinen Halt für die Vermuthung, daß beide verschiedenen Quellen angehörten.[1]) Ist aber unsere Quelle aus solchen evangelischen Lehrvorträgen hervorgegangen, so konnte dieses große Ereigniß in solchen recht wohl zweimal in ähnlicher Zusammenstellung enthalten sein, aber dann auch eben dieser doppelten Verwendung wegen bei der schriftlichen Fixierung der Vorträge selbst verdoppelt werden, wobei die kleinen Unterschiede der jedesmaligen Darstellung entweder schon gegeben waren, oder sich leicht von selbst fanden.

Auch der letzte Theil des Abschnittes zeigt noch eine durch einen bestimmten Gedanken geleitete Vereinigung und Folge der Geschichten. Das Bekenntniß des Petrus und die Verklärung geben mit einander ein Zeitbild der Verherrlichung Jesu. Die Leidensverkündigung bildet ebenfalls mit diesen Dingen einen historischen Moment. Das Gegenbild aber zu diesem Momente in der Geschichte Jesu selbst liegt dann theils in der Unfähigkeit der Jünger, welche sich dem dämonischen Knaben gegenüber erweist, theils in dem Rangstreite unter denselben. Im Wesentlichen ist daher die Anlage dieses Stückes eine ganz ähnliche, wie die der Speisungsabschnitte. Auch hier ist der Charakter der Didaskalia unverkennbar. Indem aber diese Lehrstücke gerade in dieser Zeitperiode des Evangeliums einen so bestimmten gleichmäßigen Cha-

sich wiederholende Rathlosigkeit der Jünger ausschließt, vgl. Bleek, Erkl. d. drei erst. Evang. II. S. 38, sondern auch, daß Mark. 8, 1 die zweite Speisung ohne Zusammenhang des Ortes und der Zeit mit dem Vorangehenden beginnt (ἐν ἐκείναις ταῖς ἡμέραις παμπόλλου ὄχλου ὄντος κ. τ. λ.), und erst Matthäus 15, 29—31 eine Vermittlung versucht hat.

[1]) Hilgenfeld, Ev. S. 80, fand eine höhere Ursprünglichkeit des zweiten Berichtes darin angezeigt, daß in diesem das Mitleid Jesu die Triebfeder sei, während im ersten es möglich erscheine, daß die Leute sich Brod kaufen, Jesus aber dieß für unnöthig halte. Man kann aber vielmehr umgekehrt sagen: daß in der zweiten Erzählung eine Steigerung stattfindet, wenn die Leute Matth. 15, 32, Mark. 8, 2 f. schon drei Tage fasten und dem Verschmachten nahe sind. Auf verschiedene Quellen weist jedoch auch dieß nicht hin. Keinenfalls aber könnte das Wunder durch einen Ueberarbeiter so verdoppelt sein, vgl. Strauß a. a. O. S. 116.

rakter haben, ist dadurch der ganze spätere Abschnitt der galiläischen Wirksamkeit Jesu unter einen klaren Gesichtspunkt gestellt. Alle diese einzelnen Lehrstücke wollen Jesus auf der Höhe seines Wirkens und in der entscheidenden Fülle seiner Selbstoffenbarung zeigen; sie verbinden damit aber durchaus die Vorstellung, daß dieser Offenbarung gegenüber sich der Gegensatz des Unglaubens nur um so greller bewiesen habe.

Die Auslassungen des Matthäus haben dieses Bild im Wesentlichen nicht verdunkelt. Durch den Wegfall der einzelnen Heilungen sind zwar die einzelnen parallelen Stücke nicht mehr im vollen Umfange zu erkennen. Der Gesammtcharakter dieses Abschnittes tritt aber durch den Ausschluß solcher Geschichten, wie sie auch die frühere Zeit schon geboten hat, nur in ein um so helleres Licht. Dagegen hat Matthäus Zusätze, welche zwar das Gefüge im Ganzen nicht stören, jedoch sich als aus einer anderen Quelle geflossen leicht erkennen lassen: nämlich die Reden beim Bekenntnisse des Petrus und die beim Rangstreite.

Der erstere Redenzusatz Matth. 16, 17—19, so kurz er ist, hat doch die für die Matthäusreden charakteristische Bezeichnung Gottes als des Vaters in den Himmeln. Auch sind die Worte über die Schlüssel des Himmelreiches nicht nur mit dem Geiste dieser Reden überhaupt, sondern insbesondere mit dem Inhalte der sogleich folgenden Gemeindereden so verwandt, daß über den gemeinschaftlichen Ursprung beider kaum ein Zweifel sein kann. Was nun diese Gemeindereden in Matth. Kap. 18 betrifft, so geben sie sich zunächst als Erweiterung der auch bei Markus und Lukas mit dem Rangstreite zusammenhängenden Aussprüche, woferne wir diese nicht als Verkürzung jener anzusehen haben. Die einfachste Gestalt dieses Stückes haben wir bei Lukas 9, 46—50. An die kurzen Worte über die Würde, welche Jesus einem Kinde zuschreibt, schließt sich die Frage des Johannes an, über einen Mann, der in Jesu Namen Dämonen austrieb, ohne sich an die Genossenschaft Jesu zu halten, vgl. Mark. 9, 33—40. Das Letztere ist bei Matthäus ganz weggefallen, aber auch die parallelen Worte über die Rechte eines Kindes sind wesentlich verkürzt, vgl. Matth. 18, 5 mit Mark. 9, 37. Luk. 9, 48. Dagegen ist vor ihnen ein anderes Wort hinzugekommen über die Nothwendigkeit den Kindern gleich zu werden, um in das Himmelreich zu gelangen, Matth. 18, 3. 4. Außerdem aber schließt sich dann weiterhin die Rede über das Aergerniß 18, 6—9, und die weiteren Reden über Rettung der μικροί 10—14 und die Pflichten der christlichen Gemeinschaft an, 15—20. 21—35. Diese Matthäusreden sind nun in der That an ihrem Orte leicht als Einschaltungen zu erkennen. Unvermittelt stehen 18, 3 f. und 5 die beiden Reden von der Neugeburt für das Reich Gottes und von der Aufnahme der Kinder nebeneinander. In den Worten vom Aergerniß sodann sind die „Kleinen" 18, 6 in anderem Sinne gebraucht, und es ist daher auch hier bloß die Zusammenstellung von Stoffen, die eine gewisse allgemeine Verwandtschaft haben, zu erkennen. Dasselbe wiederholt sich bei der neuen Wendung mit Vs. 10. Da hienach diese Reden schichtenweise angelagert sind, und insbesondere der Eingang selbst und seine einfachen Motive deutlich eine Combination erlitten haben, so werden wir jedenfalls die Matthäusreden für Zusätze ansehen dürfen, und es ist daher das Wahrscheinlichste, daß wir in der Redaktion des Lukas die ursprüngliche Gestalt haben, in welcher das Stück der synoptischen Quelle angehörte. Dann aber müssen wir auch bei Markus schon eine sekundäre Redaction erkennen, da auch er weitere Redezusätze hat. Und dieß erscheint um so mehr berechtigt, als auch bei ihm schon die Zusammenstellung theils eine künstliche vgl. 9, 37—42, theils eine ganz lose, vgl. 9, 49 f. ist.[1]) Das Verhältniß des Markusevan-

[1]) Daß Vs. 41, der den Gedanken von 37 fortsetzt, hievon durch 38 bis 40 getrennt ist, würde sich vielleicht aus der Neigung zu solchen Einschachtelungen, die wir 3, 21—31. 11, 14—20 wiedererkennen, erklären. Aber es ist zu bemerken, daß in allen diesen Fällen die Aufnahme von Reden Einfluß zu üben scheint. So hat auch hier Vs. 41 wohl nur die Bedeutung zu den Worten vom Aergerniß 42 ff. überzuleiten. Die letzten Sprüche 49. 50 sind offenbar nur des Anklangs durch das Bild wegen hier angefügt. Daß Matthäus hier 18, 8 f. Sprüche wiederholt, die er 5, 30 in der Bergpredigt gegeben hat, erklärt sich aus der Natur der Redensammlung, die er benützte, und deren verschiedene Schichten solche Wiederholungen mit sich brachten. Daß aber Markus an unserem Orte mit ihm zusammentrifft, beweist nicht einen gemeinschaftlichen Ursprung des Stückes, sondern es weist bloß darauf hin,

geliums ist hier ein ähnliches, wie im ersten Abschnitte in der Redaction der Parabeln, vgl. Mark. 4, 21—32.

Außer diesem hat Matthäus noch die Geschichte vom Stater besonders, 17, 24—27. Sie ist aber auch ihrem Inhalte nach anderer Art, als der Kreis der Stücke, in welchen sie gesetzt ist: sofern sie nämlich Jesus in auffallender Weise den Gedanken, welchen er aussprechen will, dem Petrus abfragen läßt, sodann aber das Wunder selbst nicht erzählt, sondern nur die Anweisung zu demselben gibt. Hiedurch ist die allegorische Absicht desselben offen ausgeprägt. Je singulärer die Erzählung daher schon ihrer Form nach ist, desto gewisser kann sie nur als ein eigener Zusatz des Evangelisten betrachtet werden.[1]) Daß er denselben gerade an diesen Ort gestellt hat, erklärt sich daraus, daß die Begebenheit in Kapernaum geschehen sein sollte; er machte also den Zusatz an der letzten Stelle, wo es möglich war, nämlich eben am Schlusse des Aufenthaltes in dieser Gegend. Denn so fest stand doch auch ihm die vorige Geschichtenreihe, daß er sie nicht damit durchbrechen wollte.

2. Wenn wir nun auch in diesem Abschnitte nach der Feststellung des Inhaltes der Quelle noch die Redactionen des Textes im Einzelnen vergleichen, so werden uns überall nur die am ersten Abschnitte beobachteten Verhältnisse, zugleich aber die Erkenntniß des Ursprunges dieser Erzählungen überhaupt bestätigt.

Von entscheidender Wichtigkeit ist sogleich die Ueberleitung von der Herodeserzählung zur ersten Speisung. Markus und Lukas lassen Jesus sich mit den Jüngern in die Einsamkeit zurück-

---

daß hier die Zusammenstellung für beide durch eine verbreitete kirchliche Lehrgewohnheit bedingt ist.

[1]) Die ganze Frage über die Entrichtung der Tempelsteuer gehört dem apostolischen Zeitalter an, vgl. Strauß S. 487, der Gedanke, daß die messianische Gemeinde als solche frei sein sollte, weist auf die Stellung und die Ansichten des älteren Judenchristenthums hin. Das Finden der Münze ist das Bild dafür, daß die Rechte derselben um so mehr von Gott anerkannt sind, je weniger dieß noch in der Welt der Fall ist. Die Motive zu der Darstellung lagen in den Erzählungen vom wunderbaren Fischfange nahe genug.

ziehen, nachdem diese ihm Bericht über den Erfolg ihrer ersten Aussendung erstattet haben. Dieß ist am einfachsten bei Lukas erhalten, 9, 6—10. Man sieht hier noch deutlich, daß es die Nachforschung des Tetrarchen nach Jesus ist, welche zu diesem Schritte Veranlassung gibt, und daß diese Nachforschung im Zusammenhange mit der Aussendung der Apostel stand, zwischen deren Anfang und Schluß (Aussendung und Rückkehr) sie nur in Parenthese steht. Markus hat dieses Motiv verdunkelt, indem er nach seiner Art ausmalend 6, 31 Jesus seinen Jüngern Ruhe und Erholung verschaffen läßt. Dagegen zeigt sich hier das sekundäre Verhalten des Matthäus an dem schlagendsten Belege nämlich der schon erörterten Verwirrung, die am Schlusse seiner Erzählung über das Ende des Täufers eingetreten ist, 14, 12. 13. Vergleicht man nun die synoptischen Texte, so ergibt sich auch die Ursache dieser Unklarheit. Das ἀπήγγειλαν des Matthäus 14, 12 entspricht nämlich der Einleitung der andern, Mark. 6, 30. Luk. 9, 10, wonach die Apostel Bericht über den Erfolg ihrer Sendung erstatten. Dieses konnte Matthäus nicht aufnehmen, weil er die Aussendung viel früher gesetzt hat. Indem er aber doch dem ihm vorliegenden Texte folgt, so ist ihm der Bericht der Apostel zu einem Berichte der Johannesjünger geworden, und wir haben so den unzweideutigen Beweis, daß er abhängig gearbeitet hat.

Die erste Speisung bietet keine tiefere Verschiedenheit der Darstellung. Markus beweist auch hier seine Manier durch die Angabe, daß die Apostel über zweihundert Denare verfügen konnten, um etwa Brod zu kaufen, 6, 37 und die Ausmalung der reihenweisen Niederlassung der Menge, 6, 39. 40. Uebrigens zeigt die Parallele des Lukas, 9, 14. 15, daß dieß nicht ohne Grund im Text der Quelle gewesen ist. Auch Lukas läßt die Leute in Reihen sitzen und zwar je fünfzig Mann. Man sieht, wie die fünf Brode den Reihen zu Fünfzig und der Gesammtzahl Fünftausend entsprechen: dieß war aber sicher eine stereotype Form der Erzählung. Ebenso haben ohne Zweifel Markus 6, 34 und Lukas 9, 11 den Text erhalten, wenn sie Jesus vor der Speisung predigen lassen; dieß gehört sicher zur Bedeutung des ganzen Aktes. Wenn dabei Markus in der Einleitung, 6, 34, die Vergleichung des Volkes mit den Schafen ohne Hirten hat, welche Matthäus 9, 36 früher, nämlich bei der Wahl und Aussendung der Apostel gab, so hat zwar wohl jeder von Beiden dieses Wort an seiner Stelle nach einer eigenen Quelle; Matthäus aber hat es eben deßhalb hier übergangen, denn er hat einen offenbar sekundären Ersatz dafür gegeben, indem er das ἐσπλαγχνίσθη beibehält, aber nun durch Heilungen von Kranken unter dem in der Wüste versammelten Volke näher bestimmt.

In der an die erste Speisung sich anschließenden Geschichte vom Wandeln Jesu auf dem See ist das Verhältniß zwischen Matthäus und Markus insoferne ein lehrreiches, als Matthäus einen Zusatz über die besondere Scene mit Petrus hat, welcher sich als als solcher schon dadurch unzweifelhaft zu erkennen gibt, daß das Bekenntniß über die Person Jesu mit dem dieselbe schließt, 14, 33, nicht hier ursprünglich sein kann: es würde die ganze Oekonomie der Erzählung stören, da es dem späteren Bekenntnisse des Petrus seine Bedeutung nimmt.[1]) Gerade dieser Zusatz aber hilft nun in die Genesis der ganzen Erzählung einen Blick thun. Dieselbe enthält drei Schichten. Das ursprüngliche ist offenbar die Hilfe, die Jesus den Schiffern gegen den Sturm angedeihen läßt, Matth. 14, 24. 32. Mark. 6, 48. 51 das zweite das Wunder seines Wandelns auf dem See. Matth. 14, 24. Mark. 6, 48. Diese beiden Elemente sind in dem synoptischen Texte so combiniert, daß nicht mehr klar ist, worin eigentlich das Wunder besteht. Und hiezu kommt nun als Drittes die weitere Ausbildung, welche Matthäus in seinem Zusatze, 14, 28—33, hat, indem nun das Wunder des Wandelns auf dem See auch auf Petrus übertragen

---

[1]) Die Erzählung gehört zu denjenigen späteren Darstellungen, in welchen Petrus in immer ausgedehnterem Maße als Typus der Gemeinde oder doch der Apostel auftritt. Daß dieses besonders in Darstellungen der Reden Jesu der Fall war, läßt sich am ersten und dritten Evangelium erkennen, vgl. Matth. 15, 15. 16, 18. 17, 24. 18, 21. Luk. 12, 41. Es ist dieß nicht das Werk einer Absicht, ihn oder seine Richtung zu verherrlichen, sondern einfach die weitere Ausmalung des historischen, auch in den älteren Berichten zu erkennenden Verhältnisses.

und hiebei zugleich zur symbolischen Darstellung der Noth und der Hilfe Jesu für den schwachen Glauben erweitert ist.

Die Verhandlung über das Händewaschen ist kritisch vor Allem dadurch merkwürdig, daß hier sich ein Redestück von größerem Umfange findet, welches einen wesentlich anderen Charakter hat, als die großen Reden bei Matthäus. Wenn diese kunstreich angelegt sind, und sich durch ihren leichten Fluß auszeichnen, selbst wo sie doch nur aus einer Gnomenreihe bestehen, so ist dagegen hier das Eigenthümliche die stückweise Zusammensetzung, und die Auffassung der einzelnen kleinen Abschnitte als besonderer Handlungen. Es ist nicht sowohl eine Rede, als eine Geschichte, bei welcher die Entwicklung in Reden vor sich geht. Die ursprüngliche Form hat aber Markus jedenfalls reiner erhalten als Matthäus, obwohl er gleich Anfangs die zweite Hand in den Erläuterungen über die jüdische Sitte 7, 3. 4 erkennen läßt. Der Hauptunterschied beider Darstellungen ist der, daß bei Markus der Anklage der Pharisäer gegenüber Jesus mit der Anwendung des Jesajanischen Tadels des Volkes auf die Gegenwart beginnt, 7, 6, und dann dieses damit belegt, daß sie die höchsten Gebote bei Seite lassen und geradezu verkehren: während er nach Matthäus 15, 3 ff. mit dem Letzteren beginnt, und damit die Anwendung des Jesaja-Wortes begründet. Die letztere Form ist die logisch-richtigere. Aber eben deswegen dürfen wir in ihr eine Verbesserung der Redaction erkennen. Die erste Aufzeichnung stellte sicher das Allgemeine — und dieß ist in der prophetischen Anführung enthalten — voran, und ließ diesem die nähere Begründung erläuternd nachfolgen. Außerdem zeigt sich die Priorität des Markustextes auch noch im Folgenden, wo nun die Rede auf das Sachliche, die Frage über die Verunreinigung eingeht. Nach beiden Darstellungen hat Jesus sich hier einer Parabel bedient, welche er nachher den Jüngern erläutert. Der Parabel-Charakter seiner Rede ist aber bei Matthäus gänzlich verwischt, indem Jesus statt anfänglich eine Parabel zu geben, vielmehr gleich 15, 11 den Gegensatz dessen, was zum Munde eingeht und den Menschen nicht verunreinigen kann, und dessen, was durch den Mund ausgeht und den Menschen verunreinigt, aufstellt. Wir haben also hier gar keine reine Parabel mehr, sondern nur ein halbbildliches Wort, das in der That schon Erklärung ist. Die Parabel kann nur so gelautet haben, daß nicht das, was durch den Mund in den Leib eingeht, den Menschen unrein macht, sondern nur das, was aus dem Leibe ausgeht, unrein ist. Dann lag die Erklärung darin, daß das Letztere das Bild für die in Worten ausgehenden unreinen Gedanken ist. Und so ist der Gang im Wesentlichen bei Markus 7, 15 ff. erhalten. Außerdem hat Matthäus einen Zusatz 15, 13 f. über die Pharisäer als die Blinden, welche andere Blinde leiten wollen, der schon durch die Parallele des Lukus 6, 39 als Stück aus einer anderen Quelle erkennbar ist.

In der Geschichte der Kanaanäerin zeigt sich wieder das Ausmalen des Markus, indem er die Scene anfangs in ein Haus verlegt, 7, 24 und zuletzt die Tochter ruhig auf dem Bette liegend gefunden werden läßt, 30. Dagegen hat Matthäus eine tiefer greifende sachliche Erläuterung gegeben durch das Wort Jesu, daß er nur für die verlorenen Schafe Israel bestimmt sei.[1])

Wenn Matthäus 15, 29—31 die zweite Speisung durch das Bild einer großen Heilungsthätigkeit Jesu einleitet, so ist dieß nicht blos Ersatz für die wegfallende Heilung des Taubstummen Mark. 7, 32—37, sondern es ist damit zugleich künstlich eine Scene für die Speisung geschaffen, welche jedenfalls nicht ursprünglich der Darstellung derselben angehört. Im Folgenden zeigt sich sein Text in Manchem correcter und deutlicher,[2]) aber eben darum auch weniger ursprünglich, so wenn er bei der zweiten Speisung die Fische nicht wie Markus erst nachträglich anführt, 15, 34,

---

[1]) Es ist dieß wahrscheinlich aus der Rede Matth. 10, 4 hieher übertragen.

[2]) Ob Magadan Matth. 15, 39 oder Dalmanutha Mark. 8, 10 ursprünglicher ist, läßt sich bei der Unsicherheit der Erklärung beider Namen, vgl. Ewald, Gesch. V. S. 376, nicht bestimmen. Sind dieselben im Texte ursprünglich, so liegt darin jedenfalls der Beweis, daß nicht der eine Evangelist nach dem andern gearbeitet hat. Bei den Anklängen zwischen Magadan, Var. Magdala, Dalmanutha ist es aber überhaupt zweifelhaft, ob nicht in den Handschriften schon ein Irrthum oder die Abwandlung eines frühe dunkel gewordenen Namens vorliegt.

vgl. Markus 8, 7, sondern gleich mit den Broden erwähnt, wenn er endlich nach der verweisenden Rede Jesu 16, 12 hinzusetzt, jetzt haben die Jünger verstanden, daß er unter dem Sauerteig die Lehre der Pharisäer gemeint habe. Der Redenzusatz über die Zeichen der Zeit bei der Zeichenforderung 16, 2. 3 ist in Ansehung seiner Quelle durch die Parallele des Lukas 12, 54—56 unzweifelhaft. Im gleichen Zusammenhange aber hat die Verbindung zweier Quellen eine unzweideutige Verkürzung des Haupttextes erzeugt, insoferne Matth. 16, 5 ohne Mark. 8, 13 gar nicht verständlich ist.

Die Synopse der Erzählung vom Bekenntniß des Petrus und von der Verklärung Jesu zeigt einen größtentheils identischen Text. Die Ergänzungen des Matthäus sind sowohl in der Frage Jesu, 16, 13, in welche er den Begriff des Menschensohnes schon aufnimmt, als in der Antwort des Petrus 16, 16 unverkennbar; ebenso begreiflich ist, daß er den Spruch über die Vergeltung Jesu für die, welche sich seiner schämen, Mark. 8, 38, Luk. 9, 26, den er schon in der Apostelinstruction 10, 33 gegeben hat, hier in ein allgemeines Wort über das Gericht auflöst, 16, 27. Dagegen halten sich die Verzierungen, welche Markus in der Verklärungsgeschichte anbringt, wenn er die Weiße der Gewänder näher beschreibt, 9, 3, wenn den Petrus schon seinen Vorschlag zum Hüttenbauen in der Stimmung der Furcht machen läßt, 9, 6, ganz in der Linie seiner Malereien. Etwas freier geht Lukas, mit dieser Erzählung um, indem er sie zu einer Nachtscene macht, 9, 32, und zugleich ebendaselbst, 31, den Inhalt des Gespräches Jesu mit den beiden Verstorbenen erläutert, dabei aber auch den visionären Charakter, welchen das Ganze bei den Andern hat, verwischt und bestimmter eine wirkliche Handlung vor sich gehen läßt.

Die sekundäre Natur des Matthäustextes zeigt sich auffallend an der Rede über die Erwartung des Elia. Markus hat die schwierigen Worte 9, 12. 13: „Wenn Elia kommt, stellt er erst alles her; und wie ist auf den Menschensohn geschrieben, daß er viel leide und verachtet werde? Aber ich sage euch: Elia ist schon gekommen, und sie haben ihm gethan, was sie wollten, wie es auf ihn geschrieben ist.“ Matthäus erläutert dieß in der leichteren

Redaction, 17, 11. 12: Elia kommt zuerst und wird Alles herstellen; ich sage Euch aber, daß er schon gekommen ist, und sie haben ihn nicht erkannt und an ihm gethan, was sie wollten. So wird auch der Menschensohn von ihnen leiden. Ebenso sekundär ist, daß Matthäus bei der zweiten Leidensverkündigung die Jünger betrübt werden läßt, 17, 23, statt daß sie — was offenbar die Idee des Stückes in seiner Stellung ist — nach den beiden andern, Mark. 9, 32. Luk. 9, 45 dieselbe gar nicht verstehen wollen.

In der Erzählung von dem dämonischen Knaben entwickelt Markus nicht nur die ganze Breite seiner ausmalenden Manier, 9, 18. 21 ff., sondern er hat dabei auch in eigenthümlicher Darstellung 23 f. diesen Fall als Beispiel für das Erforderniß des Glaubens unter Anwendung des Wortes Luk. 17, 5 entwickelt. Dieses thut auch Matthäus durch die nachträgliche Rede 17, 20. Beide sind darin unabhängig von einander; man sieht daraus nur, welche Lehren überhaupt an diese Erzählung angeknüpft zu werden pflegten. Auch das Wort über die Mittel des Betens und Fastens beweist, daß dieselbe für sehr bestimmte praktische Fragen des apostolischen Lebens zum Lehrstücke diente. So haben wir hier einen weiteren Beleg dafür, daß das Zusammentreffen in gewissen Fällen, zumal wo es sich um die Verbindung von Reden mit Geschichten handelt, nicht immer auf einem Schriftenverhältniß, sondern auch auf einer Gewohnheit, gewisse Lehren an solche Geschichten anzuknüpfen, beruht.

c) Die Reise und die Jerusalemischen Geschichten.

1. Mit der Geschichte des Rangstreites ist der Galiläische Aufenthalt beschlossen. Jesus geht nun nach Peräa und Judäa, zuletzt nach Jerusalem zum Feste; er hält sich dort einige Tage auf; die drei Synoptiker schließen die Darstellung der letzteren mit den Zukunftsreden, worauf dann die eigentliche Leidensgeschichte folgt, und diese bildet so wieder die Grenze für unseren Abschnitt. In diesem Abschnitte ist der Bestand und die Anlage der Quellenschrift so klar als im vorigen, die Reihenfolge der Geschichten ist fast durchaus die gleiche. Auch hier hat Matthäus eine Anzahl

eigenthümlicher Redestücke eingeschaltet, aber es ist überall zu bemerken, wie die Einschaltung durch die Verwandtschaft der Stoffe veranlaßt wurde. Lukas [1]) hat ebenfalls aus leicht zu erkennenden Gründen theils zugefügt, theils weggelassen; und so erscheint durchgehends auch hier der Text des Markus als das Maß der gemeinschaftlichen Grundschrift.

Diese enthält zunächst nach dem Antritt der Reise eine Zusammenstellung von Erzählungen verschiedener Art, welche mit Ausnahme der letzten nicht näher mit dem geschichtlichen Momente zusammenhängen: die Rede über Ehescheidung, das Segnen der Kinder, die Begegnung mit dem reichen Jüngling, die Frage des Petrus nach dem Lohne der Jünger. Hierauf wird die Darstellung eigentlich historisch; bei der Annährung an Jerusalem bereitet Jesus noch einmal auf sein Leiden vor, die Zebedaiden treten mit Ansprüchen auf die ersten Stellen in seinem Reiche auf. Man nähert sich jetzt Jericho, dort heilt Jesus einen Blinden, er zieht dann in die Stadt ein, reinigt den Tempel und verflucht den Feigenbaum, wird sofort über seine Befugnisse zur Rede gestellt, und fordert durch ein Gleichniß über den Weinberg des Herrn die Rache der Volksoberen heraus. Daran schließt sich ein Abschnitt mit Jerusalemischen Streitreden: über den Census, die Auferstehung, das größte Gebot und den Davidsohn, die Warung vor den Pharisäern und das Lob der Wittwe, und zuletzt die großen Zukunftsreden.

Man kann in diesem ganzen Abschnitt vier Gruppen unterscheiden: die Sammlung von Reisegeschichten, den Zug nach Jerusalem, die ersten kritischen Ereignisse dort, und die Sammlung der weiteren Streitverhandlungen. Die erste Gruppe beginnt mit der Reise überhaupt, die zweite mit der Annährung an Jerusalem, Matth. 19, 1. Mark. 10, 1. Luk. 18, 15. (vgl. 9, 51) Matth. 20, 17. Mark. 10, 32. Luk. 18, 31, wodurch überhaupt die Reise als solche wieder aufgenommen ist, und zwar mit der letzten Leidensverkündigung; der Faden der Reisegeschichte wird nun nicht mehr abge-

[1]) Bei Lukas bleibt der ganze bloß ihm eigenthümliche Abschnitt 9, 51 bis 18, 14 hier noch außer Betracht.

brochen bis zum Schlusse des ersten Tages in Jerusalem. Dagegen beginnt eine neue Gruppe, welche die Anfrage der Synedristen und die angreifende Parabel Jesu enthält, mit der Geschichte vom Feigenbaum Matth. 21, 18, vgl. Mark. 11, 12 ff. 19 ff. (Luk. 20, 1) und schließt mit dem Ergebnisse, daß Jesu nachgestellt wird, Matth. 21, 46. Mark. 12, 12. Luk. 20, 19. Ebenso ist dann die vierte Gruppe von Matth. 22, 15. Mark. 12, 13. Luk. 20, 20 an charakterisiert als eine Reihe paralleler wesentlich gleichartiger Verhandlungen zwischen Jesus und seinen Gegnern, woran sich zuletzt die Zukunftsreden anreihen.

Daß die angegebenen Bestandtheile dieser Gruppen, in denen Matthäus und Markus fast durchaus parallel sind, einer und derselben Quelle angehören, läßt sich durch die Verwandtschaft, welche sie ihrem Charakter und der Darstellung nach theils unter sich, theils mit den früheren Abschnitten haben, leicht erkennen, und zwar gilt dieß auch für diejenigen, welche bei Lukas fehlen. Wenn Lukas zu Anfang die Ehescheidungsfrage nicht hat, so hat er sie ausgelassen, weil er das Hauptwort hierüber anderwärts gibt 16, 18. Statt der Verfluchung des Feigenbaums finden wir bei ihm an anderem Orte, 13, 6—9, eine Parabel vom Feigenbaum, welche die Stelle derselben vertritt. Ebenso hat er die Ansprüche der Zebedaiden ersetzt durch eine zwiefache Parallele von Reden zu den hiebei gesprochenen Worten Jesu an anderen Orten, 12, 50 und 22, 24 ff., die Frage nach dem größten Gebote durch die ähnliche nach dem Wege zum Erben des ewigen Lebens, 10, 25 ff. Alle diese Auslassungen also können keinen Schluß auf den Bestand der Quelle begründen. Genauerer Untersuchung bedarf die Frage über den Ursprung einer Anzahl in unserem synoptischen Abschnitte vorkommenden Reden, und ebenso einiger besonderen Erzählungsstücke, welche sich bei Lukas finden.

Was die Reden betrifft, so sind die synoptischen entweder bei drei oder doch wenigstens bei zwei Evangelisten vorkommenden unter denselben beinahe durchaus solche kurze Gespräche, welche den schon im vorigen Abschnitt bezeichneten Charakter der Hauptquelle zeigen. So hat das Gespräch über die Ehescheidung überraschende Aehnlichkeit in der Anlage mit dem über das Händewaschen. Auch hier derselbe dramatische Gang, und dieselbe Art der Aufzeichnung, welche nur die Spitzen der Gedankenreihe in der Weise der lebendigen Ueberlieferung festgehalten hat. Ebenso ist dieß in dem Gespräch mit dem reichen Jüngling, in dem Bescheide, welchen Petrus, und dem, welchen die Zebedaiden erhalten, sowie in der Antwort auf die Frage der Synedristen nach der Befugniß Jesu und endlich in der ganzen Reihe der folgenden Jerusalemischen Streitreden zu erkennen. Schwieriger ist das Urtheil nur in zwei Fällen, bei der Parabel vom Weinberge und in der großen Zukunftsrede.

Die Parabel vom Weinberge Matth. 21, 33—46. Mark. 12, 1—12. Luk. 20, 9—19 gehört so sehr in den geschichtlichen Verlauf der Darstellung, in welchen sie als energische Erklärung ja Herausforderung von Seiten Jesu entscheidend eingreift, daß für ihre Zugehörigkeit zu unserer Quelle schon dadurch ein günstiges Vorurtheil entsteht. In der That ist die Parabel gerade hiedurch einzig in ihrer Art. Während sich alle anderen Parabeln Jesu auf die Stiftung und die Verhältnisse seines eigenen Reiches beziehen, handelt diese von der Erwählung und der Geschichte des alten Volkes, und dem Verhalten desselben zu der Erscheinung des Messias. Das Parabelbild, an einen bekannten altestamentlichen Typus anknüpfend ist daher auch nicht so durchgeführt wie sonst in den meisten Fällen. Es ist mehr die Einleitung zu einer geschichtlichen und weissagenden Strafrede. Kann sie schon deßwegen den übrigen Parabeln nicht ohne Weiteres zugezählt werden, so unterscheidet sie sich auch nach allen Redactionen dadurch von diesen, daß ihr die Eingangsformel über das Himmelreich, welches verglichen werden soll, fehlt, was zumal bei Matthäus Zeichen genug eines anderen Ursprunges als des der übrigen größeren Lehrreden dieser Art ist.[1]) Sie wird deßhalb unbedenklich als Bestandtheil der gemeinsam benützten Geschichtserzählung angesehen werden dürfen.

Verwickelter ist dieselbe Frage bei den großen Zukunftsreden Matth. 24. 25. Mark. 13. Luk. 21, 5—36, welche überhaupt zu

[1]) Auch die Wendung des Einganges bei Matthäus: *ἄλλην παραβολὴν ἀκούσατε*, spricht geradezu für eine von der seiner übrigen Parabeln verschiedene Quelle.

den schwierigsten Aufgaben der Synopse gehören. Kaum ein anderer Theil der Aufzeichnung von Worten Jesu übertraf diese Reden an unmittelbarer Wichtigkeit für das Leben der apostolischen Zeit: sichtlich ist auch die geflissentliche Bearbeitung hier eine besonders reiche und mannigfaltige gewesen, so daß sich leicht die Quellen, aus welchen ein Evangelist schöpfte, kreuzen mochten. Nichts destoweniger haben wir guten Grund zu der Vermuthung, daß die historische Hauptquelle jedenfalls den Anlaß und die Grundzüge der Weissagung an diesem Orte enthalten habe. Hiezu berechtigt schon das gleichmäßige Vorkommen des Ganzen bei sämmtlichen Synoptikern an einem und demselben Orte. Es liegt aber eine weitere Bestätigung darin, daß Lukas statt der Einen Rede zwei verwandte über denselben Gegenstand darbietet, nämlich außer der gegenwärtigen noch eine Andere in seiner großen Reiseeinschaltung, 17, 20—37. Diese letztere Rede stammt sicher, da die Einschaltung überhaupt nichts von unserer Quelle enthält, aus einer anderen Schrift. Sie hat übrigens auch trotz aller Berührung doch einen anderen Charakter als unsere Zukunftsweissagung. Während diese in der That auf den Verlauf der Zukunft eingeht, die Vorbereitung der großen Katastrophe, die Bedrängniß in Judäa selbst und die Wiederkunft Jesu schildert, so beschränkt sich jene auf die allgemeine Ankündigung dieser Wiederkunft, und verbindet damit gewisse Ermahnungen, welche der entscheidenden Bedeutung dieses Augenblickes entsprechen. Sie ist also vielmehr Mahnrede als Weissagung. Wenn nun die Weissagungsrede selbst in der Redaction des Matthäus specifische Elemente jener bei Lukas aufbewahrten Mahnrede aufgenommen hat,[1]) so ist wohl die Annahme berechtigt, daß damit eben eine Combination verschiedener Quellen angezeigt sei, welche Lukas genauer auseinandergehalten hat. Ein beachtenswerthes Moment für die kritische Hauptfrage ist ferner die Differenz zwischen Matthäus und den beiden anderen, daß diese mit der Weissagung der Verfolgung der Jünger zugleich die Verheißung des Beistandes des heiligen Geistes bei ihrer Verant-

[1]) Vgl. Luk. 17, 24. Matth. 24, 27. Luk. 17, 26 f. Matth. 24, 37—39. Luk. 17, 35 f. Matth. 24, 40 f. 28.

wortung verknüpfen, während Matthäus dieses sichtlich durch eine andere Wendung übergeht[1]); daß er dieß thut, erklärt sich dadurch, daß er gerade diese Aussprüche seinerseits in der Apostelinstruction gegeben hat. Auch hieraus geht also hervor, daß er in seiner Redenquelle die gleichen Stoffe an anderem Orte hatte. Alles dieß kann nur die Vermuthung bestärken, daß wir es in dem Stamme der eigentlichen Weissagungsrede mit einem Stücke zu thun haben, welches unserer synoptischen Hauptquelle angehört, so viel dasselbe auch Zusätze und Veränderungen erlitten haben möchte. Diese Rede besteht aus vier Abschnitten, deren erster von den Vorzeichen der Messiaswehen handelt, und damit die erforderlichen Warnungen und Zusicherungen für diese Probezeit verbindet; der zweite schildert die Zeit des großen Wehes selbst, der dritte die darauf folgende Erscheinung des Messias, der vierte endlich fügt eine Belehrung über die Zeit, welche an gewissen Merkmalen sich erkennen lassen wird aber voraus nicht zu bestimmen ist, hinzu. Von diesen hat sich nur der letzte in gleichmäßiger Gestalt synoptisch erhalten. Annähernd auch der dritte über die Erscheinung des Messias. Der zweite über die Zeit der Wehen mußte bei späterer Redaction der Evangelien am meisten sachliche Veränderungen erleiden. Und der erste, welcher die Vorzeit behandelte, war der natürliche Ort, wo überhaupt Sprüche für die Jünger, welche sich auf die Zukunft bezogen, eingeschaltet werden konnten, weßhalb sich hier am ehesten bloße Redactionsabweichungen erwarten lassen und auch wirklich finden.[2])

2. Rechnen wir nun diese Reden zu unserer Quelle, so werden wir nicht dasselbe thun können bei denjenigen Parabelreden, welche theils Matthäus, theils Lukas innerhalb unseres Abschnittes besonders haben. Es sind dieß bei Matthäus die drei Parabeln von den Arbeitern im Weinberg 20, 1—16, von den ungleichen Söhnen eines Vaters 21, 28—32, von dem Hochzeitsmahle des Königssohnes 22, 1—14, bei Lukas die Parabel von den Pfunden

[1]) Vgl. Mark. 13, 11 f. Luk. 21, 14 f. und Matth. 24, 14. Matth. 10, 19 f.
[2]) Lukas hat deßhalb auch hier verschiedene neue Ansätze der Rede 21, 10. 14.

19, 11—27. Daß die letztere in der Erzählung keinen gegebenen Standort hatte, beweist Lukas selbst damit, daß er den Ort, welchen er ihr gibt, besonders motiviert, 19, 11.[1]) Sie war ihm also als Glied einer Redensammlung ohne genaue historische Bezeichnung zugekommen; dem entspricht, daß sie in etwas modificierter Gestalt — die des Lukas ist aber jedenfalls in einer Beziehung sekundär — bei Matthäus 25, 14—30 einer Gruppe von letzten Mahnreden an die Jünger als Anhang zur Zukunftsrede einverleibt ist. Was aber die dem Matthäus eigenen Reden betrifft, so hat er die erste derselben, die Parabel von den Arbeitern im Weinberg ganz unverkennbar als eine von ihm selbst gemachte Einschaltung an diesem Orte bezeichnet, die Antwort auf die Frage des Petrus nach dem Lohn den Apostel schloß im Texte mit den Worten: Viele Erste aber werden Letzte sein, und Letzte Erste 19, 30. Hier fügt nun Matthäus die Parabel ein, welche durch den Eingang als eine von seinen Himmelreichsparabeln bezeichnet ist, und am Schlusse derselben wiederholt er jenen Spruch 20, 16, indem er ihn mit dem andern, daß Viele berufen, Wenige erwählt sind, combiniert, die Parabel schien ihm eine geeignete Erläuterung des ersteren. Daß dieselbe aber ursprünglich bloß mit dem letzteren Spruche schloß, wird dadurch wahrscheinlich, daß dieser die Schlußformel für die verwandte Parabel vom Hochzeitmahl des Königssohnes bildet, 22, 14. Die letztere bildet dann an ihrem Orte eine Parallele zu der vom Weinberg, soferne in beiden die Verschmähung der göttlichen Gnade der Grundgedanke ist. Sie ist aber durch ihren Eingang 22, 1 (entlehnt aus Mark. 12, 1. vgl. Mark. 3, 23. 4, 2) vgl. mit 21, 46 deutlich als Einschaltung charakterisiert, und ihre Quelle ist aus Luk. 14, 16 ff. zu erkennen. Die Parabel von den beiden Söhnen Matth. 21, 28—32 gehört nach den Parallelen Luk. 7, 29 f. und 15, 11 ff. wohl ebenfalls einer eigenen Redenquelle an.

Was endlich die Erzählungen unseres Abschnittes betrifft, die nicht sämmtlichen Synoptikern eigen sind, so ist das kleine

---

[1]) Sie hängt überdieß durch den Gedanken im Sinne des Evangelisten ohne Zweifel mit der vorangehenden Erzählung von Zakchäos zusammen.

Stück von dem Opfer der Wittwe Mark. 12, 41—44. Luk. 21, 1—4 schon dadurch als ursprünglich zu erkennen, daß es zu der kurzen Aeußerung über die Pharisäer Mark. 12, 38—40. Luk. 20, 45—47 gehört; es bildet zu demselben einen natürlichen durch die Erwähnung der Wittwen in jener Aeußerung noch gehobenen Gegensatz: bei Matthäus dagegen ist es durch die größere Pharisäerrede verschlungen.

Sonst hat Lukas Eigenthümliches in der Erzählung von dem Zöllner Zakchäos, 19, 1—10, und in dem Wehrufe über Jerusalem bei der Annäherung an die Stadt 19, 41—44. Daß dieser leicht zugelegt werden konnte, ergibt sich aus der Natur der Sache. Die Erzählung von Zakchäos aber gehört offenbar einem eigenthümlichen Ueberlieferungskreise an.[1]) Auch die Erweiterung des Berichtes über den ersten Abend Jesu im Tempel bei Matthäus 21, 14—16 ist offenbar sekundären Ursprunges.

3. Nach allem diesem repräsentiert das Evangelium des Markus innerhalb unseres Abschnittes den Bestand der synoptischen Quelle. Wir haben nur noch den Text der Redactionen zu untersuchen.

In der Ehescheidungsrede Matth. 19, 3—12. Mark. 10, 2—12 findet zwischen Matthäus und Markus eine ähnliche Abweichung statt wie in der Rede über das Händewaschen. Nach Matthäus verweist Jesus zur Antwort über die Frage nach der Zuläßigkeit der Scheidung sogleich auf die Einsetzung der Ehe im Paradiese, und hierauf veranlaßt ihn die von den Gegnern gemachte Einwendung der mosaischen Scheidungsvorschrift zu der Erklärung, daß diese nur wegen der Herzenshärtigkeit nachträglich gegeben sei. Nach Markus fragt er zuerst nach der mosaischen Vorschrift, und als ihm mit dem Gebote über die Scheidung geantwortet wird, stellt er diesem den Bericht über die Einsetzung der Ehe entgegen. Daß hier auf einer oder der anderen Seite eine absichtliche Aenderung Statt gefunden hat, ist klar: aber es kann zweifelhaft sein, wo die Reflexion, die zu derselben führte,

[1]) Ihr Gedanke zeigt die Verwandtschaft mit Luk. 16, 1—13 von selbst an.

zu suchen ist. Diese Frage wird durch zwei Beobachtungen entschieden. Einmal durch das Schlußwort des Matthäus, welcher die Worte: von Anfang schuf Gott Mann und Frau 19, 4 vorausgenommen hat, jetzt aber noch einmal 19, 8 den Gedanken aufgreift, weil er ihn hier im Texte findet und daher setzt: von Anfang aber war es nicht so. Sodann durch einen wesentlicheren Unterschied. Matthäus nämlich läßt auch das nachfolgende ausdrückliche Scheidungsverbot an die fragenden Pharisäer gerichtet werden, und dieß hängt mit der vorher geschehenen Umstellung zusammen, durch welche eben in dem angeführten Schöpfungsberichte schon der Grundsatz völlig ausgesprochen ist. Bei Markus ist die Sache anders. Jesus verhält sich hier den Pharisäern gegenüber nur abwehrend und andeutend. Da sie auf die mosaische Anweisung zur Ehescheidung pochen, erklärt er dieselbe zwar aus der Herzenshärtigkeit und stellt ihnen den Schöpfungsbericht entgegen, ohne jedoch die Consequenz daraus zu ziehen, das Weitere ihnen selbst überlassend. Erst den Jüngern erklärt er nachher Mark. 10, 10 auf Befragen seinen eigenen Grundsatz unverhüllt. Dieß ist ohne Zweifel die ältere Darstellung, welche den historischen Charakter unserer Quelle bewahrt. Die Veränderung des Matthäus erklärt sich daraus, daß er nach der Weise seiner sonstigen Redeberichte vorzugsweise nur darauf sieht, daß die Rede in zusammenhängendem Flusse entwickelnd vorgetragen werde. Außerdem hat Matthäus 19, 10—12 einen Zusatz über die Enthaltung von der Ehe, welcher nur künstlich mit dem gegenwärtigen Stücke verbunden ist, und sicher einer eigenen Ueberlieferung zugehört. Dagegen hat allerdings Markus den Text der Quelle erweitert, indem er 10, 12 auch den Fall der von der Frau ausgehenden Scheidung aufnimmt, welcher als jüdisch nicht zuläßig Jesu ferne liegen mußte. Dieß steht aber keineswegs dem vorigen Ergebnisse, daß er im Ganzen das Stück authentischer gibt, im Wege.

Auch das kurze Stück vom Segnen der Kinder Matth. 19, 13—15. Mark. 10, 13—16. Luk. 18, 15—17. charakterisiert die Redactionen. Markus malt 10, 16 die Segnung aus, und bewährt 10, 14. 16 seine Neigung, die Handlungen Jesu auf starke

Gefühle zurückzuführen, indem er Jesus im Unwillen den Jüngern verbieten läßt die Kinder abzuhalten. Dagegen hat er 10, 15 mit Lukas 18, 17 aus dem Urtexte das Wort, daß Niemand das Reich Gottes empfängt, als wer hiezu einem Kinde gleich wird — ein Wort, welches Matthäus ausläßt, weil er es 18, 3 bei dem Rangstreite der Jünger in etwas anderer Form aus anderer Quelle gegeben hat.

In ähnlicher Weise zeigt die ausmalende Hand des Bearbeiters am Markusevangelium in der Geschichte vom reichen Jüngling Matth. 19, 16—26. Mark. 10, 17—27. Luk. 18, 18—27, an dem Zuge, Mark. 10, 21, daß Jesus den Jüngling voll Liebe anblickt, da er ihm den entscheidenden Rath gibt, daß er 10, 23 seine Jünger überblickt, als er den Schluß aus dem Geschehenen zieht, und endlich an der Wiederholung des Ausrufes über die Gefahr der Reichen 10, 24. Andererseits aber kann Niemand verkennen, daß in den ersten Worten zwischen Jesus und dem Reichen Markus und Lukas den ursprünglichen Text bewahrt haben, während Matthäus nicht nur die Ablehnung der Bezeichnung Jesu als des Guten zu beseitigen sucht,[1]) sondern auch die Aufzählung der Gebote nach der Ordnung des Dekalogs theilweise berichtigt hat.[2])

Ebenso hat Markus in der Lohnfrage des Petrus Matth. 19, 27—30. Mark. 10, 28—31. Luk. 18, 28—30 die Verheißung der Vergeltung rhetorisch amplificiert durch Wiederholung der einzelnen Objekte beim Lohn, welche Gegenstand der Entsagung waren 10, 30. Dagegen hat Matthäus schon Anstoß genommen an dem Ersatz im gegenwärtigen Weltzeitalter, und diesen beseitigt. Vgl. Matth. 19, 29 mit Mark. 10, 30. Luk. 18, 30. Die Verheißung

---

[1]) Dieser einzige Fall schon reicht hin, die vermeintliche Priorität des Matthäus und Abhängigkeit des Markus unmöglich zu machen.

[2]) Wir haben hier bei Markus 10, 19 und Lukas 18, 20 eine freie Aufzählung der Hauptgebote, deren Ordnung aber deutlich genug ist. Sie geht vom Groben zum Feineren fort, und war ohne Zweifel so traditionell. Matthäus berichtigt sie nach dem Dekalog, ebenso wie er freie prophetische Citate richtig stellt. Aber er weist doch selbst noch auf die Quelle zurück, indem er das vierte Gebot zuletzt hat. Auch der Zusatz: καὶ ἀγαπήσεις etc. in Matth. 19, 19 kann nicht ursprünglich sein, da er der Erzählung vorgreift.

des Richtens über Israel in der Palingenesie Matth. 19, 28 ist eine sichtliche Einschaltung, deren anderweitige Quelle die Parallele des Lukas beweist, vgl. Luk. 22, 30.

In der zweiten Gruppe der Geschichtserzählung über die Annäherung an Jerusalem gehen Matthäus und Markus fast ganz zusammen, wogegen Lukas hier nun seinerseits eine Abweichung, deren Motiv und späterer Ursprung leicht zu erkennen ist, zeigt. An die Spitze der Leidensweissagung hat er 18, 31 die Erklärung gestellt, daß sich Alles, was die Propheten auf den Menschensohne geschrieben haben, erfüllen werde. Markus hat sein psychologisches Ausmalen hier auf die Jünger angewendet, indem er den von Furcht erfüllten Gemüthszustand derselben beschreibt 10, 32.

In der Bitte der Zebedaiden, Matth. 20, 20—28. Mark. 10, 35—45, hat Matthäus eine offenbare Milderung dadurch gegeben, daß er sie nicht von ihnen selbst, sondern von ihrer Mutter vorgetragen werden läßt, 20, 20.

In schlagender Weise charakterisieren sich alle drei Redactionen an der Heilung des Blinden von Jericho, Matth. 20, 29—34. Mark. 10, 46—54. Luk. 18, 35—43. Markus hat den Namen desselben erhalten, 10, 46. Dagegen läßt er den Blinden nach seiner Art auf die erhaltene Ermunterung sein Gewand abwerfend auf Jesum zuspringen, 10, 50. Lukas verlegt den Auftritt, den die andern beim Auszug aus Jericho haben, in die Annäherung an die Stadt, weil er die Begegnung mit Zakchäos nachfolgen läßt, und diese mußte nachfolgen, weil sie durch die folgende Parabel von den Pfunden weiter erläutert ist, während die letztere doch zugleich schon auf die Annäherung an Jerusalem hinweist, also nicht vor Jericho fallen konnte. Matthäus dagegen hat aus dem Einen Blinden zwei gemacht. Der Grund ergibt sich aus dem auffallenden Umstand, 20, 34, daß gerade er hier die Heilung durch Berührung der Augen geschehen läßt. Sichtlich hat er diesen Blinden mit dem von Bethsaida Mark. 8, 22—26 in eine Geschichte zusammengefaßt.

In der Geschichte des Einzuges Matth. 21, 1—11. Mark. 11, 1—10. Luk. 19, 29—44 ist es vor Allem die Ortsbestimmung am Anfange, welche der Synopse ein Problem bietet. Wenn Matthäus sagt: als sie gen Jerusalem nahten und nach Bethphage zum Oelberg kamen, Lukas dagegen: als sie gen Bethphage und Bethanien zum Oelberg nahten, so konnte man freilich eine offenbare Combination beider in dem Texte des Markus finden: als sie gen Jerusalem, gen Bethphage und Bethanien zum Oelberg nahten. Wenn aber doch Matthäus selbst im Widerspruche mit der genaueren Unterscheidung seines Textes, wonach sie nach Bethphage selbst kamen, nachher in der Erzählung das Dorf nur den Wandernden gegenüber liegen läßt, so ist dadurch die Vermuthung begründet, daß eben die klarere Darstellung des Matthäus nur eine Verbesserung der Redaction sei, welche das Störende der anderen Darstellungen vermeiden wollte, wonach als Ziel mehrere Ortschaften zugleich genannt worden sind. Und wenn überhaupt eben diese letztere Fassung als die schwerere, wie sie auch bei Lukas sich findet, das Vorurtheil der Ursprünglichkeit ansprechen kann, so scheint es am wahrscheinlichsten, daß der Urtext schon wenigstens die Namen der zwei Dörfer enthalten und die Gegend derselben als das Ziel der Ankunft bezeichnet habe. So hätte Lukas den der Grundlage entsprechenden Text; das Hinzukommen von Jerusalem aber bei Matthäus und Markus würde sich leicht verstehen, wenn spätere Bearbeiter auch für fernere Kreise das Ganze in seiner Bedeutung durch Hervorhebung des eigentlichen Zieles anschaulich machen wollten. Weiterhin hat dann Matthäus, 21, 5 nicht nur die Schriftstelle, welche das Verfahren Jesu begründet, eingeschaltet, sondern auch in allzubuchstäblicher Festhaltung ihres Textes die eigenthümliche Verstellung gegeben, als ob Jesus die Eselin und das Füllen zugleich benutze. Noch unterscheiden sich die Evangelien weiter durch die Variation in dem grüßenden Jubelrufe des Volkes. Hier steht in einem Punkte der verwandte Text der beiden anderen gegen den isolierten des Markus. Verwandt sind jene, insoferne sie beide den König oder Davidssohn, der im Namen des Herrn kommt, preisen lassen, Markus dagegen das Reich des Vaters David, welches jetzt anbricht. Hier darf der Markustext als eine erläuternde Modifikation angesehen werden, da das Ursprüngliche gewiß ein persönlicher Zuruf war, in der

Weise, wie ihn Matthäus gibt (vgl. auch Luk. 13, 35. Matth. 23, 39). Ist diese Veränderung bloß bestimmt, den Sinn desselben für Nichtjuden deutlich zu machen, so hat Markus doch die Idee des Davidsreiches festgehalten, Lukas aber dasselbe in das göttliche Königthum überhaupt verwandelt.

Im Folgenden sind sich die Texte ungleich in der Zeitbestimmung der Tempelreinigung und der Geschichte vom verfluchten Feigenbaum, Matth. 21, 12—22. Mark. 11, 11—25. Luk. 19, 45 f. Matthäus läßt nach dem Einzuge sogleich die Tempelreinigung vor sich gehen, sodann Jesum in Bethanien übernachten und am folgenden Morgen bei einem neuen Gange zur Stadt den Feigenbaum nicht nur verfluchen, sondern auch das Wunder sogleich eintreten. Lukas stimmt in Betreff des ersteren mit ihm, den Feigenbaum hat er nicht. Markus dagegen läßt am zweiten Tag Morgens auf dem Wege zur Stadt den Feigenbaum verfluchen und den Tempel reinigen, sodann erst am dritten Tage auf dem Rückwege das Wunder geschehen sein und Jesus über den verdorrten Baum reden. Ob diese Theilung der Erzählung vom Feigenbaum die ursprüngliche Gestalt der Erzählung ist, oder ob sie das Wunder nur anschaulicher und begreiflicher machen will, und die Grundschrift beides die Tempelreinigung und die Geschichte des Feigenbaumes getrennt erzählte, steht dahin.[1]) Schwerlich jedenfalls enthielt die letztere, daß das Wunder auf der Stelle erfolgt sei, wie Matthäus dasselbe steigernd angibt, sondern sie fuhr, nachdem die Verfluchung erzählt war, so fort, wie Markus noch hat, nämlich: da sie in der Frühe vorbeizogen. Hievon nahm der Bearbeiter des Markus Anlaß, die Sache auf zwei Tage zu vertheilen. Wie er aber dabei sich doch an den Grundtext angeschlossen hat, so hat er auch einen Zug richtig erhalten, an welchem sich der Charakter der Handlung Jesu zeigt, nämlich in der Angabe 11, 13, daß es nicht die Zeit der Feigen gewesen sei: deren Sinn nur sein kann, daß es sich überhaupt

[1]) Wenn die Grundschrift schon die Stellung der Tempelreinigung zwischen der Verfluchung des Feigenbaumes und dem Ergebniß derselben enthielt, so ist das Verfahren dem ähnlich, welches die Darstellung bei der Jüngeraussendung durch die Parenthese der Nachfrage des Herodes zeigt.

nicht um ein Urtheil über den Baum, sondern um eine symbolische Demonstration handelt.[1]) Der Text des Matthäus zeigt gegenüber dem des Markus seinen sekundären Charakter auch in der erläuternden Wendung, 21, 21: Wenn ihr Glauben habt und nicht zweifelt, möget ihr nicht nur das mit dem Feigenbaum thun. Andererseits hat Markus am Schlusse 11, 25 in dem Wort vom Vergeben als Bedingung des rechten Gebetes einen Zusatz, der eben nur durch die Rede vom Gebete überhaupt veranlaßt, und der schon durch den Namen des Vaters im Himmel auf die Redenquelle des Matthäus zurückweist.[2]) Was die Stellung der Tempelreinigung betrifft, so haben wir dieselbe ursprünglich der Verfluchung des Feigenbaums folgend zu denken. Hierin hat wohl Markus das Richtige, indem er jetzt noch wenigstens den Anfang der letzteren Geschichte vorausgehen läßt. Matthäus aber und Lukas haben sie auf den ersten Tag verlegt, einem wohl erklärlichen Zuge folgend, nach welchem dieselbe ihr volles Gewicht eben dann zu haben schien, wenn Jesus sein Auftreten in der Stadt damit eröffnete. Der Text dieser Geschichte ist von Lukas nur summarisch gegeben, von Matthäus und Markus gleichlautend ausführlich mit dem einzigen Unterschiede in der Darstellung des Thatsächlichen, daß Markus auch noch anführt: Jesus habe das Tragen von Geräthschaften durch den Tempel hindurch, das Benützen desselben als offenen Durchweges verhindert.[3]) Die Verwicklung in der Zeiteintheilung dieser Begebenheiten hängt wahrscheinlich auch damit zusammen, daß man frühe die Tage vom Einzuge bis zum Tode zu berechnen anfing. Markus selbst zeigt durch sein Verfahren, daß dieß geschah. Aber eben dieser Umstand konnte andere veranlassen diese ersten Begebenheiten mehr zusammen-

[1]) Wie dieser Zug ursprünglich lautete, ist nicht mehr zu bestimmen. Der Gedanke war wohl der, daß das Volk, dessen Symbol der Baum ist, jederzeit seine Früchte bereit haben soll.

[2]) Uebrigens ist bei solchen einzelnen Anklängen nicht nothwendig an die Benutzung einer Schrift zu denken, da auch die eines durch dieselbe in bestimmter Form in Umlauf gesetzten Wortes zur Erklärung genügt.

[3]) Da dieses ein wirklich bestehendes Verbot betrifft, so reiht sich dieser Zug an die übrigen eigenthümlichen Erinnerungen einzelner Dinge, die in diesem Evangelium allein enthalten sind, an.

zudrängen, damit für die Fülle der folgenden noch genügend Raum bleibe. Wie überhaupt in der Beschreibung dieser letzten Zeiten und insbesondere bei Matthäus ein freieres reflektierendes Verfahren sich geltend macht, zeigt sich auch an dem Umstand, daß Matthäus den Schluß des Berichtes über die Tempelreinigung, welchen Markus und Lukas haben, Mark. 11, 18. Luk. 19, 47 f., nämlich daß dieselbe Anlaß zur Nachstellung des Synedriums wurde, welches aber die Volksstimmung noch scheuen mußte, unterdrückt hat, weil er hier eben noch andere Dinge anfügte, daß er aber den Hauptgedanken, nämlich das Prophetenansehen, welches Jesus genoß, nachholt in seiner Darstellung von der ähnlichen Wirkung der Parabel vom Weinberg. Aber auch Lukas läßt sein freieres Verfahren immer deutlicher erkennen; er ist besonders bemüht, jetzt die einzelnen Vorfälle in das Allgemeine zu zeichnen und so den großen Gang der Dinge zur Entscheidung hervorzuheben. In diesem Sinne schildert er wiederholt, hier und am Schlusse der Jerusalemischen Lehrreden, 19, 47. (20, 1:) 21, 37 f., daß Jesus täglich im Tempel gelehrt, und fügt am letzteren Orte noch bei, wie er die Nächte regelmäßig am Oelberge zugebracht, das Volk sich aber jedesmal in der Frühe im Tempel versammelt habe, um ihn zu hören.

In der ersten Streitrede über die Autorisation Jesu, sowie in der Parabel vom Weinberge, Matth. 21, 23—46. Mark. 11, 27—12, 12. Luk. 20, 1—19 ist kein auffallender Unterschied der Redactionen: mit Ausnahme der kleinen Steigerung, welche Lukas bei der ersteren 20, 6 anbringt, wonach die Synedristen fürchten, das Volk steinige sie, wenn sie gegen Johannes reden, und der Verallgemeinerung 21, 35 f., in welcher Matthäus in der Parabel vom Weinberge Jesus die Mißhandlungen der früheren Propheten schildern läßt. Durch die letztere geht der charakteristische Zug der dreimaligen Sendung, Mark. 12, 2—5. Luk. 20, 10—12 verloren. Ueberhaupt sieht man an der synoptischen Vergleichung, daß hier eine Unsicherheit darüber ist, ob das Vergehen bei diesen Missionen bloß im beschimpfenden Zurückschicken und Leergehenlassen der Boten, wie Lukas und theilweise Markus haben, oder im Tödten derselben besteht, wie Matthäus und wiederum theilweise Markus haben. Nach der jüdischen Ueberlieferung, welche sich auch in anderer Rede Jesu, Matth. 23, 29 ff. Luk. 11, 47 f., zeigt, war die Vorstellung des Prophetenmordes herrschend. Dessenungeachtet wird die Darstellung des Markus und Lukas der des Matthäus nicht nachzusetzen sein. Die letztere hat nur die Unsicherheit beseitigt. Diese Unsicherheit haftete aber der ersten Erzählung wohl darum an, weil in ihr zwei Parabeln, oder vielmehr Züge von einer Parabel mit dem Ganzen einer anderen zusammengeflossen waren. Hierauf führt die dreimalige Sendung, welche sich in der Anwendung auf die alten Prophetensendungen nicht erklären läßt, welche vielmehr offenbar von einem dreimaligen Anklopfen Jesu selbst hergenommen ist, wie dieß Lukas in seiner Parabel vom Feigenbaum Luk. 13, 6 ff. vgl. 32 f. zeigt. In Verbindung mit diesem Zuge erhielt sich dann auch der andere ganz oder theilweise, daß der Frevel bloß in der Verschmähung der Sendung, der Erfolglosigkeit der Predigt besteht. Sonst treffen noch Matthäus 21, 42 und Lukas 20, 18 zuletzt in dem Worte über die Wirkung des Steines zusammen, welches gewiß ein traditionelles und als solches in den Reden Jesu erhalten war.[1])

In der letzten Gruppe, welche die weitere Sammlung Jerusalemischer Lehren befaßt, ist vor Allem fast überall erkennbar, daß die Redaction des Matthäus mit den beiden anderen verglichen in einem sekundären Verhältniß zur Quelle stehen muß. Schon der Frage über den Census Matth. 22, 15—22. Mark. 12, 13—17. Luk. 20, 20—26 hat Matthäus in der Anrede der Pharisäer den logischen Rhythmus aufgelöst und hat 22, 19 die Münze, welche dargereicht wird, überflüssig als Censusmünze bezeichnet. In der Rede über die Auferstehung Matth. 22, 23—33.

[1]) Nur in Matth. 21, 43 ist die Parabel entschieden auf den Verlust der theokratischen Rechte des Volkes und die Uebertragung derselben an ein anderes bezogen, während in Matth. 21, 40. Mark. 12, 9. Luk. 20, 16 nur der Sturz des jetzigen Regimentes angezeigt scheint. Ist das erstere auch späterer Zusatz, so darf man doch annehmen, daß die Deutung der Parabel auch in dieser Rücksicht frühe zweifelhaft wurde, und zwar eben wegen der Combination verschiedener parabolischer Stoffe. Die dreimalige Sendung führte zur Verwerfung des Volkes, der wiederholte Prophetenmord zunächst zum Sturze der Regierenden.

Mark. 12, 18—27. Luk. 20, 27—40 hat er die Ausführung über die Folge der sieben Ehemänner aus ihrer ursprünglichen Form verkürzt. Das Gesetzescitat selbst, welches die beiden anderen in freier Fassung, wahrscheinlich der geläufigen der Gesetzeslehre geben, hat er genauer einem LXX Text angepaßt. Die Frage über das größte Gebot Matth. 22, 34—40. Mark. 12, 28—34 hat er zu einer angreifenden Frage gemacht, während sie sicher, sowie bei Markus und in der Parallele der Lukaseinschaltung eine Vertrauensfrage war. Und in der Rede über den Messias als Davidssohn Matth. 22, 41—46. Mark. 12, 35—37. Luk. 20, 41—44 hat er die einleitenden Worte Jesu in ein Gespräch aufgelöst, wodurch der Charakter des Angriffes, welchen Jesus hier macht, abgeschwächt ist. Unter den beiden anderen, welche sich fast überall in entscheidenden Punkten des Textes decken, ist doch Lukas derjenige, der zwar zum Theil den kurzen ersten Text beibehält, der aber an einzelnen Orten stärkere auf Reflexionen beruhende Veränderungen zeigt. So erläutert er in der Censusfrage 20, 20 die Absicht der Angreifer, er hat die Antwort Jesu an die Sadducäer in einer dogmatisch erläuternden Form gegeben, sowohl was das künftige Leben, 20, 36, als was den Auferstehungsbeweis aus der Schriftstelle betrifft, wobei an letzterem Orte der Gedanke, 20, 38, sogar gelitten hat. Keine derartige Umbildung verräth dagegen Markus. Er hat auch hier fast nur durch Pleonasmen oder malende Zusätze modificiert. Ein Beispiel des ersteren ist in der Censussache die wiederholende Frage 12, 14: sollen wir geben oder nicht? Unter die zweite Kategorie fällt der Zusatz, wonach der Jüngling, der nach dem größten Gebot frägt, noch seine Billigung ausspricht, und Jesus ihn nur mit Wehmuth entläßt. Doch ist hier die Absicht, den Monotheismus für heidnische Lehre hervorzuheben unverkennbar, vgl. 12, 29. 32. Die Bemerkung, daß Niemand mehr Jesum zu fragen wagte, hat wohl nur Lukas am ursprünglichen Orte, nämlich 20, 40 nach der Sadducäischen Frage. Markus hat sie hinter die Frage des Jünglings gerückt, weil doch das auch eine Frage war, 12, 34. Matthäus noch pragmatischer hinter die Rede über den Messias, als den Schluß dieser Erörterungen überhaupt, 22, 46.

d) Die Leidensgeschichte.

1. Der vierte Abschnitt, welcher uns noch übrig ist, befaßt die Leidensgeschichte nebst dem Anhange der Auferstehung, Matth. Cap. 26—28. Mark. 14—16. Luk. 22—24. Kaum irgendwo stellt sich das Dasein einer gemeinsamen Grundschrift der drei Evangelien so deutlich heraus wie hier, aber auch die Thatsache, daß das Markusevangelium sich beinahe ganz auf diese Quelle beschränkt und daher mit seinem Bestande das Bild derselben ist. Nicht ganz dem bisherigen entspricht aber hiebei das übrige Verhältniß der drei Evangelien unter sich. Während nämlich bisher Lukas dem Markusevangelium und der Grundschrift am nächsten stand, ja sogar die letztere nicht selten in ihrer höheren Einfachheit erkennen läßt, entfernt er sich jetzt im Ganzen offenbar am weitesten von derselben. Er hat eine Anzahl anderweitiger Ueberlieferungen benützt und eingeschaltet, ebenso aber hat er sich an mehreren Orten bemüht, den Gang der Geschichte pragmatisch zu berichtigen. So macht sich hier die Behandlung, welche das Evangelium von ihm im Ganzen erfährt und mit welcher sonst ein ziemlich sorgfältiges Bestehenlassen seiner Quellen an dem ihnen angewiesenen Orte verbunden ist, an dem einzelnen Abschnitte oder der für denselben benützten Quelle geltend. Wie es denn in der Natur der Sache liegt, daß er in diesem reinhistorischen Abschnitte seine verschiedenen Nachrichten nicht nebeneinander stellen konnte, sondern vielmehr ineinander arbeiten mußte. Auch hier jedoch steht er wenigstens im Einzelnen, wo nicht andere Einflüsse gewirkt haben, dem Markus am nächsten, und beide bilden so auch jetzt noch in gewissen Fällen eine Textfamilie. Matthäus seinerseits hat in diesem Abschnitte sich strenger an die Urschrift gehalten, und jedenfalls ihre Anordnung genau bewahrt; aber er hat derselben eine Anzahl von Ergänzungen beigefügt, welche großentheils durch ihren Inhalt selbst oder aber durch ihr Verhältniß zum synoptischen Texte die spätere Abkunft verrathen.

Die Leidensgeschichte zerfällt nach der synoptischen Darstellung in zwei Theile, von welchen der erste mit dem Beschlusse des Synedriums Jesum zu tödten, der zweite mit dem Beschlusse desselben, ihn an Pilatus zu übergeben, beginnt. Im ersten Theile sind enthalten: 1. Die Vorbereitungen: der Entschluß des Synedriums, die Salbung in Bethanien, der Verrath des Judas. 2. Der letzte Abend mit den Jüngern: das Passahmahl, die Ankündigung des Verrathes durch Jesus, die Stiftung des Abendmahls, der Auszug mit der Weissagung des Abfalls der Jünger und des Petrus insbesondere. 3. Die Nacht in Gethsemane: das Gebet Jesu, die Gefangennehmung, der Angriff auf den Knecht des Hohenpriesters, und die Apostrophe Jesu. 4. Im Hause des Hohenpriesters: das Verhör, die Verurtheilung, Mißhandlung, Verläugnung des Petrus. Der zweite Theil enthält: 1. Vor Pilatus: Uebergabe an diesen, Verhör und Schweigen Jesu, Loslassungsversuch, Verurtheilung und Mißhandlung. 2. Kreuzigung: Simon von Cyrene, Tränkung, Kreuzigung, Kleidervertheilung und Inschrift des Kreuzes; Mitgekreuzigte, Spott der Anwesenden; Finsterniß, Ruf Jesu, Tränkung, Tod; Zeichen im Tempel, Zeugniß des Centurio, Zeugenschaft der Frauen. 3. Begräbniß durch Joseph von Arimathia, Kenntnißnahme der Frauen vom Grabe.

2. In diesen Stamm der Geschichte hat nun Matthäus eine Anzahl von unzweifelhaft späteren Zusätzen verwoben, so die Sage über das Ende des Verräthers, 27, 3—10, die Sendung der Frau des Pilatus an diesen wegen Jesu und das Händewaschen des Prokurators, 27, 19. 24 f., sodann das Erdbeben und die Todtenerscheinungen beim Tode Jesu 27, 51—53, und zuletzt die Bestellung der Grabeswächter, 27, 62—66. Dem Verräther widmet Matthäus auch außer der Geschichte seines Endes besondere Zusätze: so in der Geschichte des Verrathes durch Angabe des entsprechenden bestimmten Preises, den er empfängt 26, 15, sodann beim Abendmahle, wo er auch ihn insbesondere fragen läßt, ob er es etwa sei, auf den Jesus hindeutet, 26, 25, endlich wie auch Lukas, durch die Ansprache Jesu an Judas in Gethsemane, 26, 50, vgl. Luk. 22, 48. Als Zusätze wird man am Eingange der Leidensgeschichte betrachten dürfen, daß er noch eine letzte Leidensverkündigung berichtet 26, 2 und die Absicht des Synedriums sich Jesu zu bemächtigen, als einen förmlichen Beschluß

darstellt 26, 3, und ebenso in der Geschichte der Verurtheilung, daß er, nachdem die Verdammung im Synedrium selbst erzählt ist, den Morgens frühe gefaßten Beschluß Jesus an Pilatus zu übergeben, als einen nun erst noch förmlich gefaßten Beschluß ihn zu tödten widergibt 27, 1. vgl. Mark. 15, 1. Sonst zeigt auch Matthäus gegenüber den beiden anderen Redactionen einen offenbar weiter ausgebildeten Text, in der Geschichte des Seelenkampfes in Gethsemane. Dort lassen die Anderen Jesus das bedingte Gebet um Verschonung wiederholen, Matthäus allein läßt ihn zum zweitenmale gar nicht mehr darum bitten, sondern vielmehr nur noch seine Ergebung im Gebete ausdrücken, 26, 42. In der Relation über die Einsetzung des Abendmahls stimmt Matthäus mit Markus gegen Lukas überein. Aber er hat 26, 28 den Zusatz: zur Vergebung der Sünden.[1]) Eine Abweichung eigenthümlicher Art findet sich in der Geschichte der Vorbereitung des Abendmahles, wo bei Markus und Lukas das Finden des Hauses durch ein von Jesu den Jüngern prophetisch gegebenes Zeichen vermittelt ist, Mark. 14, 13. Luk. 22, 10, während bei Matthäus, 26, 18, Jesus dieselben nur anweist, daß sie zu einem gewissen Manne gehen sollen.

Aber das Verhältniß ist nicht das, daß Markus und Lukas ein prophetisches Wunder hätte, welches Matthäus vermiede. Auch bei ihm hat die Bestellung einen wunderbaren Charakter, welcher darin besteht, daß Jesus überhaupt bei irgendwelchem Einwohner der Stadt nur sein königliches Recht geltend machen und ihm die Benutzung seines Hauses ankündigen darf. Die unbestimmte Bezeichnung des Mannes: *πρὸς τὸν δεῖνα* aber erklärt sich nur daraus, daß die Erzählung selbst eine Verkürzung der ausführlicheren Redaction ist.[2]) Kleinere Veränderungen, welche den Text zu

---

[1]) Die größere Ursprünglichkeit ist auf Seite des Markus wohl auch darin, daß derselbe 14, 22 bloß *λάβετε*, Matthäus dagegen 26, 26 *λάβετε, φάγετε* hat, und daß Markus 14, 23 *καὶ ἔπιον πάντες* erzählt, wogegen Matthäus 26, 27 Jesus *πίετε ἐξ αὐτοῦ πάντες* sagen läßt. Der Unterschied zwischen beiden ist, daß Markus erzählt, Matthäus eine Formel reproducirt.

[2]) Das Motiv der Weglassung des Mannes mit dem Wasserkruge, wenn ein solches überhaupt bestand, würde uns vielleicht deutlich sein, wenn wir die Symbolik, welche sich leicht an diesen Zug anknüpfen mochte, noch kennen

verbessern streben, finden wir vor der Kreuzigung, 27, 34, wo Jesus den ihm dargebotenen Trank deßwegen ablehnt, weil er ihn gekostet hatte, was mit der Veränderung des Getränkes selbst zusammenhängt, und bei dem Rufe am Kreuze 27, 46, wo Matthäus: Eli, statt Elohi hat und dadurch die Verwechslung mit einer Anrufung des Elia erleichtert. Kleine Redezusätze hat Matthäus in den Worten vom Schwerte bei der Gefangennehmung, 26, 52—54, auch in den Reden der Verspottenden bei der Kreuzigung 27, 40. 43. Alles dieses genügt, das sekundäre Verhalten zu dem synoptischen Texte nachzuweisen. Entscheidend aber ist hiefür, daß er die Geschichte der Kreuzigung, welche in allen Berichten gewisse Anklänge an den 22. Psalm enthält, in der Absicht vollständigerer Conformierung mit einem Zusatze versieht, wie 27, 43. vgl. Ps. 22, 8, und ferner den Text abändert, um ihn einer anderen Psalmstelle gleich zu machen, 27, 34. vgl. Ps. 69, 22.

3. Viel auffallender jedoch ist dieses bei Lukas. Nicht nur verläßt er etlichemale den synoptischen Text ganz, sondern er hat auch vielfach eine eigenthümliche Darstellung, welche theils auf besondere Quellen hinweist, theils aus dem Streben genauerer pragmatischer Erzählung hervorgegangen ist. Daß Lukas die Salbung Jesu in Bethanien übergeht, erklärt sich aus der Aufnahme der Salbung durch die Sünderin 7, 37. Bedeutendere Zusätze sind in den Reden nach dem Abendmahl 22, 24—38, in der Sendung Jesu von Pilatus zu Herodes 23, 6—15 und der Ansprache an die Töchter Jerusalems 23, 27—32 enthalten. Ein späterer Zusatz ist in der Scene von Gethsemane 22, 43 f. die Stärkung Jesu durch einen Engel und die Schilderung der leiblichen Zeichen des Kampfes Jesu. Charakteristisch für seine Pragmatik ist, daß er 22, 14—19 ff. das Abendmahl bestimmt von dem Passah zu unterscheiden bemüht ist, und daher die nach Matth. 26, 29. Mark. 14, 25 zur Stiftung des ersteren gehörigen Worte in 22, 18 voraus stellt. Damit hängt dann zusammen, daß er die

würden. Vielleicht wurde derselbe als Bild des alten Cultus im Gegensatze zu dem neugestifteten benützt, vgl. Joh. 2, 1 ff., und ist deßwegen von Matthäus übergangen.

Bezeichnung des Verräthers, welche die beiden anderen vor dem Darbieten des Brodes und Weines haben, lieber nach demselben geschehen läßt, 22, 21—23. Eine ähnliche Absicht, die Momente der Geschichte schärfer zu bestimmen, zeigt sich daran, daß er nach der nächtlichen Abführung Jesu in des Hohenpriesters Haus, 22, 54, nur die Verläugnung des Petrus und die Mißhandlung Jesu vor sich gehen, die Gerichtshandlung selbst aber davon abgesondert erst in einer Morgens frühe veranstalteten Sitzung des Synedriums 66 ff. vorgenommen werden läßt. Was die Juden gegenüber von Pilatus vorbrachten, gibt nur er des Näheren an, 23, 5. Dagegen ist die Verspottung durch die römischen Soldaten weggelassen, offenbar, weil der Evangelist die durch Herodes und seine Leute geschehene erzählt, und dieß für eine Berichtigung der älteren Darstellung angesehen wissen will, vgl. Luk. 23, 11, und Matth. 27, 28 f. Mark. 15, 17 f.[1]) Die Geschichte der Kreuzigung endlich ist unter seinen Händen durch eine Reihe von Zusätzen und Aenderungen zu einem fast neuen Bilde geworden. Er allein berichtet die beiden Aussprüche Jesu: die Bitte um Vergebung für seine Peiniger, 23, 34, und das Wort des Sterbenden, in welchem er seinen Geist in die Hände des Vaters übergibt, 23, 46. Er bemerkt, daß der Titel des Verbrechens an das Kreuz in drei Sprachen angeheftet war, 23, 38. Er läßt den einen der beiden Mitgekreuzigten sich zu Jesus bekennen und von demselben angenommen werden, 23, 39—43.[2]) Er läßt zuletzt alle Zuschauer von dem Erlebten ergriffen sein 23, 48, den Hekatontarchen aber berichtigend nicht aussprechen, daß er ihn nun auch für Gottes Sohn, sondern nur, daß er ihn für einen Gerechten hält, 23, 47, auch sind nach ihm die Bekannten Jesu anwesend, wenn gleich nur in einiger Entfernung, 23, 49. Durchweg läßt sich bei diesen Veränderungen beobachten, daß den neuen Zusätzen jedesmal ein Moment der älteren Darstellung weichen muß, so jedoch, daß die Elemente der letzteren bei ihm überall noch auf

[1]) Dagegen läßt er allein die Soldaten Jesus am Kreuze verspotten, und in diesem Sinne zuletzt ihm Essig zum Trinken reichen 23, 36, während er den Trank vor der Kreuzigung übergeht.

[2]) Diese Scene ersetzt dann bei ihm den Hilferuf Jesu.

ihre vollere Gestalt zurückweisen. Von derselben Art, wie alle diese größeren Abweichungen, sind auch die kleineren dieses Evangelisten. So wenn er bei dem Entschlusse des Verräthers bemerkt, daß der Satan sich seiner bemächtigte, 22, 3, wenn er als die zwei Jünger, die das Passah bestellen, Petrus und Johannes nennt, 22, 8, wenn er die Entfernung Jesu in Gethsemane nach einem Steinwurfe bemißt, 22, 41, wenn er Jesus das abgehauene Ohr des hohepriesterlichen Knechtes wieder anheilen läßt, 22, 51, wenn er den Petrus nach geschehener Verläugnung sich nicht nur des Wortes Jesu erinnern, sondern von diesem angeschaut werden läßt, 22, 61; wenn er endlich über Joseph von Arimathia, den er mit Markus als Rathsherrn bezeichnet, bemerkt: derselbe habe den bösen Beschlüssen über Jesus nicht zugestimmt, 23, 51. Man sieht an allem diesem deutlich, daß der Evangelist diese Geschichte nach allen Seiten zu erläutern bemüht ist, daß er dabei verschiedenartigen Mittheilungen folgt, und zwar jedenfalls zum Theile auch solchen, welche schon eine spätere Entwicklung der Ueberlieferung verrathen. Unter diesen Gesichtspunkt fällt auch seine abweichende Darstellung der Einsetzungsworte des Abendmahles, welche ganz den Charakter einer erläuternden Umbildung hat und zwar einer solchen, welche durch den Gebrauch der Worte in der Feier der Gemeinde bedingt ist, 22, 19 f., vgl. 1 Cor. 11, 24 f.

4. Je leichter sich alle diese Zusätze des Matthäus und des Lukas von dem Kerne der Erzählung selbst abscheiden lassen, desto augenfälliger ergibt sich die einfachere Bewahrung der Grundlage bei Markus. Aber auch in diesem Abschnitte zeigt derselbe die Gewohnheit der Erzählung einen gewissen Schmuck, sowohl äußerlicher als psychologischer Ausmalung zu geben. So gleich in der Geschichte der Salbung Jesu in Bethanien in der pleonastischen Beschreibung des Stoffes und des Zornes der Jünger, und dem Zuge, daß die Frau das Glas zerbricht, sowie der Schätzung des Inhaltes nach dem Geldwerthe, 14, 3—5. Höchst wahrscheinlich ist auf Rechnung dieser Neigung auch zu setzen, daß er den Hahn bei der Verläugnung des Petrus zweimal rufen läßt

14, 68 ff.;[1]) so läßt er den Petrus im Hause des Hohenpriesters sich wärmen 14, 54. 67, die Magd denselben in's Gesicht sehen 67, hebt die Ungleichheit der falschen Zeugnisse hervor 14, 56. 59. Er bemerkt bei dem Dienste, welchen Joseph von Arimathia dem Todten leistet, daß derselbe die Leinwand dazu kaufte, 15, 46, und er berichtet, daß sich Pilatus über den frühen Tod gewundert habe, 15, 44. Dagegen sind auch hier unter den ihn auszeichnenden konkreten Angaben solche, welche, wenn sie nicht aus der gemeinsamen Quelle stammen sollten, doch jedenfalls nur von einer ursprünglichen Erinnerung herrühren können. Dahin gehört, daß bei der Gefangennehmung Jesu und der Flucht der Jünger Einer von ihnen sein Gewand zurückläßt, 14, 51 f. Ebenso daß er die Namen der Söhne des Simon von Cyrene angibt, 15, 21, daß er die Stunde des Anfangs der Kreuzigung bemerkt, 15, 25,[2]) und 15, 40 die genauere Bezeichnung des ersten Sohnes der zweiten Maria am Kreuze, sowie der Name Salome für die letzte unter den dort genannten Frauen, welche dann Matthäus als die Mutter der Zebedaiden erklärt. Diese Angaben unterscheiden sich sehr bestimmt von der größeren Genauigkeit des Matthäus und Lukas in ähnlichen Fällen. Wenn Matthäus 26, 57 statt der allgemeinen Bezeichnung des Hohenpriester den Namen des Kaiphas gibt, und Lukas 22, 8 die beiden zur Bereitung des Passahmahles ausgesandten Jünger Petrus und Johannes nennt, so ist das erstere eine selstverständliche Erläuterung, das zweite kann möglicher Weise Ueberlierferung sein, ist aber schwerlich eine ältere, während die genaueren Angaben des Markus durchaus auf eine solche hinweisen. In jedem Falle aber sind die Abänderungen des Markus verschwindend gegen die der anderen Synoptiker und bestätigen daher nur den Satz, daß sich der Bestand der gemeinsamen Quelle auch hier bei ihm am besten erkennen läßt.

[1]) Uebrigens kann das Wort *πρὶν ἢ δὶς ἀλέκτορα φωνῆσαι, τρίς με ἀπαρνήσῃ*, 14, 30, wohl der ursprünglichen Ueberlieferung angehören, und es spricht dafür der bessere Klang, vgl. Matth. 26, 34. Aber der Sinn war dann: zwischen zwei Hahnrufen, d. h. zwei Morgen.

[2]) Daß diese Angabe ursprünglich ist, folgt aus den folgenden Zählungen, vgl. Matth. 27, 45 f.

In der Geschichte der Auferstehung endlich schränkt sich das synoptische Verhältniß auf ein sehr kleines Gebiet ein. Es ist ganz allein die erste Erfahrung derselben, das heißt der Besuch der Frauen bei dem Grabe, welches sie leer finden, was die sämmtlichen Evangelisten gemeinsam haben. Matth. 28, 1—10. Mark. 16, 1—8. Luk. 24, 1—12. Zu dem Stamme dieser Erzählung gehört die Engelerscheinung, welche sie über die Auferstehung belehrte. Markus läßt auch hier die Grundlage des Berichtes erkennen. Lukas hat hier in den Worten der Engel — nach ihm sind es zwei — absichtlich die Verweisung nach Galiläa entfernt, vgl. 24, 6, und dafür die Erinnerung an die Weissagung der Auferstehung gesetzt, 7 f. Er läßt zuerst dann auch den Petrus sich von der Leere des Grabes überzeugen, 24, 12. Matthäus seinerseits zeigt dagegen die fortgeschrittene Erzählung darin, daß er die Oeffnung des Grabes selbst berichtet, und damit die Auferstehung selbst, wiewohl nur andeutend erzählt 28, 2—4, sodann aber auch die Frauen Jesu selbst begegnen läßt 28, 9 f.[1]) Schwieriger ist zu sagen, wie von hier an weiter die Quelle lautete. Lukas folgt hier einer eigenen Tradition, Matthäus dagegen eilt, nachdem er die Bestechung der Wächter erzählt, 28, 11—15, der großen Schlußerscheinung in Galiläa zu, 28, 16—20. Nur darum kann es sich noch handeln, ob diese der Grundschrift angehört. Dieß ist schwer zu bestimmen, weil bei Markus mit dem Erlebniß der Frauen 16, 8 das Evangelium schließt. Es kann aber damit ursprünglich kaum geschlossen haben, wenn gleich das Weitere jetzt fehlt; da auch Markus die Verweisung nach Galiläa hat, 16, 7, so ist anzunehmen, daß auf diese auch bei ihm eine Galiläische Erscheinung folgte, welche mit einer letzten Anweisung an die Jünger schloß.[2])

---

[1]) Daß dieses aus dem Stamme der Erzählung erst herausgewachsen ist, zeigt sich daran, daß Jesus selbst nur die Worte des Engels wiederholt, vgl. 28, 7 und 10. Außerdem hat aber Matthäus das Eigenthümliche, daß er 28, 1 den Besuch der Frauen in den Abend des Sabbathes verlegt, was offenbar damit zusammenhängt, daß er den nächtlichen Vorgang der Auferstehung selbst zu beschreiben unternimmt.

[2]) Ueber die Unächtheit des Abschnittes 16, 9—20 ist heute kein Wort

3. Die synoptische Grundschrift.

1. Wir haben bisher die Grundschrift unserer synoptischen Evangelien durch die vergleichende Analyse der letzteren zu erkennen gesucht. Die Probe dieses Verfahrens wird darin bestehen, daß sich die hiebei besonders in Matthäus und Lukas als Einschaltungen betrachteten Stücke ihrerseits, wenn man sie so betrachtet, ebenfalls als eine eigenthümliche Quellenschrift nachweisen lassen. Die nächste Ergänzung des Verfahrens aber muß nun sein, daß wir das Wesen der bis jetzt hergestellten Grundschrift aus dem vermutheten Bestande derselben zu erkennen vermögen.

Zuvor aber ist noch die Untersuchung übrig, ob sich über den Eingang dieser Schrift aus der Synopse etwas feststellen lasse. Der synoptische Stand ist hier der, daß das Markusevangelium keine Kindheitsgeschichte enthält, wie die beiden anderen, daß es aber wie diese mit dem Auftreten des Täufers beginnt, dieses jedoch sowie die Taufe und Versuchung Jesu im Vergleich mit ihnen nur summarisch berichtet.

Es liegt in der Natur der Sache, daß die älteste evangelische Darstellung mit den Anfängen des öffentlichen Auftretens Jesu begann, und daß man erst später in die Geschichte seiner Geburt und Kindheit zurückgieng. Was aber die Kindheitsgeschichten bei Matthäus und Lukas insbesondere betrifft, so erhellt schon aus der völligen Unabhängigkeit des Inhaltes derselben von einander, daß ihre Verfasser sie erst zu dem synoptischen Inhalte ihrer Evangelien hinzugebracht haben.

Dagegen begann wohl auch das früheste Evangelium schon mit dem Täufer (vgl. Apostelgesch. 1, 22. 10, 37. 13, 24 f.).

---

zu verlieren, vgl. Tischendorf ed. maj. VII. S. 320 ff. und jetzt auch cod. Sin. Der Abschnitt ist in 9—13 nach den späteren Berichten, wie wir sie bei Lukas haben, zugleich im Blick auf Joh. 20, 1 ff. gebildet. Die Rede Jesu aber bei der Schlußerscheinung 15—18 entspricht der bei Matthäus 28, 18—20 in der Hauptabsicht. Der alte Ergänzer, welcher jedenfalls schon im zweiten Jahrhundert schrieb (vgl. Iren. adv. h. III. 10, 6) hat daher ohne Zweifel nach einer richtigen Vorstellung gehandelt, wenn er in dem nachgetragenen Schlusse eine Variation jener Galiläischen Erscheinung und Abschiedsrede Jesu zur Hauptsache machte.

Dürfen wir dieß auch für unsere Grundschrift voraussetzen, so entsteht die Frage, ob die kurze Darstellung der Vorgeschichte im Markusevangelium das ursprüngliche ist.

Was das Auftreten des Täufers selbst betrifft, so trägt die Schilderung desselben Mark. 1, 4—6 ganz das Gepräge der einfachsten Erzählung, zu welcher sich die Berichte des Matthäus 3, 1—6 und des Lukas 3, 1—6 wie zusetzende und abkürzende Verarbeitungen verhalten.[1]) Der wichtigste Zusatz beider Evangelisten sind aber die Reden des Täufers Matth. 3, 7—12. Luk. 3, 7—17. Diese Reden stimmen bei beiden mit der Art der Reden Jesu in ihren Schriften charakteristisch überein.[2]) Wenn wir daher bei Markus 1, 7 f. die Erklärung des Täufers über sein Verhältniß zum Messias aus denselben wiederfinden, so hat diese sicher keinen anderen Ursprung, und ist daher als Zusatz zu der Erzählung der Grundschrift zu betrachten.[3])

Was sodann die Berichte über die Taufe Jesu betrifft, Matth. 3, 13—17. Mark. 1, 9—11. Luk. 3, 21 f., so sind auch hier die beiden anderen so deutliche Umbildungen des bei Markus vorliegenden, daß wir in diesem gewiß mit Recht die Darstellung der Grundschrift erkennen dürfen. Beide finden für nöthig zu

---

[1]) Mark. 1, 4 ist in Luk. 3, 3 wieder zu erkennen. Die Umwandlung Matth. 3, 2 gehört diesem Evangelisten charakteristisch zu.

[2]) Vgl. Matth. 3, 7 (Luk. 3, 7). 12, 34. 23, 33. — 3, 8. 10. 7, 16 ff. 12, 33. — 3, 9. 8, 11. Luk. 3, 11. 6, 29 f. 35. 38. — 3, 13. 14. 19, 8.

[3]) Das Verhältniß ist hier ein ähnliches, wie Mark. 3, 23 ff. Cap. 4. 9, 41 ff., wo mit der Erzählung der Grundschrift ein kurzer Auszug aus den Reden verbunden ist. Gerade die hier vorliegenden Worte waren aber jedenfalls so viel gebrauchte und stereotyp umlaufende, daß diese Erscheinung sich hier am natürlichsten erklärt. Wie diese Worte des Täufers, so sind sicher noch mehr die Belegstellen über sein Auftreten, Mark. 1, 2. 3, Zusatz des Evangelisten. Die Grundschrift hat die Gewohnheit dieses Anführens der Weissagung nicht, und der Bearbeiter folgt ihr hierin im Allgemeinen; es hat aber nichts Auffallendes, daß derselbe hievon am Eingange des Evangeliums (vgl. 1, 1) abwich, da die Prophetenerscheinung des Johannes besonderen Anlaß gab, und ihre Darstellung aus der Weissagung allgemeine Sitte war. Im Anschluß an diese stellt er die geläufigsten Belege in der gemeinüblich gewordenen (bei Matthäus vgl. 11, 10 sorgfältiger redigirten) Form als Jesajacitate zusammen.

rechtfertigen, daß Jesus getauft wurde, Matthäus durch das Zwiegespräch mit dem Täufer 3, 14 f., Lukas wenigstens dadurch, daß alles Volk sich taufen ließ, 3, 21. Beide bemühen sich, die Erscheinung, welche bei Markus ganz Erlebniß Jesu ist, als allgemein wahrnehmbare Thatsache darzustellen, Matthäus hat deßhalb auch die göttliche Anrede an Jesus in eine Deklaration über ihn verwandelt, 3, 17, während Lukas in diesem Punkte noch die ursprüngliche Fassung bezeugt.

Anders scheint es auf den ersten Blick mit der Geschichte der Versuchung Jesu zu stehen, wo die Vermuthung des kurzen Markusberichtes 1, 12 f. als eines Auszuges aus den ausführlichen Darstellungen Matth. 4, 1—11. Luk. 4, 1—13 dadurch getragen ist, daß seine Schilderung, wie Jesus in der Wüste mit den Thieren ist, und von Engeln bedient wird, den Eindruck der späteren Ausmalung gewährt. Aber, wie es sich mit diesen Zügen auch verhalten mag, so steht doch zunächst so viel fest, daß dieselben nicht aus den Berichten von Matthäus und Lukas genommen sind. Das Nämliche gilt aber auch von der Darstellung der Versuchung bei Markus überhaupt. Diese unterscheidet sich nämlich von den beiden anderen nicht bloß dadurch, daß diese die Versuchungen Jesu in Zwiegesprächen zwischen ihm und dem Teufel ausführlich darstellen, sondern auch darin, daß diese Versuchungen überhaupt in die Begegnung mit dem Teufel am Schlusse des Aufenthaltes in der Wüste zusammengedrängt sind, während Markus von der Vorstellung ausgeht, daß die Versuchung vierzig Tage lang währte. In der letzteren Gestalt muß aber ein Bericht auch dem Matthäus und Lukas vorgelegen sein. Denn nicht nur lassen sie ihrer Versuchung ein vierzigtägiges Fasten vorangehen, Matth. 4, 2. Luk. 4, 2, sondern Lukas hat sogar die vierzigtägige Versuchung selbst noch als den letzten von ihm an den Schluß der vierzig Tage gelegten Versuchungen vorausgehend, ebend. Bei ihm also ist klar zu erkennen, daß er zwei Darstellungen der Versuchung Jesu kombiniert hat. Die ausführliche, welche das Gespräch Jesu mit dem Teufel in drei Wendungen enthielt, lag ihm im Wesentlichen in gleicher Redaction wie dem Matthäus vor;

er hat nur die Ordnung der zweiten und dritten umgestellt.[1]) Der kurze Bericht aber über eine vierzig Tage währende Versuchung in der Wüste kannte diese Gespräche nicht, und enthielt sich der näheren Beschreibung des Vorgefallenen. In dieser Gestalt scheint er der Grundschrift angehört zu haben, wobei das Zusammensein mit den Thieren und die Bedienung durch Engel immerhin Zuthat des zweiten Evangelisten sein mag. Dieselbe schloß sich aber insofern der Grundschrift an, als sie wie diese an dem Typus des Wüstenlebens Moses und des Volkes Israel festhielt und diesen nach späterer Manier in seinen Gefahren und seiner Herrlichkeit durchführte.[2])

2. Haben wir diesem zu Folge anzunehmen, daß die Grundschrift eine kurze Vorgeschichte enthielt, so hat diese doch nur die Bedeutung einer Einleitung und greift in den Plan der Schrift selbst keineswegs in ähnlicher Weise ein wie die Kindheitsgeschichten der späteren Evangelien. Die Aufstellung einer solchen Einleitung bestätigt aber — und in dieser Rücksicht ist sie von Bedeutung — daß die Grundschrift nicht bloß aus vereinzelten Aufzeichnungen besteht, welche erst von einem Späteren zusammengestellt wären, daß sie vielmehr selbst schon als ein Ganzes entworfen ist.

Die Einheit der Schrift läßt sich nicht, wie dieß bei dem Matthäusevangelium der Fall ist, aus der Durchführung eines Glaubensbeweises, den Reflexionen des Verfassers und dem entsprechenden Schematismus der Erzählung erkennen. Die Schrift gehört einer früheren Stufe der Darstellung an. Ihre Einheit liegt in der einfachen Anschauung, welche ihren Gang leitet, in der folgerichtigen Durchführung der wichtigsten Verhältnisse, welche

---

[1]) Die Umstellung geschah wahrscheinlich bloß, weil die Versetzung von der Wüste auf den Berg und von da nach Jerusalem natürlicher schien.

[2]) Dafür, daß nicht das Vorbild Adams im Paradiese zu Grunde liegt, sprechen die vierzig Tage. Diese erinnern vielmehr bestimmt an Exod. 24, 18. 34, 28. Deut. 9, 9. 18. Daß Mose dort nach jüdischer Ansicht Verkehr mit Engeln hatte, ist aus B. d. Jubil. c. 1 (Dillmann in Ewalds Jahrb. II. 233 ff.), vgl. Fabr. c. ps. V. T. I. p. 863 zu ersehen, vgl. Gal. 3, 19. Und leicht mochte die Versuchung des Volkes auf Mose selbst übertragen werden, s. Gfrörer, Jahrh. d. Heils II. 385 f.

mit derselben zusammenhängen. Sie hat ihren Mittelpunkt in der Offenbarung Jesu als des Christos durch das Bekenntniß des Petrus und die Verklärung und in der damit verbundenen Weissagung seines Leidens. Die ganze Geschichte Jesu geht ihr auf in der Gewißheit des Glaubens, daß Jesus der Messias ist, und daß er als solcher leiden mußte. Jener Mittelpunkt fordert rückwärts, daß Jesus früher weder sich über seine Person erklärt noch in derselben anerkannt worden ist. Nur von den Dämonen gehen Kundgebungen in diesem Sinne aus, aber Jesus unterdrückt sie und hüllt sie möglichst in den Schleier des Geheimnisses. Langsam haben ihn deßwegen auch nur seine Jünger verstanden.[1]) Noch viel weniger hat er früher von seinem Leiden gesprochen. Erst von jenem Momente an beherrscht diese Weissagung seinen Weg. Aber auch für sie fehlt bis zuletzt das volle Verständniß der Jünger.[2])

Während aber in diesen wichtigsten geschichtlichen Vorstellungen die durch das Ganze gehende Einheit unverkennbar ist, ist dieses doch keineswegs durchweg planmäßig gegliedert. Schon bei dem Versuche, den Bestand der Schrift aus der Synopse zu erkennen, mußte sich zeigen, daß sich gewisse in sich geschlossene, aber nur frei aufeinander folgende Gruppen in ihr wahrnehmen lassen.

Gleich zum Anfang tritt uns ein in sich ganz abgeschlossenes Bild der Thätigkeit Jesu entgegen. Mark. 1, 14—45. Es beginnt mit dem Anfange der Predigt Jesu in Galiläa und der Berufung der vier Jünger und schildert dann das erste Auftreten in Kapernaum, welches sogleich dazu führt, daß Alles sich an ihn wendet. Aber nicht auf diese einzelne Schilderung des ersten Abends ist es angelegt, sondern die Thätigkeit in Kapernaum erweitert sich zu der in ganz Galiläa, der Zudrang der Kapernaiten zu dem alles Volkes; anknüpfend an die ersten Scenen will das Stück eine allgemeine Schilderung von seinem Wunderthun

[1]) Mark. 1, 24. 34 (44). 3, 11 f. 5, 43. 7, 36 f. 8, 26. 30. 9, 9. 19.

[2]) 8, 31—33. 9, 10. 30—32. 10, 32. 35 (45). Vgl. Ritschl in Baurs theol. Jahrb. 1851, S. 480 ff., Holtzmann in Schenkels Zeitschr. 1864, V. S. 315 ff.

in Galiläa, und dem unaufhaltsamen Wachsen desselben geben, wobei gezeigt wird, wie Jesus selbst einestheils seinen Beruf darin erkannte, anderentheils doch nur widerstrebend in die Oeffentlichkeit gezogen wird, und überdieß, der Geschichte des Aussätzigen zu Folge, jeden Zusammenstoß mit der bestehenden priestergesetzlichen Ordnung vermeidet. Seine höchste Aufgabe ist die Bewältigung der Dämonen, und nur innerhalb dieses Geisterreiches wird er selbst erkannt. Sein Auftreten ist ein unwiderstehlicher Siegeszug.

Ein ebenso abgerundetes, aus verwandten Stücken zusammengesetztes Bild ergibt die folgende Reihe der Erzählungen Mark. 2, 1—3, 6, enthaltend den Paralytischen, die Berufung Levis, die Frage über das Fasten, das Aehrenraufen, die Heilung der verdorrten Hand am Sabbath, und zwar ein dem vorigen entgegengesetztes. Alle diese Stücke enthalten schon feindselige Angriffe gegen Jesus, denn dieß ist offenbar der Gesichtspunkt, unter welchem die Heilung des Paralytischen, die Anfechtung Jesu wegen seines Umganges mit den Zöllnern und über den Mangel des Fastens bei seinen Jüngern sich mit den beiden Sabbathverletzungen vereinigen. Bei der letzten Geschichte tritt schon der Erfolg ein, daß Pharisäer und Herodianer jetzt ihm nachstellen.

Nicht so ganz durchsichtig sind die Gruppen im Folgenden bis zur ersten Speisung hin, zumal hier der Text in keinem unserer Evangelien so rein, wie in den beiden vorigen vorliegt; doch ist eine Grenze Mark. 4, 35 durch den Anfang einer neuen Erzählungsreihe gegeben. Hienach haben wir als dritte Gruppe zu betrachten: das Stück von dem großen Zulauf Jesu am See, um dessentwillen er sich auf den Berg zurückzieht, und die Zwölfe wählt, von dem Besuche der Verwandten Jesu (womit wahrscheinlich auch die pharisäische Beschuldigung des Bundes mit Beelzebub verbunden war) und von dem Gleichnißlehren Jesu. Das Ganze geht von 3, 7 bis 4, 34 und das Motiv der Zusammenstellung liegt darin, daß jener Kreis des Vertrauens, welchen Jesus um sich bildete, sein volles Licht erhält durch die Lossagung von seinen Blutsverwandten und durch die Heimlichkeit seiner Lehre, welche schon durch ihre Form nur jenem verständlich sein konnte.

Als vierte Gruppe erscheinen dann Mark. 4, 35—6, 33 die Wunder des Seesturms, der Heilungen des Gadareners, der Blutflüssigen, des Kindes des Jairos und das Auftreten in Nazareth. Auch gehört dazu wahrscheinlich die erste Aussendung der Zwölfe sammt ihrer Rückkehr, in welche zugleich die Nachfrage des Herodes verflochten ist. Auch diese Erzählungsreihe ist durch einen Gedanken zusammengehalten, wodurch jedoch nicht ausgeschlossen ist, daß wenigstens der erste Theil derselben auch des zeitlichen Zusammenhanges wegen verbunden sein kann. Wir haben darin die nähere Schilderung des Heilens Jesu nach verschiedenen Seiten hin zu finden, besonders aber handelt es sich um das Moment, welches der Glaube dabei hat.[1])

Wir haben demnach bis hieher vier wohl zu unterscheidende Erzählungsgruppen, von welchen die beiden ersteren das Wirken Jesu selbst in Galiläa nach seinen allgemeinen Zügen, und zwar zuerst sein wunderbares Auftreten, sodann seine Anfechtungen darstellen: während die beiden folgenden zum letzten Ausgangspunkt die Verhältnisse seiner Jünger haben, der erstere sie als die Vertrauten mit den Geheimnissen des Reiches zeigt, der zweite ihre Bevollmächtigung auf das Vorbild des Meisters selbst gründet.

Weiterhin hat schon die synoptische Betrachtung darauf geführt, daß von der Nachstellung des Herodes bis zur Abreise aus Galiläa sich drei besondere Gruppen unterscheiden lassen, Mark. 6, 34—7, 37. 8, 1—26. 8, 27—9, 29, von welchen die beiden ersteren offenbar einen genauen Parallelismus unter sich zeigen. Es sind dieß jene Erzählungsreihen, welche beide mit einer wunderbaren Speisung beginnen, sodann auf diese Geschichten folgen lassen, in welchen Jesu die Verwerfung von Seiten seines Volkes gegenübertritt und zuletzt mit Wundererzählungen schließen, in welchen seine Herrlichkeit dennoch trotz des Widerstrebens zur Anerkennung kommt. Der Gedanke dieser beiden Stücke ist demnach im einen wie im anderen, Jesum darzustellen als den großen Wohlthäter seines Volkes, den dieses Volk verkennt, der aber dennoch seine Ehre im Preise des Glaubens für seine Wohlthaten

---

[1]) Vgl. Mark. 4, 40. 5, 19. 34. 40. 6, 5. 7. 30.

erlangt. Die dritte Gruppe, den Höhepunkt der Schrift enthaltend, ist ohne Zweifel eine historisch bedingte, denn die Verklärung steht im inneren historischen Zusammenhange mit dem Bekenntnisse des Petrus sowohl als mit der ersten Leidensweissagung. Ist in diesen ersten Stücken der Gegenstand die vollendete Offenbarung Jesu an seine Vertrauten, so tritt auch hier ein Gegenbild hinzu, indem die Unfähigkeit der Jünger zur Heilung des dämonischen Knaben die noch bestehende Schwachheit derselben zeigt. Die nun folgende Reise, welche im Sinne der Grundschrift nicht erst Mark. 10, 1, sondern Mark. 9, 30 beginnt, und mit dem Einzug Jesu oder der Tempelreinigung schließt, zeigt wenigstens darin deutlich zwei Abschnitte, daß zweimal sich die Leidensverkündigung wiederholt, und jedesmal ein neues Stadium auf dem Wege zu der Erfüllung einleitet. Das erstemal geschieht dieß 9, 30 mit dem Anfange der Reise noch in Galiläa, in welche der Rangstreit, und in deren Fortsetzung in Judäa und Peräa die Ehescheidungsfrage, das Segnen der Kinder, der reiche Jüngling und die Lohnfrage des Petrus fallen, das zweitemal geschieht es 10, 32 bei der Annäherung an Jerusalem, und es folgt darauf die Bitte der Zebedaiden, der Blinde von Jericho, der Einzug in Jerusalem.

Die Jerusalemischen Geschichten zerfallen von selbst in drei Theile; der erste handelt von dem Schicksale der Volkes und enthält die Geschichte des Feigenbaums, die durch die Frage nach der Vollmacht Jesu veranlaßte Parabel vom Weinberge. Der zweite enthält die Streit- und Lehrreden vom Census, der Auferstehung, dem größten Gebot, dem Davidssohne, dem Eigennutze der Pharisäer und dem Opfer der Wittwe. Der dritte enthält die große Zukunftsweissagung.

Die Gliederung der Leidensgeschichte endlich ergab sich durch den Gang der Ereignisse von selbst; aber der in derselben zu erkennende Rhythmus ist eine Bestätigung für den ganzen Charakter der Darstellung unserer Schrift.

Nach allem diesem hat die Schrift allerdings ihre wohlbegründete Gliederung und die Anlage im Großen stellt ebensosehr die Zeitfolge, wie den inneren Gang der Entwicklung dar. Dabei läßt sich aber doch nicht verkennen, daß die einzelnen Abschnitte zunächst für sich zusammengestellt sind. Wenn der eine die Ausbreitung der Thätigkeit Jesu, der andere die Natur seiner Wunder, der eine die Anfechtungen von pharisäischen Gegnern, der andere die Bildung des Kreises von Anhängern um ihn, wenn dann mehrere Abschnitte die großen Offenbarungen mit dem Gegensatze des Unglaubens schildern, so ist es zunächst selbstverständlich, daß die einzelnen Erzählungen, welche unter solchen Gesichtspunkten zusammengestellt werden, für diesen Zweck frei ausgewählt sind und eine aus solchen Abschnitten bestehende Darstellung nicht durchaus nach geschichtlicher Folge verfährt. Denn der Zweck ist in erster Linie der, etwas Allgemeines an Beispielen zu zeigen, und ob diese historisch so zusammengehören, ist von der Natur des Themas im einzelnen Falle abhängig. So gewiß daher das Bekenntniß des Petrus und die Verklärung zusammengehören, so wenig hat man sich die fünf Streitverhandlungen in 2, 1—3, 6 als geschichtlich aufeinanderfolgend vorzustellen. Aber auch die Reisebegebenheiten, sowie die jerusalemischen Geschichten vor dem Leiden lassen nicht verkennen, daß sie vom Gesichtspunkte eines Charakterbildes aus zusammengestellt sind. Wenn aber die einzelnen Stücke so für sich gedacht sind, so folgt auch, daß die Anordnung derselben zu einem Ganzen nicht überall im strengen Sinne die geschichtliche Folge geben kann und will. Ist diese auch in der Stellung der ihrer Natur nach kritischen Begebenheiten eingehalten, so kann es nicht ebenso erwartet werden bei Abschnitten, in deren Inhalt das Moment, welches sie im Ganzen haben, gar nicht oder nur unbestimmt gegeben ist.

Diese Art der Composition stimmt ganz mit den Angaben über das Markusevangelium bei Papias. Wir haben hier in der That eine Reihe von solchen Lehrstücken vor uns, welche Thaten und Worte Jesu enthalten, aber lediglich für gewisse Zwecke zusammengestellt waren, mögen diese Zwecke nun sein, ein bestimmtes Bild aus dem Leben Jesu zu geben, oder aus demselben eine gewisse Wahrheit für den Glauben und das Leben der Gemeinde abzuleiten. In beiden Fällen sind es doch die einzelnen Zwecke der evangelischen Predigt, welche die Darstellung so beherrschen, wie Papias es voraussetzte.

Die Verwendung, welche die Grundschrift in unseren Evangelien fand, zeigt, daß man sich dieser Natur ihrer Anlage wohl bewußt war. Hätte man in derselben überhaupt nur ein Aggregat von einzelnen Stücken oder vielmehr Bruchstücken aus der Tradition gesehen, so hätte sich das synoptische Verhältniß wohl kaum in derjenigen Harmonie, in welcher es uns vorliegt, gebildet. Aber die Synopse zeigt doch auch, daß man in der Reproduction der einzelnen Theile einen Unterschied machte, und mit größerer oder geringerer Treue verfuhr. Der Verfasser des dritten Evangeliums, erlaubte sich hienach, Begebenheiten, welche er nach ihrer Bedeutung eingereiht fand, den nach seiner Ansicht richtigen historischen Platz anzuweisen, wie wir an der Scene zu Nazareth sehen. Der des ersten Evangeliums aber nahm in den älteren Geschichten, welche nach ihrem Charakter geordnet sind, eine Umstellung vor, indem er sie unter ein anderes Schema brachte und dabei zum Theil auch im Einzelnen nach anderen Gesichtspunkten beleuchtete. Der sekundäre Charakter dieses Verfahrens zeigt sich hiebei an der theilweise gezwungenen Art der Verwendung, vor *Allem* schon daran, daß er das in den Reden des Evangeliums erkennbare Zahlensystem auch auf die Zusammenstellung dieser Geschichten übertragen hat. So zählen wir in Cap. 8 und 9 zwölf Erzählungen, deren Zahl (vor der Wahl der zwölf Apostel) gewiß nicht absichtslos ist. Sie bilden ebenso viele messianische Erweisungen Jesu. Dabei unterscheiden sich von selbst einzelne Gruppen unter ihnen nach der Dreizahl. So sind die drei ersten Heilungen, des Aussätzigen, des Sohnes des Hekatontarchen, der Schwiegermutter des Petrus als ein Ganzes durch die prophetische Anführung in 8, 17 bezeichnet. Die Nachfolgeerbietungen, die Stillung des Sturmes, die Begebenheiten unter den Gadarenern stellen den allenthalben gewaltigen Eindruck Jesu dar. Die Sündenvergebung an dem Paralytischen, die Annahme der Zöllner, die Bezeugung seiner Person als des Bräutigams führen in die höheren erlösenden Befugnisse des Messias ein. Die Heilung der Tochter des Archon und der Blutflüssigen, wie die der beiden

Blinden und zuletzt des Stummen zeigen den großen Erfolg seines Wunderlaufes, vgl. 9, 26. 31. 33. Aber auch die in Cap. 11 und 12 aufgenommenen Geschichten bilden mit den Reden, mit welchen sie zusammengestellt sind, ähnliche Gruppen, indem sie im Ganzen die Anfechtungen und Kämpfe Jesu schildern. Die drei Redestücke vom Täufer, den galiläischen Städten und den Weisen und Unmündigen stellen die Begegnung des Unglaubens und Glaubens dar. Die drei Stücke vom Aehrenraufen, dem Manne mit der verdorrten Hand, und dem sanften Knecht Gottes fügen dazu in steigendem Fortschritte die Gesetzesanfeindung Jesu und das Gegenbild seines Lebens. Und endlich vollendet sich die Feindschaft zur Lästerung und Verstockung in den Stücken vom Streite über Beelzebub und der Zeichenforderung, wozu dann noch die Lossagung von den Verwandten als abschließendes Bild seiner Vereinsamung kommt. So ist die Anlage durchaus eine wohldurchdachte und kunstvoll geordnete, aber sie ist künstlicher und darum weniger ursprünglich als die der Grundschrift, welcher Markus und Lukas folgen.

3. Wenn die Composition dieser Schrift der Beschreibung und Erklärung des Papias entspricht, gilt dieß auch von dem weiteren Merkmale der letzteren, daß die Darstellung eine beschränkte ist, und namentlich für denjenigen nicht den Eindruck einer vollständigen Aufzeichnung der Thaten und Reden Jesu geben konnte, dessen Hauptaugenmerk auf die in den Aussprüchen Jesu geoffenbarte göttliche Weisheit gerichtet war. Diese Offenbarung Jesu bleibt in unserem Evangelium ganz im Hintergrunde; und zwar rührt dieß offenbar nicht von einer Verstümmelung und Verkürzung der Schrift her, sondern es hängt mit ihrer inneren Anlage selbst zusammen. Sie erzählt wohl, daß Jesus als Lehrer auftritt und daß sein Lehren eine außerordentliche Wirkung auf das Volk hat,[1]) aber Belege desselben werden kaum gegeben. Die Redestücke, welche sich unter ihren Stoffen zahlreich finden, stehen alle im unmittelbaren Zusammenhange mit dem Leben, und bilden Ereignisse in

---

[1]) Mark. 1, 22. 2, 13. 6, 2. 6, 34. 10, 1.

demselben. Es sind Abweisungen von Angriffen, Antworten auf Fragen, Erläuterungen seiner Handlungen. Auch in den Gesprächen mit den Jüngern handelt es sich beinahe durchaus um Aufschlüsse, welche durch bestimmte Anlässe gefordert sind oder Belehrungen für das Handeln. Die wenigen eigentlichen Lehrreden, welche die Schrift enthielt, sind epochemachende Momente der Geschichte selbst. Die Parabel vom Samen ist als Beleg des geheimnißvollen Parabellehrens selbst mehr eine Darlegung des Verhaltens Jesu, die Parabel vom Weinberg eine That, welche über seine Stellung entscheidet. Die Zukunftsrede ist die entscheidende Weissagung, in welcher die Versöhnung mit seinem Untergange gegeben war. Wenn nun bei allem dem die Schrift selbst doch hinreichend andeutet, daß das Lehren das eigentliche Geschäft Jesu war, so bezeichnet sie offenbar selbst die Grenze ihrer Aufgabe, und weist darauf hin, daß es neben ihrem Inhalte noch eine andere Art von apostolischem Evangelium gab, eine Gattung, deren eigentliche Aufgabe war, die Lehrworte Jesu zu wiederholen und zu deuten.

Wäre Jesus nichts als ein großer jüdischer Lehrer gewesen, so wäre wohl kaum eine andere Aufzeichnung über ihn entstanden *als eben* diese letztere; höchstens wäre mit seinen Sprüchen die Anekdote verbunden worden, die die Gelegenheitsursache derselben erzählt hätte. Aber Jesus war seinen Anhängern von Anfang an mehr; er war ihnen der Messias, den Gott bewiesen hatte durch seine Thaten, der Messias, der zwar gekreuzigt worden war, dessen Schicksale aber zu dem Glauben berechtigten, daß er lebe und wiederkommen werde, um seinen hohen messianischen Beruf zu erfüllen. Und so entstand die Aufgabe, nicht nur seine Weisheitssprüche zu bewahren, sondern auch durch sein Leben und seine Thaten diesen Glauben an seine Person zu beweisen und dieß war das eigentliche Evangelium, das Evangelium der apostolischen Mission. Die einfachen Sätze desselben mußten sich bald zu einer Reihe von beweisenden Lehrstücken erweitern; je mehr diese noch den Charakter des Beweises an sich tragen, desto gewisser gehören sie der altapostolischen Zeit an; je mehr eine Zusammenstellung derselben noch die Grundidee dieses Beweises in ihrer Einfachheit bewahrt, desto ursprünglicher ist sie zu achten.

Unsere Schrift ist von dieser Art; indem sie sich ganz auf die Erscheinung Jesu, seine Thaten und Schicksale beschränkt, und diesen Schritt für Schritt den Unglauben der Welt und den Unverstand selbst der Jünger entgegenstellt, gibt sie ein Bild vom Ursprunge dieses Glaubens, welches selbst noch aus dem Leben geschöpft ist, welches die Spuren des lebendigen Werdens und der Kämpfe dieses Glaubens an sich trägt. Noch handelt es sich nicht um den Beweis desselben aus der alten heiligen Schrift, sondern allein um den Beweis des gewonnenen Glaubens aus der Erfahrung selbst. Der Gegenstand ist die gewaltige Erscheinung Jesu, des Sohnes Gottes, in dessen Hand das Reich Gottes ist. Der Sieg, welchen dieser über die Dämonen feiert, die Ueberlegenheit, welche er über seine Feinde beweist, der endliche Sieg über den Tod selbst — dieß Alles ist nur das Spiegelbild des Sieges, welchen er im Glauben der ersten Zeugen selbst über alle widerstrebenden Gedanken errungen hat.

Schon der beschränkte Inhalt der Schrift führt demnach auf ein hohes Alter hin. Aber dieser Beweis wird dadurch verstärkt, daß ihr alle diejenigen Fragen noch ferne liegen, welche bald das apostolische Zeitalter zu bewegen anfingen, und welche, so sehr man auch die evangelische Ueberlieferung in stofflichem Sinne fortsetzte, dennoch auf Auswahl und Darstellung der Predigt und Schrift des Evangeliums Einfluß gewinnen mußten. Wir finden in derselben keine Spur von den Kämpfen über die Fortdauer des Gesetzes, und über die Form, unter welcher die Heiden in die Gemeinde aufzunehmen sind. Alle Aussprüche, welche sich auf das Gesetz beziehen, halten sich in den Grenzen der parabolischen Form und sinnvollen Andeutung, welche ohne Zweifel von Jesus selbst herrührt, ohne daß der Versuch einer Erläuterung derselben in irgend einer Richtung gemacht wäre. Die zwei Stücke, in welchen das Verhältniß der Heiden einen Ausdruck fand oder finden konnte, das Gespräch mit dem syrophönikischen Weibe, und die Parabel vom Weinberge, haben ebenfalls in der Grundschrift, die wir gerade hier im Markusevangelium wieder finden dürfen, noch eine Gestalt, welche im ersteren Fall sich ganz auf das thatsächliche Verhältniß zur Zeit Jesu selbst beschränkt, im zweiten den vielsagenden aber noch unbestimmten Charakter der Weissagung bewahrt hat. Aber auch die Person Jesu selbst, welche den ganzen und ausschließlichen Inhalt des Evangeliums bildet, ist noch ganz Gegenstand des unmittelbaren Glaubens. Nur in diesem Sinne kann man der Schrift oder dem Markusevangelium einen christologischen Charakter zuschreiben. Jesus ist der Christos, Mark. 8, 29, der Heilige Gottes 1, 24, der Sohn Gottes 3, 11. 13, 32. 14, 61. 15, 39, ohne daß eine dieser Bezeichnungen in bestimmterem Sinne hervorträte. Worte, welche man später vom Standpunkte entwickelterer Begriffe über ihn bedenklich fand, gibt die Schrift ohne Zögern wieder. Mark. 10, 18. 13, 32. vgl. Matth. 19, 17. 24, 36. Das maßgebende für sie ist nicht eine Lehre von seiner Person, sondern die Erfahrung selbst, der Glaube an die erlebten Thatsachen. Die wahre Größe des Sohnes, die Offenbarung seiner Herrlichkeit liegt für sie noch ganz in der Zukunft, in Hoffnung seiner Wiederkehr.

Zu diesen inneren Beweisen des hohen Alterthums kommt aber noch der äußere, welcher in dem Gebrauch der kanonischen Evangelien liegt. Matthäus und Lukas haben sie zwar mit anderen Quellen verbunden, aber doch als die vornehmste zu Grunde gelegt; unser Markusevangelium ist eine Bearbeitung, welche sich fast ganz auf sie beschränkte. Sie wurde gemacht wahrscheinlich für die Römische Kirche;[1] der Bearbeiter erläuterte jüdische Bräuche,[2] setzte lateinische Ausdrücke,[3] und ließ nur einzelne Reste von Anführungen in aramäischer Sprache,[4] und von Anklängen an dieselbe im Griechischen[5] stehen, wo die Darstellung dadurch den Charakter des Feierlichen bekam; er ahmte die plastische Schilderung nach, indem er sie zur Ausmalung des Einzelnen steigerte. In einer Zeit, in welcher schon die zusammengesetzten Evangelienschriften geschrieben wurden, griff er auf das Alte zurück,

---

[1]) Vgl. 12, 29. 32. 14, 58. [2]) 7, 3 f.
[3]) 2, 4. 5, 23. 3, 6. 6, 27. 7, 4. 15, 15. 39.
[4]) 5, 41. 7, 11. 34. 9, 5 ꝛc. 15, 34. [5]) 14, 62.

suchte es in seiner echten Gestalt wiederherzustellen, indem er es doch seiner Zeit durch neue Formen genehm werden ließ.

Seine Absicht war eine ähnliche wie die des Lukas (Luk. 1, 1—4): den Vielen gegenüber, welche schon Evangelien schrieben, ein besseres zu schreiben; was aber Lukas durch Combination der besten Quellen in weitem Umfange zu erreichen suchte, wollte er erlangen, indem er die älteste Quelle herstellte, deren Werth um so höher stellen müßte, je mannigfaltiger andererseits schon die Sammlungen der Reden Jesu sich entwickelt hatten. Sein Streben nach Alterthümlichkeit wurde in der Darstellung zur Manier, aber es beweist das Alter seiner Quelle.

4. Je weiter wir dieses Alter hinauf setzen dürfen, desto höher steigt der historische Werth unserer Schrift. Unser jetziges Markusevangelium ist nach der Parabel 4, 26—29 jedenfalls erst in einer Zeit geschrieben, in welcher man die verzögerte Erwartung der Parusie erwog, das heißt jedenfalls nach der Zerstörung Jerusalems; und hiermit stimmt auch die vorsichtige Fassung, welche es in der Zukunftsrede der Folge der Parusie auf die jüdische Katastrophe gibt, 13, 24. Aber die Grundschrift selbst, welche in der Schilderung der letzteren, sofern sie das Heiligthum betrifft, noch nicht weiter ging, als daß sie den Gräuel der Verwüstung für dasselbe voraussagen ließ, Mark. 13, 14. Matth. 24, 15, kann hienach nur vor der Zerstörung der Stadt und des Tempels verfaßt sein. Weitere Anhaltspunkte zur Bestimmung ihrer Zeit gibt sie nicht. Und was die Späteren, von Irenäus an über die Abfassung des Markusevangeliums sagen, trägt schon zu sehr das Gepräge der Reflexion,[1]) als daß wir ihm den Werth geschichtlicher Ueberlieferung beilegen könnten.

Auch die mittelbare Zurückführung des Ursprunges auf Petrus, wie sie Papias gibt, verwickelt in Schwierigkeiten, sobald man sie auf unsere Schrift anwenden will, und in noch größere

[1]) Vgl. Iren. adv. Haer. III. 1, 1. Die drei synoptischen Evangelien sind dort nach ihren Beziehungen zu der Zeit und den Personen des Petrus und Paulus in ein Schema gebracht, in welchem viel zu viel Doctrin enthalten ist, um darin reine Tradition zu sehen.

bei der Anwendung auf das Markusevangelium selbst. Dieses Evangelium zeigt an mehreren Stellen Zugaben, welche auf die Redequellen, die Matthäus und Lukas benützt haben, zurückführen. Der Verfasser des Evangeliums konnte dieselben machen, wenn wir annehmen, daß ihm nicht nur die Grundschrift vorlag, sondern auch schon ein häufiger Gebrauch derselben, in welchem sich eine Gewohnheit gewisse Reden mit den Erzählungen derselben zur Lehre zu verknüpfen ausgebildet hatte. Sein sparsam angewendetes Verfahren erklärt dann, wie unser erster Evangelist auf seine durchgehende Combination kommen konnte. Ist aber seine Schrift so original wie Papias annimmt, so ist dieses Verfahren unerklärlich.

Aber auch auf die Grundschrift läßt sich die Vorstellung des Papias kaum anwenden, so sehr für sie zu sprechen scheint, daß dieselbe in ihrem Eingange und im Höhepunkte der Darstellung auf die Heimath und Person des Petrus zurückweist. Dieses erklärt sich doch auch, wenn die Schrift überhaupt aus urapostolischen Erinnerungen hervorging. Daß sie aber nicht lediglich aus solcher Aufzeichnung der einzelnen Vorträge eines Apostels hervorgegangen sein kann, dafür spricht das Maß von einheitlicher Composition und Kunst der Anlage, welches wir ihr jedenfalls zuerkennen müssen.

Andererseits aber sprechen auch entscheidende innere Gründe dafür, daß der Verfasser weder selbst Apostel war, noch sich ganz an apostolische Mittheilungen hielt. Vielmehr muß derselbe, wenn er auch in den urapostolischen Kreisen zu Hause war, doch zum Theil schon eine vermittelte Ueberlieferung hinter sich haben. Er stand der ältesten Verkündigung nahe genug, um aus derselben die Grundzüge seiner Schrift zu entnehmen; aber im Einzelnen war er veranlaßt, Manches nach eigener Ansicht zu vermuthen oder zu ergänzen.

Das wichtigste Beispiel für das erstere ist der doppelte Speisungsbericht. Diese Verdoppelung läßt sich nur dadurch erklären, daß in den überlieferten Lehrstücken, welche die Schrift zusammenstellt, das Speisungswunder in Ausführung des gleichen Gedankens abwechselnd mit verschiedenen Begebenheiten zusammengestellt war.

Indem der Verfasser der Schrift dieß nicht mehr erkannte, sind ihm daraus zwei Speisungen geworden. Er muß aber hienach den Dingen selbst ferne gestanden sein, und kann nicht aus dem Worte des Petrus nach der Vorstellung des Papias geschöpft haben.

In ähnlicher Weise werden sich auch die beiden Seewunder, die Stillung des Stromes und das Wandeln auf dem See zu einander verhalten. Wenn in der Erzählung des letzteren als die Grundlage auch hier noch die Errettung der Jünger aus dem Sturme zu erkennen ist, so war es ohne Zweifel eine und dieselbe Begebenheit, welche nur hier einen Zuwachs durch die Sage erhalten hat. Umsomehr zeigt sich, daß auch hier schon der Stoff durch verschiedene Hände gegangen war, ehe ihn unser Verfasser seiner Schrift einverleibt hat.

Ein anderer Beleg hiefür ist die Parabel vom Weinberge nach der Wahrnehmung, daß in derselben schon zwei verschiedene Redestoffe zusammengeflossen sind. Läßt sich auch eine solche Erscheinung mit der Erinnerung eines ersten Zeugen vereinigen, so ist es doch immer wahrscheinlicher, daß auch hier Mittelglieder der Tradition eingewirkt haben.

Endlich erhebt sich bei der Erzählung vom Feigenbaume, wenn wir die Parabel des Lukas 13, 6—9 vergleichen, der Zweifel, ob dieselbe nicht überhaupt erst aus einer Parabelrede Jesu erwachsen ist. Und kaum anders, mindestens als eine Combination aus Thatsache und Rede wird sich die Geschichte des Gadarenerbesessenen in ihrem schließlichen Verlaufe beurtheilen lassen.

Wenn ferner im Großen und Ganzen, und insbesondere in der Auffassung der Person Jesu die Darstellung ganz die Unmittelbarkeit urapostolischen Glaubens zeigt, so ist doch nicht zu verkennen, daß gewisse einzelne Züge, welche allen Spuren nach der Urschrift eigen sind, schon durch die Reflexion ihre Farbe erhalten haben, dahin gehört besonders die Neigung, die Heilungen Jesu mit leiblicher Berührung und Vermittlung durch dieselbe darzustellen.

Ebenso greift die kunstvolle Anlage im Großen und im Einzelnen schon in einer nur dieser vermittelten Stellung zur Sache entsprechenden Weise in den Stoff selbst ein. Dahin gehört die Gliederung der Geschichte von dem Bekenntnisse des Petrus bis

Jerusalem durch die dreimalige Leidensverkündigung, welche mit dem Ursprunge nach Papias kaum vereinbar wäre, und im Einzelnen der Leidensgeschichte das dreifache Gebet in Gethsemane, die dreimalige Verläugnung des Petrus, der dreifache Versuch des Pilatus zur Loslassung, die dreifache Verspottung Jesu am Kreuze.

Ueberhaupt ist die Geschichte der Kreuzigung insbesondere ein Beweis, daß wenigstens in einzelnen Theilen die Darstellung schon unter dem Einflusse höherer Betrachtung steht. Die Kreuzigung ist von Matthäus in dem Sinne bearbeitet, daß er die Conformität des Leidens Jesu mit der Weissagung des 22. Psalms in ihr volles Licht setzen will, und daß er außerdem auch den 69. Psalm in gleicher Richtung verwendet. Aber dieß ist nur eine Verbesserung, welche die Darstellung der Quelle selbst in helles Licht stellt. Es zeigt sich daran, daß schon diese in ihrer Erzählung von dem Blicke auf den 22. Psalm geleitet oder doch beeinflußt ist. So entspricht das Theilen und Verloosen der Kleider in Mark. 15, 24 Par. dem Worte Ps. 22, 19. So das Kopfschütteln und Spotten der Vorübergehenden Mark. 15, 29 Par. Ps. 22, 7. So der Angstruf Jesu Mark. 15, 34 Par. Ps. 22, 1. Will man nicht annehmen, daß die Erzählung hier ganz erst nach dem Typus der Weissagung gebildet sei — und dafür hat sie jedenfalls zu viel Eigenthümliches — so muß man doch zugeben, daß sie unter dem Einflusse der Vergleichung von Erinnerung und Weissagung ihre jetzige Gestalt erhalten hat, dieß kann allerdings schon frühe genug geschehen sein; aber es beweist, daß die Darstellung nicht unmittelbar aus der Anschauung eines Augenzeugen hervorgegangen ist. Daß gerade über die Kreuzigung die Tradition eine sehr schwankende war, beweist dann auch die Mannigfaltigkeit der Darstellung in unseren Evangelien.

Wie aber der Verfasser auch schon die Lücken der Erinnerung nach den Ansichten seiner Zeit ergänzte, davon haben wir wohl den bedeutendsten Beleg an der großen Zukunftsrede Jesu. Als der Kern derselben zeigt sich eine kleine Apokalypse, welche in drei Abschnitten die Vorzeichen, Matth. 24, 6 ff. Mark. 13, 7 ff. Luk. 21, 9 ff. die messianischen Wehen, Matth. 24, 15 ff. Mark. 13, 14 ff. Luk. 21, 20 ff. und die Ankunft des Messias Matth.

24, 29 ff. Mark. 13, 24 ff. Luk. 21, 25 ff. verkündet, hierauf mit einem Epilog parabolischer Fassung schließt. Hiezu kommt als Einleitung des Ganzen die Warnung, sich dereinst nicht durch das Auftreten falscher Messiasse stören zu lassen Matth. 24, 5. Mark. 13, 6. Luk. 21, 8. Diese Warnung wiederholt sich zwischen dem zweiten und dritten Abschnitte, Matth. 24, 23—28. Mark. 13, 21—23, so daß nun hier der Moment, in welchem dieselben erscheinen werden, nämlich die Zeit der Wehen, unmittelbar von der wirklichen Ankunft des wahren Messias, angegeben ist. Sie ist an dieser Stelle nur bei Lukas ausgefallen, weil er vom Standpunkte einer späteren Zeit überhaupt diesen Theil der Weissagung umgestaltet hat. Dagegen ist sie bei Matthäus durch eine Ausführung über das plötzliche Kommen der Parusie ergänzt, welche Lukas in der ihm eigenen zweiten Parusierede 17, 23 f. 37 hat, und welche daher wohl einer anderen Quelle entnommen ist. Sonst schwanken die Berichte nur in dem Uebergange vom ersten zum zweiten Theile. Alle nämlich lassen als Vorzeichen Völkerkriege, Erdbeben, Hunger, Pest und andere Calamitäten vorangehen. Ehe aber nach diesen Zeichen nun die Zeit der großen Wehen selbst eintritt, schildern sie die Verfolgung, welche die Christen treffen wird; aber Markus und Lukas geben diese Schilderung in Zügen, welche Matthäus schon in die Apostelrede 10, 17 ff. aufgenommen hat, und daher hier wegläßt. Insbesondere bringen sie hier die von Matthäus dort gegebene Verheißung des Beistandes des heiligen Geistes zur Verantwortung vor Gericht. Außerdem ist an dieser Stelle der Einfluß gewisser Zeitverhältnisse auf die Redaction unverkennbar. Matthäus und Markus lassen die Verfolgung zwischen den vorbereitenden Zeichen und den Wehen selbst so lange währen, bis das Evangelium den Heiden verkündet ist. Lukas, welcher die Zeit der Heiden schon zwischen die Zerstörung Jerusalems und die Parusie verlegt, läßt dieß hier natürlich weg, und setzt die Verfolgung sogar noch vor die Vorzeichen. Bei ihm wie bei Markus ist es die Verfolgung der Christen in Judäa, welche deutlich darin gezeichnet ist, dagegen bei Matthäus ist die Rede von Verfolgung durch die Heiden, und es ist an dieser Stelle auch das Auftreten von falschen Propheten aufgenommen, welche die Gesetzlosigkeit verkünden und dadurch viele Christen verführen werden.

Während so die Zwischenabschnitte, welche von den Angelegenheiten der Jünger selbst handeln, eine mit der Zeit der Redactionen wechselnde Bearbeitung zeigen, stehen dagegen die Abschnitte von eigentlich apokalyptischem Inhalte, die Weissagungen über die großen Weltereignisse fest, wenigstens ganz bei Matthäus und Markus, und größtentheils bei Lukas, welcher nur die allgemeinere Schilderung der Wehen abgeändert hat in eine förmliche Schilderung der Zerstörung Jerusalems, dieß kommt jedoch bei der Frage nach dem Ursprung des Ganzen nicht in Betracht. Der ursprüngliche Inhalt der Apokalypse zeigt vielmehr nach den schon erwähnten die Vorzeichen bildenden Calamitäten, die Wehen selbst eingeleitet durch den Gräuel der Verwüstung nach Daniel, und bestehend in großer Bedrängniß des jüdischen Landes, vor welcher man sich nur durch schleunige Flucht in das Gebirge retten kann, nach diesen Wehen aber die Erscheinung des Menschensohnes in den Wolken, der die Auserwählten zu seinem Reiche versammelt.

Diesen apokalyptischen Kern der Zukunftsrede hat man von zwei Seiten als ein Produkt späterer Zeit auffassen zu müssen geglaubt. Von der einen nämlich glaubte man in der Schilderung der Zeichen die abgebildeten Ereignisse späterer Zeiten wieder zu finden. Dieß ist aber nirgends in der That gelungen. Die Beziehung auf die Hadrianische Zerstörung Jerusalems,[1]) zu welcher man sich durch den „Gräuel" verleiten ließ, hat man mit Recht aufgegeben, weil unmöglich die Zerstörung unter Titus mit Stillschweigen übergangen sein konnte. Aber auch die Beziehung auf die letztere[2]) hat ihre große Schwierigkeit, weil, wenn man auch annimmt, daß der Verfasser das Zeichen des „Gräuels" in der Geschichte gefunden haben sollte, doch höchst auffallend bleibt, daß die Zerstörung selbst in der Schilderung der Bedrängniß nicht ausgesprochen ist. Die Calamitäten aber, welche die Vorzeichen

---

[1]) Baur, kritische Unters. S. 605 ff.

[2]) Köstlin, Urspr. der synopt. Ev. S. 113 ff.

bilden, sind so allgemein gefaßt, daß sie keineswegs auf die Erfahrungen einer bestimmten Zeit hinweisen, sondern vielmehr dafür sprechen, daß die Fassung nicht durch solche Erfahrungen bedingt ist.[1])

Von der anderen Seite hat man sich daran gestoßen, daß wenigstens bei Matthäus und annähernd auch bei Markus die Parusie unmittelbar an die Katastrophe des jüdischen Landes angeschlossen wird, daß hienach Jesus den Weltuntergang ganz mit dem des jüdischen Staates zusammengedacht, und nach der Zerstörung Jerusalems erwartet haben sollte. Und da die Versuche durch künstliche Deutung dieß anders zu machen, nicht Stich halten, so wollte man wenigstens die Redaction dieser Reden, so weit sie diese Verhältnisse betreffen, ganz den Aposteln zuschreiben. Hiermit ist freilich mehr als die bloße Redaction der späteren Verarbeitung zugewiesen, die höchste Bedeutung der ganzen Apokalypse fällt mit dieser Vorstellung. Aber die Auskunft erreicht ihren Zweck nicht, wenn sie nicht auch die Aussprüche verwirft, nach welchen Jesus dem lebenden Geschlechte weissagte, daß es die Parusie sehen werde.[2])

Untersucht man die Apokalypse[3]) genauer, so zeigt sie allerdings Elemente, ja einen Gesammtcharakter, wonach man an dem Ursprung derselben von Jesus zweifeln muß — aber nicht von ihm allein, sondern ebensosehr von Aposteln und überhaupt von Christen. Weniger wichtig dürfte in ersterer Rücksicht die ganz objektive Haltung der Aussagen über den Menschensohn sein, da diese eben zur Art der Weissagung gehört. Dagegen fällt bei Matthäus 24, 20 das Wort auf: bittet aber, daß Eure Flucht nicht geschehe zur Winterszeit, noch am Sabbath. Daß Markus den Sabbath weggelassen, stimmt viel zu sehr zu seinem sonstigen

---

[1]) Weiter ist neuerdings Colani gegangen, Jésus Christ et les croyances messianiques de son temps, p. 201 ff., indem er die ganze Apokalypse als ein spätes Erzeugniß der apostolischen Zeit ansehen will.

[2]) Vgl. Matth. 10, 23. 16, 28. 24, 34. Mark. 9, 1. 13, 30. Luk. 9, 27. 21, 32.

[3]) Mit Recht hat Colani a. a. O. S. 206 darauf aufmerksam gemacht, daß Matth. 24, 15. Mark. 13, 14: ὁ ἀναγινώσκων νοείτω ganz dem Style der apokalyptischen Schriften als solcher angehört, vgl. Offenb. Joh. 13, 18.

Verfahren, als daß man ihn deßwegen für einen Zusatz des Matthäus halten dürfte. Die Voraussetzung einer solchen Gebundenheit der Jünger Jesu durch den Sabbath aber widerspricht der ganzen evangelischen Ueberlieferung über das Verhalten Jesu in Ansehung dieses Tages. Hiezu kommt aber ferner, daß die ganze große Bedrängniß durchaus vom jüdischen Standpunkte geschildert ist, vgl. Matth. 24, 16 f. Mark. 13, 14, f. Luk. 21, 21. Und endlich, daß bei derselben die Zerstörung Jerusalems, von deren Weissagung (Matth. 24, 2. Mark. 13, 2. Luk. 21, 6) die ganze Zukunftsrede ausgeht, und deren Schilderung hier zu erwarten wäre, nicht erwähnt wird, daß vielmehr, wie bemerkt, der „Gräuel“ die Erhaltung des Tempels vorauszusetzen scheint. Man wird sich der Wahrnehmung nicht verschließen können, daß die Zukunftsrede selbst in dieser Rücksicht in einem Mißverhältnisse zu der einleitenden Aeußerung Jesu steht, und daß überhaupt die eigentlich apokalyptischen Elemente der Rede mindestens ebensogut der Ausdruck einer jüdischen wie einer christlichen Erwartung sein könne. Das christliche Element, die Beziehung auf die Jünger ist in diesen Theilen nirgends zu erkennen; weniger als dieß auch bei judenchristlichem Ursprung der Fall sein müßte.

In der That haben wir in der ältesten nachapostolischen Literatur eine bestimmte Spur, welche auf einen jüdischen Ursprung dieser Apokalypse hinweist. In dem Briefe des Barnabas ist das höchst charakteristische Wort aus derselben angeführt, daß Gott die Zeiten und Tage abkürze, damit sein Geliebter eile und zu seinem Erbe komme.[1]) Dieses Wort ist aber daselbst nicht als ein Wort Jesu angeführt, sondern als Wort Henoch's. Es scheint also aus einer Apokalypse, welche unter dem Namen dieses Patriarchen verfaßt war, genommen zu sein,[2]) und wir haben zu

---

[1]) Ep. Barn. (C. Sin.) c. 4: *τὸ τέλειον σκάνδαλον (γέγραπται) ἤγγικεν, περὶ οὗ γέγραπται· ὡς Ἐνὼχ λέγει· εἰς τοῦτο γὰρ ὁ δεσπότης συντέτμηκεν τοὺς καιροὺς καὶ τὰς ἡμέρας, ἵνα ταχύνῃ ὁ ἠγαπημένος αὐτοῦ καὶ ἐπὶ τὴν κληρονομίαν ἥξῃ.* Vgl. Matth. 24, 22. Mark. 13, 20.

[2]) Durch Obiges ist die in dem Programm des Verf.: Zur Kritik des Barnabasbriefes aus dem Codex Sin. S. 27 ausgesprochene Ansicht berichtigt.

vermuthen, daß die ganze Weissagung aus dieser Quelle in unsere Evangelien übergegangen ist, und daß sie gerade deßwegen ihre feste Form mitten unter den christlichen Zuthaten so charakteristisch bewahrt hat. Wir haben demnach hier einen ähnlichen Fall, wie bei der Anführung der Strafdrohung für alle an den Propheten vor alten Zeiten her verübten Verbrechen unter dem Titel eines Ausspruches der Weisheit Gottes in der Streitrede gegen die Pharisäer, Luk. 11, 49. vgl. Matth. 23, 34, welche ebenfalls auf eine jüdische Schrift zurückweist. Und vielleicht liegt eine ähnliche Verarbeitung auch in der Parabel vom Weinberge vor, die wie die obige Rede auf die jüdischen Traditionen vom Prophetenmord sich stützt und deutlich verschiedene Elemente zeigt. Die Anwendung ist hier eine viel umfangreichere, denn das Citat hat die Grundlage der ganzen Rede gegeben, welcher die kurze Weissagung Jesu von der Zerstörung des Tempels vorangestellt ist, und in welche sodann Mahn- und Zukunftsreden Jesu für seine Jünger, sowie apostolische Erfahrungen nur eingeschaltet sind.[1])

Vergleicht man das Citat des Barnabasbriefes mit den Stellen der Evangelien, so scheinen diese an dieser Stelle den Text der Henochschrift zusammengezogen zu haben.

[1]) Es ist übrigens in jedem Falle nicht von vorneherein auszuschließen, daß Jesus selbst solche Schriften gebrauchte, und dann die Zurückführung ihrer Texte auf ihn selbst in den Evangelien wenigstens in so weit historisch begründet war. Hiefür spricht außer dem Vorkommen der obigen Fälle in zwei verschiedenen Quellenschriften auch noch die Tradition, welche nach Irenaeus (V. 33, 3. 4) jene phantastische, von allen Reden Jesu weit abliegende Weissagung über die kolossalen Weinstöcke und Waizenähren auf Jesus selbst zurückführt. Irenäus hat dieselbe aus dem vierten Buche des Papias, sie soll aber von dem Apostel Johannes selbst herrühren, und zwar hält Irenäus ihn für einen unmittelbaren Hörer des Johannes; das Richtige in dieser Beziehung ist jedoch wohl in den Worten zu finden (a. a. O. 3): — quemadmodum presbyteri meminerunt, qui Joannem discipulum domini viderunt, audisse se ab eo, quemadmodum de temporibus illis docebat dominus et dicebat —. Offenbar sind dieß die Worte des Papias selbst, der es also nicht von Johannes, sondern von den presbyteri hatte. Aber in jedem Falle bestand eine solche Ueberlieferung. Wenn man nun sieht, wie auch diese Weissagung mit einer Ausführung der späteren doch immer vorchristlichen Theile

In jedem Falle aber kann eine Schrift, welche die Rede Jesu in dieser Art mit jüdischer Weissagung vermischte, nicht den vom Alterthum angenommenen petrinischen Ursprung haben, wenn sie auch der älteren apostolischen Zeit angehört.

5. Aus dem Bisherigen ergibt sich nun, in wie weit diese Schrift als eine sichere Quelle für die Geschichte Jesu benützt werden kann. Sie ist jedenfalls aus der urapostolischen Ueberlieferung hervorgegangen, und zwar hat sie dieselbe nach einem gewissen Typus in welchem die Stoffe für den praktischen Zweck der Verkündigung des Evangeliums von Jesu in der Urgemeinde zusammengestellt wurden, benutzt; ihre Abfassung weist auf Jerusalem oder doch jedenfalls Palästina zurück. Denn sie zeigt nicht nur den urapostolischen Standpunkt des Glaubens, sondern sie hat noch nichts aufgenommen, was sich bestimmt auf die Verhältnisse der Heiden beziehen ließe. Sie läßt eine Zeit erkennen, in welcher der Blick der Gemeinde noch mit der ganzen ersten Kraft auf die Wiederkunft Jesu gerichtet war; sie zeigt, indem sie die Verheißung derselben nach jüdischen Vorbildern ausführt, daß sie dabei noch ganz unmittelbar in nationalen Anschauungen sich bewegt. Sogar diese Vermischung des Wortes Jesu mit fremdem Worte wird daher zu einem Zeugnisse für die Ursprünglichkeit des Werkes im Ganzen. Aber die Elemente der Composition und die Stellung des Verfassers sind von der Art, daß die Stoffe selbst und die Anordnung überall schon durch das Medium der Ueberlieferung und eigenen Vorstellung hindurch gegangen sind. In jedem Falle ist die Darstellung keine vollständige, sondern sie trägt nach ihrem Ursprunge eine gewisse Einseitigkeit an sich. Sie unterliegt daher überall der kritischen Untersuchung, welche nach der Erkenntniß dieses Ursprunges selbst zu verfahren hat und sie

des uns erhaltenen Henochbuches (10, 19, vgl. dazu Dillmann, B. H. S. 102) zusammentrifft, so ist hiedurch jedenfalls weiter angezeigt, daß doch die Zurückführung dieser Dinge auf Jesus sich durch einen Gebrauch, den er selbst schon von solchen Schriften machte, begründet sein möchte, mag auch dieser Gebrauch nur ein ganz freier gewesen sein.

muß sich durch andere Quellen, welche einen weiteren Gesichtskreis haben, ergänzen. Ihr Gewicht liegt in der einfachen Grundanschauung, welche sie von dem Gange der Dinge gibt, in den kernhaften Elementen der ältesten Erinnerung, aus welchen sie zusammengesetzt ist, und in dem urapostolischen Glauben selbst als der großen Wirkung des Lebens und Sterbens Jesu, von welchem sie selbst ein redendes Zeugniß ist.

Zweiter Abschnitt.

Die Redensammlung.

1. Die Reden des Matthäus und Lukas.

1. Die Betrachtung des synoptischen Grundstockes von Erzählungsstoffen als einer sehr weit zurückreichenden Quelle für die geschichtliche Erkenntniß hat ihre Wahrheit auch in dem Falle, daß die aus der Synopse geschöpfte literarische Hypothese nicht berechtigt sein sollte. Sie hat dieselbe deßwegen, weil man unter allen Umständen erkennt, daß diese Erzählungsstücke mit großer Sorgfalt erhalten und nicht wesentlich verändert wurden. Denn nur sehr wenige derselben zeigen eine gewisse Umbildung, welche auch dann noch den eigentlichen Bestand nicht berührt hat. Man vermehrte diesen Grundstock mit Zusätzen, aber diese lagerten sich an ihm ab, ohne Einfluß auf ihn selbst zu üben. Wären dieselben also auch ursprüngliches Erzeugniß des Matthäusevangeliums, so würde die Nachfolge der beiden anderen Synoptiker doch immer beweisen, wie großes Gewicht man dieser Darstellung bald beilegte, und wie sehr dieselbe demnach der Ausdruck einer anerkannten Ueberlieferung gewesen sein müßte. Ein ganz anderes Verhältniß zeigen die synoptischen Evangelien, wenn man auf das zweite Hauptelement, das der Reden Jesu sieht. Die Abweichungen sind hier viel größer, die Behandlung ist also eine viel freiere gewesen, wie dieß auch in der Natur der Sache liegt. Die Geschichten gaben der apostolischen Predigt eine feste Grundlage, und

eben in dieser Objektivität dienten sie entweder zum Beweise, oder zur Anwendung. Aber bei den Reden konnte die Anwendung in den Stoff selbst bestimmend eingreifen; die Predigt Jesu ging hier von selbst in die apostolische über. Zudem konnten die einzelnen Theile der Reden leicht von einander abgelöst, und theils für sich bleibend versetzt werden, theils auch neue Combinationen eingehen. So entspricht das thatsächliche Verhältniß, wie es jeder Beobachtung sich sofort darbietet, nur dem natürlichen Gange. Aber dieser wesentliche Unterschied, in welchem die Synopse beide Elemente zeigt, läßt auch von vorneherein vermuthen, daß die letzteren jedes seine eigene Geschichte für sich gehabt haben.

Auch die Aussagen des Papias über die Urschrift, welche dem Matthäus zugeschrieben wurde, deutet schon auf eine solche freiere Behandlung der Redestoffe hin. Sie läßt erkennen, daß diese Zusammenstellung der Sprüche Jesu, welche man ursprünglich hebräisch geschrieben dachte, in mannigfaltiger Bearbeitung vorlag, und schwerlich hätte er die Vielartigkeit derselben so sehr hervorgehoben, wenn es sich dabei ausschließlich um die Verschiedenheit der Uebersetzung gehandelt hätte.

Nach der Angabe des Papias bestand sein Matthäus wirklich in einer Sammlung der Spruchreden Jesu, und weil als das besondere Verdienst des Matthäus gerade das Zusammenstellen derselben herorgehoben wird, so ist anzunehmen, daß dieselbe in eine gewisse Ordnung gebracht waren. Hiedurch unterschied sich dann die Arbeit von der unvollkommeneren bruchstückweisen sonstigen Ueberlieferung der Sprüche. In wieweit dabei geschichtliches Element, kurze geschichtliche Einleitung der Reden wenigstens etwa mit aufgenommen war, bleibt eine offene Frage. Aber so sehr die großen Reden und Redegruppen unseres Matthäusevangeliums an diesen Charakter der Papiasschen Matthäusschrift erinnern, so liegt es doch auf der Hand, daß jenes Evangelium in seiner jetzigen Gestalt, mit seinem gemischten Bestande und dem reichen Inhalt von Geschichten nicht als eine Zusammenstellung von Spruchreden bezeichnet werden konnte.

Man war daher von selbst auf die Vermuthung gewiesen, daß die Beschreibung des Papias ihr Original in einer Schrift habe, welche unserem Matthäus nur zu Grunde liege, welche allerdings die großen Reden desselben befaßte, aber jetzt in ihm mit den übrigen geschichtlichen Stoffen zu einem neuen Ganzen verschmolzen sei. Dieser Vermuthung kommen, wie wir früher gesehen, die Spuren entgegen, daß das erste Evangelium eine sekundäre Bearbeitung verschiedener ihm vorliegender Stoffe ist, daß dem Verfasser insbesondere seine großen Redestücke sichtlich ein Objekt der Eintheilung sind, und er dieselben demnach schon vorgefunden haben muß. Aber es ist andererseits nicht zu läugnen, daß die Composition des Matthäusevangeliums eine wohl durchdachte und durchgeführte ist, und daß ihm daher eine Einheit innewohnt, welche jener Vertheilung seiner Hauptelemente an verschiedene Quellen zu widerstreben scheint. Insbesondere sind es gerade jene großen Reden, welche zum Theile ganz unverkennbar den übrigen Inhalt beherrschen und so organisch mit demselben verwachsen scheinen. So leitet die Bergpredigt nicht nur als die große neue Reichsgesetzgebung das ganze messianische Werk Jesu ein, sondern sie beherrscht damit die ganze Reihe der auf sie folgenden Erzählungen. Diese als ebenso viele Proben seiner messianischen Erweisung führen durch den zuletzt immer wachsenden Erfolg auf die Aussendung der Jünger oder die große Instructionsrede hin, und andererseits leitet die letztere, indem sie von den Verfolgungen, welche die Nachfolger Jesu als solche treffen müssen, spricht, die Geschichten seiner Anfeindung ein. Diese wiederum führen zu dem in der Parabelsammlung des Cap. 13 ausgedrückten Gedanken, daß nun seine Lehre und seine Sache selbst zu einem Geheimniß geworden ist. Ebenso zieht die große Gemeinderede in Cap. 18 das Ergebniß aus den vorhergehenden Berichten über die Momente der höchsten Offenbarung Jesu an seine Jünger, durch welche sie nun eben zur messianischen Gemeinde geworden sind. Und endlich liegt es auf der Hand, wie die Pharisäerrede Cap. 23 und die Zukunftsreden Cap. 24 f. den doppelseitigen Abschluß der Jerusalemischen Zeit und damit seines Wirkens überhaupt bilden.

Wir hätten es daher schwer zu einer Entscheidung über diese Hauptfrage zu kommen, wenn uns nicht im Gebiete der Synopse elbst eine Parallele zu den Matthäusreden vorläge, welche unwidersprechlich beweist, daß es überhaupt unter den Quellen unserer Evangelisten solche Redesammlungen gab, wie wir sie zur Erklärung des ersten Evangeliums angenommen haben, und daß die Reden des letzteren ihren Ursprung aus einer solchen haben müssen. Dieß ist der entscheidende Punkt in der ganzen synoptischen Frage. Haben wir bei der Annahme eines älteren Evangeliums, aus welchem der Erzählungsstamm unserer drei Evangelien abzuleiten ist, uns vorzugsweise auf das Markusevangelium gestützt, so können wir nun sagen: die Zurückführung der Synoptiker auf zwei Hauptquellen steht selbst ganz unabhängig von dem zweiten Evangelium fest durch die Vergleichung des ersten und dritten. Läßt uns das erste nämlich schon von sich aus die Zusammensetzung aus jenen zwei Quellen vermuthen, so wird dieß entscheidend durch das dritte bestätigt, welches nicht wie Matthäus die Stoffe aus beiden zu einem organischen Ganzen verarbeitet, sondern die zwei Quellen selbst ineinander gefügt, oder vielmehr die eine in die andere eingeschaltet hat.

2. Hierin liegt die große Bedeutung des eigenthümlichen Abschnittes, welchen Lukas 9, 51—18, 14 an den Anfang der Reise Jesu von Galiläa nach Jerusalem gestellt hat. Der Abschnitt verdient den Namen eines Reiseberichtes, mit welchem man ihn früher zu bezeichnen pflegte, soferne man von der Absicht des Evangelisten bei seiner Stellung ausgeht. Denn er beginnt mit einer feierlichen Einleitung der Reise zu dem Ziele in Jerusalem, als der Vollendung des Lebens, 9, 51, überdieß ist die Situation der Reise durch das Ganze hindurch immer wieder aufgenommen und die Absicht, dieselbe durchzuführen, unverkennbar, vgl. 9, 57. 10, 1. 38. 13, 22. 33. 14, 25. 17, 11. Aber ebenso unzweifelhaft ist, daß es hiebei durchaus an einer klaren Vorstellung über den Gang einer Reise, und über die Lage, in welcher sich Jesus während derselben befand, fehlt, und daß diese eingelegten Bemerkungen, wie Jesus eben wanderte, wie dieß und das während seiner Wanderung sich zutrug, wie ihm auf derselben große Volksmassen folgten, viel mehr die Vorstellung eines lehrenden Wanderlebens überhaupt, als einer bestimmten Reise

geben. Die Stoffe selbst in ihrer bunten Zusammenstellung, bei welcher vielfach jeder leitende Faden der Einheit und Ordnung auszugehen scheint, geben sich durchaus wie eine Sammlung von Lehren und Thaten Jesu überhaupt, eine Sammlung, welche sein Wirken allseitig zu schildern strebt, und daher in ihrer Art ein Evangelium für sich bildet; bei weitem den überwiegenden Theil derselben aber bilden größere und kleinere Lehrreden; vielfach haben diese keine andere Anknüpfung, als die Einführung: er sagte, er sprach, vgl. 12, 16. 22. 54. 13, 18. 15, 11. 16, 1. 17, 1. 18, 1. 9, oder es sind die Personen, zu welchen er sprach, die Angelegenheiten, welche ihn dazu bewogen, so allgemein bezeichnet, daß man darin keineswegs eine bestimmte Gelegenheit, sondern nur eine Erläuterung des Zweckes der Rede überhaupt erkennt. Man kann daher schon nach diesen allgemeinen Merkmalen mit Recht sagen, daß wir in diesem Stücke wenigstens seinem Hauptinhalte nach eine Redensammlung haben; Alles, was über diese hinausgeht, ist so untergeordnet, daß es entweder nur als weitere Erläuterung der Redestoffe, oder als Zusatz zu denselben erscheint.

Daß nun aber Lukas dieses Stück so als Ganzes in diesem Orte eingeschaltet hat, erklärt sich nur dadurch, daß es ihm selbst schon entweder so wie es hier vorliegt, oder doch seinen Haupttheilen nach, welche er leicht erweitern konnte, als Einheit gegeben war. Hatte er bloß einzelne Reden oder Sprüche vor sich, so lag es viel näher, dieselben in die Geschichtserzählung, welcher er folgte, zu vertheilen. Diese Erwägung findet sodann ihre Ergänzung darin, daß wie wir sehen werden, das Stück bei näherer Betrachtung doch eine methodische Gruppierung der Reden zeigt, welche Lukas selbst nicht hervorhebt, also auch nicht gemacht hat. Hieraus ergibt sich, daß ihm neben der synoptischen Hauptquelle hier noch eine zweite von größerem Umfange vorlag, und daß er abweichend von Matthäus diese beiden Quellen nicht innerlich zu verschmelzen sucht, sondern auch die zweite als Ganzes erhalten will, was eben nur auf dem Wege der Einschaltung geschehen konnte. Uebrigens werden wir sehen, daß ihm dieselbe bereits in einer Form vorlag, durch welche auch der Ort dieser Einschaltung oder die Behandlung des Ganzen als Reisebericht schon gegeben war.

Läßt sich nun zeigen, daß diese Einschaltung des Lukas den gleichen Grundstock von Reden enthält, wie das Evangelium des Matthäus, daß ferner die Reden beiderseits eine gewisse Verwandtschaft der Gruppierung im Großen zeigen, so bleibt keine andere Annahme übrig, als daß beide auf eine und dieselbe Schrift zurückführen, mag ihnen diese auch in verschiedener Gestalt vorgelegen sein. Dann steht auch fest, daß die Reden des Matthäus einen besonderen Bestandtheil des Evangeliums bilden, und die Annahme des älteren Evangeliums, in welches dieselben eingelegt sind, ist gesichert.

3. Die Untersuchung über diese Dinge ist aber erschwert durch die besondere Beschaffenheit der zwei Redactionen, in welchen sich die Reden gegenüberstehen. Findet sich ein ansehnlicher Theil der von Matthäus in sein Evangelium verflochtenen großen Reden im Lukasevangelium wieder, so ist doch die Gestalt, in welcher die Stoffe hier erscheinen, eine andere. Das Verhältniß, in welchem die synoptischen Stoffe hier stehen, ist ein viel zusammengesetzteres Problem, als das der Geschichten. Bei den letzteren sind alle Abweichungen von der unverkennbaren gemeinsamen Grundlage der Art, daß sie sich leicht auf die schriftstellerische Eigenthümlichkeit der Bearbeiter der jetzigen Evangelien zurückführen lassen, und daß daher die Quelle selbst nur wenig verhüllt zu Tage tritt. Anders hier. Ueber die Identität der Stoffe kann zwar großentheils kein Zweifel sein. Wir haben neben der Bergpredigt des Matthäus eine solche des Lukas, welche wenn auch an anderem Orte und in anderer Redaction, doch das Gleiche nicht nur im Ganzen geben will, sondern auch meist die Sprüche der ersteren wiederholt. Wir haben die gleiche Rede Jesu über den Täufer, der aus dem Gefängniß zu ihm schickt, den gleichen Klageruf Jesu über die Heimath seines Wirkens, den nämlichen Preis Gottes über den Glauben der Unmündigen. Wir haben die gleiche Verantwortung über den Vorwurf des Bundes mit Beelzebub, die gleiche Antwort auf die Forderung eines himmlischen Zeichens. Wir haben entsprechende Worte über die Zukunft des Reiches, ferner die Wiederholung so eigenthümlicher Gleichnisse, wie die von den anvertrauten Pfunden, von dem Himmelreich als

Gastmahl, von dem Knechte, der in Abwesenheit des Herrn über die anderen gesetzt ist. Aber so klar die Identität in diesen und anderen Fällen ist, so groß ist doch die Verschiedenheit der Redaction. Nicht nur hat Lukas diese Stoffe mit einer großen Zahl anderer verbunden, welche sich bei Matthäus nicht finden, während ihm verhältnißmäßig wenigere, die Matthäus hat, fehlen; nicht nur ist in den parallelen Stücken Manches anders gewendet. Sondern der größere Unterschied beider liegt darin, daß das, was bei Matthäus einen einheitlichen Körper bildet, bei ihm vielfach zerrissen, oder aber in andere Verbindung gesetzt ist. Zusammenhängende Reden des Matthäus erscheinen bei ihm wieder in der Gestalt mehrerer einzelner Redestücke, von welchen jedes eine besondere Einleitung hat. Sprüche oder kleine Spruchketten, welche bei Matthäus einer Rede angehören, kommen bei ihm vereinzelt vor, oder sind an ganz andere Stücke angereiht. In irgendwelchem Sinne muß dabei jedenfalls die Einheit des Ursprunges festgehalten werden. Aber es ist klar, daß entweder die Verfasser der Evangelien mit dem ihnen Ueberlieferten sehr frei geschaltet haben, oder aber, daß diese Stoffe selbst schon einen verschiedenen Bildungsproceß hinter sich hatten, bis sie zu ihnen gelangten.

Dieses synoptische Verhältniß ist die Ursache, daß man entweder in höchst gezwungener Weise die eine Redaction aus der andern abzuleiten suchte, oder aber lieber zu der Annahme griff, daß die Evangelisten überhaupt im Großen noch Nichts benutzen konnten als eine große Anzahl von Sprüchen und kleinen Spruchreden, welche ihnen in mündlicher oder schriftlicher Ueberlieferung zukamen, und von ihnen erst zu Reden verarbeitet wurden. Für die letztere Ansicht mußte besonders die aphoristische Form eines großen Theiles im Lukasevangelium zur Stütze werden. Wenn wir daher ein sicheres Ergebniß über das Dasein und den Bestand der Redensammlung gewinnen wollen, so müssen wir zunächst von der synoptischen Frage im engeren Sinne, oder der Vergleichung der Reden in Matthäus und Lukas ausgehen.

Diese zeigt jedenfalls sogleich, daß man die Differenzen nicht aus ungleicher Bearbeitung einer Quelle durch die Verfasser erklären kann. Indem man dieses versuchte, hat man bald den einen bald den anderen der beiden Evangelisten einseitig bevorzugt. Entweder sollte Matthäus sich an die Quelle angeschlossen, Lukas dieselbe frei verändert haben oder umgekehrt.

Die geläufigste Vorstellung setzt den ersteren Fall. Aus dem Matthäusevangelium heben sich leicht die Hauptreden in ihrer Folge heraus: die Bergpredigt, die Apostelrede, die apologetischen Reden, die Gleichnisse, die Gemeindereden, die antipharisäische Streitrede und die Zukunftsreden. Da diese Reden in das Evangelium so eingefügt sind, daß sie nicht nur alle einen entsprechenden geschichtlichen Ort haben, sondern auch unter sich sich leicht zu einer geschichtlichen Reihe verbinden lassen, so schien kaum ein Zweifel, daß die Quelle selbst sie als ganze Stücke in dieser Ordnung planmäßig enthalten habe. Dann blieb für die Redaction des Lukas nur die Annahme, daß er selbst, oder wenn man dieß zu Hilfe nahm, die Tradition diese einheitlichen Massen zerbröckelt habe, so daß sie in mehr oder weniger zufälliger Weise da und dort sich wieder ablagerten. Allein man konnte dieser Betrachtung mit Recht entgegenhalten, daß ja, wenn die Redestücke nur als solche zusammengestellt waren, ihr geschichtliches Moment ihnen erst durch die einschaltende Thätigkeit des Evangelisten gegeben wurde, daß man also bei der in Frage stehenden Vorstellung unbewußt doch immer wieder den kanonischen Matthäus und nicht bloß die Reden im Auge hatte. Noch stärkere Gründe aber ergaben sich gegen diese Erklärung aus der Beschaffenheit der Matthäusreden selbst. Es schien unmöglich, daß Reden von diesem Umfange im Gedächtnisse erhalten waren und so in dieser Gestalt die erste Aufzeichnung bildeten. Die Reden selbst haben großentheils eine künstlerische Anlage, ja einen künstlichen Schematismus.[1]) Sie können daher nur als die Arbeit eines Schriftstellers gelten, aber sie scheinen dann auch eher eine Arbeit zweiter Hand zu sein. Sie enthalten viele Bestandtheile, welche trotz aller Kunst

[1]) Mehrere von ihnen sind in ihrer Anlage deutlich durch die Zahl beherrscht; so enthält die Bergpredigt acht Makarismen, je vier und vier, sechs Antithesen gegen die pharisäische Gesetzeslehre, je zwei und zwei, drei pharisäische Werke der Gerechtigkeit. Sieben Gleichnisse sind Cap. 13 zusammengestellt, sieben Wehe bilden die Grundlage der antipharisäischen Rede Cap. 23.

an dem Orte, den sie inne haben, doch ohne richtigen Zusammenhang zu stehen scheinen; [1]) um so mehr konnte man als das Ursprüngliche sich einzelne Gnomen oder kleine Gnomengruppen vorstellen, welche dann erst später zu solchen Redeganzen verarbeitet waren.

Hat man aber erst diesen Erwägungen Raum gegeben, so mußte auch ein Umschlag zu Gunsten des dritten Evangeliums eintreten, dieses hat ja eben viele Sprüche in solcher Vereinzelung, es hat manche Redetheile, die bei Matthäus zu einer Rede gehören, als kleine historische Stücke. Nicht selten schien sich die dort berichtete Veranlassung, die ganze Einkleidung sachlich ganz gut zu empfehlen. So konnte man mit größerem Rechte die Originalität bei Lukas finden wollen. Entweder so, daß er die erste Gestalt der Ueberlieferung in vielen Fällen und jedenfalls im Gesammtcharakter seiner Darstellung noch reiner bewahrt habe; oder auch geradezu, daß sich bei ihm eine bloße unverarbeitete Spruchsammlung als die Gestalt der Quellenschrift, eine Spruchsammlung aus welcher beide geschöpft, noch erkennen lasse, während dieselbe durch Umarbeitung bei Matthäus wesentlich verändert sei. Diese Ansicht hat noch den Vortheil, das Bearbeitungsverfahren überhaupt besser erklären zu können, indem sie dasselbe dem Matthäus zuschreibt. Denn man begreift wohl, daß eine solche bunte Sammlung kleinerer Stücke planmäßig zu größeren einheitlichen Ganzen verarbeitet wurde, wogegen das im anderen Falle anzunehmende Zerstückeln bei Lukas sowohl vom Standpunkte der Tradition als von dem eines Schriftstellers fast unerklärlich wird.

Aber diese Erwägung ist eine zweischneidige. Man darf unbedingt sagen: wenn Matthäus eine Sammlung wie sie bei Lukas erscheint, vor sich hatte, so ist doch auch sein Verfahren kaum denkbar. Nicht nur ist überhaupt die Gestalt beider Redactionen zu tief verschieden, als daß sich die eine leicht aus der andern ableiten ließe, sondern es kommt hiezu noch, daß Matthäus bei seinen Combinationen zum Theil ganz unbegreifliche sachliche Schwierigkeiten geschaffen hätte. Hiefür genügt das Eine Beispiel, daß er in die Instructionsrede der Apostel Elemente auf-

---

[1]) Vgl. Matth. 5, 11. 7, 22. 10, 17 ff.

genommen hat, welche nicht nur ihrem Inhalte nach in die späten letzten Zeiten gehören, sondern welche auch in seiner Quelle diesen Ort gehabt hätten. Es ist aber ohne Zweifel überhaupt eine falsche Fassung des Problemes, wenn man auf der einen von beiden Seiten die gemeinschaftliche Quelle so nachweisen will, daß die andere dagegen nur als Redactionsveränderung anzusehen wäre. Hat Papias mit seiner Andeutung Recht, so ist es ganz wohl denkbar, daß eine Schrift, welche überhaupt von Anfang an einer so freien Behandlung unterworfen wurde, auch zu solchen verschiedenen Bildungen, wie sie unsere beiden Evangelien zeigen, benutzt wurde, ehe sie an diese gelangten. Aber auch wenn wir hier ganz unabhängige Sammlungen der Tradition vor uns hätten, bleibt doch das gleiche Verhältniß, daß nämlich diese die eine und andere Gestalt schon vor unseren Evangelien und für sich erhalten haben kann. Es kann sich überhaupt nur um die Frage handeln, welche von beiden Fassungen die Spuren eines längeren und verwickelteren Processes der Gestaltung an sich trägt.

Faßt man die Aufgabe so, so kann sich die Wage nur zu Gunsten des Matthäus senken. Lassen wir vorderhand die Frage ganz zur Seite: ob die Redestücke dieses Evangelisten in seiner Quelle schon eine historische Folge und so eine Art von Geschichte Jesu bildeten: in jedem Falle ist die Grundlage derselben jedesmal ein historisches Wort Jesu von größerem oder kleinerem Umfang. Dieser historische Charakter liegt nicht darin, daß es einer pragmatischen Geschichte des Lebens angehört, sondern daß es deutliche Beziehungen auf solche Lebensfragen und Zustände enthält, welche nur während des Lebens Jesu selbst zur Sprache kommen konnten. So, um das bekannteste zu erwähnen, knüpft die Bergpredigt an die brennende Frage an, wie er sich zum Gesetze und zu der geltenden Auslegung desselben verhielt. So enthält die Apostelrede in erster Linie Anweisungen darüber, wo die Apostel wirken sollten, über ihre Stellung zu dem jüdischen Volke, den Samaritern und den Heiden. Und ähnlich sind es auch, wie sich leicht zeigen läßt, in den späteren Zeiten ganz konkrete Fragen aus den eigenen Verhältnissen Jesu und seiner Umgebung heraus, welche die Voraussetzung und Grundlage dieser

Matthäusreden bilden. Waren diese festen Ausgangspunkte gegeben, so war es natürlich genug, daß ein Sammler an solche Stoffe auch verwandte Worte in freierer Weise anknüpfte, die er aus eigener oder fremder Erinnerung überhaupt zu verwerthen hatte. Ein solches Verfahren führt jedenfalls in eine frühe Zeit zurück, wo es eben in erster Linie darauf ankam, was Jesus selbst von seinem Standpunkte aus gethan und geredet, ja es hat die Vermuthung einer apostolischen Quelle für sich.

Ganz anders ist die Art der Darstellung bei Lukas. Auf die historischen Einleitungen desselben ist kein Werth zu legen. In vielen Fällen zeigt sich geradezu, daß sie erst aus der Rede selbst gemacht sind; in andern sind sie so unbestimmt und allgemein, daß dieses wenigstens wahrscheinlich ist; hienach kann es auch kritisch betrachtet nicht weiter in Rechnung kommen, wenn er in manchen dennoch eine wirkliche Erinnerung erkennen oder doch vermuthen lassen sollte.[1]) Dagegen ist es nur Schein, daß er diese so eingeleiteten Redestücke in einfacher und primitiver Aggregatform gebe. Vielmehr läßt sich leicht zeigen, daß die Zusammenstellung größtentheils eine durchaus bewußte und absichtsvolle ist. Seine Redestücke bilden Gruppen, deren Einheit aber nicht in einer historischen Grundlage beruht, sondern in einem be-

[1]) In 11, 15. 16 zeigt sich, daß diese Einleitungen ihrem Charakter nach Ueberschriften sind; in 7, 21 ist unwidersprechlich, daß die Worte Jesu selbst in die Schilderung eines wirklichen Vorganges im bestimmten Augenblicke umgesetzt sind. In 11, 38 hat der Evangelist ein geschichtliches Motiv aus der synoptischen Geschichtenquelle zur Einleitung einer Rede, welche damit nichts zu thun hatte, benützt; in 15, 1 ebenso ein ganz allgemeines Verhältniß aus dem Leben Jesu zu einem einzelnen Momente gemacht. Wie dann aus dem Inhalte der Reden heraus die Anlässe zu denselben vermuthet und aufgestellt wurde, zeigt der Inhalt und Charakter solcher Einleitungen weiter in 13, 23. 14, 15. 16, 14. 17, 5. 20. 18, 1. 9. Entweder sind diese Einleitungen daher nur scheinbar konkrete Fälle, in der That aber ganz allgemein, wie 13, 23. 14, 15. 17, 5. 17, 20. 18, 9, oder sie heben ein Moment an der Rede hervor, welches sicher nicht das ursprüngliche ist, wie 16, 14. 18, 1. — Aus dieser Beobachtung folgt aber nicht nur das oben Aufgestellte über den Werth dieser Einleitungen, sondern es folgt auch, daß die Reden, wenigstens die des Lukas, ursprünglich ohne geschichtliche Erklärung waren. Daß dieß auch für die des Matthäus zutrifft, wird sich später zeigen.

stimmten Lehrzwecke. Die tragende Idee ist nicht ein Verhältniß aus der Zeit Jesu, sondern eine Aufgabe des apostolischen Lebens. Für diesen Zweck ist die Zusammenstellung gemacht, für diesen ist aber auch der Inhalt modificiert. Die Dinge, welche ihre Bedeutung verloren haben, sind weggelassen, neue, die Fragen des Tages betreffende Zusätze oder Umbildungen gemacht. Selbst die vereinzelten Sprüche, welche scheinbar rein zufällig ihren Ort gefunden haben, sind doch nicht nur angeschwemmtes Gestein aus der Masse frei sich bewegender Ueberlieferung, sondern sie sind sehr häufig gerade an diesen Ort mit unverkennbarer lehrhafter Absicht gestellt, als kurze Auszüge und Zusammenstellungen dessen, was Jesus über gewisse Fragen ausgesprochen, zur weiteren Erläuterung und Beleuchtung dessen, was jetzt im Vordergrunde steht. Dieses Verfahren gehört jedenfalls einer viel späteren Bildungsperiode auf unserem Gebiete an, als das bei Matthäus ersichtliche.

Der entscheidende Unterschied der beiden Redactionen, nach welchem die Prioritätsfrage beurtheilt werden muß, und aus welchem sich fernerhin die wichtigsten Folgerungen über die Quelle selbst ergeben, ist also der der Composition der Reden. Was bei Matthäus die großen Reden sind, das sind bei Lukas gewisse zusammenhängende Gruppen von Reden und Sprüchen. Jene Reden sind dadurch entstanden, daß an gewisse ausgezeichnete Worte Jesu andere, welche den gleichen oder einen ähnlichen Inhalt hatten angeschlossen wurden, diese Gruppen aber sind so gebildet, daß alles, was man von Aussprüchen Jesu über eine Zeitfrage des apostolischen Lebens besaß, zusammengetragen wurde.

4. Das Verfahren im Matthäusevangelium bedarf hiebei kaum besonderer Belege. Wenn in der ersten und wichtigsten Zusammenstellung von Gleichnißreden an das von der verschiedenen Saat, noch sechs andere, vom Unkraut im Acker, von dem Senfkorn und Sauerteig, vom Schatze im Acker, von der kostbaren Perle, vom ausgeworfenen Netze angereiht sind, so ist die Arbeit in ihren Motiven ganz durchsichtig. Der Verfasser reiht an die Parabel, mit welcher Jesus überhaupt in Parabeln zu lehren be-

gann, und an welche sich die Erinnerung einer entscheidenden Stellung seinerseits nach außen knüpfte, eine Anzahl ähnlicher Parabeln, welche theils dieses Verfahren überhaupt weiter belegen, theils auch dem Gedanken nach näher mit jener verwandt sind. Oder wenn er an die große Zukunftsrede die Gleichnisse vom ungetreuen Knecht, von den Jungfrauen, von den Talenten und die Schilderung des Gerichtes anfügt, so ist auch hier ebenso unverkennbar, daß er mit jener Rede alle anderen verbinden will, welche ebenfalls obwohl in eigenthümlicher Weise und unabhängig von der Wiederkunft Jesu handeln. So ist aber auch in der Bergpredigt, welche ihrem Ausgangspunkte nach von der neuen wahren Gerechtigkeit handelt, Alles zusammengestellt, was zu dieser weiter zu gehören schien. So ist in die Apostelaussendungsrede Alles aufgenommen, was sich auf den besonderen Beruf des apostolischen Dienstes bezog, mochte es auch wesentlich solche Dinge betreffen, über welche Jesus mit den Aposteln erst in späterer Zeit, als er schon sie auf das Alleinstehen vorbereitete, gesprochen haben kann.

Die Beziehungen, welche die Redegruppen bei Lukas zusammenhalten, liegen nicht ebenso offen am Tage, eben deßhalb, weil sie nicht in der Sache selbst das heißt in den benützten Stoffen liegen, sondern in Gesichtspunkten der Lehre und Ermahnung für das apostolische Zeitalter und doch lassen sich die Ideen, welche die Gruppen zusammenhalten, und an ihnen die Grenzen der letzteren selbst erkennen. Die große Einschaltung, welche zugleich in der Hauptsache seine Redensammlung darstellt, beginnt 9, 51 mit der Erzählung von dem samaritanischen Flecken, welcher Jesum abwies. Darauf folgt die Zusammenstellung von drei Worten über die Nachfolge Jesu. Dann die Aussendung der Siebenzig, der Weheruf über die Städte, die Begrüßung der zurückkehrenden Siebenzig, mit der Erklärung über den Sturz des Satans und die wahre Ursache zur Freude, hierauf der Preis Gottes für den Glauben der Unmündigen, die Seligkeit derer, die ihn sehen, die Frage nach dem Wege zum ewigen Leben mit der Erzählung vom barmherzigen Samariter und zuletzt das Gespräch Jesu mit Maria und Martha. Diese bunte Reihe von Geschichts- und Redestücken

9, 51—10, 42 ist sicher nicht durch einen historischen Faden zusammengehalten, wie sich genügend schon an der Stellung des Weherufes 10, 13 ff., welcher hier in der Reise seinen Platz nicht haben kann, zeigt. Aber sie ist auch nicht ein bloßes Conglomerat. Sondern es zieht sich ein leitender Gedanke hindurch. Es handelt sich um Recht, Aufgabe und Anerkennung der Jünger weiteren Kreises, welche das Evangelium verkündigen. Auf sie weist das einleitende Bild der Nachfolger hin, die nicht zum Ziele gelangen, sie selbst sind dargestellt unter den ausgesandten Siebenzig. Der Weheruf über die Städte beleuchtet nur ihren Glauben. Das Bild vom barmherzigen Samariter beweist ihre Berechtigung ohne Unterschied der Abkunft. Die Geschichte von Maria und Martha zeigt in demselben Sinne, wie es für die rechte Jüngerschaft nur auf das gläubige Hängen am Worte Jesu ankommt. Alle einzelnen Stücke dienen somit dieser grundlegenden Darstellung des Berufes und Rechtes der Evangelisten.

Auf diesen Abschnitt folgt ein anderer von ebenso mannigfaltiger Zusammensetzung, welche aber nicht weniger den leitenden Faden der Einheit des Gedankens erkennen läßt. Er beginnt 11, 1 mit der Einsetzung des Gebetes Jesu und der Aufmunterung zum vertrauensvollen Gebete überhaupt, welche zuletzt bedeutungsvoll mit der Zuversicht, daß der Vater vom Himmel den heiligen Geist den Bittenden geben wird, schließt, 11, 13. Daran reiht sich als verwandter Stoff die Antwort Jesu auf die Beschuldigung seines Bundes mit Beelzebub, in welcher er von dem Geiste Gottes als der Macht, in welcher er wirkt, spricht; im gleichen Gebiet liegt dann auch das Wort von dem mit sieben anderen zurückkehrenden unreinen Geist. Die folgende Seligpreisung derer, die das Wort annehmen, ist Ergänzung des Vorangehenden, die Rede über die Zeichenforderung aber ist mit der Vertheidigungsrede über seinen Geist als Parallele zusammengestellt, die derselben angehängten Worte über den Leuchter und das Licht zeigen, daß es sich nach der Absicht des Darstellers dabei um die Bedingungen der Geisteserkenntniß handelt. Und ebenso dient die folgende Streitrede gegen die Pharisäer und

Gesetzesmänner ihrem Schlusse 11, 52 nach dazu, den rechten Weg der Geisteserkenntniß in's Licht zu setzen. So stehen alle diese Stücke noch im Zusammenhange durch die Beziehung auf die Idee des göttlichen Geistes. Das weiter folgende Redestück aber, welches 12, 1 vom Sauerteig der pharisäischen Heuchelei anhebt, und sofort von der Oeffentlichkeit der Lehre, von der Pflicht des Bekenntnisses, sodann von der Sünde der Lästerung des Menschensohnes und des heiligen Geistes handelt, zuletzt aber, 12, 11 f. die Zusicherung des heiligen Geistes zur Verantwortung gibt, wendet sich hiermit geradezu zu dem Ausgangspunkte zurück, nämlich der Gabe des heiligen Geistes. Diese bildet daher den Grundgedanken des ganzen Abschnittes, und die sämmtlichen Stücke sind deutlich zu den Zwecke vereinigt, den heiligen Geist als diese Gabe, in seinem Gegensatze und in seinen Wirkungen in das rechte Licht zu setzen. Vergleicht man den Inhalt dieses Abschnittes mit dem des vorigen, so ergibt sich, daß auch die Folge der Abschnitte selbst durch den Gedanken bestimmt ist. Vom Wesen des apostolischen Lehrberufes führte sie von selbst zum Wesen der Geistesgabe.

Ein dritter Abschnitt beginnt 12, 13 mit der Erzählung von der Aufforderung an Jesus, das er als Erbschlichter eintrete. Im Anschluß an seine Antwort erzählt Jesus das Beispiel des reichen Mannes, welchen der Tod schnell hinwegrafft. Darauf folgen die Mahnreden gegen die Sorgen und für die Erkenntniß des wahren Schatzes, sowie zur rechten Bereitschaft der Knechte auf die Ankunft ihres Herrn, von der Hochzeit, zuletzt die Parabel vom ungetreuen seiner Lust fröhnenden Knecht. Bis hieher ist der Zusammenhang des Gedankens offen am Tage. Die Reden von den bevorstehenden schweren Dingen unter dem Bilde des Feuers und der Taufe und den Spaltungen, die sein Kommen hervorruft, lenken ebenso, wie die über die Zeichen der Zeit nur scheinbar ab. Es ist doch immer der Zusammenhang, daß die große Entscheidung, welche in der Zeit liegt, vor der Beschwerung mit den irdischen Dingen warnen muß; und dieser Zusammenhang stellt sich zuletzt wieder klar heraus in der Warnung vor Streitigkeiten der Jünger untereinander, welche mit der vor den Gewitterzeichen der Zeitlage verbunden ist. Derselbe Gedanke, welcher sich schon an den Bescheid wegen der Erbschlichtung anschloß, ist hiermit wieder aufgenommen. Nicht bloß die Sorgen sind es, sondern noch mehr die Streitigkeiten der Christen untereinander, um derentwillen vor dem Hängen am Weltbesitze gewarnt wird, und in diesem Zwecke haben diese sämmtlichen Redestücke 12, 13—59 ihre Einheit. Aber auch dieser Abschnitt schließt sich logisch an den vorigen an. Die Belehrung über den heiligen Geist wird ergänzt durch die Belehrung über den Weltgeist.

Im Folgenden können wir zunächst den Abschnitt der Einschaltung, welchen das 13. Capitel enthält, zur Seite lassen, schon deßwegen, weil er verhältnißmäßig weniger Parallelen zu den Matthäusreden enthält; dieser Abschnitt bildet aber auch ein ganz eigenthümliches Stück für sich, welches erst in der Schlußbetrachtung seine Erklärung finden kann. Zunächst haben wir in den darauf folgenden Theilen wieder den Bestand von Redegruppen, welche durch die Einheit eines Gedankens zusammengehalten sind, nachzuweisen. Eine solche Einheit bilden die Reden 14, 1—35. An die pharisäische Beschuldigung des Sabbatheilens schließen sich die Ermahnungen über die Demuth bei Einladungen und die wahre Gastfreundschaft, daran die Parabel vom Himmelreich als dem Königsmahle, und die damit zusammenhängenden Ermahnungen, von vorneherein um dieses Reiches willen Allem zu entsagen. Auf den ersten Blick scheint hier mehr die Ideenassociation als die Einheit des Gedankens zusammengestellt zu haben, und die Reden über das himmlische Gastmahl und das Himmelreich überhaupt sind nur künstlich mit den Tischreden über menschliche Gastfreundschaft verknüpft; aber auch so bliebe doch das Verfahren, nach sachlichen Gesichtspunkten zu gruppieren. Allein auch diese Zusammenstellung hat sicher einen tieferen Grund; sie mahnt an die gemeinsamen Mahle der apostolischen Zeit, welche ebensosehr eine Uebung der Bruderliebe als die Vereinigung im Glauben und Hoffen auf das Himmlische darstellen. Ihr Doppelcharakter ist es, in welchem die Elemente dieser Redengruppe ihre Einheit haben.

Es folgt nun in Cap. 15 die Gruppe der drei Parabeln vom verlornen Schaf, Groschen und Sohn, welche den Gedanken der rettenden Liebe Gottes ausführt. Fand dieß von selbst im apostolischen Zeitalter seine Anwendung auf die Annahme der Heiden, so zeigt sich auch bei den Cap. 16 folgenden Parabeln vom ungerechten Haushalter und vom Lazarus und reichen Manne, daß dieselben dem gleichen Gedanken dienen; darauf weisen wenigstens die Zwischenreden zwischen beiden 16, 14—18 über die Selbstgerechtigkeit und das Gesetz unzweideutig hin. Ebenso stehen im Zusammenhange damit 17, 1—19 die Reden vom Aergerniß und Glauben und das Stück von der Dankbarkeit des Samariters. Vielleicht hatten diese späteren Stücke von 17, 5 an die besondere Aufgabe, wie die vorigen die Gnade Gottes, so ihrerseits das Wesen des Glaubens von der gleichen Grundidee aus zu beleuchten.

Zuletzt folgt 17, 20—37 die Zukunftsrede, und an sie schließen sich wie besondere Nachträge noch die Parabel vom Richter und der Wittwe 18, 1—8, und die vom Zöllner und Pharisäer 18, 9—14 an.

Bei Weitem der größere Theil der Reden in dem eingeschalteten Stücke läßt sich demnach mit Sicherheit als eine Sammlung von Redegruppen erkennen, welche je durch gewisse Lehrgedanken zusammengehalten sind, und für den Zweck, diese darzulegen, ihre Stoffe verbunden haben. Und zwar knüpfen dieselben durchaus an Lehrzwecke der apostolischen Zeit an. Für diese mußte der Evangelistenberuf beleuchtet, ihr mußte so die Natur des heiligen Geistes, die Bedeutung seiner Gabe gezeigt werden. In dieser Zeit mußten die Christen gewarnt werden, sich nicht in Streitigkeiten über den Besitz unter einander einzulassen, statt selbst die Gerechtigkeit zu erkennen und durchzuführen. Für diese Zeit sind die Ermahnungen berechnet, welche die gemeinsamen Mahle nach allen Seiten hin beleuchten und regeln. Für sie sind die Reden zusammengestellt, welche durch die Darlegung der göttlichen Gnade gegen den Sünder, durch die Verwerfung der Selbstgerechtigkeit und die Nachweisung des demüthigen, aber auch unter allen Völkern auftretenden Glaubens die Berechtigung der Heidenaufnahme beweisen. Alle die Hauptgedanken dieser Abschnitte sind ebenso viele Sammlungen von Belegen zu Lehr- und Ermahnungsaufgaben der apostolischen Zeit, wie dieselben uns in den apostolischen Briefen, den paulinischen insbesondere vorliegen. Damit ist nicht über den Ursprung der Stoffe selbst entschieden in dem Sinne, daß dieselben erst das Erzeugniß der apostolischen Zeit sein müßten; im Gegentheile beweist die künstliche Art, wie dieselben zum Theile für den bestimmten Lehrzweck verwendet werden, daß sie als Stoff dieser Bearbeitung schon gegeben waren. Aber die Anordnung stammt nicht nur aus der Apostel Zeit; sie kennt keine anderen Gesichtspunkte mehr, als welche diese Zeit hat. Vergleicht man, wie die großen Reden des Matthäus ihren Inhalt anknüpfen an Jesu Erklärung über seine Stellung zur pharisäischen Gesetzesauslegung, an seine Aussendung der Apostel, an sein geheimnißvolles Reden vom Reiche Gottes, so ist klar, daß die Bearbeitung dieser Reden von hier an bis zu der des Lukas die alten urapostolischen Gesichtspunkte, welche aus dem Leben mit Jesu selbst gegeben waren, die Betrachtung, welche sich auf die geschichtliche Erinnerung selbst stützte, erst abstreifen mußte, daß jedenfalls also die Composition der Reden bei Lukas gegenüber von der des Matthäus nur als eine durchaus sekundäre angesehen werden kann.

Wie das gleiche Verhältniß sich überall in der Bearbeitung der Stoffe selbst im Einzelnen kund gibt, hat die nachfolgende Synopse derselben zu zeigen. Man beachte, wie das Wort über die Lästerung des Sohnes und des heiligen Geistes 12, 10 dadurch, daß es sich hier nicht auf die Angriffe der Pharisäer bezieht, sondern in der Jüngerrede zur Erläuterung der Warnung von Verläugnung seines Namens gebraucht ist, seinen ursprünglichen Sinn ganz verloren hat, oder wie in derselben Rede 12, 3, vgl. Matth. 10, 26, das Wort über die heimliche Rede, welche zu einer öffentlichen werden soll, dadurch umgebildet ist, daß es sich nicht mehr um den Gegensatz zwischen der Lehre Jesu und dem künftigen Berufe der Apostel, sondern um zwei Stadien in der Erfüllung des letzteren handelt. So ist das Wort von den Zeichen der Zeit 12, 54 ff. nicht mehr an die Pharisäer, sondern an die Jünger gerichtet, und hat damit eine ebenso künstliche Umdeutung erhalten, wie das mit ihm verbundene über die Versöhnung mit dem Gegner auf dem Wege zum Richter, 12, 58 f., vgl. Matth.

5, 25 f. Die Pharisäer, welche 16, 14 eingeführt sind, als beschwert durch die Parabel vom ungerechten Haushalter, sind nicht die Pharisäer Jesu, sondern unter ihrem Namen sind die reichen Juden der apostolischen Zeit zu erkennen, welche auf ihre armen christlichen Stammgenossen herabsehen.

Wie weit hiebei die Gesichtspunkte und Stoffe der Reden Jesu, die sich auf seine Zeitverhältnisse beziehen, in den Hintergrund getreten sind, zeigt sich an der kurzen Zusammenstellung der Aussprüche über die Geltung des Gesetzes, über den Anbruch des Reiches seit den Zeiten des Täufers und über die Ehescheidungsfrage in 16, 16—18.

5. Wenn daher über die Priorität der Zeit auf Seiten der Matthäusreden vor den Reden des Lukas kaum ein Zweifel bestehen kann, so dürfen wir andererseits auch das festhalten, daß doch auf beiden Seiten in der That der identische Stamm einer und derselben Redensammlung anzuerkennen ist. Hiefür spricht vor Allem der erste Abschnitt in der Einschaltung des Lukasevangeliums. Dort finden wir im Wesentlichen dieselben Reden zu einer Gruppe vereinigt, welche eine solche auch im ersten Evangelium Cap. 10—12 bilden: die Aussendungsrede, den Weheruf über die galiläischen Städte, die Rede über den Glauben der Unmündigen, die Apologie über seine Stellung zu den Dämonen, die Antwort auf die Zeichenforderung, und das Wort über den ausgetriebenen und verstärkt wiederkehrenden bösen Geist. In beiden Evangelien sind diese Stoffe mit anderen Elementen vermischt; in jedem von ihnen sind sie unter andere leitende Gesichtspunkte gestellt. Wenn sie nun dennoch ihre Anziehungskraft so stark behauptet haben, daß sie als eine beidemale wiederkehrende Gruppe zu erkennen sind, so läßt sich dieß nur aus der Verbindung in einer Quellenschrift erklären, welche sich durch beide Redactionen hindurchzieht. Wenn dabei im Lukasevangelium die Rede über den Täufer fehlt und vielmehr in seiner früheren kleineren Einschaltung steht, so war dieß durch die Rücksicht auf die Zeiten von selbst geboten, da zur Zeit der Reise der Täufer längst nicht mehr lebte. Wenn ferner in Matth. 10 an die Instruction der Apostel für ihre erste Mission allerlei Be-

rufsreden angeknüpft sind, die sich bei Lukas erst später, 12, 1 ff. finden, so wird sich in der Analyse der Matthäusrede von selbst zeigen, daß dieselbe ihrerseits hier offenbar combinierend verfahren ist. Wir haben somit jedenfalls eine größere Redenreihe, welche auf beiden Seiten die gleiche Redenfolge, als in derselben Quelle gegeben, voraussetzt. Von diesem Punkte aus dürfen wir nun aber auch rückwärtsgehen und annehmen, daß ebenso beide in ihrer Quelle vor dieser Gruppe die Bergpredigt hatten. Bei Matthäus ist hierüber kein Zweifel. Lukas hat zwar seine Bergpredigt nicht in der großen Einschaltung, aber sie ist so ganz in der Art der Reden der letzteren gearbeitet, und so künstlich an dem Orte, an welchem sie in seinem Evangelium steht, eingefügt,[1]) daß wir sie schon um dessentwillen der Redensammlung der Einschaltung beizählen müssen. Der Evangelist versetzte sie in die frühere Zeit, weil sie ihm die Gründungsrede der Gemeinde war, und deßhalb mit der Wahl der Apostel zusammenfiel.

In jedem Falle also ist in einem großen ersten Theile der Reden die gleiche Ordnung wiederzuerkennen, und damit die Berechtigung zu einer synoptischen Untersuchung der Reden überhaupt gegeben, von deren Resulat die nähere Erkenntniß der Quellenschrift und ihrer Geschichte abhängen muß.

2. Synopse der parallelen Reden.

1. Wenn wir die Reden Jesu in den beiden Evangelien vergleichend untersuchen, so ist die Absicht hiebei zunächst nicht auf den geschichtlichen, sondern nur auf den literargeschichtlichen Ursprung derselben gerichtet. Es handelt sich nicht darum, ob und wann Jesus so gesprochen habe, sondern nur in welchem Sinne und in welcher Form die Rede zuerst so niedergeschrieben wurde, und wie sich hiebei die beiden Redactionen zu einander verhalten.

---

[1]) Was Mark. 3, 7 ff. das Zeitbild zur Einleitung der Apostelwahl ist, das ist hier zu einer Scene verarbeitet, welche 6, 17—20 den Moment der Ansprache an die Jünger darstellt.

Die Bergpredigt nun zeigt uns, daß beide Evangelien die gleiche Rede, aber in verschiedener Fassung benutzt haben. Sie zeigt, daß diese Fassung in demselben Sinne, wie die Composition der Reden in beiden Evangelien überhaupt, eine ursprünglichere bei Matthäus ist. Auch sie jedoch zeigt schon, daß an einen ersten Entwurf allerlei Stoffe in freierer Weise angeschlossen wurden. Dagegen finden wir bei Lukas, daß mit der Veränderung der Rede in ihrem Charakter zugleich Bestandtheile aus derselben ausgeschieden und absichtsvoll an anderen Orten verwendet sind.

Die Bergpredigt des Matthäus Cap. 5—7 hat jetzt im Evangelium keine ganz sichere geschichtliche Stellung. Nach 5, 1 ist sie in der Einsamkeit zu den Jüngern gesprochen, nach 7, 28 f. aber vor großen Volksmassen. Wie der Evangelist hierüber geschwankt zu haben scheint, so ergibt sich auch aus dem Inhalte keine völlige Sicherheit für das eine oder das andere. Die Makarismen des Einganges entscheiden nach keiner Richtung hin.[1]) Die Ermahnungen zu vorbildlichem Wirken 5, 13—16 scheinen auf eine Jüngerrede hinzuweisen. Ebenso das Urtheil über falsche Jünger, 7, 21—23. Aber das letztere gehört schwerlich zum Stamme der Rede, und fällt überhaupt in denjenigen Theil derselben, 7, 1—23, welcher am meisten den Charakter eines Zusatzes von lose verbundenen Sprüchen trägt. Sieht man auf die größeren Ausführungen der Rede, so beziehen sich diese doch nirgends auf die besonderen Pflichten und Verhältnisse der neuen Gemeinschaft, sondern nur auf das wahre Leben für den Dienst Gottes und sein Reich überhaupt, in einer Weise, wie Jesus überall zu den Juden sprechen konnte. Wenn er daher seine Zuhörer warnt, nicht wie die anderen zu sein, so stellt er ihnen durchaus die Heiden entgegen, 5, 46 f. 6, 7. Aus dieser Schwierigkeit die bestimmte Situation festzustellen, ergibt sich, daß die Rede ursprünglich wohl gar nicht für eine solche gedacht ist. Sondern der Zweck dieser Composition war, das Verhältniß Jesu zum Gesetze und der Gesetzesauslegung zu zeichnen, und hiermit zugleich seine Einführung in das wahre Gottesreich. Der Ver-

[1]) 5, 11 f. ist sicher spätere Erläuterung zu dem ursprünglichen Texte 5, 10.

fasser der Rede wollte nicht schildern, wie Jesus seine Gemeinde begründet und eingeweiht habe. Aber auch nicht als Ansprache an das Volk im Unterschiede von einer Jüngerrede darf sie angesehen werden. Er wollte überhaupt zeigen, wie Jesus in das Reich Gottes und in die Gerechtigkeit desselben geführt habe. In diesem Sinne war sicher die Rede nicht bloß ein erstes Muster des Lehrens Jesu über das Reich, sondern sie sollte eben die Verkündigung des Reiches nach ihrem Wesen darstellen. Deßhalb begann sie 5, 1—12 mit den Seligpreisungen, welche eine neue Ordnung einleiten, welche das Himmelreich anbieten und verheißen, aber zugleich schon diejenigen begrüßen, welche die rechte Verfassung für dasselbe haben. Deßhalb verkündet sie die wahre höhere Gerechtigkeit, welche zu diesem Reiche gehört, in ihrem Verhältnisse zum Gesetze und in ihrem Gegensatze zu der Gesetzesauslegung der Schule 5, 17—48 und zu den Werken der pharisäischen Frömmigkeit 6, 1—18, denn das charakterisiert jene Einladung als eine neue Gesetzgebung; um das Reich zu begründen, mußte er sich so über seine Stellung zu der bestehenden Gerechtigkeit aussprechen. Aber nicht weniger trägt denselben Charakter die weitere Aufforderung, 6, 19—34, für den ganzen und wahren Dienst Gottes ohne Halbheit, ohne Theilung zwischen ihm und der Welt zu leben, vor Allem nach dem Reiche zu trachten. Ebenso grundlegend war die Aufforderung 7, 13 f., sich zwischen der engen Pforte der Gerechtigkeit und der weiten der Welt zu entscheiden, war zuletzt die Ermahnung, diese Reden nicht nur zu hören, sondern auch zu erfüllen, und dadurch sein Haus auf den Felsen zu bauen, 7, 24—27.

Man sieht vor Allem, daß in diesen Hauptelementen durchaus das Reich Gottes als bevorstehend in Aussicht genommen, daß zur Vorbereitung für dasselbe ermahnt, der Eintritt verheißen ist. Die verschiedenen Stoffe, die Lehre vom Reiche sowie die vom Gesetze haben ihre sehr klare und bestimmte Einheit, eine Einheit, welche wesentlich im Leben Jesu selbst liegt. Es ist seine grundlegende Predigt, welche hier dargestellt wird. Nicht darauf kommt es an, daß Alles im Zusammenhange eines Vortrages gesprochen ist, aber auch nicht bloß darauf, daß es durch ein gewisses Band des Gedankens zusammengehalten ist, sondern das Band ist die Vorstellung von dem ersten und allgemeinen Wirken Jesu.

Einzelne Stoffe allerdings sind dem Ganzen einverleibt, welche diese Vorstellung durchbrechen. Dieß ist die Seligpreisung der um Jesu willen verfolgten Jünger, 5, 11 f., es ist die Anweisung zum eigentlichen Jüngergebete, 6, 9 ff., es ist endlich zuletzt das Wort über die unächten Jünger Jesu, 7, 21—23. Aber alle diese Elemente erscheinen als leicht ablösbare Zusätze.[1]) Jene Seligpreisung stört die Zahlenordnung der Seligpreisungen überhaupt, sie ist eine offenbare Glosse zu der vorhergehenden, sie steht im Widerspruche damit, daß die Person Jesu, seine Stellung als Herr und Meister einer Gemeinde den Haupttheilen der Rede ganz fremd ist. Die Anweisung zum Jüngergebete stört den sonst so genauen Parallelismus der Berichtigungen der geltenden frommen Werke. Die Warnung von unächten Jüngern und ihrem doppelten Thun paßt nicht zu der vorhergehenden von den falschen Propheten, in welcher der Gegensatz ein ganz anderer, der der Lehre und des Thuns überhaupt ist, und ebenso wenig zu der folgenden Schlußermahnung, welche sich auf die Entscheidung für sein Wort bezieht. So lassen sich gerade also diejenigen Stoffe der Bergpredigt, welche der aufgestellten Ansicht von ihrer Anlage und dem Zwecke derselben entgegen sind, leicht als Zusätze erkennen, welche mit dem Uebrigen nicht im inneren Zusammenhange stehen, und diese Wahrnehmung bestätigt den letzteren und seinen Charakter im Ganzen nur um so mehr.

Endlich ist von dem größeren Theile des letzten Abschnittes der Rede 7, 1—23 welcher verschiedene Einzelvorschriften lose aneinanderreiht, zu sagen, daß diese Sprüche zwar nicht dem Grundgedanken des Ganzen widerstreiten, aber doch auch nicht positiv auf denselben hinführen, daß dieselben nicht zur Darstellung der grundlegenden Reichspredigt im engeren Sinn gehören. Aber gerade deßwegen ist es nun charakteristisch, daß diese Sprüche erst

[1]) Dagegen läßt sich die Anrede 5, 13—16, welche zum vorbildlichen Wirken in der Welt auffordert, nicht ebenso als Zusatz zu der ursprünglichen Composition der Rede charakterisieren, in welcher sie sich an die Makarismen sachgemäß anschließen konnte.

vor dem Schlusse der Rede eingefügt sind. In den vorangehenden Abschnitten ist die Einheit des Gedankens festgehalten; erst gegen das Ende, vor den Rahmen, welchen der eigentliche Schluß bildet, sind dann weitere Sprüche eingeschaltet, welche insoferne eine allgemeine Verwandtschaft mit dem Vorigen haben, als auch sie die wahre Gerechtigkeit beleuchten. Man sieht hiedurch nur um so deutlicher in die Natur der Composition hinein. Der Stamm der Rede ist nicht aus Sprüchen zusammengesetzt, sondern als Einheit entworfen; an diesen Stamm aber sind in der Art der Sammlung sodann weitere verwandte Stoffe angereiht.

Die Bergpredigt des Lukas nun 6, 20—49 stimmt allerdings nicht nur im äußeren Rahmen, sondern auch übrigens in einem großen Theile des Inhaltes mit der des Matthäus überein. Wie diese beginnt sie mit Makarismen, sie endigt wie diese mit dem Bilde des Bauens auf Felsen oder Sand. Auch sie enthält die gleichen Vorschriften der höheren Gerechtigkeit, welche im Reiche Gottes gilt, gegen den Schluß hin die ähnliche Verweisung auf das Merkmal der Lebensfrüchte als das über den Charakter einer Lehre Entscheidende und außerdem noch eine große Zahl einzelner Sprüche, in welchen sie sich mit der Rede des Matthäus berührt. Noch größer wird die Analogie dadurch, daß auch diese Rede eine ähnliche grundlegende Stellung in ihrem Evangelium einnimmt. Sie ist ebenfalls die erste größere Lehrrede Jesu, welche in diesem gegeben wird. Die Situation ist hiebei ganz klar. Die Rede ist verbunden mit der Erzählung von der Wahl der Zwölfe, für diese also, für die neue Gemeinde bestimmt. Der Meister will hier die Grundgesetze ihres Lebens aufstellen. Vergleicht man sie mit der des Matthäus, so ist nicht bloß der Umfang viel geringer, sondern der große Stoff jener Rede ist auch auf einige einfachere Gesichtspunkte zurückgeführt. Alle diejenigen Elemente der Rede des Matthäus, welche sich auf das Gesetz, das pharisäische Lehren, auf die jüdische Frömmigkeit und ihre Werke beziehen, finden wir bei Lukas nicht. Außerdem fehlt auch, was dort über die Lossagung von der Sorge für die irdischen Dinge um des Himmelreiches willen gesagt war. Schon hiedurch bekommt die Rede einen anderen Charakter. Sie legt nicht die Beziehungen Jesu zu seiner

Zeit und der ihn eingebenden Welt dar, sie gibt eben nur seine Vorschriften für seine Anhänger. Schon in der abweichenden Redaction der Makarismen zeigt sich dieser Unterschied. Im Unterschiede von dieser hat sie nur die Hälfte der Makarismen, aber sie hat dafür eine denselben parallelgehende Reihe von Weherufen. In diesen werden der geringen und gedemüthigten Schaar der Reichsgenossen die Reichen und Mächtigen des Volkes, die Angesehenen, denen man huldigt, wie einst in alten Zeiten den falschen Propheten, entgegengesetzt. Und wenn bei Matthäus die Erwähnung des Bekenntnisses zu Jesu noch als sekundärer Zusatz erscheint, so ist dieselbe hier in den Vordergrund gerückt. Auf die Makarismen folgen Gebote der Friedensliebe und Nachgiebigkeit gegen den Beleidiger, sowie der Wohlthätigkeit, im Wesentlichen dieselben, welche sich auch in der Matthäusrede finden als Gegensatz gegen die pharisäische Gesetzesdeutung, doch nicht ohne nähere Ausführung für das praktische Leben, vgl. 6, 34 f. 37. 38. Der Text selbst zeigt hierauf einen Abschnitt an, indem er 6, 39 mit der Formel: er sagte ihnen aber auch ein Gleichniß, zum Folgenden überleitet. Hier also schließt der erste Theil der eigentlichen Mahnrede. Die sämmtlichen in demselben befaßten Sprüche handeln von der Nächstenliebe. Hiebei gehen sie allerdings aus von dem Verhalten gegen den Feind und Verfolger. Aber sie verbinden mit den hierauf bezüglichen Vorschriften, welche der Matthäusrede entsprechen, durch die Hinzufügung des Weiteren neue Gesichtspunkte; die ausgeführten Ermahnungen, uneigennützig zu leihen, barmherzig zu sein, nicht zu richten, willig und reichlich zu geben, beziehen sich auf die inneren Verhältnisse der Gemeinde selbst. So erst ist die Rede eine eigentliche Jüngerrede, die Ermahnung derselben zu ihren Pflichten, die sie als solche haben. Der zweite Abschnitt der Mahnrede von 6, 39 an beginnt mit dem Gleichnisse von dem der selbst blind einen Blinden leiten will, fügt daran die Erinnerung, daß der Schüler nicht über den Lehrer sei, die Warnung vor dem Splitterrichten, und zuletzt vor denen, deren Früchte ihren Ansprüchen nicht entsprechen. Diese Sprüche, welche viel loser als die des vorigen Abschnittes an einander gereiht sind, bilden doch eine Einheit. Sie beziehen sich sämmtlich eben auf das Verhältniß des Schülers zum Meister indem sie verschiedene Seiten desselben zusammenstellen. Weil der Führer nicht selbst ein Blinder sein kann, so darf auch der Schüler sich nicht über den Lehrer erheben. Um diese Ueberhebung zu vermeiden ist es nöthig, sich des Splitterrichtens zu enthalten; überhaupt aber muß man sich an die klaren Früchte halten, welche die Natur des Baumes beweisen. So bezieht sich dieser ganze zweite Theil der Mahnrede auf ein anderes Grundverhältniß der Gemeinde. Handelte der erste von der brüderlichen Liebe, so handelt dieser von der Demuth, welche sich dem Ansehen des Lehrers, der Wahrheit der Lehre zu unterwerfen bereit ist.

Somit ist der ganze Entwurf dieser Rede bedingt durch die Verhältnisse der Jüngergemeinde. Und zwar ist dieß nicht dadurch genügend erklärt, daß Jesus sein Wort an die Jünger richtet. Sondern die Spitzen der Composition weisen auf spätere Verhältnisse. Nur in der apostolischen Zeit, aber noch nicht als Jesus die Zwölfe wählte, konnte der Nachdruck auf den Ermahnungen zur Freigebigkeit in ihrem Verkehre und zur demuthsvollen wechselseitigen Anerkennung liegen. Darüber kann also kein Zweifel sein, daß die Redaction dieser Sprüche lediglich Sache einer späteren Arbeit ist, und insbesondere dem historischen Charakter der Matthäusrede gegenüber wesentlich zurücksteht. Hiedurch ist aber noch nicht entschieden über die Originalität der einzelnen Stoffe, der für diesen Lehrzweck verbundenen Sprüche. Aber auch hierüber läßt sich leicht erkennen, daß die Sprüche bei Lukas wenigstens zum Theile nicht nur überhaupt ganz lose zusammengetragen, sondern aus ihrem natürlichen Zusammenhange gerissen sind, und daß sogar ein Theil derselben auf den Text zurückweist, welchen wir noch bei Matthäus haben.[1])

Was das erstere betrifft, so sind die stärksten Beispiele dafür die beiden Sprüche, welche den zweiten Abschnitt einleiten, 6, 39. 40. Das Wort von dem Blinden, welcher Blinde leiten will, hat seinen Sinn, wenn wir es in anderem Zusammenhange im Mat-

---

[1]) Vgl. hierüber Weiß, die Redestücke des apostolischen Matthäus, in den Jahrb. für deutsche Theologie 1864, S. 55 ff.

thäusevangelium (15, 14. 23, 16. 24) von den Pharisäern gesagt finden; es ist farblos geworden, indem es als allgemeine Vorschrift an die Jünger steht. Das Wort, daß der Schüler nicht über dem Meister ist, hat seine klare Bedeutung, wenn wir es sonst (Matth. 10, 24. Joh. 13, 16. 15, 20) als Grund dafür finden, daß der Schüler nicht erwarten dürfe, von Leiden und Verfolgung frei zu bleiben. Es ist sich selbst fremd geworden durch die Wendung, daß aber jeder gerüstet sein solle wie der Meister, nämlich dem Zusammenhange nach nicht zum Dulden, sondern zum Lehren und Wirken. Auch die Warnung vor dem Splitterrichten ist in einen künstlichen Zusammenhang gestellt, indem es der Erinnerung an die Lebensfrüchte als die Kennzeichen des wahren Geistes untergeordnet wird, 6, 43. In ähnlicher Art ist ein großer Theil dieser Sprüche sichtlich nicht nur sekundär kombiniert, sondern auch seinem nothwendigen Zusammenhang entzogen.

Und daß dieser wenigstens zu einem Theile sich in der Bergpredigt des Matthäus richtig erhalten hat, zeigen die Gebote der Feindesliebe. Diese treten hier unvorbereitet und unvermittelt auf, sie gehen dann über in Ermahnungen, welche der Composition nach ihre Spitze bilden, der Sache nach unter ihnen stehen. Die Streitwendung in dem Satze: was denn die bloße Freundesliebe für ein Verdienst habe, ist hier geradezu unerklärlich. Diese findet ihre Erklärung einzig in der antithetischen Ausführung bei Matthäus. Und diese Ausführung ist es auch, welche allein den hyperbolischen Charakter des Gebotes der Nachgiebigkeit rechtfertigt, während derselbe hier durchaus räthselhaft ist. Hier hat also in diesem Haupttheile sicher der Zusammenhang, den Matthäus gibt, die Grundlage gebildet auch für die Redaction des Lukas. Und die Bergpredigt des letzteren trägt nicht bloß an sich selber, sondern im Vergleiche mit der Matthäusredaction ihren sekundären Charakter. Dieser Charakter aber ist bedingt durch die höchsten Gesichtspunkte der Composition, welche die Elemente verwendet, und für ihre bestimmten Zwecke gestaltet hat. In keinem Falle kann deßhalb aus dieser Parallele zu den in der Matthäusrede enthaltenen Sprüchen geschlossen werden, daß die Sprüche für beide Darstellungen noch als unverbunden, als unverarbeiteter Stoff vorlagen. Auch die einleitenden Formeln inmitten der Rede des Lukas, welche hiefür zu sprechen scheinen, 6, 27. 39. 47, beweisen es nicht. Von diesen ist die Wendung, welche den Schluß einleitet mit den Worten: jeder der zu mir kommt und meine Worte hört und dieselben thut, ich will euch zeigen, wem er ähnlich ist, überhaupt bloß rednerischer Natur. Die unterbrechende Bemerkung, welche den zweiten Abschnitt der Mahnreden einleitet: er sagte ihnen aber auch ein Gleichniß, beweist nur, daß diese Parabel von anderem Orte genommen und der gegenwärtigen Rede eingeschaltet ist. Die Einleitung der Gebote der Feindesliebe aber mit den Worten: aber ich sage Euch, den Hörern, beweist nicht, daß die folgenden Worte als besondere Sprüche vorlagen, sondern vielmehr das Gegentheil, daß sie sich in bestimmtem Contexte an Vorhergehendes anschloßen. Was nun aber in unserer Rede vorangeht, erklärt diesen Gegensatz nicht. Denn zu den zuhörenden Jüngern waren auch die Makarismen gesprochen, und die Weherufe haben diese Situation nicht aufgehoben. Der Gegensatz erklärt sich vielmehr nur durch den Zusammenhang, in welchem diese Gebote bei Matthäus stehen, nämlich durch die Antithese gegen das was nach der dort angewendeten Formel den Alten gesagt ist, und welche auch in der gegenwärtigen Modifikation sichtlich noch durchscheint. Die Formel bestätigt also nur, daß diese wichtigste Parallele der Matthäusrede gerade aus dem Zusammenhange, welchen sie in der letzteren hat, herausgerissen ist.

Ein ähnliches Verhältniß aber läßt sich wenigstens zum großen Theile bei den Parallelen nachweisen, welche Lukas in anderen Reden seines Evangeliums zu solchen Sprüchen der Matthäusbergpredigt hat, die sich in der seinigen nicht finden.

So finden sich Lukas 16, 17. 18 der Spruch über die ewige Geltung des Gesetzes und das Verbot der Wiederverheirathung der Geschiedenen. Daß dieselben hier aus dem nothwendigen Zusammenhang gerissen und lediglich mosaikartig verbunden sind, ist klar.[1]) Sie dienen an diesem Orte dem Zwecke,

---

[1]) Da Luk. 16, 16 und 17 zunächst einen einfachen Gegensatz zu bilden

die Selbstgerechtigkeit der Gesetzlichen durch die Lehren Jesu vom Gesetze zu widerlegen.

Die verschiedenen Sprüche der Bergpredigt des Matthäus über das Licht, nämlich der vom Leuchter 5, 15 f. und seiner erhöhten Stellung und der vom Lichte des Auges 6, 22 f. sind Luk. 11, 33 ff. zusammengestellt in einer Weise, welche unverkennbar zeigt, daß die Verbindung eben nur durch die äußere Aehnlichkeit des Bildes gegeben ist. Das Ganze aber erhält an diesem Orte seinen Sinn durch die Zusammenstellung mit der Rede über die Zeichenforderung. Der Spruch vom Leuchter deutet auf das Widersinnige derselben, da die Offenbarung von selbst klar sei. Der vom Augenlichte aber ist so gewendet, daß durch das helle Sehen die Erleuchtung durch die Offenbarung bedingt sei, das helle Auge ist der mächtigen Erleuchtung von außen gleichgesetzt 11, 36. Sicher gehört der erstere Spruch nach Matthäus ursprünglich der Ermahnung zum freien öffentlichen Zeugniß an, der zweite aber der Ermahnung, das Herz rein zu halten; die Verwendung bei Lukas aber ist eine künstliche durch Ueberarbeitung bedingte. In Luk. 8, 16 hat der erstere Spruch im Zusammenhange mit dem Gleichniß vom Acker einen viel natürlicheren Sinn, aber hier stammt er ohne Zweifel aus einer anderen Quelle, vgl. Mark. 4, 21.

Die Parallelen zu der Ermahnung, nicht um das Irdische zu sorgen, welche Lukas 12, 22—34 hat, zeigen wenigstens keinen angemesseneren Zusammenhang, als bei Matthäus, wohl aber im Einzelnen ein minder klares Gefüge. Warum sie eben hier aufgenommen sind, ergibt sich durch den Zweck in diesem Abschnitte die Lehren Jesu über den Besitz zusammenzustellen, von

---

scheinen, läßt sich erklären, daß man dem Texte des Marcion, welcher statt der Fortdauer des Gesetzes die der Worte Jesu hat, den Vorzug geben zu müssen glaubte. Aber schon daß eine solche Aenderung für den antinomistischen Gnostiker nothwendig war, gibt ein gerechtes Vorurtheil für das umgekehrte Verhältniß. Jene auffallende Zusammenstellung der Sprüche aber erklärt sich daraus, daß dieselben offenbar gerade in dieser der Erläuterung bedürftigen Verbindung, wozu noch 16, 18 kommt, einen Lehrtext über diesen Gegenstand bilden, vgl. Eichthal, les évangiles. I, 2. p. 230.

selbst. Ein anderes Bruchstück aus dem gleichen Abschnitt der Matthäusrede aber, nämlich der Spruch über den unverträglichen Dienst zweier Herren ist Luk. 16, 13 so verwendet, daß dabei der verlorene Zusammenhang desselben unverkennbar ist. Dasselbe gilt von der Stellung des Spruches über die Versöhnung auf dem Gange zum Richter 12, 58 f. welcher hier lediglich als Ermahnung in seinem buchstäblichen Sinne angewendet ist, während doch der beibehaltene Schluß deutlich die parabolische Wendung noch erkennen läßt, welche in der Bergpredigt ihren klaren Sinn hat.

Alle diese Sprüche sind Parallelen zu dem eigentlichen Kern der Bergpredigt des Matthäus. Etwas anders ist das Verhältniß bei einigen weiteren Parallelen zu denjenigen Theilen derselben, bei welchen sein eigener Zusammenhang ein zweifelhafter ist. So hat Lukas 11, 1—4 das Gebet Jesu als auf besonderes Bitten seiner Jünger ertheilt, welches bei Matthäus 6, 9—13 gewiß nur eingeschaltet ist. So hat er die Ermahnung zum gottvertrauenden Gebete, 11, 9—13. vgl. Matth. 7, 7—11, mit Recht als unabhängiges Stück, wenn auch die schließliche Beziehung auf den heiligen Geist eine spätere Veränderung sein mag. Dagegen ist das Wort von der engen Pforte zwar bei ihm 13, 24. vgl. Matth. 7, 13 f. in einer abgeschwächten Gestalt, mit Verlust des ursprünglichen Parallelismus gegeben, aber das darauf folgende von den unächten Jüngern und der Verurtheilung derselben im Gerichte steht bei ihm 13, 25 ff. jedenfalls an angemessenerer Stelle, als in der Bergpredigt bei Matthäus 7, 21—23.[1]) Uebrigens kann man daraus, daß diese beiden Worte hier zusammenstehen und bei Matthäus 7, 13—23 wenigstens einem Abschnitte angehören, ersehen, daß sie beiden schon im Zusammenhange überliefert waren.

[1]) Dagegen ist die Einleitung des Wortes ihrer Form nach, Matth. 7, 21 f., jedenfalls ursprünglicher als die bei Lukas, 13, 25, und wahrscheinlich ist dieß auch die Beziehung auf solche falsche Jünger, welchen die ἀνομία zur Last fällt, wiewohl auch dieß sich kaum auf Jesus selbst und auf die älteste Tradition zurückführen läßt. Die Beziehung auf die Juden aber, welche bei Lukas dem Worte gegeben ist, ist künstlicher und daher wohl später.

Die Vergleichung dieser Stoffe läßt also noch ergänzende Wahrnehmungen über den Ursprung dieser Reden machen. Ueberall soweit Matthäus selbst die ursprüngliche Anlage seiner Rede erkennen läßt, hat Lukas durchaus eine sekundäre Fassung, welche zum Theil ausdrücklich auf den zerstörten Zusammenhang der Matthäusredaction zurückweist. Da hingegen, wo die Matthäusrede in bloße Spruchsammlung übergeht, sind die Elemente, die er verwendet hat, noch als solche im Lukasevangelium wiederzufinden. Der von beiden verwendete Stoff zeigt also jedenfalls zum Theile die Spuren ursprünglicher Einheit wie sie Matthäus bewahrt hat. Aber wie diese ursprüngliche Composition doch sicher Stoffe, welche in der Tradition frei umliefen, verarbeitete, so konnten diese, auch wieder aus ihr entnommen, zu neuen Verbindungen gebraucht werden. Außerdem hat die Matthäusrede Zusätze zu ihrer Composition, welche sich bei Lukas noch in ihrer ursprünglichen Freiheit vorfinden.

2. Die zweite große Rede, welche das Matthäusevangelium gibt, ist die Instructionsrede für die Zwölfe, Cap. 10. Sie beginnt mit der Anweisung für die erste Berufswanderung der Apostel und ihr Verhalten bei derselben, 10, 5—15. Sodann werden dieselben auf die ihnen drohenden Gefahren vorbereitet, und theils mit dem Beistande des heiligen Geistes, theils mit der Wiederkehr Jesu, endlich mit dem Beispiel der Verfolgung, welche Jesus selbst zu erleiden hatte, getröstet 16—25. Hieran schließt sich weiter eine Aufforderung zum offenen Bekenntniß des Namens Jesu und dem Vertrauen auf den besonderen Schutz Gottes dabei 26—33, sodann die Verkündung der Spaltungen, welche durch sein Auftreten veranlaßt werden, und welche von seinen Anhängern die umfassendste Selbstverläugnung fordern 34—39, und als Schluß nochmalige Tröstung durch die Verheißung besonderen göttlichen Schutzes 40—42.

Aus den Parallelen, welche sich bei Lukas zu dieser Rede finden, geht hervor, daß derselben ursprünglich zwei Stücke zu Grunde liegen, und daß jedes von diesen Stücken durch Zusätze zu seinem anfänglichen Inhalte erweitert worden ist.

Die Instruction für die Berufswanderung der Apostel hat ihre Parallele bei Lukas in der Instructionsrede an die siebenzig Jünger, 10, 1—12. Und da Lukas diese neben der ihm mit Markus 6, 8—11 gemeinsamen Instruction der Zwölfe, Luk. 9, 3—5, gegeben hat, kann man mit Sicherheit annehmen, daß hier ein Stück der Redensammlung zu Grunde liegt, welches dem Berichte des ältesten Evangeliums parallel lief.[1]) Dieses Stück enthielt eine Hinweisung auf die Gefahren des Berufes durch das Wort, daß sie ausgesendet werden wie Schafe unter die Wölfe, Matth. 10, 16. Luk. 10, 3. An dieses Wort aber knüpft nun die Redaction bei Matthäus an, indem sie damit Zukunftsweissagungen verbindet, welche wir größtentheils bei Markus und Lukas, aber auch zum Theile bei Matthäus selbst in den eigentlichen Zukunftsreden wiederfinden, vgl. Matth. 10, 17—22. Mark. 13, 9—13. Luk. 21, 12—17. Matth. 10, 22. 24, 9. 13. Wir sehen also auch hier wieder, wie bei Matthäus an einen festen Stamm zusammengehöriger Worte andere verwandten Inhaltes angereiht sind.[2])

[1]) Daß hier zwei parallele Berichte der Quellen vorlagen, beweist aber das Verhältniß von Luk. 9, 1 ff. 10, 1 ff., und zugleich die eigenthümliche und in ihrer Art sicher originale Redaction dieser wohl viel verbreiteten Sprüche, Mark. 6, 8 f. Nur bei Mark. 6, 10 f. ist als möglich zuzugeben, daß wir hier eine Ergänzung aus der Redaction der Redensammlung hätten. Aber gerade weil diese Sprüche in ausgezeichnetem Maße Gemeingut der Tradition sein mußten, läßt sich sicheres darüber kaum sagen.

[2]) Daß derselbe diese Elemente der Zukunftsrede hier gab, beweist nur, daß die Zukunftsreden der Redensammlung keine Weissagungen dieser Art enthalten haben, wie dieß dagegen bei der großen Zukunftsrede der synoptischen Grundschrift der Fall war. Die Redensammlung enthielt in ihren Zukunftsreden nur die Ermahnungen, welche sich auf den ungewissen Tag der Parusie und auf die Erwartung derselben bezogen, also Reden über die Hoffnung des Reiches. Für die Weissagungen der Schicksale der Apostel aber hatte sie nur in den Instructionen derselben Raum. Dieses Verhältniß ist jetzt allerdings dadurch verdunkelt, daß der Verfasser unseres Evangeliums diese Weissagungen an beiden Orten durchgeführt hat; aber sicher hätte er den Abschnitt, Matth. 10, 17—23 hier nicht eingeschoben, wenn nicht die Sammlung hier schon dieses Element irgendwie enthalten hätte; und so läßt sich der ursprüngliche Stand noch wohl erkennen.

Die nun im zweiten Haupttheile der Matthäusrede folgende Mahnung zum Bekenntnisse, 10, 26—33, bildet bei Lukas 12, 1—12 eine besondere Rede, und wir haben anzunehmen, daß dieß in der That der ursprünglichen Gestalt der Sammlung entspricht. Denn die Matthäusrede zeigt selbst ihre Zusammenstellung aus zwei Redestücken dadurch an, daß sie zweimal von den Pflichten der Apostel zu der Weissagung ihrer zukünftigen Schicksale übergeht, 10, 17 ff. und 34 ff., und daß sie überhaupt nach dem abschließenden Blicke in die Zukunft 10, 24 noch einmal sich rückwärts wendet und wieder mit Ermahnungen beginnt. Auch an dieses zweite Redestück aber sind nun Matth. 10, 34 ff. Sprüche angeschlossen, welche sich zwar ebenfalls auf die allgemeinen Verhältnisse der Jünger in der Zukunft beziehen, aber schwerlich ursprünglich der Rede zugehört haben. Sie haben ihre besondere Parallele in Luk. 12, 49—53.

Dagegen wiederholt sich hier die Erscheinung von der Bergpredigt, daß nämlich der Schluß der Hauptrede trotz aller Veränderungen und Einschaltungen, welche dieselbe in beiden Redactionen erlitten hat, doch auf beiden Seiten der gleiche geblieben ist, Matth. 10, 40—42. Luk. 10, 16.

Obwohl nun aber die Zusammensetzung dieser Rede bei Matthäus eine künstlichere ist als die der Bergpredigt, so zeigt sich seine Redaction doch im Einzelnen auch hier in unverkennbarer Priorität vor der des Lukas.

Dieß zeigt sich vor Allem an den geschichtlichen Einleitungen der beiden Redestücke in letzterer Darstellung. Die Apostelinstruction ist 10, 1 ff. auf die Aussendung von siebenzig Jüngern bezogen, welche Jesus auf der Reise paarweise vor sich her in die Ortschaften aussandte, die er selbst besuchen wollte. Nach allen vorliegenden Spuren über die Gestalt der Redensammlung ist es von vorneherein unwahrscheinlich, daß eine solche Erzählung sich in derselben befunden hätte. Ueberdieß gehört diese Vorstellung von siebenzig Jüngern, welche sich nur bei Lukas findet, unbedingt zu den spätesten Bestandtheilen der evangelischen Ueberlieferung, es hat darin die Erinnerung an einen größeren über die Zahl der Zwölfe weit hinausgehenden Kreis unmittelbarer Schüler und

Sendboten Jesu sich mit der Zeit einen bestimmten Ausdruck gegeben. Bei Lukas geschieht nun Alles, um die Rechte dieser Jünger in ihr volles Licht zu setzen; auf sie ist nicht nur diese Instruction und Vollmachtsertheilung bezogen, sondern der ganze Complex der darauf folgenden Reden und in demselben besonders der Preis Gottes für den Glauben der Unmündigen. Kann man auch hierin keine Herabsetzung der Zwölfe sehen, welche immer noch durch die feierliche Inauguration und die große Weiherede bei derselben, sodann durch die große Offenbarung der Verklärung hoch erhaben über alle anderen stehen, so läßt sich doch das Bemühen nicht verkennen, diese siebenzig von Jesu in späterer Zeit aufgestellten Sendboten ihnen mögligst nahe zu bringen, indem nun auf sie diese Reden angewendet werden. Um so gewisser darf man annehmen, daß die letzteren ursprünglich keine solche Beziehung gehabt haben, und daß daher diese Einleitung erst in späterer Redaction hinzugekommen ist, und zwar hier wahrscheinlich von dem Verfasser des dritten Evangeliums selbst.

Was sodann die Einleitung des zweiten Hauptstückes, nämlich die Ermahnung zum Bekenntnisse betrifft, 12, 1, so finden wir in derselben die auffallende Vorstellung, daß das Volk in Myriaden um Jesus versammelt gewesen und die Massen sich getreten haben, daß aber nun gerade in diesem Augenblicke Jesus an seine Jünger die vertrauten Worte über ihren Beruf richtet.[1]) Ist diese Darstellung schon ihrer Natur nach eine sekundäre, so ergibt sich auch bei näherer Betrachtung, wie sie in der That nur aus dem Inhalt der Rede künstlich herausgenommen ist. Die Rede beginnt 12, 2 f. mit dem Worte: was die Apostel in der Stille sagen, soll bald in die größte Oeffentlichkeit getragen werden, und die Scene, welche vorher geschildert wird, ist offenbar nichts anderes als ein aus dem Inhalte dieser Worte geschöpftes Bild, durch welches dieselben symbolisch veranschaulicht werden. Wir haben also auch bei diesem Stücke schon in der Einleitung die unzweideutigen Spuren einer sekundären Bearbeitung.

---

[1]) Der Widerspruch, der hierin liegt, scheint Lukas 12, 1 durch das beigefügte πρῶτον mildern zu wollen, ohne daß übrigens die Volksrede, welche damit angekündigt wäre, nachfolgt.

Vergleicht man weiter die Texte der Reden selbst, so ist auch hier der Vorzug der größeren Originalität beinahe durchaus auf der Seite des Matthäus. In der Instructionsrede ist vor Allem zu beachten, daß die auf ein hohes Alter hinweisenden Worte bei Matthäus: geht nicht auf eine Straße der Heiden und nicht in eine Stadt der Samariter, Matth. 10, 5, bei Lukas weggefallen sind. Im Gegentheile aber zeigt die Art wie das Wort: der Arbeiter ist seiner Nahrung werth, Matth. 10, 10, bei Lukas wiederholt und nachdrücklich dahin entwickelt ist, daß sie überall das, was man ihnen vorsetze, essen und trinken sollen, Luk. 10, 7. 8, daß man die Rede bereits den Verhältnissen des apostolischen Zeitalters anpaßte, und die Frage über die Theilnahme an heidnischer Mahlzeit damit erledigte. Aber die ganze Rede hat durch die Umstellung ihrer Elemente einen anderen Charakter bekommen. Bei Matthäus steht der Auftrag, die Nähe des Himmelreiches zu verkünden, voran, 10, 7. In diesem Befehle liegt der Zweck der ganzen Anweisung. Bei Lukas 10, 3 ist das erste das Wort, daß sie wie Schafe unter den Wölfen wandeln. Von der Nähe des Gottesreiches sollen sie nur zuletzt, da wo sie einkehrten, entweder zum Lohne der guten Aufnahme 10, 9, oder zur Drohung wegen der erfolgten Abweisung 10, 11 reden. Wenn also die Rede bei Matthäus wirklich den Auftrag zur Mission für das Himmelreich enthielt, so ist sie dagegen bei Lukas nur eine Anweisung für die Art, wie die Sendboten zu reisen haben, geworden, und von diesem Gesichtspunkte aus erklären sich auch die Anweisungen, Niemanden unterwegs zu grüßen, und nicht von einem Hause zum andern zu gehen, 10, 4. 7, welche uns wie die Erlaubniß, das Vorgesetzte zu essen, überall in die apostolische Zeit versetzen.[1])

---

[1]) Für den sekundären Charakter der Lukasredaction spricht außerdem die Weglassung der Vorschrift, in jedem Orte nach würdigen Leuten erst zu forschen, Matth. 10, 11, welche wohl deßwegen übergangen wurde, weil sie mit dem Dilemma, Matth. 10, 13. Luk. 10, 6, nicht zu stimmen schien; sodann in entscheidender Weise die Umsetzung der symbolischen Handlung Matth. 10, 14. Mark. 6, 11 in eine Erklärung darüber Luk. 10, 11. Anders Weiß, Jahrb. f. d. Th. 1864. S. 69. — Auch die Verwandlung von μὴ — χρυσὸν — μηδὲ ἄργυρον μηδὲ χαλκὸν etc. bei Matth. 10, 9 in μὴ — βαλλάν-

Außerdem hat sich zwar die Redaction des Lukas der Erweiterung dieser Rede durch die Zukunftsverkündigung enthalten, aber vor dem Schlusse 10, 16 die Weherufe über Gorazin, Bethsaida und Kapernaum eingelegt, wofür als selbstständiges Stück die Situation bei ihm fehlte, die daher nur als Anhang zu der Drohung über die Städte, welche die Apostel nicht aufnehmen würden, Raum gewinnen konnte 10, 12. 13 ff.

Auch bei dem Redestück Luk. 12, 1—12 ist die sekundäre Gestalt gegenüber von Matth. 10, 26—33 nicht zu verkennen. Die Lukasrede beginnt mit einer Warnung vor dem Sauerteige der Pharisäer, nämlich der Heuchelei. Dieses aus dem ältesten Evangelium in Matth. 16, 6. Mark. 8, 15 erhaltene Wort hat hier äußerlich keinen anderen Zusammenhang, als daß es diese Rede an die bei Lukas vorangehende Rede gegen die Pharisäer 11, 39 ff. 53 f. anknüpft. Wenn dasselbe aber an der Spitze unserer Rede steht, und daher zu dem Gedankengange derselben eine Beziehung haben muß, so kann diese nur darin gefunden werden, daß in den folgenden Warnungen vor Verläugnung Jesu und Reden gegen den Menschensohn und heiligen Geist es sich ebenfalls von der Heuchelei handelt. Die Pharisäer sind daher hier wie 16, 14 nicht sowohl die Pharisäer aus der Zeit Jesu, als vielmehr die Juden oder Judaisten in der apostolischen Zeit, welche als unwahre und heuchlerische Christen charakterisiert werden, und weil die ganze Rede diese Nebenbeziehung hat, vor einem so halben und seiner Sache gar nicht sicheren Christenthum zu warnen, ist dann in den Zusammenhang der folgenden Sprüche auch das Wort vom Reden gegen den Menschensohn und Lästern des heiligen Geistes aufgenommen 12, 10, welches gewiß nicht ursprünglich in denselben gehörte. Ebenso hängt mit dieser Umbildung der Rede für die Bedürfnisse der apostolischen Zeit auch die sekundäre Gestaltung des Wortes vom Reden in der Stille und Wiederholen in der Oeffentlichkeit 12, 3. vgl. Matth. 10, 27, zusammen, welche als charakteristisches Merkmal dieses Verfahrens schon an-

---

ϱιον Luk. 10, 4. vgl. 22, 35, ist gewiß Zeichen der zusammenfassenden Bearbeitung.

geführt werden mußte. Ferner ist zu beachten, daß im Lukasevangelium die Vergeltung des Bekenntnisses und der Verläugnung beschrieben wird nicht als ein Bekenntniß oder Verläugnung Jesu vor seinem Vater wie Matth. 10, 32 f., sondern vor den Engeln Gottes, Luk. 12, 8 f. Hiedurch ist Jesus aus der Stellung des Fürsprechers in die des Richters gerückt; und ebenso ist 12, 10 in dem Spruche über das Reden gegen den Menschensohn, welches noch vergeben werden kann, das schärfere κατά in das unbestimmtere εἰς umgesetzt, wonach wenigstens die schwereren Verfehlungen gegen ihn nicht nothwendig in diese Milde einbegriffen sind.

Endlich die Parallelen zu dem Worte, daß Jesus nicht gekommen ist, Frieden zu bringen, sondern vielmehr Spaltung Luk. 12, 51—53, und zu der Forderung, Vater oder Mutter nicht mehr zu lieben als Jesus Luk. 14, 26. vgl. Matth. 10, 34 ff. haben jedenfalls keine ursprünglichere Stellung, als die Sprüche bei Matthäus.[1]) Sie bestätigen nur, was der Charakter der Spruchfolge Matth. 10, 34—39 von selbst ergibt, nämlich, daß diese Sprüche lose verbundene Nachträge zu dem Körper der vorhergehenden Rede sind. Wenn sodann bei Lukas die Verheißung über den Beistand des heiligen Geistes zu der Verantwortung vor Gericht als Zusatz zu dem zweiten Redestück erscheint Luk. 12, 11 f., wie sie bei Matth. 10, 19 f. zu dem ersten gestellt ist, so erhellt daraus nur, wie sehr es in der Natur der Sache lag, diese Weissagung überhaupt an die Reden vom Berufe und Verhalten der Sendboten Jesu anzuschließen.

Die ganze Vergleichung dieser Apostelreden bestätigt nur das Ergebniß, welches wir auch aus der Bergpredigt sowohl über das Verhältniß der beiden Redactionen als auch über die Natur ihrer Quelle gewinnen mußten. Die Redaction des Lukas zeigt

[1]) Sie stehen bei Lukas 14, 36 ff. in dem Abschnitte, dessen Zweck nur in Belehrungen für die christlichen Mahle gefunden werden kann, und haben in diesem Zwecke auch den Schlüssel ihrer Stellung; denn gerade bei dieser Feier der geschlossenen christlichen Gemeinschaft mußten diese Verhältnisse besonders empfindlich werden, und daher auch die Forderung völliger Entschlossenheit, auch mit den sonst heiligsten Banden zu brechen, ihre Anwendung finden.

zwar hier, daß die Rede des Matthäusevangeliums in diesem Falle wahrscheinlich aus zwei Redestücken der Quelle zusammengestellt ist; sie bestätigt aber wiederum, daß diese Quelle überhaupt schon Reden, und nicht bloß Sprüche enthielt. Wie sich in der Bergpredigt gezeigt hat, daß Matthäus an den Schluß dieser Reden verwandte Sprüche aus der Tradition nach allgemeinen Anklängen anfügte, so ist dieß auch hier bestätigt. Dagegen hat sich auch hier gezeigt, daß bei Matthäus in den Reden selbst noch die Gedanken, welche in die Zeit Jesu gehören, festgehalten sind, während dieselben bei Lukas überall schon eine Umbildung im Sinne der apostolischen Zeit erlitten haben, ohne doch verläugnen zu können, daß ihnen jene erstere Fassung zu Grunde liegt.

Eine schwieriger zu beantwortende Frage ist die, ob die Quelle diese beiden Stücke so nach einander gab, daß Matthäus hiedurch die nächste Veranlassung hatte, dieselben ganz zu einer Rede zu verschmelzen, oder ob sie wie bei Lukas durch die dazwischenliegenden Streitreden getrennt waren. Ein entscheidendes Merkmal für das eine oder das andere liegt nicht vor. Wohl aber sind die Gründe, welche in der Redaction des Lukas eine Umstellung bewirkt haben können, so stark, daß man dieselbe als wahrscheinlich ansehen darf. Sie liegen theils darin, daß die Instruction, auf die Siebenzig bezogen wurde, und man daher zunächst eine solche Rede folgen lassen wollte, in welcher das Resultat ihrer Aussendung ausgesprochen war, vgl. Luk. 10, 17 ff. Sodann eignete sich die zweite Rede ihrem Inhalte nach für die Kategorie des folgenden Abschnittes und mochte deßwegen diesem vorbehalten werden. So ist wahrscheinlich auch die Trennung dieser Stücke Ergebniß der späteren Reflexion.

3. Auf diese zweite große Rede folgt bei Matthäus weiter 11, 2—30 eine größere Redegruppe, bestehend aus der Rede über den Täufer Johannes, aus der Verfluchung der Städte am galiläischen See, in welchen Jesus am meisten gewirkt, und aus der Lobpreisung für den Glauben der Einfältigen. Hier haben wir es also nicht mit einer in ähnlicher Weise wie die beiden vorigen fortlaufenden Rede, sondern mit einer Gruppe von Reden

zu thun. Aber dieselben bilden eine Einheit, indem sie von verschiedenen Seiten den gleichen Gegenstand behandeln, zu dessen Erörterung zuerst die Rede über den Täufer führt, nämlich die Aufnahme, welche Jesus im Volke gefunden hat. Sie unterscheiden sich auch der Form nach als eigentliche Redegruppe deutlich von den Erzählungen, indem sie mit Ausnahme des ersten Stückes, dessen Veranlassung in der Sendung des Täufers aus dem Gefängnisse kurz berichtet ist, nur ganz allgemeine Einleitungen haben; es sind also eben nur Reden, welche hier zusammengestellt sind, um das Urtheil Jesu über das Volk, seine Aeußerungen über Glauben und Unglauben zu zeigen.

Mit dieser Gruppe hängt eine weitere zusammen 12, 25—45, deren Reden, obwohl von bestimmteren Veranlassungen abhängig doch im Wesentlichen dasselbe Thema haben. Jesus ist angegriffen, als ob er seine Macht über die bösen Geister nur einem Bunde mit dem Haupte derselben verdanke. Er erwidert darauf in einer Vertheidigungsrede, welche den Angriff als widersinnig zurückweist, und als Lästerung des heiligen Gottesgeistes zeichnet. Weiter antwortet er abweisend auf das Verlangen der Pharisäer, ein Zeichen von ihm zu sehen; und er verbindet damit noch einmal ein Urtheil über das ganze gegenwärtige Geschlecht und stellt dieses zuletzt unter das Bild dämonischer Besessenheit. Gerade dieser letzte Theil unserer zweiten Gruppe zeigt, daß sie mit der vorigen zusammengehört. Sie ist eine Ergänzung des Urtheiles Jesu über seine Umgebung, indem nun auch die Pharisäer in dasselbe hereingezogen sind. Aber auch sie werden nur als eine Erscheinung, die zum Ganzen gehört, berücksichtigt.

Nehmen wir daher diese beiden Gruppen von Redestücken in Matth. Cap. 11 und 12 als ein Ganzes, so finden wir auch dieses in den Reden des Lukas als die Basis eines Abschnittes seiner Einschaltung wieder, Luk. 10, 13—11, 36. Und obwohl die einzelnen Stücke nicht in demselben geschlossenen Zusammenhang auftreten, sondern mehrfach von anderen Stoffen durchsetzt sind, so läßt sich doch noch wohl erkennen, daß auch seiner Redaction ein ähnlicher Entwurf zu Grunde liegt. Zuvörderst ist die Rede über den Täufer von der Gruppe bei Lukas getrennt, und einem früheren

Abschnitte des Evangeliums einverleibt. Dies beruht auf der Composition des letzteren. Indem dasselbe seine Spruchsammlung erst in die Reise Jesu nach Jerusalem verlegt, fallen die Reden derselben in die Zeit, in welcher der Täufer längst getödtet ist. Da nun aber jene Rede denselben als lebend voraussetzt, so konnte sie hier ihren Platz nicht finden, sie mußte vielmehr in die frühere Geschichte zurückgestellt werden, und deßhalb ist sie an einen Ort verlegt, an welchem der Evangelist überhaupt mehrere Einschaltungen macht 7, 22 ff. Die sämmtlichen übrigen Stücke, welche jener Gruppe des Matthäus angehören, finden sich aber bei Lukas in den Anfängen der Einschaltung, nach der Instructionsrede nicht nur überhaupt, sondern wesentlich in der gleichen Ordnung wieder wie bei Matthäus, nämlich die Verfluchung der Städte, der Dank für den Glauben der Unmündigen, die Streitrede über Beelzebub, die Rede über die bösen Geister des Volkes und die Zeichenforderung. Nur die beiden letzteren Stücke sind gegen die Ordnung des Matthäus umstellt. Und wenn dabei einige andere Stoffe zwischen eingelegt sind, so sind diese überall nur als Erläuterung der in jenen Reden enthaltenen Gedanken zu erkennen, so daß sich gerade hieran zeigt, wie diese Reden die Grundlage auch in dieser erweiterten Sammlung gebildet haben. Bei den Sprüchen 10, 23 f. ergibt sich die Verbindung aus der Aehnlichkeit des Gedankens von selbst. Aber auch das Stück von der Frage nach dem Wege zum ewigen Leben und dem barmherzigen Samariter 10, 25—37 ist an das Lobgebet für den Glauben der Unmündigen sichtlich deßwegen angereiht, weil eben in dem Gegensatze des fragenden Gesetzesmannes und des Samariters der Beleg zu den Worten gegeben war, nach welchen die Wahrheit den Weisen verborgen, den Unmündigen aber offenbar ist. Einem ähnlichen Grunde sachlicher Verwandtschaft verdankt aber wohl auch das kleine Lehrstück von Maria und Martha hier seine Stelle, in welchem der einfache Glaube an das Wort den vielen Bemühungen in äußerem Dienste und der Zuversicht auf dieselben gegenübergestellt wird, 10, 38—42. Anders verhält es sich mit den Reden vom Gebete 11, 1—13, welche der Vertheidigungsrede vorausgehen. Sie geben, wie aus 11, 13 erhellt, offenbar das Thema für die ganze nächstfolgende Gruppe und daher auch den Gesichtspunkt an, unter welchem jene Vertheidigungs- und Streitreden betrachtet werden sollen. Hier haben wir also in den Zusätzen nicht die Belege für die in den Redestücken der Grundlage enthaltenen Gedanken, sondern der Zusatz beherrscht diese Redestücke. Um so deutlicher zeigt sich nun, daß die ursprüngliche Stellung der letzteren nicht eine frei von dem Verfasser gewählte, sondern eine der Redaction schon gegebene ist. Wie diese sich daher bemüht, die Redestücke in ein neues Licht zu stellen, zeigt sich an den Zusätzen, welche an dieselben angehängt sind, und offenbar keine andere Bedeutung haben, als das Ergebniß aus der Rede Jesu zu ziehen, zu welchem die Redaction sie verwenden will. So ist die Bedeutung der Rede über die Dämonenaustreibung 11, 27 f. in dem Worte angezeigt: selig sind die das Wort Gottes hören und bewahren.[1]) So ist die Bedeutung der Verweigerung des geforderten Zeichens 11, 33—36 in den beigefügten Sprüchen enthalten, nach welchen die rechte Erkenntniß von selbst erfolgt, wenn das reine Auge sich erleuchten läßt.

Die ganze Gruppe, wie sie sich hienach bei Matthäus und Lukas identisch zeigt, hat aber bei dem letzteren in 11, 37—54 noch einen Zusatz, welcher die Untersuchung fordert, ob wir hier ein weiteres ursprüngliches, nur von Matthäus abgetrenntes und an einem anderen Orte verwendetes Stück zu erkennen haben. Es ist dieß die Rede über den Pharisäismus, welche bei Lukas hier, bei Matthäus unter den Jerusalemischen Reden Jesu und zwar auf der Höhe der letzten Entscheidung Cap. 23 steht. Die

[1]) Dieses Wort, in Verbindung mit der vorhergehenden Ansprache Luk. 11, 27. 28, ist wahrscheinlich eine alte Variante der Tradition zu der Erzählung vom Besuche der Verwandten. Daß aber dieses Wort an die vorige Rede angeschlossen wird, wie der Besuch der Verwandten bei Matthäus und Markus (wenn derselbe auch bei jenem nicht unmittelbar folgt), zeigt, daß Lukas bei der Einlegung solcher Worte sich auch von dem Vorbilde anderer Darstellungen bestimmen ließ. Er stellte hiedurch eine Analogie mit der Grundschrift her, in welcher der Besuch der Verwandten auf den Bericht über den Vorwurf des Bundes mit Beelzebub gefolgt war. Mindestens war es diese Analogie, welche ihm den nächsten Anlaß gab, dieses passende Wort hier zur Erläuterung des Vorigen anzubringen.

große Rede gegen die Pharisäer, welche Matth. Cap. 23 gegeben ist, hat zwar ihre nächste Parallele an den kurzen Berichten bei Lukas und Markus, wonach Jesus in Jerusalem vor den ehrgeizigen und habsüchtigen Schriftgelehrten warnt, Mark. 12, 38 ff. Luk. 20, 46 f. Dieses kleine Stück ist aber höchst wahrscheinlich ein Bestandtheil der Geschichtenquelle unserer synoptischen Evangelien und gehört dort zusammen mit der Erzählung vom Opfer der Witwe. Was dagegen Matthäus an diesem Orte hat, berührt sich hiermit allerdings in dem den Pharisäern gemachten Vorwurfe des Geizens nach Auszeichnung und Ehre. Es ist aber nicht nur überhaupt an die Stelle jener kurzen Warnung eine längere Rede getreten, sondern während jene sich blos auf einen bestimmten Vorwurf bezieht, so geht diese große Rede vielmehr auf das ganze pharisäische System und seine Herrschaft über das Volk. Die Parallele zu dieser Ausführung nun findet sich unstreitig hier in der Einschaltung des Lukas, zwar ebenfalls viel kürzer und mannigfach verändert, aber doch so, daß über die Identität beider Reden im Wesentlichen kein Zweifel sein kann. Nun hat die Rede allerdings bei Lukas ihre eigenthümliche geschichtliche Veranlassung. Jesus wird von einem Pharisäer zu Gast geladen, dieser wundert sich hiebei, daß Jesus die übliche Waschung vor dem Essen nicht beobachtet, Luk. 11, 37 f., und dieß gibt nun Jesu den Anlaß zu seiner Streitrede. Die Veranlassung wäre hienach im Wesentlichen dieselbe, welche in der Geschichtenquelle Matth. 15, 2. Mark. 7, 2, zu einer Strafrede an die Pharisäer Anlaß gibt, die aber dort nur von Matthäus und Markus aufgenommen, von Lukas dagegen übergangen ist. Aus dem letzteren Umstande erhellt, daß Lukas eben an unserer Stelle einen Ersatz für jene Erzählung geben wollte. Er fand die antipharisäische Rede in beiden Fällen identisch, zog aber die der Redensammlung vor und gab ihr nur den Anlaß in Nachbildung jener Erzählung. Um so mehr darf an der Identität seiner Rede und der großen Pharisäerrede des Matthäus festgehalten werden. Zugleich ersieht man, daß dieses Redestück wenigstens in der Quelle des Lukas ohne Angabe einer geschichtlichen Veranlassung enthalten war. War dieß nun auch bei Matthäus der Fall, so ist jedenfalls die Möglichkeit vorhanden, daß Matthäus das Stück aus inneren Gründen von seinem ursprünglichen Orte entfernt und an einen anderen gestellt habe, daß es mithin ursprünglich zu der Gruppe gehörte, als deren Bestandtheil es bei Lukas noch erscheint. Das Motiv ergibt sich unschwer, wenn wir beachten, daß die Rede eine Menge von Beziehungen auf die Zustände von Jerusalem hat, und zuletzt geradezu diese Stadt anspricht, ihre Hartnäckigkeit beklagt, und ihre Zukunft weissagt. Wenn auch das letztere nicht ursprünglicher Bestandtheil der Rede sein mag, so geht doch daraus hervor, wie der Evangelist dieselbe betrachtete; er sah darin eine natürliche Ergänzung der Weissagung, daß von diesem Geschlechte das ungerecht vergossene Blut der alten Propheten gefordert werden solle, und diese schien ihm von selbst die Rede in die letzten Kämpfe Jesu nach Jerusalem neben die Weissagungen vom Untergange des jüdischen Volkes und der messianischen Zukunft zu stellen. Hienach erklärt sich recht gut, wie die Rede ihren Ort in diesem Evangelium erhalten konnte, auch wenn sie in der Sammlung selbst einem anderen Redencomplexe angehörte. Bei Lukas dagegen war nicht der gleiche Grund, die Rede in seinem Evangelium um so viel später zu setzen vorhanden; da die ganze Einschaltung die letzte Reise Jesu darstellt, hatten solche Stoffe, in welchen das abschließende Gericht über das Volk oder seine Leiden verkündet wurden, in derselben überhaupt ihre angemessene Stelle. So konnte er diese Rede in dem Zusammenhange, in welchem die Quelle sie gab, belassen, er durfte ihr nur eine Veranlassung beilegen, durch welche sie als Reisebegebenheit erschien.

Wir dürfen daher annehmen, daß auch diese Streitrede gegen das Pharisäerthum noch zu der durch die Synopse erkennbaren Gruppe von Reden gehört, welche mit der Rede über den Täufer beginnt, und welche mithin im Ganzen die sechs Hauptstücke zählte: über den Täufer, über die galiläischen Städte, über den Unglauben der Weisen und den Glauben der Unmündigen, über die wahre Natur der Dämonenaustreibung, über die Zeichenforderung, und über das Pharisäerthum. Der Gesichtspunkt der Zusammenstellung liegt offenbar in dem gemeinsamen Charakter dieser Reden als Streitreden.

Vergleichen wir nun die Redaction dieser Redengruppe im Einzelnen, so bestätigt sich die sekundäre Natur der Redaction des dritten Evangeliums vor Allem auch hier an den geschichtlichen Einleitungen. Bei der Rede über den Täufer haben beide Evangelien, Matth. 11, 2—6. Luk. 7, 18—23, die Veranlassung durch die Sendung des Täufers aus dem Gefängnisse. Man kann darüber zweifeln, ob dieser Bericht, welcher eigentlich eine Erzählung für sich und durch die Worte: selig ist, wer sich nicht an mir ärgert, abgeschlossen ist, von Anfang an zu der folgenden Rede gehörte.[1] In jedem Falle aber war er in der Redensammlung schon damit verbunden, sowie die beiden Evangelisten dieselbe benützten, Lukas aber suchte es noch weiter begreiflich zu machen, wie Jesus die Abgesandten auf die vielen Wunderzeichen an Kranken hinweisen konnte, indem er bemerkt, daß gerade in der Stunde, da dieselben ihren Auftrag ausrichteten, Jesus Viele von Krankheiten, Plagen und bösen Geistern geheilt und vielen Blinden das Gesicht verschafft habe, 7, 21. Wie das zweite Stück, der Weheruf über die galiläischen Städte aus Gründen, die in der Composition des dritten Evangeliums liegen, mit der Instruktionsrede vereinigt wurde, Luk. 10, 13 ff., mußte schon berührt werden. Das dritte Stück vom Unglauben der Weisen und Glauben der Unmündigen ist Luk. 10, 17—21 ff. auf die Aussendung der Siebenzig bezogen, es ist daher durch die Worte, welche Jesus an diese bei ihrer Rückkehr richtete, eingeleitet.[2] Aber daß seine Verwendung in diesem Zusammenhange eine sekundäre ist, beweist der Uebergang 10, 21: in eben dieser Stunde freute er sich im Geiste und sprach ꝛc. Das vierte und fünfte Stück, die Rede über die Dämonenaustreibung und die Zeichenforderung, haben

[1]) Es läge nahe, dieses kleine Stück der ersten Hauptquelle der Synoptiker zuzuschreiben, so daß dann mit ihm die Rede aus der Redensammlung erst combiniert wäre, wenn nicht das Fehlen desselben bei Markus und der Ort, an welchem es sich bei Lukas findet, auf einen anderen Ursprung hinweisen würde.

[2]) Die Worte Luk. 10, 18—20 sind sicher spätesten Ursprunges, wie sich schon aus den Anklängen an Mark. 16, 18. Apok. 3, 12. 7, 2 und 20, 1 ff. ergibt.

Matth. 12, 22—24. 38 ihre kurzen Einleitungen durch die Anlässe, bei Lukas sind dieselben 11, 14—16 zu einer Doppelüberschrift beider Reden zusammengefaßt. Man sieht aus diesem merkwürdigen Beispiele, welcher Art diese geschichtlichen Angaben in der Quelle da, wo dieselben der Natur der Redestücke nach unvermeidlich waren, anfänglich gewesen sein mögen. Sie beschränkten sich auf den Charakter von Ueberschriften, welcher eben in dieser Zusammenstellung unverkennbar ist; man sieht auch hieraus, daß die Quelle nirgends in die eigentliche Erzählung übergieng. Dagegen hat das dritte Evangelium doch außer der Ueberschrift für das zweite Stück in 11, 29 noch die Angabe einer Situation für nöthig erachtet, und diese in der allgemeinen Vorstellung: da sich die Volksmassen versammelten, ausgedrückt; es ist damit das Motiv für das Verwerfungsurtheil über das ganze lebende Geschlecht gegeben, so daß man auch hier erkennt, wie diese historische Angabe aus der Rede selbst genommen ist. Die Einleitung des sechsten Stückes endlich 11, 37 f. hat Lukas offenbar durch Combination mit der Erzählung der ersten synoptischen Quelle, Matth. 15, 1 f. Mark. 7, 1 f. gewonnen.[1])

Was sodann weiter die Redaction der Redeterte selbst betrifft, so zeigt sich auch hier der spätere Standpunkt auf Seiten des Lukas, und zwar in doppelter Weise: zunächst wie bisher darin, daß die Erinnerungen an die Verhältnisse Jesu beseitigt sind, und dagegen apostolische Gesichtspunkte eintreten, sodann aber auch in christologischen Veränderungen.

So sind in der Rede über den Täufer die Sprüche über das Verhältniß desselben zu Gesetz und Propheten, und zum Anfange des Himmelreiches, sowie zu der Weissagung über Elias, Matth. 11, 12—14, bei Lukas beseitigt, und später Luk. 16, 16 in verkürzter und doctrinärer Gestalt reproduciert; die hiedurch in der Rede über den Täufer entstandene Lücke ist durch eine gewiß nicht ursprüngliche Bemerkung über die verschiedene Aufnahme des Täufers vom Volke und von den Pharisäern ausgefüllt, Luk. 7, 29 f.,

[1]) Daß die Pharisäerrede ursprünglich keine nähere Einleitung hatte, geht aus dem unsicheren Charakter hervor, welchen die von Matthäus 23, 1 gegebene zeigt: Jesus sprach zu dem Volke und seinen Jüngern.

welche im Sinne des Verfassers zugleich den Spruch am Schlusse 7, 35. vgl. Matth. 11, 19 erklären sollte.[1]) Auch in der Rede über den Glauben der Unmündigen sind die Worte über die Gebote Jesu und ihren Gegensatz zu der bestehenden Gesetzlichkeit Matth. 11, 28 f. weggefallen und durch andere, von allgemeinerem Inhalte, Luk. 10, 23 f. vgl. Matth. 13, 16 f., ersetzt.[2]) Sonst zeigt diese Rede die Absicht der erläuternden Redaction in der Formulirung: *τίς ἐστιν ὁ υἱὸς — καὶ τίς ἐστιν ὁ πατήρ* — Luk. 10, 22. vgl. Matth. 11, 27, und in der Unterscheidung des Gebetes und der weiteren an die Jünger gerichteten Worte, 10, 22. Die Rede über die Dämonenaustreibung zeigt einige formelle Merkmale sekundärer Verarbeitung, vgl. Luk. 11, 17. 18.[3]) Wichtiger aber ist, daß die Lukasredaction Jesus nicht mehr sagen läßt, er treibe die Dämonen aus im Geiste Gottes, sondern *ἐν δακτύλῳ θεοῦ*, Luk. 11, 20. vgl. Matth. 12, 28; Jesus soll nicht als das Werkzeug des Geistes erschienen, sondern als mit göttlicher Allmacht ausgerüstet. Und eben dahin gehört ferner, daß das Wort vermieden ist: auch die Rede gegen den Menschensohn könne vergeben werden (vgl. oben über Luk. 12, 10). Dagegen hat die Lukasredaction den Text der Antwort auf die Zeichenforderung ohne die Hinweisung auf die Errettung des Jona aus dem Fische, Matth. 12, 40, welche ohne Zweifel ein späterer Zusatz in der Rede ist.

Vergleicht man die beiden Redactionen der Rede gegen das Pharisäerthum Matth. Cap. 23 und Luk. 11, 37—54, so kann über den identischen Stamm derselben kein Zweifel sein. Nicht bloß findet sich der Inhalt der Lukasrede ganz in der größeren des Matthäus, sondern auch die charakteristischen Weherufe sprechen für die Identität der Quelle. Die Matthäusrede hat am Schlusse 23, 37—39 einen Zusatz, das Wehe über Jerusalem, der nicht

---

[1]) Vgl. *καὶ ἐδικαιώθη ἡ σοφία ἀπὸ τῶν τέκνων αὐτῆς πάντων*, und *καὶ πᾶς ὁ λαὸς ἀκούσας καὶ οἱ τελῶναι ἐδικαίωσαν τὸν θεόν*.

[2]) Wo dieser Spruch ursprünglich stand, läßt sich, da er von beiden Evangelisten nur pragmatisch verwendet ist, nicht mehr ermitteln.

[3]) *καὶ οἶκος ἐπὶ οἶκον πίπτει*, vgl. dagegen Matth. 12, 25 und *εἰ δὲ καὶ ὁ σατανᾶς ἐφ' ἑαυτὸν διεμερίσθη*, vgl. Matth. 12, 26.

ursprünglich zu der Rede gehört zu haben scheint, vgl. Luk. 13, 34 f. Ebenso hat sie in 23, 8—12 Vorschriften über das Verhalten der Jünger, über deren Zugehörigkeit man zweifelhaft sein kann. Sind dieselben ursprünglicher Bestandtheil der Rede, so zerfällt diese in zwei Theile 23, 1—12, und 13—36, deren zweiter erst an den Weherufen verläuft. Für diese Ursprünglichkeit spricht die Parallele, welche diese Art der Composition an der Bergpredigt hat, vgl. Matth. 23, 8—12 mit 5, 13—16; 23, 1 ff. mit 5, 17—20; 23, 13 ff. mit 5, 21 ff. Lukas ließ das die Jünger Betreffende weg, um es 22, 26 zu ersetzen; er mußte es hier schon wegen der geschichtlichen Veranlassung, welche er der Rede gab, übergehen. Uebrigens hat er auch den ersten Theil der Matthäusrede benutzt, vgl. Matth. 23, 4. Luk. 11, 46. Matth. 23, 6. Luk. 11, 43. Geht nun seine Rede in der Hauptsache den Weherufen des Matthäus 23, 13—36 parallel, so ist sie zugleich eine offenbare Verkürzung und Ueberarbeitung derselben; dieß zeigt sich schon an dem Rhythmus des siebenfachen Weherufes bei Matthäus, wogegen die darauf beruhende Structur Luk. 11, 42. 43. 44. 47. 52 nur noch in ihren Trümmern erscheint. Daß Luk. 11, 39 den Vorwurf über das Reinigen der Gefäße bei unreinem Inhalte, Matth. 23, 25, voranstellt, hängt mit der angenommenen Veranlassung, oder vielmehr dem synoptischen Motive derselben, vgl. Mark. 7, 2, zusammen, beweist aber an sich selbst die Ueberarbeitung. Der Charakter dieser liegt auch in der künstlichen Vermittlung des Gedankens, daß die jetzigen Juden die Nachfolger der Prophetenmörder seien, nämlich nicht trotzdem, daß sie durch den Schmuck der Prophetengräber ihren Unwillen über jene Frevel darthun wollen, sondern weil sie in diesem Schmücken eine Freude an dem Werke ihrer Väter bezeigen, Luk. 11, 48, vgl. dagegen Matth. 23, 29—31. Sonst zeigt die Lukasredaction ähnlich wie bei der Bergpredigt das Streben, die Vorschriften der Wohlthätigkeit möglichst concret wiederzugeben, und stellt daher den Satz auf, daß die wahre Reinigung sei, den Inhalt der Gefäße als Almosen zu geben, Luk. 11, 41, vgl. Matth. 23, 23. 25. Der wichtigste Unterschied aber ist, daß dieselbe auch hier sehr deutlich ihre Zweckbeziehungen für die apostolische Zeit kundgibt. Bei Matthäus sind die Pharisäer und Schriftgelehrten als die Vertreter des Gesetzes identisch, vgl. Matth. 23, 2. 13. Bei Lukas aber redet Jesus zunächst gegen die Pharisäer 11, 39—44. Durch das, was er spricht, finden sich dann aber auch die Gesetzesmänner beleidigt, 45, und jetzt erklärt sich Jesus auch gegen sie, und zeigt, daß seine Vorwürfe ganz eigentlich ihnen gelten sollen; denn die Spitze der ganzen Ausführung ist die Beschuldigung, daß gerade sie den Schlüssel der Erkenntniß beseitigen, daß sie nicht nur selbst nicht hineinkommen, sondern auch diejenigen, welche hineinkommen wollen, verhindern, 11, 52. Diese geschichtlich nicht zutreffende Unterscheidung erklärt sich einfach dadurch, daß die Umbildung der Rede zu zeigen beabsichtigt, nicht bloß gegen den Pharisäismus habe Jesus gesprochen, sondern überhaupt gegen das Gesetzthum, also auch dasjenige, welches in der apostolischen Zeit dem freieren Christenthume entgegentrat. Ist die Rede für diesen Zweck umgearbeitet, so konnte selbstverständlich die Bestreitung des eigentlichen Pharisäismus wesentlich verkürzt werden; denn nicht mehr um diesen handelte es sich in seiner geschichtlichen Erscheinung, sondern in den allgemeinen Charakterzügen, welche auch jetzt noch auf die Vertreter des Gesetzes ihre Anwendung fanden. Am wenigsten aber konnten dabei Sprüche stehen bleiben, welche wie Matth. 23, 2. 3 das Gesetz im Princip anerkannten. Beide Redactionen lassen übrigens die Weherufe Jesu mit dem Citate aus einer jüdischen Schrift schließen, welches als solches bei Lukas noch genauer bezeichnet ist, als bei Matthäus.[1])

---

[1]) In diese Schrift gehören die Worte Matth. 23, 34—35. Luk. 11, 49—51a. Schon bei Matthäus lassen sich dieselben als Citat erkennen, und bei Lukas ist die göttliche Weisheit selbst redend eingeführt. Es ist dieß sicher ein jüdisches Apokryphon, welchem die Strafe der alten Prophetenverfolgungen die Hauptsache war. Strauß a. a. O. S. 249 f. denkt an eine von einem Christen zur Zeit der Zerstörung Jerusalems verfaßte Schrift, indem er unter dem Matth. 23, 35 genannten Sacharja wieder den Sohn Baruchs, der nach Josephus jüd. Kr. 4, 5, 4 von den Zeloten ermordet wurde, finden will. Aber wir haben kein Recht, aus Barachja erst Baruch zu machen, und es ist längst gezeigt, wie der Sohn des Jojada 2 Chron. 24, 20 mit dem Propheten Sacharja verwechselt werden konnte. Allein diese Vorstellung vom Ursprunge jener Schrift ist auch unvollziehbar: wie sollte eine christliche Schrift die Strafe der

4. Die großen offenbaren Parallelen zwischen den Matthäus- und Lukasreden schließen mit der besprochenen Gruppe der Streitreden. Von da an geht die Sammlung des Lukas ihren eigenthümlichen Weg, und zeigt dem ersten Blick bloß noch einige größere Parabeln als synoptisch, sowie die Verwandtschaft der Zukunftsreden. Nur an den abgebrochenen Spuren seiner Linien, welche durch die Uebermalung beinahe unkenntlich geworden sind, zeigt sich etlichemale noch eine der Redenordnung bei Matthäus verwandte Anlage.

So finden wir Luk. 15, 4—7 die Parabel vom verlorenen Schafe, welche Matthäus 18, 12—14 in der von der Bedingung des Kindwerdens ausgehenden Rede über die Verhältnisse der Jünger hat. An diese Parabel schließen sich dann bei Lukas in ununterbrochener Kette den Gedanken fortsetzend erst die vom verlorenen Groschen und verlorenen Sohn, dann die vom ungerechten Haushalter und vom reichen Mann und Lazarus. Können wir diese sämmtlichen Parabeln nur als Anhang zu der vom verlorenen Schafe betrachten, so ist es sicher ein beachtenswerthes Merkmal für den Zusammenhang, in welchem diese letztere ursprünglich stand, daß nach Erschöpfung der Parabelreihe sofort Luk. 17, 1—4 die Sprüche vom Aergerniß und von der Pflicht, dem Bruder zu vergeben, folgen, in deren Mitte jene synoptische Parabel Matth. 18 steht.

Aehnliche Wahrnehmungen wiederholen sich noch theilweise bei den weiteren synoptischen Parabeln beider Evangelien. Es sind dieß die Parabeln vom Hochzeitmahle, von den Pfunden, vom ungetreuen Knechte, in welchen die Reden beider Evangelien parallel sind.

Die Parabel vom Hochzeitmahle ist bei Matthäus als Parallele zu der Parabel vom Weinberg im Evangelium eingeschaltet,

---

Juden auf die Verfolgungen der Gerechten bezogen haben, ohne dabei den Tod Jesu selbst hervorzuheben? Ganz ohne Grund will Strauß (vgl. Zeitschr. f. wiss. Theol. 1863, S. 84 ff.) auch die Anrede an Jerusalem noch als Citat aus jener Schrift ansehen. Weder eine jüdische noch eine christliche Vorstellung hat damals die Weisheit so mit dem Messias identificiert, daß sie derselben die Worte Matth. 23, 39. Luk. 13, 35 in den Mund legen könnte.

22, 1—14. Lukas hat dieselbe im Zusammenhange von Reden, welche sich alle an den Anlaß und die Vorstellung eines Gastmahles anschließen, 14, 16—24. Die Parabel ist, wie die Vergleichung ergibt, in beiden Evangelien nicht in ganz ursprünglicher Form bewahrt, doch hat Lukas dieselbe verhältnißmäßig reiner erhalten. Denn bei Matthäus ist sie unverkennbar mit einer anderen vermischt. Während die Geladenen bei ihm wie bei Lukas zuerst sich gleichgiltig zeigen und sich mit allerlei Geschäften entschuldigen, tritt mit Einem Male 22, 6 f. ganz unmotiviert hinzu, daß sie die ausgeschickten Knechte überfallen, mißhandeln und tödten, worauf dann der König die Mörder mit Heeresmacht vernichtet und ihre Stadt verbrennt. Als ob dieses nicht geschehen wäre, wird dann doch 22, 8 die Berufung ganz neuer Gäste nur damit begründet, daß es die ersten nicht werth waren. Bei Lukas fehlt diese ganze Episode, es ist auch nicht ein König, von dem die Einladung ausgeht, wodurch von vorneherein die theokratische Vorstellung zurückgetreten ist, und die Parabel hält sich in der einfachen Form, daß die Aufforderung von den erst Geladenen aus nichtigen Gründen verschmäht, sich an solche wendet, für welche sie reines Werk der Barmherzigkeit ist. Der ursprünglichere Charakter dieser Redaction ergibt sich auch aus der dramatischen Darstellung der verschiedenen Ablehnungen Luk. 14, 18—20, zu welcher sich die summarische bei Matth. 22, 3—5 nur wie ein Auszug verhält; unverkennbar ist dieser Theil bei ihm von der folgenden Episode erdrückt worden. Auch der letzte Theil der Parabel bei Matthäus 22, 11—14, welcher von dem unberechtigten, ohne Festgewand eintretenden Gaste handelt, wird als ein besonderes Bild, das erst mit der Parabel verbunden wurde, betrachtet werden dürfen. Andererseits ist aber auch die Redaction des Lukas schwerlich ganz ohne späteren Zusatz, wenn sie auf das Widerstreben der ersten Gäste hin nicht bloß einfach die Unberufenen von den Straßen holen läßt 14, 21, sondern diesen Akt verdoppelt durch Unterscheidung derer, welche von den Straßen der Stadt, und derer, welche von den Feldwegen und Zäunen her geholt werden 14, 21. 23. Wie bei Matthäus das Gleichniß die Beziehung auf die Geschichte Israels erhalten hat, so ist es auch hier durch den weiteren Blick auf die Entwicklung der Kirche bis zu den Heiden hin bereichert. Wir haben demnach dasselbe überhaupt nur in sekundären Fassungen, und zwar so, daß diese unter sich unabhängig sind.

Auf eine nähere Verwandtschaft der Quellen beider Evangelisten werden wir wieder geführt durch die Parabel vom ungetreuen Knecht. Matthäus hat dieselbe in Verbindung mit der großen Zukunftsrede, 24, 45—51. Dort wird die Zeit der Katastrophe mit der Zeit des Noah verglichen 24, 37 ff. So plötzlich wie dieses Gericht wird die Zukunft des Menschensohnes hereinbrechen, und wird das Loos der nächsten Angehörigen in entgegengesetzter Weise entscheiden. Man hat daher auf dieselbe zu wachen, wie der Hausherr sein Haus vor dem unvermutheten Einbruch des Diebes bewacht. Hieran schließt sich dann die Parabel vom ungetreuen Knecht und nach ihr die von den zehen Jungfrauen. Bei Lukas folgt die Parabel 12, 42—46 auf die Ermahnung, nicht für das Irdische, sondern für den Schatz im Himmel zu sorgen; zunächst aber geht 12, 35 ff. die Ermahnung an die Jünger voraus, die Heimkehr des Herrn von der Hochzeit als getreue Knechte zu erwarten und sich in jeder Stunde der Nacht zu seinem festlichen Empfange bereit zu halten. Darauf folgt das Bild vom Diebe, und dann, vermittelt durch die Frage des Petrus, ob diese Rede auf die Apostel oder auf Alle gehe, unsere Parabel mit einem auf jene Frage bezüglichen Zusatze 12, 47 f., wonach das Maß der Strafe dem Maße der anvertrauten Erkenntniß entspricht. Zuletzt folgen auf dieses noch die Sprüche von den Spaltungen, welche durch das Evangelium eintreten müssen, 12, 49 ff.

So verschieden demnach in beiden Redactionen die Anordnung ist, so ist doch unverkennbar, daß beidemale eine aus den gleichen Bestandtheilen zusammengesetzte Redengruppe vorliegt. Wie die Parabel selbst bis in die einzelnen Züge identisch ist, so ist sie auch beidemale umgeben von der Weissagung der verschiedenen Zukunftsloose der Nächstangehörigen,[1]) der Ermahnung zur

—

[1]) Luk. 12, 51. 52 ist zwar von den Spaltungen durch Glauben und Un-

Wachsamkeit, von den Bildern des nächtlichen Diebeseinbruches, und der Heimkehr vom Hochzeitfeste.[1]) Im Einzelnen ist bei Lukas 12, 41 die Frage des Petrus gewiß eine erst hinzugewachsene erläuternde Einleitung, welche zunächst bloß durch die rhetorische Frage Matth. 24, 45 veranlaßt ist: Wer ist der treue und kluge Haushalter? Indem hier Jesus auf die besondere Pflicht eines Leiters der Gemeinde übergeht, schien sich dieß am besten zu erklären, wenn man es ausdrücklich als besonderen Bescheid für einen Apostel darstellte, woraus dann aber das Bedürfniß folgte, durch die Sprüche 12, 47 f. zu erklären, daß die Verantwortlichkeit, welche auf die Apostel gelegt war, je nach dem Maße auch auf andere spätere Leiter der Gemeinde übergeht.

Aus der Umgebung der Parabel bei Lukas erhellt nicht nur, daß dieselbe einer Gruppe angehörte, die mit der Ordnung des Matthäus verwandt ist; sondern es geht daraus auch hervor, daß die Parabel ursprünglich wie bei Matthäus unter Zukunftsreden stand. Indem sie aber später für den Zusammenhang eines anderen Lehrstückes bearbeitet wurde, sind die vorliegenden Modificationen eingetreten. So bestätigt sich auch hier die Spur einer Composition, welche noch ursprünglicher bei Matthäus vorliegt. Auch die Parabel von den Talenten oder Pfunden gehört bei Matthäus, wie die vom ungetreuen Knechte zu den Zukunftsreden, Matth. 25, 14—30. Als solche hat sie dem Sinne nach auch Lukas angesehen, aber er hat sie etwas früher gestellt 19, 12—27; er läßt sie gesprochen werden, als Jesus sich mit seinen Jüngern der Stadt Jerusalem nähert, um damit die Erwartungen des baldigen Eintrittes des Reiches, welche eben jetzt lebhaft geworden seien 19, 11, niederzuschlagen. Dieß ist eine offenbar aus dem Inhalte erschlossene Veranlassung. Zugleich ist dem Evangelisten die Parabel offenbar eine höhere Deutung der in der vorangehenden Geschichte des Zacchäus Luk. 19, 1—10 enthaltenen

glauben die Rede, wie Matth. 10, 34 f. Aber die Anreihung dieser ähnlich lautenden Sprüche ist sicher durch den Zusammenhang, der in Matth. 24, 40 f. liegt, veranlaßt.

[1]) Die Parabel von den Jungfrauen klingt in Luk. 12, 35 f. unverkennbar durch.

Wahrheiten. Den Inhalt selbst hat Matthäus in der einfacheren Fassung, wonach es sich lediglich um den Unterschied handelt, daß die beiden ersten Knechte im Auftrage des Herrn nach dem verschiedenen Maße der ihnen anvertrauten Gaben arbeiten und belohnt werden, der dritte aber diese Arbeit unterläßt, weil er nicht ertragen kann, daß er nur für seinen Herrn arbeiten soll, und darum aus dem Reiche geworfen wird.[1]) Die Ermahnung und Warnung, welche hierin enthalten ist, geht auf die Zukunft, in welcher der Herr abwesend sein wird. Die Motive derselben können ganz auf Erfahrungen, welche Jesus im Kreise der Jünger zur Zeit seines Lebens machte, beruhen, ja sie lassen sich kaum auf einen anderen Ursprung zurückführen. Lukas hat nun für's Erste die ungleiche Vertheilung in eine gleiche an zehen Knechte verwandelt, worin wohl die Parabel von den zehen Jungfrauen durchklingt.[2]) Die gleiche Vertheilung konnte aber auch leicht an die Stelle der ungleichen gesetzt werden, um die Gerechtigkeit des Herrn gegenüber der Beschwerde des ungehorsamen Knechtes um so mehr in's Licht zu stellen, und der Unterscheidung höherer und geringerer Rechte unter den Häuptern der Gemeinde entgegenzutreten. Außerdem hat Lukas beigefügt, daß die Unterthanen des Herrn, welcher in die Ferne zieht, um sich ein Königreich zu erwerben, eine Gesandtschaft hinter ihm her schicken und sich seine Herrschaft verbitten, wofür sie denn bei seiner Rückkehr hingerichtet werden. Dieser Zug ist deutlich den Begebenheiten bei dem Regierungsantritt des Archelaos nachgebildet.[3]) Die Anwendung desselben in der Parabel ist aber jedenfalls von zweiter Hand, schon deßwegen, weil sie mit dem Stamme der Parabel lediglich in keinem inneren Zusammenhange steht. Aber sie ist

[1]) Das Hebräerevangelium, welches dem Geiste dieser Reden schon ferner stand, änderte nach Eusebius (Nov. pp. bibl. IV. p. 155) die Parabel dahin ab, daß unter dem faulen und immerhin tadelnswerthen Knechte als Dritter ein solcher steht, der seine Habe in Schwelgen verpraßt, und daß diesen dann die Strafe trifft, vgl. Fritzsche, Mon. Schr. d. Zür. w. V. 1856, S. 56, Hilgenfeld, Zeitschr. 1863, S. 367.

[2]) Daß die Zehenzahl sekundär ist, zeigt sich schon daran, daß auch bei Lukas doch nur drei Knechte Rechenschaft geben.

[3]) Wie Holtzmann gezeigt hat.

auch offenbar aus einer späteren Zeit, indem sie den Abfall eines Theils der Christen nach der Zeit Jesu voraussetzt.[1])

5. Die letzte deutliche Parallele zwischen den Reden in beiden Evangelien haben wir in der Zukunftsrede zu erkennen. Lukas hat 17, 20—37 eine eigenthümliche Rede über die Zukunft des Reiches, welche den in allen drei Synoptikern parallelen Tempelweissagungen vorausgeht und ihre Abkunft schon dadurch beurkundet, daß sie in seiner großen Einschaltung steht. Sie ist deßhalb als ein Bestandtheil der Redensammlung anzusehen, worin der gleiche Gegenstand behandelt war wie in jener Weissagung in der synoptischen Geschichtenquelle. Lukas hat die beiden Reden nach seinen zwei Quellen auseinandergehalten. Die Zukunftsrede der Redensammlung hat durch seine Einleitung 17, 20 f. den Zweck, von der äußerlichen Erwartung des Reiches ab- und auf die geistige Erfassung desselben hinzulenken. Sie schließt sich hiedurch den Reden in ihrer nächsten Umgebung, welche vom Glauben handeln, an. Sie beginnt mit der Erklärung, daß der Tag des Menschensohnes plötzlich kommen wird und sich daher jeder beobachtenden Erwartung entzieht. Ihr Hauptgedanke ist die Mahnung an die Jünger, nicht in den Unglauben wie er in den Tagen Lots und Noahs war und dann wieder sein wird, zu verfallen. An jenem Tage ist es nicht mehr Zeit, sich zu retten; die Entscheidung tritt unaufhaltsam heran, und richtet nach dem Befunde des Lebens. Diese Mahnung bildet den Hauptinhalt dieser Zukunftsrede. Dieselbe unterscheidet sich demnach von der Tempelweissagung wesentlich dadurch, daß sie nicht ein apokalyptisches Bild der Zukunft gibt, sondern vielmehr nur die allgemeine Natur dieser Zukunft paränetisch entwickelt. Matthäus ist hier anders verfahren als Lukas. Er hat die beiden Reden nicht auseinander gehalten, sondern die Zukunftsrede seiner Redensammlung mit der großen Tempelweissagung verbunden, vgl. Matth. 24, 27 f. 37 ff. Daher schließt sich bei ihm, und bei ihm allein an

[1]) Denn die Strafe der Abtrünnigen Luk. 19, 27 zeigt, daß unter denselben nicht die Juden zu verstehen sind. Sie fällt erst in das Gericht nach der Parusie.

die letztere der ermahnende Abschnitt, welcher die Vergleichung der Zeiten Noahs enthält, an, in dessen Gefolge dann sofort die Parabel vom ungetreuen Knecht und ihre Umgebung. Aber auch die der Lukasrede eigenthümlichen Bilder vom Blitze und vom Aase, welches die Adler anzieht, hat er in die große Weissagung und zwar da, wo dieselbe eben zu der Schilderung der Parusie übergeht, eintreten lassen; er steht deßhalb mit derselben auch hier unter den synoptischen Parallelen allein.

Wenn aber Matthäus hier die Rede, welche Lukas in ihrer besonderen Gestalt für sich erhalten hat, mit einer anderen kombiniert, so hat er nach der vorigen Untersuchung ohne Zweifel darin die Gestalt der Quelle bewahrt, daß er auf jene Mahnrede über die Parusie sofort die weiteren Reden von derselben, zumal die entsprechenden Parabeln folgen läßt, welche bei Lukas davon getrennt vorliegen, und doch ihrem Inhalte nach noch deutlich auf eine solche Composition hinweisen. Faßt man daher das Ergebniß aus beiden Redactionen zusammen, so ist anzunehmen, daß sie beide eine Quelle voraussetzen, in welcher die Erwartung der Parusie in vorzugsweise ermahnender Abhandlung die Grundlage einer größeren Gruppe bildete, in die jedoch außerdem eine Reihe von ähnlichen Ermahnungen und ermahnenden Parabeln mit besonderer Beziehung auf den Beruf der Jünger aufgenommen waren.

Auch in diesem letzteren Falle bleibt sich daher das früher beobachtete Verhältniß der beiden Redactionen in charakteristischer Weise gleich. Sie führen auf eine Redensammlung zurück, welche schon die größeren Redegruppen je zu einem Ganzen vereinigt enthielt, und deren leitender Gesichtspunkt hiebei die Zusammengehörigkeit der Stoffe nach den Momenten der Lehre Jesu selbst war. Lukas zeigt auch hier theilweise diese Gruppen aufgelöst; die Stoffe sind für andere Lehrzwecke benützt, und hienach neu verbunden, so jedoch, daß sie die Spuren der früheren Verbindung noch an sich tragen, Matthäus dagegen hat diese erhalten. Der leitende Gesichtspunkt für seine Gruppen ist noch der der Quelle. Aber er hat diesen noch weiter ausgebildet, indem er die von ihm aufgenommenen Reden mit einem Momente der Geschichte Jesu combinierte. Wie sich ihm hier für die Zukunftsrede die Tempelweissagung des ältesten Evangeliums darbot, so hatte er auch die Pharisäerrede an der Stelle, in welcher dieses die Warnung vor den Pharisäern enthielt, eingelegt, so hatte er die Jüngerreden mit dem Berichte jener Quelle über den Rangstreit der Apostel verbunden. Das gleiche Verfahren liegt endlich auch schon der Instructionsrede für die Apostel zu Grunde. Die dort vereinigten Berufsreden schließen sich an an die Geschichte der ersten Aussendung der Zwölfe.

---

3. Die Redensammlung des Matthäusevangeliums.

1. Durch die Vergleichung der größeren Matthäusreden mit den Parallelen des Lukas ergibt sich unwidersprechlich, daß für beide eine bis auf eine gewisse Grenze identische Quellenschrift anzunehmen ist. Wir sehen daraus ferner, daß im Allgemeinen die Redaction der Reden bei Matthäus diese Quelle in weit ursprünglicherer Form aufgenommen hat; wir können aber auch auf die Composition der Quellenschrift selbst und den Gang derselben wenigstens in ihren ältesten Theilen zurückschließen.

Die Schrift wurde in jedem Falle eröffnet durch die Bergpredigt. Diese war von Anfang an als eine größere Rede angelegt; der Gedanke, welcher der Zusammenstellung zu Grunde lag, war, die Einladung Jesu in das Himmelreich und die Vorschriften für dasselbe darzustellen. Die neue Gerechtigkeit, wie sie im Unterschiede von der pharisäischen Gesetzlehre sowohl als von dem gemeinen Weltleben von Jesus gefordert wurde, bildet hier den Inhalt seiner großen Gesetzgebung für sein Reich. Der Eingang und der Schluß dieser Rede geben ihr zugleich den Charakter einer Einleitung für die ganze Sammlung. Die Rede konnte alle Sprüche umfassen, in welchen die Lebenweisheit Jesu überhaupt, ohne Beziehung auf besondere Verhältnisse oder besondere Personen gegeben war. Denn so ist sie gedacht, als eine Zusammenstellung der grundlegenden Lebenswahrheiten, welche für das Himmelreich gelten. Nur Eine konkrete Beziehung fand daher hier Raum, welche aber zu dem grundlegenden Charakter des Ganzen selbst gehört, nämlich die Auseinandersetzung mit der herrschenden Gesetzeslehre, durch welche eben der Charakter des neuen für die aufgestellte Wahrheit bedingt ist. Von selbst ergibt sich aus diesem Gedanken der Rede, daß es sich dabei nicht um einen einzelnen bestimmten Vortrag für die Gemeinde oder für das Volk handelte, wenn auch in gewissen Haupttheilen die Arbeit von konkreten Erinnerungen geleitet sein mag.

Nach der Bergpredigt haben wir als sichere Bestandtheile der Sammlung erkannt die Reden an die Jünger Jesu und die Streitreden. Beide bildeten wahrscheinlich ein Ganzes miteinander, und sind zunächst lediglich unter dem Gesichtspunkte zusammengestellt, daß sie an einzelne Personen gerichtet sind, oder von solchen handeln. Es war die einfachste Weise die Sammlung der Sprüche Jesu zu gliedern, daß man in den ersten Theil aufnahm, was Jesus über die Gerechtigkeit des Reiches überhaupt gesagt, sodann aber in einem zweiten Theile die Reden, welche besondere Anlässe haben, beifügte. Die letzteren zerfielen dann wieder von selbst in die Worte, welche er zu seinen Jüngern gesprochen, und diejenigen, welche er zu Anderen überhaupt und insbesondere zu seinen Gegnern geredet. Wie daher der erste Theil das Auftreten Jesu und das Wesen seiner Lehre überhaupt charakterisierte, so mußte ihn dieser zweite Theil in seinem Handeln, in der Stiftung der Gemeinde, in den Kämpfen seines Lebens, in den wichtigsten der vielseitigen Beziehungen, in welche ihn sein Beruf brachte, zeigen; so waren hier die hervorragendsten Momente aus dem Gange seiner Geschichte zusammengestellt, ohne daß die Darstellung eine historische Absicht im engeren Sinn verfolgt hätte.

Mit diesen beiden Theilen konnte eine so einfach und ursprünglich angelegte Sammlung seiner Aussprüche erschöpft sein; aber die ältesten Zeiten forderten von selbst, daß noch ein dritter Theil hinzukam. Die Gemeinde wollte nicht bloß wissen, was Jesus gelehrt und gefordert, wie er die göttliche Weisheit in der Predigt des Reiches und wie er dieselbe in seinem Verkehre mit den Menschen geoffenbart, sondern sie wollte belehrt sein über ihre Hoffnungen; sie wußte, daß sie von ihm das Erbe großer Verheißungen empfangen hatte, und die Weissagung ihrer Zukunft enthielt zugleich für sie die Grundsätze ihres Verhaltens, die Pflichten, welche sie zu erfüllen hatte, die Auffassung des Lebens, in welcher sie die Kraft zu ihren Opfern und Kämpfen fand. So ergab sich als dritter Theil die Zusammenstellung der Zukunftsreden und Zukunftsermahnungen Jesu. Auch dieser Bestandtheil läßt sich, wenn gleich nicht mehr so klar, wie die vorigen, doch immer noch in deutlichen Spuren auch aus dem dritten Evangelium nachweisen.

In diesen drei Theilen erkennen wir die einfachen Grundzüge eines gewiß sehr frühen Entwurfes. Sobald man überhaupt anfieng, die in der Tradition umlaufenden und zur Lehre der Gemeinde dienenden Sprüche Jesu zu sammeln, und in Redenform zu ordnen, konnte kaum eine andere Anordnung befolgt werden. Auf eine Geschichte Jesu ist es dabei nicht abgesehen. Der erste und der letzte Theil gaben auch keinerlei Anlaß zu geschichtlicher Darstellung, sofern die vorhandenen Stoffe hier eben zu einem Ganzen der Lehre verarbeitet wurden. Anders verhielt es sich schon mit dem zweiten Theile, wo der Inhalt des Ueberlieferten selbst historische Beziehungen enthielt, und wo deßhalb auch von Anfang an kleine geschichtliche Ueberschriften Platz finden konnten. Im Wesentlichen ist die Anordnung eine sachliche zu nennen. Die Gesetzgebung Jesu, und seine Zukunftsverheißung sind der Gegenstand der Darstellung: Leben und Glauben der Gemeinde sollte mit dieser geleitet werden. Auch die Reden Jesu für einzelne waren theils unmittelbar ein Gut des Glaubens, sofern die Gemeinde die Anweisung seiner Jünger auf sich zu beziehen, sofern sie auch die Bekämpfung seiner Gegner sich anzueignen hatte, theils hatte sie darin das Vorbild des Meisters voll göttlicher Weisheit, an welchen sie glaubte. Eine Sammlung von Reden konnte überhaupt keine andere als Lehrzwecke verfolgen. So mußten diese Lehrreden Jesu der apostolischen Lehre zur Grundlage dienen. Aber diese einfachsten sachlichen Gesichtspunkte gaben allerdings zugleich von selbst eine gewisse Geschichtsordnung. Die allgemeine Reichs- und Gerechtigkeitspredigt Jesu bezeichnete sein Auftreten überhaupt und mithin die Anfänge desselben, die Einzelreden führten mitten in die folgenden Thaten und Kämpfe seines Lebens hinein, und die Zukunftsreden waren das Vermächtniß, welches er vor seinem Tode hinterlassen. So wurde die Sachordnung von selbst zur Geschichte, und mußte diese um so lebendiger widerspiegeln, je mehr die Sammlung selbst noch in der unmittelbaren Erinnerung stand, und das Bedürfniß des apostolischen Lebens mit den Erfahrungen unter Jesu selbst zusammenhieng.

2. Wir finden aber nun im ersten Evangelium noch einige weitere hervorragende Redegruppen, welche nicht ebenso wie die im Vorigen zu Grunde gelegten, ihre Parallele bei Lukas haben, und daher nur nach ihrer eigenen Analyse beurtheilt werden können. Dieß sind die Himmelreichsparabeln Cap. 13, die Reden über die Pflichten der Jünger Cap. 18, und die Parabel von den Arbeitern im Weinberge Cap. 20.

Für die Parabeln Matth. 13 finden wir außer der ersten, allen Synoptikern gemeinsamen, bei Lukas nur noch eine Parallele. Er hat 13, 18—21 die beiden Gleichnisse vom Senfkorn und Sauerteig wiedergegeben, ohne daß sich jedoch irgendwie ein größerer Zusammenhang derselben erkennen ließe. Daß sich in Lukas Cap. 15—17 eine schwache Erinnerung an den Gedankenzusammenhang von Matth. 18 zeigt, haben wir oben gesehen. Die Parabel von den Arbeitern im Weinberge ist Matthäus ganz allein eigen.

Alle diese Reden finden sich bei Matthäus an bestimmte Stücke aus dem ältesten Evangelium angeschlossen, die Parabeln in Cap. 13 an die synoptische Stammparabel vom Acker, die Reden in Cap. 18 an die Geschichte des Rangstreites, die Parabel von den Arbeitern an die Lohnfrage des Petrus 19, 27—30. 20, 1 ff.

Bei den Himmelreichsparabeln Cap. 13 läßt sich sehr deutlich wahrnehmen, wie dieselben zu der Stammparabel als neue Schichten hinzugekommen sind, vgl. 13, 24. 34—36.[1]) Der letzte

[1]) Ueber die Spuren eines besonderen und späteren Ursprunges der Auslegung der Parabel vom Unkraut, vgl. Holtzmann a. a. O. S. 189 und Weiß, Jahrb. f. d. Th. 1864, S. 91. Beide schreiben sie dem ersten Evangelisten zu.

vor dem eigentlichen Ende eingeschaltete Zuwachs sind offenbar die kleinen Parabeln vom Schatz im Acker und von der Perle 13, 44—46, welche eine ähnliche Stellung einnehmen, wie die Sprüche 7, 1 ff., in der Bergpredigt und die 10, 34 ff. in der Apostelrede. Auch hier also zeigt sich das ähnliche Verfahren des Evangelisten in der Reproduction seiner Quelle. Um so mehr darf für die übrigen auch hier ein ursprünglicher Zusammenhang vorausgesetzt werden, und in der That sind auch die vier anderen der Ausdruck eines und desselben Gedankens. Die Parabel von der Saat und dem Unkraut bildet das große Thema der ganzen Reihe, indem sie die widrigen Schicksale des Reiches in seiner inneren Entwicklung auf Erden bis zum Gerichte aufstellt. Eine Ergänzung dieses Bildes geben die Parabeln vom Senfkorn und Sauerteig, welche die alles überwindende Kraft des Reiches darstellen, und zum Schlusse prägt die Parabel vom Netze den Grundgedanken der gemischten Berufung und des Gerichtes noch einmal in scharfer abschließender Weise aus.

Von den Gegensätzen in der Gemeinde handelt auch die Rede Matth. 18. Sie beginnt mit der Forderung der Lebenserneuerung oder des Anfangens vom Kindesstand als Bedingung für das Reich 18, 3; stellt aber sofort die Nothwendigkeit der Aergernisse gegenüber, 6—9. Im Zusammenhange mit dieser Gewißheit redet sie dann weiter von der Rettung der Geringen und Verlorenen 10—14 und von der Pflicht dem Beleidiger und Friedensstörer zu vergeben oder doch ihn nur nach wiederholtem Versöhnungsversuche zu verwerfen 15—17, und verbindet damit die Erklärung über die großen Rechte der Gemeinde, die Rechte, welche ihr als der Vertreterin des Himmelreiches zukommen 18—20. Die Parabel 21—35 erläutert noch einmal die Pflicht des Vergebens im Hinblick auf die empfangene göttliche Gnade.

Die Parabel von den Arbeitern im Weinberge 20, 1—16 verkündet die Gleichheit unter den Dienern der Sache des Reiches, unangesehen der Zeit ihrer Berufung und des Maßes ihrer Leistung. Auch sie enthält daher eine Vorschrift für die Gemeinde, die Warnung vor Selbstüberhebung, die Mahnung zu demüthiger Eintracht vor dem Herrn der Gemeinde.

Obwohl diese Redestücke in unserem Evangelium an verschiedenen Orten zerstreut sind, so läßt sich doch leicht eine innere Verwandtschaft unter ihnen erkennen, vermöge welcher sie sich von anderen Reden unterscheiden. Sämmtlich handeln sie von dem Leben und den Schicksalen der neuen Gemeinde des Reiches, und stellen dieses unter den großen Gesichtspunkt der göttlichen Berufung einerseits und des endlichen Gerichtes andererseits. Sämmtlich bewegen sie sich um den Gedanken, daß in der Gemeinde neben der göttlichen Saat und Lebenswirkung unreine Elemente sich befinden, und erläutern, wie diese Elemente anzusehen, wie sie zu tragen sind, wie man sich gegen sie zu verhalten hat. Die Geduld und Vorsicht, welche Alles dem zukünftigen göttlichen Gericht überläßt, die Versöhnlichkeit, welche Alles ausgleicht, die Demuth, welche im Blicke auf die göttliche Gnade sich bescheidet, dieß sind die großen Vorschriften, welche sich an jene Anschauung als nothwendige Consequenz derselben in diesen Reden anschließen. So haben wir höchst wahrscheinlich in diesen verschiedenen Reden die Bestandtheile eines größeren Ganzen, oder eines besonderen Theiles der Sammlung zu erkennen, welche Matthäus benützt hat.

Aber auch eine der zwischen Matthäus und Lukas synoptischen Parabeln schließt sich im gleichen Sinne noch an diesen Körper an. Die Parabel vom Hochzeitmahle berührt sich mit den vorigen Stücken in dem Grundgedanken, daß die Berufung, nachdem die Erstgeladenen verschmäht haben, allerlei Volk von den Straßen herbeiholt; das kleine, ihr einverleibte Stück vom hochzeitlichen Gewande weist wiederum auf die bevorstehende letzte Ausscheidung der Unwürdigen hin. Ueberdieß schließt auch diese Parabel 22, 14 wie die von den Arbeitern im Weinberge 20, 16 mit dem Worte: daß viele berufen, wenige aber erwählt sind, und greift damit auf den Gedanken der Parabeln vom Unkraut im Acker und vom Netze zurück.

Bildeten diese sämmtlichen Stücke einen eigenen Theil der Redensammlung des Matthäus, so kann dieses nur ein vierter zu den drei ursprünglichen hinzugekommener gewesen sein,[1]) und zwar

---

[1]) Darauf, daß diese Stücke der Redensammlung erst nachgetragen wur-

charakterisiert sich auch dieser Theil als eine Zusammenstellung unter sachlichem Gesichtspunkte. Es ist die Idee von Gemeindereden, welche sich am deutlichsten in der Rede Matthäus Cap. 18 erkennen läßt, welche aber ebenso aus den Zweckbeziehungen der anderen Stücke hervorgeht. Sie berühren sich insoferne am nächsten mit den Zukunftsreden, als auch diese zugleich Mahnreden sind, und die beherrschenden Gesichtspunkte für das Leben der Gemeinde aufstellen, ebenso aber damit die Hinweisung auf das künftige Gericht verbinden. Aber in den Zukunftsreden handelt es sich vorwiegend um die Treue gegen den Herrn und die allezeit bereite Erwartung desselben, sowie um die apostolischen Pflichten, welche von ihm noch geordnet sind. Dagegen beziehen sich die Anweisungen unserer Gruppe auf den Bestand der Gemeinde selbst, die Mischung der Elemente in ihr, das wechselseitige Verhalten während derselben und die Erwartung der zukünftigen Ausscheidung. Auch die Spuren dieser Reden, welche wir im Lukasevangelium haben 14, 15 ff. 15, 4 ff. 17, 1 ff., begegnen uns in solchen Abschnitten seiner Einschaltung, deren didaktische Zwecke sich durchaus schon auf die concreten Verhältnisse beziehen; und sosehr diese Abschnitte umgearbeitet sind, so läßt sich doch auch hieraus noch erkennen, daß die Grundlage in der Redensammlung aus Gemeindereden bestand.

Fragen wir nun aber von Matthäus aus, welche Stelle dieser Theil seiner Redensammlung eingenommen habe, so führt die jetzige Vertheilung der Reden im Evangelium zunächst darauf, daß derselbe vor den Zukunftsreden gestanden wäre, und diese Stellung würde sich, wenn es sich um eine geschichtliche Ordnung handelte, ganz gut erklären. Denn sie würden dann auf die Begründung der Gemeinde durch Apostelberufung und Streitreden folgen, und dem Testamente der letzten Reden an sie vorangehen. Aber die parallelen Spuren des Lukas führen nicht auf diese Ordnung. Er hat die Rede vom Gastmahle erst nachdem er die

den, weist auch die verschiedene Art der Composition hin. Die Rede in Cap. 18 ist in ihrem abspringenden Gange den älteren Reden ganz unähnlich. Auch erklärt sich unter diesen Umständen leicht die Wiederholung der Sprüche von Vermeidung des Aergernisses Matth. 18, 8. 9. vgl. 5, 29. 30.

Parabel vom ungetreuen Knechte und die damit zusammenhängenden Zukunftsermahnungen gegeben hat, und ebenso folgen noch später erst die Reden vom verlorenen Schafe und vom Aergerniß und Vergeben. Je mehr im Uebrigen sich der Faden der ursprünglichen Ordnung doch auch unter seiner Ueberarbeitung noch verfolgen läßt, und gerade bei seiner Behandlung des Gesammtkörpers der Redensammlung erkennbar sein muß, desto mehr werden wir auch hier auf ihn achten müssen.

Standen daher wahrscheinlich diese Gemeindereden erst nach den Zukunftsreden, so bildeten sie eine Fortsetzung und Ergänzung der ursprünglichen Sammlung. In der apostolischen Zeit war unter den Lehren für die Gemeinde überhaupt die Enthüllung über ihre Zukunft bei Weitem das Erste und Ueberwiegende, und ihr ordneten sich zunächst die Vorschriften über das Gemeindeleben unter. Wenn man daher nun auch die letzteren vollständiger aus der Ueberlieferung zusammenstellte, so konnte man ihnen kaum einen anderen Platz anweisen, als indem man sie eben auf den bisherigen Schluß der Sammlung, die Zukunftsreden folgen ließ. Wie bald oder spät eine solche Ergänzung geschah, in jedem Falle war es die sachgemäße Stelle, welche diese Reden bekamen, wenn sie allem Uebrigen nachgesetzt blieben. Fand nun aber der erste Evangelist diese Reden in der von ihm benützten Sammlung an ihrer letzten Stelle, so erklärt sich auch, warum er hier gegen seine sonstige Gewohnheit die Gruppe auflöste und die einzelnen Reden an verschiedenen Orten in die Erzählung einlegte. In den übrigen Fällen traf die Gruppierung der Redesammlung mit dem geschichtlichen Gange zusammen. Bergpredigt und Zukunftsrede fanden in der Geschichte ihre Stellen von selbst. Auch die Redestücke des zweiten Abschnittes mit ihrem historischen Charakter konnten leicht an entsprechenden Orten untergebracht werden und hier auch ganz oder doch ziemlich nahe beisammen bleiben. Nur die Streitrede gegen den Pharisäismus trennte er aus geschichtlichem Pragmatismus von den übrigen los. Für diese letzte Gruppe aber nun gab es zunächst keinen bestimmten Anhaltspunkt, um ihr einen gemeinsamen Ort in der Geschichte für das Ganze auszumitteln. Hier gab es sich also fast von selbst, daß er die einzelnen Stücke getrennt von einander je an passendem Orte unterbrachte, und es konnte dieß um so leichter geschehen, wenn der ganze Abschnitt als späterer Zusatz überhaupt auch noch freier behandelt wurde.

3. Außer den größeren Reden finden sich bei Matthäus noch eine Anzahl von kleineren Redestücken, und von kürzeren gelegentlich in die synoptische Geschichte eingelegten Sprüchen, welche im Allgemeinen die gleiche Gedanken- und Sprachfarbe wie die größeren Abschnitte zeigen, deren Quelle sich jedoch selbstverständlich nicht ebenso sicher bestimmen läßt. Zwei von diesen kleineren Stücken berühren sich übrigens so nahe mit dem Inhalte der Gemeindereden, daß man ihren Ursprung höchst wahrscheinlich eben dort in der Redensammlung annehmen darf, nämlich:

1) Die Anrede Jesu an den Petrus nach seinem Bekenntnisse, welche mit der Erläuterung seines Namens ihm die Schlüssel des Himmelreiches überträgt, Matth. 16, 18—20. vgl. 18, 18.

2) ganz besonders die Schlußrede des Matthäusevangeliums, die Worte des Auferstandenen, 28, 18—20, welche zwar von dem Worte Matth. 11, 27, *πάντα μοι παρεδόθη ὑπὸ τοῦ πατρός μου* ausgehen, aber ihren Höhepunkt 28, 20 in der Erneuerung der 18, 20 ausgesprochenen Verheißung der Gegenwart Jesu selbst in der Gemeinde haben.

Man kann sich daher mit gutem Grunde vorstellen, daß auch diese Aussprüche nur weitere Zusätze zu jenem Schlußtheile der Redesammlung waren. Wenn dabei Manches als Wiederholung oder Umbildung der ähnlichen Gedanken erscheint, so beweist dieß nur, daß an diesem ergänzenden Abschnitte fortwährend weiter gearbeitet wurde.

Unsicherer erscheint die Herkunft anderer ähnlicher kleiner Redestücke, welche theilweise zwar vielleicht ebenfalls schon aus der Redensammlung stammen, zum größeren Theile aber wohl auch erst von Matthäus selbst aus der Ueberlieferung beigefügt wurden.

1) Der Ausspruch über die Aufnahme der Heiden von allen Weltgegenden in das Reich, welchen Matthäus 8, 11—12 mit der Heilung des Sohnes des Hekatontarchen, Lukas 13, 28, mit

einer kleinen Gerichtsrede verbindet. An die letztere Verbindung aber erinnert auch die Stellung des Wortes bei Matthäus insoferne wieder, als dieses Gerichtswort sich im Schlußtheile seiner Bergpredigt, 7, 21—23, findet, die Geschichte des Hekatontarchen aber ganz nahe an die letztere grenzt. Hiebei ist noch zu bemerken, daß diese Heilungsgeschichte vielleicht schon früher der Redensammlung beigefügt worden war, um den Spruch zu erläutern, wie sie denn auch bei Lukas auf die Bergpredigt folgte 7, 1 ff., denn sicher begann man bald der Redensammlung da und dort solche geschichtliche Erläuterungen einzelner Aussprüche beizugeben.

2) Die Antworten Jesu an die Nachfolger, Matth. 8, 18—22. vgl. Luk. 9, 57—62, von welchen er unbedingte Entscheidung und Entsagung fordert. Auch diese sind wahrscheinlich eine solche frühe Ergänzung der Redesammlung, die man aber doch als solche noch frei in ihrer Stellung behandelte.

3) Ebenso war wohl der Redesammlung schon frühe die Erzählung einer Sabbathheilung beigefügt, vgl. Matth. 12, 5—7. 11 f. Luk. 13, 15 f. 14, 5.

4) die Worte über die Pflanzen, welche ausgereutet werden sollen, und die blinden Leiter der Blinden. Matth. 15, 13 f. vgl. 13, 30. 23, 16. 24.

5) Die Sprüche über das εὐνουχίζεσθαι Matth. 19, 10—12.

6) Der Spruch über das Richten der zwölf Stämme Israel durch die zwölf Apostel in der Palingenesie 19, 28. vgl. Luk. 22, 30.

7) Endlich gehört hieher noch die parabolische Rede Jesu Matth. 21, 28 ff. über die beiden Söhne, welche bei der Jerusalemischen Streitverhandlung über die Vollmacht Jesu seiner Gegenfrage über die des Täufers angeschlossen ist. Sie gehört einem Redenkreise an, welcher in größerer Erweiterung sich erst unter den Reden des Lukas zu erkennen gibt. Auch diese Rede ist demnach wohl ein Zusatz zu der Redensammlung, welchen Matthäus noch ohne sichere Stellung vorgefunden hat.

Sonach ergibt sich aus diesen kleineren Reden eine Wahrnehmung, welche die durch die Erkenntniß der Gemeindereden als vierten Theiles gemachte Beobachtung ergänzt. Die ursprüngliche Redesammlung hatte, so wie sie Matthäus vorfand, in dem vierten Theile schon einen solchen Abschnitt, dessen auf das Gemeindeleben bezüglicher Inhalt möglichst ergänzt und vervollständigt wurde, und in welchem sich daher auch schon parallele Aussprüche oder verschiedene Modificationen eines und desselben Spruches vorfanden. Sodann werden auch weitere kleinere Zusätze an die Sammlung angehängt, ohne sich einem bestimmten Theile derselben anzuschließen. Wir finden daher die Sammlung schon in einem fortgehenden Erweiterungsprocesse begriffen, welcher jedoch zunächst ihre ursprüngliche Anlage nicht verletzt. Theils werden die Zusätze nur am Ende des Ganzen beigefügt, theils werden, wie die Untersuchung mehrerer größerer Reden gezeigt hat, Ergänzungen in den einzelnen Reden, ohne ihre erste Anlage zu stören, nur vor der Schlußwendung derselben angebracht. In der letzteren Weise scheint auch Matthäus selbst verfahren zu sein. In jedem Falle war die Rede noch in einer Gestalt an ihn gekommen, in welcher die ursprüngliche Composition im Wesentlichen erhalten war.

Eine weitere Ergänzung aber hatte die Sammlung höchst wahrscheinlich noch erfahren, ehe sie an Matthäus kam. Je mehr sie von selbst eine Geschichte Jesu in Reden darstellte, desto leichter kam man auch dazu, die Anfänge Jesu, auf welche doch im Folgenden mehrfache Rückbeziehung geschah, beizufügen. So konnte man den Reden Jesu selbst das vorbereitende Zeugniß des Täufers, man konnte seinem Auftreten seine eigene Vorbereitung durch den Sieg über den Versucher voranstellen. Diese beiden Redestücke scheinen in der That bei beiden Evangelisten aus ihrer großen Redequelle genommen, und auch hier zeigt sich der Unterschied der Redaction, daß Lukas wenigstens bei der Versuchung eine pragmatisch fortgebildete Gruppierung hat.

4. Wie wir aus dem Matthäusevangelium den ersten einfachen Plan dieser Sammlung noch zu erkennen vermögen, insoferne die Gruppen derselben noch keine Umbildung für spätere Lehrzwecke erhalten haben: so läßt sich auch aus seinen Reden

ebensowohl die Darstellung als der Geist der ältesten Sammlung noch bestimmen.

Der erste Entwurf war schon keineswegs eine bloße Aufzeichnung von Sprüchen, sondern eine Vereinigung derselben zu einheitlich gegliederten Reden gewesen: wie denn in der That auch die Gnomen der Bergpredigt doch zum großen Theile nicht verläugnen können, daß sie für den Zusammenhang einer Rede gedacht sind. Die kunstvolle Anlage, der reine Fluß dieser Reden, welcher durch die wohlgerundete Gliederung und Gegenüberstellung der Sprüche, durch das Ebenmaß ihrer Vertheilung hergestellt ist, und hier sich an den Zahlen der entsprechenden Glieder sowie an der Wiederholung der charakteristischen Anklänge erkennen läßt — diese Anlage ist bei Matthäus noch am besten erhalten. Bei Lukas bewährt sich auch von dieser Seite, daß seine Redaction nicht die ursprüngliche, sondern eine abgeleitete Fassung gibt. In manchen Fällen sieht man sehr deutlich bei ihm zwar noch die Spuren des kunstvollen Baues, aber dieser ist bereits zerschlagen und die Trümmer desselben neu verwendet. So ist in der Pharisäerstreitrede dadurch, daß der letzte Weheruf noch der Gerichtsdrohung nachgestellt ist, das ganze Gefüge entstellt. Aber auch bei Matthäus schon ist die Darstellung nicht überall in ihrem Ebenmaße erhalten. Am auffallendsten zeigt sich dieß an der Bergpredigt, wo die Zahl der Seligpreisungen durch einen Zusatz gestört ist, wo das Ebenmaß in der Berichtigung der frommen Werke durch die Einschaltung des Gebetes Jesu aufgehoben ist.[1]) Aber gerade diese Störungen beweisen jetzt, daß die Anlage dieser Reden nicht erst von Matthäus gemacht ist, sondern daß sie ihm in seiner Quelle gegeben war. Um so gewisser wird auch durch diese Beobachtung, daß die Hauptquelle, woraus die großen Reden geschöpft sind, weder bloß die Tradition, noch eine Sammlung noch ungeordneter Sprüche war, sondern eine Zusammenstellung solcher Reden, welche bei Lukas weit weniger original ist als bei Matthäus.

[1]) Andererseits hat auch der Verfasser des Evangeliums noch die Darstellung der Quelle nachgeahmt, wie denn die Siebenzahl der Parabeln in Cap. 13 wahrscheinlich erst von ihm herrührt.

Wenn so diese Redensammlung sicherlich schon ein in ihrer Art abschließendes Evangelienwerk bildete und eine Uebersicht über das Ganze der von Jesus vorhandenen Lehrsprüche geben wollte, so paßt sie ganz zu der Beschreibung, welche bei Papias von den Logia des Matthäus gegeben ist. Denn das Verdienst dieser Arbeit bestand eben darin, daß sie die umlaufenden Sprüche zusammenstellte. Auch ist die Art dieser Zusammenstellung eine so alterthümliche, daß dieselbe wohl mit Recht auf einen Apostel zurückgeführt wurde. Hat derselbe auch nicht nur seine eigene Erinnerung, sondern die gesammte apostolische Ueberlieferung aufgezeichnet, so erforderte eine solche Anordnung doch immer eine eigene originale Kenntniß eben deßwegen, weil sie die Sprüche zwar sachlich ordnete, aber dabei doch von den sachlichen Eintheilungsgründen, welche in der Predigt Jesu selbst lagen, nicht aber von den späteren Zwecken des kirchlichen Unterrichtes ausgieng.

Was aber den Geist dieser Sammlung betrifft, so vermögen wir auch ihn noch ziemlich sicher aus den Reden des ersten Evangeliums zu erkennen, und zwar ist hier vor Allem der Grundbegriff entscheidend, welchen das Evangelium seiner Quelle entnommen und auf seine ganze eigene Composition übertragen hat. Dieser Begriff, welchem die Quelle die Aussprüche Jesu überhaupt unterordnete, ist der des Reiches, und zwar ist derselbe bei ihm charakterisiert durch den Namen des Reiches der Himmel. Der geläufigere Name in der evangelischen Darstellung, welcher vom ältesten Evangelium aus auch die Schriften des Markus und Lukas beherrscht, war der des Reiches Gottes. Dagegen hat das Evangelium des Matthäus aus der Redenquelle den Namen des Himmelreiches beibehalten. Nur in einigen wenigen Fällen wechselt damit der Name des Reiches Gottes, wo derselbe durch den Zusammenhang geboten war. So in der Vertheidigungsrede 12, 28, wo es sich um den persönlichen Gegensatz der Herrscher zwischen dem Reiche Gottes und dem des Satans handelt, oder in der Bergpredigt, wo die persönliche Bezeichnung durch die Zusammenstellung von Gerechtigkeit und Reich Gottes geboten war, 6, 33. Die Bezeichnung des Reiches der Himmel charakterisiert aber den Standpunkt dieser Redensammlung. Der

Schwerpunkt der ganzen Auffassung des Evangeliums liegt hienach noch in dem Begriffe des messianischen Reiches, in der Hoffnung seiner Zukunft. Eben deßhalb waren die Zukunftsreden das Ende, und die eigentliche Spitze dieser Reden überhaupt, und alles, was Jesus vorher gelehrt hat, ist im Wesentlichen die Einleitung hiezu, die Vorbereitung für diese Zukunft. Damit hängt aber nun zusammen, daß die ganze Darstellung zugleich eine Auseinandersetzung mit den theokratischen Ansprüchen des jüdischen Volkes war. Die Gerechtigkeit, welche für das Himmelreich befähigt, steht daher im Gegensatze zu der pharisäischen, welche jetzt in diesem Volke gilt, und die Gründung der neuen Gemeinde, welche die Anwartschaft für das messianische Reich hat, vollzieht sich unter der Feindseligkeit dieses Volkes und daher mit der Verwerfung desselben. Wir werden somit durch die Schrift in jedem Falle auf das judenchristliche Gebiet geführt, und es erklärt sich auch hieraus die Annahme einer ursprünglich hebräischen Abfassung des Werkes, welche jetzt jedenfalls nicht mehr nachweisbar ist. Sie zeigt den Standpunkt eines Juden, welcher sich überall bewußt ist, mit den Ueberlieferungen seines Volkes, mit den Leitern desselben durch seinen Glauben zu brechen, den urapostolischen Standpunkt, welcher hierin die Erfahrungen Jesu selbst abspiegelt.

Frägt man, wie sich derselbe verhalte zu der Frage über die Berufung der Heiden, so muß vor Allem genau zwischen der Richtung der Quellenschrift und der des jetzigen Matthäusevangeliums unterschieden werden. Das letztere geht ganz eigentlich darauf aus, den Uebergang des Evangeliums und des Reiches von den Juden zu den Heiden zu schildern und zu rechtfertigen. In diesem Sinne ist schon in die Kindheitsgeschichte die Huldigung der Magier durch den Stern aus Osten aufgenommen. In diesem Sinne hebt dasselbe den Spruch über die Aufnahme der Heiden von allen Himmelsgegenden in die Reichsgemeinschaft mit Abraham unter Verwerfung der eigentlichen Söhne des Reiches in seiner vollen Bedeutung gleich nach der Bergpredigt hervor. Vor Allem aber entscheidet über diese Richtung der Schluß des Evangeliums, der feierliche Auftrag des Auferstandenen selbst, nachdem die Juden durch den Tod Jesu ihre Verwerfung besiegelt, hinauszugehen zu den Heiden. Auch in die Zukunftsreden ist deßhalb aufgenommen, daß vor der Parusie des Messias das Evangelium den Heiden gepredigt werden soll. Dasselbe ist mit allem Nachdruck als die Consequenz der Parabel vom Weinberge ausgedrückt. Die Parabel vom Gastmahle hat in dieser Absicht den Zusatz von der Empörung und Zerstörung des Volkes erhalten. Das Evangelium ist zwar noch in der Auseinandersetzung mit den theokratischen Rechten des Volkes befangen. Es ist für judenchristliche Kreise geschrieben, welchen mit dem Beweise der Messianität Jesu zugleich der Beweis für diesen Gang der Dinge gegeben werden mußte. Aber das Resultat, mit welchem es schließt, ist sein klarer Zweck. Die Frage ist entschieden.

Nicht das Gleiche kann man von der Quelle seiner Reden sagen. Diese enthalten in der Apostelinstruction das ausdrückliche Verbot Jesu für seine Sendboten, sich an die Heiden oder auch nur an die Samariter zu wenden. Das gleiche Verbot liegt in der Bergpredigt in dem Spruche: daß das Heiligthum nicht den Hunden gegeben, die Perlen nicht vor die Schweine geworfen werden sollen. Auch der Zusatz in den Worten an die Kanaanäerin, daß Jesus nur zu den verlorenen Schafen vom Hause Israel geschickt sei, bezeugt noch mit diese Richtung der Reden, durch welche er veranlaßt ist. Fast noch wichtiger sind die Spuren der Anschauung, daß das apostolische Werk mit der Arbeit am Volke Israel beendigt sei, und daß auf diese sofort die Parusie eintreten werde.[1]) So sagt Jesus in der Instructionsrede, sie werden mit den Städten Israels nicht fertig sein, bis der Sohn des Menschen kommen werde, 10, 23.[2]) Auch der Parabel vom Gastmahle liegt in ihrer einfachen Gestalt dieselbe Vorstellung zu

[1]) Die Kehrseite hiezu bildet dann, daß der Höhepunkt der Verheißung für die Zwölf das Gericht über die zwölf Stämme Israel ist, Matth. 19, 28. vgl. Luk. 22, 30.

[2]) Weiß, Jahrb. f. d. Th. 1864, S. 73 erklärt diesen Spruch von der Flucht in der Zeit der Judäischen Bedrängniß Matth. 24, 20—22. Mark. 13, 18—20, welche hier nur verkürzt aufgenommen wäre. Aber es ist hier, vgl. 10, 23 und 10, 19, zu bestimmt von der Verfolgung während der Zeit der Mission die Rede und *οὐ μὴ τελέσητε τὰς πόλεις τοῦ Ἰσραὴλ* kann nur von der Vollendung dieser Missionsaufgabe verstanden werden.

Grunde. Die apostolische Aufgabe beschränkt sich nach diesen Spuren ganz auf die äußerliche Ergänzung oder Vervollständigung der Wirksamkeit Jesu selbst, sie geht also auch nicht über die Grenzen, welche diese sich gesetzt hat, hinaus. Daher handelt es sich bei den Zukunftsparabeln auch lediglich um die Bewahrung des Gemeindebestandes, welcher bereits von Jesu ererbt ist, in der Zeit des Harrens auf seine Wiederkunft. In dieser Rücksicht ist besonders die Parabel vom ungetreuen Knechte charakteristisch. Hiebei fehlt es auch nicht an einer bestimmteren Vorstellung über den Antheil der Heiden am Himmelreiche. Diese ist in der Gerichtsverkündigung, welche den Mahnreden für die Zukunft beigegeben ist, 25, 31—46, enthalten. Unter der Menge derjenigen, welche dort vor den Sohn des Menschen als ihren Richter gestellt werden, sind die Jünger Jesu selbst nicht begriffen. Diese werden ihnen ganz unzweideutig gegenübergestellt, 40. Es sind aber auch nicht die Juden, sondern ausdrücklich die Heiden, 32. Also auch sie können zu der Seligkeit des Reiches gelangen. Aber es handelt sich bei ihnen nicht um die Annahme des Evangeliums, nicht um Glauben oder Unglauben, sondern allein darum, ob sie den Jüngern Jesu Barmherzigkeit erzeigt, ob sie Werke der Liebe an ihnen in der Zeit ihrer Bedrängniß und Verfolgung verrichtet haben. Diese Werke wird der Sohn des Menschen ansehen, als seien sie ihm selbst geschehen. Sie bilden also einen Ersatz für den Glauben an ihn. Wie die Jünger erwarten dürfen, daß Jesus sich vor seinem himmlischen Vater zu ihnen bekennt, weil sie sich vor den Menschen zu ihm bekannt haben, so wird er auch die, von welchen ein solches Bekenntniß nicht verlangt werden kann, annehmen, wenn sie wenigstens sich seiner Sache durch Werke der Menschenliebe günstig bewiesen haben. Dieß ist also der Standpunkt, auf welchem sich dieses Werk in der Frage über die Heiden befindet. Sie sind nicht Söhne des Reiches, aber sie können seine Beisassen werden.

Dieser Standpunkt der Quellenschrift wird ebenso durch ihre Aussprüche über das Gesetz bestätigt. Die Sprüche, welche am entschiedensten auf einen Bruch mit diesem Gesetze hinweisen, gehören ihr nicht an. Dagegen hat sie in der Bergpredigt die nachdrücklichste Erklärung über die ewige Fortdauer des Gesetzes; die wahre Gerechtigkeit, welche in das Himmelreich führt, ist nichts anderes, als die wahre Auslegung des Gesetzes. Nicht zum Gesetze stehen nach ihrer Ansicht die Vorschriften, welche Jesus in seiner eigenen Autorität gibt, im Gegensatz, sondern bloß zu der pharisäischen Auslegung desselben. In der großen Streitrede gegen den Pharisäismus aber ist allerdings die neue Gemeinde der Autorität des Stuhles Mosis entgegengestellt, aber eben nur soferne die letztere eine durch ihre jetzigen Inhaber mißbrauchte ist, und selbst, was diese vorschreiben, soll man thun und halten, nur ihren Werken nicht nachfolgen, 23, 3. Nun fällt zwar das Urtheil über das Gesetz nicht mit dem über die Zulassung der Heiden in das Reich zusammen. Es gibt der Natur der Sache wie den Zeugnissen des apostolischen Zeitalters nach noch einen anderen Universalismus als den paulinischen, nämlich einen praktischen, welcher noch nicht auf der Entwicklung des Bewußtseins über die neue Rechtfertigung beruht. Aber die erwähnten Aussprüche über das Gesetz enthalten mehr, sie zeigen einen Standpunkt, der sich noch innerhalb der Gesetzesgemeinde hält, indem sie keinen anderen Gegensatz als den des Pharisäismus kennen. Doch darf man diesen Standpunkt auch nicht schlechtweg als einen partikularistischen bezeichnen. Maßgebend für seinen Charakter ist vielmehr nur, daß er noch ganz in den Eindrücken des Lebens Jesu selbst eingeschlossen ist. Das Werk der Gründung der Reichsgemeinde gilt ihm mit der Wirksamkeit des Meisters abgeschlossen: jetzt handelt es sich nur um die Vollendung, um die wirkliche Herbeiführung des nunmehr ganz vorbereiteten Reiches. Diese Zukunftserwartung ist noch Ein und Alles. Die Fragen über die weitere Ausdehnung der Gemeinde sind noch nicht praktisch geworden. Dieß ist der urapostolische, nicht universalistische, aber auch noch nicht ausschließende Standpunkt.

Dagegen zeigen schon die späteren Zusätze der Sammlung im Matthäusevangelium den Fortschritt der Zeit. Nicht nur der Ausspruch über das Eingehen von Heiden in das Himmelreich, 8, 11 f., gehört hieher; sondern auch der weitere Gesichtskreis über die Entwicklung des Reiches, wie er in den Parabeln Cap. 13

enthalten ist. Auch das Gleichniß von den Arbeitern im Weinberg wurde sicher jetzt auf den späteren Eintritt fremder Völker bezogen, und abschließend tritt in dieser Richtung der Befehl, Matth. 28, 18 f., ein. Haben wir Ursache anzunehmen, daß diese Wendungen schon in die Quelle des Matthäus fallen, so zeigt sich, wie diese bald mit dem Fortschritte der Zeit nicht nur äußerlich gewachsen, sondern auch dem Standpunkte nach erweitert worden ist.

5. Die Abfassungszeit der Sammlung läßt sich kaum näher bestimmen, als dieß schon im Bisherigen liegt; es sind nicht einzelne Merkmale, welche über sie entscheiden; es ist vielmehr der ganze durch sie hindurchgehende Geist, welcher sie dem palästinensischen, urapostolischen Kreise zuweist. Aber so nahe es liegt, daß sie aus diesem Kreise hervorgegangen sein müssen, so läßt sich doch nicht sagen, wie lange diese Anschauungen fortdauerten, und wie spät daher die Schrift geschrieben sein kann. Für unser Matthäusevangelium dagegen war sie schon eine alte Autorität, und wurde als solche von ihm mit der synoptischen Grundschrift combiniert, und damit ist wenigstens die Zeit zu bestimmen, in welcher sie dieses Ansehen erlangt hatte. Denn die Zeit des ersten Evangeliums läßt sich genau genug erkennen.

Das Matthäusevangelium deutet seine Zeit selbst an durch die Redaction, welche es den Zukunftsweissagungen gegeben hat. Müssen wir auch voraussetzen, daß Jesus selbst die Zerstörung des Tempels voraussagte, so ist doch die Art, wie in die Parabel vom Gastmahl die Empörung der Geladenen und die Zerstörung ihrer Stadt aufgenommen ist, zu bezeichnend, als daß die letztere Thatsache nicht als schon bei der Abfassung eingetreten gedacht werden sollte. Vergleichen wir aber die große Zukunftsrede, so setzt der Verfasser zweierlei voraus, was zu einem ähnlichen Resultate führt. Vor Allem weiß er bereits von einer großen Verfolgung der Christen von heidnischer Seite, 24, 9. Und er weiß zugleich, daß in dieser Zeit große Zwistigkeiten unter den Christen selbst zur Reife gekommen sind, und sogar zum Verrathe unter ihnen geführt haben, 24, 10. Weist uns das erstere auf die Zeit der Neronischen Verfolgung, so ist das letztere näher dadurch charakterisiert, daß er die Ursache in der überhand nehmenden ἀνομία findet, 24, 12, und auch hiedurch werden wir in die späteste apostolische Zeit gewiesen. Auch er setzt noch die Predigt des Evangeliums an die Heiden vor die Parusie 24, 14, doch schränkt er sie schon nicht mehr so bestimmt auf die Zeit vor der jüdischen Katastrophe ein, wie Mark. 13, 10. Zwar hat er die scharf bestimmte Weissagung: alsbald nach jener Bedrängniß werden die Zeichen und Zeiten der Parusie eintreten, 24, 29. Aber wenn hienach die Zerstörung Jerusalems noch nicht lange hinter ihm liegen kann, so läßt sich doch damit vereinigen, daß er gleich nach derselben geschrieben hat. Durch dieses Ereigniß war nun zur Gewißheit geworden, daß das Volk verworfen ist, und das Reich an die Heiden übergeht, und in diesem Sinne hat er daher das Evangelium bearbeitet, zu diesem Ergebnisse es in den letzten Worten Jesu hinausgeführt. Indem er aber dabei den sorgfältigsten messianischen Beweis führt, und der Schuld der Juden sowie den Bemühungen Jesu um sie nachgeht, so ist offenbar, daß er eben in diesem kritischen Augenblicke die jüdischen Christen betroffen und zagend, wie sie jetzt waren, für die neue Wendung der Dinge zu gewinnen sucht. Die alte Tradition, daß Matthäus geschrieben, als er Palästina verließ, um in die Heidenmission einzutreten, ist selbst schon aus dem Zwecke des Evangeliums erschlossen. Es war aber nicht der Verfasser, welcher damit seinen Gang unter die Heiden rechtfertigen wollte, sondern die Leser, welche er für die Erkenntniß des Ganges des Evangeliums selbst gewinnen wollte. Bedeutsam handelte die letzte von ihm aufgenommene Zukunftsparabel von dem Knechte, der nicht fortziehen und sein Talent anwenden will: besser gäbe er es wenigstens den Wechslern, daß sie damit arbeiten. Dabei hat der Verfasser aber es gerade seinem Zwecke entsprechend gefunden, die beschränkenden Worte der älteren Reden über die Rechte des Volkes Israel und über das Gesetz voll stehen zu lassen, weil er für seinen Zweck vor Allem durch den Nachweis gewinnen mußte, daß nicht Jesus das Volk versäumt, sondern dieses selbst sich seinen Sturz zugezogen hat.

Für diese spätere Zeit spricht auch, daß er schon Bedenken

gegen gewisse Aussprüche Jesu von seiner eigenen Person hat, daß er ihn nicht mehr das Prädikat des Guten ablehnen lassen, nicht mehr die Unkenntniß der Zeit des jüngsten Tages von dem Menschensohne aussagen lassen mag. Auch setzt er, wie wir gesehen, schon die Entwicklung einer freigeistischen antinomistischen Richtung im Christenthum voraus. Auf die Gesetzlosigkeit führt er in der Zukunftsrede die Ursache der inneren Spaltungen zurück. Dieselbe Bezeichnung trifft die unächten Jünger, welche Jesus nach seiner Redaction der Bergpredigt, 7, 23, im Gerichte verwirft, obwohl sie in seinem Namen Dämonen austreiben und Wunder verrichten. Auf den gleichen Grund muß wohl auch die Vorliebe zurückgeführt werden, mit welcher er solche Gleichnisse wie das von dem Unkraut, welches der Feind unter die gute Saat bringt, von dem Netze mit guten und faulen Fischen, von dem Manne ohne Festgewand beim Hochzeitmahl verarbeitet hat. Sicherlich verstand ein Evangelist, welcher den Uebergang des Evangeliums an die Heiden lehrte, unter der Saat des Unkrautes nicht das Christenthum des Apostels Paulus, wohl aber den Antinomismus, welcher im späteren apostolischen Zeitalter den Vorläufer der Gnosis bildet; und er mußte diesem um so mehr entgegentreten, auch in dieser Rücksicht das Recht des Gesetzes um so deutlicher darlegen, je mehr er darauf ausgieng, die Judenchristen für die universale Wendung zu gewinnen.

Im gleichen Sinne stellte er sein Werk unter die Autorität des Apostels Matthäus, und gab daher dem berufenen Zöllner diesen Namen, Matth. 9, 9. vgl. Mark. 2, 14. Luk. 5, 27, die Redensammlung bildete die eigentliche Grundlage seines Werkes, welches sich durch die kunstvolle Verknüpfung der großen Reden mit den Erzählungen auszeichnet. Die Reden geben den Schlüssel für die Absicht, in welcher er diese geordnet hat. Die große Rede vom Reich mußte das messianische Werk als die große Bergpredigt einleiten. Sie beherrscht damit die folgenden Erzählungen, deren Gedanke die allseitige messianische Erweisung ist, so wie dieselben andererseits in die Apostelrede, als das Zeichen der Größe, welche die Sache gewonnen hat, auslaufen. So mußte die Apostelrede mit ihren Weissagungen die folgende Darstellung der Gegensätze und

Kämpfe einleiten, deren Ergebniß wiederum die Verstockung des Volkes ist, welche die Gleichnißreden bezeichnen. Weiterhin schließt ebenso die große Gemeinderede das Ergebniß der Höhepunkte im späteren Verkehre Jesu mit seinen Jüngern zusammen, und die Pharisäerrede wie die Zukunftsrede geben den zweiseitigen Abschluß der Jerusalemischen Zeiten. So hat dieser Entwurf zum erstenmale im Großen versucht, die gegebenen Hauptrichtungen evangelischer Darstellung zu einer Einheit zu verbinden. Sein Versuch war so die erste Evangelienharmonie.

6. Diese Vereinigung der beiden Quellen kann daher als solche keinen anderen Werth beanspruchen, als den eines historischen Versuches des hohen Alterthumes. Sie stellt aber in schlagender Weise die Thatsache in ihr volles Licht, daß die beiden ältesten Quellen im Großen ein übereinstimmendes Bild der Geschichte Jesu und ihrer Entwicklung geben. Wenn die synoptische Grundschrift uns zuerst ein Bild von der gewaltigen Wirksamkeit Jesu als Lehrer des Gesetzes aber in einer neuen Weise und mit der Gewalt einer eigenen Vollmacht gibt, so zeigt uns die Redensammlung in der Bergpredigt, welcher Art diese Verkündigung war, und wie ihre Gewalt ebenso in der sicheren Botschaft des Reiches als in der Predigt einer neuen Gerechtigkeit, vor Allem aber in der persönlichen Gewißheit, mit welcher Jesus im Namen des Vaters im Himmel redete, bestand. Wenn die Grundschrift weiter theils die Anfechtungen, die Jesus erlitt, theils die Gründung einer engeren Verbindung seiner Anhänger berichtet, so gewährt uns die Redensammlung sowohl in die Natur jener Kämpfe als in den Charakter dieser Genossenschaft tiefere Blicke. Sie zeigt, wie Jesus dem Volke eine fremdartige Erscheinung, den Leitern desselben ein Gegenstand bald des Hasses bald der Versuchung wird, und wie das Wesen seiner Gemeinde in dem Bekenntniß zu seiner Person und der Einweihung in seine Gottesgemeinschaft ruht. Sie gibt damit den Schlüssel zu den Ereignissen der späteren galiläischen Zeit, der Reife des Glaubens der Jünger und dem Bruche mit den Volksmächten. Sie zeigt zugleich, welche Bedeutung seine Heilungen für die Entwicklung seiner Sache, für

die Geburt des Glaubens an ein gegenwärtiges Gottesreich bekamen. Wenn wir endlich in der Grundschrift sehen, daß die abschließende Begründung der neuen Gemeinde mit der Einweihung in den Tod Jesu und der Umbildung der messianischen Hoffnungen durch denselben eins ist, so lernen wir aus den Zukunfts- und weiterhin den Gemeindereden der Redensammlung, wie das Mittelglied dieser großen Umwälzung eben die Lehren sind, auf Grund welcher die Zurückgebliebenen sich ganz im Dienste des zu seiner Erhöhung hingegangenen, als Verwalter seiner Sache, und Erben seiner Zukunft wußten, und wie sie von diesem Standpunkte aus allmählich aus seinen Weissagungen die Geschichte der Welt als die Geschichte seines Reiches erkennen konnten. Was in der Grundschrift nur als Thatsache des Glaubens in der Schilderung der Ereignisse seinen Ausdruck gefunden hat, das erscheint hier als die Fülle einer von ihm ausgestreuten reichen Saat der Lehre und des Geistes.

Auch das so ergänzte Bild ist noch kein vollständiges. Diese Ergänzung läßt vielmehr erst nur ahnen, welcher Reichthum des Geistes in den Erinnerungen der lebendigen Ueberlieferung fortlebte. Die ersten Darstellungen des ganzen Evangeliums sind der Ausdruck des ersten einfachen Lebens, das durch dasselbe gewirkt war, und sind darum beschränkt auf die großen für diese nächsten Lebensbeziehungen grundlegenden Thatsachen und Lehren Jesu. Erst indem die Gemeinde selbst auf dem gelegten Grunde fortwuchs, konnten sie mit dem eigenen Fortschritte des Lebens und Geistes auch die Fülle dessen, was ihr in zerstreuten Erinnerungen von dem Meister eigen war, sammeln, und diese Ueberlieferung allseitig Fleisch und Blut gewinnen.

---

4. Die Redensammlung des Lukasevangeliums.

1. Schon die Matthäusreden führen uns auf die Wahrnehmung, daß die denselben zu Grunde liegende Redensammlung bald eine nach der Natur einer solchen Darstellung leicht erklärliche Erweiterung und Fortbildung erhalten hat. Wie wir nun

die Anlage der großen Einschaltung des Lukas bereits kennen gelernt haben, sehen wir hier die gleiche Sammlung nicht nur viel ansehnlicher erweitert, sondern hauptsächlich dadurch neu gestaltet, daß jetzt die Abschnitte derselben nicht mehr einzelne Kategorien des Lehrens Jesu repräsentieren, sondern vielmehr bestimmte apostolische Lehrzwecke, oder daß die Anwendung der Lehren Jesu jetzt selbst zum Eintheilungsgrunde geworden ist. Hiermit war nicht bloß eine große Bereicherung in stofflicher Hinsicht verbunden, sondern es lag in der Natur der Sache, daß bei dem Processe, dessen Resultat diese neue Anordnung ist, die Stoffe auch selbst mehrfache Einwirkung der Auffassung erleiden mußten.

Um aber die Einschaltung des Lukas in dieser Richtung genauer zu verstehen, müssen wir nun ihren Organismus noch weiter untersuchen. Wir konnten zunächst zwei größere Theile derselben unterscheiden, zwischen welchen die Stoffe des Cap. 13 trennend in der Mitte liegen, und was dieses zu bedeuten habe, ist die nächste Frage. Geht man nun davon aus, daß im zweiten Theile nur noch einige wenige Redestücke Parallelen zu den Matthäusreden bilden, und daß die Reden des ersten Theiles 12, 35 ff. schon bis in die Zukunftsreden dieser Sammlung leiten, so ist der natürliche Schluß: daß die Bearbeitung der Matthäusreden von hier an durch eine selbstständige Fortsetzung in ähnlicher Methode ergänzt wurde. Diese Vermuthung findet nun aber ihre Bestätigung eben durch den dazwischen liegenden kleinen Abschnitt, Cap. 13, welcher sogleich durch seinen eigenthümlichen Charakter auffällt. Der Zusammenhang in demselben ist ein durchaus loser, aber wir erkennen doch als die Hauptbestandtheile solche Reden welche sich auf die Krisis im Verhältnisse Jesu und seines Volkes und zuletzt auf den Ausgang in Jerusalem beziehen. Gleich anfangs weisen die Reden über die Galiläer in Jerusalem 13, 1—5 darauf hin, daß die nämliche Unbußfertigkeit sich über alle Theile des jüdischen Volkes, die Galiläer wie die Judäer erstreckt. Die Parabel vom Feigenbaum 6—9 handelt von der Verwerfung des Volkes, welche nur durch die Langmuth Jesu einen Aufschub erlitten hat. Die Rede über die enge Pforte und das Gericht 23—29 stellt die Aufnahme der Heiden statt des Volkes dar. Der Bericht über die Nachstellung des Herodes und die Antwort Jesu darauf, 31—33, versetzt in das herbeirückende Ende der Thätigkeit Jesu. Die Wehklage über den Unglauben Jerusalems 34 f. endlich beschließt die ganze Reise in diesem Sinne. In ganz abgebrochener Weise werden wir hierauf durch die Fortsetzung, nämlich die Gastmahls- oder vielmehr Abendmahlsreden wieder von diesen abschließenden Betrachtungen der Ausgänge Jesu mitten in die Streitreden seiner früheren Zeit zurückversetzt. Offenbar ist durch die ersteren ein Schluß in der Sammlung angezeigt, welcher später seine Bedeutung dadurch verlor, daß dieselbe fortgesetzt wurde, dabei aber nicht nur seine Stelle behielt, sondern auch durch den bewahrten Inhalt noch die ursprüngliche Bestimmung erkennen läßt.

Aber hiemit ist zugleich der Schlüssel gegeben zur Erklärung der Composition jener Quelle, welche Lukas bei seiner großen Einschaltung benützt hat. Wenn man diese früher als Reisebericht bezeichnete, so war dieß nicht nur dadurch berechtigt, daß er die ganze Sammlung da einsetzt, wo die Reise Jesu nach Jerusalem begonnen hat, sondern auch dadurch, daß, so wenig die einzelnen Stücke zum Theil auch hiezu passen, doch die Vorstellung der Reise oder Wanderung Jesu durch das Ganze hindurch festgehalten und von Zeit zu Zeit wieder aufgenommen ist. Es ist hienach kein Zweifel darüber möglich, daß das Evangelium diesen ganzen Abschnitt als Reisebericht angesehen haben will. Nun könnte man zunächst vermuthen, der Verfasser desselben habe dieß an der von ihm benutzten Quelle erst so durchgeführt, nachdem er sie einmal überhaupt an diesem Orte eingeschaltet hatte. Allein wenn auch die einzelnen Veranschaulichungen der Reise wohl von ihm herrühren mögen, so hat er doch die Veranlassung zu dieser Vorstellung selbst wahrscheinlich schon aus seiner Quelle entnommen. Die Beobachtung über den Charakter des Cap. 13 führt nämlich auch darauf, daß die Redensammlung hier schon die Gestalt einer Geschichte Jesu oder doch der letzten Zeiten desselben bekommen hatte. Sie war für apostolische Lehrzwecke bearbeitet; aber indem nun die Zeit eintrat, wo man immer mehr darauf ausgieng, in den Evangelienschriften ein Ganzes von gewisser Art zu geben, stellte man die Sammlung unter den Gesichtspunkt, daß dieselbe befasse, was Jesus in der letzten Zeit vor seinem Ende durch seine Reden gewirkt und in denselben hinterlassen habe, und fügte zuletzt noch solche Stücke bei, welche sich auf die Katastrophe seines Lebens und die für dieselbe entscheidenden Verhältnisse bezog. Erst weiterhin wurde dann wieder die Redensammlung als solche fortgesetzt und zu dem jetzt bei Lukas vorhandenen Umfange erweitert. Wir haben also in dieser Bearbeitung der Redensammlung mehrere Stufen zu unterscheiden. Zunächst die Eintheilung unter Gesichtspunkte der apostolischen Lehre. Sodann die Gestaltung zu einer Geschichte des letzten Wirkens Jesu, und endlich wieder die Ergänzung im ersteren Sinne. Die zweite Wendung dieser Arbeit zeigt uns die Versuche, aus den Reden selbst eine Geschichte Jesu zu machen. Daß man diese auf die letzten Zeiten beschränkte, beweist, daß man schon andere Arbeiten, welche das ganze Leben umfaßten, kannte, zugleich aber auch die Erinnerung, daß seine letzten Zeiten ein großes Vermächtniß der Lehre für seine Jünger gegeben hatten. Uebrigens wiederholt sich hier nur derselbe Uebergang von der Ueberlieferung des Einzelnen zur Gesammtdarstellung, welchen auch unsere synoptische Geschichtsquelle zeigt. Die Gesammtdarstellung wuchs aus der einfachen apostolischen Verkündigung von Jesu in naturgemäßer Weise dadurch hervor, daß diese in der Katastrophe seines Todes ihren wichtigsten Gegenstand hatte, und daß alles Vorangehende sich diesem von selbst als Vorbereitung unterordnete. So entstand das Evangelium, welches sich einfach in Geschichten des großen galiläischen Wirkens und in die Erzählung der Reise Jesu nach Jerusalem und seines Leidens daselbst gliederte. So entstand hier der Versuch, die bereits gesammelten Reden Jesu als den Ausdruck seines Vermächtnisses zu geben, welches er hinterließ, als er schon im Begriffe war, seine Tage in Jerusalem sich vollenden zu sehen. Lukas hat daher das einleitende Wort seiner Einschaltung 9, 51 wohl schon vorgefunden und eben damit war ihm der Ort zur Verwerthung dieser großen Quelle von selbst gegeben. Wie weit jener Versuch gegangen war, läßt sich jetzt nicht mehr entscheiden: es ist die Frage, ob er sich begnügte, die Reden in die letzte Zeit zu versetzen, oder ob er auch diese, das heißt eine Art von Leidensgeschichte schon hinzufügte. In diesem Falle würden die Ergänzungen der letzteren bei Lukas wohl zum Theil dorther stammen.[1])

2. Müssen wir daher zunächst schon aus der formalen Betrachtung der Anlage dieser Schrift auf verschiedene Schichten, aus welchen sie bis zu ihrem jetzigen Umfange erwachsen ist, schließen, so bestätigt sich diese Beobachtung auch wenn wir den Charakter der einzelnen Stücke vergleichen, und zwar sowohl der Darstellung als dem Geiste nach.

Diejenigen Abschnitte, welche in der Einschaltung des Lukas noch mit den Matthäusreden synoptisch sind, tragen auch im Wesentlichen noch das Gepräge der nämlichen Darstellung; der bedeutendste Unterschied ist nur der, daß sie vielfach die kunstvolle Structur der Quelle, wie wir gesehen, schon verloren haben. Unter den dem dritten Evangelium eigenen Reden aber zeigt sich eine viel größere Mannigfaltigkeit, wir finden einzelne kürzere Stücke, welche ganz die Farbe alter mündlicher Ueberlieferung haben, und diese besonders durch das Sententiöse und Aenigmatische des Gedankens und Ausdruckes beweisen, vgl. 12, 49 ff. 13, 1—9. 31—33. 14, 28 ff. Die Mehrzahl der Stoffe aber unterscheidet sich im Gegentheile durch eine blühende rednerische Ausführung, und soferne dieselben Parabeln sind, dadurch, daß die Parabel ihren strengen Charakter verliert und ihre Fabel in die Erzählung eines Beispieles der Lehre übergeht. Dahin gehört der barmherzige Samariter 10, 30—37; der reiche Mann, dessen Feld wohl getragen hat, 12, 16—21; der verlorene Sohn 15, 11—32; der ungerechte Haushalter 16, 1—8; Lazarus und der reiche Mann, 16, 19—31; der dienende Knecht 17, 7—10;

[1]) Es sind besonders die Reden Luk. 22, 24—38, welche hiefür zu sprechen scheinen. Zwar 24—34 sind gegenüber von Matth. 20, 25—28. Mark. 10, 42—45. Matth. 19, 28. Matth. 26, 33—35. Mark. 14, 29—31 offenbar sekundär, und wahrscheinlich von Lukas selbst so bearbeitet; dagegen werden wir in Luk. 22, 35—38 ein älteres Stück erkennen dürfen, welches schon durch seine Darstellungsfarbe an Luk. 13, 31 ff. erinnert. Sollte dasselbe aber nicht eine singuläre Ueberlieferung gewesen sein, so kann es nur in einer Art Leidensgeschichte oder Zusammenstellung letzterer Worte gestanden sein und für den Zusammenhang mit der Einschaltung spricht *βαλλάντιον*, vgl. Luk. 12, 33.

der Zöllner und der Pharisäer 18, 9—14; auch der ungerechte Richter 18, 2—8; und der ungestüm bittende Freund, 11, 5—8. Diese Fabeln sind offenbar nur wenig unterschieden von den Erzählungen wie die von dem dankbaren Samariter 17, 11—19 und dem Zöllner Zakchäos 19, 1—10. Lehrbeispiel und Geschichte gehen hier in einander über. Ein großer Theil von ihnen zeichnet sich auch aus durch Paradoxen in der Fabel, deren stärkster Typus im ungerechten Haushalter vorliegt. In der Form wiederholen sich gewisse eigenthümliche Wendungen, besonders Selbstgespräche und Entwicklung der Motive, vgl. 11, 8. 12, 17 f. 15, 17. 16, 3. 18, 4 f. 11. Alles dieses weist darauf hin, daß diese Reden jedenfalls ihre jetzige Fassung erst spät erhalten haben; und im Vergleiche mit den übrigen beweist es auch schon durch die Darstellung die Verschiedenartigkeit der Schichten in unserer Schrift.

Wie aber die eigenthümlichen Stücke des Lukas die größte Mannigfaltigkeit des schriftstellerischen Charakters zeigen, so haben sie auch in Ansehung des Geistes und der Richtung keineswegs ein gleichmäßiges und einheitliches Gepräge, in der Weise, wie dieß bei den Matthäusreden der Fall ist. Diese stehen auf dem nationalen jüdischen Standpunkte. In der Einschaltung des dritten Evangeliums aber ist der entwickelte Universalismus des apostolischen Zeitalters von unverkennbarem Einflusse. Was irgend denselben in Reden und Geschichten der Ueberlieferung unterstützen kann, ist beigebracht, und ist für die bestimmten Gedanken dieser Richtung verarbeitet. Dabei verläugnet sich aber der Sammelcharakter des Ganzen nicht. Neben den universalistischen paulinisch gedachten Stücken und Abschnitten finden sich solche, welche ihr Gepräge ebenso sicher dem Judenchristenthum der apostolischen Zeit verdanken. Zwar alle die Mission des Evangeliums beschränkenden Aussprüche sind beseitigt, aber der Geist, welcher jenes Judenchristenthum in den folgenden Zeiten beseelte, spricht sich in anderer Weise aus, in dem Preise der Armuth, in der Vorstellung, daß ihr Dulden und ihre Unterdrückung für sie der Weg zum Lohne des Himmelreiches sei. Dieser ältere Ebionitismus hat ebenso wie der Universalismus im Lukas-Evangelium und nur in diesem seinen Ausdruck gewonnen, seinen Widerschein auf die evangelische Geschichte geworfen.

Zu den Proben der letzteren Art gehört ganz besonders der Eingang der Bergpredigt des Lukas. Wenn die Makarismen bei Matthäus schon die Anwartschaft des Himmelreiches den Geringen in der Nation zuschreiben, so ist jetzt in dem Gegensatze der Weherufe diese sichtlich in zwei Lager getheilt, und Reichthum und Armuth sind die großen Unterscheidungszeichen derselben. Aber auch die einzelnen Gebote der Rede in dieser Redaction enthalten Elemente, welche darauf hinweisen; so ist gewiß nicht ohne solche Beziehung das Thun der Liebe, die keinen Lohn erwartet, an dem Darleihen ohne Hoffnung des Widerempfanges 6, 34 f. ausgeführt. Aehnlich wird später 14, 13 die Pflicht, die Armen einzuladen, besonders dargestellt, wird 11, 41 die reinigende Kraft des Almosens hervorgehoben, so ist auch das Verbot des Richtens 6, 37 statt seiner allgemeinen Fassung so dargestellt, daß es sich deutlich auf das parteiische Gerichtsverfahren bezieht. Alles dieß sind Verhältnisse, welche dem Judenchristenthum der apostolischen Zeit angehören [1]) und man sieht wohl, daß die Reden Jesu unter dem Eindrucke derselben eine bestimmte Farbe angenommen haben. Aus diesen Verhältnissen erklärt sich dann ferner, wie es geschehen mußte, daß unter den Lehrzwecken, für welche die Reden Jesu verwendet wurden, das Verhalten zu den zeitlichen Gütern eine hervorragende Stelle einnimmt. Ferner zeigt das Gleichniß vom ungerechten Haushalter, wie durch Wohlthaten gegen Arme das Unrecht gerechtfertigt ist, und die Parabel vom Lazarus und reichen Mann, wie dem Armen Seligkeit, dem Reichen die Verdammniß beschieden ist. So beweist sich auch hier der Einfluß, welchen die ebionitischen Vorstellungen auf die evangelische Tradition ausübten.

Aber viel ausgedehnter sind die Merkmale der universalistischen Entwicklung des apostolischen Zeitalters, und sogar der eigenthümlich paulinischen Heilslehre. In dieser Beziehung ist vor Allem die Aussendung der Siebenzig bedeutsam. Kann man auch

---

[1]) Den Schlüssel dazu gibt der Jakobusbrief.

nicht sagen, daß durch die Darstellung derselben die Zwölfe herabgesetzt werden, so zeigt sich doch, daß man in einer Zeit angelangt war, in welcher die einzige Stellung derselben ihre Bedeutung verloren hatte. Die große Menge derer, welche für das Evangelium arbeiteten und dabei die wirksamste Thätigkeit entwickelten, war jetzt die Wahrnehmung, von welcher man ausging; diese Gestalt der Kirche mußte ihren Ursprung von Jesus selbst haben, und so wurden unter der Kategorie der Siebenzig die Evangelisten der Zeit autorisiert, und sogar durch Uebertragung der bedeutungsvollsten Anreden Jesu verherrlicht, nicht um damit die Zwölfe herabzusetzen, sondern um diesem größeren Kreise, für welchen die ältere evangelische Ueberlieferung nichts hatte, zu seinem Rechte und Ansehen zu verhelfen. Es geschah dieß aber zunächst durch solche Worte, welche auch die ältere Darstellung nicht den Zwölfen ausschließlich aneignete, sondern mit denen sie die Anhänger Jesu überhaupt bezeichnete. Wie auf diese Weise der spätere an die Nation nicht mehr gebundene Bestand der Gemeindeleitung und Predigt auf Jesus zurückgeführt und dadurch gerechtfertigt wurde, so wurde nun den Juden die Erwartung auf den Antheil am messianischen Reiche bloß auf den Grund, daß der Messias ihr Volksgenosse ist, entschieden abgesprochen 13, 25—27 und dagegen in den großen Parabelreden, deren Spitze der verlorene Sohn ist, die Berechtigung der Heiden, in andern wie dem dienenden Knechte der Unwerth der Gesetzeserfüllung, oder wie im Pharisäer und Zöllner die Rechtfertigung durch den Glauben dargelegt. Und wenn auch die Einschaltung Jesus nicht in nähere Beziehung zu den Heiden treten läßt als die übrige synoptische Tradition, so zeigt sie doch, wie er die Samariter schonte 9, 55, edle Beispiele unter ihnen hervorhob 10, 33. 17, 16, und ihr Land nicht vermied, 9, 52. 17, 11.

3. Aus den Merkmalen so verschiedener Richtungen in einer und derselben Schrift geht nicht nur hervor, daß hier verschiedene Schichten der Tradition zu erkennen sind, sondern auch, daß die letzte Redaktion absichtlich die Elemente einer anderen Richtung stehen ließ und sie nur theilweise durch Umänderungen oder Zu-

säße in ihrem Sinne ergänzte, und zwar ist dieß wohl nicht erst durch den Verfasser des dritten Evangeliums geschehen. Wir können aber überhaupt auch darin die Geschichte der Sammlung verfolgen, daß in mehreren Fällen augenscheinlich theils der ursprüngliche Sinn einer Rede, theils die Absicht, in welcher dieselbe dargestellt war, durch die jetzige Redaction verändert ist.

Die Parabel vom verlorenen Sohne 15, 11—32 soll nach der jetzigen Absicht der Sammlung ohne Zweifel dazu dienen, das Recht des Heidenchristenthums zu beleuchten. Aber sie ist eine Parallele zu der vom verlorenen Schafe, welche nach ihrem Inhalte, nach der Stellung bei Matth. 18, 13—14 und der Einleitung des Lukas selbst 15, 1 von der Rettung der Sünder im Volke handelt. Und in der That trifft es nur bei diesem Sinne der Parabel zu, daß der verlorene Sohn selbst ursprünglicher Erbe, also Genosse des Volkes ist; auch kann offenbar nach der Zeichnung des älteren Sohnes unter demselben nur das Judenthum selbst, nicht das Judenchristenthum verstanden sein. Der Ausgangspunkt des Ganzen ist also die bestehende alte theokratische Gemeinde, und die Stellung, welche Jesus selbst noch zu derselben einnahm, und nur die spätere Deutung hat die Parabel für die Verhältnisse der apostolischen Gemeinde benützt.

Aehnlich verhält es sich nun weiter mit der Parabel vom ungerechten Haushalter 16, 1—9, bei welcher ein judenchristlich gedachter Stoff zu Grunde liegt, der aber jetzt in entgegengesetztem Sinne gewendet ist. Um den Sinn dieser Parabel rein zu erhalten, muß man die Sprüche 16, 10—13, welche derselben bloß nach allgemeiner Stoffesverwandtschaft beigefügt sind, von ihr trennen. Weder die Reden von der Treue im Kleinen, die durch Anvertrauen des Großen belohnt wird, noch die von dem Dienste des Einen Herrn, mit welchem sich der eines zweiten nicht verträgt, gehören zu der Parabel; sie können den Sinn derselben nur verwirren. In der Parabel selbst sind die Worte 16, 8: der Herr lobte den Verwalter der Ungerechtigkeit, auszuscheiden. Gehörten dieselben wirklich zur Erzählung, so müßte etwas nachfolgen, was der Herr des Verwalters gethan hätte. Die Worte sind vielmehr als der Bericht über die Anwendung, welche Jesus — er ist der Herr — von dem Gleichnisse gemacht hatte, anzusehen. Jesus sprach eine Billigung aus, in dem Sinne der folgenden Worte, nämlich darüber, daß die Kinder dieser Welt ihre Klugheit an ihrem Geschlechte beweisen, woran sich dann die weitere Anwendung schließt, welche dieses Beispiel zur Nachahmung in höherem Sinne empfiehlt. Diejenigen, welche sich mit den Schätzen Freunde gemacht haben, sollen von diesen in die ewigen Hütten aufgenommen werden. Es gilt also, sich Freunde unter denjenigen zu erwerben, welche in den letzteren das sichere Bürgerrecht haben. Wer aber nur auf diesem Wege aufgenommen werden kann, hat keine eigene Berufung dafür. So können hier nur die Heiden verstanden sein, welche lediglich durch ihre persönliche Verbindung mit den Erben des Reiches, durch ihre Wohlthaten gegen dieselben zu einem Antheil daran gelangen können. Dieß ist ganz derselbe Gedanke, welcher in der großen letzten Gerichtsrede bei Matthäus 25, 31 ff. seinen Ausdruck gefunden hat. Der Haushalter ist also das Bild eines Heiden; mit Recht hat man längst eingesehen, daß sich nur unter einer solchen Voraussetzung das Lob, welches seinem betrügerischen Thun gespendet wird, erklärt. Um dieses zu begreifen, muß man daran halten, daß das so verwendete Gut als ein seinem Wesen nach unrechtmäßiges, als der Mammon der Ungerechtigkeit gedacht ist. Man darf sich also unter dem Haushalter einen heidnischen Beamten vorstellen, welcher dem Volke Israel gegenüber sich durch sein Amt nur an einem großen Unrecht betheiligt hat, und dieß einigermaßen gut macht, indem er eine Milderung des ungerechten Druckes eintreten läßt, dadurch aber sich theils den Unterdrückten anschließt, theils ihrer guten Sache gewissermaßen theilhaftig macht. Vielleicht hatte das Bild für die Zeitgenossen noch einen wohlverständlichen bestimmten Hintergrund in ähnlicher Weise, wie diesen das Bild von dem zur Erwerbung seiner Herrschaft das Land verlassenden Fürsten Luk. 19, 14 denselben an der Geschichte des Archelaos hat. In jedem Falle war es ganz den Verhältnissen aus der Zeit Jesu entnommen und sowohl der Parabelstoff als die Anwendung weist auf die ältere judenchristliche Vorstellung hin. Dagegen hat der Sammler allerdings das Ganze auf die

Pharisäer bezogen, 16, 14, oder wahrscheinlicher auf die Personen, welche er in seiner Zeit unter diesem Typus sich vorstellte, nämlich auf die ungläubigen reichen Juden, welche dadurch für das Himmelreich eine Anwartschaft bekommen können, daß sie sich ihrer armen christlich gewordenen Glaubensgenossen annehmen. Und zu dieser Anwendung passen dann auch die beigefügten Sprüche von der Treue in weltlichen Gütern, welche die Anvertrauung der höheren zum Lohne haben könne, und von dem Mammonsdienst, welcher mit dem Dienst Gottes unverträglich sei.

Bei der Parabel vom Lazarus und reichen Manne, 16, 19—31, aber hat wahrscheinlich eine innere Fortbildung Statt gefunden. So wie die Parabel jetzt vorliegt, zeigt sie das Bild des ungläubigen Judenthums, welches sich durch Mose und die Propheten nicht zur Buße bekehren läßt, und in demselben Geiste auch dem Zeugnisse des auferstandenen Christus nicht glaubt, 31. Daß hierin jetzt die eigentliche Abzweckung des Gleichnisses liegt, ergibt sich aus der Beziehung, welche ihm durch die vorangestellten Sprüche über das Gesetz und das Reich Gottes, 16, 16—18, gegeben ist; das Gesetz, das bis auf Johannes regierte, und das Evangelium, welches seither allgemein den Zudrang zum Reiche Gottes eröffnet hat, beide erweisen sich an dieser Classe von Menschen vergeblich. Lazarus aber ist in jedem Falle nach 16, 20 das Bild eines verachteten Juden, ja wohl nach 21 eines Heidengenossen. Aber während dieser Zweck der Parabel jetzt in den Schlußreden derselben deutlich hervortritt, enthält der Kern 16, 25 derselben eigentlich einen anderen Gedanken, dort handelt es sich nur um den Gegensatz der Armen und der Reichen; die Parabel ist eine lebendige Darstellung dessen, was in den Makarismen und Wehrufen im Eingange der Lukas'schen Bergpredigt ausgesprochen ist. Man wird daher wohl annehmen dürfen, daß dieselbe in dieser einfacheren Gestalt der älteren Ueberlieferung angehörte, daß sie aber bis zu ihrer jetzigen Fassung schon eine weitere Entwicklung durchlaufen hatte. Sie hat dadurch eine bestimmtere Beziehung auf die späteren Verhältnisse erlangt, wenn auch diese ebenso sich an den ursprünglichen Sinn anschließen sollte wie die Deutung der von den Zöllnern handelnden Reden auf die Annahme der Heiden.

Aehnlich verhält es sich endlich auch noch mit der Parabel vom ungerechten Richter 18, 1—8, welche ihrem Inhalte nach sich auf die Erwartung der Parusie bezieht, von dem Verfasser aber 18, 1 als Rede über das Gebet bezeichnet ist.

So spiegelt sich theils in dem Inhalte dieser Reden und seinen verschiedenen Elementen, theils in dem Verhältnisse des Inhaltes zur Anwendung eine innere Geschichte der Redensammlung, welche aber nur daraus erklärlich ist, daß diese zu einer Reihe von apostolischen Didaskalien geworden war.

4. Wenn die Redestoffe bei Lukas schon diesen sichtlichen Proceß verschiedener Bildungen hinter sich haben, so können sie nicht in dem gleichen Range von Quellen der Geschichte stehen, wie die älteren Bestandtheile der Redesammlung, und je deutlicher sie gewissen Richtungen und Lehren der apostolischen Zeit entsprechen, desto mehr kann ihre Herkunft aus der älteren Ueberlieferung überhaupt gefährdet, können sie als spätere Bildungen gezeichnet scheinen. Daß dieß jedoch wenigstens für die Mehrzahl derselben nicht zutrifft, dafür bürgt eben die Wahrnehmung, wie die spätere Verwendung nur den älteren Stoff anders gedeutet hat. Es geht daraus hervor, daß auch unter diesen Einflüssen der Auslegung und Anwendung doch der eigentliche Charakter der Tradition sein überwiegendes Recht behauptet hat. Die Form hat gewechselt, sie ist sogar an den Stücken von besonders reicher und blühender Darstellung wohl als eine ganz freie zu betrachten. Aber man hat sich doch nur an dem zähen Kerne gewisser fester Ueberlieferungen versucht und denselben je nach Bedürfniß ein anderes Gewand gegeben. Wir sind daher gerade hier nicht berechtigt, den Stoff selbst zu verwerfen, wohl aber seiner ursprünglichen Gestalt und seinem ersten Sinne nachzugehen. Die erweiterte Redensammlung ist eine wirkliche Bereicherung der Geschichte aus dem Schatze der Ueberlieferung, welche damals noch Altes und Neues geben konnte.

Nur in wenigen Fällen scheint es am Grundstocke der Reden selbst zu erhellen, daß sie wirklich erst spätere Bildungen enthalten. So kann in der Parabel vom ungerechten Richter der letztere selbst nur die heidnische Obrigkeit, die Wittwe, die durch den Abgang ihres Herrn verwaiste Gemeinde, ihr Widersacher das sie anfeindende Judenthum sein. Hier sind also die Motive des Ganzen erst aus den Verhältnissen der apostolischen Zeit geschöpft. So ist aber auch in der Parabel vom Zöllner und Pharisäer wenigstens die Einkleidung der Erzählung so sekundär, daß hier mindestens die Form ganz der späteren Zeit angehören mag.

Es ist bezeichnend, daß gerade diese zweifelhaften Stoffe den letzten Schluß der Einschaltung bilden, nachdem dieselbe als Redensammlung mit der Zukunftsrede 17, 20—37 ihr Ende erreicht zu haben schien. So mögen diese Stücke von dem Verfasser des Evangeliums selbst der Quelle die er einschaltete zuletzt noch beigegeben worden sein, und es vermehrt dieß nur die aus seinem ganzen Verfahren sich ergebenden Beweise, wie sehr er im Wesentlichen seine Quellen unverändert wieder gegeben hat. Wie wir dieses Verfahren bei der Bearbeitung der synoptischen Grundschrift kennen gelernt haben, dürfen wir bei ihm auch der Redensammlung gegenüber voraussetzen, daß er im Ganzen nur reproduciert hat. Sicher hat er daher nicht nur das gesammte Schema derselben, wie es sich bei ihm zeigt, schon vorgefunden, sondern auch alle größeren Redestoffe, und die paulinische Redaction derselben fällt nicht erst auf Rechnung seiner Arbeit. Wie er dagegen an jener Schrift Einzelnes versetzte, und besonders bei Widergebung der Spruchreden kleine erläuternde Veränderungen oder Zusätze anbrachte, so können wir uns sein Verfahren auch hier vorstellen. Auf seine Rechnung fällt daher wohl der größere Theil der geschichtlichen Redeeinleitungen, ferner die Stellung von Spruchstücken an das Ende der Redegruppen, wie 12, 49 ff. 14, 26 ff. Endlich vorzüglich die eigenthümliche Art Gegensätze zusammenzustellen, wie 16, 16—18, welche sich ebenso auch in der Bearbeitung der Grundschrift gezeigt hat, vgl. 5, 39.

Dieses Verhalten gegenüber von seinen beiden Hauptquellen spricht überhaupt dafür, daß der dritte Evangelist auch in den eigenthümlichen Stoffen, welche er sonst seinem Evangelium einverleibt hat, stets sich an eine ihm vorliegende Ueberlieferung hielt, und seine eigene Thätigkeit fast nur auf die Wahl zwischen parallelen Ueberlieferungen und gewisse pragmatische Rücksichten in einzelnen Fällen beschränkte.

Dagegen ist er jedenfalls dem Gegenstande seiner Darstellung und den ältesten Kreisen der Ueberlieferung schon so ferne gestanden, daß er als Zeuge für den Entwicklungsgang der Geschichte selbst so wenig zu betrachten ist, wie die von ihm benützte, bereits ganz didaktisch gewordene Redensammlung.

Der Evangelist hat die Zeit, in welcher er schreibt, wenigstens so bezeichnet, daß damit eine feste Grenze nach rückwärts gegeben ist. So hat er die Weissagung von dem daniel'schen Gräuel als dem Zeichen der bevorstehenden Drangsale dahin geändert, daß die Belagerung Jerusalems das Zeichen seiner bevorstehenden Zerstörung und Verödung ist, 21, 20. So setzt er das Schicksal des Volkes, besonders die Gefangennehmung und Abführung eines Theiles desselben unter die Heiden schon voraus, 21, 24.[1]) Er redet nicht mehr davon, daß auf diese Begebenheiten sofort oder in Bälde die Parusie eintreten werde. Sondern er läßt denselben die Zeiten der Heiden folgen, während welcher Jerusalem von Heiden zertreten sein wird. In jedem Falle war also schon eine geraume Zeit seit der Zerstörung verflossen. Man hatte gelernt anders rechnen, man sah sich in dem großen Processe der Heidenbekehrung und erkannte, daß dieser eine eigene Periode bilde. Eben deßwegen wurde auch das Wort Jesu an den Hohenpriester über die bevorstehende Parusie des Menschensohnes umgewandelt in das andere, daß er zur Rechten der Kraft Gottes sitzen werde, 22, 69.

Auf eine solche Zeitferne weist auch die Darstellung der Person Jesu hin. Es ist bezeichnend, daß derselbe jetzt in der Geschichtserzählung schon der Herr genannt wird. Dieß ist nicht die Sprache derjenigen, welche ihn gekannt hatten, sondern derer, welche seinen Namen durch die evangelische Predigt verehren lernten. Sonst tritt zwar keine bestimmte Lehre von seiner Person hervor, es bleibt aber doch immer bezeichnend, daß der Evangelist

---

[1]) Auch hier zeigt er Bekanntschaft mit der Darstellung der Apokalypse.

ihn nicht mehr durch den Geist Gottes, sondern durch den Besitz der göttlichen Macht seine Wunder vollbringen läßt.

Das gleiche Fernestehen beurkundet sich in der Neigung, den Schauplatz Jesu über Judäa auszudehnen, oder Judäa überhaupt im weiteren Sinne zu gebrauchen. Bei Matthäus und Markus wird je nur einmal erwähnt, daß auch die Judäer Jesu zugeströmt seien Matth. 4, 25. Mark. 3, 7. Lukas hat es nicht bloß in der Parallele hiezu, Luk. 6, 17, sondern er wiederholt es auch weiter bei der Heilung des Paralytischen, 5, 17. Ferner aber redet er in der ihm eigenen Erzählung von der Auferweckung des Jünglings zu Nain, Judäa 7, 17, ebenso vom Lande der Juden im Allgemeinen, wie er in dem von ihm bearbeiteten Stücke, der Heilung des Knechtes des Hekatontarchen 7, 3 in der Erzählung selbst von Aeltesten der Juden als der Nation spricht, was sonst nur bei Markus 7, 3 und zwar hier nicht im Texte der Erzählung, sondern in einer in dieselbe eingeschobenen Glosse vorkommt.

Nach diesem werden wir von ihm selbst eine irgend für die Ermittlung der Geschichte werthvolle Vorstellung über den Gang derselben nicht zu erwarten haben. Aber wir verdanken ihm den wichtigsten Einblick in die Entstehungsgeschichte der synoptischen Evangelien überhaupt, und die Bereicherung derselben um eine Reihe von Ueberlieferungen, unter welchen die fortgebildete Redensammlung mit dem Kerne eigenthümlicher aber unzweifelhaft alter Stoffe die wichtigste ist.

Dritter Abschnitt.

Das Johannesevangelium.

---

1. Die Bezeugung des Evangeliums.

1. Wir haben keine anderen Quellen über die Geschichte Jesu als die Evangelienschriften des Neuen Testamentes. Nur die Hauptthatsachen der Ausgänge desselben und einige wenige seiner Aussprüche sind uns durch Gewährschaft des Apostels Paulus sicher gestellt. Dieses Wenige ist allerdings von großer Bedeutung insoferne, als sich daraus ergibt, daß die Mittheilungen über ihn wenige Jahre nach seinem Tode in der Gemeinde sorgfältig gepflegt wurden. Man sieht daraus, daß unsere Evangelien, wenn sie auch in ihrer jetzigen Gestalt später entstanden, doch eine sichere Ueberlieferung hinter sich hatten. So liegt darin auch eine Bestätigung des Ergebnisses, welches die Untersuchung dieser Schriften bisher gewährt hat, daß dieselben auf älteren Quellen beruhen, welche zuerst anfiengen, die reichlich fließende Tradition zusammenzufassen, daß aber auch diese Tradition selbst ihnen noch überall zur weiteren Fortführung der Arbeit offen stand.

Ist es nun aber im Ganzen ein einiger Bildungsproceß, aus welchem jene drei Evangelien hervorgehen, so steht diesem das vierte als eine Schrift von eigener Art für sich gegenüber, durch welche in die Geschichte Jesu ein ganz neues Problem eintritt, bis vor Kurzem noch ein Problem der Harmonistik, in neuerer Zeit das größte Problem der Kritik. Schon die Versuche, die Geschichte Jesu nach den vier Evangelien unter Voraussetzung ihres gleichen Quellenwerthes darzustellen, hatten ihre größte Schwierigkeit darin, den Verlauf derselben nach den drei ersten und nach dem vierten Evangelium in Einklang zu setzen. Die Kritik hat neben dieser Verschiedenheit noch die größere erkannt, welche zwischen der Weise Jesu zu reden und zu handeln in beiden Darstellungen besteht. Sie ist von hier aus weiter auf die eigenthümliche Schwierigkeit geführt worden, welche für die Beurtheilung des vierten Evangeliums darin liegt, daß dasselbe in der Darstellung der Geschichte von einer theologischen Idee, der Auffassung Jesu als des ewigen Wortes Gottes, welches im Fleische erschien, geleitet ist. So offen diese Dinge daliegen, so darf man doch sagen, daß sie im eigentlichen Sinne erst von der neueren Wissenschaft entdeckt wurden. Denn die ältere Betrachtung, beherrscht von dem Inspirationsbegriff und von der kirchlichen Lehre über die Person Christi, hatte weder daran gedacht, daß die Verschiedenheit der Darstellung etwas anderes als eine wechselseitige Ergänzung sein könne, noch hatte sie sich zum Bewußtsein gebracht, daß die theologische Grundlage des vierten Evangeliums etwas demselben Eigenes, Besonderes sei. Mit dem Gefühle einer Entdeckung hat daher auch die Kritik ihre Beobachtung verwerthet. Sie stand nicht an, zwischen den drei ersten und dem vierten Evangelium einen unlösbaren Widerspruch zu erkennen, und aus der dogmatischen Voraussetzung des letzteren sofort auf eine gänzlich ideale Composition zu schließen.

Der Unterschied der synoptischen Evangelien und des johanneischen ist aber jedenfalls durch den Fortschritt der Kritik, welche an den ersteren selbst geübt wurde, in ein etwas anderes Licht getreten. Vor Allem, soferne derselbe den Schauplatz und die Zeit des Auftretens Jesu betrifft. Geht man auf die Quellen dieser Schriften selbst zurück, vergegenwärtigt man sich die Entstehung dieser Quellen und den Sinn ihrer ursprünglichen Composition, so erhellt, daß über die Zeitdauer des Wirkens Jesu in ihnen gar nichts vorliegt, und daß ebenso aus ihrer Anordnung gegen frühere Besuche Jesu in Jerusalem vor seinem letzten kein Schluß gezogen werden kann. Bei aller Stetigkeit ferner, mit der sie an einer gemeinsamen Grundlage der Erzählung festhalten, zeigen sie doch so viel Abwechslung und Zuwachs, und zeigen in vielen Aeußerungen so deutlich, daß ihr Inhalt nur einen kleinen Ausschnitt aus der Menge des wirklich Geschehenen umfaßt: daß es in keiner Weise befremdlich sein kann, wenn nun in der That irgendwo beglaubigte Ueberlieferungen über anderes, von ihnen nicht behandeltes an das Licht treten. Endlich, was den Charakter des Auftretens Jesu, insbesondere seiner Reden betrifft, so hat besonders das Lukasevangelium gezeigt, daß auch hier die Tradition einen reichen Schatz bewahrte, welcher durch die ältesten Darstellungen keineswegs erschöpft war, aus welchem sie jederzeit neue Stoffe hervorbrachte. Es ist auch in dieser Rücksicht von dort aus vorbereitet, daß noch eine weitere selbstständige Darstellung aus ächter Erinnerung möglich war.

Kaum anders verhält es sich mit dem theologischen Charakter des Evangeliums, insoferne auch dieser jedenfalls kein ausschließliches Merkmal dieser Schrift ist, und dieselbe nicht aus der Zeit und den Kreisen hinauszustellen nöthigt, in welchen wir uns bei den Synoptikern befinden. Haben die letzteren den Begriff Jesu als des fleischgewordenen göttlichen Wortes noch nicht, so haben sie doch nicht nur das Bild seines Lebens als eines übernatürlichen, sondern sie begründen dieses auch bereits mit der Erzeugung Jesu durch den Geist Gottes. In der Zeit, in welcher die urapostolische Tradition über Jesus noch durch eine Reihe von Augenzeugen vertreten war, trug der Apostel Paulus eine Lehre über die Person Jesu vor, wonach derselbe der vom Himmel gekommene Erneuerer der Menschheit und der Sohn Gottes war, dessen sich der Vater ebenso als seines Organs bei der Weltschöpfung wie jetzt bei der Erlösung bedient hat. Wir finden keine Spur, daß er damit auf Widerspruch in den urapostolischen Kreisen gestoßen, oder diesen als mit einer Sonderlehre gegenüber gestanden sei. Aber auch wenn er damit allein gewesen wäre, so wäre durch seine Ansicht bewiesen, daß die evangelische Ueberlieferung seiner Zeit sich mit seiner dogmatischen Auffassung der

Person Christi vertrug. Ist der Glaube an Christus mitten im apostolischen Zeitalter in einer solchen Vertiefung und Ausbildung begriffen, so ist es nur zu erwarten, daß auch irgendwo der Versuch gemacht wird, die Geschichte und die Reden Jesu ganz im Lichte dieses fortgeschrittenen Glaubens darzustellen, ohne daß hiebei die Tradition verläugnet wäre. Fällt eine solche Darstellung noch in frühere Zeit, so ist vielmehr zu erwarten, daß sie entweder die geläufigen Stoffe neu wendet, oder aber sich auf eigene Erinnerungen begründet.

Anders freilich war dieß in den späteren Zeiten. In der ersten Hälfte des zweiten Jahrhunderts entstanden eine Menge von Evangelienschriften, welche ihren Stoff völlig nach Maßgabe von Lehren bildeten, und die Quelle einer eigenen Tradition dafür lediglich erfanden. So entstanden die Evangelien der Gnostiker in jener großen Mannigfaltigkeit, wie sie schon Papias schildert, und wie sie noch Hieronymus aus eigener Anschauung kannte. Die Proben, welche wir davon in vereinzelten Mittheilungen aus dem Evangelium der Aegypter, sowie dem gnostischen Petrusevangelium und anderen, ferner in größerem Umfang in dem Evangelium des Thomas haben, zeigen zur Genüge, daß es sich hier in der That nur um ganz doctrinäre und phantastische Bildungen handelt. Gleichzeitig begann jene Abwandlung des Matthäusevangeliums in den nunmehr abgeschlossenen Kreisen des Judenchristenthums, von der wir unter dem Namen des Hebräerevangeliums Reste aus verschiedenen Stadien besitzen. Der stärkere Sinn für die wirkliche Ueberlieferung erlaubte hier nicht so weit von den älteren Evangelienschriften abzugehen, wie dieß die Gnostiker thaten, und die Ansichten dieser Judenchristen forderten es auch nicht. Sie konnten sich auf die Ausschmückung und Verzeichnung des Gegebenen in ihrem Sinne beschränken. Diese beiden Arten neuer Evangelienschriften sind aber nun die einzigen solcher freier und neuer Bildung, welche wir aus dem zweiten Jahrhundert kennen. Das vierte Evangelium kann mit keiner von beiden verglichen werden. Wäre dieses der Fall, so hätte dasselbe auch ohne Zweifel das gleiche Schicksal, wie jene häretischen Evangelien gehabt, welche mit den Kreisen des Glaubens und der Lehre, aus welchen sie hervorgiengen, selbst verschwunden sind, und nur vorübergehend durch Irrthum oder Schwankung des Glaubens irgendwo zu Ansehen in der Kirche gelangt waren. Nirgends haben wir die geringste Spur, daß in der Kirche selbst der Versuch gemacht worden wäre, im Laufe des zweiten Jahrhunderts die in ihr gebrauchten Evangelien mit neuen weiteren zu vermehren, oder daß ein fortgesetzter Prozeß der Evangelienschreibung Statt gefunden hätte. Wenn Papias neben den von ihm gebrauchten Evangelienschriften noch der weiteren mündlichen Ueberlieferung im Gegensatze gegen die gnostischen Schriften Gehör verschaffen wollte, so hat doch auch dieses Bestreben keineswegs die Wirkung gehabt, daß daraus eine neue Schrift oder auch nur eine Neugestaltung der älteren hervorgegangen wäre. Es war daher immerhin eine gewagte Vermuthung, daß das vierte Evangelium im Laufe ja sogar wenigstens nach der ersten Fassung derselben in den späteren Zeiten des zweiten Jahrhunderts erst entstanden sei und sich als der willkommene Ausdruck der fortgeschrittenen Lehre von der Person Christi rasch Eingang verschafft habe. Einigermaßen erleichtert wurde diese Vorstellung, indem man glaubte, auch den Ursprung der synoptischen Evangelien erst vor der Mitte des zweiten Jahrhunderts annehmen zu dürfen, das Matthäusevangelium nach dem jüdischen Krieg unter Hadrian, das Lukasevangelium nach Marcion. Dieß hat sich in keiner Weise bestätigt. Und so bliebe die Erscheinung in ihrem vollen befremdlichen Charakter bestehen, daß das vierte Evangelium ganz allein und ausnahmsweise diesen Weg gemacht hätte in einer Zeit, in welcher wir die Tradition selbst und ihr Ansehen schon sehr fest ausgebildet in der Kirche denken müssen.

2. In der That aber ist diese Vorstellung nicht nur aus allgemeinen Gründen bedenklich, sondern sie ist auch durch die äußeren Zeugnisse über das Dasein und den Gebrauch des vierten Evangeliums widerlegt. Zwar haben wir über den Ursprung desselben keine nähere Nachricht von gleichem Gewicht, wie über den der beiden ersten unserer kanonischen Evangelien durch Papias. Denn die Sage, die sich im Muratorischen Kanon wie bei dem

Alexandrinischen Klemens findet, daß Johannes auf gemeinsamen Beschluß der Kirchenhäupter sein Evangelium verfaßt habe,[1]) gibt zunächst über den Zusammenhang seiner Beschaffenheit mit dem Ursprung keinen Aufschluß, und ist offenbar aus der Vorstellung, die man sich von dem höheren Charakter des Evangeliums gegenüber den Synoptikern gebildet hatte, hervorgegangen. Dagegen ist das Dasein dieses Evangeliums mindestens so früh bezeugt, wie das der andern, und man kann seinen Ursprung nach diesen Zeugnissen kaum später als die letzten Jahre des ersten Jahrhunderts ansetzen.

Die Vermuthung, daß dieses Evangelium als späteste Bildung den anderen in der zweiten Hälfte des zweiten Jahrhunderts erst zugefügt worden sei, war schon der geschlossenen Einheit, in welcher die Evangelien des Kanons als die kirchlich anerkannten bei Irenäus[2]) auftreten, gegenüber nicht zu halten. Nehmen wir hiezu, daß die großen Apologeten jener Zeit, Tatian, Theophilus, Athenagoras das Evangelium kennen und benützen,

---

[1]) Nach Clem. Alex. bei Eus. h. e. 6, 14: — *προτραπέντα ὑπὸ τῶν γνωρίμων, πνεύματι θεοφορηθέντα*; im C. Mur.: cohortantibus condiscipulis et episcopis suis — näher: — revelatum Andreae ex apostolis, ut recognoscentibus cunctis Johannes suo nomine cuncta describeret.

[2]) Man ist vielleicht zu weit gegangen, wenn man auf das Zeugniß des Irenäus besonderes Gewicht legte, weil derselbe in seiner Jugend Schüler des Polykarp, des Schülers des Johannes selbst, war. Denn wir haben keinen Beweis durch eigene Aeußerung des Irenäus, daß er das Evangelium als johanneisch durch Polykarp kannte, oder daß Polykarp dasselbe benützte. Andererseits muß man aber auch sagen, daß es für ihn einer solchen Berufung nicht bedurfte, denn die kirchliche Geltung der vier Evangelien als apostolische Schriften steht ihm so fest, daß er bereits über die Vierzahl derselben Spekulationen aufstellt, und dieselbe durch die vier Weltgegenden und die vier Cherubim begründet. Wie wäre dieß möglich, wenn das vierte Evangelium sich eben erst von Kleinasien her nach Gallien eingeschlichen hätte? Dann allerdings hätte er die Berechtigung desselben erst beweisen müssen, und eine solche Beweisführung wäre gewiß ein bedenkliches Zeichen. So allgemein und lange feststehend ist aber zu seiner Zeit die Verbreitung und das Ansehen der Schrift, daß dasselbe auch längst das Lieblingsevangelium der Valentinianischen Gnostiker ist: — hi autem qui a Valentino sunt, eo quod est secundum Johannem (evangelio) plenissime utentes ad ostensionem conjugationum suarum, ex ipso detegentur nihil recte dicentes etc. adv. haer. 3, 11, 7.

daß der Bischof Apollinaris im Passahstreite um 170 sich auf seine Angabe über den Todestag Jesu bezog,[1]) daß das Muratorische Fragment bereits die erwähnte Nachricht über seinen Ursprung hat, so bedurfte es kaum noch der Entdeckung, daß auch die Pseudoklementinischen Homilien das Evangelium unzweifelhaft benutzen, um die Unmöglichkeit jener Hypothese darzuthun. Auch die kühnsten Vorstellungen über die raschen Erfolge, welche die Schrift durch ihr geschicktes Eingreifen in alle Zeitfragen sogleich bei ihrem Ursprunge gehabt haben soll, reichen dazu nicht aus.[2])

---

[1]) — — ὅθεν ἀσύμφωνος τε νόμῳ ἡ νόησις αὐτῶν καὶ στασιάζειν δοκεῖ κατ' αὐτοὺς τὰ εὐαγγέλια. Die Ansicht der Gegner, daß Jesus das Passahlamm am Abend des 14. Nisan gegessen, widersprach nach seiner Meinung dem Gesetze, weil nach diesem Christus als das wahre Passahlamm am 14. sterben mußte, und sie schien ihm auf einer Auslegung der synoptischen Evangelien zu beruhen, durch welche diese in Widerspruch mit dem vierten kamen. Daß seine eigene Vorstellung ganz auf dem Letzteren beruht, zeigen die Worte: — ὁ ἀντὶ τοῦ ἀμνοῦ παῖς θεοῦ — — ὁ τὴν ἁγίαν πλευρὰν ἐκκεντηθείς, ὁ ἐκχέας ἐκ τῆς πλευρᾶς αὐτοῦ τὰ δύο πάλιν καθάρσια, ὕδωρ καὶ αἷμα, λόγον καὶ πνεῦμα — — chron. pasch. ed. Dind. p. 13 f. Aus dieser Anwendung geht aber nicht nur hervor, daß Apollinaris selbst sich auf das Evangelium stützte, sondern daß dasselbe unter allen Parteien im Streite zweifelloser Anerkennung genoß, oder, was noch wichtiger ist, daß die vier Evangelien schlechtweg als solche in der ganzen Kirche galten.

[2]) Man hat oft den Widerspruch gegen das Evangelium, welchen die sogenannten Aloger erhoben, als ein Zeugniß dafür geltend gemacht, daß sein Ursprung in der zweiten Hälfte des zweiten Jahrhunderts noch zweifelhaft gewesen sei, woraus sich dann zu bestätigen schien, daß es damals erst sich Bahn zu brechen hatte. Allein es ist eine Erschleichung, wenn man diesen Widerspruch als einen historisch kritischen bezeichnet. Allerdings erzählt Epiphanius von dieser Partei, daß sie auf die Disharmonien der Geschichte Jesu nach den Synoptikern und nach Johannes hingewiesen haben, haer. 51, 18. Aber indem sie Kritik an der Geschichtsdarstellung der Evangelien übten, haben sie doch nicht den Ursprung des Evangeliums aus historisch-kritischen Gründen bekämpft, oder sie haben nicht einen neueren Ursprung desselben einzuwenden gewußt, und dieß allein wäre es, was wir als ein historisch-kritisches Urtheil über das Evangelium, das auch für uns maßgebend wäre, bezeichnen könnten. Frägt man vielmehr, was sie über den Ursprung des Evangeliums vorbrachten, so sagt Epiphanius, haer. 51, 3, daß sie dasselbe dem Johannes absprachen und dem Cerinth zuschrieben. So haben sie es aus dogmatischen Gründen für unapostolisch und häretisch gehalten, aber sie haben es doch nur einem

Aber die Schriften des Märtyrers Justin nöthigen sogleich viel weiter zurückzugehen, und das anerkannte Dasein des Evangeliums schon zwanzig Jahre vor jener Zeit zuzugeben. Die Schriften des Märtyrers sind voll von Anklängen an die johanneische Logoslehre, diese ist bereits als sichere Errungenschaft vorausgesetzt und bildet den Stoff für weitere speculative Entwicklung. In jedem Falle setzt die Stufe, auf welcher diese bei ihm erscheint, einen solchen Vorgang voraus; nehmen wir die Voraussetzung des johanneischen Evangeliums weg, so wird sie unerklärlich.[1]) Justin hat aber auch evangelische Citate genug, welche sich nur in der gezwungensten Weise anders als durch die Benutzung des vierten Evangeliums erklären lassen. Unter ihnen ist wenigstens Eines, was jede solche Erklärung geradezu verbietet. In der Erklärung des Gebrauches der Taufe führt er als Ausspruch Jesu an: Wenn ihr nicht wiedergeboren werdet, werdet ihr nicht in das Reich der Himmel eingehen.[2]) Es war das Natürlichste, trotz der freien Anführung, welche übrigens ganz in der Weise des Apologeten ist, hiebei an den Spruch Joh. 3, 3 combiniert mit 3, 5

Häretiker aus der Zeit des Johannes zuzuschreiben gewagt; mithin wußten auch sie nicht anders, als daß es aus diesem hohen Alterthum stamme, und legen gerade in ihrem Widerspruche Zeugniß für die allgemeine Anerkennung dieses Alters ab. Gehen wir aber auf die älteren Nachrichten über die Partei zurück, so berichtet Irenäus von Leuten, welche im Eifer gegen die falsche Prophetie in der Kirche (nach der sicher richtigen Olshausen'schen Conjectur zu Iren. 3, 11, 9), das heißt ohne Zweifel gegen den Montanismus die prophetische Gabe in der Kirche überhaupt, und als Stütze für dieselbe auch das johanneische Evangelium verwarfen. Sind dieß dieselben mit den von Epiphanius Aloger genannten Häretikern, die auch nach ihm sogleich auf die Montanisten folgen (haer. 51, 1), so ist vor Allem zu beachten, daß sie ebenso die Apokalypse wie das Evangelium des Johannes verwarfen. Da nun der Montanismus sich ebensosehr auf die Apokalypse (vgl. Epiph. h. 49, 1) wie auf das johanneische Evangelium bezieht, so hängt eben auch die gleichzeitige Verwerfung beider Schriften ganz mit dem Gegensatze gegen den Montanismus zusammen; es erhellt aber nur aus der doppelten Stellung, welche hier zwei entgegengesetzte Parteien zu dem Gesammtcomplexe der johanneischen Schriften einnehmen, wie fest die letzteren in ihrer Geltung schon unter dem gemeinsamen Namen mit einander standen.

[1]) Vgl. Jahrb. f. d. Th. S. 703 ff.

[2]) Apol. I, 61.

zu denken.[1]) Da der Spruch aber auch an Matth. 18, 3 anklingt, so könnte man immerhin vermuthen, er habe seine Gestalt entweder durch eine selbstständige Umbildung der Matthäusstelle[2]) oder auf Grund eines derselben verwandten Spruches in einer verlorenen Evangelienschrift erhalten. Allein Justin bezieht sich ganz unzweifelhaft auf den johanneischen Text, wenn er jenem Spruche nachfolgen läßt: daß es aber für die Einmal Geborenen unmöglich ist in den Leib der Gebärerinnen einzutreten, ist Jedermann klar. Wenn nicht das erstere Wort, so hat er doch jedenfalls diesen erläuternden Zusatz aus der johanneischen Unterredung Jesu mit Nikodemus, Joh. 3, 4, und es ist mehr als Willkür, auch hiefür noch eine gemeinschaftliche unbekannte Quelle zu vermuthen.[3]) Mag übrigens auch die Anführungsweise des johanneischen Spruches über die Geburt von oben als die Bedingung des Einganges in das Reich Gottes durch Verbindung mit dem ähnlichen Spruche über den letzteren in Matth. 18, 3 bedingt sein: jedenfalls war sie von dem ersteren darin beherrscht, daß durch ihn allein (vgl. Joh. 3, 3. 5) die Beziehung auf die Taufe gegeben war, welche wohl das Nikodemusgespräch, nicht aber die Matthäusrede an die Hand gab. Daß aber das johanneische Wort überhaupt im Citat in eine Ansprache in zweiter Person verwandelt wurde, erklärt sich ganz abgesehen von der Matthäusstelle daraus, daß man den Spruch wie es scheint in der Taufhandlung gebrauchte, deßhalb findet er sich in derselben Form, aber mit einer noch deutlicher diesen Gebrauch beweisenden Erweiterung in den klementinischen Homilien 11, 26: Wahrlich ich sage euch, wenn ihr nicht wieder geboren werdet durch lebendiges Wasser, auf den Namen des Vaters, Sohnes und heiligen Geistes, so

[1]) Man braucht daher für das statt ἰδεῖν eingetretene εἰσελθεῖν nirgends anders die Quelle zu suchen als in dem johanneischen Zusammenhange.

[2]) Uebrigens ist von selbst klar, daß ἀναγεννηθῆναι einfach freie Citation des johanneischen ἄνωθεν γεννηθῆναι sein kann, wogegen es mit dem ἐὰν μὴ στραφῆτε καὶ γένησθε ὡς τὰ παιδία bei Matthäus nur durch eine freie Umbildung zusammenhängen könnte.

[3]) Die Wendung: ὅτι δὲ καὶ ἀδύνατον — — φανερὸν πᾶσίν ἐστι, weist in jedem Falle auf einen angewandten Text zurück, und sicher ist Justins ἅπαξ γεννωμένους dem johanneischen δεύτερον εἰσελθεῖν gegenüber sekundär.

werdet ihr nicht in das Himmelreich eingehen. Darüber also, daß Justin das Evangelium gebraucht, kann kein Zweifel sein, zu erklären ist nur, warum dieß nicht öfter in so unzweifelhafter Weise geschehen ist, wie hier. Aber auch dieß kann nicht befremden, wenn wir die Bestimmung der von ihm erhaltenen Schriften und ihren dadurch bedingten Charakter erwägen. Weder zur Darlegung des Christenthums vor den Heiden, noch zu seiner Rechtfertigung vor den Juden eigneten sich die johanneischen Aussprüche. Die Anwendung des Evangeliums war durch seinen esoterischen Charakter beschränkt.

Gehen wir von Justin, das heißt von der Mitte des zweiten Jahrhunderts, weiter zurück, so wünschten wir wohl aus dem Munde des Papias eine ähnliche Aeußerung, wie wir sie von ihm über Matthäus und Markus haben. Aber Niemand hätte aus dem Mangel derselben den Beweis ziehen sollen, daß er das Evangelium nicht gekannt habe. Wenn Eusebios die besprochenen Zeugnisse über die beiden ersten Evangelien anführt, so thut er dieß nicht etwa, weil diese die einzigen wären, oder weil er die Authentie der kanonischen Evangelien überhaupt aus Papias belegen wollte, sondern weil in denselben eine bemerkenswerthe Angabe über den eigenthümlichen Ursprung und Charakter jener Schriften enthalten war. Wenn er hinzufügt, daß Papias auch Zeugnisse aus dem ersten Johannesbriefe wie aus dem ersten Petrusbriefe benutzt habe, so ist das erstere schon wegen der Verwandtschaft jenes Briefes mit dem Evangelium ein Zeugniß von größter Wichtigkeit für das letztere. Es geschieht aber überdieß in der Art, daß man sieht: er will nur anführen, welche apostolische Schriften Papias noch außer den Evangelien benützt habe, wie er denn noch weiter ausgreifend beisetzt, daß er auch eine Erzählung aus dem Hebräerevangelium benutzte. Am wenigsten darf man die Vorliebe des Papias für die mündliche Tradition dafür anführen, daß er außer Matthäus und Markus kein geschriebenes Evangelium benutzt haben werde. Die Grundlage seines Werkes bildete, wie er selbst deutlich anzeigt, die Erklärung der Evangelien, und nur an diese erlaubte er sich noch seinen Gewinn aus der mündlichen Ueberlieferung anzuschließen, indem er diesen als das Bessere und Wahre den unsicheren neueren Schriften gegenüberstellt. Wir haben daher kein Recht zu der Aussage, daß er das johanneische Evangelium nicht gekannt.[1])

Das positive Zeugniß, welches wir bei Papias vermissen, wird uns reichlich ersetzt durch die ältesten Gnostiker, die ersten Exegeten der Schriften des Neuen Testamentes. Für sie waren diese Schriften die Grundlage, auf welcher sie ein Neues aufbauen wollten, ihr Gebrauch setzt um so gewisser das Ansehen derselben in der Kirche voraus.

Zehen Jahre weiter als Justin führt uns Marcion zurück. Marcion bediente sich ausschließlich des Lukasevangeliums, welches er für seine Zwecke zurecht machte. Tertullian, der Bestreiter dieses Verfahrens, wirft ihm vor, daß er sich dieses mit Ausschluß der übrigen hiezu ausgesucht habe. Man hat gemeint, es sei nur Tertullians Vorstellung, daß Marcion auch die anderen gekannt haben müsse; in Betreff des Johannesevangelium glaubte man sicher zu sein, daß Marcion dasselbe nicht gekannt habe, weil es seinem Charakter nach für die Zwecke des Gnostikers viel geeigneter gewesen wäre, als jedes andere, und dieser sich daher sicher auch desselben bedient hätte, wenn er es gekannt hätte. Das Letztere ist vorderhand eine beliebige Annahme, welche von modernen Vorstellungen ausgeht. Was aber Tertullian betrifft, so hat er nicht bloß vermuthet, daß Marcion die anderen Evangelien gekannt und beseitigt habe, sondern er hat es als Thatsache gewußt; denn er hat die Gründe gekannt, welche Marcion dafür angab, er hat diese bekämpft, und diese Gründe

---

[1]) Ein directes Zeugniß, daß Papias das Evangelium nicht nur gekannt, sondern sogar geschrieben hätte, indem es ihm der Apostel dictierte, ist in der Nachricht eines lat. Ev. Codex aus dem 9. Jahrhundert, vgl. Aberle, theol. Quart. Schrift 1864, S. 7 ff. Dieß anzunehmen verhindert mich die oben S. 28 f. vorgetragene Ansicht über das Fragment des Papias bei Eus. 3, 39, wonach darin liegt, daß Papias den Apostel nicht gekannt habe. Aber auch die Angabe jener Nachricht, daß Marcion von Pontus zu Johannes gekommen, da die Aenderung von Marcion in Cerinthus oder Merinthus doch bloße Vermuthung ist, eine Beziehung des Cerinth zu Pontus aller Nachrichten entbehrt, und daher dieser ganze Satz das Fragment in spätere Zeiten und Vorstellungen zu weisen scheint.

beziehen sich insbesondere auf das Johannesevangelium. Marcion, sagt Tertullian,[1]) gibt vor Allem seine Sache dadurch selbst Preis, daß er sein Evangelium ohne Namen aufstellt, und man könnte seine Widerlegung auf die Constatierung dieser Thatsache beschränken. Aber es ist besser, ihn weiter zu verfolgen. Trotz der Namenlosigkeit sieht man, daß er sich den Lukas auserlesen hat, ihn zu fällen.[2]) Da aber Lukas der Schüler des Paulus ist, so mußte er doch auch die Autorität dieses Apostels annehmen, und in der Consequenz derselben das ältere Evangelium anerkennen, wie es Paulus nach Gal. 2, 2 selbst anerkannt. Aber allerdings, Marcion will diesem entgehen, und er stützt sich dabei auf den Apostel Paulus selbst; er will aus ihm beweisen, daß die Evangelien, welche die Namen von Aposteln tragen, verfälscht sind,[3]) indem er sich auf den Tadel beruft, welchen dieser Apostel im Galaterbrief gegen die Urapostel ausspricht, sowie auf die Anklage desselben gegen falsche Apostel, daß sie die Wahrheit des Evangeliums verkehren. Beides, erwiedert Tertullian, trifft die Sache nicht. Denn bei den Uraposteln, bei Petrus, Johannes und Jakobus geht der Tadel des Paulus lediglich ihr praktisches Verhalten an. Aber auch sogar von den falschen Aposteln ist nicht gesagt, daß sie den Inhalt, die Lehre des Evangeliums gefälscht, sondern nur daß sie falsche praktische Grundsätze judaistischer Richtung aufgestellt haben. Marcion hat also kein Recht, auf die Angaben des Paulus hin die Evangelien als gefälscht zu verwerfen. Wenn die Apostel sich soweit verirrten, daß sie das Evangelium entstellten, so fällt die Anklage auf Christus selbst zurück. Wenn das Evangelium durch falsche Apostel entstellt werden konnte, so haben wir überhaupt keine Sicherheit für ein

---

[1]) adv. Marc. IV. 2.

[2]) So ist videtur elegisse zu übersetzen, nicht: er scheint sich ihn auserlesen zu haben, womit das Gegentheil von dem gesagt wäre, was Tertullian sagen will.

[3]) a. a. O. — sed enim Marcion nactus epistulam Pauli ad Galatas — — connititur ad destruendum statum eorum evangeliorum, quae propria et sub apostolorum nomine eduntur — vgl. de carne Chr. 3 — si scripturas opinioni tuae resistentes non de industria alias rejecisses, alias corrupisses, confudisset te in hac specie evangelium Joannis etc.

ächtes mehr. Aus dieser Widerlegung Tertullians erhellt unzweideutig, daß Marcion seine Verwerfung aller anderen Evangelien außer dem von ihm gebrauchten durch die angebliche Fälschung derselben begründet hatte. Es erhellt, daß diese Anklage sich gegen die Evangelien richtete, welche die Namen von Uraposteln trugen, daß er deßhalb die Vorwürfe des Paulus gegen Petrus auch auf Johannes bezog, um auch sein Evangelium verwerfen zu können. Es kann mithin keinem Zweifel unterliegen, daß diese Schrift zu seiner Zeit nicht bloß schon existierte, sondern auch in der Kirche die Autorität des apostolischen Namens des Johannes genoß. Aber es erklärt sich auch, warum Marcion diese Schrift nicht für seine Zwecke benützte; eben dieser Name eines Urapostels hinderte ihn daran.

Ein zweiter ebenso gewichtiger Zeuge für dieselbe Sache ist das Haupt einer anderen ganz verschiedenen und noch älteren gnostischen Partei, Basilides. Der Verfasser der Widerlegung aller Häresen, jetzt gewöhnlich als Hippolytus bezeichnet, führt in dem Abschnitte, in welchem er von diesem Gnostiker handelt, in längerer Ausführung wiederholt dessen Worte an, und in diesen ist nicht nur der johanneische Prolog, sondern auch Jesu Aeußerung gegen seine Mutter auf der Hochzeit zu Kana besprochen.[1]) Die Citate sind von größerem Umfange; es sind dabei nicht etwa des Gnostikers Ansichten, sondern seine Worte wiedergegeben, und es ist unverkennbar daß der Apologet dabei einer und derselben Schrift folgt.[2]) Die Genauigkeit derselben wird daher nicht erschüttert,

---

[1]) VII. 22. 27.

[2]) Er schließt sich von Cap. 20—27, 5 einem fremden Gedankengange an, belegt diesen fortwährend mit citierten Sätzen, und glossiert ihn theils durch Erläuterungen aus der basilidianischen Lehre überhaupt, theils durch seine eigenen Betrachtungen. Am Schlusse von Cap. 22 bemerkt er daher über einen bestimmten Gegenstand, daß er auf diesen erst später kommen werde: ὕστερον ἐροῦμεν κατὰ τὸν οἰκεῖον αὐτοῦ γενόμενοι λόγον. Nachdem er so diesem Gedankengange bis 27, 5 gefolgt ist, hat er aber noch die basilidianische Lehre über den Begriff εὐαγγέλιον und einiges damit Zusammenhängende nachzutragen, und dieß kommt eben deßwegen jetzt besonders, weil es in der Schrift, welcher er folgte, nicht enthalten war, sondern nur aus der allgemeinen Lehre der Partei genommen wird. Nur ganz am Schlusse

wenn der Verfasser, ehe er sie beginnt, sagt:[1]) wir wollen daher sehen, wie offenbar Basilides sowohl als Isidor und ihr ganzer Chor nicht nur den Matthias verläumdet, sondern auch den Erlöser selbst. Damit ist Nichts gesagt, als daß das, was im Folgenden von Basilides ausgeführt wird, ebenso seinem Schüler Isidor und überhaupt der ganzen Schule gilt. Von Basilides allein aber handelt der Verfasser eingehend, seine Worte zeugen für die ganze Schule. Können wir daher auch die Schrift des Basilides selbst nicht benennen,[2]) aus welcher er geschöpft hat, so leidet es doch keinen Zweifel, daß wir Citate einer solchen vor uns haben, in welchen das johanneische Evangelium benutzt ist,[3]) und da Basilides nach Eusebius (h. e. 4, 6. 7) zur Zeit des Hadrian gelebt hat, so beweist dieser Gebrauch die Anerkennung

---

wird auch hier noch einmal ein Beleg mit Worten des Basilides selbst angeführt.

[1]) Cap. 22.

[2]) Nach Eusebius (h. e. 4, 7) hatte Basilides seine Lehre in 24 Büchern εἰς τὸ εὐαγγέλιον niedergelegt, welche aber deßwegen nicht nothwendig die Gestalt eines eigentlichen Commentars gehabt haben müssen. Aus Clemens Alex. Strom. II. 409, III. 427, VI. 641 f. kennen wir mehrere Schriften von Basilides Schüler Isidor, welche aber einen anderen Charakter haben, als die Auszüge aus Basilides selbst in der angeführten Schrift.

[3]) Die Citate des Verfassers sind im Ganzen ziemlich scharf unterschieden, indem sie mit φησί eingeführt und in der direkten Rede gegeben werden; während der Verfasser seine eigene Darstellung der Ansichten einer gnostischen Partei mit φασί oder λέγουσι einzuleiten und in abhängiger Redeweise zu geben pflegt. Dieß ist die beinahe durchaus herrschende Regel, von welcher er nur in sehr seltenen Ausnahmen abweicht. So hat er in der Abhandlung über die Peraten V. 14 eine einzelne Schrift genannt und aus derselben einen ganzen Abschnitt citirt; nach der Zwischenbemerkung, daß hiermit auch die anderen Schriften der Partei übereinstimmen, V. 15. 16 init., fährt er V. 16 in Anführungen aus jener Schrift fort, gibt aber keinen längeren Abschnitt mehr, sondern lauter einzelne ausgewählte Stellen, welche jedoch alle als Citate bezeichnet werden: so daß beinahe jeder Satz mit φησί eingeführt ist. Wo zwischen die Citate hinein eine Erklärung im Sinne der Partei gegeben wird, ist diese mit λέγουσι eingeleitet. In anderen Fällen gibt er zwar seine Quelle nicht an, unterscheidet aber deutlich fortwährend zwischen seinen Citaten und seinem Berichte, so über die Naassener, V. 8, 7.

des Evangeliums am Schlusse des ersten Viertels des zweiten Jahrhunderts.

Nicht ebenso unzweifelhaft, läßt sich der Gebrauch des johanneischen Evangeliums durch Valentin aus unserer Widerlegungsschrift nachweisen. Zwar gibt dieselbe auch bei der Darstellung dieser Lehre Auszüge,[1]) welche ein johanneisches Wort Joh. 10, 8 enthalten, und darüber, daß dieses wirklich aus einer Schrift der Sekte genommen ist, kann kein Zweifel sein. Wohl aber scheint der Apologet bei seinen die Valentinianische Lehre betreffenden Auszügen sich nicht an eine und dieselbe Schrift gehalten, sondern verschiedene Schriften der Schule abwechselnd gebraucht zu haben, weßhalb wir über das Alter dieser Anführung Nichts aussagen können, und durch dieses Zeugniß nur eine weitere Bestätigung dafür haben, daß das Evangelium in der Schule der Valentinianer frühe gebraucht wurde, wie denn bekanntlich Ptolemäus nach Iren. I. 8, 5 aus dem johanneischen Prologe als apostolischer Schrift argumentiert, und Herakleon einen Commentar zu dem Evangelium schrieb. Aber allerdings lassen schon diese Thatsachen vermuthen, daß das Evangelium auch in dieser Schule von Anfang an dasselbe Ansehen genoß, wie bei Basilides, und daß Irenäus ganz Recht hat, wenn er a. a. O. der Ansicht ist, daß die Valentinianische Aeonenlehre auf die johanneischen Begriffe gegründet wurde. Es kommt überdieß hinzu, daß Tertullian von Valentin aussagt, derselbe habe keine der neutestamentlichen Schriften von seinem Gebrauche ausgeschlossen. Wie aber dem auch sei, so genügt schon der Gebrauch des Basilides zu dem Beweise, daß das Evangelium, welches um 125 im anerkannten Gebrauche war, nicht wohl später als in den letzten Zeiten des ersten Jahrhunderts entstanden sein kann.

Bei diesem Stande der Dinge kann man von dem Zeugnisse der Ignatianischen Briefe, welches durch den unsicheren Bestand ihres Textes in jedem Falle zweifelhaft bleibt, ganz absehen. Auch dieses Zeugniß würde kein wesentlich von dem übrigen abweichendes Resultat geben.

---

[1]) a. a. O. VI. 35.

3. Die geschichtlichen Zeugnisse für das vierte Evangelium setzen dasselbe jedenfalls noch in die Zeit der ursprünglichen Evangelienschreibung. Wenn dasselbe auch ein anderes Verhältniß zu der apostolischen Lehrentwicklung einnimmt, als die synoptischen Evangelien, so steht es ihnen jedenfalls in der Zeit der Abfassung nahe genug, um ihnen als Vertreter einer eigenen Ueberlieferung an die Seite gestellt werden zu können. Ob aber das Evangelium als apostolische Schrift anzuerkennen sei, läßt sich wenigstens durch die äußere Bezeugung desselben allein nicht entscheiden.

Ueber diesen Stand der Frage werden wir auch durch den Umstand nicht hinausgeführt, daß außer dem Evangelium noch zwei charaktervolle Schriften im Neuen Testament den Namen desselben Apostels Johannes tragen. Von diesen ist die Apokalypse mindestens seit Justin dem Märtyrer, höchst wahrscheinlich aber schon durch Papias, der erste johanneische Brief aber sicher durch den Gebrauch des Papias und sodann des Polykarp bezeugt, die erstere hat aber zugleich in sich selbst das unzweifelhafte Datum der letzten Jahre vor der Zerstörung Jerusalems durch Titus. Trügen diese sämmtlichen Schriften das Gepräge eines und desselben Verfassers, so wäre dadurch die Authentie des Evangeliums in ähnlicher Weise gesichert, wie die paulinischen Briefe sich wechselseitig durch freie Uebereinstimmung bezeugen. Nun ist aber bei den johanneischen Schriften die Frage durch das Zusammentreffen derselben im Namen des Verfassers vielmehr erschwert, indem das Evangelium und der erste Brief einerseits und die Apokalypse andererseits von einander durch eine so große Kluft der Sprache, und Darstellung, des Ideenkreises, des ganzen Geisteslebens geschieden sind, daß beide Theile unmöglich auch gleiche Verfasser haben zu können scheinen.

Auch zwischen dem Evangelium und dem Briefe des Johannes hat man Differenzen gefunden, welche aber jedenfalls die Bedeutung nicht haben, daß man daraus auf verschiedenen Ursprung schließen könnte. Wenn der Brief die Lehre von der Versöhnung bestimmter entwickelt und mehr in den Vordergrund stellt als das Evangelium, wenn er in der Terminologie der Lehre vom Geiste abweicht, den Namen der Paraklet, den das Evangelium dem Geiste gibt, auf Christus selbst anwendet, und den Geist dagegen χρίσμα nennt, so sind dieß Alles Dinge, welche sich aus dem Unterschiede der Darstellung zwischen einem Evangelium und einem Briefe, ganz abgesehen davon, ob das Evangelium in den Reden Jesu hier durch historische Gesichtspunkte geleitet ist, von selbst erklären. Wichtiger ist noch, daß der Brief schärfer als das Evangelium die Erwartung der Wiederkunft Jesu zum Gerichte hervorhob, und daß er die Weissagung des Antichristes anführt, von welcher das Evangelium Nichts enthält. Aber auch diese eschatologischen Abweichungen sind nicht von durchschlagender Bedeutung. Denn auch das Evangelium geht von der Erwartung des letzten Tages aus, wenn es gleich denselben der idealen Zukunftsaussicht unterordnet, und der Brief seinerseits deutet den Antichrist vor gewissen Gesammt-Erscheinungen. Gerade die Art, wie die konkrete Weissagung unter allgemeine geistige Zukunftsbilder gebracht ist, haben die beiden Schriften gemeinschaftlich, der Standpunkt ist der gleiche. Die Besonderheiten sind aber vielmehr von der Art, daß sie, wie dieß auch bei den paulinischen Briefen der Fall ist, gerade die Einheit des Verfassers bestätigen, wenn doch die Uebereinstimmung sonst eine so wesentliche ist, daß man in ihnen eben die freie geistige Bewegung des Urhebers, sein ungebundenes Verfahren mit seinen eigenen Begriffen erkennen darf. In der That aber hat der Brief mit dem Evangelium nicht nur die Logoslehre, und die ganze dadurch bedingte Auffassung des Christenthums, sowie eine Reihe für dieselbe entscheidenden Grundbegriffe gemein; sondern, was für die kritische Frage noch wichtiger ist, er zeigt die größte Aehnlichkeit in der Form des Denkens und der Rede, die gleiche Dialektik und die gleiche Mystik, den gleichen Fortschritt in der Gedankenentwicklung und die gleichen Satz- und Wortbildungen. Man kann daher immer noch mit Recht sagen, daß der gemeinschaftliche Ursprung beider Schriften verbürgt sei, und die Versuche, die Abhängigkeit der einen von den andern, das Verhältniß einer literarischen Weiterbildung zwischen ihnen nachgewiesen, haben kein anderes Verdienst, als daß durch dieselben der Gehalt besonders des Briefes überhaupt genauer beleuchtet worden ist.

Dagegen ist die Verschiedenheit zwischen dem Evangelium und der Apokalypse so groß und so offen am Tage liegend, daß schon der gesunde Sinn in der alten Kirche die Unmöglichkeit ihrer Herkunft von Einem Verfasser erkannte; in der That sind die Gründe, welche der Alexandrinische Dionysius im dritten Jahrhundert hiegegen aufführte, bis heute noch nicht widerlegt. Es ist nur Schein, wenn man für die Einheit geltend macht, daß auch in der Apokalypse Jesus den Logos-Namen erhält, daß er auch hier das Lamm Gottes ist. Damit kann ein Zusammenhang beider Schriften nach dem Gebiete ihres Ursprungs angezeigt sein, keineswegs aber reichen diese Berührungen — denn weiter geht die Aehnlichkeit nicht — zur Identität des Verfassers hin. Man hat allerdings auch hier den Gegensatz der Lehre noch größer gefunden als er ist, indem man in der Apokalypse einen ausschließend jüdischen Standpunkt und die Verwerfung paulinischer Freiheit nachweisen wollte. Ist man darin zu weit gegangen, so darf man sich andererseits aber auch nicht verbergen, daß die Vorstellung des tausendjährigen Reiches Christi in Jerusalem mit dem Mittelpunkte des unzerstörten Tempels, daß diese Vorstellung, welche den Schwerpunkt der ganzen Apokalypse bildet, mit den Ideen des Evangeliums unverträglich ist. Das Entscheidende aber liegt auch hier in dem Verhältniß der Gedankenbildung und der Sprache. Die Verschiedenheit ist hierin so groß, daß sie weder durch die mit der apokalyptischen Form zusammenhängende Darstellungsweise noch durch verschiedene Altersstufen des Verfassers sich auflösen läßt. Da nun die Apokalypse der äußeren Bezeugung nach ihrerseits einen starken Anspruch auf johanneischen Ursprung hat, und sich selbst unter den Namen Johannes stellt, so scheint daraus ein unvermeidliches Dilemma über die apostolische Abkunft beider Schriften zu erwachsen. Und wenn man die Spuren der Person und Geschichte des Johannes nach den synoptischen und paulinischen Nachrichten verfolgt, so läßt sich nicht läugnen, daß die so sehr an den alten heiligen Stätten haftenden christlichen Zukunftshoffnungen demselben besser zu entsprechen scheinen, als der Geist des vierten Evangeliums. Aber wenn andererseits im urapostolischen Kreise sich doch mit großer Bestimmtheit die Weissagung Jesu vom Untergang des Tempels erhalten hat, und der Apokalyptiker von dieser abweicht, wenn derselbe doch die Zwölf Apostel als heilige Größen über sich schaut 21, 14, so stehen der apostolischen Abkunft dieser Schrift sicher so große Schwierigkeiten gegenüber, daß von ihr aus nicht gegen das Evangelium entschieden werden kann. Der Ursprung des letzteren oder zunächst sein geschichtlicher Werth kann mithin nur aus ihm selbst nach inneren Gründen beurtheilt werden. Die Abkunft jener Schrift von dem Apostel muß wieder in hohem Grade zweifelhaft werden, keinen Falls kann von ihr aus über die des Evangeliums entschieden werden.

---

2. Der Charakter des Evangeliums.

1. Die Bedeutung der Frage über die Person des Verfassers pflegt man bei dem vierten Evangelium darin zu finden, daß der Name, welchen es trägt, der Name eines Apostels und Augenzeugen Jesu ist. Darf man diesen Namen als sicher ansehen, so ist damit von selbst das Evangelium zur wichtigsten Quelle des Lebens Jesu erklärt. Dieses Verhältniß ist noch von größerer Tragweite als bei Matthäus, nicht nur weil nach der synoptischen Ueberlieferung Johannes zu den Vertrauten Jesu, nach Paulus später zu den Säulen der apostolischen Urkirche gehörte, sondern auch deßhalb, weil die Schrift des Matthäus, wenn sie wirklich von ihm ausgieng, doch uns jedenfalls nur in verarbeiteter Gestalt, verschmolzen mit anderen Quellen, vorliegt, während bei dem vierten Evangelium keine solche Theilung seiner Bestandtheile möglich ist, sondern dasselbe ganz auf Rechnung seines apostolischen Verfassers zu setzen wäre. Aber ob die Schrift selbst sich in dieser Weise auf die Augenzeugenschaft ihres Verfassers beruft, kann nicht von vorneherein als entschieden angenommen werden. Die Erklärung Joh. 1, 14: das Wort wurde Fleisch und wohnte unter uns, und wir sahen seine Herrlichkeit, kann wenigstens nicht dafür entscheiden, da im gleichen Zusammenhang 1, 16 die Erklärung: wir haben alle aus seiner Fülle genommen, jedenfalls

über den Kreis der Augenzeugen hinausgreift. Das einzigemal, da das Evangelium für eine Thatsache sich auf die Augenzeugenschaft beruft, 19, 35, redet es von dem Zeugen in der dritten Person. In dem Schlußworte 20, 30 sagt der Verfasser: noch viele andere Zeichen hat Jesus gethan vor den Jüngern, und redet daher hier nicht in erster Person, wo dieses am natürlichsten gewesen wäre. Nur der Nachtragsschluß 21, 24 spricht von dem Jünger, welcher von diesen Dingen zeugt, und dieses geschrieben hat. Es war also mehr die von den übrigen abweichende Darstellung dieses Evangeliums und der Eindruck höherer Vertrautheit mit dem Wesen Jesu, warum man der Personfrage bei demselben dieses entscheidende Gewicht beilegte, und dieses ist zunächst der Ausdruck dafür, daß das Evangelium einen ganz individuellen Typus zeigt. Während bei den Synoptikern die Vergleichung ihrer verwandten Texte von selbst in den Ursprung und Werth ihrer Schriften einführt, so steht das vierte Evangelium ganz für sich. Es gehört nicht zu den aus dem Stamme gemeinsamer Ueberlieferung hervorgewachsenen Zweigen. Seine Art und Abkunft ist vielmehr eine ganz individuelle, und kann zunächst nur aus sich selbst beurtheilt werden. Erst in zweiter Linie muß das Verhältniß zu den Synoptikern als Gegenstand ergänzender Prüfung hinzutreten.

Alle unsere Evangelien sind nicht einfache Geschichtserzählungen, sondern ihre Erzählung ist geleitet von bestimmten Zwecken. Zunächst handelt es sich jedenfalls um den im Vorworte des Lukas ausgesprochenen Zweck, die Gewißheit des christlichen Glaubens überhaupt durch die sichere Kenntniß der Thatsachen, auf welche er sich stützt, zu begründen. Dieser Zweck wird aber außerdem noch in besonderer Richtung verfolgt. Matthäus will nach dem Untergange Jerusalems die Judenchristen in ihrem Glauben an Jesus als den Messias befestigen, indem er ihnen zugleich aus seiner Geschichte nachweist, daß das Reich an die Heiden übergehen müsse. Lukas ist zunächst Sammler, aber er will dabei die bereits vorhandenen Hauptdarstellungen und ihre verschiedenen Richtungen neben einander zu Recht kommen lassen und eine gewisse Ausgleichung zwischen ihnen herbeiführen. Er selbst faßt das Evangelium schon ganz von dem weiten Standpunkte der großen Heidenkirche auf, und sucht überall auf denselben vorzubereiten. Aber auch die Quellen unserer Synoptiker waren schon Lehrschriften mit mehr oder weniger bestimmter Färbung des Zweckes. Die älteste erkennbare Quelle der synoptischen Geschichten gieng jedenfalls schon sehr bestimmt darauf aus, zu rechtfertigen, daß die Anhänger Jesu die messianische Zukunftshoffnung trotz seiner Kreuzigung auf ihn setzen. Die älteste Redensammlung wollte den Schatz der Lehre Jesu als das Gesetz des neuen Israel sicher stellen. Die weiteren Bearbeitungen dieser Reden suchten in immer bestimmteren und abweichenderen Richtungen in denselben Grund und Recht für die Erkenntniß der fortgeschrittenen Gemeinde. So waren alle diese Schriften Lehrschriften, welche wie die ganze Ueberlieferung der Geschichte Jesu den Zwecken der Predigt diente. In diesem Sinne stellt sich das vierte Evangelium ganz in dieselbe Reihe mit dem Joh. 20, 31 ausgesprochenen Zwecke: das ist geschrieben, damit ihr glaubet, daß Jesus ist der Christos, der Sohn Gottes, und damit ihr durch den Glauben das Leben in seinem Namen habet.

Aber dieses Evangelium hat noch in einem ganz anderen Sinn den Charakter einer Lehrschrift, als jene anderen. Sein Beweis gilt nicht bloß, wie jener Satz zunächst sagt, der Ueberzeugung von der Messianität Jesu, sondern er gilt dieser in einem bestimmten dogmatischen Sinne, es ist eine christologische Idee, welche demselben zu Grunde liegt, und dadurch ist die ganze Geschichte eine theologisch bedingte geworden. Wir finden nicht, daß die früheren Evangelien und ihre Quellen schon eine ausgebildete dogmatische Auffassung der Person Jesu durchzuführen suchten. Fast nur an kleinen Veränderungen oder Milderungen einzelner Sprüche, an der Beseitigung solcher Worte, die mit der Zeit bedenklich erschienen, läßt sich erkennen, daß die höhere Vorstellung von ihm in der bestimmteren Ausbildung begriffen war. Auch ist zu den ursprünglichen Quellen wenigstens in zweien unserer synoptischen Evangelien seine wunderbare Erzeugung hinzugefügt. Aber da auch ohne dieses die Darstellung seines Lebens ihm den Charakter des messianischen Gottessohnes und den Vollbesitz des heiligen Geistes zuschrieb, so war dieß nur eine Ergänzung, welche die Anschauung des Ganzen nicht veränderte, auf die Auffassung seiner Geschichte keinen weiteren Einfluß übte.[1]) Dieß wird ganz anders in dem Augenblicke, da eine bestimmte höhere Lehre von der Person Jesu zum leitenden Gesichtspunkte für diese Darstellung wird. Alle besonderen lehrhaften Zwecke, welche dieselbe bisher verfolgt hatte, berührten nur die Peripherie des Stoffes, nur auf diese übten sie daher einen Einfluß. Die Aussagen Jesu über diese oder jene Verhältnisse erhielten andere zweckvolle Wendungen und Verbindungen. Das Hereintreten jener Lehre mußte seinem Reden überhaupt, seinem ganzen Auftreten einen anderen Charakter geben.

Daß der Evangelist seine Darstellung unter die Herrschaft der christologischen Idee stellen wollte; darüber hat er keinen Zweifel gelassen, er hat es vielmehr im Eingange der Schrift unzweideutig ausgesprochen. Alle evangelische Erzählung begann von Anfang an, auch in den kürzesten Uebersichten, mit dem Auftreten des Täufers. Später gieng man auf die Geburt Jesu und bald auch auf die des Täufers zurück. Das vierte Evangelium greift aber weiter zurück in der Beschreibung der Ausgänge Jesu. Auch sein Anfang geht, so weit er geschichtlich ist, von dem Täufer und dessen Zeugniß für Jesum aus, Joh. 1, 6 ff. 15. 19 ff. Aber vorher erzählt es von dem Logos, der im Anfang bei Gott war, und selbst Gott war, und durch den Alles geschaffen ist, 1, 1—3. Es führt aus, daß in diesem Logos das Lebensprincip alles Seins ist, welches im menschlichen Geistesleben das Princip des Lichtes wird, 1, 4—9, und stellt nun das Kommen Jesu unter den doppelten Gesichtspunkt, daß in ihm eben dieses allgemeine Lichtprincip des Geisteslebens in seine eigene Welt kam, 1, 9 ff., und daß damit in der That der Logos Gottes selbst sinnliches Dasein annahm und unter den Menschen wohnte, um ihnen so

[1]) Wenn später ein Theil der zur Secte gewordenen Judenchristen die übernatürliche Erzeugung läugnete, so geschieht dieß schon mit dem Absehen auf die ganze höhere Christologie der Kirche, und in dem gleichen Sinne, in welchem den Juden jetzt die früher Voraussetzung gewesene Annahme von der Menschheit Christi durch diesen Gegensatz zum förmlichen Dogma wurde.

seine Herrlichkeit zum Anschauen zu bringen, 1, 14. Hiedurch ist nun der Satz begründet, daß Jesus der einziggeborene Sohn Gottes, der Sohn vom Vater her ist, der deßhalb die Fülle der göttlichen Gnade und Wahrheit offenbart, und allein von Gott, dem sonst für Alle unsichtbaren, berichten konnte 1, 18. So ist durch diese Begriffe das ganze Leben Jesu als die vollkommene und einzige Offenbarung Gottes charakterisiert, welche sogleich 1, 17 dem Gesetze als einer bloß durch einen Menschen gegebenen Einrichtung in ihrer ganzen Würde gegenüber gestellt wird. Der Unglaube gegen diese Offenbarung wird als Zeichen der Finsterniß charakterisiert, 1, 5, während zugleich durch die wesentliche Beziehung dieses Lichtes auf das Leben der Menschen überhaupt 1, 9, die Universalität dieser Offenbarung von selbst begründet ist, und in der Schilderung der ganz von menschlichen und irdischen Bedingungen unabhängigen Geburt aus Gott 1, 12 f. dargelegt wird.

Wir haben hier nicht weiter zu untersuchen, in welchem geschichtlichen Zusammenhange diese Ideen mit vorchristlicher Philosophie stehen. wir haben nur davon auszugehen, daß sie hier thatsächlich so in den christlichen Glauben aufgenommen sind, und daß die ganze Darstellung des Evangeliums von diesen leitenden Gesichtspunkten, welche der Verfasser voranstellt, beherrscht ist. Die ganze Geschichte desselben ist daher die Offenbarung der Person Jesu selbst. Es handelt sich hier nicht wie bei den Synoptikern um die Schilderung dessen, was Jesus in seinem Volke gewirkt, wie er das Reich Gottes verkündigt, wie er eine Gemeinde gestiftet, und derselben die Rechte jenes Reiches zugetheilt, wobei seine Person eben nur insoferne in Betracht kommt, als der Glaube an sie die Bedingung ist für den Empfang des von ihm mitgetheilten Gutes. Seine ganze Wirksamkeit fällt jetzt unter den Einen Zweck der Offenbarung seines Wesens und seiner Herrlichkeit. Dieß ist der Zweck und Inhalt seiner Wunder, wie es gleich bei dem ersten derselben ausgesprochen wird. Darum fallen dieselben unter den Begriff des Zeichens in diesem höheren Sinne, 2, 11. Als Jesus die entscheidende Reise nach Jerusalem antritt, wird er 7, 4 von seinen Brüdern aufgefordert, sich nicht im Verborgenen zu halten, sondern der Welt zu offenbaren. Die

Offenbarung des Vaters und des Sohnes war nach 17, 3. 6 der Inhalt und Zweck seines ganzen Lebens. Das Evangelium zerfällt in zwei große Haupttheile, deren erster eben seine Lebensoffenbarung, der andere die Leidensgeschichte enthält. Jener schließt mit Worten Jesu 12, 44—50, durch welche sein ganzes Wirken zusammengefaßt wird in der Erklärung, daß er als das aus der Finsterniß erlösende Licht in die Welt gekommen, daß ihn schauen so viel war, als den Vater, der ihn abgesendet hat, schauen. Und in ähnlicher Stelle erklären im zweiten Theile seine letzten Jüngerreden, so wie das abschließende Gebet 16, 28. 17, 22, daß er von seinem Vater in die Welt kam und nun wieder aus ihr geht, nachdem er den Menschen die göttliche Herrlichkeit in seiner Person mitgetheilt. Aber auch die Leidensgeschichte selbst fällt unter diesen Gesichtspunkt der Herrlichkeitsoffenbarung 13, 31. 17, 1.

Wie aber dieser in der Logosidee wurzelnde Begriff der Offenbarung, so beherrscht auch der ebenfalls im Prologe des Evangeliums vorangestellte Gegensatz des Lichtes und der Finsterniß, welche dasselbe nicht annimmt, die ganze Darstellung des Evangeliums. Der Unglaube, welcher seiner Offenbarung nicht glaubt, welcher ihn dann geradezu bekämpft, ist Nichts als der Beweis von der Macht dieser Finsterniß. Ihr gegenüber steht der Theil der Menschheit, welcher dem Lichte noch verwandt ist, und jetzt zu seinem vollen Besitze gelangt. Die Erscheinung Jesu wird daher nach der Erklärung, welche seine erste große Rede hierüber gibt, 3, 19—21, zu einer großen Scheidung der Menschheit in diese beiden Theile, die sich mit innerer Nothwendigkeit vollzieht; und diese Erklärungen wiederholen sich auf seinem ganzen Gange Schritt für Schritt, so daß sein Auftreten dadurch von Anfang an der Welt gegenüber den Charakter der Resignation hat. Denn die Entscheidung ist innerlich überall schon völlig vorbereitet, sie kann nur noch, sowie sie nothwendig ist, auch offenbar werden. Die große Menge, die Juden sind von der Welt, aus der Finsterniß, von untenher, vom Teufel, 8, 22. 23. 44, und ebenso sind die Gläubigen ihm von Gott schon zubereitet, sie werden zu ihm gezogen und ihm gegeben 6, 37. 44. 65. Der erste Theil des Evangeliums enthält daher nur Streitreden, welche den Gegensatz der Welt und des Unglaubens entwickeln; selbst die Jünger kommen fast nur unter dem Gesichtspunkt zur Sprache, daß sich auch von ihrem Kreise immer noch Elemente der Welt aussondern, 6, 66 ff. Im zweiten Theile hat er es dann nur noch mit den Jüngern zu thun; er nimmt keine neuen Anhänger mehr an, 12, 22 f. ja er schließt die Welt von seiner Fürbitte aus, 17, 9.

2. Das Evangelium hat diesem Charakter entsprechend seinen Schwerpunkt in den Reden Jesu. Sein Wirken ist diesen durchaus untergeordnet. Der Glaube, den seine Wunder erzeugen, ist nur ein Nothbehelf für den Glauben, welcher auf der Anschauung seiner Einheit mit Gott beruht, und so aus seiner persönlichen Selbstoffenbarung im Worte gewonnen wird, 14, 11. Aber um so mehr ist die Geschichte selbst ganz beherrscht von den Gedanken, mit welchen der Verfasser seine Darstellung beginnt. Es zeigt sich dieses vorzüglich an den Wundern Jesu und an dem Verhalten seiner Gegner.

Die Wunder, welche sich das Evangelium für seine Darstellung ausgewählt hat, sind nicht als Thaten seiner Güte und seines Erbarmens geschildert, sondern als nothwendige Offenbarungen der in ihm gegenwärtigen göttlichen Herrlichkeit. Als Jesus den Sohn des königlichen Dieners heilt, 4, 46—54, handelt es sich für ihn selbst nur um die Frage, ob ein Zeichen gegeben werden soll, um den Glauben zu bewirken, 48. Und nicht deßwegen heilt er, weil ihm der Glaube entgegen kommt, sondern er spricht das Wort, um den Glauben zu erzeugen, 50. 53.[1]) In demselben Sinne weist er bei der Hochzeit zu Kana die glaubige Bitte seiner Mutter zurück, weil es lediglich seine Sache ist, zu seiner Zeit sich zu offenbaren, 2, 4. Der Lahme am Teiche Bethesda hat keine Ahnung, daß der, welcher mit ihm spricht, ihm helfen könnte 5, 7, es knüpft sich ebensowenig ein Verhältniß desselben zu Jesus an die Hilfe, als der letzteren eine Bitte vorausgehen kann. Auch die wunderbare Speisung ist ein Zeichen, aber sie

---

[1]) Vgl. dagegen Matth. 8, 10. 13.

wirkt auf die Empfänger, weil dieses nicht verstanden wird, bloß sinnlich, 6, 26. Das Leiden des Blindgeborenen ist göttlich angeordnet, lediglich um der Heilung willen, oder um die Werke Gottes an ihm offenbar werden zu lassen, 9, 3. Auch in der Erzählung von der Auferweckung des Lazarus sind zwar beide Schwestern gewiß, daß Jesus hätte helfen können, wenn er zugegen gewesen wäre, 11, 21. 32. Martha deutet sogar die Zuversicht an, daß er bei Gott Alles erreichen kann, 11, 22. Aber sie versteht durchaus nicht, was Jesus vor hat, 11, 24. 39, und Jesus muß daher wiederholt über den Mangel des rechten Glaubens zürnen. Es ist daher auch hier die Offenbarung der Herrlichkeit Jesu vor diesen Unglaubigen und Halbglaubigen der ganze Zweck seiner Handlung, er selbst spricht dieß noch im Gebete aus 11, 41. 42. Wie es sich hiebei mit den Thatsachen und mit der geschichtlichen Grundlage der Reden Jesu auch verhalten mag, so ist in jedem Fall offenbar, daß die Darstellung des Evangelisten durchaus von dieser Idee der Herrlichkeitsoffenbarung geleitet ist. Sie hat unstreitig dadurch dem ganzen Bilde eine bestimmte Färbung gegeben, eine gewisse Härte, welche die menschlichen Beziehungen der synoptischen Darstellung ähnlicher Begebenheiten vermissen läßt, obgleich die Schilderung der gewaltigen Gemüthsbewegung Jesu an die ähnliche des Markusevangeliums erinnert.[1]) Wie sehr dem Verfasser überhaupt die Idee oder die allgemeine Wahrheit, welche sich in den Ereignissen kundgibt, die Hauptsache ist, zeigt sich schon daran auffallend genug, daß nicht selten der Ausgang einer Begebenheit gar nicht berichtet wird, und zwar in solchen Fällen, wo man dieß nothwendig erwartet, wie in Cap. 2 bei der Tempelreinigung, in Cap. 5 bei der Anfechtung Jesu wegen der Sabbathheilung. Die Ausgänge sind für den Evangelisten durch die Stellung der Parteien von selbst gegeben. Die Begebenheiten haben ihm weniger als solche Bedeutung, sie sind nur Gelegenheit zur Manifestation der vorhandenen Zustände. Und sein Zweck ist dabei, den großen Gegensatz, welcher in ihnen zur Erscheinung kommt, zu beleuchten.

---

[1]) Vgl. das ἐμβριμᾶσθαι Mark. 1, 43 (Matth. 9, 30) und Joh. 11, 33. 38.

Mit Recht darf man daher sagen, daß sich schon in der Geschichtserzählung des Evangeliums die durchgängige Unterordnung des Stoffes unter die idealen Gesichtspunkte des Verfassers zeige. Der Stoff ist ihm überall vorzugsweise Mittel, dessen Verwendung gewisse Begriffe oder vielmehr wesentliche Verhältnisse beleuchten muß, deren Grundzüge im Eingange des Evangeliums enhalten sind. Wie hiedurch die wunderbaren Erweisungen Jesu ganz als die freie Offenbarung der göttlichen Herrlichkeit, des Schmuckes aller Wechselbeziehung zu dem Glauben der Empfänger und aller menschlich milden Motive entkleidet dastehen, wie über dieselben deßhalb eine gewisse Kälte ausgegossen ist, eben weil sie ganz unter das Schlaglicht jener Idee gestellt sind, so erscheint auch das Auftreten und Handeln der ihm gegenüberstehenden Personen in unverkennbarer Einförmigkeit. Es ist in das knappe Gewand der Nothwendigkeit gekleidet, in welchem der Unglaube als verstockter Widerstand erscheint, ohne daß dessen Ursachen menschlich durchsichtig werden, und durch welches auch der Glaube der Anhänger nicht sowohl freie Hingebung als unvermeidliche Folge ihres Erwähltseins ist.

Dieß muß sich der Natur der Sache nach am meisten in den Momenten zeigen, in welchen sich Begebenheit und Rede verbinden. Die Zwiegespräche Jesu, zumal mit seinen Gegnern, sind die wichtigsten Handlungen in der Darstellung des Evangeliums. Unstreitig decken dieselben die allgemeinsten und tiefsten Beziehungen zwischen der göttlichen Wahrheit und dem Leben der Welt auf, aber als einzelne Begebenheiten geben sie nur ein frostiges Bild. Indem es dem Verfasser darum zu thun ist, in denselben den unversöhnlichen Gegensatz, der der Ausgang aller dieser Verhandlungen war, nachzuweisen, indem er hiebei in der Regel nur die Resultate mit Uebergehung aller Schwankungen darstellt, so werden diese Gespräche auf Seiten der Gegner zu einer fortlaufenden Kette von Mißverständnissen, auf Seiten Jesu zu einer diese nicht beachtenden Kette von sich steigernden Forderungen, und der Verlauf gewährt den Eindruck, daß es ebenso an natürlichem Fortschritte wie an konkreter Lebenswahrheit dieser Gegenüberstellung fehle. Ein redendes Beispiel hievon sind die inhaltschweren Verhandlungen Jesu in der Synagoge zu Kapernaum nach der wunderbaren Speisung. Nur die Einleitung derselben 6, 25—30 gibt ein Bild von eigentlicher Wechselrede und Wechselwirkung. Von da an aber treten die Juden in den fortschreitenden Gang der Enthüllung Jesu über seine Sendung und den Weg des durch ihn gegebenen Heiles mit ihren Zwischenreden nur ein, um durch ihren Unglauben und ihr Nichtverstehen die Höhe dieser Reden um so mehr zu beleuchten. So beginnt das grobe Mißverständniß 6, 34 mit dem Verlangen der Juden, ihnen das Gottesbrod, von welchem Jesus spreche, zu essen zu geben; dieselbe völlige Unfähigkeit, seine Worte zu fassen, setzt sich fort in der Entgegnung, daß er nicht vom Himmel herabgekommen sein könne, weil er ja Josephs Sohn sei, 42, und zuletzt im Widerspruch gegen die Aeußerung, daß er ihnen sein Fleisch zu essen geben wolle, 52. Es ist überall nur der unversöhnliche Gegensatz der sinnlichen und geistigen Auffassung, welcher sich an diesen Gegenreden kundgibt, die Rede Jesu selbst schreitet ohne Rücksicht auf dieselben fort, sie belegen nur jeder neuen höheren Wendung seiner Rede gegenüber, daß diese starre Unfähigkeit immer dieselbe bleibt. Aehnlich verhält es sich mit den Mißverständnissen bei der Verhandlung in Jerusalem 8, 33. 41. 48. 52. 57, sowie schon früher in den Gesprächen mit Nikodemus 3, 4. 9, und der Samariterin 4, 11. 15. Noch bis in die letzten Reden mit seinen Vertrauten ist dieser Zug des Fremdbleibens beider Theile zu verfolgen, 14, 5—7. Man muß daher auch von dieser Seite aus zugeben, daß die ganze Darstellung des Evangeliums beherrscht ist von dem Gedanken des Lichtes, welches in der Finsterniß scheint, und welches die Finsterniß nicht aufgenommen hat. Jesu Thaten wie das Verhalten seiner Gegner, sein Gespräch mit ihnen und ihre Antworten, alle Elemente der geschichtlichen Darstellung sind davon gleichmäßig beherrscht, und tragen das nämliche Gepräge der Abstraction.

3. Wie sich die vorherrschende Betrachtung der evangelischen Geschichte im Lichte der vorangestellten Idee an der Darstellung des Thatsächlichen zeigt, so prägt sich dieselbe noch auffallender

an den Reden Jesu selbst aus. Es ist kaum zu verkennen, wie in diesen Reden besonders an den hervorragenden Stellen, wo dieselben einleitende oder abschließende Momente für den Gang der Geschichte bilden, überall die Gedanken des Prologes wieder durchblicken, wie so die Reden Jesu selbst den Beleg für die Lehraufstellung dieser Einleitung des Evangeliums geben. Hiermit hängt aber dann zusammen, daß an solchen Stellen zum Theile unzweideutig nicht sowohl eine bestimmte einzelne Rede Jesu berichtet wird, als vielmehr eine charakteristische Zusammenfassung dessen, was Jesus überhaupt oder doch innerhalb des allgemeinen Zeitraumes, welchem dieser Moment angehört, gedacht und wie er sich darüber ausgesprochen hat. Dieß ist unbestreitbar bei der Rede, welche 12, 44—50 den ersten Theil des Evangeliums beschließt. Die Worte selbst sind an Niemanden gerichtet, und haben vielmehr den Charakter eines Monologes. Sie entbehren auch völlig der Motivierung durch konkrete Umstände, statt dieser sind sie vielmehr durch einen allgemeinen Ueberblick des Evangelisten eingeleitet, in welchem er den ganzen bisherigen Erfolg des Wirkens Jesu zusammenfaßt, 12, 37—43. Wie dieß lediglich eine Betrachtung des Darstellers ist, so bilden dann jene Worte Jesu die zweite Hälfte dieser Betrachtung. Hat der Evangelist zuerst den Unglauben, welcher sich den Thaten Jesu gegenüber verstockte, geschildert, so charakterisiert er denselben nur ebenso in der Form von Worten Jesu, in welchen er zeigt, was dieser Unglaube verschmäht, und welches Gericht er deßhalb über sich bringt. Ist dieß nun hier durch die Einleitung der Worte selbst angezeigt, so gehen doch auch solche Reden, welche nach der Darstellung auf einem konkreten geschichtlichen Anlasse beruhen, und sich deßhalb Anfangs in der Form der Wechselrede bewegen, bald in eine allgemeine Erörterung über, welche mit diesem Anlasse nichts mehr zu thun hat, und nehmen dabei die Form von Lehrvorträgen an, wie sie überhaupt einer Gelegenheitsrede fremd ist. So entwickelt Jesus gleich in der ersten Rede dem Nikodemus gegenüber von 3, 11 an das ganze Wesen und den Erfolg seiner Sendung in einer Weise, aus welcher sich nothwendig die Versuche der Ausleger ergaben, irgendwo eine Grenze zwischen den Worten Jesu und hinzutretenden Betrachtungen des Evangelisten aufzufinden, Versuche, die um so mehr berechtigt waren, als eben auch hier ein Ausgang des Gespräches nicht berichtet ist. Im fünften Capitel tritt eine längere Rede Jesu aus dem Anlasse ein, daß die Juden ihn wegen einer Sabbathheilung verfolgen, und sodann, weil er sich in seiner Rechtfertigung Gott gleich gestellt habe, zu tödten suchen. Die Rede zerfällt in zwei Theile, deren erster von 19—30 seine höchsten Rechte auseinandersetzt und aus seinem Verhältnisse zu seinem Vater begründet, der zweite aber apologetisch die Wahrheit seines Zeugnisses gegen den Unglauben der Juden erhärtet. Auch dieß sind ganz allgemeine, Alles was über diese Dinge gesagt werden kann, zusammenfassende Betrachtungen, welche diesen Charakter schon durch ihre Anlage beurkunden. Aber es fehlt auch durchaus an der Situation für diese Ansprache. Denn die Absicht der Juden, Jesus zu tödten, ist in 5, 18 [1]) nicht als ein Akt, sondern eine dauernde bezeichnet, sie sprechen dieselbe nicht gegen ihn aus, sie stehen ihm nicht gegenüber.

Wenn wir im Gebiete der synoptischen Evangelien Redestücke mit solchen allgemeinen geschichtlichen Einleitungen treffen, so sind diese wohl sichtlich zur Erläuterung der Reden gemacht, die letzteren aber bilden die Grundlagen, welche sich immer irgendwie auf konkrete Dinge bezieht. Hier dagegen sind die Reden selbst unter jenem allgemeinen Gesichtspunkte entworfen. Es gibt daher unter diesen Reden auch solche, welche ihren Gegenstand bis zu einem gewissen Punkte hin fortführen uud erschöpfen, dann aber von neuem beginnen, um denselben noch einmal von vorne zu behandeln, mit neuen Motiven und neuen Wendungen. Das Letztere entspricht der Weise des Gedankenfortschrittes, welchen die Redendarstellung des Evangeliums auch in der Ausführung des Einzelnen zeigt; denn in der Regel wird der Gedanke, nachdem er ausgesprochen ist, im Folgenden so wiederholt, daß er nur noch schroffer gewendet, oder voller und tiefer ausgedrückt ist. Wo aber nun dieses Verfahren das Verhältniß der ganzen Abschnitte

---

[1]) Bem. die impff. ἐζήτουν etc.

größerer Reden oder Redegruppen bestimmt, gibt es denselben den Charakter einer Arbeit, in welcher der Verfasser danach ringt, durch sein Material der Idee, welche er damit darstellen will, einen immer reineren vollständigeren Ausdruck zu gewähren. Das schlagendste Beispiel für diese Seite seines Verfahrens geben die großen Abschiedsreden an die Jünger Jesu, welche in Cap. 13 bis 16 den vorwiegenden Inhalt des zweiten Theiles des Evangeliums bilden; sie sind dadurch nicht nur überhaupt reich an Wiederholungen, sondern es ist auch mit 15, 17 der Gedankengang von der Verheißung aus bereits zu seinem paränetischen Abschlusse fortgeführt und die ganze Rede kann daher, indem sie nun noch weiter fortgesetzt wird, nur noch einmal den nämlichen Gedankengang, bereichert durch neue Beziehungen, wiederholen. Ja, noch ehe dieß geschieht, zeigen bei einem Abschnitte der ersten Ausführung 14, 31 die Worte: stehet auf, lasset uns von hier gehen, an, daß auch hier schon die Darstellung formell geschlossen war, ehe sie mit dem Folgenden noch weiter ergänzt wurde. Auch dieses Verfahren erklärt sich durch den vorwiegend ideellen Gesichtspunkt, bei welchem es weniger auf die geschichtliche Darstellung als auf die Ausführung des Gedankens durch den geschichtlichen Stoff ankommt.

Sehen wir auf den Inhalt der Reden, so finden wir, daß dieselben sich fast durchaus nur in den höchsten Gedanken bewegen. Ueberall steht auch in ihnen die Selbstoffenbarung Jesu, die Darlegung seines höchsten Wesens und seiner Sendung im Vordergrunde; neben ihr tritt jene Weisheitslehre und Gerechtigkeitspredigt, welche uns die übrige evangelische Tradition kennen lehrt, ganz zurück. Es gilt daher von den Reden, was von den Wunderthaten Jesu gilt, daß sie den Eindruck von Härte geben; denn sie bilden eine Reihe von grellen Lichtern, welche nur selten durch eine Dämpfung unterbrochen sind. Man muß daher in jedem Falle annehmen, daß die Darstellung sich ganz auf die wichtigsten Augenblicke beschränkte, und nicht den allgemeinen Verlauf des Lehrens Jesu, sondern nur die höchsten Spitzen desselben darstellen wollte. Richtiger aber wird man sagen, daß die Darstellung überhaupt weniger beabsichtigt, historisch genau die Aussprüche wiederzugeben, als vielmehr an das Licht zu bringen, was der tiefere Sinn und die Wahrheit der Worte Jesu gewesen ist, und wie er selbst sich aus dem Gesammtinhalte derselben erkennen ließ.

Daß diese Absicht die Darstellung der Reden Jesu bestimmt hat, läßt sich aber auch näher an denselben nachweisen, wenn man auf die Form der Vorträge eingeht. Unter das Gewisseste, was wir überhaupt nach unseren Quellen über die Lehrweise Jesu erkennen, dürfen wir die Methode seines Parabelvortrages rechnen. So zahlreich die Beispiele desselben aber bei den Synoptikern vertreten sind, so sehr steht darin das vierte Evangelium zurück. Hätte es nur die Parabeln einfach zur Seite gelassen, so wäre immer möglich, daß es diese Weise in ihrem vollen Umfang und Charakter voraussetzte, aber derselben seinerseits eine andere ebenso geschichtlich begründete an die Seite setzen will. Allein das Evangelium schließt die Parabel nicht in diesem Sinne aus, es gibt ihr auch seinerseits ihre Stelle, es verarbeitet sie nur in seiner Art, und eben diese ist nun dafür entscheidend, welche Stellung es zu den Reden Jesu eingenommen hat, und wie seine Darstellung derselben durch den Gedanken beherrscht ist. Ein Hauptbeispiel gibt hier die Rede in 10, 1—18, wo sich Jesus in den beiden Bildern von der Thüre des Schafstalles und vom Hirten der Schafheerde darstellt. Die Ausführung enthält alle Elemente einer doppelten Parabel, und sie erinnert auch darin an die Lehrweise Jesu, daß zunächst das erste Bild als solches vorgetragen wird, dann aber 7 ff. die Erklärung nachfolgt. Aber diese Erklärung selbst wird sofort wieder zur weiteren Ausführung des Bildes, es kommt nicht zur unverhüllten Darlegung des Sinnes, sondern nur zur weiteren Ausmalung der Züge desselben. Auch das zweite Bild von 10, 11 an ist nicht als Parabel durchgeführt, sondern Bild und Anwendung sind 11—16 in einander verflochten, bis die Rede zuletzt 17 ff. in die Verkündigung der höheren Wahrheit über den bevorstehenden Tod Jesu übergeht, welche nicht sowohl Auslegung der Parabel als vielmehr deren Fortsetzung ist. Aber auch abgesehen davon, daß das Bild mit der Erklärung vermischt wird, ist dasselbe nicht zur

Parabel entwickelt, es fehlt ihm vielmehr die Fabel, statt welcher nur verschiedene Seiten und Beziehungen des Bildes an einander gereiht sind. Die Rede ist also vielmehr ein halballegorischer Lehrvortrag, welcher sich über einen Parabelstoff verbreitet, als ein wirkliches Parabellehren. Wie dieß überhaupt nicht die natürliche Form des praktischen Lehrens ist, so können wir auch nicht annehmen, daß damit der Wortlaut einer Rede Jesu wiedergegeben ist, selbst wenn wir nicht die Weise der Parabellehren Jesu aus den Synoptikern kennen würden. Vergleichen wir aber diese, so ergibt sich durch sie der Schlüssel für diese johanneische Darstellung, welche sich nur daraus erklärt, daß die gegebenen Redestoffe und Redeformen hier einer zusammenfassenden und erläuternden Ueberarbeitung unterzogen sind. Den gleichen Charakter trägt auch 15, 1 ff. das Bild vom Weinstock und seinen Ranken. Von vorneherein ist auch hier das Bild und seine Erklärung nicht auseinander gehalten, und obwohl die Elemente zu einer Parabel gegeben sind, ist doch das Bild nicht zu einer Fabel entwickelt, sondern die Darstellung geht daran fort, daß dasselbe von einer Seite zur anderen hin und her gewendet wird. Der Gedanke, das eigentliche Ziel seiner Erzählung, beherrscht den Evangelisten so ganz, daß er ihm nicht die Ruhe zur Reproduction des Bildes verstattet, sondern ihn von vorneherein die Rede als Rede über das Bild zu gestatten treibt.

Aehnlich verhält es sich mit einem anderen unzweifelhaften Elemente der Lehrform Jesu, der Spruchrede. Auch der Spruch fehlt im vierten Evangelium nicht ganz. Wir finden in demselben Sprüche wieder, welche aus den Synoptikern bekannt sind, wir finden sodann auch eigenthümliche Sprüche, deren Form ganz der dorther bekannten entspricht. Aber auch die Worte, welche entschieden die Natur von Sprüchen haben, kommen nicht als solche zu ihrem Rechte; sie bilden bei ihm nicht einen Satz und eine Wahrheit für sich, sondern sie sind in den Zusammenhang einer dialektischen Entwicklung verflochten, in welcher sie nur als Momente derselben zur Geltung kommen können. So hat den Spruchcharakter das Wort in 6, 35: ich bin das Brod des Lebens: wer zu mir kommt, den wird nicht mehr hungern, wer an mich glaubt, den wird nicht mehr dürsten. Aber dieser Spruch bildet dann die Einleitung zu der folgenden dialektischen Ausführung, welche den Gedanken entwickelt, daß diese Wirkung seiner Sendung lediglich bei denjenigen eintritt, welche zu solchem Glauben bestimmt sind. Aehnlich verhält es sich mit dem Spruche 16, 16: Ein Kleines, so sehet ihr mich nicht, und wieder ein Kleines so sehet ihr mich, und dem Bildspruche 16, 21: das Weib, wenn sie gebiert, hat Trauer rc. Beide sind so in die lehrende Erörterung einverwoben, und durch die weitergreifenden die höheren Gedanken aussprechenden Züge derselben überschattet, daß der Spruch als solcher dadurch seine Schärfe und schlagende Kraft verliert. Aehnlich sind auch die synoptischen Sprüche: der Knecht ist nicht mehr als sein Herr rc. und: wer aufnimmt den ich sende rc. in 13, 16. 20. durch ihre gelegentliche Anwendung in bestimmtem Zusammenhange nicht mehr die Verkündung einer Wahrheit für sich, sondern die Erläuterung und Bestätigung anderer Gedanken. Man sieht daher auch an der Form der johanneischen Reden Jesu, daß dieselben nicht einfach in der Absicht gebildet sind, die geschichtlichen Erinnerungen solcher Reden festzustellen, sondern zugleich überall dieselben von Hauptgedanken aus beherrschen und als Ganzes nach ihren wesentlichen Gesammtergebnissen wiedererzeugen wollen.

4. Geht man von diesen Beobachtungen aus, so scheint der Schluß nahe genug zu liegen, daß diese so sehr von ideellen Gesichtspunkten durchdrungene und geleitete evangelische Geschichtschreibung keine Darstellung der Wirklichkeit, sondern lediglich der Entwurf eines Bildes sei, wie es von diesem Standpunkte aus gebildet werden mußte. Die Geschichte selbst wäre dann bloß eine Form der Einkleidung für die aus der Auffassung Jesu als des fleischgewordenen Logos sich ergebenden Folgerungen. Allein aus der Freiheit, mit welcher die Geschichte als der Beweis für die höhere Wahrheit behandelt ist, folgt noch nicht, daß die letztere nicht selbst einen geschichtlichen Charakter habe. Ist im Handeln Jesu überall nur die Offenbarung seines Wesens hervorgehoben, so ist damit nicht ausgeschlossen, daß dieser Gesichtspunkt des

Darstellers auf einer wirklichen Erinnerung, auf lebendiger Erfahrung und persönlichen Eindrücken beruhe. Sind die Reden Jesu im Evangelium darauf gerichtet, den Mittelpunkt alles ihres Inhaltes, seine Person, in ihr volles Licht zu stellen, so mag dieß immerhin eine freie Wiederbelebung derselben sein; aber ihre höhere geschichtliche Wahrheit kann darauf beruhen, daß diese Auffassung das Ergebniß eines tieferen Eindringens in das Vernommene ist, welches so nur durch Ueberwältigung des eigenen Geisteslebens von dem angeschauten des Meisters zu Stande kommen konnte.

Immerhin muß sich in diesem Falle die geschichtliche Erfahrung auch an solchen Merkmalen der Darstellung erkennen lassen, welche die Abhängigkeit von bestimmten einzelnen Erinnerungen und den sicheren Besitz derselben beweisen. Und die Gerechtigkeit erfordert zu sagen, daß das Ueberwiegen des idealen Elementes nicht die ganze Beobachtung ist, welche sich der unbefangenen Prüfung des Evangeliums darbietet. Weder die Composition desselben noch die einzelnen Stoffe erklären sich aus dem dogmatischen Charakter der Schrift. Das Evangelium trägt ein doppeltes Angesicht. Jenem idealen Zuge steht ein geschichtlicher zur Seite, und gerade diese sich durch Alles hindurchziehende Doppelgestalt ist das eigentliche unterscheidende Merkmal der ganzen Schrift. Die verschiedenen Versuche, welche gemacht worden sind, in derselben zweierlei Bestandtheile zu unterscheiden, einen Kern und die Ueberlagerung desselben, haben nur darin geirrt, daß sie diese Ausscheidung an den einzelnen Stoffen vornehmen und eine äußerliche Zusammensetzung vermuthen. Die Wahrheit ist, daß die Schrift nicht aus verschiedenen Stücken zusammengesetzt ist, sondern daß sie durch Alles hindurch, die Composition, wie alle einzelnen Theile diesen Doppelcharakter zeigt. Die Zwiespältigkeit ist eine innere, sie bekundet sich darin, daß jedes Moment der Darstellung eine zwiefache Auffassung zuläßt, und hierin liegt das höhere Problem für die Kritik dieser Schrift.

Können wir in der That die Doppelnatur der Schrift auf allen Punkten verfolgen, vermöge welcher sie einestheils ganz von großen theologischen Begriffen getragen ist, anderentheils aber ebenso wieder von ganz bestimmten geschichtlichen Rücksichten geleitet erscheint, so muß dieser amphibolische Charakter vor Allem seine Probe an der Composition selbst finden. Diese läßt sich eben deßwegen nirgends auf einen unzweifelhaften Plan zurückführen; man kann ebensogut den Versuch machen, sie ganz auf eine Explikation von Begriffsmomenten zurückzuführen, wie auch sie ganz als historisches Drama aufzufassen; das Eine ist so wahr wie das Andere, weil beide Elemente überall ineinandergreifen. In Wirklichkeit geht der Evangelist von der Idee aus, aber er trägt in die höchste Entwicklung derselben unmittelbar die konkreten Thatsachen und deren Beziehungen hinein; ebenso knüpft er an die einzelne Begebenheit das Allgemeinste, und greift über sie hinaus, indem er sie in ein umfassendes Charakterbild erweitert.[1]) Nichts kann so lehrreich für die Erkenntniß dieses Verfahrens sein, als die Darstellung des Prologes selbst, in welchem der Ausgang vom Auftreten des Täufers und seinem Zeugnisse verknüpft ist mit der Entwicklung der höchsten und allgemeinsten Ideen 1, 6. 7, und diese auch den Ansatz der Erzählung erst noch einmal überfluthen, bis die letztere endlich 1, 19 ihre sichere Bahn findet. Der Prolog ist hiermit der Typus für den Fortschritt der ganzen Schrift. Die Betrachtung steigt in immer wieder sich erneuenden Ansätzen von ihrer Höhe herab zu ganz bestimmten Erinnerungen einzelner Begebenheiten, um sofort an diese wieder Reden zu knüpfen, die in die allgemeinsten und höchsten Anschauungen hinaufreichen. Ja, selbst die Darstellung der einzelnen Reden läßt die gleiche Doppelbewegung nicht verkennen.

Dabei aber haben wir dennoch bestimmte Merkzeichen um zu erkennen, daß die historischen Elemente nicht bloß als der unvermeidliche Einschlag in das Gewebe einer freien Construction aufgenommen sind. Sie zeigen vielmehr die spröde Natur einzelner wirklicher Erinnerungen, welche sich in die Kette der Gedanken von selbst eindrängen. Man sieht dieß am deutlichsten an der bestimmten Zeichnung einzelner Tage und ihrer Aufeinanderfolge, welche sich doch keineswegs zu der Uebersicht eines ganzen Zeit-

---

[1]) Vgl. Jahrb. f. d. Theol. 1859, S. 706 ff.

abschnittes, oder zu einem symbolisch durch die Zählung verbundenen Ganzen abrundet. So knüpft der Evangelist 1, 29. 35 drei aufeinander folgende Tage aneinander, aber er fährt nicht in der gleichen Rechnung fort, und verknüpft nur nach unbestimmtem Zwischenraume in 1, 44 abermals die Begebenheiten zweier Tage, sowie er dann weiter 2, 1 ein bestimmtes Ereigniß abermals durch Zeitbestimmung an das unmittelbar vorangehende anschließt. Dieß ist nicht die Weise einer Erzählung, welche von der Idee aus ihren Stoff gliedert, sondern das Hereintreten bestimmter einzelner Erinnerungen in den frei entworfenen Bericht. Darf man so die einzelnen Angaben als ein sprödes Material für den geistigen Bau des Evangeliums bezeichnen, so trägt denselben Charakter auch wiederum das Ganze der benutzten Stoffe für den Verfasser, welcher zwar in einzelnen zum Theil geschichtlich unmöglichen Rückbeziehungen, wie 3, 28. 7, 19. 10, 21. 10, 26. 11, 37. 12, 17. 2c. seine Composition zu einem festen Zusammenhange und Ineinandergreifen aller Glieder zu gestalten sucht, aber hiebei doch nur äußerlich verknüpft, ohne die Sache selbst dieser Verknüpfung gemäß zu gestalten.

Ehe wir weiter zu der Prüfung des geschichtlichen Charakters der Schrift im Besonderen übergehen, müssen wir konstatieren, daß auch das, was man den dogmatischen Charakter derselben nennen und als solchen anerkennen muß, doch nur mit einer großen Einschränkung zu verstehen ist. Wir finden allerdings, daß das ganze Evangelium von den Lehrsätzen des Prologs ausgeht, daß die Reden Jesu wie der Verlauf seines Lebens jene allgemeinen Anschauungen über die Herkunft des Logos, das Wesen der Offenbarung des Sohnes, und den Gegensatz, welchen dieselbe vollendet, abspiegeln. Aber wenn der Evangelist mit dem bestimmten Dogma über die Person Jesu seinerseits anhebt, so ist er doch weit entfernt, dieses nun auch in die Lehre Jesu selbst einzumischen, ihn dasselbe in seinen Reden aussprechen zu lassen. Im ganzen Evangelium bezeichnet sich Jesus selbst nicht als den göttlichen Logos, und man kann gegen die Bedeutung dieser Thatsache nicht einwenden, daß den Evangelisten schriftstellerische Motive davon abgehalten haben werden, daß er etwa Jesus das

Geheimniß noch nicht aussagen lassen wollte, oder daß er vom geschichtlichen Gefühle geleitet Anstand genommen hätte, demselben überhaupt eine solche begriffliche Selbstaussage über seine Person in den Mund zu legen. In ersterer Beziehung gehört es zum Eigenthümlichen des Evangeliums, daß es in seiner Darstellung überhaupt die Stufen der Mittheilung Jesu nach außen, und die Rücksichten der Verborgenheit gegenüber von weiteren Kreisen fast ganz beseitigt hat. Das Zweite betreffend, so enthält es dennoch Selbstaussagen Jesu genug, welche kaum weniger als dieß bei der Anwendung des Logosbegriffes der Fall wäre, eben durch ihre abstrakte Form befremden müssen. Daß aber jener Begriff dabei ausgeschlossen bleibt, ist um so auffallender, als in den Reden Jesu der Begriff des Logos in einer allgemeinen Bedeutung nicht selten vorkommt, und in seiner Lehre eine wesentliche Stelle einnimmt, nämlich als Inbegriff der geoffenbarten göttlichen Wahrheit.[1]) In diesem Sinne sagt er zu den Juden 5, 38, daß sie den Logos Gottes nicht bleibend in sich haben, von sich aber 8, 55, daß er denselben bewahre; die Propheten sind 10, 35 diejenigen, an welche der Logos Gottes kam; seine ganze Lebensaufgabe aber war, den göttlichen Logos, welcher Wahrheit ist (17, 17), den Menschen zu geben 17, 6. 14, und dieser Logos ist es, welcher, weil er durch ihn verkündet worden ist, über diejenigen, welche ihn nicht angenommen haben, ein unerbittliches Gericht bringen wird 12, 48. Dieser göttliche Logos ist dann, wegen der persönlichen Stellung, welche Jesus durch den göttlichen Auftrag zu demselben hat, auch sein Logos, von dessen Annahme die Lebensentscheidung, welche er bringt, abhängt 5, 24. 8, 31. 37. 43. 51 f. 14, 23. 15, 3. 20. Je mehr der Logos Gottes auch in dieser Auffassung den Charakter eines wesenhaften hat, desto stärker prägt sich der Unterschied zwischen dem apostolischen Gebrauche des Prologes und den Reden Jesu selbst aus. Es ist daher nicht daran zu zweifeln, daß hier ein ganz bewußtes Verfahren vorliegt, und der Evangelist mit guter

---

[1]) Jahrb. für deutsche Theol. 1857, S. 164 f., S. 196 ff.

Absicht die Gedanken oder vielmehr Reden Jesu von der Idee, unter welche er selbst sie stellt, unterscheidet. Aber dieß gilt nicht allein vom Logosbegriffe; es gilt auch von den übrigen Begriffen des Prologes. Auch die Begriffe des Lebens und des Lichtes, welche hier eine metaphysische Bedeutung haben, kommen in dieser Bedeutung in den Reden Jesu nicht vor, oder wo sie anklingt, hat sie eine wesentlich verschiedene Färbung. So ist das Leben in den Reden durchaus ein Begriff der Heilsordnung, entweder rein das Gut des ewigen Lebens oder dasselbe mit ethischem Nebenbegriff, nur in 5, 26 ist es seinem allgemeinen Wesen nach als Besitz des Sohnes gedacht, aber auch hier weicht die Auffassung von der des Prologes ab. Denn der Vater hat hier den Sohn mit diesem Besitze und der entsprechenden Macht ausgerüstet, im Prologe dagegen ist es das eigenthümliche Prädikat des Logos, daß in ihm Leben ist, weil er der Vermittler der Schöpfung ist. Noch mehr zeigt sich, wenn Jesus von sich als dem Lichte redet, daß hierunter die Erleuchtung mit der göttlichen Wahrheit und ihrem Heile verstanden ist. An den Gedanken des Prologs, daß dieß zugleich die Quelle des natürlichen Geisteslebens der Menschheit ist, findet sich kein Anklang.

Wenn so der Evangelist zwar die evangelische Geschichte zum Belege seiner Christologie benutzt, dabei aber sich wohl hütet, dieß in die Reden Jesu selbst hineinzutragen, so muß noch weiter hinzugefügt werden, daß sein gesammtes Lebensbild nicht im strengen Sinne ein dogmatisch angelegtes genannt werden kann, daß man vielmehr mit Recht seine Auffassung eine mystische nennen darf. Es ist in der Durchführung nicht sowohl ein Begriff, oder eine Reihe von Begriffen, welcher er folgt, als vielmehr eine lebendige auf jenen Begriff bezogene Anschauung von Jesus. So sehr dieß Beides in einander überzugehen scheint, so läßt sich doch an diesem allgemeinen Charakter erkennen, daß nicht die Geschichte aus der Lehre herausgewachsen, sondern vielmehr diese zu jener hinzugekommen ist.[1])

---

[1]) S. Beiträge zur Charakteristik des joh. Evangeliums; Jahrb. f. d. Th. 1859, S. 690 ff.

5. Daß das Evangelium aber in der That mit dem idealen Elemente das geschichtliche als selbstständiges verbindet, ergibt sich schon aus der allgemeinen Eintheilung seines Stoffes. Allerdings stellt dasselbe den großen Gegensatz von Licht und Finsterniß von Anfang an dar, aber es verbreitet sich nun nicht von diesem Gesichtspunkte aus gleichmäßig über das ganze öffentliche Wirken Jesu, sondern es richtet seine Hauptaufmerksamkeit noch viel mehr als die anderen Evangelien auf die letzten Zeiten seines Lebens. Von Cap. 7 an beginnt sich die Katastrophe desselben zu entwickeln, und die großen Streitreden, welche dem Evangelium eigen sind fallen nur in die Zeiten des letzten Halbjahres vor seinem Tode. Allerdings steht auch schon in den Stücken aus der früheren Zeit der Unglaube der Juden ihm ohne Rettung gegenüber; aber der Verfasser hat sich wohl gehütet dorthin schon Konflicte von ähnlicher Tragweite zu verlegen. Erst mit Cap. 6 beginnt eine Krisis, und zwar zunächst in Galiläa, diese ist die Vorläuferin der folgenden, welche in Jerusalem eintritt, und hat mit der letzteren, so verschieden auch die Vorgänge sind, doch eben des kritischen Charakters wegen inneren Zusammenhang. Aber die wichtigere ist eben die Jerusalemische, sie führt zum Tode; die Aufregung des Volkes in Jerusalem durch das Auftreten Jesu, die Aufmerksamkeit, mit welcher das Synedrium der Bewegung folgt, sind die Keime, aus welchen sich die Katastrophe von selbst entwickelt. Man kann hier wohl nicht sagen: deßwegen, weil der Evangelist den unversöhnlichen Gegensatz, wie er der Idee nach sein mußte, schildern wollte, hat er diesen späteren Jerusalemischen Dingen so großen Raum in seiner Schrift gegeben, sondern vielmehr: weil er sich bewußt war, daß die Krisis, in welcher dieser Gegensatz offenbar wurde, geschichtlich in diese Zeit und nur in sie fällt, hat er diese Zeit zum überwiegenden Gegenstande seines Berichtes gemacht; daß er dabei diesen geschichtlichen Standpunkt hatte, zeigt sich eben an dem großen Unterschied dieser kritischen Verhandlungen und des von ihm früher geschilderten wiederholten Auftretens in Jerusalem, Cap. 2 und 5. In diesen Fällen ist sowohl das Auftreten Jesu als die Begegnung, die ihm widerfährt, noch von ganz anderer Art. Die Tempelreinigung, mit welcher der Evangelist ihn bei

seinem ersten Aufenthalte vorgehen läßt, ebenso wie die Heilung am Sabbath haben nichts an sich, was auf ein messianisches Auftreten hinweist. Die erstere Handlung ist lediglich prophetischer Art, im zweiten Falle aber wird zwar von der Anfechtung Jesu und seiner Vertheidigung bereits in sehr allgemeinem und weitreichendem Sinne berichtet, aber während seine Rede schon die höchsten Gegensätze zu beleuchten anfängt, ist die Handlung selbst im Vergleich zu den Lebensentscheidungen der späteren Zeit durchaus noch vorübergehend und vorbereitend. Der Evangelist deutet daher 7, 3 auch in der Aufforderung der Brüder Jesu bestimmt genug an, daß es sich von jetzt um ein ganz neues Auftreten daselbst handelt; jetzt erst soll er sich der Welt zeigen, und in der That ist sein ganzes Auftreten jetzt ein Versuch das Volk zu gewinnen, durch welchen nothwendig die Frage, ob er der Messias sei, in Fluß gebracht werden mußte. In diesem Sinne hat der Evangelist diese Zeit aufgefaßt und hat dieselbe von aller früheren wohl zu unterscheiden gewußt, und durch diese Erkenntniß ist die ganze Anlage seines Evangeliums bedingt. Dieß ist aber nicht nur überhaupt ein historischer Gesichtspunkt, sondern da er mit dieser Schilderung allein steht, so ist offenbar, daß er dabei eine eigenthümliche geschichtliche Ansicht vertreten will.

An diese Bemerkung über den Stoff der Schrift reiht sich sodann aber überhaupt die Wahrnehmung, daß gerade dieses Evangelium am meisten unter allen von der jüdischen Frage des Lebens Jesu, von der eigentlichen Messiasfrage handelt. Einestheils ist dem Evangelisten allerdings Jesus das Licht und das Leben, der Offenbarer des göttlichen Wortes an die Welt schlechthin. Aber das gleiche Evangelium gibt in seiner Ausführung doch das reichste Material zur Erkenntniß seines Lebens nach jener rein historischen Beziehung desselben. Schon in die ersten Begegnungen mit Johannes und den Jüngern desselben sind die Erwartungen des Messias verflochten, 1, 42. 46. 50. Auch als Jesus frühe schon vom jüdischen Boden weg vorübergehend auf den samaritanischen kommt, weiß er hier die Messiashoffnung in Anspruch zu nehmen, 4, 25. 29. 42. Bei einem weiteren Aufenthalte in Jerusalem beruft er sich den Juden 5, 39. 45—47 gegenüber auf die messianische Weissagung, welche zum Glauben an ihn leiten könne. In der einzigen größeren Verhandlung, welche der Evangelist aus Galiläa bringt, hat er das lebendige Bild von einer messianischen Bewegung des dortigen Volkes gegeben, 6, 15. 28. 30 f., welche zwar durch das eigene Verhalten Jesu wieder aufhört, dagegen dann in dem messianischen Glauben der Zwölfe, welcher jetzt zur Reife kommt, 6, 69, ihre wahre höhere Erfüllung findet. Sodann aber ist die große Krisis, welche mit Cap. 7 in Jerusalem beginnt, ganz eigentlich eine Abwicklung dieser messianischen Frage durch eine Reihe von Stadien hindurch. Daran wie Jesus auftritt, und daß er dieß so unangefochten durchzuführen vermag, glaubt das Volk zu erkennen, daß er der Messias sein könnte, 7, 26. Es schwankt und zweifelt aber wieder, weil die erwarteten Merkmale nicht zutreffen, 7, 27. 40—43. 52, den Zweifel besiegt wieder der mächtige Eindruck seiner Thaten, 7, 31. 40, und so kommt es darüber zur Parteinahme für und wider 7, 43. 8, 30 f. Dieser theilweise Glaube aber hört wieder auf, und verwandelt sich in Verfolgung, sobald der vermeinte Messias die sicheren messianischen Rechte des Volkes nicht anzuerkennen und die heiligen Größen der Nation anzutasten scheint, 8, 33. 59. Aber Jesus arbeitet fortwährend wenigstens bei Einzelnen an der Herstellung dieses messianischen Glaubens, 9, 35. Und da auch im Volke die Bewegung stets sich wieder erneuert, so oft er sich zeigt, so kommt es noch einmal zu der förmlichen Forderung an ihn, öffentlich und gerade heraus auszusprechen, ob er der Messias sei, 10, 24 und darüber zu einem Volkstumulte, welcher zwar ohne augenblicklichen Schaden verläuft, aber doch als erste Verfolgung das Vorspiel bildet zu dem gerichtlichen Beschlusse über Jesu Tod. Diese ganze Entwicklung der Dinge, wie sie das Evangelium hier gibt, ist nicht nur überhaupt eine durch und durch pragmatische und darauf angelegt, den entscheidungsvollen Gang der Geschichte zu erklären, sondern sie zeichnet sich eben dadurch besonders aus, daß sie die messianische Frage, das Auftreten Jesu, welches dieselbe hervorruft, und das Verhalten seines Volkes dabei zu der großen Wendung seines Lebens macht. Wie dasselbe hiebei die früheren Zeiten von der Epoche jener Verhandlungen unterscheidet, so hat es den Gedanken auch nicht über die gegebene Zeit hinaus seine Darstellung beherrschen lassen. In den letzten Tagen tritt die ganze Frage zurück, diese sind nun ganz den Jüngern der neuen Gemeinde gewidmet. Daß aber jenes nationalgeschichtliche Motiv in seiner Darstellung den entscheidenden Platz einnimmt, beweist unwidersprechlich, daß das Evangelium nicht von dem Begriffe des Logos und des Gegensatzes von Licht und Finsterniß aus erdacht ist.

6. Wie der Evangelist gerade dieses nationale Moment in der Lebensentscheidung Jesu besonders ausführt, so ist er es auch, bei dem wir vielfach besonders eingehende und unterrichtende Darstellungen über die Lehren, Vorstellungen und Gewohnheiten der Juden, über ihre Art und Weise überhaupt, namentlich aber im Streite finden. So hängt es mit der Hervorhebung der messianischen Frage in der Geschichte Jesu zusammen, daß auch die messianischen Erwartungen der Juden näher beleuchtet sind. Schon in der Verhandlung, welche das Synedrium mit dem Täufer anstellt, und ebenso in der Begrüßung der ersten Jünger 1, 19 ff., 1, 46. 50 treten dieselben in ihrer genaueren Ausbildung auf. Noch mehr ist dieses der Fall, wo der Streit über die Messianität Jesu selbst geführt wird. Nicht nur werden hier überhaupt genaue Forderungen aufgestellt, welchen derjenige entsprechen soll, der sich als Messias geltend machen will, sondern es lassen sich dabei die verschiedenen Modalitäten dieser Erwartung unterscheiden, vgl. 7, 27. 42. 12, 34. In den Reden, in welchen sich Jesus unter dem Bilde des Hirten als den Messias darstellt, nimmt er Rücksicht auf die pseudomessianischen Versuche, welche vorangegangen waren, und damals gerechtes Mißtrauen verbreitet hatten, 10, 8. 12. Bis in das Verhör Jesu bei Pilatus setzt sich diese Wahrnehmung fort, sofern es sich 18, 28 ff. auch hier noch um die Natur des messianischen Reiches und den Gegensatz in der Auffassung desselben handelt, hiebei aber die eigenthümlich jüdische Richtung scharf genug hervortritt. In den Kreis dieser Vorstellungen, deren Benutzung dem Verfasser des Evangeliums zu Gebote steht, gehört dann weiter die Forderung eines Himmelsbrodes,

ähnlich dem Mosaischen Manna als messianischen Zeichens, und die Bedeutung, welche das Manna in diesem Zusammenhange hat 6, 31 ff., sowie auch die Berufung auf das Erbe Abrahams 8, 33 ff. Wir sehen uns mit allem diesem so ganz in den jüdischen Gedankenkreis und das jüdische Leben versetzt, daß von dieser Seite nicht nur die Absicht, diese Beziehungen eingehend zu schildern, sondern auch eine eigenthümliche Erinnerung, welche den Stoff dazu gibt, anerkannt werden muß.

Auch in anderen Dingen wird uns das jüdische Wesen sowohl als die Zustände der Zeit, um welche es sich handelt, mit überraschender Anschaulichkeit vorgeführt. So in der Verwunderung darüber, daß Jesus in dieser Weise als Lehrer auftreten kann, ohne eine gelehrte Schule gehabt zu haben 7, 15, in der Vermuthung, er werde in die Diaspora gehen wollen 7, 35, in dem Tumulte des Volkes, welches sogleich bereit ist, seine Steinigung zu versuchen 8, 59. 10, 31, in der Vorstellung von der Sündenschuld, welche dem Schicksale des Blindgeborenen zu Grunde liegen müsse 9, 2, der Verweigerung des Bescheides über die Sache desselben von Seiten seiner Eltern, weil der Sohn selbst mündig sei 9, 21, dem Banne, der über ihn verhängt wird, weil er sich mit einem Abtrünnigen eingelassen habe 9, 22 und der Bestreitung dieser Gesetzesabtrünnigkeit von Seiten Jesu selbst, 8, 46. Die Erzählung von der Hochzeit zu Kana führt in die häuslichen Gewohnheiten 2, 6. 9, die von der Tempelreinigung in besonders anschaulicher Weise in die Zustände des Tempels ein 2, 13 ff. und bewahrt eine genaue Erinnerung an die Zeit des Baues desselben 2, 20. Wenn man in der Bezeichnung des Kaiphas als des Hohenpriesters jenes Jahres 11, 49. vgl. 18, 13 die falsche Vorstellung gesehen hat, als ob dieses Amt jährlich gewechselt habe, so hebt sich dieß nicht nur von selbst auf durch die Wahrnehmung, daß der Nachdruck dabei auf dem Jahre als dem Todesjahre Jesu liegt; sondern es spricht gerade für des Verfassers genauere Kenntniß der Verhältnisse, welchem der damalige rasche Wechsel der Hohenpriester vor Augen stand. Und hiezu kommt noch, daß er auch insoferne eine genaue Kenntniß der Verhältnisse zeigt, als er bei dem Beschlusse über Jesus die

Pharisäer mit der hohepriesterlichen Partei zusammen wirken läßt, und sich daher wohl bewußt ist, daß jene dieser eigentlich gegenüber standen 7, 32. 45. 11, 47 ff.

Aber auch im Dialoge des Evangeliums, so sehr derselbe im Allgemeinen durch den Gedanken des großen unheilbaren Gegensatzes beherrscht ist, läßt sich doch nicht verkennen, daß das eigenthümlich jüdische Wesen nach dem Leben gezeichnet ist. So stellt sich dasselbe besonders in dem Gespräche mit dem Nikodemus und in den späteren Streitverhandlungen dar. Der Charakter dieses damaligen Judenthums prägt sich aus in der vorsichtigen und doch gewinnenden Einleitung, mit welcher Nikodemus beginnt 3, 2, wie in dem sophistischen Mißverstande seiner Einwendungen 3, 4. Diese Weise wiederholt sich in den Zweifelsfragen der Juden wie 8, 19 und der Schlagfertigkeit, mit der Alles abgewiesen wird, was die nationale Eitelkeit irgendwie verletzen kann 8, 33. 35. Aber auch Jesus selbst geht in diese Art des Streitens ein; er wird den Vorwürfen, die man auf ihn wälzt, gegenüber selbst zum Rabbi, wenn er sich in die Casuistik der Sabbathvorschriften einläßt, um aus ihr sein Verhalten zu rechtfertigen 7, 22, oder wenn er die Behauptung seines Verhältnisses zu Gott durch Analogien aus dem Gesetze vertheidigt 10, 34 f., vgl. auch 8, 17 f. Er tritt hier so gut in der nationalen Färbung auf, wie wenn er 4, 22 das Vorrecht der Juden der Samariterin gegenüber behauptet. Es ist nur Schein, daß er in unserem Evangelium sich dem Gesetze als ein Fremder gegenüber stelle. Wenn er mit den Juden redend dasselbe Euer Gesetz nennt 7, 19. 8, 17. 10, 34, so hat dieß nicht dieselbe Bedeutung wie bei Pilatus 18, 31, sondern er hebt damit hervor, daß es auch diese von ihnen allein anerkannte Autorität ist, auf welche er sich berufen kann, vgl. 5, 45—47.

Gerade je weniger das Eingehen in alle diese Dinge durch die universalen Anschauungen, von welchen die Gesammtdarstellung des Evangeliums geleitet ist, bedingt ist, desto mehr müssen wir darin eine selbstständige zweite Seite in seinem Charakter anerkennen. Wie aber diese die konkreten Verhältnisse Jesu zu dem jüdischen Wesen betreffenden Angaben ganz ungesucht in die Darstellung eintreten, so finden sich in der ganzen Schrift überall eine Menge von gelegentlichen Angaben, welche gerade in dieser Eigenschaft einen durchaus originalen Charakter haben, und dem Evangelium ein historisches Gepräge geben. Wir finden in demselben solche Mittheilungen über die Thätigkeit des Täufers, und insbesondere den Schauplatz derselben 3, 23. 10, 40, ebenso in den wichtigen letzten Zeiten über die verschiedenen Aufenthaltsorte Jesu 10, 40. 11, 54. Aber auch sonst im Laufe der Geschichte wird der Ort, wo eine Verhandlung stattgefunden hat, oder ein bestimmtes Wort gesprochen ist, zum Theil gelegentlich und nachträglich in der Weise bestimmtester Erinnerung angegeben 6, 59. 8, 20. 10, 23. 19, 13. In allen diesen Fällen haben die Angaben schlechterdings keinen verborgenen höheren Sinn, durch welchen sie als absichtlich und daher in Ansehung ihres Werthes verdächtig erscheinen könnten. Wenn dann in anderen Fällen wie 9, 7 [1]) allerdings ein allegorisches Moment eintritt, so genügt dieses nicht, um nun deßwegen auch Bedenken gegen die ersteren zu erheben; es ist vielmehr in Analogie des Uebrigen anzunehmen, daß solche Beziehung sich an das Thatsächliche, welches vorlag, erst angeschlossen habe. Wie man deßhalb auch den Ursprung des Evangeliums sich denken mag, so muß man doch jedenfalls zugeben, daß ihm originale Traditionen zu Grunde liegen.

Der Evangelist hat überdieß es selbst in unverfänglicher Weise bezeugt, daß er sich die Geschichte, welche er berichtet, objectiv gegenüberstellt und seine eigene Auffassung, so vielen Raum er derselben geben mag, doch bestimmt davon zu unterscheiden weiß. Haben wir schon gesehen, daß er seine persönlichen Lehrmeinungen keineswegs in die Reden Jesu hineinträgt, so ist nun hier noch weiter beizufügen, daß er wiederholt ein Wort Jesu, welches er anführt, glossiert, aber diese Deutung als apostolische oder eigene Auffassung von der thatsächlichen Grundlage, zu der

---

[1]) Uebrigens ist die Etymologie und Erklärung von *Σιλωάμ* wahrscheinlich schon älter, vgl. Ewald, d. johann. Schriften I. 293. Ueber *τῶν κέδρων*, Joh. 18, 1, vgl. ebend. S. 397. Uebrigens ist die Frage, ob nicht der Uebergang von *τοῦ κεδρών* in *τῶν κέδρων* durch das jetzt auch in C. Sin. bestätigte *τοῦ κέδρου* vermittelt ist.

sie gehört, unterscheidet. Wenn Jesus bei der Tempelreinigung das Räthselwort spricht: Löset diesen Tempel und in drei Tagen werde ich ihn aufrichten 2, 19, so fügt er dann hinzu: nach der Auferstehung haben sich die Jünger an dasselbe erinnert und seien dadurch in ihrem Glauben bestärkt worden. So bestimmt diese Auslegung ihm feststeht, so ist er doch weit entfernt, sie Jesu selbst zuschreiben zu wollen. Ganz dasselbe wiederholt sich bei dem Worte 12, 32: wenn ich erhöht werde von der Erde, werde ich Alle zu mir ziehen, wo die Auslegung beigefügt wird, daß diese Vorstellung der Erhöhung eine Weissagung auf die Art seines bevorstehenden Todes gewesen sei. In beiden Fällen ist in der That die beigefügte Auslegung schwerlich die richtige gewesen. Ein drittes Beispiel ist das Wort 7, 38: wer an mich glaubt — wie die Schrift sagt, Ströme lebendigen Wassers werden von seinem Leibe fließen. Dieses Wort erfährt durch die folgende Glossierung sogar eine gewisse Berichtigung, soferne darin gesagt ist, es habe sich das nur auf den zukünftigen Besitz des Geistes beziehen können, weil dieser nach dem Evangelisten während des Lebens Jesu noch nicht vorhanden war.

Nehmen wir dann auch an, daß in anderen Fällen, was hier als selbstständige Glosse eines gegebenen Wortes erscheint, in die Ausführung selbst übergegangen sei, so läßt sich doch mit gutem Grunde vermuthen, daß diese weitere Ausführung der Rede sich dabei eben an ein solches feststehendes Wort anschließt und dasselbe in dem Sinne erweitert, in welchem der Evangelist mit demselben eins zu sein wußte. In dieser Art muß man sich seine Bearbeitung parabolischer Reden Jesu wie 10, 1 ff. 15, 1 ff. vorstellen. In einzelnen Fällen ist diese Objectivität eines Ausspruches, welcher weiter ausgeführt wird, auch der Form nach angezeigt, nämlich in der Wendung, daß das Wort als ein schon gesprochenes aufgeführt wird. So sagt Jesus 14, 2: in meines Vaters Hause sind viele Wohnungen. Wenn dem nicht so wäre, hätte ich dann gesagt: daß ich gehe, um Euch eine Stätte zu bereiten? Es wäre nicht unmöglich, daß damit auf eine andere Schrift verwiesen würde, welche diesen Ausspruch enthielt, aber es liegt noch näher, daß die Darstellung hier unwillkürlich ihren eigenen glossierenden Charakter im Verhältniß zu der Ueberlieferung, welcher sie folgt, kund gibt und daher nur in dieser eigenthümlichen Weise das Wort selbst berichtet. In ähnlicher Weise ist in 6, 36 die Wendung zu erklären: aber ich sagte es euch, daß ihr mich gesehen habt und nicht glaubet. Ebenso ist 4, 37 das Wort: daß ein Anderer sät, ein Anderer erntet, angeführt als ein solches, das sich hier als wahr beweise, während dasselbe ohne Zweifel ein Ausspruch Jesu selbst ist. Ganz deutlich ist aber in 3, 12 mit den Worten: wenn ihr mir nicht glaubtet,[1]) da ich Euch das Irdische sagte, wie werdet ihr glauben, wenn ich euch das Himmlische sage? auf den Gesammtinhalt der gegebenen Reden Jesu hingewiesen, welchen der Evangelist vor sich hat. Diese Wahrnehmung an den johanneischen Reden Jesu verbietet jede einseitige Beurtheilung derselben, und fordert die Anerkennung ihrer zwiespältigen Natur. Denn sie zeigt auf der Einen Seite das freie Verfahren des Evangelisten, die nicht buchstäbliche, sondern gedankenmäßige Reproduction der Reden Jesu. Aber auf der andern Seite widerlegt sie auch die Vorstellung, als ob dieß eine ganz freie Production gewesen sein könnte; es zeigt sich darin unwidersprechlich die Gebundenheit durch Themata, welche in Sprüchen, Parabeln, kurz in überlieferten Worten Jesu vorliegen, und es liegt darin die Probe, daß diejenigen Reden, welche auf einem ganz dem Evangelium eigenthümlichen, in der übrigen evangelischen Literatur nicht nachweisbaren Gedanken beruhen, in dieser Grundlage von einer eigenen Ueberlieferung oder Erinnerung ausgehen.

Daß die Reden Jesu uns im vierten Evangelium nur in solcher freier Reproduction aufbehalten sein können, ist schon durch die Wahrnehmung an ihren parabolischen Elementen und ebenso durch das überall zu erkennende Durchleuchten der höchsten Gesichtspunkte des Evangelisten bewiesen. Es liegt aber auch ganz

---

[1]) εἶπον in 3, 12 als 3. plur. zu fassen, ist zwar durch die Var. οὐκ ἐπιστεύσατε begünstigt, und gibt einen den Gedanken des Evangeliums gut entsprechenden Sinn. Aber die Rückweisung auf 3, 11: — τὴν μαρτυρίαν ἡμῶν οὐ λαμβάνετε scheint doch die persönliche Beziehung auf Jesus zu fordern.

offen da in der Thatsache, daß alle Personen, welche im Evangelium reden, bis auf einen gewissen Grad nicht nur die gleiche Sprache reden, sondern auch die gleiche Entwicklung ihrer Gedanken zeigen. Es ist die Sprache und die Dialektik des Evangelisten. So sicher dieses aber feststeht, so zeigt doch auch hier die Vergleichung, daß diese freie Bearbeitung ein historisch Gegebenes voraussetzt und in ihrer Art bewahrt hat. Was hier hauptsächlich in Betracht kommt, können nur die Reden des Täufers sein und zwar vorzüglich die Eine, welche nach Art der Reden Jesu eine längere Ausführung enthält 3, 27—36. Diese Rede des Täufers enthält allerdings in der Unterscheidung dessen, der vom Himmel ist, von denjenigen, die von der Erde sind, wie in der Zurückführung der messianischen Offenbarung auf die vom Himmel her mitgebrachte Anschauung 31—33, nicht nur überhaupt die gleichen Ideen, welche das Evangelium Jesus aussprechen läßt, sondern sie bildet darin auch einen deutlichen Nachklang zu dem Gespräche Jesu mit dem Nikodemus. Nichts desto weniger sind in der diesen höchsten Gedanken untergeordneten Ausführung Elemente enthalten, welche den eigenthümlichen Standpunkt des Täufers deutlich bezeichnen. Dahin gehört schon der Eingang 27 mit der doch zunächst seine beobachtende Stellung ausdrückenden Erklärung: daß ein Mensch nichts nehmen kann, wenn es ihm nicht vom Himmel her gegeben werde. Noch mehr aber die nur ihm eigene Vorstellung von der Person Jesu als der mit dem höchsten Geistesbesitz ausgestatteten 34 f. und die schließliche Hervorhebung des Gerichtszornes Gottes 36. So frei daher auch die Reden bearbeitet und so sehr sie in die Denkweise des Evangelisten selbst eingetaucht sind, so sieht man doch gerade hier, daß diese Freiheit der Behandlung nicht so weit geht, um die gegebene individuelle Grundlage aufzulösen, den Stoff selbst seiner Eigenthümlichkeit zu entkleiden. Und wenn dieß bei der Reproduction der Aussagen der bestimmten Person sich nachweisen läßt, so wird man ebenso in Beziehung auf die großen Reden Jesu selbst annehmen dürfen, daß darin dem besonderen Charakter des Momentes die gleiche Rechnung getragen sei.

Nach dem Bisherigen wird endlich auch die Frage zu beurtheilen sein, ob das Evangelium den geschichtlichen Charakter darin verläugne, daß es Jesus selbst sowohl als seine Sache von vorneherein als völlig fertig darstelle, und daher keine Entwicklung nach der einen wie der anderen Seite hin zeige. Ein eigentlicher geschichtlicher Nachweis der Entwicklung ist in keinem unserer Evangelien gegeben: es kann sich nur darum handeln, ob die Elemente, aus welchen ein solcher entnommen werden kann, vorhanden sind. Fordert man nun allerdings eine Entwicklung des Selbstbewußtseins Jesu, worin er erst allmählich den Grund zu seinem höheren Auftreten bei sich selbst gelegt hätte, so ist unbedenklich das Fehlen jeder Spur einer solchen zuzugeben. Wohl aber ist entgegenzuhalten, daß gerade das vierte Evangelium in den ihm vorzugsweise eignenden Erklärungen Jesu über sein Innerstes, über das Bewußtsein von seiner Stellung zu Gott die fruchtbarsten Haltpunkte für die Erkenntniß eines Lebensprocesses in diesem Gebiete gibt, vgl. 3, 12. 5, 17. Was sodann die Entwicklung seines Berufes und Wirkens betrifft, so findet auch hier wieder ein ähnliches Verhältniß statt. Das Evangelium zeigt uns nicht gleich den synoptischen, wie Jesus lange Zeit hindurch thätig war, ohne sich über seine Person zu erklären. Es stellt überhaupt das ganze Berufsleben seiner früheren Zeit nicht dar; es setzt dasselbe bloß voraus, vgl. 6, 2. Aber es ist dabei doch von sehr bestimmten Unterscheidungen über sein Verhalten nach außen getragen. So verlegt es die vertraulichen Mittheilungen an seine Jüngergemeinde ganz in seine letzten Zeiten Cap. 13—17. Es läßt zwar die ersten Jünger schon mit messianischen Erwartungen an ihn herzutreten Cap. 1, aber es bestimmt doch genau den Zeitpunkt, in welchem sie erst durch den Mund des Petrus sich zu dem messianischen Glauben an ihn bekannt haben, Cap. 6. Ebenso aber haben wir schon gesehen, wie es die früheren Kundgebungen Jesu in Jerusalem, Cap. 2 und 5 ihrem Charakter nach, soweit es sich um das Thatsächliche handelt, ganz genau von dem messianischen Auftreten und der Krise desselben in Jerusalem Cap. 7—10 zu unterscheiden weiß. Außerdem aber sind uns Nachrichten gerade in diesem Evangelium einzig gegeben, welche allein die allmähliche Entwicklung des Auftretens Jesu in ihrem stufenweisen Fortschritte umfassend erkennen lassen, vgl. 3, 22 ff. Endlich was die Entwicklung des Widerspruches und der Feindschaft gegen ihn betrifft, so muß man stets im Auge behalten, daß die ganze Schrift, indem sie den vollendeten scharfen Gegensatz schildern will, eben deßhalb beinahe ausschließlich die Zeiten, in welchen dieser sich ausgebildet hat, zum Gegenstande seiner Darstellung wählt. Gerade in diesen Zeiten aber gibt sie das lebendigste Bild der kritischen Wendung. So für die Verhältnisse in Galiläa Cap. 6., so noch eingehender für die in Jerusalem Cap. 7 ff. Wenn es aber schon 2, 24 die Zurückhaltung Jesu schildert und 5, 16—18 die Absicht der Juden, ihn zu tödten, eintreten läßt, so berichten das letztere auch die Synoptiker aus der Zeit der Sabbathstreitigkeiten, und das Erstere findet sich bei ihnen wieder als das Verbot der Ausbreitung seiner Thaten. Die Wege der Entwicklung sind daher auch hier überall zu erkennen, und nur das ist zuzugeben, daß diese Andeutungen erst verständlich werden durch die Ergänzung aus anderen Quellen. Ohne sie ist das vierte Evangelium ein Nebelbild ohne Fleisch; setzt es sie voraus, so rechtfertigt es eben damit seine Mängel. Wir werden daher durch die Untersuchung des Charakters des Evangeliums von selbst zu der über sein Verhältniß zu den Synoptikern fortgeführt.

---

3. Das Verhältniß des Evangeliums zu den Synoptikern.

1. Die Untersuchung des Charakters des vierten Evangeliums findet ihre Ergänzung, wenn wir dasselbe mit den drei ersten vergleichen. Diese Vergleichung ist unerläßlich für die Geschichtsforschung, welche beide Theile als Quellen vor sich hat. Sie ist aber auch schon unerläßlich, um das Wesen des vierten Evangeliums als Schrift zu erkennen. Die synoptische Darstellung als Einheit bildet den Grund, auf welchem sich uns die individuelle Gestalt des vierten Evangeliums darstellt und ihre besondere Art bewährt. Wir können dasselbe gar nicht betrachten, ohne unwillkürlich den Maßstab jener Darstellung dabei anzulegen, sowohl die einfache volksmäßige Weise der Erzählung selbst, als den Inhalt

mit dem Typus seiner Geschichten und Reden. Aber diese Vergleichung ist es nicht allein, was zur Aufhellung der Natur des vierten Evangeliums dient, sondern der Ursprung und Plan dieser Schrift tritt auch dadurch wesentlich in ein neues Licht, daß der Verfasser derselben, wie sich leicht zeigen läßt, die synoptische Darstellung gekannt hat und sich in bestimmte Beziehung zu derselben stellt. Von diesen beiden Seiten also haben wir das Verhältniß des Evangeliums zu den Synoptikern zu betrachten, und zunächst das oben schon erwähnte Dilemma, welches der Unterschied der johanneischen und der synoptischen Geschichte uns aufzunöthigen scheint, etwas näher zu prüfen.

Kann man die synoptischen Evangelisten immerhin auf eine gemeinsame Ueberlieferung zurückführen und die Abweichungen unter ihnen als Ergänzungen betrachten, welche der großen Uebereinstimmung gegenüber von verschwindender Bedeutung sind, so ist dagegen allerdings der Unterschied, in welchem sie als Einheit gegenüber dem vierten Evangelium sich befinden, so offenbar und so tiefgreifend, daß es sehr nahe liegt, hier ein unvermeidliches Entweder — Oder der Glaubwürdigkeit aufzustellen. Der Unterschied besteht theils in den äußeren Umständen der Geschichte Jesu, theils in dem Charakter des beiderseitigen Lebensbildes. Während die Synoptiker nur eine längere Wirksamkeit Jesu von unbestimmter Dauer kennen und auf dieselbe eine einzige Reise nach Jerusalem, welche die zum Tode entscheidende ist, folgen lassen, jedenfalls in jener galiläischen Zeit kein Passahfest erwähnen, so berichtet das vierte Evangelium von mehreren Reisen Jesu in die Hauptstadt, läßt dort vor der Reise zum letzten Passahfeste schon folgenreiche Verwicklungen eintreten und erweitert dadurch zugleich die Dauer seines öffentlichen Wirkens mindestens über den Zeitraum von einigen Jahren. In demselben Maße tritt die galiläische Wirksamkeit Jesu zurück. Die große Menge derselben bei den Synoptikern angehörigen Thaten verschwindet bis auf zwei (die Heilung des Sohnes des βασιλικός, Joh. 4, 46—54, entsprechend dem synoptischen παῖς des Hekatontarchen, und die wunderbare Speisung, Joh. 6, 1—13 sammt dem Seewandeln 19—21), eine ganze Classe von Heilungen, welche bei jenen sehr im Vordergrunde stehen, nämlich die der Dämonischkranken, ist bei Johannes gar nicht berührt. Und neben diesen auffallendsten Abweichungen finden wir weiter noch manche einzelne Dinge, wo die Darstellung parallel ist, theils in ein anderes Licht gestellt, theils durch anderes ersetzt, so in der ersten Berufung der Jünger, in dem Verhältnisse zum Täufer, in der Leidens- und Auferstehungsgeschichte. Neue Personen, welche die synoptische Erzählung nicht kennt, treten in die Geschichte ein, wie Nikodemus. Die Wunder, welche das Evangelium außer den erwähnten berichtet, und welchen es zum Theil eine große Bedeutung für die Geschichte Jesu zuschreibt, wie besonders der Auferweckung des Lazarus, sind den Synoptikern fremd. Was aber die Verschiedenheit des Charakterbildes betrifft, so liegt dieselbe vornämlich in der schon besprochenen Eigenthümlichkeit der johanneischen Reden, und der Concentration der ganzen Lehrthätigkeit Jesu auf Selbstzeugniß und Vertheidigung desselben; ferner in der ausschließenden Beziehung, welche auch die Handlungen, zumal die Wunder auf die Offenbarung seiner Person nach ihrem eigenthümlichen Wesen erhalten haben. Wenn wir in diesen Charakterzügen an und für sich, abgesehen von der Parallele der Synoptiker, eine durch die ideale Richtung des Evangeliums bedingte Einseitigkeit gefunden haben, so kann allerdings die Vergleichung der Synoptiker nur weiter bestätigen, daß die Geschichte hier durch das Mittel einer Lehre hindurchgegangen und von ihr umgestaltet worden ist. Dagegen kann aus der Verschiedenheit der äußeren Geschichte auf beiden Seiten jedenfalls nicht sofort ein entscheidender Schluß zum Nachtheile des vierten Evangeliums begründet werden.

Die Untersuchung der Synoptiker zeigt, daß das Schema der Geschichte mit der einmaligen Reise am Schlusse nicht das Zeugniß von dreien, sondern der einzigen Quelle ist, welcher sie darin gemeinsam folgen, daß diese Quelle aber keine sichere Gesammtdarstellung des Lebens Jesu gibt, sondern selbst nur von einer Zweitheilung nach allgemeinen Gesichtspunkten geleitet ist, überdieß in den galiläischen Berichten aus einer ziemlich losen Reihenfolge frei verbundener Erzählungsgruppen besteht. Die Untersuchung der synoptischen Quellen zeigt ferner, daß man frühe auf dem Boden dieser

Ueberlieferung jene urevangelische Darstellung durch Redensammlungen zu ergänzen suchte, welche man zum Theil in eine längere Zeit des Aufenthaltes oder der Reisen Jesu außerhalb Galiläas verlegte. Die Beschränkung, welche die Synoptiker im Gegensatze zu Johannes dem Wirken Jesu nach Ort und Zeit zu geben scheinen, ist also keinenfalls eine so sichere, und wenn dieser Evangelist die Entfernung Jesu von Galiläa vor seinem Tode schon im Herbste vor dem letzten Passah erfolgen läßt, und den Tod selbst als die Folge einer längeren Kette von Begebenheiten in Judäa zeigt, so hat er damit nicht bloß die allgemeine geschichtliche Wahrscheinlichkeit für sich, sondern man kann auch nicht von wirklichem Widerspruche der Synoptiker reden, sofern diese für die Abreise aus Galiläa gar keine Zeitangabe machen, und vielmehr selbst durch die mehr oder weniger ausgedehnte Aufnahme von Reisebegebenheiten eine längere Zeit zwischen jener Abreise und dem Passah seines Todes anzunehmen nöthigen. So weit es sich daher von den späteren Zeiten Jesu oder der letzten Reise handelt, welche im vierten Evangelium von Cap. 7 an zu rechnen ist, kann also in jedem Falle von einer großen Differenz der Darstellung nicht die Rede sein. Es bleibt aber noch die Abweichung, daß Johannes auch vor dieser Zeit schon zwei Jerusalemische Reisen Cap. 2 und 5 berichtet, welche von den Synoptikern übergangen werden, und mit der ersteren einen längeren Aufenthalt Jesu in Judäa verbindet, von dem sie ebenfalls keine Andeutung geben. Auch das letztere jedoch ist nicht schwer aus der Beschaffenheit der synoptischen Berichte selbst zu erklären. Die Quelle, welche ihrer Geschichtsdarstellung zu Grunde liegt, hat so bestimmt die Richtung ein Charakterbild seines messianischen Wirkens einerseits und seiner den Unglauben bewältigenden Größe andererseits zu entwerfen, und erschöpft darin ihre Bestimmung so völlig, daß leicht zu begreifen ist, wenn in derselben diese vorübergehenden Jerusalemischen Zeiten, welche auch nach Johannes keinen wesentlichen Erfolg gehabt haben, nicht berührt sind, ebensowenig aber das frühere judäische Wirken, für welches das Verständniß später leicht verloren gehen konnte. Nehmen wir noch hinzu, daß sich in den Redensammlungen der Synoptiker die bestimmtesten Spuren früherer mehrmaliger Besuche Jesu in Jerusalem erhalten haben, und ebenso die einer mindestens dreijährigen Dauer seines Lehramtes, so verschwindet die auf den ersten Blick so große Differenz in dieser Rücksicht bis auf einen nichtsbesagenden Schein, und kann in keiner Weise zum Vorurtheil gegen das vierte Evangelium werden. Allein wäre dem auch nicht so, so müßte man dennoch gerade diese abweichende Darstellung der äußeren Verhältnisse eher für ein dem Evangelium günstiges Zeichen ansehen. In der That, wenn der Evangelist hier ohne selbstständige Ueberlieferung keine andere Grundlage als die synoptische gehabt hätte, und keinen anderen Zweck als den, seine Idee in's Licht zu setzen, so ist nicht abzusehen, wie er dazu gekommen sein sollte, den Rahmen der synoptischen Darstellung in solcher Weise zu verlassen. Er mußte vielmehr gerade dadurch, daß er diesen beibehielt, seiner Auffassung der Dinge um so sichereren Eingang verschaffen, und es war in demselben Nichts gegeben, was ihn an der Ausführung seines Gedankens verhindern oder stören konnte. Daß er die Entwicklung des großen Conflictes nach Jerusalem verlegte, war durch die Geschichte, und die allgemeine Ueberlieferung gegeben. Wenn er aber auch schon früher Jesus in Jerusalem auftreten läßt, so lag dafür überall keine Nöthigung in seiner Tendenz. Es kann dieß kaum aus einem anderen Grunde, als dem einer eigenen Kunde geschehen sein. Ebenso verhält es sich mit den eigenthümlichen Wundererzählungen des Evangeliums. Mag der Evangelist auch die Stoffe seinen höheren Gesichtspunkten gemäß bearbeitet haben, so boten sich ihm für diesen Zweck genug entsprechende Stoffe bei den Synoptikern; wir sehen aus der Heilungsgeschichte Joh. 4, 46—54, daß er solche nach seiner Art darzustellen wußte. Wenn er daher Geschichten berichtet, die nicht aus den Synoptikern genommen sind, so liegt auch hier die Erklärung am nächsten, daß er dieselben aus eigener Ueberlieferung hatte.

Dieses Urtheil wird aber in entscheidender Weise noch dadurch bestätigt, daß, wie sich sicher erkennen läßt, dem Verfasser die synoptischen Berichte nicht nur bekannt sind, sondern daß er dieselben auch bei seiner Arbeit vor Augen hat, und sie theils zu ergänzen theils zu berichtigen bemüht ist. Läßt sich dieß nachweisen, so ergibt sich daraus ein Doppeltes zur Erklärung des vierten Evangeliums in seiner Eigenthümlichkeit. Es hebt sich von selbst das Befremden darüber, daß dasselbe Jesus in den Verhältnissen, welche bei den Synoptikern in so großer Ausdehnung vorliegen, uns nicht schildert. Es will dieselben damit nicht beseitigen, sondern es setzt sie voraus und schließt sie eben damit ein. Damit fällt aber auch zweitens das Bedenken, welches der Gesammtcharakter des Evangeliums insoferne erweckt, als demselben bei allen bezeichnenden Einzelnheiten dennoch das lebendige Fleisch und Blut der Geschichte zu fehlen scheint. Dürfen wir annehmen, daß der Evangelist jene konkreten Lebensbilder, welche uns die drei ersten Evangelien geben, zu seiner bewußten Voraussetzung hat, so verhält sich seine Arbeit zu diesem Stoffe ähnlich wie sich seine parabolischen Reden zu der wirklichen Parabel verhalten. Er will nicht die ganze Sache erst geben, sondern er will dieselbe, wie sie schon feststeht, in ein anderes Licht setzen; man darf daher auch seine Arbeit nur von dem Zwecke aus beurtheilen, welchen er selbst sich gesetzt hat, nämlich als eine Beleuchtung des Evangeliums theils durch geschichtliche Vervollständigung, theils und noch mehr durch die höheren Gesichtspunkte, welche das Wesen jener Geschichten ausmachen. Dann haben die Alten die Stellung der Schrift wenigstens nach der Einen Seite hin richtig bezeichnet, wenn sie ihren lehrhaften Charakter als Evangelium damit erklärten, daß der Leib der evangelischen Geschichte durch sie seinen Geist erhalten sollte.[1])

Auf ein solches Verhältniß weist gleich der erste Abschnitt, in welchem das vierte Evangelium zu den drei anderen sich in Parallele setzt, nämlich die Geschichte der Taufe Jesu. Es ist durchaus vergeblich den Ort in der Darstellung desselben zu suchen, wo diese Begebenheit als Thatsache in derselben ihre Stelle hat oder vielmehr haben sollte. Der Evangelist erzählt 1, 19—28, was Johannes den Juden über seine eigene Mission und sein Verhältniß zum Messias erklärt habe. Er erzählt dann 1, 29—31, wie gleich nach dieser Scene der Täufer Jesus sah und sich

[1]) Eus. h. e. VI. 14 (aus Clem. Alex.).

über seine Bestimmung und Größe aussprach. Ohne Angabe der Zeit und Umstände schließt sich an diese Worte weiter das Zeugniß des Täufers über die Offenbarung, welche ihn zur Erkenntniß Jesu gebracht hat. Wir erkennen in derselben die von den Synoptikern erzählte Begebenheit bei der Taufe Jesu. Der Evangelist aber drückt das nicht aus, er setzt es voraus. Seine Darstellung redet bloß über die Thatsache. Die Synoptiker berichten dieselbe; er aber kann nur so reden, indem er auf diese zurückweist. Ein anderer schlagender Beweis ist die Art, wie er 4, 44 den aus den Synoptikern von der Aufnahme Jesu in Nazareth her bekannten Ausspruch, daß der Prophet in seinem Vaterlande nicht angenehm ist, anwendet, indem er denselben bei der Rückreise Jesu nach Galiläa als Erläuterung dieses Schrittes anführt: denn Jesus selbst bezeugte, daß der Prophet in seinem eigenen Vaterlande keine Ehre hat. So wird der Spruch hier ohne alle Veranlassung oder Beschreibung seines Ursprunges eingewoben, mit anderen Worten, er wird citirt, und durch die Anführung desselben das Verhalten Jesu, die Wahl Galiläa's zu seinem Aufenthaltsorte erklärt. Offenbar stellt der Verfasser damit den ganzen Aufenthalt in Galiläa unter einen bestimmten Gesichtspunkt, nämlich keinen anderen, als den, daß gerade diese galiläische Zeit Jesu im Großen und Ganzen eine Zeit der Verschmähung für ihn war, und daß es daher ein selbsterwähltes Dunkel ist, in welches er sich begibt.[1]) Dieß entspricht ganz den Worten 5, 41. vgl. 44. 7, 18. 8, 50, daß er keinen eigenen Ruhm, keinen Ruhm bei den Menschen sucht. Es leuchtet von selbst ein, daß der Evangelist ein solches Citat nur machen konnte, wenn er die Quelle, aus welcher dasselbe genommen ist, voraussetzt. Es ist aber damit nicht bloß auf diesen Ausspruch verwiesen, sondern er verweist zugleich durch die Art der Anwendung eben auf jene ganze galiläische Wirksamkeit Jesu, welche er selbst nicht schildert, mithin auf die synoptische Darstellung derselben. Diese Fälle genügen zu beweisen, wie er sich absichtsvoll und unzweideutig in ein bestimmtes Verhältniß zu den Synoptikern stellt.

---

[1]) Vgl. Jahrb. f. d. Th. 1859, S. 695.

Hienach ist daher seine ganze Darstellung zu beurtheilen, ihren Voraussetzungen und ihrem Zwecke nach, und in der That erklärt sich nur auf diese Weise, wie der Evangelist sich zu den anerkanntesten und gewichtigsten Thatsachen des Lebens Jesu stellt, indem er dieselben theils nur einfach recipiert, ohne sie zu berichten, wie die Wahl der zwölf Apostel, theils aber sie ganz übergeht, und nur dem Gedanken nach in Reden Jesu Beziehungen auf sie durchblicken läßt, wie beim Abendmahle. Beides ist nur möglich, wenn er nicht bloß die Thatsachen, sondern den Bericht über dieselben voraussetzt.

Bei dieser Art der Rückbeziehung auf die bereits vorhandene Darstellung kann jede auffallende Abweichung von derselben keinen anderen Sinn haben, als daß sie ergänzen oder berichtigen will. Aber auch dieß haben wir nicht bloß zu vermuthen, sondern wir dürfen es auf bestimmte Aeußerungen stützen. In der synoptischen Darstellung erscheint die Gefangennehmung des Täufers als das Motiv für Jesus, von Judäa oder Peräa aus, wo auch er von demselben getauft worden war, sich wieder nach Galiläa zu begeben, Matth. 4, 12. Mark. 1, 14. Hiedurch fällt das eigene öffentliche Auftreten Jesu ganz nach jenem Schlage, welcher den Täufer getroffen hatte. Der vierte Evangelist stellt dieß nun anders dar; er läßt Jesum eine Zeit lang schon öffentlich wirken neben dem Täufer, gleichzeitig mit diesem. Indem er dieß erzählt, fügt er 3, 24 ausdrücklich erläuternd hinzu, daß es so habe sein können: denn Johannes sei damals noch nicht in Gefangenschaft gerathen gewesen. Hier haben wir also eine unzweideutige Berichtigung der synoptischen Darstellung. Wie der Evangelist damit die synoptische Geschichtsquelle berichtigt, so berichtigt er mit der Bemerkung, daß die Heilung des Sohnes des βασιλικός nicht sein erstes, sondern sein zweites Zeichen in Galiläa gewesen sei, 4, 54, deutlich diejenige Bearbeitung der älteren Redensammlung, welche diese Geschichte in dieselbe zu Anfang aufgenommen hat, beziehungsweise das hiedurch geleitete Matthäusevangelium. Eine andere solche betrifft einen vielbesprochenen Gegenstand, den Todestag Jesu. Hier ist es nicht eine einzelne Bemerkung, sondern eine ganze Reihe von mit merklicher Absichtlichkeit hervorgehobenen Daten, in welchen seine Darstellung sich der früheren entgegensetzt, und nachzuweisen sucht, daß Jesus nicht am großen Passahtag gestorben, daß die letzte Mahlzeit, die er am Vorabend seines Todes mit seinen Jüngern hielt, eben daher nicht das Passahmahl gewesen sei, vgl. 13, 1. 18, 28. 19, 14. 31. Ist in diesen Fällen die Absicht der Richtigstellung offen am Tage, so gewinnen dadurch eine größere Zahl von anderen ihr richtiges Licht, in welchen die Berichtigung nur leise angedeutet ist, und welche besonders in der Leidensgeschichte zahlreich sind.[1])

2. In der That, es ist nicht die Differenz von den Synoptikern, was die schwerste kritische Instanz gegen das vierte Evangelium bildet; das Verhältniß zu denselben wird ihm von der entgegengesetzten Seite gefährlich, nämlich durch die Beziehungen der Verwandtschaft, in welcher es zu ihnen steht. Zwar wenn man nur im Allgemeinen gegen das Evangelium einwendet, daß es bei aller abweichenden Geistesrichtung doch den Stoff der Geschichte ganz nur aus den Synoptikern habe und sich auf jedem Schritt von denselben abhängig zeige, so ist das theils unrichtig, theils wäre es nicht erheblich. Das Evangelium hat seine eigene Tradition, es hat in jedem Falle einen gewissen historischen Inhalt, welcher sich auf die Synoptiker weder als freie Umbildung ihrer Nachrichten noch als Opposition gegen dieselben zurückführen läßt. Aber auch wenn dem nicht so wäre, so dürfte man die Uebereinstimmung in den Begebenheiten und dem thatsächlichen Gange doch keinen Falls gegen seine Abkunft und seinen Werth geltend machen. Sie würde nur beweisen, daß in Betreff gewisser Hauptthatsachen überhaupt keine Verschiedenheit der Aeußerung möglich war. So weit also wirklich das Evangelium in faktischen Dingen die Synoptiker bestätigt, kann daraus nicht eine Abhängigkeit desselben, sondern nur eine Uebereinstimmung und zwar nach der Gesammtlage der Dinge eine freie abgeleitet werden. Aber anders stellt sich allerdings das Verhältniß bei den Reden. Da diese gerade den vollen Gehalt der johanneischen höhe-

[1]) Vgl. Jahrb. f. d. Th. 1859, S. 696 f.

ren Ansichten ausdrücken und in der Form ein so eigenthümliches Gepräge tragen, so hat man darüber leicht die vielen Berührungspunkte, welche sie dennoch mit den Synoptikern haben, übersehen, oder ihnen doch nicht ihr volles Gewicht zukommen lassen.

Diese Berührungen bestehen nicht bloß darin, daß in den johanneischen Reden gelegentlich einzelne synoptische Sprüche vorkommen, oder auch daß sich unbestimmtere Anklänge an synoptische Gedanken und Bilder finden; der Zusammenhang ist ein tieferer. Schon das muß auffallen, daß jene synoptischen Sprüche oder Spruchanklänge sich durchaus in anderem Contexte und daher auch anderer Anwendung vorfinden, daß sie ferner hiebei zum Theil ganz wie Citate in den Text eingelegt sind, vgl. 12, 25. 13, 16. 15, 20. 13, 20. Aber hiezu kommt, daß in einer Reihe von solchen Sprüchen, welche an synoptische in freierer Weise anklingen, eine Umbildung derselben sich kaum verkennen läßt, welche viel weiter geht, als die auf synoptischem Gebiete selbst, besonders im Lukasevangelium wahrnehmbare, sofern sie nicht bloß den Sinn des Einzelnen viel stärker verändert, sondern auch dieses Einzelne in Redegruppen ganz anderer Art verwoben hat. Und weiter zeigt sich hiebei, daß die Spuren der Berührung nicht bloß einzelne Sprüche betreffen, sondern den Zusammenhang der synoptischen Reden. Wir müssen daher annehmen, daß das vierte Evangelium wirklich nicht bloß aus der allgemeinen Ueberlieferung das Verwandte geschöpft, sondern mit Beziehung auf die ihm vorliegenden Schriften gearbeitet hat. Es fällt somit aus diesem Verhältniß ein entscheidendes Licht auf seine Arbeit, denn es kann hienach kaum bezweifelt werden, daß ihre Absicht ist, dem in den synoptischen Reden vorliegenden Stoff einen anderen Geist und eine höhere Bedeutung zu geben, daß wir es also in solchen Fällen nicht sowohl mit einem Berichte von Reden Jesu, als mit einer Ueberarbeitung und Auslegung derselben zu thun haben, mag diese nun in wirklicher Erinnerung und Ueberlieferung berechtigt sein oder nicht.

Ein hervorragendes Beispiel solcher deutlicher Beziehung auf einen synoptischen Redencomplex ist in 15, 18—27 enthalten. Die Schilderung des Hasses der Welt 18 f. erinnert von selbst an die entsprechende Matth. 10, 24 ff. Sofort wird auch auf das in dem Contexte dieser Rede Matth. 10, 24 enthaltene Wort, daß der Knecht nicht über dem Herrn ist, zurückgegriffen, und an den Zusammenhang der gleichen Rede Matth. 10, 40 klingt das Wort 15, 21 an, daß die Verfolger den nicht kennen, welcher Jesus gesandt hat; ferner 26 und 27 das Wort, daß der Geist von ihm zeugen wird und ebenso die Apostel selbst, weil sie von Anfang an bei ihm waren, an die Verheißung des Beistandes des Geistes Matth. 10, 20 und die Aufforderung zum Bekenntnisse, ebendaselbst 10, 32. So ist also der Abschnitt der Johannesrede ganz von freien Beziehungen auf den Context der angeführten Matthäusrede durchsetzt, und hat die aufgelösten Gedanken derselben zu einem neuen höheren Ganzen selbstständig wieder verwoben. Aber die Beziehungen auf jene Rede spinnen sich noch weiter fort in Joh. 16, 1 ff. und zwar nehmen sie hier den Charakter der Berichtigung an, wenn mit der Voraussagung, daß die Jünger aus der Synagoge gestoßen werden sollen, 16, 1. vgl. Matth. 10, 17, die Bemerkung verbunden wird, 16, 4, daß Jesus diese Dinge ihnen früher, nämlich so lange er noch ihnen zur Seite blieb, nicht gesagt habe. Damit ist die Aufnahme dieser Weissagungen in eine Rede so früher Zeit, wie sie bei Matthäus geschieht, bestritten und die Stellung derselben an diesem Orte unter den Abschiedsreden Jesu gerechtfertigt. Aber auch die Erklärungen, daß der ihnen verheißene göttliche Geist seine Wahrheit von Jesus selbst nehmen werde, 16, 14 ff., scheint eine Ergänzung der Fassung in Matth. 10, 20 zu sein. Uebrigens wiederholt sich die Wahrnehmung, daß das Evangelium die von ihm verwendeten Sprüche über die Stellung des Herrn und des Knechtes, sowie über die Aufnahme des Absenders in dem Abgesendeten mit einander verknüpft, auch in der Anführung derselben Joh. 13, 16. 20, sowie die Verbindung der Geistesverheißung mit der Aufforderung, sich nicht zu fürchten, 14, 26 f., vgl. Matth. 10, 26. 32, und hiebei zeigen die Worte: das habe ich Euch gesagt, während ich bei Euch verweilte, 14, 25, ganz klar an, daß diese Reden eigentlich schon einer früheren Periode seines Lebens angehören.

Treffen wir so bei dem Evangelisten die Spuren, daß er die synoptischen Apostelberufsreden in seiner Weise überarbeitet hat, so finden wir anderwärts, nämlich 8, 31 ff., eine freie Reproduktion der Vertheidigungsrede gegen den Vorwurf des Beelzebub-Bundes. Dieser Vorwurf ist hier 8, 48 in den auch sonst im Evangelium widerholten (7, 20. 10, 20) verwandelt, daß Jesus ein δαιμόνιον in sich habe, und der Gegenangriff Jesu, daß sie den Geist lästern, hat die Gestalt gewonnen, daß sie des Teufels Söhne sind und als solche der Lüge dienen, 44 f. Aber die ganze Rede ist voll von Anklängen an jene synoptische Rede. So steht dem Bilde von dem Starken, dessen Haus als Beute davon geführt wird, nachdem er selbst gebunden ist, Matth. 12, 29 das Bild von der Befreiung aus dem Stande der Knechtschaft Joh. 8, 32 ff. gegenüber. Und das Bild vom guten und bösen Baum Matth. 12, 33 ist in der höheren Auffassung des vierten Evangeliums zur Darlegung der höheren in der göttlichen Bestimmung wurzelnden Empfänglichkeit geworden Joh. 8, 47.

Aehnlich entspricht Joh. 12, 25 f. die Art, wie das Wort vom Verlieren des Lebens aus Liebe zu demselben und die Verheißung, daß seine Diener mit ihm in der Zukunft beisammen sein und von dem Vater geehrt werden sollen, zusammengestellt sind, dem Zusammenhange der Weissagung des Leidens und der Parusie auf synoptischer Seite vgl. Matth. 16, 25—27.

Wenn in diesen Beispielen die johanneischen Reden sich als Ueberarbeitung verwandter, synoptischer Reden erkennen lassen, so ist in anderen Fällen zu erkennen, daß sie als der Ersatz gewisser synoptischer Reden angesehen sein wollen und deßhalb auch eine analoge Stellung einnehmen. So entspricht der Schluß der Nikodemusrede über die Scheidung der beiden Menschenklassen gegenüber von dem in Jesu erschienenen Lichte 3, 18—21 deutlich dem Schlusse der Bergpredigt Matth. 7, 24—27. So weist die Rede des Täufers 3, 29 mit dem Bilde des Bräutigams auf die synoptischen Worte Jesu selbst über das Fasten der Johannesjünger, in denen das gleiche Bild gebraucht ist Matth. 9, 15, zurück, und die Erklärung, daß Gott seinem wahren Gesandten den Geist nicht bemessen, sondern voll verleiht Joh. 3, 34, will dabei den Sinn des Bildes vom alten Kleid und neuen Zeuge, sowie vom neuen Wein und den alten Schläuchen erläutern. Bei der Heilung des Lahmen am Teiche Bethesda kommt die Sabbathfrage zur Erörterung und Jesus vertheidigt sich 5, 17 und 7, 22 f. darüber in analoger Weise wie bei den Synoptikern, doch so, daß die Gesichtspunkte höher gehalten sind, die Berechtigung des Gutesthuns am Sabbath auf das göttliche Thun Jesu zurückgeführt ist, und der Bruch des Sabbaths, welchen das Gesetz selbst macht, hervorgehoben wird. Noch mehr aber enthält nun die ganze Rede, welche Jesus nach jener Begebenheit spricht Joh. 5, 19—47, eine Reihe von Anklängen an die synoptische Rede Jesu bei der Sendung des Täufers aus dem Gefängniß: die Erinnerung an die schon gegenwärtig eingetretenen Todtenauferstehungen Joh. 5, 25. vgl. Matth. 11, 5, die Berufung auf das Zeugniß des Täufers 33 (Matth. 11, 14) und das seiner eigenen Thaten 36 (Matth. 11, 4), die Schilderung des Täufers selbst und seiner Aufnahme bei dem Volke 35 (Matth. 11, 9. 18), ferner die scharfe Unterscheidung der Perioden des alten und neuen Bundes, so daß auch für den Täufer keine Ausnahme gemacht wird 37 (Matth. 11, 11), die Zeichnung der Abhängigkeit, in welche sich seine Gegner untereinander setzen 44 (Matth. 11, 16 f.), und endlich die Verweisung auf den Inhalt der Schrift 39. 45 (Matth. 11, 13. 19). Der ganze apologetische Theil dieser Rede ist sichtlich im Blicke auf die synoptische Johannesrede gearbeitet, und will ebenso wie diese an den Abschluß mit dem Täufer die völlig freie Stellung Jesu anknüpfen.

Endlich darf im gleichen Sinne noch die große Verwandtschaft des Gebetes Joh. 17 mit dem in Matth. 11, 25—27 ff. aufmerksam gemacht werden, vgl. besonders Joh. 17, 2. 7. 26.

Außer diesen die ganzen Redestücke betreffenden Spuren finden sich nur eine Menge von Anklängen einzelner Sprüche, aus welchen die völlig freie Verwendung der synoptischen Motive hervorgeht. Die *βρῶσις ἀπολλυμένη* 6, 27 erinnert an die vergänglichen Schätze der Bergpredigt Matth. 6, 19 f., Luk. 12, 33, sowie an die Sauerteigsrede Matth. 16, 6 ff., die Beschwerde der Juden, daß Jesus sie als Blinde bezeichne 9, 40, an den Angriff auf die Pharisäer als blinde Leiter der Blinden Matth. 15, 14. 23, 17. 19. 24. 26. Luk. 6, 39, das Bild von den Wölfen und Schafen Joh. 10, 12, an die Apostelrede bei Matthäus 10, 16, ebenso die Zusicherung der Gebetserhörung mit besonderer Beziehung auf die Gabe des Geistes 14, 16. 26. 27, an die ähnliche synoptische Aufforderung, vgl. Luk. 11, 13. Wie frei dabei diese Motive vertheilt sind, erhellt aus der Einschaltung der Rede der Einwohner von Nazareth gegen Jesus in die Verhandlungen zu Kapernaum 6, 42.[1]) Auf ein synoptisches Motiv bezieht sich wahrscheinlich auch die Anführung des „λόγος“, daß ein Anderer der Säende, ein Anderer der Erntende ist 4, 37, nämlich auf die Rede des Knechtes in der Parabel von den Pfunden, vgl. Matth. 25, 24 ff. Luk. 19, 20 f., daß der Säende nicht auch ernten darf, welche vielmehr dahin berichtigt wird, daß jetzt der apostolische Dienst schon Ernten auf fremder Saat bringt.

Aber nicht nur überhaupt frei eingetheilt sind die synoptischen Redemotive, sondern auch in dem Sinne frei verwendet, daß sie eine andere Bestimmung erhalten haben; dieß läßt sich vorzüglich an zweierlei Gattung von Fällen erkennen, nämlich an solchen, in welchen ein paränetisches Wort von allgemeiner moralischer Bedeutung bei den Synoptikern eine Anwendung auf Jesus selbst erhalten hat, und ferner an solchen, in welchen die Weissagungen der Zukunft nach einer anderen Denkweise überarbeitet sind.

Was das erstere betrifft, so ist das synoptische Bild vom Lichte des geistigen und heiligen Lebens, vgl. Matth. 5, 14. 6, 22 im johanneischen Evangelium übertragen auf die Person Jesu selbst 8, 12. 12, 35 f. 46 ꝛc.; die schmale Pforte des Lebens Matth. 7, 14 ist Jesus selbst 10, 1; das Bild vom Sattwerden des Hungers und Durstes nach Gerechtigkeit Matth. 5, 6 wird zur Sättigung durch den Glauben an Jesus 4, 14. 6, 35. Wenn bei den Synoptikern Jesus die Jünger auffordert, den himmlischen Vater in ihrem Thun nachzuahmen Matth. 5, 48, so ist diese Nachahmung bei Johannes sein eigenes eigenthümliches Leben

[1]) Hier ist der Verfasser offenbar dadurch geleitet, daß er mit der Begebenheit, welche in Galiläa zum Bruche führt, auch verwandte Motive, welche die Verwerfung Jesu in Galiläa vollendet haben, zusammmenstellen will.

5, 19. Die verborgenen Anfänge der apostolischen Unterweisung ἐν κρυπτῷ Matth. 10, 27 werden bei Johannes zu einem verborgenen Leben Jesu überhaupt 7, 4. Wenn bei den Synoptikern Jesus die Jünger auffordert, statt des Trachtens nach irdischer Speise vielmehr nach den himmlischen Dingen zu trachten Matth. 6, 25, so sagt bei Johannes Jesus unter Abwehr der leiblichen Nahrung, seine Speise sei der Gehorsam 4, 34. Parabelbilder, welche bei den Synoptikern das Reich Gottes darstellen, werden bei Johannes auf Jesus selbst bezogen; so der Weinstock 15, 1 ff., das Waizenkorn 12, 24. Die synoptische Hinweisung, daß er ihr einziger Lehrer sei Matth. 23, 10, erhält bei Johannes die Form, daß sie ihn mit Recht so nennen 13, 13.

Wie die auf die Zukunft Jesu bezüglichen Reden umgebildet sind, zeigt sich zunächst an den kürzeren weissagenden Worten. Wenn in 6, 53 f. die Worte vom Essen des Fleisches und Trinken des Blutes Jesu der synoptischen Abendmahlseinsetzung entsprechen, so fehlt dabei auch die Erinnerung an das Wort, welches das Trinken vom Gewächse des Weinstocks im künftigen Reiche verheißt, nicht, es ist aber dafür gesetzt: ich werde ihn (der mein Fleisch isset) auferwecken am letzten Tage. Den synoptischen Weissagungen des Leidens und der Parusie entspricht die Weissagung 7, 33: noch eine kleine Zeit bin ich bei Euch, so gebe ich hin zu dem, der mich gesandt hat, und 13, 31—33 die Verbindung des gleichen Wortes über die kurze Zeit, welche er noch da sein wird, mit der Ankündigung seiner bevorstehenden Verherrlichung. Ebenso aber verhalten sich nun im Großen die Abschiedsreden Jesu bei Johannes zu den großen synoptischen Weissagungsreden. Sie legen vor Allem den Nachdruck auf die geistige Wiederkunft Jesu, das Wohnen desselben sammt dem Vater bei den Jüngern und die Liebe, welche diese von ihm zu erfahren haben 14, 21. 23 ꝛc., daneben bleibt allerdings die Weissagung einer bestimmten Epoche, eines Tages der Vollendung bestehen, vgl. 14, 3. 20. 16, 22 ff., so jedoch, daß auch dieser der Parusie entsprechende Moment ganz bloß nach den wesentlichen und geistigen Beziehungen, welche für die Jünger in ihrem Verhältniß zu Gott selbst eintreten werden, geschildert ist.

3. Das Ergebniß der Vergleichung mit den Synoptikern ist daher nach seiner wichtigsten Seite für das vierte Evangelium nur eine Bestätigung des Doppelcharakters, welchen dasselbe auch schon für sich betrachtet gezeigt hat. Die johanneische Darstellung löst das synoptische Bild nicht auf, sie weicht auch nicht von demselben ab, indem sie nach Art der späteren häretischen Evangelien fremdartige Züge in dasselbe hineinzeichnen würde. Sondern sie sucht nur das Ganze auf eine höhere Stufe der Betrachtung zu erheben, und zu dem nach ihrer Auffassung richtigen Bilde der Person Jesu und ihrer Offenbarung zu gestalten. Hiebei verwendet sie theils eigene Ueberlieferungen, welchen überall der scharfe Accent konkreter Erinnerung anhaftet; theils aber bedient sie sich der bereits gegebenen synoptischen Darstellung, indem sie dieselbe über sich selbst hinausführt. Auch aus dem letzteren Verhältnisse geht daher nur hervor, daß sie mit ihrem idealen Zwecke durchaus einen historischen verbindet, daß der erstere nicht der allein herrschende, der letztere ihm nicht aufgeopfert ist.

Bei der freien Art aber, in welcher demnach diese Ueberarbeitung der Reden Jesu den Stoff derselben der höchsten Erkenntniß seiner Ziele unterordnet, kann es nicht befremden, wenn auch der Standpunkt dieser Erkenntniß und eben damit der späteren apostolischen Zeit zuweilen ganz offen sich in demselben ausspricht, viel mehr als dieß bei den früheren Redactionen der Redensammlung der Fall war. Ist doch innerhalb der Reden selbst der gesammte Charakter derselben als der einer Vorbereitung bezeichnet, deren Hülle aber schon beim Scheiden Jesu vor dem geistigen Auge der Jünger zu fallen begann 16, 25. 29. Denn mit diesem Scheiden hatte der Proceß der Geistesmittheilung und des Geisteslebens für sie begonnen, in Folge dessen sie sich jetzt aus dem Stande des Dienens in das Verhältniß der freien Freundschaft zu Jesus erhoben fühlen durften 15, 15. Ueberall bricht dieser Gesichtspunkt durch, daß die Erkenntniß der Jünger zur Zeit, da Jesus noch lebte, eine noch ungenügende, daß sein Lehren selbst daher für sie noch eine Vorstufe ihrer Erkenntniß war, und eben deßhalb legt der Evangelist den großen Nachdruck darauf, daß doch der Geist, welcher für sie die höhere Stufe gebracht hat, seine Wahrheit von Jesus selbst genommen hat, und daher auch die höhere Einsicht durch ihn von Jesus selbst herrührt 16, 14. So sprechen sich aber auch nicht selten in den Reden Jesu die höheren Erfahrungen der apostolischen Zeit schon deutlich aus. Aus dieser späteren Zeit heraus ist über den Glauben derjenigen, welche Jesus nicht selbst gesehen, welche nur durch das Wort der Augenzeugen gläubig geworden sind, gesprochen 17, 20; 20, 29. Ihr gehört aber auch das Bewußtsein an, daß jetzt Jesus sich nur noch der Gemeinde und nicht der Welt offenbart 14, 22. 17, 9. Von ihrem Standpunkte aus ist das Glaubensbekenntniß der Kirche, das zum ewigen Leben führt, 17, 3 ausgesprochen. Von ihrem Standpunkte aus wird die Himmelfahrt Jesu als bereits geschehen und sein Wohnen im Himmel als gegenwärtig gedacht 3, 13. 6, 57. 62 f., und in 3, 11 das apostolische Zeugniß von der Wirklichkeit der höchsten Offenbarung mit dem Jesu selbst verwoben. Von diesem Standpunkte aus wird 4, 36—38 evangelische Saat und Ernte als Sache verschiedener Personen unterschieden, und die Verheißung Jesu bereits an die Nachfolger der ersten Apostel gerichtet. Alles dieß entspricht nur der Behandlung, welche die synoptischen Redestoffe erfahren.

Wir haben hiedurch noch bestimmter, als dieß aus dem allgemeinen Charakter des Evangeliums sich entnehmen läßt, ein Maß für den Werth gewonnen, welchen das vierte Evangelium als Geschichtsquelle in Anspruch nimmt. Will dasselbe in konkreten Dingen offenbar nur aus geschichtlichen Gründen die Synoptiker berichtigen, so ist auch für eine Reihe anderer konkreter Angaben bei ihm die gleiche historische Bedeutung vorauszusetzen. Das Evangelium selbst aber legt bei Weitem das größere Gewicht darauf, daß es ein anderes Gesammtbild gibt und die Person Jesu in ihr wahres Licht setzt. Dieser Zweck überwiegt ihm so sehr, daß insbesondere die Darstellung der Reden demselben untergeordnet ist. Will der Verfasser durch diese Reden zeigen, wie sich Jesus geoffenbart hat, so will er sie eben deßhalb nicht überall als im äußerlichen Sinne historisch geben. Er schließt sich aber hiermit nur dem Processe an, in welchem die Ueberlieferung der Reden Jesu überhaupt begriffen war. Je mehr man dem ganzen Gange der evangelischen Schriftenfolge, soweit sie die Redensammlungen betrifft, nachgeht, desto mehr zeigt sich, daß diese Reden überhaupt als ein Stoff angesehen wurden, welcher der Ergänzung und Berichtigung durch die apostolische Erinnerung beständig unterworfen sei. In diesem Sinne unterlagen sie einer fortwährenden Weiterbildung, um so mehr als sie derjenige Theil der evangelischen Verkündigung waren, welcher unmittelbar in die apostolische Predigt selbst übergieng. So haben die Matthäusreden ihre Wandlungen nach den Bedürfnissen der apostolischen Kirche erfahren. Aber es kam eine Zeit, wo auch dieß nicht mehr genügte; man bedurfte eines ganz neuen Entwurfes, in welchem der ganze Inhalt einer höheren Auslegung unterworfen, und in die wahre Beziehung zu dem Glauben an Jesum selbst, mithin zu der Offenbarung seiner Person gesetzt wurde. Dieß ist der Standpunkt der johanneischen Reden. Wie schon unser jetziger Matthäus durch seine Bearbeitung der Redensammlung das ganze Leben, die Offenbarung Jesu in demselben unter das Licht seiner wichtigsten Worte zu stellen bemüht war, und dabei diese Worte in entsprechendem Sinne ordnete, so wurden diese Worte selbst jetzt auf die höhere Idee des Lebens Jesu bezogen und in diesem Sinne dargestellt.

Ob hiebei eine später errungene Erkenntniß bestimmend war, oder ob diese Umbildung ihrem innersten Princip nach auf einer Erfahrung beruht, die aus der Lehre Jesu selbst stammt, läßt sich aus Gründen der literarischen Untersuchung allein nicht entscheiden. Es ist dieß die Frage der höheren Kritik, die höchste, welche unser Gegenstand überhaupt zu entscheiden verlangt. Die Antwort auf dieselbe liegt in der Gesammterkenntniß der apostolischen Zeit, der Entwicklung des Urchristenthums, ja des Wesens und der geschichtlichen Macht des Christenthums überhaupt. Der starke apostolische Glaube, welcher dem Christenthum seine bleibende Existenz in der Welt gesichert hat, erklärt sich nur unter der Voraussetzung, daß das Leben Jesu auf einer solchen Höhe stand, wie sie das vierte Evangelium erkennen läßt. Wir haben alle Ursache anzunehmen, daß diese Zurückführung des Glaubens an die höhere

Natur Jesu auf sein eigenes Reden und Thun aus einer geschichtlichen Ueberzeugung des Darstellers selbst hervorgegangen sei. Denn diese Darstellung Jesu entspricht genau der mächtigen Gesammtwirkung seiner Person, und erklärt allein wie der Glaube an diese Person so bald das Wesen des Christenthums werden konnte. Es begreift sich sehr wohl, daß die Ueberlieferung in der ersten Zeit sich mit der Aufzeichnung des Einzelnen, was an Weisheitsworten von ihm ausgieng, beschäftigte, sie hatte daneben den substantiellen Gesammteindruck im unmittelbaren Besitze; den Höhen der Selbstoffenbarung Jesu entsprach ihr Bekenntniß zu ihm. Aber es war ebenso natürlich, daß man mit der Zeit hier eine Lücke fühlte, und den später Kommenden voller und reiner zu vergegenwärtigen suchte, was Jesus durch alle einzelne Momente seiner Selbstbeweisung hindurch den Zeugen derselben geworden war. So war dieß die letzte Arbeit der evangelischen Bezeugung seiner Person, der Abschluß der Evangelienbildung, gemäß der Forderung dieser Spätzeit, aber auch eine Aufgabe, welche nur aus dem Schatze der eigensten apostolischen Erfahrung gelöst werden konnte.

Dieser aus der Entstehungsgeschichte des Christenthums selbst für das vierte Evangelium erwachsende Beweis ist aber getragen durch die Beobachtungen, welche sich im Einzelnen an demselben ergeben. Für's Erste haben wir gefunden, wie diese Bearbeitung der Reden Jesu bei aller Freiheit, welche sie sich nimmt, dennoch nicht bloß die eigentliche apostolische Lehre von den Worten Jesu selbst ferne hält, sondern insbesondere in der Verwendung der älteren Redeaufzeichnungen eine gewisse historische Kritik übt, und aus den früheren Jüngerreden solche Elemente, welche erst der Abschiedszeit angehören, ausscheidet, andere dagegen als dorthin wirklich gehörig bestätigt. Sodann bleibt neben allem dem, was sich auf die synoptischen Quellen zurückführen läßt, doch ein stattlicher Rest eigener Stoffe, welche sicher ebenso, wie die Bearbeitung jener Quellen auf einer festgegebenen Grundlage beruhen. Wir haben daher wohl in jedem Falle eine eigenthümliche Ueberlieferung neben der synoptischen als Quelle der Darstellung anzunehmen.

Bei der richtigen Erkenntniß von der Beschaffenheit der johanneischen Darstellung überhaupt und der Reden insbesondere wächst das, was man an Sicherheit des Einzelnen verliert, der Gewißheit über den guten Grund des Ganzen zu. Zugleich aber verlieren die Reden das Fremdartige und fast Bedenkliche, was sie durch die Schroffheit und Nacktheit der Selbstaussagen Jesu haben. Es ist nicht möglich, daß Jesus so unaufhörlich sich in allgemeinen Aussagen über seine Person und seine Sendung, und den Glauben oder Unglauben daran ergangen habe. Es ist aber möglich und fast nothwendig, daß sein Auftreten für seine Jünger oder doch einen Theil derselben die Wirkung hatte, daß sie in jedem Momente desselben diese Entscheidungsfrage erkannten. Und gerade darin beruht wiederum das Lebensvolle dieses Bildes, daß es ganz diese Gewalt des Einen persönlichen Eindruckes zu zeichnen versucht. So konnte die bloße Reflexion über eine Person nicht dieselbe zeichnen; selbst die Monotonie der Zeichnung wird zum Beweise der Anschauung und Erfahrung, welche die Feder geführt hat.

4. Der Ursprung des Evangeliums.

1. Die Zeit, in welcher das Evangelium verfaßt sein muß, läßt sich schon durch seine Beziehungen nach außen ziemlich genau feststellen. Der älteste Gebrauch des Evangeliums beweist, daß die Abfassung desselben nicht später als zu Ende des ersten Jahrhunderts angesetzt werden kann; daß dieselbe aber auch nicht viel früher fallen kann, ist durch das Verhältniß zu den Synoptikern bewiesen. Denn das Evangelium bezieht sich nicht bloß auf die synoptische Ueberlieferung im Allgemeinen, sondern allen Anzeichen nach bereits auf die Form, unter welcher dieselbe in unseren Evangelien vorliegt.

Die Rückbeziehungen auf synoptische Stoffe und Darstellung, welche die johanneischen Reden enthalten, gehen die Matthäusreden an, und zwar haben uns verschiedene Spuren gezeigt, daß dieselben in der Fassung des jetzigen Matthäusevangeliums, sowie in der Stellung, die sie in demselben haben, vorausgesetzt sind. Außerdem aber hat das Evangelium die meisten Berührungen mit dem

Markusevangelium; es schließt sich nicht selten der Darstellung desselben bis auf einzelne Angaben und selbst auf das Wort hinaus mit einer gewissen Vorliebe an, und zwar im Ganzen so, daß die Frage kaum im Ernste aufgeworfen werden kann, auf welcher Seite dabei die Ursprünglichkeit zu finden ist. So hat das vierte Evangelium mit dem zweiten einzelne seltene Ausdrücke gemein wie πιστικός Joh. 12, 3. vgl. Mark. 14, 3—5, ῥάπισμα Joh. 18, 22. vgl. Mark. 14, 65, ebenso eine Reihe kleiner Züge in der Leidensgeschichte. Zweimal verweist sodann Johannes auf eine Zahlen- oder vielmehr Werthangabe des Markus, in einer Weise, welche über seine Abhängigkeit von diesem keinen Zweifel läßt. Zuerst bei der Geschichte der wunderbaren Speisung, wo bei Markus die Jünger Jesus, nachdem sie ihn aufgefordert, die Leute ihrer Nahrung wegen zu entlassen, er aber geantwortet, sie selbst sollten denselben zu essen geben, fragen: ob sie etwa hingehen und um 200 Denare Brod kaufen sollten? Mark. 6, 37, welche Frage nur den Sinn haben kann, daß sie über so viel höchstens verfügen konnten. Bei Johannes ist schon die Einleitung dieser Verhandlung weiter ausgebildet, indem Jesus den Philippus frägt, woher sie denn Brod kaufen wollten, um diese Leute zu speisen. In der Antwort sagt dann Philippus 6, 7 direkt, was in der Frage der Apostel bei Markus liegt, nämlich, daß es von ferne nicht genüge, wenn man Brod um 200 Denare kaufe. Hier leuchtet von selbst ein, daß dieß die sekundäre Fassung ist, welche so nur auf Grund der Markusdarstellung gebildet werden konnte. Ganz ähnlich ist das Verhältniß in der Geschichte der Salbung Jesu in Bethanien. Hier sagen nach Markus 14, 4 einige der Anwesenden unwillig über die Verschwendung: man hätte dieß um mehr als 300 Denare verkaufen und den Armen geben können. Johannes setzt auch hier den Gedanken verschärfend geradezu 12, 5: warum hat man es nicht um 300 Denare verkauft und den Armen gegeben? Wie er in diesen beiden Fällen die Werthangaben des Markusevangeliums benützt, so schließt er sich auch in anderen Dingen in der sachlichen Darstellung demselben an. So sind in der Erzählung von der Heilung des Lahmen am Teiche Bethesda nicht nur die geschichtlichen Züge der Markusdarstellung von der Heilung des Gichtbrüchigen nachgebildet, vgl. Joh. 5, 9 und Mark. 2, 9. 12, sondern auch die Rechtfertigung des Heilens am Sabbath 5, 17 steht schon durch die Erinnerung an die Schöpfungsgeschichte der Markusdarstellung am nächsten, vgl. Mark. 2, 27. Aber auch die Art, wie im letzteren Evangelium die Wunder gezeichnet sind, hat er sich angeeignet und gebilligt; die Heilung des Blindgeborenen Joh. 9, 6 ist der des Blinden von Bethsaida Mark. 8, 23 gerade in den auffallenden Charakterzügen des leiblichen Mittels so ähnlich, daß hier eine direkte Annerkennung dieser Darstellung des Verfahrens Jesu, wie es Markus schildert, vorliegt. Wenn nun auch für die Benutzung des Lukasevangeliums nicht ebenso sichere Spuren vorhanden sind, so genügt doch das Verhältniß zu den beiden ersten, um das vierte an die Grenze des ersten Jahrhunderts zu verweisen.

2. Die kirchliche Ueberlieferung schreibt das vierte Evangelium einstimmig dem Apostel Johannes, dem Zebedaiden zu, und sie läßt zugleich darüber keinen Zweifel, daß dieser Apostel sich in seinen späteren Zeiten lange in Ephesus aufgehalten und dort ein hohes Alter erreicht habe. Ephesus ist im zweiten Jahrhundert der Stammsitz einer christlichen Theologie, in welcher zwar allen Spuren nach verschiedene Richtungen vertreten waren, die aber ihr eigenthümliches Gepräge in ausgezeichneter Weise durch die Verbindung hellenischer Bildung mit dem christlichen Glauben erhielt. Je mehr die Vertreter dieser Schule den stetigen Bestand derselben bis in die apostolische Zeit zurückführen, desto begründeter erscheint die Annahme, daß in der That das vierte Evangelium aus dieser Heimat hervorgegangen, und daß dasselbe für jene Geistesrichtung selbst epochemachend geworden sei.

Das Evangelium selbst nennt seinen Verfasser nicht, es erwähnt auch den Namen des Apostels Johannes nie. Wohl aber deutet es wiederholt auf seine besondere Beziehung zu einem vertrauten Jünger Jesu hin, vgl. 13, 23. 18, 15. 19, 26. 35. 20, 2. 21, 7. 20. 24. Einmal, in 19, 35, ist die Augenzeugenschaft desselben als Gewähr für eine Thatsache geltend gemacht; und in dem Nachtrage Cap. 21 wird zuletzt dieser Jünger als der Verfasser des

Evangeliums bezeichnet, 21, 24. Was demnach die Schrift selbst über ihre Abfassung gibt, kommt jedenfalls der Angabe der kirchlichen Tradition so entgegen, daß sich beide wechselseitig bestätigen.

Der Apostel Johannes ist auch in den synoptischen Evangelien unter die nächsten Vertrauten Jesu gerechnet; er gehört mit Petrus und Jakobus zu dem engsten Kreis der sich unter den Aposteln um Jesum bildete, vgl. Mark. 5, 37. 9, 2. 14, 33. (13, 3). In den wenigen Zügen, welche von ihm in diesen Evangelien berichtet sind, rechtfertigt sich für ihn wie für seinen Bruder der Name Donnersöhne, welchen nach Mark. 3, 17 Jesus ihnen beiden beilegte. Johannes ist es, der nach Mark. 9, 38 den Antrag stellt, es nicht zu dulden, daß Leute, welche sich nicht den Anhängern Jesu förmlich anschließen, doch seinen Namen zu Dämonenaustreibungen gebrauchen. Er und sein Bruder wollen nach Luk. 9, 54 auf den Samaritanischen Flecken, welcher sich weigert, Jesum aufzunehmen, Feuer vom Himmel herabregnen lassen. Beide Brüder fordern aber auch, als sich Jesus mit den Seinigen im vollen Vorgefühle seines Endes Jerusalem nähert, daß er ihnen eine Gunst gewähre, nämlich daß sie in seiner Herrlichkeit ihm zur Rechten und zur Linken sitzen dürfen, Mark. 10, 35—37. Die Apostelgeschichte zeigt ihn dann 3, 1 ff. 4, 13 ff. 8, 14, mit Petrus an der Spitze der Urgemeinde in Jerusalem, und der Galaterbrief bestätigt 2, 9, daß er in der Blüthezeit des Apostels Paulus mit Petrus und Jakobus dem Bruder des Herrn, als Säule der Kirche daselbst angesehen war.

Das Bild, welches wir hienach von ihm gewinnen, hindert uns nicht das Evangelium ihm zuzuschreiben. Ein Feuergeist, zu schroffer Abwehr geneigt, zieht sich auch durch diese Schrift. Auch jener Ehrgeiz, welcher den ersten Platz neben dem Meister als sein Recht anspricht, ist in derselben wieder zu erkennen, vgl. 18, 16. 20, 2. Wenn aber die kühne Erwartung der nahen Herrlichkeit seines Herrn, welche ihn zu jener Bitte veranlaßte, im Evangelium zurückgetreten ist, so ist dieß die nothwendige Folge des seither Erlebten; was damals der Jüngling heiß begehrte, konnte der Greis, der bereits die Zerstörung Jerusalems hinter sich hatte, und die große Heidenkirche sich entwickeln sah, nicht mehr in dieser Weise als das Höchste ansehen; er hatte die Zurückweisung des Meisters, die er damals erfahren, verstehen gelernt.

Nach dem Galaterbriefe betrachtete er sich wie Petrus im Unterschiede von Paulus als berufen zum Apostel der Beschneidung; und obwohl er dem letzteren in der Vereinbarung über sein Werk die Rechte zum Zeichen der Gemeinschaft gab, hielt er doch in jenem Sinne seine Stellung in Jerusalem fest. Auch weiß die Ueberlieferung noch in seiner späteren Zeit nichts davon, daß er sich an dem großen Missionswerk betheiligt hätte. Das johanneische Evangelium läßt Jesus so wenig als die anderen Evangelien in seinem Berufe sich an die Heiden wenden. Die Hellenen, welche ihn nach 12, 20 kennen lernen wollen, und als Festgäste keine Heiden sein können, würden daher in dieser Beziehung auch dann keine Ausnahme begründen, wenn sie Jesus nicht, wie das Evangelium berichtet, abgewiesen hätte. Daß Jesus in Samarien vorübergehend Glauben fand, Cap. 4, ist von dem Evangelisten nicht weiter verfolgt. Dagegen ist allerdings die Erweiterung der Gemeinde durch Zuwachs von anderwärts her in 10, 16 geweissagt, und das Judenthum durch den freien geistigen Gottesdienst, der keines Tempels bedarf, 4, 24 völlig überwunden gedacht, das mosaische Gesetz steht der Offenbarung Jesu als eine bloß menschlich vermittelte Stiftung gegenüber, 1, 17. Dieser Standpunkt ist im ganzen Evangelium so entschieden durchgeführt, daß dasselbe bereits sogar jeden Kampf gegen die Unfreiheit des gesetzlichen Wesens hinter sich hat, und die allgemeine Bestimmung sowie die geistige Natur des Evangeliums als unangefochtenen Besitz zeigt. Auch dieß ist ein Fortschritt, welchen die Zeit für den lange lebenden Jünger von selbst bringen mußte, wenn er sich nicht von der Sache der Kirche trennen und mit einem Reste seiner Volksgenossen den Weg der Sekte gehen wollte. Aber das Evangelium zeigt noch deutlich genug, daß sein Verfasser zu der jetzigen Freiheit aus jenen Kämpfen herangekommen, und daß seine eigene Vergangenheit tief mit der Sache des jüdischen Volkes und seinen einstigen messianischen Hoffnungen verwachsen ist. Jetzt steht ihm sein Volk nur noch feindlich gegenüber. Die Juden sind die heftigsten Feinde des Christenthums.

Im Lichte dieser jetzigen Erfahrung erscheint ihm nun auch die Geschichte Jesu; ihr Ausdruck ist es, wenn er die Gegner Jesu als das ungetheilte feindselige Volk mit dem Namen der Juden bezeichnet, obwohl er die besondere Bedeutung, welche die Pharisäer unter denselben hatten, noch recht gut kennt. Aber der einstige Apostel der Beschneidung gibt sich zu erkennen, indem seine ganze Darstellung sich mit den Juden, die Jesum verworfen haben, auseinandersetzt, ihre Verfinsterung und Schuld, ihren Unglauben und ihre Selbstsucht beweist. Dieses Motiv beherrscht so sehr die Geschichte des Evangeliums, daß man entweder annehmen muß, dasselbe sei gegen die Juden geschrieben, oder aber der Verfasser sei in seiner Darstellung durch persönliche Erinnerung geleitet. Wie stark aber in der letzteren die nationale Färbung ist, zeigt sich in der Erzählung von der Samariterin, wo neben aller Höhe des christlichen Standpunktes doch das entschiedene Bewußtsein über den Vorzug der Juden vor den Samaritern seinen Ausdruck gefunden hat, vgl. 4, 22.

Johannes hat daher in die freien und großen Anschauungen, zu welchen sein Blick an der Hand der Erfahrung reifte, seine ursprüngliche Stellung hineingetragen, er hat das Erbe seiner Jugend dabei bewahrt. Als Jüngling wollte er zur Seite seines Herrn sitzen, wenn derselbe kommen würde in seiner Herrlichkeit, das ungläubige Volk zu richten. Am Ende seiner Tage sah er dieses Gericht vollzogen; indem er die Geschichte seines Herrn erzählte, durfte er zeigen, wie das Wort desselben den Unglauben einst gerichtet habe.

Die Sagen des Alterthums schildern ihn als einen priesterlichen Charakter,[1]) voll von dem Geiste des neuen Gebotes, welches die Gemeinde seines Herrn zusammenhielt, inmitten eines nachgekommenen Geschlechtes noch nach dem Vorbilde seines Herrn und mit dem ganzen Ansehen eines Genossen desselben die ihm anvertrauten Gläubigen behütend, aber auch jedem fremden Geiste in der Gemeinde mit richterlicher Vollmacht zur Verwerfung wehrend.

[1]) Nichts anderes besagt die schwülstige Schilderung des Ephesinischen Bischofes Polykrates: — ἱερεὺς τὸ πέταλον πεφορηκὼς καὶ μάρτυς καὶ διδάσκαλος — Eus. h. e. V. 24.

In den Streitigkeiten des zweiten Jahrhunderts über die Zeit, in welcher das jährliche Trauerandenken an das Leiden Jesu in die Freudenerinnerung an seine siegreiche Erlösung überzugehen habe, beriefen sich die Kleinasiaten, welche das Ende des Fastens mit dem Passahtage der Juden eintreten ließen, auf das Vorbild des Apostels, der einst diese Feier getheilt. Sein Evangelium unterstützte das Recht derselben durch den Nachdruck, mit welchem es ausführt, daß Jesus an dem Tage gestorben, an welchem zuvor jährlich das Passahlamm geschlachtet werden mußte. Auch in dieser Feier also trifft Beides zusammen, die freie Gewißheit der großen christlichen Erlösung, durch welche die alte Ordnung aufgehört hat, und das starke Festhalten der Anfänge des Neuen mit ihren geschichtlichen Erinnerungen und Beziehungen.

Nicht ohne Kampf war doch dieser Standpunkt gewonnen, und noch besitzen wir an der Apokalypse, welche den Namen des Apostels trägt, ein Denkmal, welches aus seiner Umgebung hervorgegangen in die Gährung einen Blick eröffnet, durch welche die urapostolischen Zukunftserwartungen sich bis zu der Siegesgewißheit des Evangeliums im Geistesbesitze der Kirche abklärten. Wenn diese Schrift noch ganz sich in jenen Hoffnungen auf die Zukunft des Herrn bewegte, so hat sie in denselben doch zum ersten Male auf dem Boden der Christenheit die Ueberzeugung errungen, daß die Sache des Evangeliums zunächst und vor der höchsten Vollendung einen Sieg über alle ihre Feinde auf Erden erlangen werden. So wenig die Apokalypse von dem gleichen Verfasser wie das Evangelium sein kann, so steht sie doch hiedurch mit dem Geiste des letzteren in organischem Zusammenhang, sie gehört der Entwicklungsgeschichte desselben an. Um so bedeutsamer werden daher die Spuren der Verwandtschaft mit dem Evangelium, welche sich in der Lehre der Apokalypse von Christus und seinem Werke zeigen. Es geschieht in einer anderen Denkweise, wenn auch hier Christus das Lamm Gottes ist und den Namen seines Logos bekommt. Aber die Apokalypse zeigt sich in diesen Dingen unverkennbar von einem fremden Gedankenkreise beherrscht. Sie wird zum Zeugen dafür, daß schon in ihrer Zeit der gewaltige Geist, welchen das Evangelium ausprägt, mit apostolischem Ansehen diese Gedanken in ihrer Höhe zu verkünden begonnen hatte.

Sprache und Geist des vierten Evangeliums zeigen die eigenthümlichste Vereinigung der Grundlage, von welcher der Verfasser ausgegangen ist, und der später erworbenen Bildung, in welcher jene verarbeitet ist. Was die Sprache betrifft, so zeigen sich mitten in einer fließenden griechischen Darstellung eigenthümliche, nur aus hebräischer Grundlage des Denkens und Sprechens zu erklärende Gewohnheiten, besonders in der Verbindung der Sätze.[1]) So sieht man schon hieraus deutlich genug, daß die Darstellung des Evangeliums keineswegs das einfache Ergebniß jener griechischen Bildung ist, welche ihm innewohnt, sondern daß es als solches auf die Erinnerungen eines sich ganz im jüdischen Elemente bewegenden Lebens aufgebaut ist. Es ist eine Folge dieses getheilten aber in seinen Momenten organisch vermittelten Ursprunges, daß der Schatz eigenthümlicher Worte, in welchen die höheren Begriffe des Evangeliums ihren Ausdruck gefunden haben, fast durchaus einen amphibolischen Gebrauch erkennen läßt. Theils wechselt die sinnliche Bedeutung eines Ausdruckes mit der geistigen, theils aber sind begriffliche Ausdrücke in verschiedenem Sinne gebraucht.[2]) Hiebei kann man doch nicht von einer allegorischen Darstellung reden. Denn der Evangelist bedient sich nicht eines gegebenen Stoffes, um durch die Umdeutung desselben seine eigenen Begriffe zu entwickeln, sondern die Doppelstellung haftet seinem eigenen Denken an. Es ist der Proceß seiner Entwicklung, welcher sich in derselben spiegelt. Aus dem Gefühle dieser seiner Stellung zu der Sache ist es auch zu erklären, daß der Verfasser in charakteristischer Weise sowohl in den Reden als auch in der geschichtlichen Darstellung sich fortwährend durch Erläuterungen hindurchbewegt.[3]) In dieser Art der Darstellung liegt ebenfalls der Ausdruck seines geschichtlich gewordenen Verhältnisses zum Stoffe.

---

[1]) Vgl. Ewald, d. johann. Schriften I. S. 44 ff.

[2]) So in ersterer Rücksicht im Gebrauche von πνεῦμα 3, 8, ὕδωρ 4, 13 f., ἄρτος 6, 32, ἀνάστασις 11, 25 f.; in zweiter ἄνωθεν 3, 3, κρίσις 3, 18 ff., ζωή 5, 24, φῶς 3, 20. 8, 12. 12, 35 f., ἀλήθεια 8, 44 etc.

[3]) Vgl. Credner, Einl. in d. N. T. S. 226. Nr. 33.

Diese Wahrnehmungen aber haben ihre höchste Bedeutung darin, daß sie die Darstellung Jesu selbst durch den Verfasser erklären. Das Evangelium legt den Begriff des göttlichen Logos und der Fleischwerdung desselben zu Grunde. Seine Absicht in der Geschichte Jesu selbst ist, durch diese jene Lehre zu bestätigen. Aber der Evangelist hält nicht bloß jedes Wort, in welchem Jesus selbst sich für den Logos erklären würde, ferne, sondern er stellt überhaupt denselben nicht als den Träger eines göttlichen Selbstbewußtseins dar, sondern der Schwerpunkt seiner Selbstaussagen liegt in der göttlichen Sendung und der vollkommenen inneren Einheit mit dem Vater, deren er sich bewußt ist, und das historische Bild Jesu, das heißt das Bild eines realen Menschen, welcher sich bewußt ist, Gottes Sohn zu sein, ist die Grundlage seiner Darstellung, wenn gleich die Aussagen desselben in freier Wiederbelebung im Sinne der Logoslehre gedeutet sind. Es war die geistige Größe dieses Lebens, das Wunderbare der Person, der große Eindruck ihrer göttlichen Mission und ihres göttlichen Geisteslebens, was den Zeugen noch in späterer Zeit zu unablässiger Forschung trieb; von seiner Erfahrung ausgehend fand er die letzten Gründe des Geschehenen in dem Glauben, daß der, welchen er einst gekannt, nichts anderes gewesen sei, als die Verkörperung des ewigen Gotteswortes, von welchem alle göttliche Offenbarung ausgeht. Die Fülle der göttlichen Erweisung, wie sie in der apostolischen Erinnerung fortlebte und nach einem vollgenügenden Ausdruck ihrer Darstellung rang, schien den Schlüssel ihrer Erklärung in der Höhe dieses Begriffes zu haben. So wird die Anwendung jenes Begriffes, von wem auch derselbe zuerst in den Glauben der Gemeinde übergetragen sein mag, selbst zum Zeugnisse dafür, daß hier ein persönlicher Lebenseindruck vorliegt, welchem das apostolische Verständniß gerecht zu werden trachtet.[1])

3. Nach allem diesem überwiegen die kritischen Gründe, welche uns das Evangelium auf einen apostolischen Ursprung zurückführen heißen, oder vielmehr die Beschaffenheit der Schrift

---

[1]) Jahrb. f. deutsche Theol. 1857, S. 185 ff., ebend. 1862, S. 701 f.

erklärt sich am natürlichsten unter der Voraussetzung dieses Ursprunges. Damit ist aber noch nicht gesagt, daß der Apostel, welchem wir dasselbe zuschreiben, es selbst niedergeschrieben habe; es kann unter seiner Leitung von einem Schüler geschrieben sein, oder aber nach seinen Vorträgen oder Aufzeichnungen in der Gemeinde verfaßt. Alle Gründe, welche für die apostolische Herkunft sprechen, bleiben hiebei unberührt, sobald man annimmt, daß die Abfassung sich strenge an seine Mittheilungen anschloß. Noch im zweiten Jahrhundert bestand eine Erinnerung, nach welcher das Evangelium gewissermaßen das gemeinsame Werk des Kreises, in welchem Johannes lebte, zu sein schien, und bald wurde dieses dahin ausgebildet, daß in gewisser Weise der ganze Apostolat an seiner Abfassung betheiligt sei. In diesen Vorstellungen mag das Richtige liegen, daß die Abfassung nicht ausschließlich persönliche Sache des Apostels war. In welcher Gestalt der Stoff von ihm selbst ausgieng, läßt sich jetzt bloß noch vermuthen. Dafür aber, daß dabei eine solche Vermittlung stattfand, sprechen mehrere starke Gründe.

Schon die Art, wie die Selbstoffenbarung Jesu in seinen Reden dargestellt ist, führt darauf, daß hiebei das apostolische Zeugniß von derselben seine jetzige Gestalt durch eine zweite Hand bekam. Es läßt sich recht gut denken, wie ein Apostel, welcher einst einen eigenthümlichen, starken und tiefen Eindruck von der Person Jesu empfangen, und dann durch die Erfahrungen seines Lebens und die geistige Fortbildung desselben zu jener Höhe der Vorstellung von seiner Person gelangt war, in der Darlegung seiner Erinnerungen bezeugte: daß Jesus sich bei allen Anlässen in jedem Worte als das Licht der Welt, als das Leben und Lebensbrod für sie gezeigt habe, daß man aus allen seinen Kundgebungen seine Einheit mit dem göttlichen Vater erkannt habe, und sein ganzes Leben hindurch diesen Vater selbst in ihm schauen konnte. Ebenso begreiflich ist es, wenn derselbe erzählte: daß seine Offenbarung einerseits den Glauben mit zwingender Macht gefordert, ebenso aber auch den Unglauben der widerstrebenden Juden von selbst verurtheilt habe. Aber wenn nun dieses Alles, was doch nur die Erfahrung und Anschauung des Apostels ausdrücken kann, unmittelbar Jesu selbst in den Mund gelegt wird, und dieser in jedem Augenblicke jene allgemeinen Wahrheiten über seine Person und Offenbarung selbst ausspricht, so scheint diese Darstellung doch nur das Werk eines Schülers sein zu können, der zwar die Gedanken seines apostolischen Lehrers wiederholt, welchem dieselben aber in der Reproduction eine andere Gestalt gewinnen, eben dadurch, daß der apostolische Bericht über die Worte Jesu selbst und der über deren tieferes Ziel und allgemeiner Eindruck in Eines verschmolzen werden. Was eben nur diesem Gesammteindruck angehören kann, ist hiedurch zur einzelnen Aeußerung geworden; dieß ist es, wodurch die Reden Jesu die ihnen im Evangelium eigenthümliche Monotonie erhalten, zugleich aber das Bild seiner Person bei allen wohlerhaltenen konkreten Zügen dennoch den Charakter der Abstraction bekommt. Hat der nächste Aufzeichner dieser Reden immer noch die lebendige Anschauung der Person Jesu, welche aus dem Apostel selbst sprach, bewahrt, so hat er doch denselben eine stärkere Färbung durch die Lehre von derselben gegeben, als dieß bei dem Apostel selbst möglich war.

Ein zweites Merkmal, welches für diesen vermittelten Ursprung spricht, ist das Verhältniß zu den synoptischen Evangelien. Der Apostel selbst konnte auf diese Schriften Bezug nehmen. Sie mochten ihm den Anlaß geben, seine Gemeinde über das in denselben Enthaltene noch eines Höheren zu belehren, und so mochten sich auch seine Vorträge schon an einzelne Abschnitte oder Gruppen der synoptischen Darstellung anschließen. Aber daß nun diese selbst in der beobachteten Weise seinen Ausführungen zu Grunde gelegt ist, spricht doch für eine andere Stellung, als sie in der freien und selbstständigen Erinnerung eines Apostels lag. So konnte ein Schüler des Apostels arbeiten, welcher jene Mittheilungen, die sich an die ältere Darstellung anschloßen, aber auch läuternd über dieselbe hinausgiengen, nun aufzuzeichnen versuchte; ihm mußte, was dem Apostel selbst der Anknüpfungspunkt für seine Mittheilung gewesen war, zur eigentlichen Grundlage seiner Arbeit werden, und darum erhielten die Reden Jesu bei ihm zum Theile das Gepräge von eigentlichen freien Ueberarbeitungen synoptischer Reden. Aus diesem Verhältnisse erklären sich dann auch noch zwei andere Merkmale seiner Schreibweise. Es erklärt sich daraus die Aufeinanderfolge paralleler Redestücke, welche wie fortgesetzte Versuche, die Erinnerungen möglichst tief und möglichst vollständig wiederzugeben, erscheinen. Es erklärt sich sodann wie in gewissen Fällen offenbar Begebenheiten und Reden nach ihrem gemeinsamen Charakter frei zusammengestellt, oder einem Hauptmomente einverleibt sind und daher wohl eine sachliche aber keine genaue geschichtliche Parallele zu der synoptischen Darstellung entstanden ist — wofür die galiläischen Geschichten in Cap. 6 das Hauptbeispiel geben.

Ferner tritt aber als weiteres Moment in unsere Betrachtung die eigenthümliche Art ein, in welcher der Apostel, auf dessen Zeugenschaft das Evangelium beruhen will, in demselben genannt wird. Ohne Grund ist sicher dieser geliebte Jünger des Herrn nicht zur Autorität der Schrift erhoben worden. Aber es ist immerhin schwer vorzustellen, daß er in dieser geheimnißvollen und so absichtsvoll auszeichnenden Weise von sich gesprochen habe. Die ganze Schilderung der vertrautesten Stellung, welche derselbe bei Jesus hatte, gibt sich doch vielmehr als der Ausdruck der Verehrung eines Dritten; dann ist sie das ungekünstelte lebendige Zeugniß des Schülers für das, was derselbe von seinem Lehrer vernommen und noch mehr angedeutet empfangen hatte. Ganz besonders ist es die Hervorhebung des ungenannten Jüngers Jesu vor dem anerkannten und durch die geläufige Darstellung bevorzugten Petrus, vgl. 18, 15. 20, 2 ff., welche als unmittelbares Werk des Apostels beinahe kleinlich und krankhaft erscheinen müßte, welche dagegen im Munde eines Schülers nur eine mit natürlichem Eifer für seinen Lehrer gegebene Berichtigung ist. Auf dieses Verhältniß weisen endlich auch die Worte 19, 35 hin: der es gesehen hat, hat es bezeugt, und sein Zeugniß ist wahrhaftig, er weiß, daß er die Wahrheit sagt, damit auch ihr glaubet. Es ist vorzüglich der erste Theil dieses Wortes, welcher darauf hinweist, daß der Augenzeuge dem Verfasser gegenüber ein Dritter ist. Denn nur in diesem Falle erklärt sich die Theilung der Rede über das Zeugniß desselben und über die Wahrheit dieses Zeugnisses.[1]) Nimmt man hiezu, daß im Schlusse des Evangeliums 20, 30 gesagt ist: viele andere Zeichen hat Jesus vor den Jüngern gethan, die nicht in diesem Buche aufgeschrieben sind, so wird dieses Verhältniß fast zur Gewißheit. Denn wenn der Schreiber selbst der Augenzeuge war, so konnte er kaum sagen: Jesus habe solche Zeichen vor den Jüngern gethan, ohne anzudeuten, daß er selbst zu diesen gehörte.

Hiezu kommt endlich noch das Verhältniß, in welchem das 21. Capitel zu dem übrigen Evangelium steht, und die Aussagen, welche in demselben enthalten sind. Niemand kann darüber im Zweifel sein, daß der Bericht desselben über eine Erscheinung des Auferstandenen, nachdem in 20, 30 f. die Schrift einen Schluß erhalten hat, lediglich als Nachtrag hinzugefügt ist. Ebenso ist nach 21, 23 deutlich genug zu erkennen, daß dieses Stück nach dem Tode des Apostels Johannes angefügt ist; denn es gibt eine Erklärung, wie derselbe trotz einer scheinbar entgegenstehenden Rede Jesu habe sterben können, wenn man nur auf die wirkliche Gestalt dieses Wortes Jesu achte. Zugleich ist auch abgesehen hievon keine Frage, daß dasselbe nicht von dem Apostel selbst abgefaßt sein kann; denn es steht darin 21, 24: — wir wissen, daß sein Zeugniß wahrhaftig ist. Hier treten also mehrere Personen, der Kreis seiner Schüler selbst redend für ihn ein, und es ist auch hieraus zu erkennen, daß dieser Abschnitt erst später hinzukam. Allerdings ist nun gerade mit diesen Worten die Erklärung verknüpft: dieß ist der Jünger, der von diesen Dingen zeugt und dieses geschrieben hat. Aber wir werden das Letztere um so weniger im strengsten Sinne nehmen dürfen, als der Zusatz selbst im Großen so völlig die Darstellung des Evangeliums theilt, daß man nur eine und dieselbe Hand in beiden erkennen kann, während die geringen Abweichungen der Schreibweise höchstens auf eine verschiedene Zeit der Abfassung führen können. Der Nachtrag ist also allerdings eine Bestätigung für den johanneischen Ursprung des

[1]) Weniger sicher läßt sich die Entscheidung in obigem Satze durch den Gebrauch von ἐκεῖνος gewinnen. Nimmt man überhaupt an, daß der Verfasser in so künstlich objectiver Weise von sich in der dritten Person gesprochen habe, so konnte er auch in derselben Weise sich dieses Fürwortes bedienen.

Evangeliums, er kann um so mehr als Zeugniß für dasselbe in diesem Sinne gebraucht werden, als er seiner Absicht nach noch weiter geht, und das, worauf es uns ankommt, bloß voraussetzt. Aber er beweist eben auch seinerseits, daß das Evangelium selbst schon durch zweite Hand von dem Apostel herrührt, wenn es auch um so gewisser von derselben noch zu Lebzeiten des letzteren verfaßt ist.

Bei diesen Verhältnissen der Abfassung erklärt es sich, wenn in einzelnen Fällen Namen und überhaupt besondere Angaben des Evangeliums Zweifel erregen oder sich nur auf einen ferner Stehenden zurückführen lassen wollen,[1] wenn in dieser Rücksicht Originales und Sicheres mit Unsicherem gemischt erscheint. Ueberhaupt haben wir im Einzelnen wie im Großen bei diesem Evangelium ein ähnliches Verhältniß anzuerkennen, wie dieß auf synoptischem Gebiete durch die Verarbeitung der älteren dort benützten Quellen von unseren Evangelisten gegeben ist. Auch hier müssen wir zwischen der letzten Quelle dieser Aufzeichnung und der Form, welche sie durch eine weitere Hand erhalten hat, unterscheiden. Es kommt aber bei diesem Evangelium noch das eigenthümliche Verhältniß hinzu, daß der Apostel selbst schon seine Erinnerungen in vergeistigter Gestalt und idealer Concentration mitgetheilt hat. Auch die Verfasser unserer synoptischen Evangelien hatten eine Ueberlieferung zu benützen, deren Stoff bereits einer Fortbildung unterlegen war. Sie war schon durch mehrere Hände gegangen, die erste Quelle war durch dieselben erweitert und im Einzelnen modificiert worden. Hier lag dagegen eine Fortbildung durch den ersten Träger selbst vor, welche eben deßhalb nicht in Erweiterung des Stoffes bestand, sondern in dem Ausdrucke des klareren Bewußtseins über den Schwerpunkt der gesammten Erinnerung. Was die ausführende zweite Hand dann noch hinzubrachte ist nichts als eine mehr reflexionsmäßige und darin die Nachbildung des lebendigen Gedankens verrathende Darstellungsform.

[1]) Nämlich vor Allem das zweite Bethanien jenseits des Jordan, Joh. 1, 28, und die Stadt Sychar, Joh. 4, 5, als mystischer Name für Sichem, vgl. Lightfoot, hor. hebr. S. 938 f. Wieseler, chronol. Syn. S. 256 ff.

Zweiter Theil.

Der Entwicklungsgang der Geschichte.

Einleitung.

1. Die Zeitdauer.

1. Das Wirken Jesu beginnt mit dem Augenblicke seines öffentlichen Auftretens. Was von seinem Leben vor diesem liegt, ist uns theils durch den Mangel aller Kunde, theils durch den späten Ursprung der hierauf bezüglichen Nachrichten der Evangelien so viel als verschlossen. Die älteren Quellen kennen nur jenen Gang seines öffentlichen Lebens, der in Galiläa begann und in Jerusalem am Kreuze endigte.

Ueberblicken wir nun diese Zeit, so ergeben sich die Hauptperioden, in welche dieselbe nach unseren Quellen zerfällt, von selbst. Wir haben auf der einen Seite nach den Synoptikern, auf welche auch Johannes zurückweist, das lange galiläische Wirken Jesu; auf der anderen Seite nach den synoptischen Andeutungen und der johanneischen eingehenden Darstellung das Auftreten vor seinem Tode in Judäa und Jerusalem, welches nach der letzteren ein halbes Jahr vom Herbstfeste bis zum Passah umfaßt. Aber die galiläische Zeit gliedert sich wieder von selbst in zwei Abschnitte. Das älteste Evangelium zeigt uns zuerst eine Reihe von mannigfaltigen Bildern des Auftretens und der Aufnahme Jesu in Galiläa. Es läßt diesen eine andere Reihe von Erzählungsgruppen folgen, welche einen hievon verschiedenen Charakter haben, und deren Mittelpunkt das messianische Bekenntniß der Zwölfe durch Petrus ist. Alle Ereignisse zeigen, daß jetzt eine kritische Wendung eingetreten ist; Geschichte und Reden führen darauf, daß die Anhänger Jesu jetzt eine eigene Gemeinde geworden sind. Das vierte Evangelium hat vom ganzen galiläischen Wirken fast nur die Zeit dieser kritischen Wendung eingehend dargestellt, in Cap. 6, und es deutet an, daß auf dieselbe ein Leben in der Verborgenheit folgte, welches wir uns im engeren Verkehre mit der neuen Gemeinde denken können. Wir müssen also nach allen Quellen in der galiläischen Zeit selbst zwei Perioden, eine erste der Arbeit am Volke, eine zweite der Entscheidungen auseinander halten. So ergeben sich die Hauptzeiten im öffentlichen Leben Jesu. Aber an diese drei Zeiten schließt sich noch ein Weiteres sowohl vorwärts als rückwärts an. Die Geschichte der letzten Tage ist obwohl das Ergebniß aus dem Vorigen, doch etwas Eigenes für sich. Andererseits ist das ganze Auftreten eingeleitet durch ein Stadium der Vorbereitung, dessen Hauptgegenstand die Beziehung zu dem Täufer Johannes bildet. Wir haben demnach eine Zeit der Vorbereitung und inneren Entscheidung, nach ihr die reformatorische Arbeit am Volke, sodann die Gründung einer Gemeinde, ferner das Auftreten in Jerusalem, und endlich die Katastrophe. Der Beruf Jesu war die Gründung eines Reiches Gottes; aber dieser Beruf war zunächst ein nationaler, er war der Messiasberuf an seinem Volke. Seine Geschichte zeigt Beides in ungetrennter Einheit. Er stiftet das Reich Gottes, indem er es seinem Volke anbietet. Sein Geschick unter diesem, oder vielmehr das Geschick des Volkes selbst, welches dasselbe an sich vollzieht, ist der Weg zur Verwirklichung des Reiches; sein Tod die Versiegelung desselben.

2. Die Vorstellung, daß die Wirksamkeit Jesu nicht länger als ein Jahr gedauert habe, ist ohne allen geschichtlichen Grund. Nachdem das Lukas-Evangelium 4, 19 die Weissagung vom angenehmen Jahr des Herrn, vgl. Jesaj. 61, 2, durch die Erklärung Jesu selbst als in seiner Person erfüllt bezeichnet hatte, fing man allerdings frühe an, dieses buchstäblich zu deuten. Die ältesten Zeugen dafür sind die Valentinianer, welche aber für nöthig fanden, die Rechnung ausdrücklich auf die prophetische Stelle zu begründen; Jesus sollte nach ihnen im zwölften Monate gelitten haben, in den zwölf Monaten fanden sie den Beleg für zwölf

Aeonen.[1]) Weiterhin wissen auch die klementinischen Homilien von dem Einen Jahre Jesu[2]) und später die Kirchenväter Tertullian und Klemens von Alexandrien. Aber damals wurde auch schon diese Annahme berichtigt, Irenäus hält ihr die Zählung der johanneischen Festreisen entgegen.[3])

Unter dem Einflusse jener alten buchstäblichen Deutung der Weissagung vom Jahr des Herrn hat sich dann überhaupt die Meinung befestigt, und bis in die neueste Zeit erhalten, daß die Synoptiker in der That nur Ein Jahr darstellen. Aber dieß geschieht mindestens nicht ausdrücklich, es wird nur daraus erschlossen, daß sie von keiner Festreise Jesu nach Jerusalem vor dem letzten Passah erzählen. Allein hieraus wird Niemand, der sich den Ursprung ihrer Berichte klar gemacht hat, zu schließen wagen, daß sie seine Zeit wirklich in diesem Sinne beschränken wollen. Die Wahrheit ist vielmehr, daß aus der Geschichte der Synoptiker über diesen Gegenstand schlechterdings Nichts zu entnehmen ist. Nicht einmal das darf man daraus abnehmen, daß die Ueberlieferung keine andere Jerusalemische Geschichten Jesu gekannt habe, als die des letzten Einen Aufenthaltes. Die Erzählungen, welche in diesen fallen, geben sich keineswegs als die charakterisierte Geschichte einiger Tage, sondern sie stellen theils die Beziehungen, welche für Jesus dort eintreten konnten, allseitig nach einem gewissen Schema zusammen, theils enthalten sie so verschiedene Elemente, wie sie in den Gang der Dinge in so kurzer Zeit kaum sich zusammendenken lassen. So paßt sicher die Straf- und Drohrede gegen den Pharisäismus und die Hierarchie, wie sie Matthäus hier hat, durchaus nicht zu dem übrigen auch aus diesem Evangelisten nachweisbaren Verhalten Jesu in jener Zeit. Wenn also auch der Grundstock dieser Jerusalemischen Geschichten den letzten Tagen zugehört, so ist es doch recht gut möglich, daß mit diesem andere Stoffe der Tradition verbunden sind, welche nur den Ort in Jerusalem, nicht aber die Zeit damit gemein haben. Auch davon kann keine Rede sein, daß sich bei den

---

[1]) Iren. adv. haer. I. 3, 3. II. 22, 1.
[2]) Homil. XVII. 19.
[3]) Iren. II. 22, 3 ff.

Synoptikern wenigstens indirekte Spuren fänden, wonach dieser Besuch in Jerusalem sein erster gewesen sei. Man hat dieß darin gefunden, daß nach Mark. 10, 32 die Jünger in großes Zagen gerathen, als es mit der Annäherung an Jerusalem Ernst wird; diese Furcht erkläre sich nur daraus, daß Jesus zum erstenmale dahin komme, und sie nun angstvoll besorgt seien, wie es ihm auch auf diesem ganz neuen Boden ergehen werde. Will man überhaupt auf diesen Umstand Gewicht legen, so erklärt sich in der That solche Furcht viel besser, wenn sie durch frühere Vorgänge in Jerusalem bereits hinreichende Ursache hatten, über sein Schicksal daselbst besorgt zu sein. Sie entspricht dem in Joh. 11, 7—16 geschilderten Verhalten, wo die Jünger ihn bitten, sich nicht abermals der Gefahr durch die Reise nach Judäa auszusetzen, und endlich sich nur mit dem heroischen Entschlusse darein finden, lieber selbst mit ihm sterben zu wollen. Nun hat man ferner gefunden, daß das Markus-Evangelium den Eintritt in die Stadt so schildere, wie wenn ihm keine früheren Festbesuche vorausgegangen sein könnten, Mark. 11, 11: Jesus gieng hinein nach Jerusalem in das Heiligthum, und nachdem er Alles angesehen, und es schon Abend war, gieng er hinaus nach Bethanien mit den Zwölfen. Allein es ist mit Recht entgegnet worden, daß der einzige hier in Betracht kommende Zug, nämlich daß Jesus sich alles ansah, ganz zum Sprachgebrauch und der schriftstellerischen Gewohnheit des Evangelisten gehört,[1]) und sich daher auf diesen Zug schlechterdings kein Schluß bauen läßt. Ueberdieß wäre damit zu viel bewiesen, denn daß Jesus in diesem Alter noch gar nie zu einem Festbesuche nach Jerusalem gekommen wäre, ist überhaupt nicht wohl denkbar. Wir können daher aus der synoptischen Geschichte weder gegen frühere Besuche Jesu in Jerusalem noch gegen die mit denselben in Zusammenhang stehende Dauer seines Lehramtes etwas entnehmen.

Dagegen enthalten die synoptische Geschichte sowie die Reden

---

[1]) Wie Markus überhaupt die Composita mit βλέπειν liebt, vgl. ἐμβλέπειν 8, 25. 10, 21. 27. 14, 67, περιβλέπεσθαι 3, 5. 34. 5, 32. 9, 8. 10, 23.

in diesen Evangelien bestimmte Spuren, daß Jesus nicht dieses eine Mal bloß in Jerusalem war.

Was die synoptische Geschichte betrifft, so zeigen die Bestellungen, welche Jesus bei seinem Einzuge in den Flecken Bethphage, sowie nachher für das letzte Mahl in Jerusalem selbst macht, ebenso die Salbung in Bethanien, daß er an beiden Orten, wohlbekannte vertraute Häuser hatte,[1]) sowie er denn auch mit dem in Jerusalem lebenden Joseph von Arimathäa in näherer Beziehung stand.[2]) Schon dieß entscheidet für die Voraussetzung früherer Besuche daselbst. Aber wir finden auch sonst allgemeinere Andeutungen bei den Synoptikern, daß er zu Judäa schon in früherer Zeit Beziehungen hatte, welche weiter gehen müssen, als es aus ihrer auf Galiläa sich beschränkenden Darstellung ersichtlich ist. Schon daß Jesus sich nach ihnen auf die Nachricht von der Gefangensetzung des Täufers hin in seine galiläische Heimat begibt, deutet darauf, daß er in Judäa oder doch Peräa selbst schon aufgetreten war; denn nur so konnte die Verfolgung des Täufers auch ihm möglicher Weise Gefahr bringen.[3]) Aber die Evangelisten wissen auch in der früheren Zeit seines Wirkens schon zu berichten, daß unter den Schaaren, die ihm anhiengen oder doch zuströmten, viele Jerusalemiten und Judäer überhaupt gewesen seien;[4]) was sich fast nur erklärt, wenn er dort selbst aufgetreten war. Ferner verfolgen ihn in Galiläa selbst Emissäre von Jerusalem.[5]) Bei dem lockeren Zusammenhang, in welchem jenes Land damals mit der Jerusalemischen nationalgeistlichen Behörde stand, deutet auch dieser Umstand darauf, daß die Anlässe für dieselbe noch andere waren, als das Wirken in Galiläa, nämlich ein Auftreten in Judäa selbst.

Wir können also von den bestrittenen Daten, wie die Vermuthung, daß der Flecken Nain nach Judäa gehörte,[6]) sowie daß Lukas auch durch das Haus der Maria und Martha, welches

---

[1]) Matth. 21, 3. Mark. 11, 3. Luk. 19, 31; Matth. 26, 18. Mark. 14, 14. Luk. 22, 11; Matth. 26, 6. Mark. 14, 3.

[2]) Matth. 27, 57. Mark. 15, 43. Luk. 23, 50 f.

[3]) Matth. 4, 12. Mark. 1, 14.

[4]) Matth. 4, 25. Mark. 3, 8. 22.

[5]) Matth. 15, 1. Mark. 7, 1.

[6]) Vgl. Luk. 7, 17.

nach Johannes in Bethanien zu suchen ist, schon in der früheren Zeit Jesus dorthin kommen lasse, ganz absehen.[1]) Auch ohne sie verweist uns die synoptische Erzählung auf frühere Beziehungen Jesu zu Judäa und Jerusalem. Nach Lukas Apostelgesch. 10, 39. vgl. Ev. 23, 5, hatte die urapostolische Predigt überhaupt von dem zu handeln, was Jesus im jüdischen Lande und in Jerusalem gewirkt, und damit stimmt auch sein eigenes Streben, die Geschichte der letzten Reise Jesu und ihrer Begebenheiten über den engen Rahmen seiner Hauptquelle hinaus auszudehnen.

In die Reden Jesu aber ist bei Matthäus wie bei Lukas eine Ansprache Jesu an Jerusalem aufgenommen,[2]) in welcher er von den Bewohnern der Stadt sagt: wie oft wollte ich deine Kinder versammeln, wie die Henne ihre Jungen unter die Flügel versammelt, und ihr wolltet nicht. Die Kinder Jerusalems können hier nur die Bewohner der Stadt selbst sein; denn die Stadt als solche ist in der Anrede bezeichnet als diejenige, welche die Propheten tödtet, und die zu ihr Gesandten steinigt. Und auf die Stadt und ihr Heiligthum, nicht auf die Nation bezieht sich die folgende Strafdrohung; mithin sind es die Jerusalemiten selbst, an welchen die Bemühung Jesu vergeblich war. Dieses Wort Jesu lief in der Tradition ohne größeren Zusammenhang um. Die Redensammlung des Matthäusevangeliums hat es an die große Streitrede gegen die Pharisäer angehängt, weil auch diese mit einer Fluchdrohung wegen des Prophetenmordes schloß, welche übrigens einen viel schwereren Charakter hat. Um so stärker spricht das schlagende, in seiner plastischen Gestalt und Lebendigkeit erhaltene Wort für sich und für die geschichtliche Thatsache, auf welcher es beruhen muß. Aber dieses Wort ist nicht der einzige Zeuge für die in Frage stehende Sache. Wir finden in den Reden eine Reihe von weiteren Anklängen, welche einestheils beweisen, daß Jesus früher schon in Jerusalem war, anderentheils daß die Dauer seines Lehramtes sich über mehrere Jahre erstreckt haben muß.

---

[1]) Luk. 10, 38 ff., vgl. Joh. 11, 1 ff.

[2]) Matth. 23, 37—39. Luk. 13, 34 f.

Die antipharisäische Rede in Matth. Cap. 23 selbst gehört höchst wahrscheinlich zu den Beweisen ersterer Art. Sie stand in der Redesammlung keineswegs unter den Zukunftsreden, welche den letzten Zeiten Jesu angehören, sondern höchst wahrscheinlich unter den diesen vorangehenden Streitreden. Erst der Verfasser unseres Matthäusevangeliums hat sie in die letzten Tage Jesu gesetzt. Hiebei war er außer der Parallele, welche die Rede in der Geschichtsquelle hatte, bestimmt von den Strafdrohungen am Ende der Rede und ohne Zweifel von der Wahrnehmung, daß alle einzelnen Elemente derselben auf das Treiben des Pharisäismus in der Hauptstadt, auf den Sitz der Hierarchie verwiesen. Aber wenn Jesus in diesen letzten Tagen jede direkte Herausforderung seiner Gegner vermied und vermeiden mußte, so kann er damals nicht so gesprochen haben. Die Rede gehört wohl nach Jerusalem, aber nicht in diese Zeit. Aehnlich verhält es sich mit Elementen einer Rede, welche Niemand in die letzten Zeiten verlegen wird. Auch die Bergpredigt schildert das pharisäische Treiben nach den Bildern, welche in dieser Weise wohl nur die Hauptstadt gab.[1]) Sie ist auch sonst durchflochten mit Bildreden und Anspielungen, welche sich auf diese beziehen. Wenn die Zuhörer gemahnt werden, an die Stelle der Stadt zu treten, welche auf dem Berge liegt, wenn in der Auslegung des Gesetzes die Versöhnung mit dem Widersacher vor dem Opfern auf dem Altar befohlen wird,[2]) so sind dieß Motive, welche nicht innerhalb eines ausschließlich auf Galiläa beschränkten Lebens entstanden; es spiegelt sich vielmehr darin der Verkehr mit Jerusalem.

Das Lukasevangelium hat uns die Parabel von dem Feigenbaum erhalten, an welchem der Herr desselben drei Jahre vergeblich Frucht sucht, und mit dem er dann auf die Bitte des Gärtners noch einmal die Probe macht, Luk. 13, 6—9; diese Parabel ist ganz nach der Art der Reden Jesu, sie trägt alle Zeichen der Aechtheit. Ihre Deutung läßt keinem Zweifel Raum. Das dreijährige Fruchtsuchen aber kann sich nicht auf das Volk, an welchem Jesus arbeitete, überhaupt, es kann sich nur auf

---

[1]) Matth. 6, 1 ff. [2]) Matth. 5, 14.

Jerusalem beziehen, so wie das angedrohte Gericht nur auf diesen Ort bezogen werden kann. Jerusalem war überdieß auch in der vorangehenden Rede, 13, 4, schon als die unbußfertige Stadt zuletzt hervorgehoben. Die Bedeutung der Parabel vom Feigenbaum wird überdieß durch die Erzählung von der Verfluchung des Feigenbaumes Matth. 21, 19 ff. Mark. 11, 13 ff. ergänzt.

Eine dreijährige Dauer seines Berufslebens vor dem Ende in Jerusalem ist auch in dem Worte über die Nachstellung des Herodes enthalten, welches Lukas 13, 31—33 aufbewahrt hat. Noch steht er in seiner Lebensarbeit; Herodes, sagt er, kann ihm nichts anhaben; denn heute und morgen erfüllt er seinen Beruf, und erst am dritten Tage wird es mit ihm zu Ende gehen. Er wird aber die drei Tage lang seine Wanderung fortsetzen, ohne daß ihm jetzt Gefahr droht, ohne daß ihm wenigstens Herodes gefährlich werden kann; denn wie die Propheten, so wird auch ihn der Untergang nirgends anders treffen als in Jerusalem. Eine dunklere aber doch immer noch erkennbare Spur der dreijährigen Sendung findet sich in dem Gleichnisse vom Weinberg, wenigstens noch in der Redaction des Markus und des Lukas.[1]) Wenn hier dreimal nach einander ein Knecht ausgeschickt wird, so ist dieß nach der jetzigen Gestalt der Parabel allerdings jedesmal ein anderer, und der Sohn selbst ist von allen dreien verschieden. Aber wir dürfen vermuthen, daß hier ein zweites Gleichniß in die Parabel verwoben ist, dessen Gegenstand desselben eben die dreijährige Sendung war. Würde diese dreimalige ursprünglich schon sich auf die alten Propheten beziehen, so wäre es nicht jedesmal ein einzelner Knecht, sondern eine Mehrheit; derselbe würde nicht bloß leer zurückgeschickt, sondern getödtet.

Alle diese Spuren in den Reden sind um so gewichtvoller, als diese Reden eben nicht darauf ausgehen, Zeiten und überhaupt geschichtliche Verhältnisse zu schildern; sie haben sich also in der unbefangensten Weise erhalten, und es dauerte lange genug, bis der Schematismus der Geschichte, welchen das älteste Evangelium gegeben hatte und der sich auf unsere drei Synoptiker

---

[1]) Mark. 12, 2—4. Luk. 20, 10—12.

übertrug, durchbrochen wurde. Erst durch das vierte Evangelium ist dieses geschehen; aber auch bei ihm ist gerade auf diesen Punkt nicht das gleiche Gewicht gelegt, wie auf andere, in welchen er von den Synoptikern abweicht. Er hat es nicht für nöthig gefunden, seine Berichtigung derselben hier ausdrücklich hervorzuheben; daß er frühere Reisen nach Jerusalem erwähnt, daß er dabei eine mehrjährige Zeit Jesu erkennen läßt, geschieht in anderer Absicht.

3. Stünde es so, daß diese Angaben des vierten Evangeliums den drei ersten entschieden widersprächen, so dürften wir immerhin die Frage noch durch allgemeine geschichtliche Gründe zur Entscheidung bringen. Nach der wirklichen Sachlage sind wir nicht darauf angewiesen. Aber diese Gründe können das gewonnene Ergebniß bestätigen. Eine mehrjährige Dauer des öffentlichen Wirkens Jesu hat die Wahrscheinlichkeit für sich, weil die Entwicklung desselben fast nothwendig diese längere Zeit fordert, weil die Resultate fast nur binnen einer solchen erzeugt werden konnten. Das Auftreten Jesu ist von Anfang an so zurückhaltend, es ist so ganz und gar nicht auf eine rasche Entscheidung, auf die schnelle Herbeiführung ernster Conflicte angelegt, es zeigt eine so stufenmäßige Enthüllung, insbesondere eine so umsichtige allmähliche Führung seiner Anhänger, daß sein ganzer Gang nicht in wenige Monate zusammengedrängt sein kann. Viel eher begreift sich, daß die Anfänge desselben der Erinnerung später in ein gewisses Dunkel gehüllt waren; wie dieß in der That die Evangelien zeigen. Die Umbildung aller früheren Begriffe, des ganzen Glaubens, der ganzen Lebensanschauung bei seinen Anhängern mußte eine sehr nachhaltige, sehr tiefgehende sein, wenn sie sich von dem jähen Sturze seines Endes wieder aufrichten sollten. Keine plötzliche Eindrücke konnten diesem Umschwunge Bestand geben, wenn nicht dazu Alles in ihnen schon vorbereitet, wenn nicht der ganze neue Bau, ohne daß sie es selbst wußten, bereits aufgerichtet war und der letzten Enthüllung des letzten schweren Bruches durch das Fallen aller noch genährten Hoffnungen harrte. Eine solche Schule forderte einen langen Umgang,

ein allmähliches innerliches Verwachsen, nicht das bloße Empfangen von Lehren, Aufschlüssen und Anregungen, wie es in kurzer Zeit möglich war.

Ganz besonders aber muß noch die Vorbereitung der Katastrophe selbst in Rechnung gezogen werden, und was hiezu erforderlich war, spricht nicht bloß für die längere Zeit, sondern auch für das wiederholte Auftreten in Jerusalem. Wenn die prophetische Thätigkeit Jesu bloß auf Galiläa beschränkt war, wenn nur dort einige äußerlich so unbedeutende Menschen die Hoffnung trugen, in ihm noch den Messias zu erleben, so ist es unerklärlich daß das Synedrium in Jerusalem, als nun dieser Galiläer zum erstemale dahin kommt, und zwar einiges Aufsehen erregt, aber doch auch hier so gar nicht herausfordernd und gefährlich auftritt, demselben von vorneherein mit der Absicht, ihn aus dem Wege zu räumen, begegnet sein sollte.[1]) Zum wenigsten ist zur Erklärung dieser Thatsache erforderlich, daß er, wie es das vierte Evangelium darstellt, einige Zeit vor seinem Untergange den Schauplatz seines Wirkens nach Jerusalem verlegt hatte, daß er dort die Messiasfrage über seine Person veranlaßt hatte. Um so mehr deutet Alles darauf hin, daß dieser Periode die Abwickelung seines Auftretens in Galiläa in längerer Dauer vorangieng. Wenn aber nun das vierte Evangelium ihn auch in dieser früheren Periode schon zweimal nach Jerusalem kommen läßt, so läßt sich hiegegen kein triftiger Einwand erheben. Es spricht dafür nicht bloß die Gewohnheit der Festreisen; sondern auch die um so leichtere Erklärung der letzten Verwicklung; und endlich das Licht, welches die erste dieser Reisen auf seine ganze Entwicklung wirft. Wie lange im Ganzen die öffentliche Wirksamkeit Jesu dauerte,

---

[1]) Das Synedrium hatte bei dem Processe Jesu die Beweismittel gegen ihn aus seiner galiläischen Wirksamkeit nicht zur Hand; es war also auf Dinge, welche sich in Jerusalem selbst zugetragen hatten, angewiesen; wenn nun hier nichts vorgebracht wird als eine Aeußerung über Absichten gegen den Tempel, und diese sich in der synoptischen Darstellung nicht findet, so weist dieß von selbst auf einen früheren Aufenthalt in Jerusalem hin; und dieser Ursprung ist überdieß dadurch bestätigt, daß die Zeugnisse über den Vorfall nicht genügend herzustellen sind.

läßt sich auch unter diesen Voraussetzungen nicht sicher bestimmen. Das vierte Evangelium zählt die Jahre nicht. Es zeigt uns nur im Laufe der Geschichte zwei Passahfeste vor dem letzten, nämlich 2, 1 ff. und 6, 3. Zwischen jenen liegt aber nach Joh. 4, 35 wahrscheinlich noch ein drittes, möglicher Weise in 5, 1 noch ein viertes. Drei Jahre sind der geringste Zeitraum, welchen wir anzunehmen haben, und nach den Andeutungen der synoptischen Reden werden wir kaum darüber hinausgehen dürfen.

---

2. Die geschichtlichen Anfänge.

1. Das Dunkelste in der Geschichte des Wirkens Jesu sind die Anfänge desselben, und zwar nicht bloß die Anfänge seiner Person, die Geschichte seiner Kindheit und Jugend, über welche wir beinahe gar Nichts wissen, sondern auch die Anfänge seines öffentlichen Auftretens selbst.

Der Inhalt seiner ersten Predigt, mit welcher er auftritt, ist Matth. 4, 17 kurz angegeben: Thut Buße; denn das Reich der Himmel ist nahe. Diese aus dem ältesten Evangelium stammende Beschreibung ist in Mark. 1, 14 mit einiger Erläuterung wiedergegeben: er verkündigte das Evangelium Gottes, indem er sagte: die Zeit ist erfüllt und das Reich Gottes ist nahe; thut Buße und glaubet an das Evangelium. Zu diesen Erklärungen kommen sogleich die Worte, mit welchen er die ersten Anhänger einlud gemeinsame Sache mit ihm zu machen. Sie waren Fischer, und er sagt ihnen; ich will euch zu Menschenfischern machen; Matth. 4, 19. Mark. 1, 17. Wir sehen aus dieser Verkündigung, daß er den Glauben pflanzt, das erwartete messianische Reich stehe in der nächsten Zeit bevor. Angesichts dieser Gewißheit sollte das Volk sich zu seinem Gotte bekehren. Er selbst hat seine Aufgabe darin, hiefür zu wirken. Seine Arbeit ist die Rettung von Menschen, dadurch, daß sie in die rechte Verfassung gebracht werden, um für die Aufnahme in jenes Reich fähig zu werden. Sobald dann die Erzählung der Evangelien fortschreitet, zeigt sie uns auch sein Thun und Reden schon weiter entwickelt. Wir wissen nicht, wie lange Zeit sich dasselbe in jener ersten einfachen Gestalt erhalten hat. Aber auch die näheren Umstände dieses Anfanges sind kaum vollständig zu erkennen.

2. Ein helleres Licht kommt in diese Zeiten durch das Auftreten des Täufers Johannes und das Verhältniß Jesu zu ihm; aber gerade dieß fordert bei der Natur der Berichte hierüber eine kritische Untersuchung.

Der Täufer selbst ist seinem ganzen Wesen nach eine durchaus sichere und in der Hauptsache wohl zu erkennende geschichtliche Erscheinung. Josephus nennt ihn einen trefflichen Mann. Er habe die Juden aufgefordert zur Tugendübung, Gerechtigkeit im Wandel und Frömmigkeit gegen Gott und unter diesen Voraussetzungen zur Taufe angehalten. Eine solche Abwaschung sei ihm Gott wohlgefällig erschienen, die nicht zur Verbittung etlicher Uebertretungen geschehe, sondern zur Heiligung des Leibes auf Grund vorangegangener Reinigung der Seele durch Gerechtigkeit. Als nun das Volk ihm zulief, habe Herodes gefürchtet, seine Gewalt über die Gemüther möchte sie zum Abfalle bewegen, und habe es vorgezogen, durch seine Ermordung zuvorzukommen.[1])

Einige Jahrzehnte zuvor hatte der Gaulonäer Judas das Volk durch sein Auftreten fortgerissen, in der Zeit einer großen Bewegung, deren Umschlagen zur allgemeinen Empörung nur der Hohepriester Joazar verhinderte. Die Gährung war nicht das Werk jenes Mannes gewesen, sie reihte sich an an die ähnlichen Versuche nach dem Tode Herodes des Großen, unmittelbar war sie die Folge des Census, welchen Quirinius vorzunehmen hatte, als das Land nach Archelaos Sturz zu Syrien geschlagen, also zum erstenmale unter Römische Verwaltung gestellt wurde. Judas mit seinem Genossen, dem Pharisäer Saddук, hatte ausgesprochen, was in der Nation gährte: der Census führe zur Knechtschaft, es gelte den Kampf um die Freiheit. Geschaffen zum Parteiführer besaß er alle Rücksichtslosigkeit eines solchen; und die Nachwirkung seines schnell vorübergegangenen Unternehmens war die Entwick-

[1]) Joseph, Alterth. 18, 5, 2.

lung des verhängnißvollen Zelotismus. Aber unter den Juden konnte die Fahne der nationalen Sache nicht anders aufgepflanzt werden, als mit Gründen der Religion. Judas hatte verkündet: das Volk dürfe keinen anderen Herrn und Regenten haben als seinen Gott; aber dieser Gott helfe nur dem eigenen Entschlusse. Darin lag die Macht der entflammten Freiheitsliebe.[1])

Die Geschichte dieser Dinge erläutert die Motive des Herodes, aber die Schilderung, welche Josephus von dem Auftreten und Wirken des Johannes gibt, macht es doch kaum begreiflich, daß derselbe unter diese Kategorie gestellt werden, daß der Zulauf des Volkes zu ihm so gefährlich erscheinen konnte. Seine Darstellung erhält ihre Ergänzung durch die Berichte unserer Evangelien. Nach ihnen war auch seine Predigt schon dieselbe Aufforderung, mit welcher dann Jesus sein Werk fortsetzte, die Mahnung zur Bekehrung im Blicke auf die Nähe des Himmelreiches, Matth. 3, 2, und den zu erwartenden Messias, Matth. 3, 11 f. Mark. 1, 7 f. Luk. 3, 16 f. Es war also die Belebung der messianischen Hoffnung, was den Kern und das Ziel seines Unternehmens bildete; darin lag seine Gewalt, darauf ruhte der Verdacht, welcher seinen Untergang herbeiführte. In der That fordert die Handlung selbst, zu welcher er das Volk bewog, diesen Zusammenhang. Diese Abwaschung, wie sie Josephus und die Evangelien charakterisieren, hat nicht die Art eines bleibenden neuen Gebrauches. Josephus zählt ihn und seine Anhänger deßhalb auch nicht als jüdische Schule. Es war eine Forderung, welche Einmal gestellt wurde, ein Akt des Momentes. Als solcher muß sie ihr bestimmtes, nicht bloß allgemein sittliches Ziel, ihren konkreten, historischen Zweck haben. Sicher haben die Evangelien diesen Zusammenhang, in welchem die Handlung steht, ganz richtig gezeichnet, wenn sie ihn zu den Zweifelhaften unter denen, welche daran Theil nahmen, sagen lassen: wer läßt euch meinen, daß ihr dem kommenden Zorne entrinnet?[2]) Es handelte sich um das Gericht, welches mit dem Eintreten des Reiches erwartet wurde.

Diese neue Wendung war jener früheren nationalen Erhebung

---

[1]) Jos. a. a. O. 18, 1, 1 und 6.

[2]) Matth. 3, 7. Luk. 3, 7.

gefolgt. Kein Aufstand hatte zum Ziele geführt, konnte jetzt dazu führen. Aber die nationale Hoffnung bedurfte desselben nicht. Sie hatte ihren höheren Halt an dem messianischen Glauben des Volkes; und gerade je trostloser die Lage des Volkes war, desto kräftiger mochte sie sich diesem zuwenden, desto leichter sich daran entzünden, wenn dieser Glaube ihr mit solcher Zuversicht verkündet wurde, wie es durch Johannes geschah.

Nachhaltig zwar wurde diese Bewegung nicht, wenigstens nicht in der Richtung, welche Johannes selbst ihr gegeben hatte. Das Volk hätte es wohl gerne gesehen, wenn sich Johannes an seine Spitze gestellt, und seine Befreiung versucht hätte. Je weniger er darauf eingieng, je fester er auf seinen eigenen Wegen beharrte, desto schneller wandte es sich getäuscht auch wieder von ihm ab. Die Strenge seines eigenen Asketenlebens, welche dem Charakter seiner Forderungen entsprach, wurde bald verspottet.[1]) Da er selbst nicht Partei gemacht hatte, so erhob sich auch keine solche für ihn, als er von dem Tetrarchen gefangen gesetzt wurde. Einen großen Eindruck hatte er doch hinterlassen; man gedachte seiner wie eines Propheten, und Niemand wagte ihn öffentlich anzutasten.[2])

3. Daß nun Jesus überhaupt in Beziehung zu Johannes gestanden ist, ist nach den Evangelien außer Zweifel. Aber die einzelnen Elemente ihrer Darstellung derselben stimmen nicht völlig überein.

Die ältere Erzählung scheint nur dieß hierüber enthalten zu haben, daß auch Jesus mit dem vielen Volke zu ihm kam und sich von ihm taufen ließ. Das erste Evangelium läßt dieser Handlung ein Zwiegespräch zwischen beiden vorausgehen, in welchem Johannes erklärt, ihm wäre eher Noth, von Jesus getauft zu werden, und daher seine Verwunderung ausspricht, daß dieser sich an ihn wende. Jesus aber beruhigt ihn mit der Erläuterung: so ziemt es sich, alle Gerechtigkeit zu erfüllen.[3]) Dieß ist in den späteren Umbildungen des Evangeliums weiter ausgesponnen wor-

---

[1]) Matth. 11, 7. 16. 17. 18. [2]) Matth. 11, 9. 21, 26.
[3]) Matth. 3, 14 f.

den. Das Nazaräerevangelium wollte den Sinn der Weigerung des Johannes noch deutlicher ausdrücken. Es verwandelte dieselbe in eine Weigerung Jesu selbst, sich taufen zu lassen, weil er ja keine Sünde habe, es müßte denn eben in diesem Worte eine Sünde der Unwissenheit liegen. [1]) Das Ebionitenevangelium behielt die Aeußerung des Johannes bei, es wollte dieselbe aber erklären, und ließ ihn daher erst bitten, daß Jesus ihn taufen möge, nachdem er Jesus getauft und durch ein aufflammendes wunderbares Licht, sowie eine wiederholte Himmelsstimme Jesus erkannt hatte. [2])

Die Darstellung des Matthäusevangeliums zeigt jedoch nur, daß man in späterer Zeit die Johannestaufe etwas anders zu deuten begann. Man dachte sich dieselbe jetzt als Mittel zur Sündenvergebung; so mußte man Anstoß daran nehmen, daß Jesus getauft worden war, und suchte sich dieses zurechtzulegen. Die Taufe des Johannes war aber, wie Josephus es darstellt, vielmehr das Symbol für das Gelübde eines reinen Lebens, oder vielmehr das Symbol der Heiligung des leiblichen Lebens durch das gethane Gelübde, in welchem die Seele schon gereinigt war. Hält man diesen Gesichtspunkt fest, so fällt die ganze Frage, ob Jesus eine Vergebung von Sünden gesucht haben könne, oder in welchem anderen Sinne er sich an der darauf gerichteten Handlung betheiligen mochte, von selbst weg. Die Weigerung des Täufers aber wäre auch ohne dieses zweifelhaft. Sie würde eine genaue Bekanntschaft desselben mit Jesu voraussetzen, wie sie sonst durch nichts angezeigt ist. Ja wir haben ohne Zweifel im vierten Evangelium eine begründete Erinnerung anzuerkennen, wenn dieses hier deutlich jene Angabe berichtigt und erklärt, daß der Täufer Jesus vorher nicht gekannt habe. [3])

Dagegen läßt das vierte Evangelium seinerseits mit der Taufe Jesu ein Verhältniß des Täufers zu ihm eintreten, von welchem die Synoptiker nichts wissen, welches vielmehr ihrer Darstellung aber auch dem weiteren Verlaufe bei Johannes selbst

---

[1]) Hieron. c. Pelag. III. 2. [2]) Epiph. haer. 30, 13.
[3]) Joh. 1, 31.

widerspricht. Die Vision nämlich, welche nach den Synoptikern Jesus selbst bei seiner Taufe hat, bezieht Johannes auf den Täufer, und läßt ihn zufolge derselben nun sofort die bestimmtesten Erklärungen über die göttliche Person und den welterlösenden Beruf Jesu abgeben, welche er auch weiterhin, als seine eigenen Anhänger eifersüchtig auf Jesus werden wollen, wiederholt.[1]) Die Synoptiker dagegen erzählen, daß Johannes erst aus dem Gefängniß an Jesus geschickt und ihn fragen ließ, wessen man sich in Ansehung der messianischen Hoffnung zu ihm versehen solle.[2]) Eine mit der Zeit eingetretene Trübung seines früheren Glaubens, welcher sich in den Gang des Wirkens Jesu nicht mehr gefunden hätte, ist nun freilich nicht unmöglich, aber die Frage selbst ist doch so gestellt, daß sie nicht an einen solchen früheren Glauben anknüpft, sondern eine erst jetzt neu eingetretene Erwägung zu enthalten scheint. Fast noch stärker aber widerspricht einem solchen früheren Glauben des Johannes an Jesus der Bericht des vierten Evangeliums selbst, daß Johannes auch nach jener Huldigung in seiner eigenen Arbeit wie bisher fortfuhr, und Jesus seinerseits in ähnlicher Weise neben ihm wirkte. Johannes konnte dieß nicht thun, wenn er schon jene entscheidende Erkenntniß über Jesus gewonnen hatte. Aber auch Jesus konnte, wenn das Verhältniß sich so gestaltet hatte, nicht noch in dieser Weise neben dem Täufer wirken. In der That sind die Erklärungen des Täufers, vgl. Joh. 1, 31. 34, gar nicht historisch gehalten. Sie sind nur der Widerschein der Auffassung jener Stellung, welche ihm der Prolog gibt, und dieß ist sogar in der Form der Worte ausgedrückt. Es ist darin in eigener Rede des Täufers der ganze Zweck seiner Mission als einer vergangenen, und das ganze Resultat seines Zeugnisses als ein vollendetes so zusammengefaßt, wie es der Schriftsteller sich denken, wie es aber nicht Johannes selbst in einem Augenblicke mitten in seiner Arbeit aussprechen konnte.[3])

Ueber das wirkliche Verhältniß Jesu und des Täufers aber

---

[1]) Joh. 1, 29—36. 3, 26 ff. [2]) Matth. 11, 2 f. Luk. 7, 18 f.

[3]) — ἦλθον ἐγὼ ἐν ὕδατι βαπτίζων — — — — κἀγὼ ἑώρακα καὶ μεμαρτύρηκα — —.

haben wir außer dem Berichte über seine Sendung aus dem Gefängniß und außer der johanneischen Mittheilung von der parallelen Arbeit des Johannes und Jesu noch sehr bestimmte Erinnerungen in zwei Reden Jesu, deren Gewicht sich überdieß dadurch erhöht, daß sie aus verschiedenen Quellen stammen, und doch im Wesentlichen zu dem gleichen Ergebnisse führen.

Was uns die Redensammlung Matth. 11, 7—19 berichtet, gehört sicher unter die ächtesten Erinnerungen der Worte Jesu. Ueber Johannes selbst und die Stellung Jesu zu ihm sind daraus die entscheidenden Gesichtspunkte zu gewinnen. In letzterer Beziehung ergibt sich nun hieraus zweierlei. Für's Erste, daß Jesus die sittliche und prophetische Größe des Täufers bezeugte und in dessen Auftreten die direkte Vorbereitung seiner eigenen Mission anerkannte, für's Andere aber, daß beide völlig unabhängig von einander ihren Weg gegangen waren. Jesus nennt den Täufer größer als einen Propheten, den größten der von Weibern Geborenen, er charakterisiert ihn als den Elias,[1]) dessen Wiederkunft man vor der messianischen Zeit erwartete. Dabei zeigt sich aber keine Spur, daß die Sache beider in näherem äußerem Zusammenhange gestanden wäre. Er redet von ihm als von Einem, dessen Vertheidigung er in der unbefangensten Weise übernimmt, je mehr er selbst ihm ferne steht. Er erinnert das Volk daran, wie sie beide, erst Johannes, dann er selbst, jeder für sich aufgetreten sind, jeder seine eigene Art durchgeführt hat. Nur ein höherer idealer Zusammenhang besteht zwischen ihnen; das Volk hat diesen in seiner Art bestätigt, indem es, so verschieden beide sind, doch beiden das gleiche Nichtverstehen, die gleiche Unzufriedenheit entgegensetzt. Aber nicht nur jedes nähere Verhältniß ist durch die Worte Jesu ausgeschlossen, sondern sie enthalten auch das Urtheil über den Täufer trotz aller Anerkennung, daß er an dem Reiche der Himmel keinen Antheil hat, daß seine ganze Größe einer abgelaufenen Welt angehört. Auch dieß ist durch Joh. 3, 30 bestätigt, nur ist es hier der Täufer selbst, welcher

[1]) Vgl. Matth. 17, 12.

die Wahrheit, die sich vom Standpunkte Jesu aus ergibt, ausspricht.

Die andere entscheidende Aeußerung Jesu über Johannes gehört dem ältesten Evangelium an.[1]) Jesus wird zu Rede gestellt darüber, daß er seine Schüler nicht ebenso zum Fasten anhalte, wie dieses von den Schülern des Täufers, wie es auch schon von den eigentlichen Frommen des Volkes, den Pharisäern beobachtet werde. Darauf antwortete er mit einer doppelten Begründung seines Verfahrens, indem er zuerst seine persönliche Mission und Gegenwart als unverträglich mit Aeußerungen der trauernden Andacht charakterisiert, sodann aber sich über die Sache selbst, den Charakter jener Uebung und das Verhältniß seiner Lehre zu demselben ausspricht. Das Letztere geschieht in den Bildern vom neuen Zeugstücke, welches nicht auf das alte Kleid zu setzen, vom neuen Wein, der nicht in die alten Schläuche zu füllen sei. Diese Erklärungen können nicht so auf den Täufer bezogen werden, daß Jesus denselben gerade dieses zweckwidrigen Verfahrens, welches er für sich verwirft, beschuldigen würde; die Fastenübungen gehören zu dem Alten, das unter den Bildern des Kleides und der Schläuche dargestellt ist. Nicht daß der Täufer Altes und Neues vermische und dadurch nur Schaden anrichte, spricht daher Jesus aus. Nur von sich selbst sagt er, daß bei ihm die Anordnung jener Uebungen eine solche Vermischung wäre. Der Täufer aber steht selbst noch ganz in der alten Ordnung, und darum konnte er thun, was bei Jesus keine Anwendung finde. Auch hier also stellt Jesus den Täufer ganz ebenso wie in jener Matthäusrede außerhalb seines Reiches. Er gehört mit seinem ganzen Streben noch einer früheren Ordnung der Dinge an, welche erst durch Jesus selbst überwunden ist. An der Auffassung des Reiches, wie sie durch diesen geworden ist, hat der Täufer keinen Theil gehabt; er kann deßhalb auch nicht die Person Jesu erkannt haben.

Allerdings haben wir hierin nur die Aeußerungen Jesu aus einer späteren Zeit, sie schließen daher nicht aus, daß Jesus einst

---

[1]) Matth. 9, 14—17. Mark. 2, 18—22. Luk. 5, 33—39.

noch mehr von dem Täufer gehofft hätte. Das Urtheil über denselben konnte sich in dieser Weise erst als das Resultat der abschließenden Erfahrung festgestellt haben. Aber immer steht doch fest, daß der Täufer nie, auch früher nicht thatsächlich eine höhere Stellung eingenommen haben kann. Er wird nicht beschuldigt, diese aufgegeben zu haben.

Indessen verträgt sich auch mit diesem Urtheile, daß Jesus selbst sich der Taufe des Johannes unterzog. Er schloß sich damit nur der Bewegung an, welche allein das Volk retten, dasselbe für die Gründung des göttlichen Reiches fähig machen konnte. Er handelte darin gemäß den Grundsätzen, welche er in seinem ganzen späteren Leben bewiesen hat. Wie er alles, was wirklich zum Gesetze gehörte, beobachtete, so schloß er sich auch jedem freien Streben nach wahrer Heiligung des Volkes an; er billigte es durch seine Theilnahme.

Aber wenn er sich auch in diesem Sinne für das Unternehmen des Täufers erklärt hat, so theilte er dasselbe doch nicht in seinem ganzen Umfange. Es war ein anderes, das Gelübde der Heiligung für die Nähe des Gottesreiches gut heißen, ein anderes die Formen des Lebens, in welchen dieser Sinn das Heil suchte, annehmen. Das erste hat Jesus gethan, das zweite wies er ab. Im Blick auf jenes konnte er auch später noch immer den Täufer als seinen Vorläufer bezeichnen; durch diese hatte derselbe die Schranken seines Geistes selbst bezeichnet, welche ihn nach der Ansicht Jesu vom Himmelreiche ausschlossen. Ein tieferes Verständniß war daher zwischen ihnen ausgeschlossen, sobald Jesus seine eigenen Wege anfieng zu entwickeln.

4. Die Evangelien knüpfen diesen selbstständigen Gang Jesu an den Augenblick an, da er sich der Johannestaufe unterzogen hatte. Sie lassen ihn hier eines Gesichtes theilhaftig werden, welches darüber entscheiden mußte. Sie lassen darauf die Geschichte seines Aufenthaltes in der Wüste folgen, welche die Reife seiner Entschlüsse darstellt. Ehe wir auf diese Berichte eingehen, müssen wir untersuchen, wie Jesus in den darauf folgenden An-

fängen seines Wirkens erscheint, was sich von diesen aus über jene Vorbereitung vermuthen läßt.

Die synoptischen Evangelien lassen ihn zwar mit jener einfachen Verkündigung der Bekehrung für das nahe Himmelreich beginnen, welche Matth. 3, 2 ebenso rückwärts dem Täufer zugeschrieben wird. Aber sie sind zugleich darin einig, daß er sofort ganz seiner selbst bewußt, als der Messias und als der Gründer des göttlichen Reiches auftritt. So läßt ihn das erste mit der Bergpredigt, das dritte mit einer messianischen Rede in Nazareth beginnen, aber auch das zweite läßt ihn sofort als den Heiligen Gottes begrüßt werden, ihn selbst zunächst nur dafür sorgen, daß dieß nicht mit ungeeigneter Oeffentlichkeit geschehe. Dabei deuten sie jedoch selbst an, daß zwischen diesem Auftreten und der Begegnung mit dem Täufer ein unbestimmter Zwischenraum liege. Denn nicht auf das letztere folgt sein Anfang in Galiläa. Derselbe wird vielmehr an einen anderen Moment in der Geschichte des Täufers, an seine Gefangennehmung geknüpft; erst von hier an beginnt ihre Rechnung. Sie folgen darin dem ältesten Evangelium, welches das Auftreten Jesu von dieser Zeit an beschrieben hat. Aber eben damit bleibt im Dunkel, was demselben voranging. So viel jedoch ist aus diesem Berichte zu ersehen: Jesus war nicht bloß nach Peräa gegangen, um sich von Johannes taufen zu lassen, denn er kehrte nicht zurück nachdem dieses geschehen war, vielmehr wurde erst das Schicksal des Täufers für ihn Beweggrund zu dieser Rückkehr. Er hat also vor diesem ein anderes Ziel verfolgt.

Hier gibt nun das vierte Evangelium eine Ergänzung unserer Kunde, welche ebenso durch diese Lücke gefordert als durch ihren Inhalt geeignet ist, Licht auf die Anfänge Jesu zu werfen. Johannes zufolge nämlich geht Jesus zwar nach seiner Begegnung mit dem Täufer für den Augenblick wieder zurück nach Galiläa, aber er hält sich dort nur kurze Zeit auf, begibt sich sodann wieder nach Jerusalem, reinigt dort in der Passahzeit den Tempel, und bleibt hierauf noch längere Zeit in Judäa.

Die Tempelreinigung ist auch von den Synoptikern erzählt, aber in der Zeit seines letzten Besuches in Jerusalem, vor dem

Passah, bei Matthäus und Lukas im unmittelbaren Anschlusse an den Einzug in die Stadt, bei Markus am folgenden Tage. Es ist kaum anzunehmen, daß die Begebenheit ganz in der gleichen Weise sich zu so verschiedenen Zeiten wiederholt habe. Und wenn eine Wiederholung auch an sich nicht unmöglich wäre, so ist es doch sicher in der evangelischen Ueberlieferung nur eine und dieselbe Thatsache, welche diese verschiedene Stellung erhielt. In der Frage, die hieraus erwächst, ist nun vor Allem zu bemerken, daß die Erzählung bei den Synoptikern ganz lose und frei in ihrer Umgebung steht. So folgenreich dieses Auftreten nach dem Einzuge und dem Aufsehen, welches derselbe machte, sowie überhaupt in dieser Zeit der gespannten Aufmerksamkeit, mit welcher Jesus schon beobachtet wurde, sein müßte, so tritt doch keineswegs eine entsprechende Wirkung ein. Allerdings fragen bald darauf die Synedristen Jesus, mit welchem Rechte er so auftrete. Aber die Beantwortung dieser Frage durch Jesus zeigt, daß damit nicht ein einzelner Vorgang, sondern sein Auftreten überhaupt gemeint war. In jedem Falle ist die Begebenheit also in die Entwicklung der Dinge in diesen letzten Tagen nicht verknüpft. Sie stimmt aber auch gar nicht zu dem übrigen gemessenen und zurückhaltenden Benehmen Jesu in diesen Tagen. Wohl aber hat sie den Charakter eines erstmaligen Auftretens, einer kühnen, die Laufbahn eröffnenden That, entsprechend der Stellung, welche sie im vierten Evangelium einnimmt.

Die That selbst hat sich in ihrem bedeutungsvollen Wesen zu jener Art von sicheren Erinnerungen gestaltet, welche man in der apostolischen Zeit durch Anwendung Alttestamentlicher Worte in ihr volles Licht zu setzen suchte. So fand man in derselben die Prophetenworte erfüllt: mein Haus soll Bethaus heißen, und: ihr habt es zur Räuberhöhle gemacht. Man verglich das Thun Jesu selbst mit dem Psalmwort: der Eifer deines Hauses verzehrt mich. Und das vierte Evangelium, welches das letztere anführt, hat dann zugleich jene Prophetenworte schon so umgestaltet, daß sie vom Hause des Vaters Jesu, und von der Verwandlung desselben in ein Kaufhaus reden, und so ganz als Worte Jesu selbst erscheinen. Das Auftreten selbst geschieht in der drastischen Weise der alten Propheten. Jesus beschränkt sich nicht auf die Rede, er handelt, und er handelt mit der Gewalt des Zornes über die Entheiligung der Tempelräume. Sein Auftreten ist das eines Reformators, welcher seine Reform an dem Orte beginnt, wo der Mißbrauch am schreiendsten, der Widerspruch der Gewohnheit mit der Pflicht am grellsten ist. Das Volk soll heilig werden; darum muß es zuerst sein Heiligthum wieder heiligen lernen. Gewiß nicht ohne guten Grund hat das vierte Evangelium mit dieser Begebenheit den Ausspruch über den Untergang des Tempels verbunden. Zur Rede gestellt über seine Berechtigung erhebt sich der Zorn Jesu zur Weissagung: löset diesen Tempel, und ich werde ihn in drei Tagen aufrichten. Dieses Wort, welches von da an bei den Gegnern unvergessen blieb, welches noch im Processe Jesu hervorgesucht wurde, bezog sich sicher in der That auf den wirklichen Tempel. Den Gegnern, welche der Reform widerstrebten und an der Gewohnheit des Mißbrauches festhielten, konnte er sagen: daß sie damit den Untergang desselben herbeiziehen, aber auch die Gewißheit damit verbinden: daß durch das, was in ihm lebt, dasselbe in kürzester Zeit herrlicher wieder erstehen muß. Je gehässiger dieses Wort ausgedeutet wurde, desto leichter befestigte sich später unter den Aposteln die Ansicht, daß er gar nicht von dem Tempel geredet, sondern damals schon von seines eigenen Leibes Tod und Auferstehung geweissagt habe.

In jedem Falle hatte dieser so kühn und gewaltig unternommene Versuch ohne Erfolg geendet, und Jesus zog sich sofort in weiteres Warten zurück. Jetzt schon hatte er erfahren, gerade daß hier im Herzen des Volkes und in der Nähe seiner Leiter am wenigsten Empfänglichkeit für das, was er wollte, zu finden sei. Es war damit der Grund zu dem Entschluß gelegt, an anderem Orte, in seiner galiläischen Heimat und in anderer Weise sein Werk und Ziel aufzunehmen. Zunächst aber begibt er sich noch nicht dorthin. Er geht vielmehr mit seinen ersten Anhängern in die judäische Landschaft, und verweilt dort mit denselben längere Zeit, indem nun auch er wie Johannes durch die Taufe zu wirken sucht. Wenn die Angabe des vierten Evangeliums richtig ist, so vollzog er die Taufe nicht selbst, sondern ließ es nur durch Andere thun, und wir dürfen darin ein Zeichen sehen, daß er selbst nicht in dieser Sache aufgehen, sondern seine eigene Person einem höheren Wirken vorbehalten wollte. Aber er ließ doch dieses Werk des Täufers jetzt auch von seiner Seite aus seinen Gang gehen in der Erkenntniß, daß noch eine längere Vorbereitung des Volkes nöthig sei, bis er mit dem Höheren hervorteten könne.[1])

Sein Erfolg war so groß, daß er die Eifersucht der Anhänger des Johannes erwecken konnte, und daß zugleich die Pharisäer auf ihn besonders aufmerksam zu werden begannen. Wenn das vierte Evangelium hiebei erzählt, es sei darüber bei den Johannesjüngern Streit wegen der Reinigung entstanden, so haben wir unter der letzteren nach dem sonstigen Sprachgebrauche die üblichen Reinigkeitsvorschriften und Gewohnheiten zu verstehen, und es will damit ohne Zweifel gesagt sein, daß Jesus diese nicht, wie die Schule des Johannes that, beobachten ließ. Es handelt sich also um denselben Anstoß der Sache nach, welchen die Synoptiker in Betreff der Fastensitte berichten, und die johanneische Darstellung wurzelt hier in der synoptischen. In der That aber muß jedenfalls jetzt schon ein merklicher Unterschied zwischen seinem Verfahren und dem des Täufers gewesen sein, wenn überhaupt trotz des beiderseitigen Taufens ihre Sache eine gesonderte blieb. Da sie aber eben diese Handlung gemeinsam hatten, so kann der Unterschied sich nur auf die übrigen Gewohnheiten und Grundsätze, nach welchen sie die Heiligung des Lebens anordneten, bezogen haben. Johannes hielt an den hergebrachten Werken der Frömmigkeit fest, er steigerte dieselben und erhöhte das Streben durch die Forderung der Entsagungen. Jesus im Gegentheile, obwohl er das Gelübde der Heiligung durch die Taufe forderte, pflegte doch keineswegs jene in sich hohlen und leeren Uebungen. Der Charakter der beiderseitigen Predigt bestand also bereits in ausgeprägtem Unterschiede.

---

[1]) Vgl. Joh. 3, 22 ff. 4, 1 f.

5. Von diesen Lichtern aus, welche das vierte Evangelium in das Dunkel der Zeit Jesu vor seinem galiläischen Auftreten wirft, werden wir nun aber auch die Berichte über jene Momente seiner persönlichen Entscheidung, welche die Synoptiker darstellen, beurtheilen können. Wir sehen, daß Jesus bald nach seiner Taufe durch Johannes den ersten großen Reformversuch macht, wir sehen sodann, daß er nach diesem zwar wie Johannes vorbereitend wirkt, aber durch seine ganze freie Stellung zu den herrschenden Ansichten von Gottesdienst und Frömmigkeit sich bereits auf das Bestimmteste von diesem unterscheidet. Hieraus folgt, daß allerdings nach seiner ersten Berührung mit dem Täufer eine Entscheidung bei ihm eingetreten sein muß, welcher zufolge kein Schwanken über seinen persönlichen Beruf, kein Zögern in der Uebernahme desselben mehr möglich war.

Als Jesus von Johannes getauft wurde und aus dem Wasser heraufstieg, hatte er ein Gesicht, der Himmel spaltete sich, der Geist kam wie eine Taube auf ihn herab, eine Stimme aus dem Himmel begrüßte ihn als den geliebten erwählten Sohn. In dieser Stimme klingt der göttliche Königsgruß des zweiten Psalmes durch.[1]) Die spätere Evangelienbildung hatte daran nicht genug, sie verwandelte den Gruß Gottes in eine mütterliche Begrüßung des heiligen Geistes, oder sie combinierte das evangelische Wort mit dem des Psalmes.[2]) Die ältere evangelische Darstellung will damit sagen, daß Jesus in diesem Augenblicke in seinen Herrscherberuf eingesetzt, sowie durch die Beschreibung des Gesichtes, daß er seiner Ausrüstung mit dem göttlichen Geiste gewiß geworden sei. Offenbar spiegelt sich in dieser Darstellung schon eine bestimmte Auffassung, in welcher man sich das Wesen Jesu, seine Größe und Gewalt zurechtlegte. Auch kam es bald genug dahin, daß was Anfangs Vision Jesu war, einfach als thatsächliche, daher für Jedermanns Auge und Ohr eingetretene Erscheinung beschrieben wurde, und das vierte Evangelium erklärt die Gewißheit über dieselbe schon daraus, daß sie dem Täufer zu Theil geworden, wodurch zugleich eine Ausglei-

[1]) Gebaut auf Jes. 42, 1 als Grundlage.

[2]) Ersteres im Hebräerevangelium der Nazaräer, letzteres in dem der Ebioniten.

chung mit seiner eigenen Vorstellung von der Person Jesu eingeleitet war.

Die Synoptiker verbinden aber damit ferner die Erzählung, daß Jesus sofort vom Geiste getrieben in die Wüste gieng, und dort vierzig Tage lang Versuchungen ausgesetzt war. Zuletzt schilderte man die Versuchung im Einzelnen, indem man dieselbe erst am Schlusse dieses Wüstenaufenthaltes eintreten ließ. Der Satan versucht den Hungernden seine von Gott verliehene Kraft dazu anzuwenden, daß er seinen Hunger durch Verwandlung von Steinen in Brod stille, er versucht ihn, sich von der Zinne des Tempels zu stürzen und es auf den Wunderschutz Gottes ankommen zu lassen. Er fordert ihn endlich auf, ihm selbst zu dienen und dafür die Herrschaft der Welt von ihm zum Lohne zu nehmen. Was diese Versuchungen zu bedeuten haben, ist unverkennbar. Sie betreffen sämmtlich den messianischen Beruf, sie stellen dar, mit welchen Grundsätzen Jesus denselben übernommen, welchen Verirrungen er hiebei entsagt, welcher Verläugnung er sich unterzogen habe. Es handelt sich dabei nicht von der Sünde überhaupt, sondern nur von der Verkehrung dieses bestimmten Berufes, von der heiligen Uebernahme desselben im Sinne der göttlichen Sendung und der eigenen Selbstverläugnung, von dem Bruche mit allen Größenvorstellungen, welche sich an denselben in der volksmäßigen verbreiteten Auffassung knüpften.

Daß diese Berichte in ihrer jetzigen Form bereits einem fortgeschrittenen Processe der apostolischen Vorstellung über die Bedeutung jener Momente angehören, ist durch das Verhältniß der einzelnen Quellen, abgesehen von dem ganzen apokalyptischen Charakter der Darstellung gewiß; aber darum, weil sich die Dinge nicht so zugetragen haben können, und weil die ausmalende Hand ihre Spuren hinterlassen hat, haben wir noch keinen Grund die Ueberlieferung zu verwerfen, daß Jesus damals, als er sich von Johannes taufen ließ, seinen Beruf ergriffen, daß ihm derselbe durch eine himmlische Vision gewiß geworden sei, daß er sofort auch im schwersten Kampfe und Ringen des neuen Geistes seine Erkenntniß der Forderungen, welche dieser Beruf an ihn stellte, in sich abgeschlossen, die Gestalt seines messianischen Lebens sich vorgezeichnet habe. Daß er hierüber später seinen Schülern bestimmte Mittheilungen machte, können wir vermuthen, aber nicht nachweisen. Ganz jedoch fehlt es in seinen Reden nicht an Spuren, welche auf solche Vorgänge zurückweisen. Die Ereignisse bei der Taufe Jesu wiederholen sich in etwas anderer Art bei der Verklärung. Was seine Jünger hiebei mit ihm erlebten, war ohne Zweifel zugleich Einweihung in die Geheimnisse seiner eigenen früheren Erfahrung. Ferner, als er auf die Anklage antwortete, daß er durch einen Bund mit dem obersten Dämon selbst die Dämonen austreibe, sprach er in seiner Antwort nicht bloß davon, daß vielmehr sichtlich durch ihn eine höhere Macht über die Dämonen gekommen, sondern er redet davon, daß zuerst der Starke gebunden werden mußte, ehe sein Haus offen stand.[1]) Und in derselben Rede spricht er nicht nur aus, daß er seine Thaten durch den Geist Gottes verrichtet, sondern er bezeichnet auch den Angriff auf seine Person als Lästerung dieses Geistes. Beides zusammen weist deutlich genug auf einen solchen persönlichen Anfang zurück, wie ihn die Tauf- und Versuchungsberichte schildern.

[1]) Matth. 12, 29. Mark. 3, 27. (Luk. 11, 22).

Erster Abschnitt.

Das frühere Wirken in Galiläa.

---

1. Einleitung.

1. Von dem Helldunkel der ersten Anfänge Jesu treten wir sofort in einen klaren Abschnitt des Wirkens Jesu, den geschichtlich vielleicht klarsten, die Zeit seiner großen galiläischen Wirksamkeit. In diese führt uns das älteste Evangelium mit seinen Schilderungen ein, die Redensammlung gibt die wichtigsten Beiträge in den Reichsreden und den Streitreden Jesu, das vierte Evangelium wirft auf dieselbe bestätigende Streiflichter.

Die einzelnen Abschnitte des ältesten Evangeliums stellen keine streng abgegrenzte geschichtliche Folge dar, denn sie verfolgen mehr oder weniger allgemeine Zwecke; aber sie sind im Großen doch nicht nur zu historischer Folge zusammengelegt, sondern sie erweisen dieselbe durch ihren Inhalt selbst. Nicht nur der Moment, in welchem Jesus sich von seinen Anhängern Gewißheit verschafft, wie sie über ihn denken, ist schon durch die Weissagung des bevorstehenden Leidens, welche sich daran anschließt, aber auch durch die Natur jener Frage selbst, als der Wendepunkt für eine spätere Zeit charakterisiert. Sondern auch schon die Geschichte der wunderbaren Speisung mit dem, was ihr verbunden ist, zeigt einen ähnlichen entscheidungsvollen Charakter. Dagegen bewegen sich alle vorangehenden Stücke in der Darstellung solcher Begebenheiten oder Verhältnisse, welche im Allgemeinen nur in den längeren Zeitraum einer gleichmäßigen Thätigkeit fallen können. Lassen sich auch in dieser hervortretende Ereignisse erkennen, so sind diese doch noch nicht von der Art, daß sie die ganze Stellung Jesu ändern, seine Verhältnisse, wie sie sich neu gebildet haben, aufheben würden. Bis hieher geht also die Grenze der ersten Periode, deren Geschichte zur Darstellung des Wirkens Jesu überhaupt dienen mußte und deren ganzes Gepräge sich darin unverwüstlich erhalten hat. Das vierte Evangelium bestätigt diese Abtheilung. Es hat die beiden Momente, die Speisung und das Bekenntniß des Petrus zusammengenommen und als die Zeit der großen kritischen Wendung in Galiläa dargestellt, durch welche das Abbrechen der dortigen Verhältnisse und eine Zeit der Verborgenheit für Jesus herbeigeführt wurde. Von der älteren Redesammlung aber gehört geradezu der größere Theil wenigstens seinen Grundlagen nach in diese Periode; denn sie ist die eigentliche Zeit der Lehrreden Jesu, seiner allgemeinen Kundgebung und Selbstbezeugung.

Der reiche Stoff, welcher uns demnach für diese Periode vorliegt, gliedert sich von selbst, wenn wir von dem Ziele, welches am Schlusse derselben erreicht ist, ausgehen. Dieses ist unzweifelhaft die Gründung einer kleinen Gemeinde, jener Gemeinde der Jünger, welche später ihrem Kerne nach von Galiläa nach Jerusalem verpflanzt durch die Stärke und Entschlossenheit ihres Glaubens den Anfang der großen christlichen Kirche gebildet und trotz aller nationalen Treue, welche sie bewahrten, von den Zeiten ihres Meisters her diejenige Freiheit des Geistes sich erhalten haben, vermöge welcher sich die Urkirche nicht ohne Kampf aber ohne Riß im Laufe der Zeit organisch zur universalen Gemeinde Christi erweitern konnte. Wir haben daher zu untersuchen, auf welchem Wege die Gründung dieser Gemeinschaft zu Stande gekommen ist. Ebenso so sicher aber, wie diese das Ergebniß unserer Zeit ist, ist auch die Thatsache, daß Jesus nicht mit derselben begonnen hat, sondern daß ihr ein freies Wirken auf weitere Kreise vorangieng, und daß dieses auch neben seinem Wirken auf die Gemeinde und für dieselbe fortdauert. Dieses in seinem Wesen zu untersuchen, muß daher die erste Aufgabe sein, wenn wir ein Bild des Wirkens Jesu überhaupt gewinnen wollen.

2. Daß Jesus nach Galiläa zurückkehrte und dasselbe nunmehr zum Schauplatze seines Wirkens machte, erklärt das älteste Evangelium damit, daß er die Gefangennehmung des Täufers erfuhr. Man kann allerdings an dem Grunde dieser Nachricht zweifeln, weil er in Galiläa sich im Gebiete des Herodes selbst befand. Allein zunächst war schon die Verlegung des Schauplatzes eine Sicherung dagegen, daß die Verfolgung auch ihn betraf. Er zog sich damit in der That doch in ein unbeachteteres Gebiet, in eine gewisse Verborgenheit zurück. Daß er übrigens von Anfang an gerade gegenüber von Herodes, eine große Vorsicht beobachtete, ist daraus erkennbar, daß er zwar von Kapernaum aus in dem nördlichen Theile der Uferlandschaften des Sees Genezareth sich bewegte, dagegen sich von dem südlicher gelegenen Tiberias, der Residenz des Herodes sichtlich und geflissentlich ferne hält. Aber auch jene Landschaften verläßt er von dem Augenblicke an, wo er erfährt, daß Herodes auf ihn aufmerksam geworden ist, und nach ihm forschen läßt. Für jetzt aber entzog er sich solcher Gefahr um so gewisser, wenn sich mit der Veränderung des Aufenthaltes zugleich eine neue Art seines Auftretens verband. Dieß ist jedenfalls der Grund, warum er von da an das Taufen gänzlich aufgegeben hat, und vielmehr zunächst nun sich aller prophetischen Demonstration enthaltend, ganz als Lehrer lebt. Von der bisherigen Weise, von Allem, was an die Zeit des Johannes erinnern konnte, behält er nichts bei als die Verkündigung, daß man sich der Nähe des Himmelreiches getrösten, daß man für dasselbe leben, sich darauf durch ein neues heiliges Leben vorbereiten solle. Dieß ist jene Predigt, welche das älteste Evangelium jetzt in Galiläa den besonderen Geschichten, welche es von ihm erzählt, als das Allgemeine vorausgehen läßt.

Aber auch innere Gründe kommen hiezu, um die Wahl Galiläas zum Schauplatze seines Wirkens zu erklären. Sie war durch die ersten Erfahrungen in Jerusalem selbst angezeigt. Hatte sich dort der Boden im Mittelpunkte des Volkes ungünstig gezeigt, so konnte er nur das freiere Volksleben selbst umzugestalten hoffen. Zwar daß die galiläischen Juden eine besondere religiöse Empfänglichkeit besessen, daß sie als Stamm im Großen durch ihre Sinnesart ihm von selbst näher verwandt gewesen wären, bestätigt wenigstens die Darstellung der Evangelien nicht. Sie zeigt uns keineswegs den frommen Glauben, die willige Hingebung einer unverdorbenen ländlichen Bevölkerung. Jesus weiß nur von den Launen und dem eitlen unbeständigen Sinne derselben zu erzählen. Ja, er hat für die Orte, in welchen er lange Zeit hindurch heimisch gewesen war, nur das Urtheil des Gerichtes, die Erklärung, daß ihr Loos um so schwerer sein werde, je mehr ihnen geboten war, daß ihr Unglaube und ihre Verstockung selbst durch die Beispiele von Heiden in den alten Zeiten beschämt werden solle. Wir finden nicht, daß seine Entfernung aus ihrer Mitte in der späteren Zeit große Bewegung unter ihnen hervorgebracht hätte. Sie lassen ihn ruhig ziehen, sie scharen sich wieder um ihn, wenn er wieder kommt, aber sie vergessen ihn jederzeit wieder eben so schnell. Nur eines läßt sich aus dem Verhalten Jesu erkennen: er ist stets sorgfältig bemüht, keinen Anlaß zu falschen messianischen Hoffnungen, zur Erhebung des Volkes, zur Empörung desselben zu geben, und man darf hieraus wohl mit Recht schließen, daß gerade dieses Volk besonders dazu bereit und schnell fertig war. Auch Josephus weiß nichts von besonderen religiösen Eigenschaften desselben. Er schildert die Ueppigkeit des Landes, welches alles in reichem Maße von selbst hervorbringt; die dichte Bevölkerung, die dasselbe bewohnte, den Fleiß desselben, welcher keinen Fleck des Landes unbebaut ließ, die Kraft und kriegerische Bereitschaft seiner Bewohner.[1]) Diese Eigenschaften haben sie auch im jüdischen Kriege bewährt; und die gesteigerte Betriebsamkeit erklärt, warum Jesus so nachdrücklich gegen den auf Erwerb und Besitz gerichteten Sinn gesprochen hat. Wohl hatte eine ländliche Bevölkerung mehr Verständniß für die Bilder aus dem Naturleben, an welchen er Gottes und des göttlichen Reiches

---

[1]) Jüd. Kr. 3, 3, 2.

Wesen, sowie die menschlichen Pflichten darlegte, aber sie hatte auch in ihren Gewohnheiten und ihrer Sinnesart ein ebenso großes Hinderniß für die Richtung auf das geistige Leben, die innerliche Freiheit des Glaubens.

Aber in anderer Rücksicht allerdings war das Feld in Galiläa günstiger. Die Flecken dieser Landschaft hatten keine theologischen Schulen, welche mit ihrem Einfluß den Geist der Bevölkerung beherrschten. Das Synedrium übte hier nicht dieselbe Gewalt, wie in Judäa. Die größere Entfernung schon brachte größere Freiheit mit sich. Endlich das nationale Regiment des Tetrarchen war für jene Gewalt eine größere Schranke, als die römische Herrschaft in Judäa, welche sich des Eingreifens in die inneren religiösen Angelegenheiten enthielt, und neben welcher sich dieselbe daher um so mehr geltend machen konnte. Durch alles dieses ist zwar noch nicht begründet, daß Jesus hier mehr Glauben vorfand oder gewann. Aber er fand weniger offenen Widerstand. Es trat ihm nicht so wie in Judäa die geschlossene Schule, und die Macht der Priesterschaft entgegen; er konnte sich also freier bewegen, in jedem Falle konnte ein entscheidender Zusammenstoß länger aufgehalten werden, man ließ ihn gehen, bis die Dinge allmählich reif wurden. Er war nicht genöthigt von Anfang an über die letzten Ziele seines Auftretens sich zu erklären.

Unter diesen Umständen trat Jesus als Lehrer unter seinem Volke auf. Seine Predigt an dasselbe war die Botschaft von der Nähe des Reiches und die Entwicklung der Gerechtigkeit desselben. Was er den Galiläern bot, war seinem ganzen Volke geboten. Aber schon daß er unter ihnen damit auftrat, ohne auf die Autorität derer, die den Stuhl Moses einnahmen, zu verweisen, daß er sich gerade an diesen Theil des Volkes wandte, und an diesem Orte das Reich begründete, gab ihm eine eigenthümliche Stellung, und es läßt sich wohl begreifen, daß er für nöthig fand, dieß seinen Hörern gegenüber zu rechtfertigen. In der That haben wir eine Erinnerung daran in einer Stelle der Bergpredigt des Matthäus.[1]) Die Reden, welche in derselben zusam-

[1]) Matth. 5, 13—16.

mengefaßt sind, fallen ihrem Kerne nach jedenfalls vor den Abschluß eines engeren Jüngerkreises, sie können daher auch zum größten Theile nach nicht als Jüngerrede aufgefaßt werden, sondern als Ansprache an die Frommen des Volkes überhaupt. Wenn er nun zu diesen sagt: ihr seid das Salz der Erde, und ihr seid das Licht der Welt, und daran die Mahnung knüpft, daß sie ihre Gaben nutzbar machen, und mit denselben wirken sollen, so ist dieß zunächst noch eine ganz allgemein gehaltene Ermahnung; wenn er aber dabei zugleich an die Stadt erinnert, welche nicht im Verborgenen bleiben kann, weil sie auf dem Berge liegt, so ist zwar darin die Hinweisung auf Jerusalem unverkennbar, aber eben so deutlich, daß dieß nicht den Jerusalemiten gesagt sein kann, es kann vielmehr nur an solche gerichtet sein, welche an die Stelle Jerusalems treten, und die von demselben verläugnete Bestimmung verwirklichen sollen. Wir sehen daraus, wie Jesus beflissen war, seine galiläischen Anhänger mit dem Gedanken vertraut zu machen, daß von ihnen das Heil des Volkes ausgehen müsse.

2. Das Lehren Jesu.

1. Um nun die Lehre Jesu und seine darauf gegründete Wirksamkeit zu erkennen, kommt es vor Allem darauf an, in welchem Sinne er das Reich verkündete. Es hat sich uns gezeigt, daß die ersten Quellen den Namen desselben verschieden angeben. In dem ältesten Evangelium ist es eben so stehend das Reich Gottes, als es in der ältesten Redensammlung das Reich der Himmel ist. Dieser Sprachgebrauch beherrscht dem entsprechend das Markusevangelium einerseits, das des Matthäus andererseits. Hier hat nun wahrscheinlich die Redensammlung wie manches andere Nationaleigenthümliche so auch in diesem Namen die wirkliche ursprüngliche Redeweise Jesu erhalten, während dieselbe im ältesten Evangelium schon verallgemeinert, für das Bedürfniß der allgemeinen Predigt des Evangeliums gewissermaßen übersetzt ist. Zwar war ja das messianische Reich selbstverständlich das

Reich Gottes, und konnte immer so genannt werden, ohne daß hiebei über die Bedeutung des Namens ein Zweifel geblieben wäre. Aber das Königreich der Himmel bezeichnet das messianische Reich noch bestimmter unter einem gewissen Begriffe, welcher dem Auftreten Jesu selbst einen bestimmten mit allen übrigen Zeichen desselben zusammentreffenden Charakter gibt. Mit diesem Namen ist die Erwartung eines bloß irdischen von Gott groß gemachten Königthums im Volke von vorneherein ausgeschlossen, und an dessen Stelle das Reich gesetzt, in welchem die himmlischen Geister herabgekommen, sich mit den Menschen verbinden und einen Gottesstaat nach der Weise ihres himmlischen gerechten Lebens begründen werden, ein Reich, dessen himmlisch geistige Natur eben dadurch bezeichnet ist.[1])

Es ist mithin allerdings in dem Namen des Himmelreichs ausgedrückt, daß es sich dabei um eine Erwartung der Zukunft handelt; es ist aber auch diese Erwartung in so bestimmter Farbe ausgesprochen, daß das prophetische Auftreten Jesu dabei keinerlei Vermuthung von anderen Gedanken, von Planen nationaler Erhebung Raum gab. Ueber diesen Sinn konnte um so weniger Zweifel sein, da Jesus sehr deutlich damit die Ermahnung verband, sich die Güter dieses Reiches zu erwerben, als solche, die keinen irdischen Vortheil bringen, vielmehr im Gegensatze zu dem irdischen Leben stehen, Matth. 6, 19 f. vgl. 5, 6. Dieser richtige Begriff erklärt auch allein, wie Jesus mit der Zeit dahin fortschreiten konnte, die bereits eingetretene Gegenwart des messianischen Reiches auszusprechen. Je mehr die himmlische Gerechtigkeit das Wesen des messianischen Reiches ausmachte, desto leichter konnte diejenige Erneuerung des Lebens, welche zuerst als Vorbereitung für dasselbe gefordert wurde, auch bald als die Pflanzung des Reiches selbst bezeichnet werden. Und wie hiedurch von vorneherein jedes Mißverständniß seiner Aufforderung an das Volk im Sinne eines Aufrufes zu rationaler Erhebung beseitigt wurde, so war auch die ungefährdete Fortsetzung dieser Predigt gesichert. Schon durch den Namen, unter welchem Jesus die

---

[1]) B. Henoch 39, 2. vgl. Matth. 16, 27. 22, 30.

Nähe des messianischen Reiches verkündete, hatte sein ganzes Auftreten das bestimmte ausschließlich religiöse Gepräge, welches demselben von Anfang bis zu Ende eigen ist. Von vorneherein ist dadurch jeder politische Plan ausgeschlossen. Aber indem er ganz für das messianische Reich in diesem höheren Sinne zu wirken begann, erhebt er sich zugleich über jeden Versuch, welcher nur innerhalb der bestehenden religiösen Ordnung und Gewohnheit eine höhere Heiligkeit und Heilsgewißheit gründen wollte.

Der Anfang der Predigt Jesu von dem Reiche der Himmel war jedenfalls die Verkündigung der nahen Zukunft desselben. Jesus begann nicht damit, daß er sagte: das Himmelreich ist da. Wenn das Wort: das Reich Gottes ist unter Euch[1]) überhaupt in dieser Gestalt von ihm herrührt, so gehört dasselbe doch jedenfalls einer späteren Zeit an. Anfangs aber erklärte er nur: das Himmelreich ist nahe. Die nähere Ausführung dieser Ankündigung enthält die Bergpredigt. Der Eingang und der Schluß derselben, welche jedenfalls dem Kerne einer größeren Redeerinnerung angehören und es überhaupt erklären, wie die Darstellung einer Rede in diesem Umfange entstand, weisen gleichmäßig darauf hin. Unter den Seligpreisungen des Einganges sagen die erste und die letzte schlechtweg: ihrer ist das Himmelreich. Aber sämmtliche übrigen, welche diese Zusage erläutern und die Güter, die in derselben begriffen sind, entwickeln, handeln durchaus von zukünftigen Dingen, von dem künftigen Erbarmen und Trost, welche den des Reiches Würdigen zukommen sollen, von dem Erbe der Erde, der Sättigung mit Gerechtigkeit, dem Schauen Gottes, das ihnen zu Theil werden soll, davon, daß sie Söhne Gottes heißen, also den Engeln gleich gestellt sein sollen. Jesus verweist die Gerechten auf die Zukunft, welche ihnen in diesem Reiche Ersatz für das Elend der Gegenwart, Erfüllung der geistigen Hoffnungen, des Verlangens nach den geistigen Gütern, der Gerechtigkeit und dem Umgange mit Gott bringen wird, welche ihnen die Herrschaft über die Erde, aber nur als solchen, die Söhne Gottes geworden sind, geben wird. Dieses Reich ist also

[1]) Luk. 17, 21.

gedacht als ein auf der Erde eintretendes, aber seine Güter sind himmlischer Natur, es besteht eben darin, daß diese himmlischen Gaben auf diese Erde herabkommen und das Leben auf derselben dadurch verwandelt wird. Eben deßhalb besteht auch das wahre Streben darin, daß man nach Schätzen trachtet, die im Himmel sind, und welche dem, der das Anrecht an sie erworben hat, in jener Zeit bei dem Herabkommen dieser himmlischen Ordnung der Dinge zufallen werden 6, 20. Der Zustand derer, welche in diesen Antheil treten, heißt auch nach 7, 14 daher das Leben schlechthin. Jetzt handelt es sich um den Weg, der zu demselben führt. Dieselbe Zukunftsrichtung prägt der Schluß der Rede aus; wer diese Worte hört und darnach thut, der nimmt die Botschaft von der Nähe des Reiches an und erwirbt sich die Gerechtigkeit, welche zu demselben gehört. Von ihm sagt daher Jesus, er habe sein Haus auf einen Felsen gegründet, und der bevorstehende Sturm werde dasselbe nicht zerstören. Dagegen wird das Haus dessen, der sie nicht annimmt, eben in diesem Sturme zu Grunde gehen. Der große Fall, welcher demselben hiebei geweissagt ist, kann nur der Fall in dem großen Gerichte sein, welches der Verwirklichung des Reiches vorangehen wird. Das Reich tritt erst ein, wann dieses Gericht kommt, und nur in dieser seiner Zukunft ist dasselbe jetzt Gegenstand der Verkündigung. Nach dem Reiche trachten, heißt daher: den Eingang in dasselbe sich erwerben und sichern. Die ganze erste Predigt Jesu war von dieser Zukunftserwartung des Reiches durchdrungen. Noch in dem Gebete, welches er bald seine Anhänger lehrte, ist die erste Bitte: es komme dein Reich. Bei der ersten Aussendung seiner Sendboten erhalten dieselben den Auftrag, seine eigene Verkündigung zu wiederholen, daß das Reich nahe ist. In dieser Gestalt soll die Botschaft an das Volk kommen. So heißt sie den Evangelisten das Evangelium.

Indem diese Botschaft an die bekannte messianische Hoffnung anknüpfte, war von selbst darin enthalten, daß es sich von der Verheißung handelte, welche an dem Volke Israel in Erfüllung gehen sollte. Jesus selbst setzt seinen Beruf mit größter Entschiedenheit in diese Aufgabe an seiner Nation. Die Redensammlung hat gerade aus dieser älteren Zeit hierüber die entschiedensten Erklärungen, und es ist kein genügender Grund vorhanden, hierin erst eine Umgestaltung seiner Worte in judenchristlichem Sinn aus der apostolischen Zeit zu sehen. Für sich selbst hatte er nicht nöthig sich darüber auszuspechen; sein eigenes Handeln bezeugte, welchen Standpunkt er einnahm. Als er aber anfieng, die Botschaft des Reiches auch durch Schüler auszubreiten, mußte er ihnen die Grenzen vorzeichnen. Ihnen also sagt er, indem er in dieser Vorschrift seinen eigenen Beruf abbildet, sie sollen nicht auf die Straße der Helden, sie sollen nicht in Samariterstädte gehen, sondern sich ganz an die verlorenen Schafe des Hauses Israel halten. An sie richtete er wohl auch die Warnung, das Heiligthum nicht den Hunden, die Perlen nicht den Schweinen zu geben.[1]) Sie werden dieselben nur zertreten und sie selbst zum Lohne dafür verfolgen. Auf heidnischem Boden war für diese Lehre kein Verständniß, keine Empfänglichkeit. Die Israeliten allein konnten sie hören.

Aber so entschieden sich die Reichsbotschaft an diese wendete, und so wenig Jesus die Heiden dazu für fähig achtete, so hat er doch nie und nirgends ein unbedingtes und allgemeines Recht der Nation als solcher anerkannt, vielmehr trägt dieselbe gerade darin einen durchaus universalen Charakter, daß sie sich ohne auf dieses Recht einzugehen, lediglich an die ihrem Glauben und Geiste nach dazu befähigten aus der Nation wendet. Welche Befähigung er dazu voraussetzt, hat er eben in den Makariömen der Bergpredigt bei Matthäus ausgesprochen. Es handelt sich dabei theils um sittliche Eigenschaften überhaupt, die Barmherzigkeit, die Herzensreinheit, die Friedfertigkeit. Theils handelt es sich um eine geistige Lebensrichtung, welche sich von den jetzigen Gebrechen der Nation und ihrer Leiter ferne gehalten hat, die Armuth dem Geiste nach,[2]) im Gegensatze zu dem geistlichen Hochmuth, und die Sanftmuth im Gegensatze zu der Herrschsucht. Ferner um die bestimmte und recht geartete Erwartung des Reiches der Himmel, das Trauern

[1]) Matth. 10, 5 f. 7, 6.

[2]) Es ist daher, sobald man diesen historischen Zusammenhang beachtet, kein Grund πτωχοὶ τῷ πνεύματι, Matth. 5, 3, gegenüber dem einfachen πτωχοί, Luk. 6, 20, für sekundär zu halten.

über die jetzige Lage der Welt, und den Durst und Hunger nach der Gerechtigkeit. Alle diese Erfordernisse setzen noch nicht die Schule bei ihm selbst, die Bildung seiner Jünger voraus. Gerade hier zeigt sich am auffallendsten, daß dieser Grundstock der Bergpredigt nicht Worte enthält, welche an die schon abgeschlossene Gemeinde seiner ausgewählten Anhänger gerichtet wären. Es handelt sich weder um die besonderen Pflichten, welche ihnen in der neuen Gemeinschaft erwuchsen, noch um die Rechte, welche ihnen durch den Eintritt in dieselbe zu Theil geworden sind. Sondern er begrüßt in diesen Forderungen die Frommen des israelitischen Volkes, welche im Geiste seiner Verheißung den rechten Sinn sich bewahrt haben; sie sollen jetzt der Gewißheit von der Nähe des Reiches theilhaftig werden, weil sie für dasselbe gelebt haben. Sie sollen deßhalb aus der Verborgenheit, in welcher sie ihre Hoffnungen sich bewahrt, hervortreten, und ihr Licht leuchten lassen; sie sollen durch das Vorbild ihrer Werke zum Sammelpunkt werden für die Gerechten, für welche das Reich kommen wird.

Der universale Charakter dieser Verkündigung liegt also, obwohl sie zunächst an die Vorbereiteten des Volkes Israel geht, doch unzweideutig in der idealen Natur der Erfordernisse, auf welchen die Berechtigung beruht. Gerade deßhalb aber ist der Kreis in Wirklichkeit viel enger gezogen, als wenn er sich durch irgend eine äußere Uebung hindurch, wie die Taufe des Johannes war, dem ganzen Volke erschließen würde. Eben weil es sich lediglich um diese persönliche Befähigung handelt, weil Alles vom inneren, vom Geistesleben abhängt, ist die Pforte eng und der Weg schmal, der zum Leben führt. Nur die wirklichen Lebensfrüchte entscheiden, an ihnen muß sich zeigen, wer für das Reich tüchtig ist. So hoch daher auch der Täufer als Vorbereiter gestellt ist, so ist doch sein Weg nicht der Weg in das Reich der Himmel. Indem derselbe bei den alten Formen des Lebens stehen blieb, blieb er auch dem rechten Ergreifen des Reiches fremd, jener höheren geistigen Auffassung verschlossen, in welcher allein die große innerliche Entschiedenheit reifte, welcher sich das Reich öffnen konnte.[1]) Jesus hat jedes äußere Mittel jetzt abgeworfen; er stellt keinerlei Uebung auf, durch welche sich die Thüre erschließen soll. Nur die Gesinnung, und die wirkliche Erprobung derselben im Leben soll entscheiden.

War so die innere Verfassung dasjenige, was über die Theilnahme an den himmlischen Gütern der Zukunft entschied, so stellte sich von selbst zwischen der Gegenwart und der Zukunft ein Band der Gleichheit her, welches der letzteren ihren Charakter der Ferne benahm. Schon in den Makarismen ist zwar auf der Einen Seite die Verheißung das Gegenbild der jetzigen Lage. Ihre Herrlichkeit wird für die Dauer der Gegenwart trösten, sie wird gerade die Niedrigen erheben. Aber sie ist andererseits auch nur die Vollendung des jetzigen Zustandes und des in demselben begonnenen. Die göttliche Barmherzigkeit trifft die Barmherzigen, das Schauen Gottes wird denen zu Theil, die durch Reinigung des Herzens ihm bereits verwandt sind, diejenigen, welche einst als Söhne Gottes den Engeln gleichgestellt sein werden, zeigen diese ihre künftige Natur jetzt schon an ihrer Friedfertigkeit. Die Sättigung mit der Gerechtigkeit wird dem tiefen inneren Verlangen zu Theil, welches selbst schon die wahre Natur der Gerechtigkeit an sich trägt. Wenn daher Jesus später die Geschichte des Himmelreiches als die der Aussaat des Wortes beschreibt, so läßt er den guten Saamen eben da aufgehen, feste Wurzel treiben und reiche Früchte bringen, wo das gute Land dazu vorhanden ist, und das Wort vom Reiche deßhalb mit Willigkeit aufgenommen und ebenso bewahrt wird. Aber er hat dann auch schon die Folge gezogen, daß diese Aufnahme mit ihren Früchten selbst das Reich ist, daß die Geschichte des Wortes die Geschichte des letzteren enthält. So geschieht dann der Schritt, die jetzige Umgestaltung des Geistes und Lebens selbst schon als das Himmelreich zu bezeichnen; aber dieser Schritt ist von Anfang an angelegt und vorbereitet.

---

[1]) Matth. 11, 12. vgl. hiezu Elwert, quaestiones et observationes ad philol. sacr. Nov. Test. pert. Tub. 1860.

2. Im engsten Zusammenhange mit der Verkündigung des Reiches steht die Forderung der Gerechtigkeit. Jesus konnte die Einladung für das Reich so fassen, daß sie wie eine Fülle trostreicher Verheißung an die Gerechten des Volkes erschien; aber sie blieb damit immer zugleich das Gebot der Gerechtigkeit. Und im Großen war dieß das erste. Auch er begann mit dem Aufrufe zur Buße. Dieser Aufruf erhält durch ihn eine nähere Erläuterung in doppeltem Sinne. Es handelt sich dabei nicht bloß um die Ablegung der Sünde und des irdischen Sinnes, es handelt sich auch um die Verläugnung des herrschenden Systemes der Frömmigkeit.

Jesus eignet sich den Begriff der Gerechtigkeit an, wie von derselben gesprochen zu werden pflegte. Wenn er sagt, er sei nicht gekommen die Gerechten zu rufen, Matth. 9, 13, so geht er auf den Sprachgebrauch ein, welcher die im Gesetze Eifrigen die Gerechten nannte. Welche Gerechtigkeit dieß in der Lehre der Schule und der herrschenden Praxis war, sehen wir aus der Bergpredigt, wo dieselbe sich über die Werke des Almosens, Betens und Fastens verbreitet. Alle diese Dinge sind zusammengefaßt in dem einleitenden Worte: hütet euch aber eure Gerechtigkeit vor den Menschen zu thun, um von ihnen gesehen zu werden, oder aber ihr habet keinen Lohn bei eurem himmlischen Vater.[1]) Diese Werke also hießen die Gerechtigkeit eines Menschen; diese Gerechtigkeit war sein Verdienst und sein Ruhm; darum sollten die Werke recht öffentlich und laut, im Anblick der Welt geschehen, darauf gieng das Streben der Frommen. So pflegten es die Pharisäer, aber die Pharisäer lehrten, was das Volk glaubte. Indem Jesus nun aber diese Sprache anwendet, gibt er doch zugleich überall die Berichtigung derselben. Die Gerechtigkeit sollte das innerste Verlangen und Trachten derjenigen sein, welche für die Hoffnung des Himmelreiches lebten. Die wahre Gerechtigkeit wird daher in diesem Reiche selbst erst zu finden sein. Dort erst also wird dieses Verlangen erfüllt werden. Nicht nach einem anderen Lohn mithin sollten sie trachten, als nach dem, der im Besitze der voll-

---

[1]) Matth. 6, 1.

kommenen Gerechtigkeit selbst bestehen wird. Selig sind nicht die da gerühmt werden ihrer Gerechtigkeit halber, sondern die dieser Gerechtigkeit wegen verfolgt werden; selig sind nicht die Großen und Stolzen, sondern die Armen und Demüthigen. Die Gerechtigkeit für das Reich soll eine andere sein als die der Pharisäer und Schriftgelehrten. Ihr Name ist die Gerechtigkeit Gottes. Nach dem Reiche Gottes trachten ist eins mit dem Trachten nach der Gerechtigkeit Gottes;[1]) das heißt nach derjenigen, mit welcher er selbst waltet, und deren Art und Siegel er seinen Werken aufgeprägt hat.

Jesus führte damit den Gedanken des Gesetzes aus, daß die Heiligkeit des Volkes Gottes in Gottes eigener Heiligkeit Wurzel und Maß hat. Das Vorbild des Thuns, nach welchem sie sich richten sollten, war das vollkommene Thun Gottes: so seid nun ihr vollkommen, wie euer himmlischer Vater vollkommen ist.[2]) Wie er die großen Wohlthaten der Schöpfung allen Menschen ohne Unterschied zukommen läßt, so soll auch die Liebe seiner Anbeter sich ohne Unterschied über Alle, über Feinde wie Freunde erstrecken, dieß ist die Gerechtigkeit Gottes, welche in seinem Himmelreiche herrscht. So werden sie Söhne ihres Vaters im Himmel werden, und diesem Reiche angehören. Wie aber die wahre Gerechtigkeit in der Nachahmung der göttlichen besteht, so beruht sie auch darauf, daß sie sich ihm ganz ungetheilt ergiebt. Sie fordert also, daß dem Menschen der Besitz der irdischen Welt werthlos wird. Man kann nicht zwei Herren dienen. Die Herrschaft Gottes muß eine ungetheilte sein. Wer neben ihm noch etwas anderes hat, was ihm höchstes Streben und oberstes Gesetz ist, der hat darin einen Götzen neben Gott, und dieser Dienst wird ihn dahin bringen, daß er den Dienst Gottes als eine Last fühlt, und demselben widerstrebt.[3]) Auch in diesem Sinne hat die Gerechtigkeit Gottes ihr Vorbild, das von ihm selbst ausgeht. Wie sich in den Werken der Natur das ungetheilte und schrankenlose Wohlthun Gottes kundgibt, so zeigt sich an den Geschöpfen Gottes und der Ordnung ihres natürlichen Lebens das

---

[1]) Matth. 6, 33. [2]) Matth. 5, 48. [3]) Matth. 6, 24.

müheloſe Warten auf ſeine Hilfe, die Sicherſtellung durch ſeine Gaben, welche dem Menſchen zum Vorbilde des glaubensvollen Aufſehens wird, in dem alles Sorgen für Leib und Leben aufgehoben iſt. Der ungetheilte Sinn aber, der hiebei gefordert wird, hat ſein Vorbild im Leibe des Menſchen ſelbſt. Das menſchliche Auge iſt hierin das Bild des menſchlichen Herzens. Wie das Auge licht ſein muß, um dem Leibe Licht zu geben, ſo muß das Herz ganz licht ſein, um den Weg des Lebens licht zu geſtalten. Ebenſo muß ja auch der Baum ſeine Natur haben, um die guten Früchte zu bringen.[1])

Wie Jeſus den Begriff der Gerechtigkeit geſtaltete, ſteht demnach in genauer Uebereinſtimmung mit der Art, wie er das Weſen des meſſianiſchen Reiches verkündete. Iſt das letztere die Welt voll göttlicher Güter, ſo iſt die Gerechtigkeit das dieſer höheren Ordnung, in welcher Gott Alles iſt und Alles durchdringt, entſprechende Leben. Aber wie die Geiſterwelt Gottes ihr Abbild hat im Reiche ſeiner Schöpfung, ſo bietet dieſe Schöpfung auch nach allen Seiten die Bilder, in welchen die Erkenntniß der wahren Gerechtigkeit, der Gerechtigkeit Gottes erſchloſſen iſt.

Wo alſo Jeſus ſeine Lehre ohne gegebene Unterlage frei entwickelt, da ſehen wir ihn überall an dieſe Bilder der Natur anknüpfen. Die Vögel des Himmels wie die Blumen des Feldes, der Dornſtrauch wie der Feigenbaum, ſind die Denkzeichen an deren Erſcheinung er ſeine Lehre und ſein Gebot anknüpft. Wir ſehen nur in einzelnen Fällen, wie dieſes geſchah beim Anblick der Dinge ſelbſt, unter den nächſten Anläſſen des Lebens, aber die Fülle dieſer Bilder ſelbſt weist darauf hin, daß es ſo geſchehen iſt; daß daher auch ſein Lehren ſich an keine Form des Schulvortrages band, daß er vielmehr den täglichen Verkehr, den Eingang und Ausgang des Tages mit ſeinen Nächſten dazu benützte. Hat er doch in demſelben Geiſte auf die natürlichen und nächſten Beziehungen des Menſchenlebens zu den gleichen Zwecken benützt, von Saat und Acker, Hirten und Weide, Fiſchfang und Handel, Gaſtmahl und Hochzeit, Freundſchaft und Herrſchaft geredet. Gerade dieſes

---

[1]) Matth. 6, 22 f. 7, 17.

gelegentliche überall anknüpfende Reden bedingt, daß seine Lehren vorzugsweise in Sprüchen, kurzen sinnvollen abgerundeten Reden bestanden. Aber die höhere Bedeutung dieser Naturbilder ist die Deutung der Natur selbst als göttlicher Offenbarung, aus welcher die Erkenntniß fließt für die Gerechtigkeit Gottes. Im Zusammenhange dieser Anschauungen geschieht es, daß er für Gott selbst nur Einen Namen gebraucht, genommen von dem Bild der höchsten natürlichen Ordnung und zugleich verweisend auf den Grundbegriff der wahren Gerechtigkeit, den Namen: euer Vater. Durch diesen Namen ist der ganze Geist des neuen Lebens begriffen.

3. In dieser freien, auf die Offenbarung Gottes in der Schöpfung verweisenden Darstellung der wahren Gerechtigkeit geht Jesus von selbst über den Standpunkt des Gesetzes hinaus, oder doch über den Standpunkt jener Lehrer, deren ganze Lehrweisheit im Spalten des Buchstabens dieses Gesetzes bestand, er greift zurück auf die Rede und den Geist der alten Prophetie. Wir finden in den ältesten Reden, in welchen er sich über sein Verhältniß zu dem Gesetze selbst ausspricht, daß er bereits mit einer Verantwortung beginnt: ihr sollt nicht meinen, daß ich gekommen bin, Gesetz oder Propheten aufzulösen; nicht aufzulösen, sondern zu erfüllen bin ich gekommen. Diese Worte sind eine Vertheidigung, welche den Angriff voraussetzt, der Angriff konnte sich kaum auf eine wirkliche Aeußerung von seiner Seite stützen, auch liegt dieß nicht in den Worten Jesu. Nur den Verdacht lehnt er ab, als ob solche Auflösung das letzte Ziel seines Lehrens sein könnte. Wenn daher ein solcher ihm bereits entgegengetreten war, so konnte er nur davon ausgehen, daß Jesus in der That nicht das Gesetz zum Ausgangspunkte machte, daß er vielmehr von allgemeinen Wahrheiten des Glaubens, von den großen Zeugnissen der Natur und des Lebens auszugehen pflegte. Aber eben solche Bedenken forderten ihn nun auf, sich über seine Stellung zum Gesetze selbst unzweideutig auszusprechen. Sicher ist dieß nicht bloß in der Weise der Vertheidigung geschehen. Wenn Jesus die tägliche Gelegenheit des Lebens benützte, um die Gerechtigkeit in seinem Sinne zu lehren, so hat er auch diejenige Gelegen-

heit nicht vermieden, welche die fruchtbarste sein konnte. Die Sitte der Synagoge gestattete jedem, über die heilige Schrift zu reden, und das älteste Evangelium zeigt, daß er dieses am Sabbathe zu thun pflegte.

Seine Erklärung über das Gesetz ist nun die Bestätigung eines Satzes, welcher damals für orthodox, ja wohl für das Zeichen der Orthodoxie galt.[1]) Auch er bestätigt: daß das Gesetz bis in seine kleinsten Theile kein Ende in dieser Welt haben soll: bis daß Himmel und Erde vergehen, darf keines seiner Zeichen vergehen, bis es Alles geschehen ist.[2]) Gerade diese Erfüllung ist das Ziel seiner Lehre. Aber worin besteht dieselbe? Nicht in der Buchstabenspaltung, sondern darin, daß das Gesetz ganz nach seiner Tiefe und seinem wahren Sinne zur Erfüllung kommt. Darum setzt er hinzu: wofern eure Gerechtigkeit nicht mehr ist als die der Schriftgelehrten und Pharisäer, werdet ihr nicht in das Reich der Himmel eingehen. Von diesem Gesichtspunkte aus sind seine folgenden Erläuterungen zu betrachten. Hält man diesen inneren Zusammenhang fest, so scheint es nicht nöthig, um Einheit in den Reden Jesu zu finden, die Worte Matth. 5, 18 von der Unauflösbarkeit des Gesetzes als judenchristliche Interpolation anzusehen.[3]) Eine solche mag höchstens in dem Worte Vs. 19: wer nun eines dieser kleinsten Gebote löst, und so die Menschen lehrt, wird der kleinste im Himmelreich sein; wer sie aber thut und lehrt, wird groß heißen im Himmelreiche. Denn dieses Wort scheint in der That den Standpunkt auszudrücken, auf welchem das Christenthum der Unbeschnittenen einer untergeordneten Proselytenstufe gleich gesetzt wurde.

Die merkwürdigen Sätze, in welchen er den Gegensatz seiner

---

[1]) Vgl. Bar. 4, 1.

[2]) Matth. 5, 18. vgl. Luk. 16, 17. Aus letzterer Stelle erhellt, daß die ursprüngliche Fassung wohl Himmel und Erde als vergänglicher denn das Gesetz bezeichnet. Jesus hat daher weder einen dogmatischen Satz von der Geltung des Gesetzes über die jetzige Weltordnung hinaus, noch einen solchen von der Begrenzung jener Geltung durch das Ende dieser Ordnung ausgesprochen.

[3]) Wie Strauß, S. 212 f.

Lehre zu der herrschenden pharisäischen in einer Reihe von Gegenüberstellungen darlegt, knüpfen an eine Art von Katechismus an, in welchem eine Schulgewohnheit die wichtigsten Gebote zusammenstellte. Daher der Eingang: ihr habt gehört, daß den Alten gesagt ist, in welchem die oft gehörte Formel, mit der diese Sätze eingeführt wurden, vorangestellt wird, um dieselben eben als Sätze der Schule in das Gedächtniß zu rufen. Auch in der Ausführung im Einzelnen ist ganz unzweideutig auf die Casuistik, in welcher dieselben ausgeführt zu werden pflegten, Rücksicht genommen. Aber da es sich hiebei um die Auslegung der gesetzlichen Vorschriften handelt, so ist darin der Geist, in welchem Jesus das Gesetz selbst auffaßt, gezeichnet. Auch in dieser Auslegung des Gesetzes nun entwickelt er, was er unter der Gerechtigkeit Gottes versteht.

Die Sätze der Schule, an welche Jesus seine eigene Lehre anknüpft, sind von sehr verschiedener Art. Nur die zwei ersten sind so wie sie gegeben werden, aus dem Gesetze, Vorschriften des Dekaloges: du sollst nicht tödten, du sollst nicht ehebrechen, aber auch von ihnen ist der erste mit der Glosse versehen: wer aber tödtet, verfällt dem Gerichte. Alles übrige sind mehr oder weniger freie Reproductionen des Gesetzes, theils durch Combination, theils durch Verallgemeinerung oder aber Beschränkung von Worten desselben. Wenn Jesus daher diesen Sätzen entgegenstellt: ich aber sage euch, so wendet er sich damit nicht gegen das Gesetz, sondern gegen die Schule, und Alles, was er derselben entgegenstellt, kann als wirkliche Auslegung des Gesetzes angesehen werden, welche den wahren Sinn desselben mit Beziehung auf die Verheißung des Himmelreiches darlegt.

Wir finden daher zunächst, daß die allgemein sittlichen Gebote auf die höheren Forderungen der inneren Reinheit und der unbeschränkten Menschenliebe zurückgeführt werden. Es wird daher das Verbot der bösen Handlung so gedeutet, daß daraus auch die Verwerflichkeit des Gedankens und der Begierde folgt. Die anerkannten Pflichten der Nächstenliebe aber werden zu unbegrenzter Geduld und gleichmäßiger Umfassung auch des Feindes ausgedehnt. Hiebei ist nun die geistige Auffassung des Gesetzes oder die Moral der Gesinnung großentheils in hyperbolischen Vorschriften dargelegt, welchen die ideale Geltung von selbst anhaftet. Während keine Zeit der erhabenen Sittlichkeit, welche den Zorn im Morde, das begehrende Anschauen im Ehebruche verboten sieht, und den Feind segnen heißt, ihre Anerkennung versagen konnte, haben doch die Vorschriften auf erlittene Mißhandlung oder Beraubung sich zur weiteren Ausdehnung derselben darzubieten, zu allen Zeiten Widerspruch und Befremden erregt. Geht man davon aus, daß Jesus solche aufstellt, indem er eben darin begriffen ist, dem Buchstabendienst der herrschenden Gesetzesauslegung entgegenzutreten, so versteht sich von selbst, daß er diesem nicht seinerseits einen anderen Buchstaben entgegenstellen wollte; es konnte vielmehr nur seine Absicht sein, seine eigenen Anweisungen gerade so zu fassen, daß dadurch jede blos buchstäbliche Anwendung von selbst ausgeschlossen war; die hyperbolische Fassung mußte also der Weg zum geistigen Verständniß, zur Erkenntniß der höchsten Principien als der wahren Norm des Handelns werden. Aber völlig wird man diese Vorschriften doch nur verstehen, wenn man hinzunimmt, daß Jesus bei seinen Geboten beständig das Ziel des nahen Himmelreiches vor Augen hat, und daß er eben deßhalb das menschliche Leben in denselben ideal vorzeichnet, weil dasselbe jetzt schon die himmlische neue Ordnung der Dinge vorausnehmen soll.

Sehen wir auf das positive Element in den behandelten Stoffen, so ist die einzige Vorschrift, welche ein bestimmtes Gesetz für die Wirklichkeit gibt, das Verbot der Ehescheidung mit Ausnahme des Falles, in welchem die Ehe thatsächlich gebrochen ist: und doch ist auch dieses nicht sowohl ein die Verhältnisse regelndes Gesetz, als vielmehr ein Beispiel, wie im Gegensatze zu der Weite, welche man jetzt dem Buchstaben gab, auch das gegebene Recht nur unter der Leitung des höchsten sittlichen Gesichtspunktes angewendet werden soll. Die Behandlung des Eides aber, obwohl dessen Verwerfung sich auf die zauberischen Vorstellungen bei demselben stützt, zeigt doch ebenso wie die Gebote zum gelassenen Dulden der Beleidigung in ihrem Ergebnisse geradezu, wie Jesus im Gegensatze zu der bestehenden Gesetzesauslegung das göttliche Gesetz ganz frei machen will von der Anwendung auf eine irdische Volks- und Staatsgenossenschaft. In dieser Beziehung aber ist noch besonders lehrreich die Art, wie er die Consequenzen des Gebotes: du sollst nicht tödten, entwickelt, insoferne hier die positiven Verhältnisse zuletzt ganz zur Allegorie werden. So setzt Jesus an die Stelle der Glosse: wer aber tödtet, verfällt dem Gerichte, als seine eigene Auslegung: wer seinem Bruder zürne, solle schon dem Gerichte verfallen: wer ihn einen Wicht schelte, dem Synedrium, wer aber einen Gottlosen, dem Feuer der Gehenna. Obwohl hier die verschiedenen Gerichte nach der bestehenden Verfassung genannt werden, so ist doch klar, daß nicht eine positive Einrichtung vorgeschlagen werden soll, sondern daß diese Dinge nur einer halbparabolischen Ausführung dienen müssen. Aber auch was weiter beigefügt ist, um aus dem Gebote, du sollst nicht tödten, die Pflichten der Friedensliebe und der Versöhnlichkeit abzuleiten, trägt den gleichen Charakter. Daß Niemand seine Opfergabe auf den Altar legen soll, ohne sich mit seinem Feinde versöhnt zu haben, ist eine religiöse Pflicht, welche ihrer Natur nach dem Gewissen anheimfällt, daß aber der, welcher einen Rechtsstreit hat, sich auf dem Gange zum Richter mit seinem Widersacher vergleichen soll, ist zwar wohl ein Spruch für das wirkliche Leben, aber wie der Schluß zeigt, hatte derselbe die Bedeutung einer Parabel, durch welche eben die vorhergehende Gewissensvorschrift weiter beleuchtet wird. Die gesammte Ausführung über das Verbot des Tödtens ist daher ebenso wesentlich parabolischer Natur als die über das Verbot des Ehebruches, wenn in dieser das Tödten des ärgerlichen Gliedes befohlen wird.

Diese Erwägungen entscheiden über die Stellung, welche Jesus dem Gesetze gegenüber einnimmt. Man darf aus der Anführung der jüdischen Gerichtsordnung so wenig als aus der des Opferkultus den Schluß ziehen, daß er die fortdauernde Gültigkeit dieser Ordnungen bestätigt habe, und daß daher in diesem Sinne der Satz von der Beständigkeit auch der kleinsten Theile des Gesetzes zu verstehen sei. Seine Ausführung knüpft an jene Einrichtungen an, sie behandelt dieselben aber so, daß vielmehr durch die Anwendung selbst über sie hinausgeführt wird; ja man kann diese parabolische Verwendung derselben geradezu als Ironie im höheren Sinne bezeichnen. Sie ist deßhalb ganz in Uebereinstimmung mit der Verwerfung des Eides und der Wiedervergeltungslehre, worauf das ganze Gebäude der bestehenden Rechtsordnung beruht. Jesus greift die bestehenden Einrichtungen nicht an, er heißt nicht dieselben abschaffen; aber er führt über sie hinaus, und zeigt, daß sie für seinen Standpunkt ihren Werth und ihre Berechtigung verloren haben. Daß also das Gesetz bis in die kleinsten Theile erhalten und erfüllt werden muß, gilt selbst nur in einem anderen Sinne, als es die Gesetzeslehrer verstehen, es gilt in dem Sinne, in welchem er später als das höchste Gebot die Liebe Gottes und die mit derselben identische Nächstenliebe bezeichnet. Es gilt von seiner geistigen Auffassung, für welche die Consequenzen der Gebote im Gewissen jene kleinsten Dinge sind, welche sie in der That dem Höchsten gleich stellt. Das Gesetz selbst ist also für ihn nicht wesentlich etwas anderes, als die Offenbarung Gottes in der Natur, nämlich ein großes Bild der göttlichen Ordnung, aus welchem sich bei tieferem Eindringen in seinen Geist die wahre Natur der Gerechtigkeit Gottes erkennen läßt; so liegt im Gesetze das Gebot der Friedensliebe, der Wahrhaftigkeit, der Herzensreinheit, der Selbstverläugnung im Verkehr mit dem Nächsten, welche ihre Stärke aus dem Blicke auf das göttliche Thun selbst hat. In diesem freien Sinne hat Jesus das Gesetz bestätigt; die gesetzliche Ordnung des Volkslebens hat ihre Bedeutung für ihn verloren, nicht nur, wie sie sich in Mißbräuchen entwickelt hat, sondern ihrem Wesen und Zwecke nach; sie muß einem Leben weichen, welches sich ganz für eine höhere himmlische Welt vorbereitet, und in dieser seine bestimmte Gestalt gewinnen wird. Seine eigene Gesetzgebung bewegt sich daher im Ideal. Sie ist darin auflösend für das Bestehende, aber sie steht zugleich unter dem Schutze dieses Charakters; sie ist nicht revolutionär, weil sie zunächst kein irdisches Ziel verfolgt, keine äußere Lebensordnung im Auge hat.

Dieser ganz eigenthümliche Charakter ist zugleich der beste innere Beweis für die Originalität dieser Rede. Es mag wohl sein, daß in die Ausführung auch verwandte Worte über den gleichen Stoff gekommen sind, und daß die Zusammenstellung oder vielmehr die Auswahl der rabbinischen Sätze selbst von dem Aufzeichner frei entworfen ist. Aber schon daß überhaupt Jesus an solche Sätze sich anschließend in dieser antithetischen Weise lehrte, ist eine Erinnerung, welche die Gewähr der Treue in sich selbst trägt. Ebenso ist aber auch die Art dieser Antithesen so charakteristisch für seine unnachahmliche persönliche Stellung, daß über die Aechtheit ihres Inhaltes im Wesentlichen kaum ein Zweifel sein kann.

Ganz ähnlich nun aber, wie zu dem Gesetze selbst, stellt sich Jesus auch zu den Vorschriften der pharisäischen Gerechtigkeit, oder zu denjenigen Handlungen, in welche man damals die Gerechtigkeit des Lebens im engeren Sinne setzte. Auch hierüber haben wir seine Erklärungen in ebenso originaler, den Ursprung von ihm selbst durch Geist, und Ausdruck bewährender Form. Die Erklärungen über das Almosen, das Gebet und das Fasten sind gegen die Heuchelei gerichtet, welche mit diesen Werken getrieben wird, indem sie mit der größtmöglichen Oeffentlichkeit vollzogen werden. Sie geben das anschaulichste Bild von der Art und Weise, wie in diesen freiwilligen Leistungen der Ruhm der Frömmigkeit auf der Straße gesucht wurde. Jesus läßt die Werke bestehen, er fordert nur, daß sie im Geheimen geschehen: dein Vater, der im Verborgenen sieht, wird es Dir vergelten. So bekämpft er zunächst nur die Heuchelei in der Ausübung. Aber er verwandelt dabei doch das Wesen dieser Werke selbst. Das Almosen nach seiner Vorschrift im Verborgenen gegeben ist überhaupt nicht mehr ein Werk, an welchem sich der Geber der Gerechtigkeit bewußt werden kann; er soll selbst nicht davon wissen was er thut, es soll ihm ein Werk der Liebe sein, welche nicht anders kann. Das Gebet bei verschlossener Thüre gethan, ist nicht mehr ein Werk der Frömmigkeit, es ist ein wirkliches Flehen, ein lebendiges Zwiegespräch mit Gott. Die Art der Ausübung also, welche an die Stelle der herrschenden gesetzt wird, verwandelt die Natur dieser Werke. An die Stelle dieser Gerechtigkeit tritt die Gerechtigkeit Gottes, das wirkliche Leben in seiner Ordnung, in seinem Geiste.

Jesus hat also von Anfang an seine Gerechtigkeit in ein klares und unzweideutiges Verhältniß nicht nur zu der Gerechtigkeitslehre der Schule, sondern auch zu der bestehenden gesetzlichen Ordnung gestellt. Seine Stellung ist die des Reformators, welcher große Grundsätze von neugestaltender Kraft innerhalb des bestehenden verkündigt und dieser Kraft selbst das Werk der Zukunft überläßt. In der That aber hatte er neue Formen und Lebensordnungen nicht aufzustellen, weil diese mit dem von ihm verkündeten Himmelreiche selbst kommen mußten. Die Stellung, welche er dem Gesetze gegenüber einnahm, ist im Wesen immer die gleiche geblieben. Aber eine weitere Enthüllung derselben mußte eintreten, als er anfieng seine neue Gemeinde zu gründen.[1]) An ihr mußte die Freiheit, wenn auch nur den Anfängen nach, in das Leben selbst eintreten.

Aus dieser Betrachtung seiner Gerechtigkeitslehre erklärt sich nun auch völlig die große Kluft zwischen seiner Lehre und der des Täufers, welcher er sich bewußt war. Aber es erhellt daraus auch noch weiter, wie wenig seine Anfänge mit der eigenthümlichsten Erscheinung des religiösen Lebens im damaligen Judenthum, nämlich dem Essäismus gemein haben.

Wie man auch über den Ursprung des Essäismus urtheilen mag,[2]) so liegt doch sein Wesen in zwei Hauptmerkmalen klar vor. Die essäische Weltanschauung beruht auf einer ausgeprägten Vorstellung von der Unreinheit des natürlich-sinnlichen Lebens, und der Essäismus will das Leben heiligen durch die Absonderung und die strengen Uebungen einer geschlossenen Gemeinschaft. Beides

---

[1]) Vgl. Jahrb. f. deutsche Theol. 1859, S. 724.

[2]) In jedem Falle kann man mit Jesus und dem Urchristenthum nur den Essäismus vergleichen, wie er damals mit ausgebildetem eigenem Gemeindeleben in Palästina bestand, um so mehr als die Nachrichten von früheren Essäern weder schon ein bestimmtes Bild geben, noch auch gesichert genug sind. Denn nicht nur sind es offenbare Legenden, sondern es muß auch dahin gestellt bleiben, mit wie viel Grund Josephus den Essäernamen rückwärts ausgedehnt hat.

ist das Gegentheil der Lehre Jesu überhaupt, insbesondere aber der Anfänge seines Auftretens.

Jesus weiß nichts davon, daß die Seele sich im Leibe als in einem Kerker eingeschlossen befinde.[1]) Er verwirft daher weder die Ehe, noch das Leben in der Welt und ihrer natürlichen Ordnung überhaupt. Seine ganze Lehre gibt Zeugniß von der Heiligkeit der Schöpfung; von allen besonderen Werken, aller außerordentlichen Gerechtigkeit ruft er zurück zu dem Leben in den natürlichen Pflichten, jene Ordnung ist ihm eine göttliche; überall Gott zu finden, und ihm ganz zu dienen, das ist die Gerechtigkeit in seinem Geiste.

Die Essäische Heiligung des Lebens beruht auf der Absonderung, sie besteht neben der Erfüllung der menschlichen Pflichten unter der Regel des Ordens im symbolischen Werke der Reinigung. Die reine weiße Kleidung ist ihr Abzeichen, das Gesetz der Waschungen ihr vornehmstes Mittel. Die strenge Gemeindeverfassung bindet ihre Angehörigen durch die Macht des Gelübdes. Alles dieß ist das gerade Gegentheil der Aufforderungen Jesu. Jesus will nicht eine Sondergemeinde gründen, mit dem Rechte der höheren Heiligkeit. Er wendet sich mit seiner Botschaft an das ganze Volk, er lebt unter ihm, er will überall in ihm den Geist der wahren Gerechtigkeit, das innere göttliche Leben, welches in das Reich Gottes führt, pflanzen. Das Abzeichen der Frömmigkeit in der Kleidung mußte er ebenso verwerfen, wie das pharisäische Prunken mit besonderer Gerechtigkeit. Die Geringschätzung der Waschungen konnte ihm bald von pharisäischer Seite zum Vorwurf gemacht werden; neue und stärkere Bräuche dieser Art waren für ihn unmöglich. Es kann keinen größeren Gegensatz geben als die sich absondernde Frömmigkeit der Essäer, und die freie sittliche Lebensgestaltung im lebendigen Glauben an den Vater im Himmel, als diejenige Gerechtigkeit Gottes, welche Jesus predigt.[2])

---

[1]) Jos. jüd. Kr. II. 8, 11. Mag Josephus auch seine Darstellung nach hellenischen Gedanken gefärbt haben, so hat er doch jedenfalls damit die essäische Weltanschauung richtig gezeichnet.

[2]) Ebenso fremd ist der Predigt Jesu das Wesen der essäischen Geheim-

4. Solche Vorträge, wie die an die Gesetzeslehren der Schule anschließenden Antithesen der Bergpredigt, sind ihrem Inhalte nach wohl in der Regel in der Synagoge gehalten worden. Daß Jesus an diesem Orte lehrend aufzutreten pflegte, ist die allgemeine Angabe der Evangelien. So in den allgemeinen Schilderungen seines Auftretens: Matth. 4, 23. 9, 35. Mark. 1, 39. Luk. 4, 15. 4, 44, so bei einzelnen Vorfällen Mark. 1, 21. Matth. 12, 9. Mark. 3, 1. Luk. 6, 6. Matth. 13, 54. Mark. 6, 2. Luk. 4, 16, auch Joh. 6, 59.

Nach der damaligen Sitte konnte jedes schriftkundige Gemeindeglied in der Synagoge auftreten, ohne daß hiezu eine eigentliche gelehrte Gesetzesbildung erforderlich war; es folgt daher auch nicht aus dem Auftreten Jesu, daß er eine solche gehabt habe. Vielmehr zieht sich kaum etwas so beständig durch die Evangelien, als daß Jesus sich selbst im Gegensatz zu den Schriftgelehrten, den γραμματεῖς stellt. Seine Mitbürger in Nazareth wundern sich, als er auch unter ihnen auftritt, woher er diese Weisheit des Lehrens habe, Matth. 13, 54. Sie wundern sich, weil er ihnen bekannt ist als der Zimmermann Mark. 6, 3. Er hat also das Gewerbe nicht bloß neben der gelehrten Beschäftigung getrieben, wie andere, sondern die letztere war ihm fremd gewesen. Er hatte keine der damals bestehenden höheren Schulen besucht. Zwar wird er als Rabbi angeredet, Mark. 9, 5. 11, 21. Matth. 26, 25. 49. Mark. 10, 51. Joh. 1, 39. 50. 3, 2. 26. 4, 31. 6, 25. 9, 2. 4, 31. 11, 8. Aber dieser Titel wurde damals noch in großer Ausdehnung angewendet, vgl. Matth. 23, 7. 8. Und gerade das vierte Evangelium, welches ihm denselben am häufigsten

lehre. Dagegen thut es dem wesentlichen Unterschiede keinen Eintrag, wenn wir ihn in gewissen Forderungen reformatorischen Charakters mit dem Essäismus zusammentreffen sehen. So hatten auch die Essäer das Gebot der Wahrhaftigkeit des Wortes, welches den Eid ausschließt, aber sie hatten dabei den schweren Gesellschaftseid, welcher Jesu und seinen Schülern fremd ist. So trieben auch die Essäer die Krankenheilung, aber nicht durch das Wort und den Glauben, sondern durch ärztliche und magische Kenntniß. So lenkten auch sie vom Opfer ab, aber sie verwarfen es wegen des Blutvergießens. Jesus stellt nach der Weise der alten Propheten die rechte Pflichterfüllung höher als das Opfer.

von allen Seiten geben läßt, hat doch die bestimmteste Erinnerung, daß er kein eigentlicher Lehrer ist. Es läßt ihn selbst den Nikodemus als einen solchen im Unterschiede von sich anreden. Joh. 3, 10. Es läßt in Jerusalem bei seinem späteren Auftreten die Verwunderung aussprechen, wie er die Schrift verstehe, ohne die Schule durchgemacht zu haben, Joh. 7, 15. Seine Schriftkenntniß kann also nur auf der häuslichen Erziehung und der allgemeinen Bildungsgelegenheit der Synagoge beruhen.

Sie war aber eine sehr umfassende. Er gebraucht in seinen Reden Gesetz, Propheten und Psalmen, auch Daniel, vgl. Matth. 13, 43 (24, 15). Er ist vollkommen sicher in der Anwendung, schlagfertig in der Erwiderung, wo es die Anführung oder die Auslegung von Schriftworten gilt. Schwieriger ist zu bestimmen, ob er andere religiöse Schriften, nach dem späteren Sprachgebrauche Apokryphen benützt hat. Daß solche jetzt in seinen Reden angeführt sind, leidet keinen Zweifel, vgl. Matth. 23, 37. Luk. 11, 49. Aber es ist die Frage, ob dieses auf ihn selbst zurückzuführen ist. Bei der größten derartigen Anwendung in der großen eschatologischen Rede, scheint es sicher, daß jedenfalls die jetzt vorliegende Aufnahme erst von der apostolischen Bearbeitung herrührt. Doch bleibt immer wahrscheinlich, daß solche Elemente nicht in seine Reden aufgenommen worden wären, wenn dieß nicht durch eine Erinnerung an sein eigenes Verfahren gestützt war.

Außerdem ist er mit der geläufigen Lehre der Schriftgelehrten wohl vertraut, wie außer dem Beispiele der Bergpredigt auch die Aufzählung der Gebote nach einer hergebrachten Ordnung Mark. 10, 17 zeigt.[1]) Ebenso vertraut mit dem Treiben der

[1]) Vgl. oben S. 88. Anm. 2. Ewald Ev. S. 307. Daß wir es hier mit einer traditionellen Zählung, welche am ursprünglichsten bei Markus erhalten ist, zu thun haben, ist wenigstens für die Stellung des Gebotes οὐ φονεύσεις auch durch C. Vat. Deut. 5, 17 und Philo, de decal. 201 f. M. (vgl. E. Meier, urspr. Form des Dek. S. 57, Anger a. a. O. I. p. 19) bestätigt. Je eigenthümlicher die ganze Aufzählung an unserer Stelle ist, desto wahrscheinlicher ist, daß wir es in jenem Punkt mit einer parallelen palästinensischen Gewohnheit, nicht mit einer Textesänderung des Markus nach LXX zu thun haben, und daß vielmehr Matthäus nach dem masor. Text berichtigt hat.

Pharisäer zeigen ihn seine Streitreden gegen dieselben, mit den einzelnen Streitfragen der Theologen sein Eingehen auf die Ehescheidungsfrage Matth. 19, 3 ff. Seine Aussagen über sich selbst aber, sein ganzes Verhalten zu der messianischen Frage beweisen eine genaue Bekanntschaft mit den verschiedenen messianischen Vorstellungen und Zukunftserwartungen. Dagegen zeigt er nirgends Abhängigkeit von einer bestimmten Schule oder der Autorität eines berühmten Gesetzeslehrers. Wenn er in Matth. 7, 12 mit dem Worte: Alles was ihr wollt, daß euch die Menschen thun, das thut ihr ihnen, das ist das Gesetz und die Propheten, an den ähnlichen, nur negativen Ausspruch des berühmten Hillel sich anschließt, so setzt das doch keine nähere Beziehung zu der Schule desselben voraus. Solche Sprüche waren wohl sicher in den Volksmund übergegangen. Auch in anderen Fällen haben wir wahrscheinlich die Anführung solcher überlieferter Worte zu erkennen, wie in Matth. 10, 41: wer einen Propheten auf den Namen eines Propheten aufnimmt, wird den Lohn eines Propheten empfangen; und wer einen Gerechten auf den Namen eines Gerechten aufnimmt, wird den Lohn eines Gerechten empfangen. Aber auch solche Anführungen setzen keine Schulgelehrsamkeit oder Schulangehörigkeit voraus. Sie gehen nicht hinaus über das, was in das Volk selbst von Lehrsprüchen dieser Art eingedrungen sein mochte.[1])

Wir sehen demnach, daß Jesus so viel Kunde von der Schriftgelehrsamkeit seiner Zeit hatte, um derselben überall entgegentreten zu können, und doch nicht diejenige gelehrte Bildung nach dem Maßstabe derselben, welche ihn in ihre Reihen versetzen und abhängig von ihren Ueberlieferungen machen würde. Er tritt ihr vielmehr gegenüber als der Sohn des Volkes, der zwar weiß, was von ihr dem Volke geboten wird, der aber auch frei darüber urtheilt, was darin von wahrem Glauben und Lebensfrüchten enthalten oder nicht enthalten ist. Er ist durch die Einrichtung der Synagoge und die mit derselben zusammenhängende

---

[1]) Auf einen solchen weist wohl auch die Frage des Petrus, Matth. 18, 21, zurück: ob er dem fehlenden Bruder siebenmal vergeben solle.

Volksgewohnheit mit der Schrift vertraut; aber er hat sein Schriftverständniß nicht von der Schule gelernt.

Die große Unabhängigkeit, welche wir ihn vielmehr von Anfang an der Schulgelehrsamkeit gegenüber einnehmen sehen, beruht gerade darauf, daß er die Schrift über ihre Auslegung stellt, und daß er der letzteren ein eigenes und selbstständiges Verständniß der Schrift entgegenzustellen hat.

Will man die Schriftauslegung Jesu richtig beurtheilen, so muß man unterscheiden zwischen der Streitrede und der eigenen Lehre. Im Streite geht er wohl in ähnlicher Weise auf das Auslegungsverfahren der Gegner ein, wie auf die Dialektik ihres Beweisverfahrens überhaupt. So versetzt er sich auf den Standpunkt des Gegners, indem er Matth. 12, 25 ff. Par. das, daß er nicht mit Beelzebub im Bunde sein könne, aus dem Zwiespalte im Reiche des Satans beweist, welchen dieß voraussetzen würde. So argumentiert er Joh. 7, 23 gegen die Anklage, daß er durch sein Heilen den Sabbath verletze, aus der Gewohnheit, die Beschneidung am Sabbath zu vollziehen, indem er die Vorstellung von der Beschneidung als einer Heilung adoptiert. Und in derselben Art benützt er für seine Freiheit, am Sabbathe zu heilen, nicht nur den Grundsatz, daß die Priester am Sabbath ohne Schuld das Heiligthum verletzen dürfen Matth. 12, 5, sondern auch das Beispiel Davids, der die Schaubrode aß Matth. 12, 3 f. Den gleichen Charakter der bloßen polemischen Dialektik haben nun auch mehrere Verwendungen von Schriftstellen in der messianischen Frage. Dahin gehört schon die Argumentation in Matth. 11, 13 aus der Stellung, welche die Weissagung, die er auf Johannes den Täufer bezog, im Kanon hatte, ferner die Argumentation gegen den Messiasbegriff, der in dem Namen des Davidssohnes gegeben ist, aus dem 110. Psalm, vgl. Matth. 22, 42 ff. Par. Auch bei Johannes findet sich eine ähnliche Instanz gegen die Anklage, daß er sich Gottes Sohn nenne, aus dem Gebrauche des Namens Götter im 82. Psalm (6), vgl. Joh. 10, 34 ff. Aus dieser Art von Schriftanwendung, welche ihre Wurzel ganz im Streite und dem Standpunkte der Gegner hat, dürfen wir seine eigene Auslegung und seine Stellung zur Schrift nicht beurtheilen.

Seine eigene Auslegung ist anderer Art. Wie dieselbe in der Bergpredigt dem Gesetze den großartigen Charakter des Gewissensgesetzes gibt, und dadurch seine positiven Vorschriften auf das ganze innere wie äußere Verhalten erstreckt, so wendet sie das prophetische Wort: Barmherzigkeit will ich und nicht Opfer, Matth. 9, 13. 12. 7, ganz in das Weite zur Zeichnung und Verurtheilung der Diener des Buchstabens und zur Rechtfertigung der Religion des Geistes. Ganz frei wendet er Worte wie das prophetische Wort von der Verstockung des Volkes, oder das andere vom Eckstein Matth. 13, 14. 21, 42 an, um darin den Spiegel seiner Geschichte und seines Rechtes zu geben. Ein schlagendes Licht aber auf seinen Schriftgebrauch wirft die Streitrede gegen die Sadduzäer über die Auferstehung und ihren Beweis aus der Leviratsehe.[1]) Jesus wirft ihnen vor, daß sie die Kraft Gottes nicht verstehen, indem sie nicht bedenken, daß er in seinem künftigen Reiche ganz andere größere Zustände schaffen wird, in welchen die sinnliche Ehe keinen Raum mehr haben wird. Aber auch die Schrift verstehen sie nicht, denn das Wort: ich bin der Gott Abrahams, Isaaks und Jakobs, müßte sie sonst hinreichend belehren. Gott ist nicht ein Gott der Todten, sondern der Lebenden, also bleiben auch die Erzväter, als deren Gott er sich bezeugt. Diese Erklärung erzeugte gewaltigen Eindruck bei dem Volke. Es war nicht bloß eine freiere großartigere Anwendung des Schriftwortes, als man dieselbe gewöhnt war. Sie lag gleich weit ab von der bloßen Buchstabenerschöpfung wie von dem Spiele der Allegorie. Sie setzte, ohne das Wort zu verlassen, doch dasselbe in das Licht eines höheren Glaubens, einer über ihm selbst liegenden Gesammtanschauung. Und darum fand das Volk, daß er nicht lehre wie die Schriftlehrer, sondern wie einer, der eine eigene Macht hat.[2])

Man kann dieses Verfahren nicht besser charakterisieren, als

---

[1]) Matth. 22, 29 ff. Mark. 12, 24 ff. (Luk. 20, 34 ff.)

[2]) Matth. 7, 29. Mark. 1, 22. Luk. 4, 32.

in dem Worte Jesu über den für das Himmelreich gebildeten Schriftgelehrten Matth. 13, 52 geschieht: er gleicht dem Hausvater, der aus seinem Schatze Neues und Altes hervorbringt. Es handelt sich also nicht bloß darum, das was bereits in demselben liegt, zu erschöpfen, sondern dasselbe zugleich frei und productiv zu verwenden. Diese Exegese ist nicht die Erklärung des Inhaltes als solchen, sie stellt sich demselben gleich, und bildet ihn aus sich selbst heraus fort, ohne ihm einen Geheimsinn zu unterschieben. Wenn daher Jesus in Matth. 22, 43 davon redet, was David im Geiste gesprochen habe, so ist für ihn dieser Ursprung des Wortes im Geiste nicht die Fessel, welche es ihm zur starren Autorität machen würde, sondern eben deßhalb, weil es im Geiste gesprochen ist, hat er auch das Recht, im Geiste es weiter zu bilden. Das gegebene Schriftwort aber ist diesem Standpunkte gegenüber ein geschichtliches, und muß daher auch im Zusammenhange mit seiner Geschichte aufgefaßt werden. So hat Mose allerdings die Erlaubniß zur Scheidung gegeben, aber er hat sie um der Herzenshärte willen gegeben, das Gebot ist also nicht ein unbedingt giltiges Matth. 19, 7 f. Und darum endlich ist mit den Zeiten des Himmelreiches ein Höheres eingetreten, wovon auch der größte Prophet kein Verständniß hatte Matth. 11, 11. vgl. Matth. 13, 17. Luk. 10, 24 So trifft das Ergebniß seiner Stellung zur Schrift ganz mit seinem Verhalten zum Gesetze überein. Es ist auch hier derselbe durchaus freie, seines unbedingten Rechtes bewußte Geist erkennbar, welcher Glauben und Gerechtigkeit im Namen Gottes selbst verkündet, und darin an keine bestehende Form sich gebunden weiß.

---

3. Das Heilen.

1. Neben das Lehren Jesu tritt ein zweiter Hauptbestandtheil seiner Wirksamkeit, das Heilen. Die Apostelgeschichte schildert 10, 38 im Munde des Petrus sein Auftreten, indem sie sagt: Gott salbte ihn mit heiligem Geist und Kraft, er zog dahin wohlthuend und heilend Alle die unter des Teufels Gewalt

geknechtet waren. So schildert auch das erste Evangelium sein Wirken 4, 23 ff.: er durchzog ganz Galiläa, lehrte in den Synagogen, verkündete das Evangelium des Reiches und heilte alle Krankheit und alle Gebrechen im Volk; und sein Ruf breitete sich aus über ganz Syrien, und sie brachten zu ihm alle die an allerlei Krankheiten litten, und von Qualen bedrängt waren, Besessene, Mondsüchtige und Gelähmte, und er heilte sie. Das gleiche Evangelium sieht hierin das Prophetenwort erfüllt: er nahm unsere Schwachheiten und trug die Krankheiten.

Das älteste Evangelium bestätigt diese allgemeinen Schilderungen, indem es in gewissen Momenten von dem grossen Zudrange der Massen mit den Kranken zu Jesus berichtet. So vor der Wahl der Zwölfe Mark. 3, 10: Er heilte Viele, so daß sich Alles, was ein Leiden hatte, an ihn drängte, um ihn zu berühren, vgl. Matth. 9, 35. Luk. 6, 17, oder nach der wunderbaren Speisung, Mark. 6, 55 f.: Die Leute erkannten ihn, liefen in der ganzen Gegend herum und begannen ihm die Kranken auf den Betten dahin zu bringen, wo man hörte, daß er sich aufhalte, und wo er Dörfer, Städte oder Gehöfte betrat, da setzten sie die Leidenden auf die Märkte und baten ihn, den Zipfel seines Gewandes berühren zu dürfen, und wer das that, wurde heil, vgl. Matth. 12, 15 f. Die gleiche Schilderung finden wir als Rede Jesu selbst zur Antwort auf die Anfrage des Täufers aus dem Gefängniß: die Blinden sehen wieder, die Lahmen wandeln, die Aussätzigen werden gereinigt, die Todten auferweckt, und den Armen das Evangelium gepredigt Matth. 11, 5. Ebenso beruft sich das vierte Evangelium auf diese Zeichen, welche Jesus gethan. Seinen Bericht über die wunderbare Speisung leitet es mit den Worten ein: Nach diesem entfernte sich Jesus jenseits des galiläischen Meeres von Tiberias, es zog ihm aber eine große Menge nach, weil sie die Zeichen sahen, welche er an den Kranken that Joh. 6, 2.[1])

Diese Erinnerung der heilenden Thätigkeit ist in der evangelischen Darstellung so stark, daß sie das Bild des Lebens Jesu

---

[1]) — ἠκολούθει — ἐποίει —.

theils ganz beherrscht, theils doch wenigstens in völlig gleichem Werthe neben das Lehren tritt. Will man also das Wirken Jesu gemäß der apostolischen Erinnerung vergegenwärtigen, so muß man demselben im gleichen Umfange, wie sie es thut, Bedeutung zuerkennen. Diese Bedeutung liegt nicht bloß in der Wundergabe des Heilens und dem Lichte, welches dieselbe auf die Macht Jesu wirft, sondern ebenso sehr oder noch mehr in dem Charakter, welchen sein Wirken dadurch erhält. Wenn schon sein Lehren darauf ausgeht, eine Umgestaltung des ganzen Lebens, die umfassendste Reform desselben von innen heraus zu bewirken, und gerade hierin sich von der Weise der Rabbinen durchaus unterscheidet, so wird dieß noch viel klarer dadurch, daß die Krankenheilungen als das gleichberechtigte Element seines Berufes erscheinen. Wo er hinkommt, ist er nicht nur bestrebt, den Sinn ganz auf Gott zu wenden, sondern auch alle Gebrechen des Lebens zu heben. Wie er eine Gerechtigkeit pflanzt, welche die Natur des bevorstehenden Himmelreiches hat, so verbreitet er Gesundheit als das Zeichen des Lebens, welches in diesem bevorsteht. Diese Thätigkeit charakterisiert sein ganzes Wirken als auf eine neue Ordnung der Dinge ausgehend. Sie gibt demselben von vorneherein den universalen, rein menschlichen Charakter. Und dieß wird nur weiter bestätigt durch die Wahrnehmung, daß die Heilung der leiblichen Krankheit als die Besiegung der Macht der bösen Geisterwelt aufgefaßt ist.

Das älteste Evangelium enthält zwei Abschnitte, welche eigens der Darstellung dieser Thätigkeit Jesu gewidmet sind; der erste derselben stellt die Anfänge dar; Jesus beginnt in Kapernaum und verbreitet sein Heilen von da über die Galiläische Umgegend. Die einzelnen Fälle sind hiebei die Heilung eines Dämonischen und der Schwiegermutter des Petrus in Kapernaum und die eines Aussätzigen.[1]) Der andere schildert dasselbe mit der Absicht ein näheres Bild von ihr zu geben und besonders das Moment des Glaubens hervorzuheben. Er enthält die Heilung des Gadarener Besessenen, und des blutflüssigen Weibes, sowie die Erweckung

[1]) Mark. 1, 21—45.

der Tochter des Jairos und das Auftreten in Nazareth.[1]) Andere Heilungsgeschichten sind unter anderen Gesichtspunkten erzählt, so die des Paralytischen und des Mannes mit der dürren Hand, in der Darstellung der Kämpfe Jesu. Endlich in der Darstellung der späteren Zeiten bringt das Evangelium die Heilung eines Phönikischen Mädchens, die zwei ausgezeichneten Heilungen des Taubstummen und des Blinden von Bethsaida, als Segensbilder gegen den hartnäckigen Unglauben, welcher sich Jesu entgegenstellt. Darum schließt die erstere mit den Worten des Volkes: Alles hat er wohlgemacht; er macht die Tauben hören und die Sprachlosen sprechen. Mark. 7, 37. Sodann ist bei der ersten Aussendung der Apostel die Uebertragung dieser Arbeit an sie und bei ihrem Berichte des Erfolges derselben gedacht.[2]) Wie es aber damit stand, erhält nach der Verklärung noch eine Beleuchtung durch den Bericht über die Heilung des dämonischen Knaben.[3]) Später tritt nur noch eine solche That Jesu, die Heilung des Blinden von Jericho hervor.[4])

Dieß sind die wichtigsten Stücke aus der älteren evangelischen Geschichte, welche in die synoptischen Evangelien übergegangen sind. Die Redensammlung gibt nicht bloß den allgemeinen Bericht in der Antwort an den Täufer, sondern sie beleuchtet dieses ganze Thun Jesu in seiner höheren Bedeutung durch seine Erklärung an die Pharisäer über den Bund mit Beelzebub. Außerdem haben die Bearbeitungen der Redensammlung frühe einiges Thatsächliche beigefügt, darunter besonders die Heilung des Sohnes eines Herodianischen Hauptmannes, die wir bei Matthäus und Lukas haben. Matthäus hat einiges Weitere, was wohl nur der Combination der Berichte seinen Ursprung verdankt. Lukas dagegen hat einige eigene Geschichten: die Erweckung des Jünglings zu Nain, die Heilung der besessenen Maria von Magdala, die eines Wassersüchtigen und einer verkrümmten Frau, sowie die von zehen Aussätzigen, Berichte, welche jedenfalls den Charakter der Heilung nicht eigenthümlich darstellen.

---

[1]) Mark. 5, 1—6, 6.
[2]) Mark. 6, 7. 13. 30.
[3]) Mark. 9, 16 ff.
[4]) Mark. 10, 46 ff.

Das vierte Evangelium hat nur mit dem ersten und dritten die Heilung des Sohnes des königlichen Dienstmannes gemein. Sodann hat es zwei Jerusalemische Heilungen, die eines Lahmen und eines Blindgeborenen, beide ganz in der Weise der synoptischen Berichte dargestellt. Außerdem hat es für sich die Erweckung des Lazarus, welche über die synoptischen Todtenerweckungen durch die Charakterisierung des Wunders hinausgeht. Sein größter Unterschied von der synoptischen Darstellung ist, daß es weder die Heilung der Dämonischen, noch der Beziehung der Krankheit auf die Dämonenwelt überhaupt erwähnt.

2. Gehen wir vor Allem auf die Anfänge des Heilens Jesu zurück, so ist es nur das älteste Evangelium, welches auf dieselben einiges Licht wirft. Es kommt hier sein erster einleitender Abschnitt in Betracht. Nach diesem haben wir zu vermuthen, daß Jesus nicht gleich von vonherein neben seinem Lehren auch mit dem Heilen begann. Das Evangelium setzt vielmehr voraus, daß er eine Zeitlang schon die Verkündigung des Reiches getrieben hat, ehe dieß geschieht, Mark. 1, 14 f., denn das Folgende ist dann als der Anfang dieser neuen Wendung geschildert, durch welche sein Wirken eine bestimmtere Gestalt gewann. Ja er hatte sogar schon begonnen sich Gehilfen für jene Botschaft zuzugesellen, welche er für diese Thätigkeit unter dem Bilde, daß sie von nun an Menschen fischen sollen, gewann, 1, 16—20. Mit dieser Verbindung beginnt die bestimmte Erinnerung, auf welcher das Evangelium beruht, aber auch zugleich der Anfang der neuen Thätigkeit.

Mit den neu gewonnenen Anhängern kommt er an einem Sabbath nach Kapernaum, dem Wohnorte des Petrus, und betritt die Synagoge, wo er lehrt, und durch seine Lehre gewaltigen Eindruck bei den Versammelten erzeugt. Diese Wirkung aber war am allerstärksten bei einem anwesenden dämonischen Kranken. Der böse Geist spricht aus diesem: Ha! was haben wir mit dir, Jesu von Nazareth? Du bist gekommen uns zu verderben, wir kennen dich, du bist der Heilige Gottes. Da bedroht Jesus den Geist, daß er ausfahre, und unter heftigen Convulsionen und Schreien des Kranken geschieht dieß. Jetzt haben die Anwesenden neuen und daher doppelten Grund zum Staunen; zu der gewaltigen Lehre ist das Zeichen gekommen, daß ihm die unreinen Geister gehorchen. Der Ruf hievon verbreitet sich sofort in die ganze Galiläische Umgegend. Aber am gleichen Abend heilt er die fieberkranke Schwiegermutter des Petrus, indem er ihre Hand ergreift, und als der Sabbath zu Ende gieng, brachten ihm die Einwohner alle ihre Kranken vor die Thüre dieses Hauses und er heilte sie.

Sehr deutlich ist in dieser Erzählung die geistige Gewalt einer Erschütterung der Massen gezeichnet. Die Bewegung über sein Lehren kommt zum höchsten Ausdrucke in dem Dämonischen. Das Zeichen, welches an diesem geschicht, steigert dieselbe zu dem allgemeinen Glauben, daß er aller Krankheit helfen könne, und diesem Glauben entspricht der Erfolg. Aber auch das Thun Jesu erscheint ganz als ein vom Augenblick eingegebenes. Erst die Anrede des Dämonischen veranlaßt ihn zu dem Machtworte über den bösen Geist: dann aber wie selbst ergriffen von dem Erlebten ergreift er auch ohne Bedenken die Hand der Fieberkranken um sie aufzurichten, und, wie die Andern ihm ihre Kranken bringen, kann er nicht anders als sie heilen.

Aber auch im Folgenden zeigt sich, daß es der Augenblick war, der ihn selbst überwältigt hat. Er eilt, vor der Menge, die ihn verehrt und aufsucht, zu fliehen. Er begibt sich in die Einsamkeit um zu beten. Bedrängt von seinen Anhängern, sich dem Volke nicht zu entziehen, verweist er sie darauf, daß er in anderen Orten noch das Reich zu verkündigen habe. Dieser Beruf ist ihm in neuer Stärke gewiß geworden. Während er demselben nachgeht, setzt er aber das Heilen der Dämonischen fort, er dehnt diese Arbeit an den Kranken auf ein neues Gebiet aus, als ihm auch ein Aussätziger gebracht wird. Er wagt es von Mitleid ergriffen, trotz aller Bedenken, welche die Unreinheit dieser Krankheit erwecken mußte, auch ihn zu berühren; aber er fordert, daß die Heilung in strenges Geheimniß gehüllt werde. Der Mann soll sich dem Priester zu der vorgeschriebenen Reinigung vorstellen. Auch diese Begebenheit zeigt, wie er schrittweise, fast zagend, von den Umständen und seinem Gefühle getrieben auf der neuen Bahn vorwärts geht. Die Absicht des Evangelisten ist, die großen Eindrücke dieses Anfanges und den unwiderstehlichen Gang der rasch in weitere Kreise fortschreitenden Offenbarung Jesu zu schildern. Unwillkürlich hat er dabei zugleich gezeigt, wie Jesus in diese neue Bahn mehr von innen und außen gedrängt war, als daß er dieselbe absichtsvoll betreten hätte.

Diesem Anfange entsprechen dann weiterhin noch einige Züge in der Auffassung des ältesten Evangeliums, welche sich bei Markus am klarsten erhalten haben. So vor Allem das Geheimhalten. Dieses kommt allerdings in verschiedenem Sinne vor. Nach Mark. 1, 34 verlangt Jesus von den Dämonischen, daß sie ihn nicht offenbar machen, weil dieselben geneigt waren, ihn als Messias zu begrüßen. Nach Mark. 1, 44 fordert er von dem Aussätzigen Stillschweigen über seine Heilung, im Zusammenhange damit, daß er in derselben eigentlich die Vorschriften über Entfernung von den durch den Aussatz Verunreinigten übertreten hat. In Mark. 5, 43 wiederholt sich das Verbot bei der Tochter des Jairos, und hier muß man der Neuheit dieser That wegen an das Aufsehen denken, welches dieselbe machen konnte. In Mark. 7, 36. 8, 26 ist die Lage Jesu schon von der Art, daß sich jetzt an wirkliche Sicherung seiner Person vor Nachstellung denken läßt, welche die Geheimhaltung an gewissen Orten nothwendig machte. Aber so leicht sich solche verschiedene Motive im Einzelnen aus dem Zusammenhange entnehmen lassen, so fordert doch die ganze Erscheinung eine allgemeine Erklärung. Denn das Verbot, so oft es auch wiederholt wird, erreicht der Natur der Sache nach seinen Zweck nicht. Es kann daher auch weniger aus einem Plane und verständigen Vorsatze, es muß vielmehr aus einer Stimmung abgeleitet werden, welcher Jesus dabei folgte; wenn er die vorzeitige Nennung des messianischen Namens und die allzurasche Ausbreitung seines Ruhmes überhaupt vermieden wissen wollte, so lag doch zugleich in erster Linie eine gewisse Scheu zu Grunde, mit welcher er selbst diese Fortschritte seines Thuns, die gewaltigen Zeichen, die von ihm ausgiengen, betrachtete. Dieses persönliche Verhalten läßt sich besonders noch in einzelnen Fällen bestätigen; so in der Erzählung von der

Tochter des Jairos. Jesus wählt seine vertrautesten Anhänger aus, um sie allein Zeugen seiner That sein zu lassen; er entfernt alle weiteren Zuschauer geflissentlich und beruhigt dieselben mit der Erklärung, daß das Kind nicht gestorben sei. So geht er mit einer Einleitung an die Sache, in welcher deutlich seine eigene Spannung und Gemüthsbewegung sich ausspricht. Ueberhaupt aber ist das Werk jedesmal mit einer besonderen Erhebung für ihn verknüpft, und trägt in der Form der Kundgebung schon den Stempel einer gewaltigen Erregung, vgl. Mark. 1, 25. 43. 2, 10. 5, 37. Wenn dabei auch der Evangelist die Darstellung seiner Quelle durch Ausmalung der Gemüthsbewegungen, in Mitleiden und Grimm, noch gesteigert haben mag, so lagen doch gewiß in dieser selbst schon solche Züge, wie daß er Mark. 1, 35 nach seinen ersten Thaten das Bedürfniß hat, sich in die Einsamkeit zum stillen Gebete zurückzuziehen, oder daß er nach 5, 37 zu der Handlung selbst die Einsamkeit sucht. In den Reden gibt Jesus wenigstens für die eine Art der Heilungen, nämlich die der Dämonischen, die Erklärung, daß er dieselbe im Geiste Gottes vollbringe, Matth. 12, 28; und hiermit ist nicht bloß die Erklärung über die bewirkende Kraft gegeben, sondern zugleich über den persönlichen Zustand, in welchem sie geschah; er drückt damit aus, daß er sich von dieser höheren Gewalt fortgerissen fühlt. Wie er denn auch im Nachfolgenden die Lästerung der gegen ihn erhobenen Anklage gar nicht auf seine Person, sondern geradezu auf den heiligen Geist Gottes bezieht.

So läßt sich die Wahrnehmung, welche das Evangelium beim Anfange dieser Thätigkeit auf Seite Jesu darbietet, auch weiterhin an ihm verfolgen; aber auch was ihm damals von Seiten des Volkes entgegenkam und den Eintritt in diese Laufbahn bedingte, tritt als solche Bedingung auch später noch deutlich auf. Wenn auch nicht immer in der Gestalt der Massenbewegung, so bleibt doch immer der Glaube der Kranken nicht nur, sondern des Volkes überhaupt die Bedingung für den Vollzug der Heilungen. Jesus selbst erklärt im einzelnen Falle, Mark. 5, 34: dein Glaube hat dich gerettet. Nach Matth. 9, 28 frägt er Kranke zuvor: glaubet ihr, daß ich Solches im Stande bin zu verrichten? Ist dieses letztere wohl auch schon Reflexion des Darstellers über die Angaben seiner Quelle, so ist doch keine Frage, daß diese allerdings das Erforderniß des Glaubens durchführte. Am auffallendsten zeigt sich dieß bei dem Auftreten Jesu in Nazareth, Mark. 6, 5. 6. Matth. 13, 58. Der Unglaube, welcher hier seiner Person gegenübertritt, verhindert ihn geradezu, Heilungen zu verrichten, und von Jesus selbst wird gesagt, er habe sich deßhalb über ihren Unglauben verwundert. Nicht von dem Unglauben der einzelnen Kranken ist die Rede, sondern von dem der Einwohner überhaupt. Es trat also auch jetzt noch dieses Wirken nur da ein, wo das Volk im Großen in die rechte gesteigerte Empfänglichkeit dafür versetzt war. Hieraus fällt auch ein Licht auf solche Stücke, wie Mark. 3, 7—12 oder 6, 53—56, welche zunächst wie allgemeine Schilderungen des Zudranges und der Thätigkeit Jesu erscheinen, deren Sinn aber wahrscheinlich ist, daß darin einzelne Massenbewegungen aus bestimmter Zeit, welche die Wiederholung solcher Erfolge herbeiführten, geschildert werden sollen.

Man darf daher wohl sagen, daß das älteste Evangelium die Heilungsthätigkeit Jesu schildert als einen lebendigen Proceß, in welchem auf der einen Seite Jesus selbst von der Gewalt des Geistes fortgerissen und vorwärts gedrängt ist, und auf der anderen Seite das Volk ihm den Glauben entgegenbringt, und die Erfolge der Heilungen durch die Massenbewegung dieses Glaubens bedingt sind.

3. Diese Wahrnehmungen sind maßgebend für die geschichtliche Beurtheilung der Heilungen Jesu. Die ältesten Quellen geben Fingerzeige, nach welchen dieselben nicht als abstrakte Wunder betrachtet werden dürfen, indem weder eine unbedingte Kraft noch ein immer sicherer Erfolg feststeht. Ein Wunder schlechthin ist aber immer nur eine solche Wirkung, welche bedingungslos hervorgebracht wird, weil die bewirkende Kraft über den Zusammenhang der Dinge und das Gesetz desselben erhaben ist. In diesem Sinne kennt die evangelische Geschichte das Heilungswunder Jesu wenigstens ursprünglich nicht. Aber ebenso wenig

stellt sie das Heilen Jesu als ein natürliches, d. h. als das Verfahren eines Arztes, welcher sich dazu bestimmter Mittel bedient, dar. Wenn Jesus nach Mark. 5, 9. 9, 21 eine Befragung über die Krankheit vorausgehen läßt, so ist dieß kein ärztliches Krankenexamen; es dient vielmehr bloß dazu, die Stärke des Leidens oder die bisherige Vergeblichkeit aller Hilfeversuche zu beleuchten. Wenn er aber in vielen Fällen den Kranken berührt, so schon die Schwiegermutter des Petrus, dann die Tochter des Jairos bei der Hand ergreift, ebenso den Aussätzigen, wenn er sogar neben der von ihm erbetenen Handauflegung bei dem Taubstummen wie bei dem Blinden von Bethsaida die kranken Organe besonders berührt und seinen Speichel anwendet, Mark. 7, 33. 8, 23. vgl. Joh. 9, 6, oder seine Jünger die Kranken mit Oel salben läßt, Mark. 6, 13, so sind dieß Alles nicht natürliche Mittel im Sinne der Evangelien, sondern es ist damit nur geschildert, daß Jesus, wie er das eine Mal durch das bloße Wort heilte, so das andere Mal die Heilung unter Vornahme gewisser symbolischer Handlungen vollzog, welche ebenso als Selbstdarstellung wie als Einwirkung auf die Theilnehmer des Vorgangs ihre Bedeutung haben können.

Es ist also nicht die Anwendung ärztlicher Mittel oder die Behandlung nach ärztlichen Kenntnissen, durch welche die wunderbaren Erfolge dieses Heilens in das Gesetz der Natur hereingezogen werden können. Es ist vielmehr die eigenthümliche Erscheinung einer großen sturmartigen Bewegung der Geister, welche ihren Reflex in diesen Wirkungen auf das leibliche Leben und seine Krankheiten wirft. Will man von natürlicher Erklärung dieser Zeichen reden, so gehören sie in das Gebiet dessen, was der Glaube, was die auf's Höchste erregte Gemüthsstimmung in solcher Rücksicht vermag. Wenn diese Wirkung auch Alles, was man sonst Aehnliches kennt, an Stärke und Ausdehnung übertroffen haben mag, so entzieht sie sich doch nicht schlechthin der Begreiflichkeit, sondern sie fällt unter den Typus einer Erscheinung, welche sich gesetzmäßig wiederholt. Auch verfallen die Heilungen nicht dem Gebiete des bloßen Wahnes, noch ist Jesus durch die Vorurtheile und Einbildungen der Massen auf eine ihm selbst fremde Bahn gedrängt worden, sondern er selbst erkannte die Macht, welche ihm vermöge seiner Gewalt über die Geister auch in diesem Gebiete eigen war, und was ihm entgegengebracht wurde, ist nur der Ausdruck der hiezu erforderlichen Wechselwirkung. Das Wunderbare dieser Thaten läßt sich also zwar nicht durch die natürliche Erklärung beseitigen, aber es läßt sich als geschichtliche Erscheinung begreifen, und zwar auf Grund der bestimmtesten Fingerzeige der ältesten Quellen selbst.

Dagegen müssen wir zugeben, daß sich im Einzelnen, sowohl was die Thaten selbst als was die Art und Weise, in der sie geschahen, betrifft, wenig mehr mit völliger Sicherheit konstatieren läßt. Es erklärt sich von selbst, daß die Sage frühe geschäftig war, diese Begenheiten auszuschmücken, die Herrlichkeit derselben zu erhöhen, oder sie nach einer bestimmten Auffassung darzustellen. Gewiß hat sich auch die Erinnerung der Augenzeugen um so weniger dessen enthalten, je mehr dieselben selbst an der großen Begeisterung, welche die Voraussetzung dieser Vorgänge ist, persönlich Theil genommen hatten, und vor Allem dieses subjektive Erleben später noch in sich weiter trugen. Den Beweis hiefür haben wir in der Wahrnehmung, daß sich in unseren Evangelien eine Theilung der Auffassung nach verschiedenen Richtungen erkennen läßt. Unser Markusevangelium begünstigt nämlich die Vorstellung, daß der Sitz der Wunderkraft im Leibe Jesu gewesen, und von diesem die heilenden Kräfte ausgeströmt seien. Es schildert nicht nur wiederholt, daß das Volk es so angesehen und sich daher gedrängt habe, Jesus zu berühren, Mark. 3, 10. 6, 56, sondern es hebt mit besonderer Beflissenheit hervor, daß Jesus durch Handauflegung oder Berührung des Kranken denselben gesund gemacht, und seiner Darstellung allein verdanken wir die Berichte über jene Heilungen, bei welchen Jesus wie bei dem Blinden von Bethsaida hiedurch die Wirkung stufenweise herstellt, oder wie bei dem Taubstummen dieselbe durch eine besondere Weise leiblicher Einwirkung zu erreichen scheint. Hier haben wir nicht bloß das Streben nach Veranschaulichung zu finden, wie dieß in anderen Heilungsgeschichten zu erkennen ist, wenn z. B. Jesus anordnet, daß das wieder zum Leben gebrachte Kind des

Jairus Nahrung erhalte, oder wenn beschrieben wird, wie man das syrophönikische Mädchen ruhig auf dem Bette liegend fand. Sondern hier handelt es sich um eine bestimmte Vorstellung von der Art, wie die Heilung der Kranken zu Stande kommt, und indem der Evangelist das Verfahren Jesu in dieser Weise ausmalt, will er sichtlich näher beschreiben, daß von Jesus her leibliche Kräfte auf den Kranken gewirkt haben. Am deutlichsten ist dieß in der Geschichte des blutflüssigen Weibes, wo nach Markus nicht nur Jesus bei der Berührung des Weibes im Gedränge sogleich fühlt, daß eine Kraft von ihm ausgeströmt ist, sondern auch das Weib alsbald die entsprechende körperliche Empfindung von der hiedurch bewirkten Heilung hat. Im Gegensatze hiezu hat Matthäus, welcher überhaupt dieser ganzen Anschauung ferne steht, die Darstellung, daß Jesus bloß die Berührung des Weibes bemerkt, und daran ihren Glauben erkennt. Bei ihm haben daher die folgenden Worte, in welchen die Frau angeredet wird, daß ihr Glaube geholfen hat, die Bedeutung, daß jetzt erst durch dieses Wort die Wirkung zu Stande kommt, während sie bei den Andern nur durch dasselbe bestätigt erscheint. Aber da auch Lukas wenigstens den Zug erhalten hat, daß durch die Berührung die Frau geheilt war und Jesus das Ausströmen empfand, so müssen wir hierin die eigenthümliche Auffassung der Quelle selbst erkennen, welche Markus seinerseits nur noch verschärft und erweitert hat. Andererseits weist auch die Auffassung des Matthäus auf eine Quelle zurück. Er hat nämlich seinerseits mit Lukas vor Markus in der Geschichte von der Heilung des Sohnes des Hekatontarchen eine Heilung voraus, welche im scharfen Unterschiede von jener Ansicht sein Wort als selbstständige Kraft in die Ferne wirken läßt. Wenn, wie wir anzunehmen haben, diese Erzählung eine frühe Zugabe zu der Redensammlung war, so weist auch sie schon durch ihren Ursprung auf eine eigene Ueberlieferung zurück, und ihr Sinn ist dabei unzweideutig dargelegt, in den Worten des Hekatontarchen, welcher die Herrschaft Jesu über die gegen die Krankheiten wirkenden guten Kräfte mit der Macht vergleicht, die er über die ihm untergebenen Soldaten hat. Indem daher Matthäus die Wundererzählungen des ältesten Evangeliums in diesem Sinne vereinfachte, hat er auch seinerseits nur die schon ältere Ansicht seiner Hauptquelle angenommen und ausgeführt. Die Heilung in der Ferne ist deßhalb nicht als eine Steigerung der durch Berührung vermittelten anzusehen, sondern sie ist hervorgehoben als Beleg einer anderen Ansicht des Verfahrens überhaupt. Beide Ansichten giengen schon sehr frühe nebeneinander her. Man erinnerte sich der geschehenen Heilungen, und versuchte, dieselben bestimmter mit der Person Jesu in Verbindung zu bringen. Hiebei giengen die einen auf die körperliche Kraft, die anderen ganz auf die Macht seines Wortes zurück. Ist die Ansicht, welche wir über den allgemeinen Charakter dieser Hergänge aus der Darstellung des ältesten Evangeliums entnommen haben, richtig, so folgt daraus einestheils, daß wohl Jesus in der Regel die Handauflegung vornahm, oder die Hand des Kranken ergriff, wohl auch in einzelnen Fällen weitere leibliche Handlungen wie die erwähnten eintreten ließ, ohne daß jedoch eine wirkliche Kraftvermittlung dadurch in seinem Sinne gelegen wäre. Aber auch eine Heilung in die Ferne ist damit wohl vereinbar, da die psychische Vermittlung einer durch den allgemeinen Glauben und die geistige Massenbewegung getragenen Wirkung keineswegs von seiner persönlichen Gegenwart abhängig zu denken ist.

Wie der Hergang unter der verschiedenen Auffassung der Berichterstatter eigenthümlich bestimmt wurde, so mußten die Begebenheiten selbst auch nach Inhalt und Zahl frühzeitig in der Ueberlieferung erweitert werden. Es ist daher eine unfruchtbare Untersuchung, ob auch wirklich Todtenerweckungen, wie die der Tochter des Jairos unter diesen Thaten Jesu begriffen sein konnten, oder ob etwa in der Erzählung selbst sich eine Stütze für eine beschränkende natürliche Erklärung finde, durch welche auch dieses Wunder noch in den Bereich der von psychischer Einwirkung bedingten Thaten gezählt werden könnte. Thatsache ist, daß die älteste Erzählung die Todtenerweckung kaum als etwas Höheres über die anderen Heilungen emporhebt, und daß auch die Redensammlung dieselbe mit diesen, nämlich in der Antwort an den Täufer, in Eine Reihe setzt. Auch das läßt sich nicht längnen, daß in der bestimmten Erklärung Jesu, das Kind sei nicht todt, sondern schlafe, jedenfalls ausgesprochen ist, er habe die Hilfe in diesem Falle nicht als die Erweckung eines völlig Todten angesehen wissen wollen, obwohl zugleich der Darsteller im Gegensatze hiezu den wirklich eingetretenen Tod von sich aus geltend macht. Eine gewisse Unsicherheit, wie der Vorfall anzusehen sei, ist also in dem Berichte selbst noch unverkennbar, aber um so weniger vermögen wir unsererseits aus demselben die Thatsache völlig wiederherzustellen.

4. Wenn die Evangelien der Todtenerweckung kaum eine hervorragende Stellung anweisen, so ist dieß dagegen entschieden mit einer anderen besonderen Gattung dieser Thaten der Fall, nämlich der Heilung der Dämonischen, und diese fordert um so mehr eine eigene Erwägung, als sie für die Geschichte dieses ganzen Wirkens überhaupt von Bedeutung ist. Die Heilung der Dämonischen oder vielmehr die Austreibung der Dämonen wird der Heilung anderer Krankheiten gleichgestellt und zur Seite gesetzt schon in der Schilderung des ersten galiläischen Auftretens Jesu, Mark. 1, 32. 34. 39. Matth. 8, 16. Luk. 4, 41, sodann in den allgemeinen Schilderungen seines Heilens, Mark. 3, 11. Luk. 6, 18. Matth. 4, 24. (Luk. 7, 21), wozu noch das alte Wort Luk. 13, 32 kommt: siehe ich treibe Dämonen aus und vollende Heilungen heute und morgen, und am dritten werde ich vollendet. Nur vereinzelt und von späterer Abkunft ist in den Evangelien die Vorstellung, daß die leibliche Krankheit überhaupt je von einem bestimmten Geiste der Krankheit herrühre, wie Luk. 13, 11 von demselben bei einer gichtisch verkrümmten Frau die Rede ist. Noch weniger aber darf man andererseits bei den Dämonischen an moralische Gebrechen denken, obgleich in Matth. 12, 43. 45. Luk. 11, 24. 26 ein Zustand sittlich geistiger Verderbniß in seinem Verlaufe bis zur Verstocktheit als Einkehr und nach vorübergehender Befreiung wiederholte Rückkehr eines Dämons, der sich bei der letzteren sieben andere beigesellt, dargestellt ist, denn dieses dämonische Einwohnen ist hier nicht die Ursache des Verderbens, es ist vielmehr das Bild, unter welchem dieses beschrieben ist.

Fragen wir nun, wie diese besondere dämonische Krankheit

zu denken ist, so besteht dieselbe nach der Auffassung der Evangelien unzweideutig darin, daß ein Dämon oder unreiner Geist in einem Menschen wohnt, sich seines Leibes bedient, aus ihm heraus redet und handelt, und zwar so, daß der Kranke nicht mehr in seinem eigenen Namen spricht, daß also seine Person von der des Dämons unterdrückt ist. Wir haben neben den mehrfachen allgemeinen Erwähnungen drei Erzählungen besonderer Fälle, an welchen sich dieses zeigt: den Besessenen in der Synagoge zu Kapernaum, den Gadarener Besessenen und den besessenen Knaben, den die Jünger nicht zu heilen vermochten.[1]) An allen diesen Beispielen zeigt sich diese Vorstellung gleichartig, bei dem Gadarener noch insbesondere, daß auch eine größere Anzahl von Dämonen gleichzeitig diese Einwohnung vollziehen kann, vgl. Mark. 1, 24. Matth. 8, 29. Mark. 5, 9. Matth. 17, 18. Luk. 8, 2. Der Charakter dieser Geister ist die Bosheit, mit welcher sie den Kranken quälen, Mark. 9, 22, und durch ihn auch andere Matth. 8, 28. Sie haben Namen, und es gibt verschiedene Arten unter ihnen Matth. 17, 21. Als Mitglieder einer Geisterwelt haben sie ein höheres Wissen, vermöge dessen sie insbesondere Jesus erkennen Mark. 1, 24. 34. 3, 11. Als Krankheit ist diese Erscheinung wohl zu unterscheiden von dem Vorwurfe, welchen die Juden Jesu im vierten Evangelium machen, Joh. 7, 20. 8, 48. 49. 52. 10, 20 f., nämlich daß er einen Dämon habe; welcher eine schon halb symbolische Ausdeutung des Pharisäer-Vorwurfes bei den Synoptikern ist, daß er die Dämonen mit Beelzebub austreibe.

Aber die Krankheit beschränkt sich nicht auf den Umstand, daß der Dämon aus dem Kranken spricht. Es kommt dazu schon im Allgemeinen, daß er bei demselben unnatürliche Bewegungen, sowie gewaltsames Schreien erzeugt, aber auch außerdem noch eine Reihe anderer körperlicher Uebel. Der Gadarener Besessene wird als ein Wahnsinniger mit Tobsuchtsanfällen beschrieben, der besessene Knabe ist stumm und hat epileptische Anfälle, auch gilt er für mondsüchtig. Der Besessene in der Synagoge in Caper-

[1]) Vgl. auch das phönikische Mädchen, Matth. 15, 21—28. Mark. 7, 24—30.

naum bekommt wenigstens in dem Augenblicke, als Jesus den Dämon beschwört, heftige Krämpfe. Sonst werden noch kurz Besessene erwähnt, welche stumm sind Matth. 9, 32. 12, 22 (auch blind), vgl. Luk. 11, 14, ohne daß jedoch die Taubstummheit regelmäßig als Besessenheit charakterisiert würde. Man muß daher sagen: eine besondere dämonische Krankheit ist durch diese Beschreibungen nicht angezeigt, vielmehr sind es Kranke ziemlich verschiedener Art, welche als solche genannt werden. Die Einheit der Krankheit ist nur die einer allgemeinen Volksvorstellung und diese faßt darin Alles zusammen, was ihr den Eindruck der gebundenen Persönlichkeit gewährt, also ebensowohl den Wahnsinn und Geisteskrankheiten überhaupt, als Nervenleiden, Leiden mit Krämpfen und Lähmung der Organe, durch welche der geistige Verkehr bedingt ist.

Die Vorstellung von den Dämonen, in welcher wir die aus dem Parsismus stammenden bösen Untergeister zu erkennen haben, hatte sich längst vom Osten her auch bei den Juden festgesetzt. Sie finden sich ähnlich wie in den Evangelien im Buche Tobit. Eine Mythologie ihres Ursprungs, die auf jüdischem Boden erwachsen ist, zeigt das Buch Henoch. Die Dämonen sind hier die von den gefallenen Engeln oder Wächtern mit den Töchtern der Menschen erzeugten Riesen. Sie sind zwar unter der Gewalt des Satans, wie ihre Väter unter dieselbe gefallen sind, sie sind aber keine Satane, sondern sie haben eine Mittelnatur; obwohl Geister müssen sie doch auf der Erde leben, aber weil ihre Leiber verwesen, und sie doch nicht ohne solche leben können, irren sie ruhelos umher. Das mehr rationalisierende Judenthum hat sie dann nach Josephus als die Geister böser Menschen gedeutet. Auf diesen Vorstellungen beruht die dämonische Krankheit der Evangelien. Diese Dämonen haben das Bedürfniß im Menschen zu wohnen, und dieselben selbstsüchtig als ihre Organe zu gebrauchen. Selbst in Thieren zu sein ist ihnen Erquickung nach Mark. 5, 10—13. Ohne solche Wohnung sind sie genöthigt in der Wüste zu streifen Matth. 12, 43. Luk. 11, 24[1]) oder nach

[1]) Vgl. Mark. 5, 10: — ἔξω τῆς χώρας.

einer wahrscheinlich schon späteren Vorstellung Luk. 8, 31 in den Abyssos zu fahren. Sie haben jetzt ein Oberhaupt, nämlich den Philistäischen Gott Beelzebub.

Diesen dämonisch Kranken suchte man schon längst durch die Kunst der Beschwörung zu helfen.[1]) Jesus hat sich nicht diese Künste angeeignet. Er befiehlt den Dämonen ohne weitere Formel auszufahren und sie gehorchen ihm. Wenn er als Mittel dieser Austreibung nach Matth. 17, 21. Mark. 9, 29 das Gebet und Fasten bezeichnet hat, so betrifft dieß nicht die dämonisch Kranken, auch überhaupt nicht die Austreibung selbst, sondern es handelt sich dabei bloß um die Vorbereitung, durch welche sich seine Jünger zur Vornahme derselben befähigen sollten. Nach den ältesten Quellen hat er diese Gewalt, die Dämonen auszutreiben, auch seinen Jüngern übertragen, Matth. 10, 1. Mark. 6, 7. Luk. 9, 1. (10, 17—20). Nach Matth. 12, 28. Luk. 11, 20 aber erklärt er die Gewalt, welche er über die Dämonen besitzt, als das Zeichen, daß er durch den Geist Gottes wirkt, und daß das Reich Gottes bereits angebrochen ist, indem es diese Macht über das satanische Reich beweist. Die Evangelien lassen ihn demnach die Volksmeinung über diese Krankheiten und ihren Ursprung theilen. Wir sehen überhaupt nirgends, daß Jesus als Reformator der Begriffe, als Aufklärer über religiöse Ansichten von den natürlichen Dingen aufgetreten wäre. Aber er hat dieser Vorstellung eine andere Wendung gegeben, indem er sie unter einen universalen und zugleich ethischen Gesichtspunkt stellt. In jenen Uebeln läßt er die Macht des Satans selbst, die Macht des bösen Geisterreiches erkennen,[2]) und er verkündet, daß diese Mächte besiegt werden sollen, daß sie bereits besiegt sind durch das hereinbrechende Reich Gottes. Dieß ist keine Aufklärung der Vorstellung, aber es ist eine Läuterung derselben, dadurch daß sie mit der höchsten Frage

---

[1]) Tob. 3, 17. 6, 7. 17. Hen. 69, 12. Matth. 12, 27.

[2]) Ob die Gegner Beelzebub und Satan gleich nahmen, läßt sich nicht erkennen, wie denn schon in der Henochliteratur verschiedene Ansichten über das Verhältniß der Dämonen und der Satane vorliegen; jedenfalls geht aber Jesus selbst auf den Satan zurück, und läßt für die besondere Mythologie der Dämonen keinen Raum.

des Lebens verbunden, in den Dienst des Glaubens an das Reich gezogen wird.

Auf diesem Gebiete, dessen ganzer Hintergrund ein mythologischer war, hatte die Sage, welche die Thatsachen umbildete, doppelten Anlaß und Spielraum. Wenn schon bei den Heilungen überhaupt die wirklichen Erfolge der großen Bewegung und der persönliche Antheil, welchen die Augenzeugen an dieser nahmen, nicht auseinander zu halten sind, so werden wir hier mit Recht annehmen müssen, daß die Phantasie der von jenen Vorstellungen erfüllten Zeugen das unbefangene Erleben, das Sehen und Hören der Thatsachen fast unmöglich machte. Nicht erst die Erinnerung hat die Dinge vergrößert und verändert, sondern sie erschienen den Theilnehmern schon in dem Augenblicke des Erlebens selbst in dem Lichte, welches ihre von dunklen Bildern erfüllte Vorstellung darauf warf. Daher zeigt auch die Geschichte von dem dämonischen Knaben, daß die Jünger noch in dieser späteren Zeit, da sie längst mit ihrem Berufe vertraut waren, doch solchen Erscheinungen gegenüber muthlos und rathlos da stehen. Erschüttert von den Schrecken des Krankheitsbildes, welches sie vor sich sehen, vermögen sie demselben keine Kraft des Glaubens und Gebetes entgegenzusetzen, und werden deßhalb von Jesus über ihren Unglauben hart angelassen. Aber auch wie ihnen das mit dem Meister selbst Erlebte sofort zum seltsamen verzerrten Phantasiebilde wird, ist uns noch an einem großen Beispiele erkenntlich, der Geschichte des Gadarener Besessenen. Je gräßlicher das Bild des Wahnsinnigen in seiner Tobsucht gewesen war, um so sicherer schien es, daß hier nicht bloß Ein Dämon sein Wesen treibe. Eine ganze Schaar mußte den Kranken erfüllen, und sich selbst gegenüber von Jesus den Namen Legion gegeben haben. Dem bösartigen Charakter, welchen sie an dem Besessenen selbst gezeigt hatten, entsprach es, daß sie aus ihm ausgetrieben ihre Wohnung in den verworfensten Thieren suchten, aber auch, daß sie dieselben in wilder Lust in die Wasser des Sees hinabrissen, so zugleich doch das Gericht an sich selbst erfüllend. Vielleicht haben wir darin die Ansicht zu erkennen, daß die Besessenheit als Strafe besonders sich einfinde, wo Juden das Gesetz verläugnend heidnisch lebten. Im

Uebrigen ist es unmöglich zu finden und darum auch nutzlos zu vermuthen, was etwa in der Wirklichkeit zu dieser Vorstellung des Erlebten einen näheren Anlaß gegeben haben möchte. Daß wir es aber hier mit einer durchaus dunklen Erinnerung zu thun haben, zeigt schon die Unsicherheit über den Namen der Heimat des Besessenen.[1])

Ohne sicheren Grund hat man vermuthet, daß Krankheiten, welche zu diesen Vorstellungen Anlaß gegeben haben, damals gerade und in jenen Gegenden besonders verbreitet gewesen, daß sie im Zusammenhange mit der religiösen Bewegung gestanden seien. Die Zahlen wuchsen in der Erinnerung von selbst, und je stärker die Vorstellung war, desto mehr Kranke verschiedener Art war man wohl als Besessene anzusehen geneigt. Dagegen ist es ohne Zweifel ein ächt historischer Zug, wenn das älteste Evangelium zuerst einen dämonisch Kranken Jesus als den Heiligen Gottes begrüßen läßt. War die messianische Hoffnung jeder Zeit im Volke hervorzubrechen bereit, war das religiöse Gebiet dasjenige des geistigen Lebens, auf welchem sich die Vorstellungen geistig Kranker bewegten, so ist es sehr leicht verständlich, daß ein solcher Kranker der Erregung über das großartige Lehren Jesu und den darüber sich regenden Gedanken der Menge zuerst den raschen und vergreifenden Ausdruck gab. Aber auch der erste Erfolg wunderbarer Heilung ist gerade bei solchen Kranken zu erwarten. Dieselbe Steigerung, welche jene Ansprache Jesu hervortreibt, mußte auch den Zustand des Kranken, wenn Jesus auf ihn wirkte, für eine plötzliche Umwälzung empfänglich machen. Ehemalige Dämonische mochten dann leicht die feurigsten Anhänger Jesu werden, wie Maria von Magdala. Diese Zusammenhänge dienen nur dazu, die geschichtliche Natur jenes Berichtes über die Anfänge des Heilens in Kapernaum zu bestätigen. Die Begegnung Jesu mit diesem Dämonischen wurde so der mächtige Anstoß für die ganze Ent-

[1]) Ist, wie kaum zu bezweifeln, ursprünglich Gadarener gestanden, so hat man sich den Namen der Stadt über die von ihr beherrschte Gegend ausgedehnt zu denken. Der Name des alten kananäischen Gergesäerstammes war dann wohl Spottname, welcher aber die Unsicherheit in den Text brachte, durch die zuletzt auch das entferntere Gerasa in denselben kam.

wicklung dieser Thätigkeit und ihre Aufnahme, für die große Wechselwirkung, in welche Jesus hiedurch mit der Bevölkerung trat. Die ganze Natur dieser Heilungen ist dadurch von vorneherein in das entscheidende Licht gestellt.

Aber auch die Bedeutung derselben für das ganze Wirken Jesu rechtfertigt sich in diesen Zusammenhängen. Mit der Austreibung der Dämonen begannen sie, durch diesen Anfang und die bedeutsame Stellung, welche dieser Theil stets behielt, waren sie in ihrem Wesen für das Volk bezeichnet. Das Volk mußte in Jesus nicht nur den Arzt für mancherlei Kranke, sondern ganz besonders den siegreichen Bekämpfer der bösen Geister sehen. So wurde sein Heilen zur Predigt in dem Sinne, in welchem er selbst von der Austreibung der Dämonen sprach und sie erklärte, zur Predigt vom Himmelreiche, dessen Nähe und Herrlichkeit, zum Zeugnisse für seine Stellung zu diesem Reiche.

Als Jesus zum ersten Male die zwölf erwählten Schüler ausschickte, um selbstständig das Reich Gottes, wie er selbst that, zu verkünden, da gab er ihnen auch nach Mark. 6, 7 Macht über die unreinen Geister, oder er sandte sie nach Luk. 9, 2 zu predigen das Reich Gottes und zu heilen, und sie thaten dieses an vielen Orten; Mark. 6, 13. Luk. 9, 6. In der Redensammlung lautet der Auftrag: Kranke heilet, Aussätzige machet rein, Dämonen treibet aus Matth. 10, 8. vgl. Luk. 10, 9. Da bei Lukas diese Rede auf die siebenzig Jünger übertragen ist, so wird auch von ihnen besonders der Erfolg berichtet, daß sie zu ihrer Freude sich selbst die Dämonen gehorchen sehen durften, 10, 17. Und ebenso ist in dieser späteren Gestalt der Redensammlung das Wort Jesu über die Besiegung des Satans in der Form wiederholt: ich sah den Satan wie einen Blitz vom Himmel stürzen. Die Jünger Jesu sollten sein Heilungswerk fortsetzen in demselben Geiste, in welchem er selbst es getrieben; in der Uebertragung dieses Geistes lag die Möglichkeit, auch diese Wirksamkeit zu übertragen. Aber sie bedurften des Glaubens, um in diesem Geiste zu stehen Matth. 17, 20.[1])

[1]) Am stärksten hat Jesus ausgesprochen, daß alle ihnen verliehene Gewalt durch den Glauben und das Gebet bedingt ist, Matth. 21, 21. Mark. 11, 23 f. und in dem parallelen Worte aus anderer Quelle Luk. 17, 6.

Wenn sie schon damals die Kranken mit Oel salbten, wie Mark. 6, 13, vielleicht aber aus der späteren Gewohnheit, beigefügt ist, so ist dieß nach Jak. 5, 14 nicht als Arzneimittel, sondern als symbolische Salbung mit geistiger Wirkung und dadurch mittelbar heilend, anzusehen.

Nichts aber kann gewisser sein, als daß auch in der apostolischen Gemeinde das Heilen der Kranken eine Thätigkeit der Begabten war. Die Gabe der Heilungen war eine regelmäßige 1 Kor. 12, 10. 28. So wenig wir hier an Mythus denken dürfen, viel weniger bei dem selbst, von welchem dieses Leben seinen Ursprung nahm. So viel auch die Sage vergrößert haben mag, so bleibt doch genug, um die ganze Größe der geistigen Erschütterung, welche diese Wirkungen hervorbrachte, daran zu messen.

---

4. Die Entwicklung der Stellung Jesu.

1. Das Lehren und das Heilen bilden die Thätigkeit Jesu in dieser Periode. Diese hat sich doch allen Spuren nach in einem mäßigen Gebiete in Galiläa im Umkreis des nördlichen Theiles des Sees Gennezareth gehalten. Südlich hielt er sich von Tiberias entfernt, westlich sehen wir, daß er nur spät seine Wanderungen bis Nazareth ausdehnte, nördlich hielt er sich von der heidnischen Grenze fern und nach Osten wird nur der Eine Ausflug über den See berichtet, welcher durch die Heilung des Gadarener Besessenen ausgezeichnet ist. Je rascher ihn das Heilen in größere Oeffentlichkeit bringen und die gespannte Aufmerksamkeit auf ihn ziehen mußte, desto mehr Grund haben wir anzunehmen, daß dieses Auftreten nur in einen kleinen späteren Abschnitt dieser Zeit fällt, und daß demselben die Verkündigung des Himmelreiches schon längere Zeit vorangegangen war. Wenn Jesus in dieser Zeit auch einmal ausnahmsweise dann in Jerusalem auftritt, und einen Kranken heilt, Joh. Cap. 5, so ist dieß doch zunächst ohne weiteren Einfluß auf den Gang der Dinge geblieben; es ist nur der Evangelist, welcher daran allgemeine Betrachtungen über seine frühe bedrohte Stellung, die Art seiner

Offenbarung und seiner Vertheidigung angeknüpft hat. Wohl aber mußte der Gang der Dinge in Galiläa ihn von selbst weiter führen. So wenig seine Lehre zunächst in das äußere Leben eingriff, so sehr sie vielmehr nur eine geistige Erneuerung vorbereitete und begründete, so war sie doch ganz dazu angethan, zu einer Entscheidung für oder wider herauszufordern. Die Lehre selbst trug doch die Kraft in sich, eine Gemeinde zu bilden, und die großen Eindrücke seines handelnden Auftretens und seiner gewaltigen Persönlichkeit konnten dieß nur beschleunigen. Aber auch seine Stellung zum Gesetze und zu den bestehenden Einrichtungen konnte nicht in der Idealität verharren; sie mußte auf gewissen Punkten praktisch werden, und dieß geht theils neben der Gemeindebildung her, theils fördert es dieselbe.

Auf den Abschnitt des ältesten Evangeliums, welcher die Ausbreitung der Thätigkeit Jesu überhaupt und der heilenden insbesondere schildert, folgt ein zweiter, welcher uns in fünf Erzählungen ebenso viele Handlungen Jesu berichtet, in welchen sich seine Stellung nach den wichtigsten Beziehungen entwickelt, und durch welche die Anfeindung derselben begründet wird: die Heilung des Paralytischen, die Berufung des Levi, die Auseinandersetzung mit den Schülern der Täufers, das Aehrenraufen am Sabbath und eine Heilung an diesem Tage. Was dann nach diesem Abschnitte weiter erzählt wird, zeigt, wie aus den ersten Anfechtungen immer entschiedenere Angriffe wurden, die ihn mit seinen Anhängern isolierten, aber auch die Abschließung des engeren Kreises beförderten, und diese Darstellung wird durch die Streitreden, welche die Redensammlung gibt, bestätigt und ergänzt.

Wenden wir uns zunächst jenen Begebenheiten zu, in welchen sich die fortschreitende praktische Stellung Jesu spiegelt, so haben wir es theils mit seinen Beziehungen zu den Sündern, theils mit der freieren Stellung zu der gesetzlichen Observanz zu thun.

2. Was die Beziehungen zu Jesu der Sünderwelt bezeichnet, ist in seinem Verfahren mit dem Paralytischen und mit dem Zöllner Levi enthalten. Jesus hatte schon die Wanderungen, auf welchen er durch sein Heilen so großes Aufsehen erregte, begonnen, als er

eines Tages wieder in Kapernaum erschien.[1]) Rasch versammelt sich in dem Hause, welches er bewohnte, eine Menge von Zuhörern, die seiner Lehre lauschen. Aber auch für die Kranken suchte man sogleich wieder seine Hilfe. Ein Gelähmter wird herbeigetragen. Jesus aber, ehe er auf das eigentliche Verlangen desselben eingeht, begrüßt ihn, wie der Evangelist sagt, im Blicke auf den Glauben dieser Leute mit der Erklärung: deine Sünden sind dir vergeben. Als er dann den Anstoß wahrnahm, welchen er mit dieser Erklärung den anwesenden Schriftgelehrten gegeben hatte, fordert er sie auf, seine Berechtigung dazu zu erkennen, wenn er nun auch durch sein Wort dem Kranken zum Gebrauche seiner Glieder verhelfe. Es ist möglich, daß er zu diesem Verfahren besondere in der Person dieses Kranken liegende Ursache hatte. In jedem Falle aber beweist dasselbe, daß er bei der Heilung der Kranken auch dem sittlichen Zustande derselben seine Aufmerksamkeit widmete und auf denselben einzuwirken pflegte; hiermit stimmt auch die johanneische Erinnerung überein, wonach er dem in Jerusalem geheilten Lahmen aufgibt: von jetzt an nicht wieder zu sündigen.[2]) Aber im gegenwärtigen Falle beschränkt er sich nicht auf eine Ermahnung, sondern er versichert den Kranken der Vergebung seiner Sünden. Nicht daß dieß überhaupt geschah, konnte Anstoß erregen, wohl aber daß es ohne Bedingung geschah. Eine Sündenvergebung ohne Opfer war nicht denkbar; auch war man längst gewöhnt, die Gewißheit derselben durch außerordentliche Leistungen der Buße und Gerechtigkeit zu suchen. Schwerlich hätte es befremdet, wenn er einen neuen derartigen Weg der Reinigung empfohlen hätte. Aber das Anstößige war, daß er die Zusicherung ohne jede solche Bedingung durch sein Wort gab. Hierauf bezieht sich der Einwand, wer kann Sünde vergeben, als Gott allein? Jesus selbst verfährt hier ganz nach den allgemeinen Grundsätzen, nach welchen er den Begriff der Gerechtigkeit Gottes in seiner Lehre entwickelt. Wie diese ihrem Wesen nach in einer gottähnlichen und gottergebenen Gesinnung besteht, so erfolgt die Annahme bei Gott auch nicht

---

[1]) Mark. 2, 1 ff. Par. [2]) Joh. 5, 14.

als der Lohn besonderer Werke, sondern um der Gesinnung des Sünders willen, im Blicke auf seinen Glauben. Mit der Anwendung dieses Grundsatzes war aber der Gesetzesstandpunkt durchbrochen. Der neue Weg der Gerechtigkeit war als der Weg zu der göttlichen Gnade verkündet, und zwar in der klaren Consequenz, daß ein Mensch, welcher vor dem Gesetze noch verworfen oder unrein ist, weil er keine Sühne und Reinigung vor ihm geleistet hat, von Gott angenommen sei.

Ganz den gleichen Charakter hat sein Verfahren, wie es in der Berufungsgeschichte des Levi erscheint.[1]) Jesus beruft einen Zollbeamten von der Zollstätte weg unter seine näheren Anhänger; noch mehr, er nimmt in dem Hause dieses Mannes das Mahl ein; an diesem Gastmahle nehmen die Freunde des Mannes, Zöllner und Sünder Theil, und Jesus verkehrt frei mit ihnen. Daß Jesus solchen Verkehr unterhielt, ist auch durch die Redensammlung bestätigt. In der Rede über den Täufer vergleicht Jesus ihrer beider Verfahren. Während das Volk in dem Täufer seines strengen Lebens wegen die Gewalt eines Dämons erkennen wollte, verklagt es Jesus seinerseits wegen seiner freien Lebensweise. Weil er ißt und trinkt wie andere, sagen sie: er ist ein Fresser und Weinsäufer, und er ist der Zöllner und Sünder Freund.[2]) Dieselbe Anklage hat in der späteren Ergänzung der Redesammlung bei Lukas 15, 2 die Grundlage zu einer Reihe von höheren Lehrreden Jesu gegeben. Sie bekam wohl in der späteren Periode noch größeres Gewicht. Aber die Thatsache selbst, wie die Beschwerde darüber, fällt ohne Zweifel schon in diese frühe Zeit. Man darf aus dieser Berufung des Levi nicht schließen, daß Jesus seine näheren Freunde von Anfang an aus dieser Klasse gewählt habe.[3]) Die älteren ersten Jünger gehörten

---

[1]) Mark. 2, 14 ff. Par.　　[2]) Matth. 11, 19.

[3]) Umgekehrt aber darf man auch nicht schließen, daß Levi im Sinne der Darstellung bei Markus und Lukas gar nicht zu den Zwölfen gehöre, und daher nicht mit Matthäus identisch sei. Zumal wenn die Erzählung der Berufung aus Matthäus stammte, war es unmöglich, sie von dem dort genannten Apostel auf einen anderen zu übertragen. Die umgekehrte Uebertragung

sicher nicht zu derselben. Es ist schon eine Trübung der richtigen Erinnerung, wenn in der Darstellung des dritten Evangeliums auch Petrus durch eigenes Bekenntniß bei seiner Berufung als Sünder erscheint, der sich deßhalb selbst scheut, mit Jesus in näherer Beziehung zu sein.[1]) In dem Briefe des Barnabas ist dieß immer noch frühe genug auf den ganzen Apostelkreis so ausgedehnt, daß dieselben als ausgezeichnete Sünder vor anderen gedacht sind — offenbar eine Uebertragung des Berufes der Sündererlösung auf dieses Verhältniß.[2]) Aber wenn auch Jesus nicht grundsätzlich sich zuerst an diese Leute gewendet, wenn er vielmehr von Anfang an die Frommen, die auf das Reich warteten, zu sich eingeladen hat, so hat er doch ebenso wenig den Umgang mit jener Klasse vermieden, ja die Aufnahme derselben unter seine engsten Anhänger nicht gescheut; die Zollbeamten waren als die Werkzeuge der dem Volke so empfindlichen Unterdrückung seiner Freiheiten nicht nur verhaßt, sondern als Abtrünnige verworfen.[3]) Aber auch außer ihnen hatten die durch die Römerherrschaft eingetretenen Verhältnisse eine große Zahl von Juden in ähnliche Stellung gebracht; sie waren, durch den heidnischen Umgang den väterlichen Sitten, der Beobachtung des Gesetzes entfremdet, entweder wirklich von der Gemeinde ausgeschlossen oder doch in der öffentlichen Meinung als Abtrünnige geachtet und bildeten deßhalb eine Gesellschaft für sich, mit welcher kein rechtgläubiger strenger Jude verkehrte. Dieß sind die Sünder,[4]) welche die Evangelien mit den Zöllnern zusammenstellen; mit dieser Gesellschaft verkehrte Jesus, aus diesem Kreise gesellte er sich hier sogar jetzt einen Vertrauten zu. Auch dieß

dagegen ist wohl erklärlich, bietet aber allerdings noch keine sichere Bürgschaft für die Identität.

[1]) Luk. 5, 8.

[2]) B. 5. — ὅτε δὲ τοὺς ἰδίους ἀποστόλους τοὺς μέλλοντας κηρύσσειν τὸ εὐαγγέλιον αὐτοῦ ἐξελέξατο ὄντας ὑπὲρ πᾶσαν ἁμαρτίαν ἀνομωτέρους —.

[3]) Vgl. Lightfoot, hor. hebr. p. 396.

[4]) Wie der Sündername für solche Israeliten, die sich durch ihr Leben den Heiden gleich stellten, geläufig geworden war, zeigt Henoch 99, 2. Tob. 13, 6. vgl. hiezu O. F. Fritzsche, ex. Handb. S. 63.

entspricht ganz den freien Grundsätzen seiner Lehre. Nicht nur jene Menschenliebe, welche auch die Gegner umfaßt, trieb ihn dazu, sondern auch jener Begriff der Gerechtigkeit, welche nicht von den Werken des Gesetzes, sondern von der Gesinnung abhängig ist. Selbst wenn er diesen Umgang gesucht hätte, um die Abtrünnigen zu ihrer gesetzlichen Pflicht zurückzurufen, so hätte er durch den Verkehr mit ihnen großen Anstoß erregen müssen, sein Weg wäre durch den Zweck kaum entschuldigt gewesen. Wir finden aber nicht, daß er in diesem Sinne auf sie gewirkt, sondern er zog sie nur in seinen Kreis, er stellte nur seine Forderungen an sie. Allerdings sagt er auf die Nachricht von dem Anstoße, welchen er gegeben: nicht die Starken bedürfen des Arztes, sondern die Kranken; ich bin nicht gekommen, Gerechte zu rufen, sondern Sünder. Dieses Wort ist so eigenthümlich, daß es gewiß von ihm selbst herstammt. Wäre dasselbe dem Buchstaben nach zu nehmen, so würde es die stärkste Anerkennung der Gesetzesgerechtigkeit enthalten, die Abtrünnigen wären der Gegenstand seiner Sorge, um sie zu dieser zurückzuführen. Aber gerade von dieser Seite aus kann es im Zusammenhange mit seiner ganzen Lehre nur ironisch verstanden werden, und dann liegt darin nicht, daß er diese Sünder den Gerechten des Gesetzes, die sich über ihn beschweren, gleich machen, sondern daß er sie heilen will, indem er sie auf seinem Wege zu Gott führt. Er hat sich ihnen zugewendet, weil er bei ihnen eine größere Empfänglichkeit für den Trost des Evangeliums vom Reiche findet, vgl. Matth. 21, 31. Wenn daher Matthäus bei dieser Gelegenheit ihn auf das Wort verweisen läßt: Barmherzigkeit will ich und nicht Opfer, so liegt darin zwar nicht eine principielle Verwerfung des Opferkultes, wie sie die Essäer hatten, aber der Evangelist hat damit ganz richtig die Geringschätzung der gesetzlichen Frömmigkeit ausgedrückt, welche Jesus durch dieses Verfahren bewies.

Das dritte Evangelium verlegt in diese Zeit eine Erzählung, welche den beiden erwähnten parallel geht, nämlich die von der Sünderin, welche Jesus salbt,[1]) auch hier weist er den Verkeh

---

[1]) Luk. 7, 36—50.

mit solchen Leuten nicht zurück, und er spricht die Vergebung der Sünden für sie aus. Da die Salbung bis auf den Namen des Simon, in dessen Hause sie geschieht, mit der von dem ältesten Evangelium später berichteten zusammentrifft, so ist der Bericht ohne Zweifel nur eine Variation und von Lukas hieher gestellt, weil er hierin eine von den Frauen für den nächsten Kreis Jesu gewonnen fand, welche er im Folgenden erwähnt 8, 1—3. Die Mißstimmung aber des Simon über den Vorgang wegen des Charakters der Frau ist aus der Mißstimmung der Jünger wegen der Verschwendung bei der Salbung hervorgegangen, wie denn auch sonst die Erzählung ihren sekundären Charakter darin verräth, daß sie Verschiedenes aus anderen zusammen entlehnt hat.[1]) Dabei hat sie aber ein Wort Jesu verwendet, welches hier deutlich schon vorgefunden ist und nur gezwungen in den Text eingefügt, nämlich die kurze Parabel von den beiden Schuldnern,[2]) deren einem mehr dem andern weniger erlassen wird, um daraus das Ergebniß zu ziehen, daß der Eine in der größeren Dankbarkeit auch größere Liebe zu seinem Wohlthäter haben werde. Dieses Wort paßt in seiner Anwendung nicht dazu, daß der Frau ihre Sünden erst nachher vergeben werden, während doch die Beweise der Liebe, welche sie Jesu gibt, schon Beweise des Dankes für empfangene große Vergebung sein sollen. Aber sein ursprünglicher Sinn beleuchtet allerdings das Verfahren Jesu mit den Menschenklassen, welche ihm in der Erzählung von dem Gichtbrüchigen wie von dem Zöllner Levi nahe treten. Er zieht gerne die eigentlichen Sünder wie die Gesetzesabtrünnigen an sich, weil dieselben von dem Gefühle ihrer Schuld aus auch ein starkes Gefühl ihrer Befreiung haben, und darum in tieferer und dauerhafterer Weise gewonnen werden können.

Denselben Sinn hat im vierten Evangelium die Erzählung von der Begegnung Jesu mit der Samariterin, Joh. 4, 7 ff., und dieser Sinn tritt um so stärker hervor, als dieselbe ein Gegenbild ist zu der Annäherung des schriftgelehrten und gerechten

[1]) S. (48) das *ἀφέωνταί σου αἱ ἁμαρτίαι* und (50) das *ἡ πίστις σου σέσωκέν σε· πορεύου εἰς εἰρήνην*. vgl. Mark. 2, 9. 5, 34.

[2]) Luk. 7, 41 f.

Nikodemus 3, 1 ff. Während dieser Jesu bloß Mißverständniß entgegensetzt, gelangt die samaritische Sünderin rasch zum Glauben an ihn, und nicht nur auf ihre Person beschränkt sich dieß, sondern es dehnt sich auf ihre Mitbürger als die Vertreter des Abfalles vom rechten alten Glauben aus. Das Evangelium hat so in seinem ersten Theile das zwiefache Verhältniß, welches sich für Jesus bei seinem anfänglichen Auftreten ergab, in seiner Art, durch zwei große Beispiele von scharfem principiellem Charakter dargelegt.[1])

3. Wie sich aber Jesus im Verkehre mit diesen Menschenklassen nicht an die gesetzlichen Forderungen band, so nahm er auch den Gewohnheiten und Einrichtungen gegenüber im Leben immer mehr eine so freie Stellung ein, wie sie durch seine Grundsätze gegeben war. In den Aussprüchen, die über die Werke der Frömmigkeit in der Matthäusbergpredigt aufgenommen sind, ist auch das Fasten als ein solches anerkannt; aber die Forderung, dasselbe nicht zur Schau zu tragen, verändert hier das Wesen der Handlung selbst, sie benimmt ihr den Charakter der Trauer. Das Fasten in altüblichem Sinne, als Akt der Gemeinde, und in der dieser alten Gewohnheit entsprechenden Privatübung ist hiedurch beseitigt. Aber wir hören nun auch, daß Jesus in der That auf das Fasten keinen Werth legte. Alle Parteien, welche nach einer höheren Frömmigkeit trachteten, zeichneten sich durch ihre Fastenübungen aus. So die Pharisäer überall, aber auch jetzt die Schüler ihres Gegners, des Täufers Johannes. Jesus selbst enthielt sich dieser Uebung. Konnten

[1]) Daß Jesus gelegentlich Samaritern sich ebenso näherte, wie sonst den Zöllnern und Sündern, läßt sich nicht anfechten, und ist auch durch die Ueberlieferungen des Lukasevangeliums bestätigt. Darin liegt der gute Grund des historischen Werthes dieses Stückes. Dagegen ist ebenso klar, daß der Evangelist die Gespräche und Reden in beiden Fällen, deren Scene ja ohne Zeugen war, als Anlaß allgemeiner Darstellung benutzt. Die samaritische Sünderin ist daher auch zum Typus der samaritischen Religionsverirrung geworden. Denn daß die fünf Männer 4, 18 das fünffache Heidenthum (2 Kön. 17, 24. Jos. Altert. 9, 14, 3) im Sinne des Evangelisten anzeigen, ist aus Vs. 20 klar, vgl. Hengstenberg, Ev. Joh. I. S. 262.

ihm die Leute vorwerfen, daß er gar nicht im Leben sich auszeichne, daß er esse und trinke wie ein anderer Mensch, und ihn selbst Fresser und Weinsäufer schelten, so erhellt daraus, daß in der That sein Leben ganz jenem Geiste der freien und geistigen Frömmigkeit entsprach, welcher sich in seinen Reden kundgab.

Wie er durch seine Lehrweise alle menschlichen Verhältnisse heiligte, indem er sie zu Bildern für das Höchste benutzte, so hat er in der That durch sein eigenes Beispiel den Bedürfnissen, Sitten und Freuden des gemeinen Lebens ihr Recht und ihre Wahrheit vor Gott zuerkannt. Es ist ganz in diesem Geiste, wenn er nach der Erzählung des vierten Evangeliums am Mahle beim Hochzeitfest in befreundeter Familie Theil nimmt, und sogar für die gewohnheitsmäßigen Genüsse desselben besorgt ist.[1]) Wenn man ihn wegen seiner Theilnahme an den Gastmahlen der Zöllner schelten konnte, so beweist das, daß er nicht bloß als Bußprediger unter sie gegangen ist, sondern wirklich an ihrer Geselligkeit Theil nahm, sehend wie er sie gewinne. Und wie er selbst lebte, so wies er nun auch seine Anhänger zu leben an. Wie sich daher immer mehr ein Kreis von solchen um ihn befestigte, so mußten diese freieren von allen Gewohnheiten anderer Frommen scharf abstechenden Sitten um so mehr auffallen. Es ist daher nur eine Wiederholung der Klagen über seine eigene Lebensweise, wenn ihm jetzt auch vorgeworfen wird, daß er seine Schüler nicht zum Fasten anhalte. Und zwar geschah dieß mit besonderer Beziehung auf die Schule des Täufers, also in Erinnerung an die ursprüngliche Verwandtschaft beider.[2]) In seiner

[1]) Das Zeichen der Verwandlung des Wassers in Wein, welches hiebei berichtet wird, hat ganz die Natur der später zu erörternden Brodvermehrung, und ist daher auch wie diese zu beurtheilen. Eine symbolische Beziehung desselben auf das Verhältniß seiner geistigen Lehre zu der des Täufers oder zu der des alten Bundes ist jedoch in der Darstellung selbst nicht angezeigt; man könnte es in der Hindeutung auf den *καθαρισμὸς τῶν Ἰουδαίων*, 2, 6, finden; es ist aber durch die Symbolik des Wassers im Evangelium fast ausgeschlossen. Wir werden uns daher auf die Charakteristik seiner Lebensweise und seines Wohlthuns in der Auslegung desselben zu beschränken haben.

[2]) Mark. 2, 18 ff. Par. Daß die Erzählung in ihrer ursprünglichen Fassung die Frage nicht von den Johannesjüngern selbst ausgehen läßt, erhellt

Antwort spricht er, wie wir früher sahen, das volle Bewußtsein von dem Unterschiede seines Standpunktes und desjenigen des Täufers aus. Er lehnt die Aufforderung des Fastens ab mit der Erklärung, daß durch seine Gegenwart und deren Bedeutung denen, welche sich an ihn anschließen, nur Ursache zur Freude, nicht aber zum Trauern gegeben ist; und indem er sich hiebei des Bildes von Bräutigam und Hochzeitfest bedient, hat er auch hiedurch den Zusammenhang des geistigen und des äußeren Lebens gezeichnet, aber auch das Recht der frohen Gestaltung des letzteren gewahrt. Die beigefügte allgemeine Erklärung aber greift weiter; unter dem Bilde des Kleides und des Weines stellt sie die Neuheit seiner Botschaft gegenüber von der ganzen alten Ordnung dar. Man darf ein altes Kleid nicht mit neuem Zeug ausbessern und den neuen Wein nicht in alte Schläuche gießen. Der neue Zeug muß zu einem neuen Kleide verwendet, für den neuen Wein auch neue Schläuche genommen werden. Fehlt man gegen dieses Gesetz, so geht das neue verloren und der Schaden des alten stellt sich nur um so größer heraus. Nun handelt es sich hiebei allerdings zunächst nur von dem Fasten und zwar von diesem als freiwilliger Uebung. Aber das Bild führt weiter; es deutet auf den Bruch mit der ganzen Lebensordnung, welcher diese Uebung angehört; es zeigt, daß der neue Geist seiner Lehre sich überhaupt nicht mit den alten Formen verträgt, sondern sich seine eigenen neuen schaffen will. Halten wir uns noch ganz an den Zusammenhang seiner Gebote mit der Botschaft des Reiches, so erhellt, wie die Gewißheit des bevorstehenden Reiches doch schon zu der Consequenz entwickelt ist, daß das Leben der darauf Wartenden auch im Aeußeren sich nach dem Vorbilde der Zukunft, welche sie vor sich haben, zu richten hat, und darum von den widerstrebenden Elementen des bestehenden frei machen darf. Sein Ausspruch führt noch nicht auf die Absicht, eine neue Gemeinde mit neuen Lebensforderungen zu gründen. Aber er enthält, daß die Mitglieder der alten Gemeinde als ihr oberstes Gesetz nur den Geist

---

wohl daraus, daß die Frage das Vorbild der Pharisäer und der Johannesjünger zusammenstellt.

des Himmelreiches, für welches sie sich bereiten, anzusehen haben, und die innere Umgestaltung, welche von ihnen gefordert ist, beginnt daher ihre reformierende Wirkung für das Leben unter dem Gesetze zu äußern.[1])

4. In anderen Fällen handelte es sich noch bestimmter um das Gesetz, oder doch um die Observanz, in Betreff eines seiner ersten Gebote, jedenfalls desjenigen, welches den mächtigsten praktischen Einfluß auf das gemeine Leben hatte. Wir kommen hiermit zu den Streitigkeiten über die Sabbathvorschriften. Das Ausraufen der Aehren durch seine Jünger am Sabbath[2]) beweist, eben deßhalb, weil dasselbe nach der bestehenden Observanz als eine Art von Ernte-Arbeit verpönt war, daß er in seiner Umgebung bereits einen freieren, diese Observanz nicht achtenden Geist verbreitet hatte. In seiner Rechtfertigung geht er zuletzt auf seine persönliche Stellung als des Menschensohnes zu dem Gebote des Sabbaths zurück. Aber während dieß jedenfalls nur eine jetzt noch dunkle Andeutung war, steht im Vordergrund ein aus der Schrift genommener Beweis, dessen wahrer Sinn jedoch ist, daß das Gesetz des Sabbathes keinen unnatürlichen Zwang über den Menschen gegenüber von seinen gerechten Bedürfnissen ausüben darf. In dem zweiten Collisionsfalle wegen dieses Gebotes handelt es sich um eine Heilung am Sabbath. Die Art, wie hiebei die Gegner es darauf anlegen, daß Jesus sich diese zu schulden kommen lasse, beweist, daß er bereits in ähnlichen Fällen dazu vorgegangen war. Zwar an jenem ersten Abend in Kapernaum waren die Kranken mit Ausnahme der Schwiegermutter des Petrus erst nach dem Schlusse des Sabbaths von ihm geheilt wor-

---

[1]) Auch daß er frühzeitig die Verehrung der alten Autoritäten verworfen, und hiebei diejenigen, welche diesen Todtencultus übten, selbst als Todte bezeichnet hat, sehen wir wohl aus dem Spruche: Laß die Todten ihre Todten begraben, Matth. 8, 22. Luk. 9, 60. Denn daß dieses die Antwort auf das Verlangen eines Mannes sei, welcher sich ihm anschließen, aber zuvor seinen Vater begraben wollte, ist sicher eine erst aus dem Spruche selbst vermuthete Veranlassung.

[2]) Mark. 2, 23 ff. Par.

den. Es waren die Leute selbst, welche diesen Moment abgewartet hatten, bis sie dieselben zu ihm brachten. Er selbst aber scheint frühe diesen Unterschied nicht eingehalten zu haben.[1]) Verstöße gegen die Sabbathpraxis waren dabei fast unvermeidlich, eben wenn die Kranken herzugetragen werden mußten. Aber auch das Heilungsgeschäft selbst, zumal wenn es mit symbolischen leiblichen Handlungen verbunden war, konnte als Bruch jener Ordnung angesehen werden. Die Vertheidigung Jesu beschränkt sich nach dem ältesten Evangelium auf die Frage, ob es nicht am Sabbath gestattet sei, Gutes zu thun, oder etwa eher Böses zu thun? Nach der Redensammlung erläutert er dieß aus dem Leben, damit daß Niemand sich bedenke den Sabbath zu brechen, wenn es gelte sein Hausthier vom Verderben zu retten, wie viel mehr einen Menschen. Hier ist nun auf die wahre Natur des Sabbaths zurückgegriffen. Als göttliche Einrichtung kann derselbe nicht bezwecken, das Wohlthun zu verhindern. Aber eben damit ist auch der gesetzliche Standpunkt aufgegeben. Der Sabbath ist nicht ein Gebot, welches als solches zu beobachten ist, sondern er muß in seinem wahren Wesen begriffen werden, und dieß kann nur nach der Erkenntniß Gottes in seiner Güte, welche die oberste Richtschnur für das göttliche Leben des Menschen ist, geschehen. Es ist also auch hier die Entscheidung der höchsten Fragen in dem was sich aus dem Wesen Gottes selbst ergibt, zu suchen, und damit wird eben der rein menschliche Gesichtspunkt der berechtigte. So ist hiedurch die Lehre schon in die praktische Folge übergegangen, in einer Weise, welche das Gesetz nicht antastet, welche es aber unter die freie auf dem Leben vor Gott beruhende Gerechtigkeit stellt. In unvermeidlicher Folge wird das Evangelium zur Reformation des Gesetzeslebens.

---

[1]) Daß er diese praktische Freiheit übrigens nicht von Anfang an sich nahm, kann man auch aus der Ermahnung an den Aussätzigen, Mark. 1, 44, schließen, wiewohl es sich hiebei in erster Linie um die Geheimhaltung zu handeln scheint. Anders wäre es, wenn man aus Mark. 1, 43 (45) schließen dürfte, Jesus habe dem Aussätzigen sogar gestattet, in das Haus zu kommen, wozu jedoch nicht genügender Grund vorhanden ist.

5. In dem Maße, in welchem Jesus selbst diese praktischen Consequenzen seiner Lehre zog, mußte er auch Anstoß bei den Vertretern der Gesetzeskunde, den vom Pharisäismus beherrschten Schriftlehrern, geben. Die Pharisäer waren die Frommen des Volkes, welche sich selbst die höhere Frömmigkeit eben deßwegen zuschrieben, weil sie auf die peinlich genaueste Erfüllung des Gesetzes drangen. Sie waren in diesem Sinne die Vertreter der Tradition; denn die δευτερώσεις sollten nur den Zaun um das Gesetz bilden. Jesus wollte das Gesetz von diesem Zaun befreien, er gab dem Grundsatze, daß dasselbe unauflöslich und von ewiger Dauer sei, einen ganz neuen abweichenden Sinn. Nichts ist so sicher in der evangelischen Geschichte, als daß Jesus von Anfang an im Gegensatze zu dieser Richtung stand,[1]) daß sich an diesem Gegensatze der Gang seines Werkes und die Entscheidung seines Lebens entwickelte. Bei allen jenen Vorfällen, in welchen Jesus anfieng in das Leben selbst einzugreifen, sind sie bereits seine beobachtenden, lauernden Gegner. Sie halten sich auf über die Sündenvergebung an dem Paralytischen, sie tadeln den Verkehr Jesu mit den Zöllnern, sie treten mit den Schülern des Johannes dagegen auf, daß die Schüler Jesu das Fasten unterlassen; sie rügen das Aehrenraufen der Jünger Jesu, und locken seine Grundsätze heraus, indem sie ihn veranlassen, am Sabbath zu heilen. Bei diesem letzteren Anlasse kommt es bereits zu einem unversöhnlichen Bruche. Nachdem Jesus ihnen offen zu trotzen gewagt, ergreifen sie zwar zunächst noch keine gesetzliche Maßregel gegen

---

[1]) Daß die jüdische Geschichtsauffassung Jesus und seine Lehre auf jüdische Parteien zurückzuführen meint, begreift sich leicht, und es ist daher nur consequent, wenn neben der Annahme essäischer Wurzeln (vgl. Grätz, Gesch. der Jud. III. 2. A. S. 226 ff.) auch der Versuch gemacht wird, ihn als Pharisäer darzustellen (Geiger, Sadducäer und Pharisäer. 1863). Wie es aber mit der Auffassung des Pharisäismus dabei steht, ist klar, wenn man sieht, wie dieser einestheils ganz in der Bekämpfung der priesterlichen Heiligkeit zu Gunsten des Volks bestehen, und daher die ganze Aeußerlichkeit, die damit verbunden ist, bloß dulden soll, anderentheils aber gerade, um den Unterschied auszugleichen, das ganze Volk mit jener äußerlichen Priesterheiligung belasten muß; a. a. O. S. 27. Um den Pharisäismus freisinnig darzustellen, macht man das Wesentliche desselben zu einer Accomodation.

ihn, dieses möchte dem Eindrucke gegenüber, welchen eben jetzt seine Heilungen erzeugten, nicht gerathen scheinen; aber sie waren bei sich selbst fertig; der Entschluß stand jetzt fest, ihn zu verderben, sobald die Dinge dazu reif sein würden.[1]) So berichtet das älteste Evangelium, und es setzt hinzu, daß sie sich zu diesem Zwecke mit den Herodianern verbanden. Dieß kann hier in Galiläa nur heißen, daß sie den Hof des Vierfürsten zu bearbeiten begannen, ein Versuch, welcher etwas später seine Früchte tragen sollte.[2]) Wenn im Matthäusevangelium wenigstens in der späteren galiläischen Zeit auch die Sadducäer mit den Pharisäern vereint gegen Jesus auftreten Matth. 16, 1, so ist dieß offenbar eine Verallgemeinerung der Aufzählung seiner Gegner, welche in den Text nur dadurch gekommen ist, daß die Warnung vor dem pharisäischen Sauerteig 16, 11 f. Par. frühe als Spruch gegen die jüdischen Lehren überhaupt verwendet und gestaltet wurde. In Galiläa, wo überhaupt kaum Sadducäer sein mochten, hatte Jesus mit denselben jedenfalls keine Berührung. Die Pharisäer aber mußten nach jenen Erfahrungen zu ihrem Leide sehen, wie das Ansehen Jesu unter dem Eindrucke seines Heilens fortwährend wuchs. So kam es, daß sie auch diese Thätigkeit selbst anzugreifen suchten. Sie hielten sich an die Macht, welche er über die Dämonischen hatte; diese Macht, sagten sie, lasse sich nur erklären aus einer Gewalt, welche ihm das Haupt der Dämonen

[1]) Mark. 3, 6. Matth. 12, 14.

[2]) Auch die Verbindung von Pharisäern mit Herodianern zu der Censusfrage, Matth. 22, 16. Mark. 12, 13, deutet auf nichts Anderes als auf Leute des Tetrarchen, nachdem dieser einmal Jesus in's Auge gefaßt hatte. Es ist in den Evangelien kein Grund, nach der auch von Renan angenommenen Vermuthung jüdischer Gelehrten, in den Herodianern die Sadducäer oder Priesterpartei zu sehen, welche diese Schriften stets unter ihrem eigenen Namen aufführen (denn Matth. 22, 16 ist nicht Einleitung zu 22, 23), und welche sonst nirgends so genannt ist. Das Wort Mark. 8, 15: Hütet euch vor dem Sauerteige der Pharisäer und vor dem Sauerteige des Herodes, kann nur auf die galiläischen Verhältnisse bezogen werden, und von Ueberlistung der Jünger durch die Pharisäer oder die Anhänger des Tetrarchen gemeint sein. Gerade daß hier bei Matthäus, 16, 6. vgl. 12, die Sadducäer dafür gesetzt sind, ist das Zeichen einer sekundären Deutung dieses Evangelisten.

selbst eingeräumt habe.[1]) Eben deßhalb sei sein ganzes Auftreten und Lehren ein Blendwerk dieses Reiches der bösen Geister. Jetzt zum erstenmal in seiner Person und im ganzen Charakter seines Berufes angegriffen, begnügt sich auch Jesus nicht mehr, sich zu vertheidigen und das Widersinnige darzulegen, daß das Reich der Dämonen mit sich selbst uneinig seie, daß das Haupt derselben gegen seine eigene Macht wüthen sollte, sondern er geht jetzt zum Angriffe über. Er charakterisiert jene Beschuldigung als Lästerung, und zwar nicht Lästerung seiner Person, sondern des heiligen Geistes, von welchem sein Wirken herrührt, eine Lästerung daher, welche nicht vergeben werden kann. Er beruft sich auf die wohlthätigen Früchte seines Thuns; denn an den Früchten erkennt man die Natur des Baumes: wo solche Früchte vorliegen, kann nicht ein dämonisches, sondern nur ein göttliches Leben zu Grunde liegen; und was haben sie diesen Früchten entgegenzustellen als leere Worte, und wie der Augenschein zeigt, Worte der Bosheit. Mit diesen geben sie selbst das Bild ihres Innern; er schließt damit, sie zur Verantwortung darüber auf den Tag des Gerichtes zu laden.

Die Redensammlung, aus welcher diese Worte Jesu uns überliefert sind, stellt darin die Umrisse des Streites Jesu, seiner Vertheidigung und seines Angriffes zusammen. In ihrer späteren Redaction ist das Wort von der Lästerung mit einer Ermahnung an die Jünger zum Bekenntnisse verbunden worden, es wurde dadurch zu einer Lehrrede über die Lästerung des Geistes nach dem Standpunkte des apostolischen Zeitalters. Seine wirkliche Bedeutung ist bei Matthäus erhalten und diese Matthäusrede ist ohne Zweifel eine geschichtliche Streitrede. Sie ergänzt die Aeußerung Jesu in der Bergpredigt über den Pharisäismus. Dort wollte er noch eine höhere Gerechtigkeit aus dem Gesetze verkünden, als die vom Pharisäismus gepredigte. Er trat der Heuchelei der pharisäischen Werkübung entgegen. Hier greift er die Hohlheit des pharisäischen Wesens an, er charakterisiert die feindselige Aeußerung als Lästerung gegen Gottes Sache. Wie er

---

[1]) Matth. 12, 24 ff. Par.

aber dort bei allem Gegensatze der Lehre noch geschont hatte, so greift er auch hier in dieser Strafrede noch nicht den Pharisäismus als solchen, nicht den Standpunkt der Partei, sondern nur das Verhalten der letzteren an. Er geht im Angriffe nie weiter als es die Noth erfordert. So finden wir auch nicht, daß dieser Zusammenstoß, welcher bei einem bestimmten Falle einer Heilung geschah, unmittelbar äußere Folgen gehabt hätte. In der Ordnung des ältesten Evangeliums läßt sich allerdings nicht sehen, daß Jesus in der Folge die Synagoge wieder besucht hätte. Er entfernt sich bald über den See hinüber. Aber hieraus kann nicht sicher abgenommen werden, daß Jesus von der Synagoge ausgeschlossen worden war. Denn die Aufeinanderfolge der Begebenheiten ist nach der Natur des Evangeliums nicht in so weit entscheidend, und nach dem Evangelium selbst wendet sich später noch wenigstens ein Synagogenvorstand, Jairos, hilfesuchend an Jesus.

6. Wohl aber mußte sich in jedem Falle nach solchen Vorgängen die Thätigkeit Jesu als Lehrer, der in der Synagoge auftritt, beschränken. Er mußte immer bestimmter sich überzeugen, daß eine Bekehrung des Volkes von hier aus unmöglich, daß überhaupt weder die Lehrer des Volkes noch das von diesem im Großen abhängige Volk selbst zu gewinnen sei. Und dazu trug das letztere selbst bei, da sich an ihm immer weniger, auch trotz der Zeichen, welche geschehen sind, eine ernstliche Neigung, sich bekehren zu lassen, zeigt. Chorazin, Bethsaida, Kapernaum selbst, die Orte, in welchen die leuchtendsten Wunderthaten vollbracht waren, könnten durch Tyrus und Sidon, ja durch Sodom beschämt werden. Für diese Heimatstätten seines Wirkens hat er nur den Weheruf des Gerichtes.[1]) Seine Klage ist, daß sie das neue Leben nicht annehmen. Es war ein mildes Joch, eine leichte Last, welche sie auf sich nehmen sollten.[2]) Dieses Joch war in der That nur Erquickung. Aber sie verschmähen diese Erquickung, weil sie sich nicht erkennen als belastet und gedrückt. Auch in

---

[1]) Matth. 11, 20 ff. [2]) Matth. 11, 29 f.

diesen Worten drückt sich aus, daß es jetzt immer klarer sich darum handelte, ob das Volk sich von der pharisäischen Leitung lossagen und der seinigen überlassen, jenen Dienst des Gesetzes und des Zauns um dasselbe als Beschwerung erkennen, und die höhere Auslegung desselben annehmen, sich in den Stand der geistigen Freiheit versetzen lassen wollte. So stellt er bereits sein Lebensgesetz als das milde Joch dem schweren des Pharisäismus entgegen. Zwischen beiden muß es sich entscheiden.

In diese Zeit fallen auch die Worte, welche Jesus in Folge der Anfrage des Täufers aus dem Gefängniß her gesprochen hat. Er hat davon Anlaß genommen, sich an das Volk, welches von dieser Sendung gehört hatte, zu wenden und über den Täufer und dessen Bedeutung zu ihm zu reden. Die letztere besteht darin, daß der Täufer der Vorläufer des Messias und seines Reiches ist. Denn in ihm kann man den Elias erkennen, der nach dem Propheten Maleachi 3, 23 zu erwarten ist, Matth. 11, 14.[1]) Will man aber auf die Bedeutung dieser Weissagung recht achten, so kann man sich nicht verbergen, daß die Erfüllung derselben die Nähe des Reiches anzeigt. Denn sie steht am Schlusse der das Gesetz und die Propheten umfassenden Schrift im letzten prophetischen Buche, die ganze Weissagung der Schrift gipfelt also in diesem Worte, und daraus erhellt, daß mit diesem die Ankunft des Reiches selbst gegeben ist 11, 13. Nun ist zwar allerdings durch das Auftreten des Täufers eine Bewegung entstanden, in welcher derselbe auch seine Anerkennung als Prophet in Rede und Leben gefunden hat. Aber das Volk hat doch seine vorläuferische Bedeutung als das Zeichen der Zeit nicht erkannt, denkt und glaubt noch nicht an das Reich. Es beweist vielmehr immer noch denselben oberflächlichen Geist und launischen Sinn, wie es ihn an Johannes selbst bewiesen hat. Sie haben diesen aufgesucht als einen Propheten, aber sie haben ihn dennoch betrachtet, wie ein Schaustück, und zuletzt haben sie sich von dem ernsten

[1]) Die Stelle Mal. 3, 1. Matth. 11, 10 gehört nicht ursprünglich in den Contert der Rede, welche erst im Folgenden zur Weissagung übergeht; die Worte Vs. 11 schließen sich an Vs. 9 an. Jene Stelle ist als messianische Beweisstelle von dem Verfasser des Evangeliums eingeschaltet.

Bilde seines Lebens abgewendet, als von einer dämonischen Erscheinung. Ebenso erlauben sie sich jetzt über Jesus zu spotten und sein mildes Auftreten zu tadeln; sie gleichen den spielenden Kindern, die in kindischem Gebahren jeden Augenblick ihr Verlangen ändern, und klagen, wenn es nicht erfüllt wird. Die Weisheit Gottes hat daher keine Schuld an diesen ihren Kindern.[1]) Jesus faßt sein Urtheil über dieses Geschlecht zusammen in dem Bilde von einem Kranken, aus welchem der böse Geist ausgezogen, aber nicht vertrieben ist, in welchen er vielmehr bald wiederkehrt in Gesellschaft von sieben Genossen, um es mit diesen schlimmer als vorher zu treiben. Nur einen Augenblick schien es besser mit ihnen zu werden; aber es war Schein, dem die Verstockung nur um so sicherer nachfolgte.[2])

Diese Urtheile über das Volk treffen mit der Streitrede über die Pharisäer darin zusammen, daß das entscheidende Gebrechen die Blindheit für die Zeichen des Reiches ist. So offenbart sich in diesen Aeußerungen, wie durch das ganze bisherige Wirken Jesu die Verkündigung des Reiches der einige und letzte Zweck geblieben ist.

7. Gerade dieser entscheidende Mangel, welcher dem wahren Erfolge der bisherigen Arbeit entgegenstand, mußte zu der Gründung der engeren Gemeinde führen. Aber es kam überhaupt jetzt Alles zusammen, um eine Losreißung Jesu von den natürlichen Banden seines Lebens und den bisherigen Zielen seines Wirkens herbeizuführen, und ihn mit diesem in ganz neue und freie Bahnen zu führen. Die schriftgelehrten Leiter des Volkes waren seine Feinde geworden und nöthigten ihn, auch ihrer Herrschaft den Krieg zu

---

[1]) Matth. 11, 19. Wenn der C. Sin. jetzt *ἔργων* für *τέκνων* liest, so ist dieß doch wohl nur eine sehr frühe Verbesserung. Die *τέκνα* der Weisheit aber sind nach den *σοφοί*, Matth. 11, 25, zu erklären, und *ἐδικαιώθη* kann dann nur die Freisprechung von dem Vorwurfe bedeuten, welchen diese *τέκνα* sonst thatsächlich durch ihr Wesen gegen sie erheben; die *τέκνα* selbst sind die Anklage, und *δικαιωθῆναι ἀπὸ τῶν τέκνων* ist ganz so zu nehmen wie *δικαιοῦσθαι ἀπὸ ἁμαρτίας*, vgl. Sir. 26, 20.

[1]) Matth. 12, 43 ff. Luk. 11, 24 ff.

erklären. Die Heimatgegend, welche er sich für Predigt und Heilen erkoren, lohnte ihm mit Gleichgiltigkeit und brachte es dahin, daß er sie aufgeben mußte. Aber auch in seinen engeren Verhältnissen fand er sich ganz auf sich selbst gestellt und von denen verlassen, an welche er die nächsten Rechte hatte.

Jesus hatte sich von seiner Vaterstadt Nazareth getrennt, als er seinen Beruf in Galiläa übernahm, oder vielmehr er hatte sich, als er von Judäa zurückkehrte, in eine andere Gegend gewendet. So gewiß dieß nicht ohne Absicht geschah, so haben wir doch darin nicht ein Zeichen zu sehen, daß ihm die natürlichen Bande von vorneherein gleichgiltig waren. Er folgte einer Nothwendigkeit, wenn er das neue Werk an neuem Orte begann, und sich, um dieses frei thun zu können, von allen den Hemmnissen losriß, welche ihm die Gewohnheit des bisherigen Lebens und die niederhaltende Macht der vertrauten Umgebung hier auflegen mußte. Hätte das dritte Evangelium eine eigenthümliche Ueberlieferung für sich, indem es seinen Besuch in Nazareth dem Auftreten in Kapernaum vorausgehen läßt, so müßten wir annehmen, daß diese Nothwendigkeit auch schon durch die äußere Erfahrung wirklicher Zurückweisung in Nazareth begründet gewesen wäre. Aber obwohl das Evangelium das Auftreten in der Synagoge zu Nazareth und die Reden Jesu daselbst eigenthümlich berichtet, so widerlegt es doch gerade mit diesem Berichte selbst die Ansicht, die es über die Zeit des Auftretens geben will. Denn in seinen Reden entschuldigt oder vertheidigt sich Jesus darüber, daß er bisher zwar in Kapernaum, aber nicht ebenso in seiner Vaterstadt große Thaten verrichtet.[1]) Wir haben also hier nicht eine eigenthümliche Ueberlieferung, sondern eine fortbildende Darstellung jenes Besuches in Nazareth, welchen das älteste Evangelium aus späterer Zeit berichtet, und erst der Pragmatismus des Evangelisten hat denselben an die Spitze des Evangeliums gestellt.

Als nun in dieser späteren Zeit Jesus auch seine Vaterstadt aufsuchte,[2]) brachte er zwar schon den großen Ruf seiner Thaten mit, aber nichts destoweniger traten ihm alle die Vorurtheile ent-

---

[1]) Luk. 4, 23. [2]) Matth. 13, 54 ff. Mark. 6, 1 ff.

gegen, welche ihm früher den Anfang in der Heimat unmöglich gemacht hätten. Nur um so unwilliger wurde jetzt die Einwendung erhoben, daß er nicht mehr sein könne, als sie, die ihn selbst und seine Familie von Jugend auf kennen. So konnte Jesus ihnen nur das Sprichwort vorhalten, daß der Prophet in seiner Heimat ohne Ansehen ist. Er verließ sie, ohne unter ihnen zu thun, was er sonst überall that. Die spätere Zeit fand in diesem Schicksale eine Bestätigung der großen durch die Geschichten des alten Bundes bewährten Erfahrung, daß Gottes Offenbarung und Gnade ihren freien Weg, nicht nach menschlicher Anwartschaft und menschlicher Vermuthung geht.[1]) Und die Sage setzte an die Stelle der Verschmähung offene Feindseligkeit, welcher Jesus nur wie durch ein Wunder entgieng.[2])

In dieser Erzählung werden die Verwandten Jesu, Mutter und Geschwister nur von den Einwohnern genannt, als solche, deren Gegenwart unter ihnen zum Zeugniß gegen den Anspruch Jesu auf den Charakter eines Propheten werde. Sie selbst treten nicht handelnd auf, in jedem Falle sind sie nicht für ihn eingetreten. Aber bei einem anderen Vorfalle erfahren wir, welche Stellung sie in der That zu Jesu einnehmen. Sämmtliche Synoptiker berichten aus dem ältesten Evangelium, daß eines Tages, als Jesus in Kapernaum im Hause[3]) seine Anhänger lehrte, sich seine Mutter und seine Brüder bei ihm anmelden ließen.[4]) Jesus aber gibt nicht weiter Acht darauf, er weist vielmehr die Anmeldung zurück mit der Erklärung: daß er Mutter und Brüder in seinen Schülern, die den Willen Gottes thun, habe.[5]) So groß der Gesichtspunkt ist, der sich hiermit für die Natur seiner Gemeinde, und seine Stellung zu derselben eröffnet, so liegt doch darin zugleich eine Verläugnung des natürlichen Familienbandes, die menschlich betrachtet eine schwer begreifliche Härte athmet, und diese Härte erscheint um so schroffer, wenn wir ihn weiterhin dasselbe, was

---

[1]) Luk. 4, 25 ff. [2]) Luk. 4, 28—30.

[3]) Mark. 3, 19 f., was dann noch Matth. 13, 1 durchscheint.

[4]) Matth. 12, 46 ff. Par.

[5]) Auch in Mark. 3, 34 sind nur die eigentlichen Anhänger, nicht das zuhörende Volk so bezeichnet.

er hier thut, als Forderung an seine Jünger stellen hören, daß sie, um ihm wahrhaft anzuhängen, sich von Eltern, Geschwistern und Kindern losreißen müssen.[1]) Es kann dieß wohl zur Nothwendigkeit werden, wenn die Entscheidung für eine heilige Sache es fordert. Aber damit beginnen, ohne daß die Nöthigung schon eingetreten ist, wäre die Sache eines Schwärmers.[2]) Die Lösung des Räthsels liegt in wenigen Worten, welche als Eingang zu jenem Vorfalle gehören, aber unter den Synoptikern nur von Markus und auch von ihm getrennt von ihrem richtigen Zusammenhange aufbewahrt sind: die Seinigen hörten von ihm und zogen aus, sich seiner zu bemächtigen; denn sie sagten: er ist von Sinnen gekommen.[3]) Das war der Zweck jenes Kommens. Was also Jesus bei ihrer Anmeldung ausspricht, ist der bittere Entschluß, sich von ihnen loszusagen, weil es so sein muß. Und auf dieser persönlichen Erfahrung beruht auch die Forderung an seine Anhänger, die Bande zu verläugnen, wenn für sie wie für ihn die Wahl eintrete: zwischen der Sache Gottes und der irdischen Liebe. Das schmerzliche Gefühl der Heimatlosigkeit, welche so für ihn herbeigeführt wurde, spricht sich noch in dem Worte aus: die Füchse haben Gruben und die Vögel des Himmels haben Nester; aber der Menschensohn hat nicht, wo er sein Haupt hinlege.[4]) Schon die apostolische Zeit konnte sich bald die Ursache dieser Lossagung nicht mehr erklären, zumal in seiner Familie später ein Umschwung erfolgte, und der eine Bruder Jakobus zu hohem Ansehen in der Urgemeinde gelangte.[5]) Aber noch in Joh. 7, 5 treten nicht lange vor seinem Tode seine Brüder ihm ungläubig, sein Wesen mißverstehend gegenüber.

---

[1]) Matth. 10, 37. Luk. 14, 26.

[2]) Als solchen schildert Renan Jesus, indem er ihm dieses Verfahren zuschreibt.

[3]) Mark. 3, 21.

[4]) Matth. 8, 20. Luk. 9, 58.

[5]) Eine Wendung, deren Schlüssel vielleicht in 1 Cor. 15, 7 zu finden ist.

5. Die Jünger.

1. Es waren die praktischen Consequenzen seiner Lehre von der Gerechtigkeit und dem Gesetze, durch welche das Wirken Jesu seinen friedlichen Charakter verlor, wodurch er in eine isolierte Stellung kam. Aber als die eigentliche Ursache der Entfremdung beider Theile bezeichnet Jesus selbst die Sache des Himmelreiches, seine Ankündigung desselben, die Nichtannahme dieser bei seinen Gegnern. Aus der Predigt des Reiches ergab sich alles Uebrige von selbst; für den, welcher mit ihm die Nähe desselben erkannte, mußte es leicht werden, auch nur noch für das Reich und im Blicke auf dasselbe zu leben. Wer sich jenem Glauben verschloß, der sah in seinem Unternehmen bloß Zerstören, fand in ihm selbst nach der einen oder anderen Seite entweder einen Schwarzkünstler oder einen Schwärmer ohne Ernst. Um so mehr stellte Jesus die Botschaft des Reiches auf's Neue voran, und dieser Glaube wird die Grundlage der engeren Genossenschaft, welche er um sich versammelt.

Die Bildung dieser Genossenschaft ist jedenfalls erst spät und nach allmählicher Vorbereitung erfolgt. Sie geschah durch die Auswahl der Zwölfe als seiner Vertrauten, eine Thatsache, welche auch außerhalb der Evangelien in apostolischen Quellen verbürgt ist, vgl. 1 Kor. 15, 5. Apokal. 21, 14. Aber noch die Zahl dieser Vertrauten zeigt, daß die Absicht Jesu war, das ganze israelitische Volk zu gewinnen. Indem er damit an die zwölf Stämme desselben erinnerte,[1]) sprach er aus, daß sie die Mission an dieses Volk übernehmen und daß sie selbst zunächst dasselbe als die Anfänge und Erstlinge vorstellen sollten. Gerade weil er diesen größeren Zweck festhielt, entschloß er sich erst nach und nach und unter dem Einflusse der gemachten Erfahrung zur Bildung eines solchen abgeschlossenen Kreises von Anhängern. Er war nicht als Lehrer aufgetreten, der eine Schule stiftet. Seine Lehrweise be-

[1]) Daher dann das Gericht der zwölf Jünger über die zwölf Stämme, Matth. 19. 28. Luk. 22, 30.

stand nicht in einer eigenthümlichen Art der Schriftauslegung, welche sich als Methode aneignen ließ. Sie war zunächst ganz persönlich, und sie konnte jedenfalls nur von dem lebendig ergriffen werden, für welchen mit der Annahme des Glaubens an das Reich eine neue Lebensstellung eingetreten war. Der Schriftgelehrte, welcher nach den Grundsätzen Jesu aus dem Alten Neues hervorbringen soll, Matth. 13, 52, ist kein bloßer Lehrer und seine Fähigkeit ist nicht der Erwerb der Schule, sondern die Kraft eines Geistes, welcher auf einem neuen Glaubensleben beruht. Ebenso wenig aber hatte Jesus damit begonnen, äußere Formen des Lebens aufzustellen, positive Vorschriften zu geben, und deren Erfüllung zu fordern, welche von selbst die Grundlage einer äußeren Genossenschaft hätten werden müssen.

Es ist nur der Ausdruck der Stellung, welche er hienach einnahm, wenn die Evangelisten berichten, daß Jesus solchen, die sich ihm anschließen wollten, die ganze Schwierigkeit, welche das Leben mit ihm seinen Anhängern darbietet und die große Veränderung, welche mit ihrem Leben vorgehen muß, wie als Warnung oder als abschneidendes Gebot vorgehalten habe, Matth. 8, 18—22. Luk. 9, 57—62, nämlich außer den Sprüchen über die Heimatlosigkeit des Menschensohnes und über die Lossagung von den todten Autoritäten, noch: wer seine Hand an den Pflug legt und sieht zurück, ist nicht geschickt zum Reiche Gottes; obwohl die Veranlassung dieser in der Ueberlieferung bewahrten Aussprüche sicher erst von den späteren Bearbeitern der Redensammlung aus den Sprüchen selbst erschlossen ist, und der letztere Spruch, wahrscheinlich schon den Zeiten, in welchen Jesus die Seinigen auf das Leiden vorbereitet, angehört. Daß er aber solche Erbietungen zurückwies und insbesondere die von ihm Geheilten nicht so leicht in seine Umgebung aufnahm, ist auch durch das Beispiel des Gadareners Mark. 5, 19. Luk. 8, 38 bewiesen.

2. Als die ersten, welche in nähere Verbindung mit Jesus traten, bezeichnet das älteste Evangelium zwei Brüderpaare, welche nachher nicht nur zu den Zwölfen gehören, sondern offenbar den eigentlichen Stamm dieser Genossenschaft bilden, Petrus und An-

dreas, und Jakobus und Johannes, Mark. 1, 16—20. Matth. 4, 18—22. Daß die Erzählung von ihrer Berufung bei Lukas nach einer späteren Vorstellung umgebildet ist Luk. 5, 1—11, mußte schon erwähnt werden. Auch an Petrus, dem Haupte der Apostel, und an ihm zuerst sollte es bewiesen werden, daß Jesus in der That seine Gefährten ganz aus dem Kreise der Sünder gewählt habe, und das sinnige Wort, daß er ihn zu einem Menschenfischer machen wolle, fand seine nähere Erläuterung an dem wunderbaren Fischfange als dem Bilde der einstigen Vermehrung der Gemeinde. Uebrigens zeigt die Erzählung durch die Art, wie sie nachträglich auch die beiden anderen Vertrautesten mit in diese Berufung einbegreift, 5, 10 deutlich, daß sie die frühere Form derselben voraussetzt.

Jene Berufung der beiden Brüderpaare fand vor dem Auftreten in Kapernaum statt, mit welchem die heilende Thätigkeit Jesu beginnt. Aber die Darstellung der Quelle, aus welcher sie stammt, zeigt doch selbst, daß es sich hier noch nicht um die Gründung eines bleibenden, geschlossenen Verhältnisses gehandelt hatte. Jesus zieht sich sofort wieder ganz zurück, und Simon mit seinen Genossen muß ihn erst wieder aufsuchen Mark. 1, 35 f. Auch ist er auf den sich anschließenden Wanderungen Mark. 1, 39. 40 ff. wenigstens nicht ununterbrochen von ihm begleitet. In jedem Falle war also jener Aufruf nur die Begründung des Verhältnisses, welches mit der Auswahl der Zwölfe sich später befestigt hat. Das vierte Evangelium datiert die erste Anknüpfung mit mehreren dieser Anhänger, und unter denselben mit Andreas und Simon noch weiter zurück, neben einem dritten Ungenannten, unter welchem man nach der Weise des Evangelisten nur den Apostel Johannes angezeigt finden kann.[1]) Beide sind hienach in der Umgebung des Täufers gewesen, als Jesus sich von diesem taufen ließ, und dieser selbst hatte sie auf Jesus aufmerksam gemacht und ihren ersten Anschluß an denselben veranlaßt.[2]) Durch die Brüder Simon und Andreas wird dann auch ihr Ortsgenosse Phi-

[1]) Auch hier wird in charakteristischer Weise hervorgehoben, daß derselbe dem Simon noch vorangieng.

[2]) Joh. 1, 35 ff.

lippus und durch diesen Nathanael mit Jesus bekannt. Wenn hiebei Jesus dem Simon schon den Namen Kephas oder Petrus beilegt, so ist dieß ebenso wenig eigentlich historisch zu verstehen, als daß der Täufer Jesus ihnen als den Messias und als das Lamm Gottes bezeichnet. Wie schon die ältere Erzählung in die Berufung durch das Wort vom Menschenfischen die Erinnerung an den allgemeinen Charakter und Zweck dieser Verbindung legt, so ist dieß hier in noch umfassenderer Weise geschehen; und von demselben Gesichtspunkte aus ist auch die Erzählung zu betrachten, daß Philippus bereits jetzt nach der ersten Bekanntschaft dem Nathanael Jesus als den Messias bezeichnet, und Nathanael für diesen Glauben durch einen Beweis der Prophetengabe Jesu gewonnen, denselben voll und klar gegen Jesus ausspricht. Wie aber in diesem Evangelium einzelne Daten unter das höhere Licht allgemeiner Wahrheiten gestellt zu werden pflegen, so mag auch hier die wirkliche Erinnerung zu Grunde liegen, daß die erste Bekanntschaft Jesu mit diesen Anhängern durch das Zusammentreffen bei dem Täufer veranlaßt war, und daß damals in der Erregung, welche der Täufer bewirkt, messianische Hoffnungen, wenn auch nur flüchtig, in diesem Kreise aufloderten.

Die Verbindung mit Simon wurde auch in äußerlicher Rücksicht für Jesus bedeutungsvoll, insoferne sie ihm nämlich in gewisser Art einen Wohnort verschaffte. Nach Joh. 1, 45 waren er und sein Bruder Andreas von Bethsaida. Die älteren Evangelien sprechen dieß zwar nicht aus. Aber auch hier findet die Berufung der beiden nicht in Kapernaum, sondern anderwärts statt; sie gehen erst von dort aus nach Kapernaum, und hier ist es nicht das eigene Haus des Simon, sondern das seiner Schwiegermutter, in welches sie gehen.[1]) Dieses Haus scheint von da an Jesu den Aufenthalt gewährt zu haben, seit er Kapernaum zum Mittelpunkte seiner Wanderungen machte.

Lange Zeit muß der Kreis, der sich um ihn schaarte, noch ein freier gewesen sein, und es gehörten sicher zu seinen ersten näheren Anhängern Viele, deren Namen ebenso gänzlich verloren

---

[1]) Mark. 1, 30.

giengen, wie wir von Orten, in welchen Jesus thätig war, nur noch eine dunkle Erinnerung des Namens haben. Eine vereinzelte Mittheilung Luk. 8, 1—3 hat uns die Kunde aufbewahrt, daß Jesus mit seinen Anhängern von Unterstützungen lebte, welche ihnen geheilte Kranke, besonders Frauen, welche dämonisch krank gewesen waren, zuwendeten. Von den hier genannten Namen ist nur der der Maria von Magdala auch sonst erhalten. Eine Johanna, die Frau eines herodianischen Beamten Chuza, sowie die weiter genannte Susanna sind nur dieses einemal genannt. Aber die Nachricht sagt auch, daß noch viele andere ebenso wie sie diese freiwilligen Gaben geleistet haben. Aus der Anweisung, welche er seinen Sendboten gibt, ersehen wir den Grundsatz, Alles was der Beruf mit sich bringt, umsonst zu leisten, sich nicht dafür belohnen zu lassen, Matth. 10, 8, aber auch den anderen, die freiwilligen Gaben der Dankbarkeit ohne Scheu anzunehmen Matth. 10, 10. vgl. Luk. 10, 7; wodurch sich jenes Verhältniß bestätigt. Im vierten Evangelium ist aus der spätesten Zeit berichtet, daß einer der Zwölfe eine gemeinschaftliche Kasse führte, Joh. 12, 6. 13, 29. Nirgends findet sich eine Spur von der Einrichtung einer Gütergemeinschaft, welche weiter als das natürliche Bedürfniß gienge.

3. Die Gründung einer festen Genossenschaft durch die Wahl der Zwölfe ist im ältesten Evangelium mit dem Zwecke erzählt, daß er die Ausgewählten aussenden wollte zu predigen, Mark. 3, 14. Auch in der Darstellung des Matthäus steht der Beweggrund voran, daß er Mitleiden mit dem Volke hatte, welches wie zerstreute Schafe ohne Hirten war, und deßhalb Arbeiter in die Ernte schicken wollte, Matth. 9, 36—38. Aber jene ältere Darstellung unterscheidet dabei genau zwischen der Wahl und der Aussendung. Zunächst also handelte es sich um die feste Aufnahme in sein Vertrauen, durch welche sie die Vorbereitung für jene Sendung erhalten sollten. Die letztere hat ihnen den Namen der ἀπόστολοι verschafft. Aber die Wahl selbst bezeichnet den Abschluß eines Bundes, welcher zugleich die erste Gemeindestiftung wurde. Sie geschah an einem Orte, an welchen sich Jesus gerne

zur Uebung seines Gebetes zurückzog, in der Einsamkeit des Gebirges, und war ohne Zweifel durch Gebet bekräftigt.[1]) Erst der dritte Evangelist glaubte in der Bergpredigt die Ansprache wieder zu erkennen, welche Jesus bei diesem Anlasse an sie gerichtet, und gab ihr daher auch eine ausschließlich auf die Gemeinde Jesu bezügliche Richtung. Die älteren Nachrichten wissen hievon nichts, und die Bergpredigt im Entwurfe der ersten Redensammlung war keine Jüngerrede, sondern die Reichsverkündigung für das Volk. Dagegen berichtet die ältere Quelle, daß Jesus bei dieser Gelegenheit den Ausgezeichnetsten unter den Zwölfen, nämlich den Dreien, welche in den wichtigsten Augenblicken von Jesus in sein Vertrauen gezogen wurden, bezeichnende Namen gab, dem Simon den Namen des Felsen, den Zebedaiden den der Donnersöhne, und es ist hieraus zu schließen, daß er mit ihnen von den Gründen ihrer Wahl und ihrer persönlichen Aufgabe sprach.

Sehr frühe ohne Zweifel hat Jesus diesem vertrauten Kreise ein gewisses Abzeichen, das einzig mögliche gegeben, nämlich er hat sie ein eigenthümliches Gebet gelehrt.[2]) Da Jesus neue Formen frommer Uebung nicht begründen wollte, so war in der That ein Gebet das einzige, was in dieser Weise der Gemeinschaft zum Eigenthum gegeben werden konnte. Dieses Gebet in seiner ursprünglichen kurzen Redaction[3]) ist der einfache Inbegriff der bisherigen Predigt Jesu und zeigt zugleich, wie die ganze Grundlage, auf welcher sich die neue Gemeinde vereinigte und verbunden wissen sollte, nichts anderes ist als die Aussicht auf das bevorstehende Reich. Die erste Bitte: Vater, dein Name werde geheiligt, ist der Eingang, in welchem der Geist die Richtung des Betens nimmt, und enthält daher noch nichts Anderes, als das Verlangen nach der rechten Gebetsverfassung und das

---

[1]) Mark. 3, 13.

[2]) Nach Luk. 11, 1 hätten sie darum gebeten, sich auf den Vorgang in der Schule des Täufers berufend.

[3]) Luk. 11, 2—4: Vater, geheiligt werde dein Name. Es komme dein Reich. Das nothwendige Brod gib uns täglich. Und vergib uns unsere Fehler, denn auch wir vergeben allen unsern Schuldnern. Und führe uns nicht in Versuchung.

Gelübde derselben. Dann aber steht allem anderen voran als der eigentliche Inhalt, die große entscheidende Bitte um die Ankunft des Reiches.[1]) Was weiter folgt ist ihr untergeordnet, es enthält die Bedingungen, unter welchen diese Hoffnung lebendig ist, und die Folgen, welche sie auf die Lebensansichten und Lebenswünsche derer ausüben muß, welche sie theilen. Das nothwendige Brod gib uns alle Tage.[2]) Diese Bitte ist der Ausdruck des Sinnes, der ganz auf das Reich und seine Güter gerichtet, sich der irdischen Wünsche und der irdischen Sorgen entschlägt. Vergib uns unsere Fehler, zu bitten, ist ebenso das tägliche Erforderniß für den, welcher sich des Antheiles an dem Reiche vergewissern will, und was zu dieser Bitte hinzutritt, die Versicherung des eigenen Vergebens ist der Wiederhall jenes Gebotes der Feindesliebe, welches als das allerbezeichnendste für die Forderungen der Gerechtigkeit Gottes in der Predigt Jesu hervorgetreten ist. Die Schlußbitte aber: bringe uns nicht in Versuchung, kann im Zusammenhange des Ganzen ebenfalls nur auf die Erwartung des Reiches bezogen werden. Es ist die Versuchung zum Abfall, welche in den Bedrängnissen, die der Ankunft des Reiches vorangehen werden, ihnen drohen mag, und die Bitte erläutert sich von selbst, wenn wir später sehen, wie Jesus seine Anhänger in der Nacht seiner Gefangennehmung zu derselben auffordert, Luk. 22, 40. So ist dieses Gebet eine Zusammenfassung

[1]) Wenn Gregor von Nyssa statt dessen die Bitte las: dein heiliger Geist komme zu uns und reinige uns, so ist der Ursprung dieser ganz den Charakter der Glosse tragenden Abweichung in 11, 13 nahe genug. Tertullian aber las nach adv. Marc. 4, 26 weder selbst noch bei Marcion ähnliches, sondern die Folge der Bitten um Heiligung des Namens und Kommen des Reichs.

[2]) ἐπιούσιος von ἡ ἐπιοῦσα (ἡμέρα) abzuleiten ist durch den Contert verboten. Das was für jeden Tag erbeten wird, kann nur das Bedürfniß des Tages sein. Ueberdieß ist der maßgebende Gedanke in Matth. 6, 34 klar ausgesprochen. Die auffallende aber grammatisch mögliche Wortbildung aus ἐπί und οὐσία (wie ὑπεξούσιος) kann um so weniger von der sachlich richtigen Deutung abhalten, als das Wort unter die ganz freien Bildungen der neutestamentlichen Sprache gehört. Je rascher das erste Verständniß verloren gehen konnte, desto leichter begreift sich, daß schon das Hebräerevangelium der Nazaräer nach Hieronymus mit מחר übersetzte.

der großen wichtigsten Lebensgrundsätze, in welche sich die Aufforderung Jesu zur Aenderung des Sinnes um des Reiches willen zusammenfaßt, die Verläugnung aller irdischen Sorge und Begierde, und ebenso aller feindseligen Leidenschaft. Aber es zeichnet auch ganz den Standpunkt in der Betrachtung der Gegenwart, welchen die Anhänger Jesu einnehmen sollten, nämlich die Alles beherrschende Erwartung des Reiches. Getragen von dieser Hoffnung hatten sie nur für die Nothdurft des Tages zu sorgen, und zu trachten, daß sie im Besitze der göttlichen Gnade bleiben, daß diese die täglichen Fehler mit Vergebung bedecke und ihnen den Zugang offen erhalte. Sie sollten sich nur noch als flüchtige Pilger in dieser irdischen Ordnung der Dinge fühlen, und den Blick unverrückt vorwärts auf die neue richten, deren Botschaft sie um den Meister versammelt hatte. Das war der Charakter, welchen Jesus dieser Genossenschaft seiner Gläubigen gab, die Bestimmung, zu welcher er sie berief. Auf der Grundlage dieses Glaubens baute sich ihr Verhältniß zu ihm auf.

4. Es ist nicht zu bestimmen, wie lange die Zwölfe schon in dem engeren Bunde mit Jesu standen, bis er sich entschloß, sie als Sendboten zu verwenden. Aber aus einigen Merkmalen der Anweisung, welche er ihnen hiebei gab, erhellt, daß dieß jedenfalls erst in der Zeit geschah, da er selbst schon schwere Erfahrungen in seiner Thätigkeit hinter sich hatte. Nur dadurch erklärt sich die Voraussetzung, daß sie vielfach werden abgewiesen werden, und die Berechtigung, über die Undankbaren, welche sie verschmähen, eine Art von Gericht zu verkünden. Diese erste Aussendung hat sich im apostolischen Gedächtnisse, besonders deutlich erhalten, so daß wir sogar zweierlei Darstellung der Anweisung Jesu für dieselbe besitzen.[1]) Offenbar ist es nicht bloß eine erste Sendung gewesen, welche zur Probe für nachfolgende ähnliche oder auch für den künftigen Beruf der Apostel dienen sollte. Sondern es ist ein einzelner Akt, der seine besondere geschichtliche Bedeutung in sich selber trug. Nachdem die Dinge zu einer gewissen Reife gediehen

[1]) Vgl. Matth. 10, 5 ff. Mark. 6, 7 ff.

waren, und Jesus bereits anfieng seine Stellung bedroht zu sehen, drängt ihn doch die Liebe zu seinem Volke, den Versuch seiner Rettung, welchen er selbst bisher gemacht, noch einmal im Großen zu wiederholen, und hiezu wollte er seine eigene Arbeit vervielfältigen. So ist es ohne Zweifel aus dem ursprünglichen Texte der Redensammlung, daß Jesus bei Matthäus mit der Vorschrift beginnt, sie sollten die Straße der Heiden wie die Städte der Samariter meiden, und sich ausschließlich an die verlorenen Schafe des Hauses Israel wenden, um ihnen jetzt noch einmal zu sagen, was Jesus von Anfang an gesagt hatte: daß das Himmelreich nahe sei. Wo sie Eingang finden, sollen sie den Frieden dieser Gewißheit in das Haus tragen. Wo sie aber abgewiesen werden, sollen sie den Staub von ihren Füßen schütteln zum Zeichen des Gerichtes über die Ungläubigen. Das Recht ihrer Sendung aber sollten auch sie jetzt wie Jesus selbst durch die Macht über die bösen Geister und die Heilung der Kranken beweisen. Im Gottvertrauen, daß es an Gläubigen nicht fehlen wird, welche ihnen Gastfreundschaft erweisen, sollen sie ohne alle Mittel ihre Wanderung antreten. Uneigennützig sollen sie, ohne Lohn zu erwarten und zu nehmen, das Heil verkünden, und wie sie auftreten, den Stab in der Hand, die Sandalen an den Füßen, bekleidet mit dem einfachen Rock, ohne Tasche, ohne Geld, soll ihre Erscheinung selbst durch das Zeugniß der Armuth und Selbstverläugnung für die Sache reden, welcher sie dienen.

Das älteste Evangelium hat nur die kurze Nachricht über den Erfolg dieser Sendung, daß sie in der That die Predigt der Sinnesänderung vollzogen, und ihre Macht über die bösen Krankheiten bewiesen haben, Mark. 6, 12 f., und daß sie nach einiger Zeit zurückkehrend Jesu Bericht über ihre Erfolge erstatteten, Mark. 6, 30. Eine weitere Aussendung in dieser Art zur Zeit seines Lebens wird nicht erzählt, wir finden vielmehr die Zwölfe später wieder stets in der Umgebung Jesu als seine Begleiter, zum deutlichen Zeichen, daß eben diese Mission ihre besondere Bedeutung in ihrer Zeit hatte. Die Aussendung von siebenzig anderen Jüngern, welche Lukas später berichtet, und in welcher die Mission an die Völker des Erdkreises weissagend beginnen würde, ist wohl nur eine spätere Erklärung für die Berechtigung der Jünger, die außer den Zwölfen sich noch an Jesus angeschlossen hatten. Jene Aussendung der Zwölfe aber sollte nicht ohne große Folgen bleiben Die Sache Jesu hatte durch sie eine andere Gestalt, er selbst hatte eine andere Stellung gewonnen. Und bald zeigt eine Kette von großen Begebenheiten, daß hiedurch in der That eine Entscheidung eintreten mußte.

5. Dieser mehr äußeren Entwicklung aber, welche aus der Wahl der Zwölfe hervorgieng, geht eine andere noch folgenschwerere, innere zur Seite. Jesus stand jetzt nicht mehr mit seiner Botschaft allein dem Volke gegenüber, sondern es hatte sich in seiner Umgebung selbst eine bestimmte Scheidung vollzogen. Diejenigen, welche jene Botschaft vor Allem zu verstehen bereit schienen, die in die göttliche Offenbarung eingeweihten Schriftverständigen, hatten sie am entschiedensten verschmäht. Das, was er zu bringen hatte, war diesen Weisen verborgen geblieben, Matth. 11, 25, und die Weisheit Gottes war von diesen Kindern losgesprochen, das Volk, welches sie lenkten, hatte seine Unfähigkeit, auf den Rath Gottes einzugehen, ebenso gegenüber von ihm wie einst gegenüber von dem Täufer bewiesen, Matth. 11, 19. Dagegen hatten die Ungelehrten, welche in diesen Dingen als Unmündige angesehen werden mußten, ein unerwartetes Verständniß gezeigt. Die Gläubigen Jesu, welche jetzt seine erste Gemeinde bildeten, waren geringe Leute ohne höhere Kenntnisse. Die Ersten unter ihnen waren einfache Fischer. Daß nun gerade diese Leute das Evangelium annahmen, war eine offenbare göttliche Bestimmung. Gott hatte ihnen geoffenbart, was er jenen verborgen. Dieß spricht Jesus in jenen merkwürdigen Gebetsworten aus, welche uns in der Redensammlung Matth. 11, 25 ff. enthalten sind, und hier mit gutem Grunde den Gegensatz zu den vorangegangenen Strafreden bilden. Noch ist sein Sinn darauf gerichtet, sein ganzes Volk unter das milde Joch seiner Lehre zu bringen, 11, 28—30. Aber wie er in dem bisher Erlebten nur einen göttlichen Plan erkennt, so muß er sich doch nun ganz den Erwählten zuwenden, und diese von Gott selbst herrührende Aussonderung derselben ist eine ent-

scheidende Thatsache für die Entwicklung seines Werkes. Hat er in diesen ihm von Gott geschenkten Gläubigen den Ersatz für sein Volk, ja persönlich den Ersatz für Mutter und Brüder, die ihn verfolgen, so bilden dieselben auch eine Gemeinschaft, welcher Gott deutlich die höchste Bestimmung gegeben hat, sie haben nicht nur die Anwartschaft auf das Reich Gottes, dieses Reich ist in ihnen schon da.

So gewiß Jesus damit begann, von dem Reiche als einem zukünftigen zu reden, so gewiß hat er dasselbe später als ein gegenwärtiges, in dieser Welt und mitten in ihrer jetzigen Ordnung bereits eingetretenes verkündigt. Das Eine steht aus den gewissesten Nachrichten der Evangelien so fest wie das andere. Allerdings lag auch schon in seiner ersten Verkündigung der Keim zu jener zweiten Anschauung. Denn die Vorbereitung auf das Reich und das Leben für das Reich sollte bereits die ganze heilige Ordnung desselben zur Grundlage haben. Aber die Verkündigung, daß hiermit das Reich bereits begonnen habe, daß eben das neue Leben in der neuen Gerechtigkeit bereits diesen Namen des Reiches verwirkliche, hat doch erst in einer späteren Zeit begonnen. Von zwei Punkten aus sehen wir Jesus hiezu fortgehen. Als ihn die Pharisäer über den Charakter seiner Heilungen angriffen, und dieselben als dämonischer Natur verdächtigten, konnte er sich dem gegenüber auf die göttliche Macht berufen, welche sich in diesen Thaten offenbare, und er erklärt hiebei nicht bloß, daß diese die Nähe des Reiches beweise, sondern, daß ihre kräftige Beweisung zeige, wie das Reich schon über sie gekommen sei.[1]) Nicht nur seine künftige Herrlichkeit zeigt es an, sondern in dieser Enthüllung ist es schon da. Aber dieselbe daseiende Größe zeigt es auch bereits in dem Glauben, welchen es in seinen Anhängern hervorbringt. Die Befreiung, welche an ihnen vollbracht ist, stellt sie so hoch über alle bisherige Frömmigkeit, daß selbst die Größe des Täufers, der doch nicht nur als ein wahrer Prophet zu betrachten ist, son-

[1]) Matth. 12, 28; vgl. hierüber die Ausführung, Jahrb. f. d. Th. 1859, 733, die Gegenbemerkungen Keims, menschl. Entw. Jesu, S. 35; ferner Jahrb. rc. 1862, S. 663, und jetzt Keims Zustimmung in der Hauptsache, geschichtl. Würde Jesu, S. 29.

dern durch seine Stellung als Vorläufer des Reiches über allen anderen Propheten steht, klein wird vor der Größe, welche dem geringsten Mitgliede des Reiches verliehen ist.[1]) Es ist hier keine Aussage über das künftige Loos des Täufers; es ist nicht gesagt, daß er von dem künftigen Reiche werde ausgeschlossen sein. Sondern nur die irdische Beweisung dieses Propheten und die eines Jüngers Jesu, die geistige Höhe, welche Beide nach ihrem wirklichen Leben einnehmen, sind mit einander verglichen. Daher ist denn auch hier schon von dem Reiche als einem gegenwärtigen die Rede. Das Reich hat also in denjenigen, welche sich an ihn anschließen, schon wirklichen Bestand gewonnen. Und diese innere geistige Gegenwart vereinigte sich in der Gemeinde jetzt auch mit dem Zeichen der Macht, welche ebenso von den Seinigen wie von ihm selbst über die Geisterwelt ausgeübt wurde.

Sehen wir hierin die Wahrheit von der Gegenwart des Reiches in ihrem Ursprunge und Werden, so erkennen wir auch deutlich den Moment, in welchem Jesus dieselbe in ihrer vollen Größe verkündigt und damit einestheils seiner Jüngergemeinde die höhere Weihe gibt, anderntheils derselben das ungläubige Volk als ein verlorenes und vom Reiche ausgeschlossenes gegenüberstellt. Diesen Moment hebt das älteste Evangelium hervor in dem Berichte über das Lehren Jesu in Parabeln, als dessen Beispiel es die Parabel vom Sämann, sowie die Erklärung derselben erzählt. Das Matthäusevangelium hat mit derselben noch einige andere ähnlichen Inhaltes verbunden, und so eine Gruppe von sieben grundlegenden Parabeln über das Himmelreich hergestellt, welche theilweise wohl schon auf spätere Verhältnisse sich beziehen, im Ganzen aber doch dazu dienen, die Bedeutung noch weiter zu beleuchten, welche der Moment in der Geschichte nach der apostolischen Erinnerung hatte. Auch das Markus- und wiewohl in noch geringerem Umfange das Lukasevangelium haben die Beispiele dieser neuen Lehrweise zu vermehren gesucht; und es erhellt auch aus diesen Bemühungen, welche besondere Wichtigkeit der geschichtliche Augenblick in seinem Charakter für die allgemeine

---

[1]) Matth. 11, 11.

Vorstellung hatte. Die Quelle der Evangelisten sagt ausdrücklich Matth. 13, 34. Mark. 4, 34, Jesus habe durch viele derartige Parabeln gelehrt, und er habe gar nicht anders als in Parabelform gesprochen, seinen Schülern aber habe er in ihrem Kreise Alles erklärt. Das Letztere ist im Matthäusevangelium so durchgeführt, daß Jesus nicht nur jene erste Parabel den Jüngern nachher deutet, sondern das gleiche Verfahren wiederholt sich noch einmal wenigstens für die größte der folgenden Parabeln. Jesus hatte die erste Parabel am Ufer des Sees oder vielmehr von einem Kahne aus vor dem am Ufer versammelten Volke vorgetragen; er hat dann die Erklärung gegeben, als er mit den Jüngern allein war. An diese schließt sich die zweite größere Parabel vom Unkraut auf dem Acker nebst den beiden vom Senfkorn und Sauerteig scheinbar ohne Wechsel der Scene an; aber der Evangelist läßt dann auf sie wieder folgen, daß Jesus das Volk entläßt und nach Hause geht; hier gibt er den Jüngern die Erklärung jener zweiten Parabel, verbindet aber damit sogleich drei weitere: von der Perle, vom Schatz im Acker, vom Fischfang, und endigt damit, daß er sie frägt, ob sie nun dieses Alles verstanden haben.

Der erste Evangelist erkennt also in diesen Parabellehren einen förmlichen Unterricht Jesu, durch welchen seine Jünger zum eigenen Lehren gebildet werden. In diesem Sinne hat er das Wort gedeutet, Matth. 13, 52, welches von der Weise eines für das Himmelreich geschulten Schriftlehrers redet. Aber dieß ist doch immer nur eine spätere Vorstellung. Nicht in der Anleitung zum eigenen Lehren, welche die Jünger erhalten, liegt die Bedeutung dieses Vortrages, sondern darin, daß er ihnen diese Parabeln über das Himmelreich erklärt. Nicht darin, daß sie überhaupt ein höheres Verständniß erlangen, sondern daß sie hiermit etwas verstehen lernen, was der Menge unverständlich bleiben muß und nur dazu dienen kann, ihre Verstockung an das Licht zu bringen. Der Schlüssel für diese Bedeutung kann nur in den Worten Jesu gefunden werden: euch ist es gegeben, die Geheimnisse des Reiches Gottes zu verstehen, den Uebrigen kommt es nur in Gleichnissen zu, damit sie sehen und nicht sehen, hören und nicht vernehmen.[1]) Wozu Matthäus noch mit gutem Sinne die Worte aus der Redensammlung fügt: Selig eure Augen, daß sie sehen; eure Ohren, daß sie hören. Ich sage Euch, daß viele Propheten und Gerechte begehrten zu sehen, was ihr sehet, und sahen es nicht, und zu hören, was ihr höret, und hörten es nicht.[2]) In dem also, was ihnen jetzt gegeben wird, sind sie zu der Höhe der Offenbarung gelangt, welche ihnen durch Jesus zu Theil wird.

Nicht in der Form des parabolischen Redens überhaupt kann der Grund für die Scheidung gesucht werden, welche hiermit zwischen den Jüngern und dem übrigen Volke eingetreten ist. Das Bild, auch zur Parabel ausgedehnt, war den Evangelien nach von Anfang an ein Bestandtheil der Predigt Jesu, und ist mit seiner ganzen Lehrweise unzertrennlich verbunden. Dieses parabolische Lehren nahm aber einen neuen Charakter an dadurch, daß jetzt die Mysterien des Reiches zu seinem Gegenstande wurden. In dieser Bezeichnung liegt offenbar der Schwerpunkt des Ganzen. Der Mysteriencharakter dieser Reichslehren kann nun aber nicht in der parabolischen Form als solcher gesucht werden. Denn diese ist in der That nur eine durchsichtige Hülle des Gedankens. Wenn das Himmelreich mit dem Sämann verglichen war, dessen Saat je nach dem Boden, welchen sie findet, ein verschiedenes Schicksal, bald nur einen schnellen und flüchtigen, bald einen rasch unterdrückten, bald von Anfang an keinen, bald aber einen guten und fruchtbaren Erfolg hat, so war die Deutung des Bildes in seinen einzelnen Zügen auf die verschiedene Empfänglichkeit und Beständigkeit der Menschen gegenüber dem göttlichen Worte und die verschiedenen eintretenden Störungen im Wesen des ganzen Lehrens Jesu, wie dasselbe vor dem Volke längst offen da lag, gegeben. Denkt man sich diesen Sinn den Zuhörern verschlossen, ihr Verständniß auch dafür unzulänglich, so ist gar nicht mehr zu denken, worin der Reiz des Vortrages für sie gelegen sei; dann konnte nicht einmal von den Zuhörern gesagt werden: sie sehen und sehen nicht, sie hören und verstehen nicht.

---

[1]) Mark. 4, 11 f. [2]) Matth. 13, 16 f.

Das Geheimnißvolle muß also in der Sache selbst liegen, nämlich darin, daß diese Schicksale der Predigt Jesu als die Geschicke des Gottesreiches selbst zu denken sind, daß überhaupt dieses Reich in Gestalt des Wortes kommt und daher unter dem Bilde des Sämanns und seines Samens dargestellt werden kann. Das Neue und Höhere ist, daß es sich nicht mehr bloß von einer Vorbereitung auf das Reich handelt, sondern daß das Reich da ist, seitdem das Wort den Hörern geboten wird. Zwar tritt es in einer Gestalt auf, in welcher sein Wachsen und Gedeihen ganz von der menschlichen Aufnahme bedingt ist; aber dennoch hat es seine ganze Kraft und Größe und beweist sie an allen denjenigen, welche es aufnehmen; es beweist sie selbst an denjenigen, an welchen es verloren geht, weil sich darin seine heilige Natur zeigt, die keinen Bund mit der Welt und der menschlichen Schwachheit einzugehen im Stande ist. Diese Gegenwart des Reiches im geistigen Besitz und in der innerlichen Gewalt desselben ist das Geheimniß, welches allein den Jüngern zugänglich ist, welches aber allen verborgen bleiben mußte, die keinen eigenen lebendigen Antheil daran hatten, wenn sie auch die Parabel wohl zu deuten im Stande waren. Die Wahrheit, welche in der Parabel enthalten war, enthielt nicht bloß die Voraussetzung der künftigen Geschicke des Wortes, sie war zugleich der Spiegel der Vergangenheit, der bisherigen Erfahrung. Der Gedanke, daß der Same des Wortes nur in einem kleinen Theile der Hörer gutes Land findet, ist nur ein anderer Ausdruck für die Erfahrung Jesu, daß Gott den Unmündigen geoffenbart, was er den Weisen verborgen. Wie das vierte Evangelium überhaupt die evangelische Geschichte beleuchtet, indem es die großen Wendungen derselben in allgemeine Anschauungen bringt, welche Jesus selbst verkündet, und so in seinen Worten das Bild seines Lebens selbst darbietet, so finden wir auch diese die Gegenwart des Reiches an das Licht ziehende Erfahrung von ihm mit besonderer Vorliebe dargestellt. So spricht dort Jesus schon frühe 3, 19—20 aus, daß die Scheidung der Menschen durch die Ankunft des Lichtes unter ihnen von selbst eingetreten ist, indem die einen das Licht scheuten, weil ihre Thaten aus der Finsterniß waren, die anderen es liebten, weil ihre Thaten in Gott gethan waren, und daher das Verwandte suchten. So ist in den Reden, mit welchen die Scheidung im Volke von Galiläa Jesu gegenüber eintritt in Cap. 6, ein vorherrschender Gedanke: alles, was mir der Vater gibt, wird zu mir kommen, 6, 37. Niemand kann zu mir kommen, wenn ihn nicht der Vater, der mich gesandt hat, zieht, 44. Jeder, der vom Vater hört und lernt, kommt zu mir, 45. Niemand kann zu mir kommen, wenn es ihm nicht gegeben ist vom Vater, 65. Und eben dort ist mit dieser Gewißheit die andere verbunden, daß dadurch die Verheißung des Reiches erfüllt ist: es werden Alle von Gott gelehrt sein, 45.

Wie aber die Jünger Jesu durch dieses enthüllte Geheimniß des Reiches in seiner Gegenwart das höchste Licht über ihre Berufung erlangt haben, so hat auch die Predigt Jesu damit das Ziel erreicht, welchem sie von Anfang an zugewendet ist. Sie hat die letzte Hülle abgestreift, welche seiner Verkündigung noch die Natur einer bloßen Vorbereitung zu geben schien. Bleibt auch die Hoffnung auf die künftige Vollendung des Reiches in ihrer Kraft bestehen, so ist doch jetzt die Seligpreisung seiner Genossen schon eine Wahrheit geworden, und die Tugend der göttlichen Gerechtigkeit beruht auf der Vollgewißheit von dem Besitze des Heiles.

6. Die Selbstoffenbarung Jesu.

1. Im Laufe dieses ganzen früheren Abschnittes seines Lebens hat Jesus nach den älteren Quellen weder überhaupt sich bestimmt und eingehend über seine eigene Person ausgesprochen, noch hat er in dieser Beziehung seine Anhänger näher unterrichtet und von denselben ein Bekenntniß verlangt. Das letztere fällt vielmehr erst in die späteren kritischen Zeiten seines Aufenthaltes in Galiläa und den Nachbargegenden. Mit der entscheidenden Wendung aber, welche seine Stellung durch die Gründung der Gemeinde, und seine Predigt durch die Erklärung des Himmelreiches als eines gegenwärtigen genommen hat, sind wir an einen

Punkt gelangt, wo die Geschichte selbst fordert Rechenschaft darüber zu geben, wie ihn sein bisheriges Thun erscheinen läßt, und welches Selbstbewußtsein wir ihm nach demselben zuschreiben müssen. Man muß ohne Zweifel ein großes Gewicht darauf legen, daß in der apostolischen Erinnerung ursprünglich so fest stand, es sei erst in der späteren Zeit zur Erkenntniß Jesu als des Sohnes Gottes durch seine Anhänger gekommen, oder jedenfalls erst damals zwischen Jesus und ihnen davon gesprochen worden. Diese Erinnerung nahm in der allgemeinen Ueberlieferung die Gestalt an, daß er, nachdem er früher sein Wesen verborgen, mit der Wahl der Zwölfe aus dieser Verborgenheit herausgetreten sei und sich denselben geoffenbart habe. So ist sie im Barnabasbriefe erhalten.[1])

In jedem Falle ist auch hier noch die klare Unterscheidung verschiedener Zeiten seiner Mittheilung über diesen Gegenstand zu erkennen. Und da sich diese Unterscheidung so bestimmt erhalten hat, sind wir um so mehr berechtigt, alle entschieden messianischen Aeußerungen, wie sie das Matthäusevangelium in die Bergpredigt und in die Apostelaussendungsrede, mithin in die früheren Zeiten aufgenommen hat, aus dieser Zeit auszuscheiden, und ihre Aufnahme in diese Abschnitte lediglich auf Rechnung des schriftstellerischen Verfahrens zu setzen. Auch so noch bleiben allerdings einige Selbstaussagen von großem Gewichte in dieser Zeit übrig. Es ist aber wohl sicherer, zunächst lediglich von der allgemeinen Lehre Jesu überhaupt und dem Gange seines Werkes auszugehen, und erst mit dem Ergebnisse dieser Betrachtung den Inhalt jener Aussagen zu vergleichen.

Will man nun aus dem ersteren schließen, so muß man vor Allem sich ganz der Vorstellung entschlagen, Jesus sei zuerst als Reformator der Zustände seines Volkes oder als Sitten- und Glaubensprediger, in einer Weise aufgetreten, bei welcher die

---

[1]) Barn. 5. — *ὅτε δὲ τοὺς ἰδίους ἀποστόλους — ἐξελέξατο — — τότε ἐφανέρωσεν ἑαυτὸν υἱὸν θεοῦ εἶναι.* Hienach kann der Verfasser jedenfalls nicht unser Matthäusevangelium vor Augen gehabt haben. Vielleicht geht seine Vorstellung von der Zusammenstellung des Petrusbekenntnisses mit den Gemeindereden aus.

messianischen Erwartungen, oder wenn man so will, das apokalyptische Element nur als späterer Zuwachs zu diesem sittlichen und geistigen Standpunkte, jedenfalls als ein demselben anklebendes, aber von ihm ablösbares Gewand erscheinen könnte. Allerdings müssen wir in der Predigt Jesu und den praktischen Zwecken, welche er dabei verfolgte, schon von Anfang an einen sehr freien Standpunkt erkennen, von welchem aus er zwar nicht die Aufhebung des jüdischen Cerimonialgesetzes, auch nicht eines Theiles desselben wie die Essäer forderte, aber doch eine ganz neue Art von Frömmigkeit und Gerechtigkeit verkündete, welche in der That über das Gesetz hinausgieng und dasselbe mehr umdeutete als sich ihm unterwarf. Aber gerade diese freie Stellung zum Gesetze hängt ganz mit der Geltendmachung der messianischen Erwartungen zusammen und es ist dieser Zusammenhang dasjenige Moment, durch welches der Ursprung jener geistigen und darum universalen Auffassung allein sein historisches Licht erhalten kann. Man kann wohl sagen, daß hellenische Bildung und Philosophie, daß das mit derselben getränkte alexandrinische Judenthum der Annahme und Verbreitung des Christenthums in der Welt vorgearbeitet haben, daß sie daher später wichtige Mittel für die Geschichte desselben geworden sind, und auf die Entwicklung der Kirche und ihrer Lehre einen grosen Einfluß erlangt haben. Aber das Christenthum, welches von Jesus selbst herrührt, hat mit Hellenismus und Alexandrinismus durchaus nichts zu schaffen. Es ist eine ganz unabhängige Bildung, welche ohne allen Zusammenhang mit jenen Erscheinungen in das Leben trat. Keinerlei Wirkung derselben berührt Jesus und den Kreis, in dem sich seine Sache zunächst entwickelt. Wäre sogar der Essäismus so gewiß eine Verzweigung alexandrinischer Denkweise, als er es in der Wirklichkeit schwerlich ist,[1] so hat doch auch er Nichts zu diesem Ursprunge des Christenthumes beigetragen. Historische Zusammenhänge hat der letztere lediglich mit dem gemeinen palästinensischen Judenthume, und mit seiner in den heiligen Schriften enthaltenen Vorgeschichte und Glaubensgrundlage. So entschieden aber nun

---

[1]) Vgl. Hilgenfeld, jüd. Apokalyptik, S. 253 ff.

dieses Judenthum den Standpunkt des Gesetzes bewahrte, ja demselben erst recht den partikularen, nationalen, und den werkheiligen Charakter gegeben hat, so gewiß ist die Predigt Jesu über diesen von Anfang an hinausgeschritten. Nicht nur hat er gelehrt, daß man die Feinde lieben müsse, daß der Diener des wahren Gottes gerade nur dadurch sich von den Heiden unterscheiden könne, wenn er diese Schranke überwinde,[1]) und hat dadurch dem ganzen nationalen Geiste seiner Zeit in's Angesicht geschlagen — denn wer waren diese Feinde mehr als die Heiden, und was stand damals gewisser unter dem Schutze eines heiligen Wahnes, als der Haß gegen sie? — Nicht nur hat er gelehrt, daß es eine Gerechtigkeit Gottes gebe, welche den Zaun um das Gesetz nicht brauche, vielmehr nur nach dem Wohlgefallen Gottes selbst zu fragen und nach dem wahren aus den großen Zeichen Gottes in der Natur erkennbaren Wesen und Walten desselben sich zu richten und nach diesen Begriffen auch das Gesetz zu deuten habe. Nicht nur ist er deßhalb von Anfang an dem Pharisäismus entgegengetreten und hat mit der ganzen Autorität der Tradition gebrochen; sondern er erklärte auch alles Flicken an der Gerechtigkeit des Gesetzes für unmöglich. Er verwarf das ganze Verfahren des Propheten, dem er sich zuerst genähert hatte, weil derselbe durch bloße Zuthaten zum Gesetze und Steigerung der gesetzlichen Werke eine Reformation des Volkes bewirken wollte. Er geht einen anderen Weg, als alle die Versuche, welche die Heiligkeit herstellen wollten, dadurch, daß sie den Kreis des Unreinen, dessen sich der Mensch zu enthalten habe, weiter zogen und schärfer bestimmten. Vielmehr, während er Selbstverläugnung, Entsagung, innere Freiheit von aller irdischen Sorge, Bekämpfung jeder bösen Begierde predigt, lebt er fröhlich mit den Frohen, weist mit jedem Worte auf die Heiligkeit der Natur hin und stellt das Höchste unter den Bildern ihrer von jener Seite angefochtenen Verhältnisse dar. Nichts kann den ganzen Standpunkt seiner Verkündigung besser charakterisieren, als die Worte, welche ihn das vierte Evangelium, das auch hier gewiß der ächte Spiegel seines ganzen Geistes ist,

[1]) Matth. 5, 46 f.

sagen läßt: Gott ist Geist und seine Anbeter sollen ihn in Geist und Wahrheit anbeten.[1]) Seine ersten Jünger konnten nach seinem Tode das jüdische Gesetz beobachten; ein Theil konnte dieß noch lange als eine unerläßliche Forderung ansehen, aber wir haben keine Spur, daß sie sich auf seine Anweisung dazu berufen konnten, wir haben selbst in den Reden der Evangelien, in welchen zur Beruhigung der jüdischen Christen Alles bewahrt ist, was für ihre Ansprüche zeugt, keine einzige positive Vorschrift in diesem Sinne, ebensowenig als wir eine thatsächliche Beobachtung des Opfergesetzes von seiner Seite nachweisen können. Und selbst die Dialektik eines Paulus, die das Ende des Gesetzes beweist, ist in ihren Grundanschauungen viel gebundener als die den Geist der Freiheit athmenden Reden Jesu von der wahren Gerechtigkeit, welche nichts im Auge hat als das Vorbild Gottes und das Leben nach demselben. Nur dieser Geist konnte den Grund legen zu dem Glauben, dessen innerliche wesenhafte Freiheit von Anfang an in der Christengemeinde lebt und einen Kern bildet, dem gegenüber die Gesetzesfrage doch nur das Beiwerk ist, und nur die Formen, nicht das Leben selbst berührt. Aber die ganze Höhe dieses Standpunktes beruht auf dem Glauben, daß das Himmelreich eine neue himmlische Ordnung der Dinge bringt, in deren Geist und Freiheit die Gläubigen leben dürfen und sollen, und daß diese höhere Welt denselben Gotteswillen vollkommen offenbaren wird, welcher in der irdischen Schöpfung jetzt zu erkennen ist; sie beruht mithin auf der zum erstenmale praktisch gewordenen messianischen Aussicht.

2. Die Erwartung des messianischen Reiches war auch der Punkt, von welchem der Täufer ausgegangen war; und da er sich dabei von aller nationalen Agitation frei hielt, haben wir auch alle Ursache anzunehmen, daß er sich dasselbe rein als göttliches Werk und unter dem Bilde himmlischer Vollendung vorstellte. Aber eben hiermit kommen wir sofort zu dem Ergebnisse, daß diese Hoffnung allein nicht hinreicht, das Auftreten Jesu zu erklären. Hatte er nur diese Gewißheit in sich, wie sie der Täufer in pro-

---

[1]) Joh. 4, 24.

phetischem Geiste in sich trug, so konnte er auch nur wie dieser als Prophet und Vorläufer auftreten; er konnte das Volk zurückrufen zu seinen Pflichten und Geboten; aber er konnte nicht demselben jene neue Gerechtigkeit verkündigen, in welcher dem Wesen nach von vorneherein das Reich schon seinen verborgenen Anfang nehmen sollte. Dieses eigenthümliche Auftreten setzt voraus, daß er sich einer anderen persönlichen Stellung bewußt war, und nur darum, weil er diese hatte, konnten sich seine Wege von denjenigen des Täufers sofort auf das Bestimmteste scheiden. Vergegenwärtigt man sich das Verhältniß beider, und den Ausdruck, welchen dasselbe bei dieser Trennung im Bewußtsein Jesu bekommen hat, so ist unzweifelhaft, daß er so über den Täufer sich nicht erheben konnte, wenn er selbst seinen ganzen Beruf nur abermals darin fand, auf diese Zukunft zu verweisen. Es gibt hier nur Eine Möglichkeit. So wie er sich von dem Täufer losriß, mußte er dessen gewiß sein, daß kein anderer nach ihm komme, und damit fallen alle Vermuthungen über einen erst später anzusetzenden messianischen Entschluß Jesu von selbst weg. Wir wissen nicht, wie er sich zu Anfange seines Auftretens den bevorstehenden Anbruch des Himmelreiches gedacht hat; denn wir haben keine Erklärung darüber. Wir finden in der späteren Zeit, daß er ausdrücklich wenigstens das Wann dieser Erscheinung als eine Sache bezeichnet, welche lediglich Gott bekannt, ihm selbst aber verhüllt sei. Irgendwie hat er wohl erwartet, daß mit ihm selbst vorher noch eine große Umwandlung vor sich gehen müsse. Die synoptischen Evangelien lassen ihn sehr frühe schon von einer Zeit reden, in welcher der Bräutigam seinen Genossen werde wieder entzogen sein. Das vierte Evangelium läßt ihn in frühester Zeit davon reden, daß einst Tage kommen werden, wo er werde vor den Augen seiner Zeitgenossen erhöht sein, so daß sie ihn vor sich sehen als den, an welchen man glauben müsse, wie einst die Schlange in der Wüste vor den Israeliten erhöht war.[1]) In jedem Falle war das Himmelreich seine persönliche Sache; er erwartete dessen Herstellung nicht von einem anderen, nicht

---

[1]) Joh. 3, 14 f.

als etwas, das nach ihm und ohne ihn kommen werde. Der erste entscheidende Schritt, welchen er auf seiner Bahn that, beweist, daß er hierüber mit sich im Reinen war.

Hiermit steht von vorneherein fest, daß es nicht sein Handeln und dessen Erfolg war, woraus ihm die Ueberzeugung von seiner Person erwuchs, sondern daß diese vielmehr, wie wir sie auch näher denken mögen, die Bedingung und Grundlage für sein ganzes Auftreten gewesen ist. Und dieß ist es nun, was sich auf jedem weiteren Schritte der bisherigen Laufbahn bewährt. Allerdings ist die weitere Entwicklung seiner Thätigkeit und Predigt vom Reiche durch zweierlei äußere Momente bedingt, durch die Erfolge im Heilen einerseits und durch die seiner Lehre andererseits. Der günstige Erfolg im ersteren Gebiete konnte, so scheint es, unmittelbar, der schwere Gang seiner Predigt aber durch eine natürliche Reaction ihm erst ein höheres persönliches Bewußtsein erwecken. Aber in beiden Fällen bestätigt sich diese Vermuthung nicht. Wir sehen ihn zwar die Bahn des Heilens nur in innerer Spannung und Bewegung betreten, und erst allmählich darin zu einer gewissen Sicherheit gelangen. Aber nach seinen unzweifelhaftesten Aeußerungen hat er die Erfolge, welche ihn darin bestärkten, nicht als einen Sieg betrachtet, durch welchen er erst seiner Sache gewiß wurde, sondern lediglich als die Ausflüsse einer erhabenen Stellung, die er schon hatte, und eines anderen Sieges, welcher schon vorausgegangen war. Nicht über sich selbst kommt er dadurch ins Reine; nur das ist ihm durch das göttliche Zeugniß erst gewiß geworden, welche Zeit jetzt schon gekommen ist, und welche Wege er in seinem Berufe nun zu gehen hat.

Wenn er aber, verworfen von den geistlichen Leitern seines Volkes, verschmäht von diesem Volke selbst, seine Sache nicht aufgibt, keinen Augenblick muthlos wird, sondern vielmehr jetzt erst seinem Werke eine bestimmte und entscheidende Gestalt gibt in dem vollen Bewußtsein, daß ihm Alles vom Vater übergeben sei,[1] so ist das mehr als der Beweis großer Geisteskraft und eines guten Gewissens. Denn er hatte in vollem Ernste mit der Absicht be-

[1]) Matth. 11, 27.

gonnen, sein Volk zu retten. Hatte er daher bloß die Ueberzeugung von seinem Berufe, so mußte der Gang der Dinge bei dem Volke ihn wenigstens dahin führen, daß die Zeit noch ferner, daß das Warten auf das Reich noch von längerer Dauer sein werde. Von allem diesem geschieht das Gegentheil. Jetzt gerade stiftet er nicht nur eine Gemeinde, sondern er erklärt auch im Blicke auf den Glauben derselben, daß das Reich schon eingetreten ist. Er begrüßt dessen Gegenwart, und erkennt darin den Rath und Willen Gottes. Der wirkliche Erfolg mit seinen kleinen und schwachen Anfängen erklärt diesen Umschwung nicht. Nur ein Geistesblick, welcher weit über diese Anfänge hinaustrug, macht ihn möglich. Es gehört dazu das Schauen der Zeit, wo nicht mehr in Jerusalem oder auf dem Berge der Samariter die Anbetung Gottes gesucht wird, wo sie nur im Geiste und in der Wahrheit bestehen wird. Es gehört dazu die Erkenntniß: der Wind weht wo er will, du hörst sein Sausen, aber du weißt nicht, von wannen er kommt und wohin er geht; so ist jeder, der aus dem Geist geboren ist.[1]) Aber wir müssen hinzusetzen: auch das Bewußtsein, daß wo er selbst an der Spitze einer neuen Ordnung steht, das Reich und dessen Leben durch ihn vorhanden ist. Auch dieser Fortschritt kann nur aus der Tiefe seines Selbstbewußtseins geschöpft sein. Von diesem ist sein Handeln getragen, in ihm vertieft und erneut es sich.

Aber auch abgesehen von den Umständen, unter welchen es dahin kam, läßt sich überhaupt die Verkündigung von der Gegenwart des Reiches gar nicht anders denken, als in Verbindung mit dem Bewußtsein, daß er den Beruf hat, an der Spitze dieses Reiches zu stehen. Der Name des Reiches Gottes kann in seinem Munde nicht die allgemeine Bedeutung haben, daß unter demselben überhaupt die wahre Verehrung Gottes und die Zahl derer, welche sich zu dieser entschlossen haben, verstanden wäre. Sondern das Reich Gottes, wie auch sein Begriff geläutert werde, ist und bleibt das messianische Reich. Kein palästinensischer Jude konnte auf den Gedanken kommen, zu erklären, daß dieses Reich

---

[1]) Joh. 4, 21. 23. 3, 8.

jetzt da sei, wenn er nicht selbst beabsichtigte, dasselbe in Stand zu setzen, oder aber einen Anderen als den Messias bezeichnen konnte. Von diesen Bedingungen ist auch Jesus nicht frei. Das Gottesreich ohne Messias zu verkünden war eine Sache der Unmöglichkeit auch für ihn, weil es ein aussichtsloses Unternehmen, ohne alle Hoffnung, Glauben dafür zu finden, gewesen wäre. Es war aber auch persönlich für ihn unmöglich; denn unter den menschlichen Bedingungen seines Geisteslebens steht sicher das Ausgehen von dieser nationalreligiösen Anschauung oben an, und daß er diese theilte, haben die Evangelien deutlich genug damit ausgesprochen, daß sie ihn zuerst mit der Zukunft des Himmelreiches oder Gottesreiches beginnen lassen. Die Frage, wann Jesus angefangen habe, sich selbst als den Messias zu erkennen, und ob er dazu erst allmählich unter äußeren Einflüssen, dem Fordern der Menschen und dem Drängen der Ereignisse gelangt sei — diese Frage fällt demnach vollständig weg, sobald man zugibt, daß Jesus frühe dazu kam, von der Gegenwart des Reiches zu reden. Mit ihr ist seine persönliche Stellung gegeben. Diese erst nachträglich hinzuwachsen zu lassen, fordert eine historische und psychologische Unmöglichkeit.

Wir sehen überdieß, daß, obwohl Jesus keine bestimmten Erklärungen über seine Person gibt, doch von Anfang bis zu Ende dieser Zeit die Predigt des Reiches ganz auf seiner Person und seinem persönlichen Auftreten beruht. Wenn auch das „ich aber sage euch", welches er der pharisäischen Lehrweisheit entgegenstellt, die Sprache des seiner selbst bewußten Lehrers sein mag, so ist dagegen die Seligpreisung der Gerechten und die Verheißung, daß seine Worte durch die große Zeit der Wehen hindurch retten werden, schon die Sprache dessen, der die große Sache dieser Zukunft in seiner Hand weiß. Die Gerichtsdrohung für die Städte, welche ihn nicht erkannt und sein Wort nicht angenommen haben, erklärt von Kapernaum, daß es durch seinen Aufenthalt und sein Wirken bis zum Himmel erhöht gewesen ist. Ebenso spricht er in der Klage über die Unbußfertigkeit des Volkes aus, daß durch ihn mehr als Jona's Predigt, mehr als Salomo's Weisheit vor dieses Volk getreten ist, und in der Vertheidigung seines Verhaltens zum Sabbath, daß seine Gegenwart mehr ist als das Heiligthum des Tempels und seines Dienstes. Den Täufer bezeichnet er als seinen Vorläufer und zugleich als den Elia, der dem großen Tage des Herrn vorangeht. Nur auf seine Person und seine Thaten stützt er den Beweis in seiner Schutzrede gegen die Pharisäer, daß das Reich des Satans gebrochen ist und das Reich Gottes begonnen hat. Den Jüngern erläutert er die Gegenwart des Reiches daraus, daß er als der Sämann den Samen ausgestreut hat, und sein Verhältniß zu ihnen ist das des Bräutigams zu seinen Leuten. Die frohe Gegenwart und ihre göttliche Gewißheit beruht darauf, daß er selbst in ihrer Mitte ist. Darum ist der Uebergang von der Zukunftspredigt zu dieser Gegenwarts-Verkündung getragen von seiner persönlichen Stellung. Ist er selbst das von Gott bestimmte Haupt des Reiches, so ist es ein leichter Schritt, von der Erwartung desselben zu der Gewißheit seiner Wirklichkeit überzugehen. Ohne jene Ueberzeugung läßt sich keine Brücke vom Einen zum Andern denken. Mit derselben handelt es sich um einen äußeren Fortschritt in seiner Sache; und die dabei unveränderte Gleichheit seines Selbstbewußtseins ist die Grundlage, welche denselben möglich macht. Die einzelnen Aufgaben und Stadien seines Berufes erkennt er an der Hand der göttlichen Führung, indem er sich von dieser leiten läßt. Des Berufes selbst und der Stellung, welche er in demselben sowohl zu Gott als zu dem göttlichen Reiche hat, mußte er zuvor gewiß sein.

So ist allerdings die Predigt Jesu in dieser ersten Periode die Predigt von seinem Reiche und nicht die von seiner Person. Aber die letztere ist in der ersteren mitbegriffen, und es kann nur in der innerlich begründeten Durchführung seines Werkes selbst liegen, daß er dieselbe jetzt noch nicht ausdrücklich hervortreten läßt. Sich offen von Anfang an als den Messias und Erlöser des Volkes zu erklären, wäre so viel gewesen, als sofort entweder seinen Untergang herauszufordern, oder aber eine Revolution zu beschwören und sich an deren Spitze zu stellen. Erst wenn die Gedanken über das messianische Reich neue geworden waren, konnte er von seiner Stellung zu demselben offen reden. Erst wenn er den Glauben seiner Anhänger an sein inneres Wesen und seine persönliche Stellung zu Gott begründet und befestigt hatte, konnte er diesen Glauben auch zur offenen Erkenntniß seines großen Berufes führen. So mußte die Predigt von der wahren Gerechtigkeit und dem Reiche einerseits, und der persönliche Geistesverkehr mit ihm andererseits seine letzte Selbstoffenbarung vorbereiten und möglich machen. Wie dieß aber geschah, erkennen wir nun an zweierlei, was seine Reden darüber enthalten.

3. Das Eine ist der Name des Sohnes des Menschen, der einzige, mit welchem sich Jesus in dieser Periode ausgezeichnet hat.[1]) Diese Bezeichnung ist so gleichmäßig von sämmtlichen Evangelienschriften in die Selbstaussage Jesu aufgenommen, daß man ohne Frage berechtigt ist, sie als historisch in seinem Munde anzunehmen. Es kommt überdieß dazu, daß sie der apostolischen Zeit nicht eigen ist, daß sie daher auch nicht wohl von ihr erst in die Reden und die Geschichte Jesu getragen sein kann.[2]) Daß Jesus damit sich selbst ausschließlich bezeichnet, geht aus dem ganzen Gebrauche hervor; am deutlichsten wohl bei solchen Anlässen, wie in der Rede über den Täufer, wo er sich unter diesem Namen des Sohnes des Menschen dem letzteren gegenüberstellt. Bei einer so eigenthümlichen Bezeichnung ist es von vorneherein unwahrscheinlich, daß dieselbe auf ganz freier Bildung aus dem Gedanken beruhen sollte, wenn sich für diesen Gedanken nirgends eine ausdrückliche Erläuterung findet. In der That aber finden wir für alle Deutungen, welche in dem Sohne des Menschen den wahren Menschencharakter, die Demuth des rein menschlichen Wesens oder die sittliche Würde desselben ausgesprochen wissen wollen, in den Reden Jesu durchaus keine Anknüpfung. Die Auffassung Jesu als des zweiten Anfängers und Urbildes der Menschheit, des anderen Adam, ist den Evangelien ganz fremd, sie findet sich erst bei dem Apostel Paulus, und ihrem ganzen Wesen nach hat dieselbe auch so sehr schon den Charakter der

[1]) Vgl. hiezu Hilgenfeld, die Evangelien und die geschichtliche Gestalt Jesu, Zeitschr. f. wiss. Theol. 1863, S. 327 ff.

[2]) Apostelgesch. 7, 56 kann dieß nicht umstoßen.

dogmatischen Reflexion, daß sie als Selbstaussage kaum vorzustellen ist. Man begreift, wenn sich Jesus als den Gesandten und Sohn Gottes offenbart, aber nicht wenn er sich einen Namen gab des Sinnes, daß er durch seinen Geist dem menschlichen Geschlechte einen neuen Anfang gebe.

Es kann demnach kaum zweifelhaft sein, daß er hier einen Namen anwendet, welcher schon irgendwie gegeben war. In dem Buche der Danielweissagungen[1]) tritt nach den vier unter dem Bilde von Thieren dargestellten Weltreichen ein Neues damit ein, daß einer wie eines Menschen Sohn auf den Wolken des Himmels kommt, vor den Alten der Tage gebracht und ihm die Gewalt zur ewigen Herrschaft übertragen wird. Die persönliche Belehnung mit dieser deutet darauf, daß dem Verfasser dieser Menschensohn nicht bloß das Bild dieses Reiches, sondern auch des messianischen Herrschers ist. Aber wäre der Menschensohn auch nur das Bild des höheren Reiches und des dazu bestimmten Volkes, so gab doch die Idee des persönlichen Messias eben diese Anschauung des Reiches in der Gestalt des menschlichen Herrschers an die Hand. In jedem Falle konnte es nicht ausbleiben, daß jene Vorstellung des auf den Wolken kommenden Menschensohnes bald von dem persönlichen Kommen des Messias verstanden wurde. Daß dieses geschehen ist, zeigt das Henochbuch, welches in seinem eigenthümlichsten Theile den Messias nach dem danielischen Vorbilde unter dem Namen des Menschensohnes (auch Mannessohn und Weibessohn) mit dem Reiche selbst aus dem Himmel kommen läßt. Er ist der um seiner Gerechtigkeit willen von Gott Auserwählte; sein Name ist von Ewigkeit schon bei Gott genannt, und darum auch schon den Gerechten voraus geoffenbart. Er wird die Feinde Gottes stürzen und richten, und der Strom des Lebens wird sich von ihm und seiner Gerechtigkeit aus über die Auserwählten verbreiten.[2]) Diese Darstellung ist jüdisch und vorchristlich. Nicht nur muß die Schrift, welcher sie angehört, vor der römischen Herrschaft geschrieben sein. Sondern auch die Mes-

[1]) Dan. 7, 13 f.

[2]) Vgl. B. Hen. Cap. 46. 49. 62 und Dillmann, S. XXI ff.

siasidee selbst zeigt, daß das Christenthum hier noch keinen Einfluß ausübte. Der ewige himmlische Ursprung dieses Menschensohnes und seine menschliche Natur sind nur lose und unklar neben einander gestellt, weder die wunderbare Geburt, noch die zweite Parusie treten hier vermittelnd ein; sondern der Verfasser geht von der allgemeinen Erwartung des Messias als menschlichen Volksherrschers aus, aber er hebt und verherrlicht dieselbe dadurch, daß er die Züge der himmlischen Herabkunft und der dieser entsprechenden Bestimmung in das Bild derselben einträgt. So zeigt sich wohl, wie man immer sicherer den Messias unter jenem Namen und der damit zusammenhängenden Erscheinung als präexistente himmlische Person dachte; aber die so bestimmt ausgesprochene Menschheit ist eben deßhalb doch nur ein ideales Bild, wie es nur in der vorchristlichen Zeit entworfen werden konnte, da man eben noch nicht die Anschauung eines wirklichen Menschenlebens hinter sich hatte.[1])

Wie Jesus überhaupt in allen wichtigen Momenten seiner Lehre an gegebene Ueberlieferungen und feststehende Vorstellungen anknüpfte und aus ihnen ein Neues schuf, so hat er wohl auch bei dieser Bezeichnung die Anschauung im Auge gehabt, welche sich auf Grund der Danielweissagung in die jüdische Apokalyptik eingebürgert hatte, und welche jedenfalls der höheren Richtung des Messiasglaubens, der Erwartung himmlischer Erneuerung im Unter-

[1]) Die große Weissagung vom Menschensohne gehört dem ältesten Bestandtheile des Henochbuches an. Daß dieß der Abschnitt Cap. 37—71 wirklich ist, ergibt sich neben allen anderen Gründen schon aus der einfacheren Beziehung, in welcher die Person des Henoch hier noch verwendet ist. Es handelt sich noch um eine in sich geschlossene Prophetie über das Himmelreich, und diese ist durch das Schicksal Henochs naturgemäß an seine Person geknüpft; erst dieser einfachere Versuch zog die weiteren nach sich, in welchen nicht nur die Weissagung zur eigentlichen Apokalypse, sondern auch Henoch seines geheimnißvollen Geschickes wegen überhaupt zum Träger alles höheren Wissens wird. Daß aber die Lehre des älteren Henochbuches (Cap. 48), wonach die Weisheit des Herrn der Geister den Namen des Menschensohnes den Heiligen und Gerechten geoffenbart hat und er das Loos derselben bewahrt, nur von den alten Gerechten und nicht von der Christengemeinde verstanden werden kann, muß jede Vergleichung dieser Darstellung mit der christlichen Apokalypse des Johannes zeigen.

schiede des bloß irdischen Reiches und seines Sieges diente. Wir können aber hierüber in der That gar keinen Zweifel hegen, da der schlagendste Gebrauch derselben in den Evangelien nicht nur überhaupt den Menschensohn in der messianischen Zukunftserscheinung zeigt, vgl. Matth. 10, 23. 13, 37. 41. 16, 27 f. 17, 9. 19, 28, sondern Jesus zuletzt in der Gerichtsverhandlung, indem er sich zu seinem messianischen Berufe frei bekennt, von dem auf den Wolken des Himmels kommenden Menschensohn spricht.[1]) Auffallend ist unter diesen Umständen nur, daß Jesus sich schon so frühe desselben bedienen kann, ohne daß er deßwegen über messianische Ansprüche angefochten wird. Und zwar darf man, da dieses in höchst charakteristischer Weise geschieht, schwerlich annehmen, es sei diese Benennung in die früheren Zeiten erst durch die Evangelien zurückgetragen worden. Vielmehr ist daraus zu schließen, daß der Name keine allgemein verbreitete und eigentlich volksmäßige Bezeichnung des Messias geworden war.

Wie in den älteren Zeiten die Propheten[2]) von sich als Menschensöhnen gesprochen hatten im Ausdrucke der Demuth, die sich im Verkehre mit Gott menschlicher Schwachheit und göttlicher Herablassung bewußt bleibt, so konnte auch jetzt dieser Name in wechselndem Sinne zur prophetischen Selbstbezeichnung gebraucht werden, und hatte dann in diesem Sinne, wo es sich um die Berufung auf göttliche Offenbarung und göttliche Vollmacht handelte, nichts Auffallendes. Aber er bot zugleich durch jenen höheren Gebrauch der Apokalyptik die Gelegenheit, allmählich und planvoll in die messianische Selbstoffenbarung überzuleiten.[3]) Für das Sinnen und Verständniß seiner Anhänger mußte es sich von selbst ergeben, daß Jesus damit noch etwas Anderes, Tieferes aussagen wolle; und wenn sie dann zu der Erkenntniß gelangten, daß er sich auch in jenem höheren Sinne den Sohn des Menschen genannt habe, so hatten sie zugleich gelernt, daß sie sich das Bild des Messias doch ganz anders zu formen haben, als nach bisheriger Gewohnheit, daß auch dieser Messiasmenschensohn nicht

[1]) Matth. 26, 64. Mark. 14, 62.

[2]) Besonders Hesekiel.

[3]) Vgl. Strauß, S. 227 f.

bloß ohne die königliche Herrlichkeit, sondern selbst ohne Austhun des Himmels erscheinen könne, und daß sein Wesen vielmehr ganz in geistiger Größe bestehe, in dem Geistesbande, das ihn mit Gott als seinem Vater verknüpfe.

So finden wir nun in dieser ersten Zeit, daß Jesus überall da von sich als dem Menschensohne redet, wo er höhere prophetische Rechte ausübt. Er sagt den Pharisäern, welche an der Sündenvergebung, die er dem Paralytischen ertheilte, Anstoß nahmen: damit sie sehen, daß der Sohn des Menschen die Macht hat, die Sünden zu vergeben, gebiete er ihm jetzt gesund aufzustehen. Er schließt seine Vertheidigung des Heilens am Sabbath mit der Erklärung, daß der Sohn des Menschen auch über den Sabbath Gewalt habe.[1]) Er nennt sich den Sohn des Menschen in der Vertheidigung seiner Wunder gegen die Anklage dämonischer Hilfe, und hier besonders tritt der prophetische Charakter dieser Bezeichnung hervor. Die Lästerung des Menschensohnes kann vergeben werden, aber die Lästerung des Geistes nicht. Hätten sie nur den ersteren gelästert, so hätte es eben bloß den Menschen, welcher das Werkzeug und der Diener Gottes ist, betroffen. Aber er nennt sich auch des Menschen Sohn, wenn er von sich ganz im Allgemeinen, seinem bisherigen Auftreten und Lehren im Unterschiede von dem des Täufers spricht: des Menschen Sohn ist gekommen, und ißt und trinkt. Sicher soll das Wort hier nicht den humanen Charakter seines Auftretens ausdrücken, sondern vielmehr eben auch hier unter dem allgemeinen Ausdruck des Menschen als des Organes göttlicher Offenbarung seine besondere Stellung zu Gott andeuten, wodurch erst dieses humane Verhalten seine volle Bedeutung gewinnt. Auch wenn er dem, der sein Nachfolger werden will, sagt: der Sohn des Menschen hat nicht, wo er sein Haupt hinlege, so liegt darin nicht, daß er als Menschensohn schon zur Niedrigkeit und Armuth dieses Lebens bestimmt ist, sondern vielmehr nur, daß er als der

---

[1]) Auch in diesen beiden Fällen, der Sündenvergebung und der Macht über den Sabbath, lag wohl noch nicht unmittelbar die Erklärung zum Messias, sondern nur eine Geltendmachung prophetischer Rechte, welche dieselbe durchblicken ließ und dafür vorbereitete.

diesen Namen führende Prophet die Aufgabe dieses armen Lebens auf sich genommen hat. Ganz der Ausdruck für diese zunächst sich darbietende Vorstellung, die mit diesem Namen verknüpft war, ist die Erklärung im vierten Evangelium nach der ersten Verbindung mit seinen Anhängern: von nun an werdet ihr die Engel Gottes hinauf und herabsteigen sehen und den Himmel offen über dem Sohne des Menschen.[1]) Denn nur als Organ herrlicher Gottesoffenbarung überhaupt ist er damit bezeichnet. Dagegen fällt die johanneische Erklärung, daß dem Menschensohne das Gericht übertragen sei, eben weil er Mensch[2]) ist, soferne sie die bestimmte messianische Beziehung des Ausdruckes enthält, jedenfalls erst den späteren Aufschlüssen Jesu zu.

Aber wenn sich auch dieser Gebrauch zunächst in der allgemeineren prophetischen Sprache hielt, so war doch die Anwendung überall von der Art, daß sie zugleich für die Hörer ein Problem in sich schloß, welches sie zum höheren Verständniß der Person und des Berufes Jesu fortführen sollte, und es war deßhalb ganz der richtige Ausdruck für den Rückblick auf diese Zeit, wenn Matthäus bei der entscheidenden Frage an die Jünger, für wen denn sie ihn nun halten, in die Frage selbst den Zusatz aufgenommen hat: mich, den Menschensohn.[3]) Denn darum eben handelte es sich, ob sie das Räthsel dieser Bezeichnung gelöst, und die doppelsinnige Tiefe derselben begriffen hatten. So frei und weit also dieser Gebrauch jetzt noch ist, so schließt er doch schon einen so bestimmten Zweck in sich, und ist in so stetiger Durchführung fortentwickelt, daß auch hieraus ein von Anfang an fertiges Bewußtsein über sich selbst mit Nothwendigkeit folgt.

4. Wie aber seine Anhänger allmählich von seiner Erkenntniß als eines Propheten zu der messianischen erhoben werden sollten, so läßt er noch bestimmter sehen, daß es ihm vor Allem darauf ankam, sie im Glauben an sein besonderes Verhältniß zu

---

[1]) Joh. 1, 52.

[2]) Joh. 5, 27; hiebei gehört der υἱὸς ἀνθρώπου ohne Artikel schon der erklärenden Darstellung dieses Evangeliums an.

[3]) Matth. 16, 13.

Gott zu befestigen. Was dieselben überhaupt an ihn kettete, das war der gewaltige Eindruck seiner Person. Das älteste Evangelium hat diesen selbst so lebendig bewahrt, daß es ihn seine Jünger wie im Sturme erobern läßt. Er ruft den Fischern: folget mir, ich will euch zu Menschenfischern machen; sie verlassen ihr Gewerbe und ihre Heimat und folgen ihm. Er ruft dem Zöllner an der Zollstätte zu: folge mir, und er verläßt Alles und folgt ihm. Als es mit ihm zu Ende gieng, konnte Petrus sagen: wir haben Alles verlassen und sind Dir nachgefolgt, was wird uns nun dafür? Aber nicht nur diesen überwältigenden Eindruck seiner Person wollte er in ihnen pflegen; sondern es kam darauf an, daß sie wirklich an ihn glaubten, das heißt, daß sie in der That sein Wort unbedingt als göttliche Offenbarung annahmen. Zu dem, was er allem Volke in Lehre und Zeichen gab, kam daher für sie noch der vertraute Umgang, der sie in die Tiefe seines Innern sehen ließ.[1]) So kamen sie zu der Erkenntniß, daß er die unbedingte Vollmacht für die Sache des Reiches habe, oder daß ihm Alles von seinem Vater übergeben sei, zugleich aber auch, daß Niemand den Vater kenne, als der Sohn.[2]) Dieß ist beinahe das einzige Wort, welches uns mit Sicherheit in diesem Abschnitte in das Geheimniß dieses vertrautesten Verkehres, und seines eigensten Geisteslebens selbst hineinsehen läßt. Eben damals, als er zu der abschließenden Erfahrung gelangt war, daß es Gottes Wille sei, den Weisen die Erkenntniß zu verbergen und sie den Unmündigen aufzuschließen, spricht er es aus: daß Niemand den Sohn kennt, als der Vater, und ebenso Niemand den Vater, als der Sohn, und wem es der Sohn will offenbaren. Es ist etwas in ihm, was sich allem gemein menschlichen Verständnisse entzieht. Dieses Leben in Gott, dessen er sich bewußt ist, kann vor Niemanden offenbar sein, als vor Gott selbst; und wiederum beruht dieß darauf, daß ihm ein Schauen Gottes verliehen ist, welches kein Mensch außer ihm hat. Darin aber eben hat der Glaube seiner Getreuen den festen Grund, daß sie sich von diesem Verhältnisse überzeugt haben, und

---

[1]) Joh. 1, 52. [2]) Matth. 11, 27. Luk. 10, 22.

ihm deßwegen unbedingt vertrauen. Diese Aeußerung ist ein Bestandtheil der Redensammlung und zwar in ihren ältesten Theilen. Der Zusammenhang der Worte selbst zeigt den historischen Anlaß derselben, und zeigt zugleich an diesem einzigen Beispiel, welcher Art der innerste Verkehr war, den er mit seinen Anhängern unterhielt, und worauf die Macht, die er über sie hatte, beruht. Sie sind Zeugen dieses Gebetes, in welchem er sich über den großen Rathschluß Gottes, die Scheidung der gläubigen und der ungläubigen Welt klar wurde; sie selbst mußten denselben in seinem ganzen Umfange verstehen lernen, und in solcher Weise überzeugten sie sich, daß er die Geheimnisse Gottes wisse. Man hat sehr frühe dieses Wort aus dem historischen Zusammenhange seiner Umgebung losgerissen und ihm eine allgemeinere lehrhafte Wendung gegeben; um so deutlicher bezeugt sich selbst die frische Ursprünglichkeit seiner Ueberlieferung in den Reden Jesu.[1])

Das Verhältniß zu Gott, welches hierin dargestellt ist, hat seinen einfachen Ausdruck in dem Namen des Sohnes. Frägt man nach dem Sinne dieses Namens, so ist vor Allem sicher, daß derselbe hier nicht messianische Würde bezeichnen kann, weil dieß der ganzen Stellung, die Jesus einnimmt, widerspräche. Ebenso wenig aber erklärt die Thatsache, daß Jesus diejenigen, welche in ihrem Leben Gott ähnlich werden, Söhne Gottes nennt, wie er sich selbst schlechtweg den Sohn nennen konnte. Man muß vielmehr annehmen, daß er auch in jener Anrede schon von

[1]) Der kanonische Text des Wortes, Matth. 11, 28, hat seine Gewähr nicht nur darin, daß er sich in den Zeugnissen der älteren Väter neben der frühe geläufigen Umgestaltung im Gebrauche erkennen läßt, sondern ganz besonders in seinem historischen Charakter. Das Wort Jesu enthielt nicht eine Geschichte der Offenbarung, sondern einen Spiegel seiner Erfahrung; und weil er von dieser ausgeht, beginnt er mit dem Satze: Niemand kennt den Sohn als der Vater. Sobald man das Ganze für die Lehre anwendete, so ergaben sich die leichten Veränderungen von selbst, welche den Spruch dafür tauglicher machten. Man umstellte die Sätze, und man setzte statt der Gegenwart die verneinende Aussage in die Vergangenheit. So hatte man ein Wort, welches die Offenbarung Jesu in ihrem wahren Wesen und ihrem Verhältnisse zu aller Vorzeit kurz charakterisierte, und diese Form ergab sich unter dem Einflusse johanneischer Anklänge um so leichter, vgl. Joh. 5, 37. 1, 18.

sich selbst ausglieng, und das, was er in einziger Weise in sich hatte, annähernd auf andere übertrug. Der Name kann mithin nur Ausdruck seines persönlichen Lebens sein. Als solcher besagt er nicht den Gehorsam der Gerechtigkeit, oder den besonderen Schutz des Vaters, sondern er drückt aus, daß er sich von Anfang an in einer Einheit mit Gott weiß, welche stark und sicher genug ist, um sein wahres Selbst zu heißen; diese Einheit bethätigt sich in seinem inneren Leben auf seiner Seite als die vollkommene Gebetsgemeinschaft, von der Seite Gottes als die schrankenlose Offenbarung. So steht es nicht im Widerspruche damit, daß Jesus in der Schutzrede gegen die Pharisäer sagt, er thue seine Zeichen im Geiste Gottes, und diesen lästere man durch den Angriff auf dieselben.[1]) Es war in seinen Augen das Reich des Geistes, welches durch ihn heraufgeführt wurde, und die Macht des Geistes, durch welche er wirkte.[2]) Auch der Verkehr, den er selbst mit Gott hatte, war ein Verkehr des Geistes, aber eben in diesem Verkehr wußte er sich als den Einzigen, den Gott so erwählt hat, den Sohn des Vaters im Himmel. Den Augenblick, in welchem dieses Selbstbewußtsein seine Reife erlangt und wirksam wird, bezeichnen die Evangelien, indem sie die Vision der Taufe darstellen als das Herabkommen des Geistes und das Vernehmen der himmlischen Anrede des Sohnes. Das vierte Evangelium hat auch den Erinnerungen an das Geistesleben Jesu, welches auf diesem Sohnesbewußtsein beruht, seinen eigenthümlichen Ausdruck in großen Umrissen gegeben. So schildert es das Bewußtsein von der einzigen Natur der Offenbarung, in deren Besitz er ist, wenn es Jesus in der Jerusalemischen Streitrede 5, 37 sagen läßt, nicht nur der Vater zeuge für ihn, sondern

[1]) Matth. 12, 32.

[2]) Daß Weissagungen, wie Jes. 11, 1, auch in der makkabäischen Zeit festgehalten wurden, zeigen die sogenannten salomonischen Psalmen, nach welcher Schrift Gott den Davidssohn stark macht ἐν πνεύματι ἁγίῳ zu seinem heiligen Regiment. Aber auch Jonathan ben Usiel läßt die edlere Vorstellung vom Davidssohn in diesem Sinne erkennen. Es gab also neben der apokalyptischen Messiaslehre auch eine historisch gehaltene, von höherem reinerem Geiste, an welche Jesus anknüpfte, wenn er in seinen Thaten die Macht des göttlichen πνεῦμα nachwies.

auch er sei sich bewußt, daß Niemand vor ihm Gottes Gestalt gesehen und Gottes Stimme vernommen, daß er allein das Wort Gottes bleibend empfangen hat. Es hat den Verkehr mit Gott selbst geschildert in der Erklärung: der Sohn kann nichts von sich thun, wenn er nicht den Vater etwas thun sieht; was jener thut, das thut auch der Sohn ähnlich. Denn der Vater liebt den Sohn, und zeigt ihm alles, was er selbst thut.[1]) Diese Worte sind nicht aus der Logoslehre des Evangelisten geflossen; sie sind der historische Ausdruck für das von den Jüngern gesehene Geisteswesen Jesu. Wir haben dabei zunächst an ein geistiges Schauen zu denken, welches ihm in seinem Gebetsleben zu Theil wurde. Aber dieses Schauen konnte auch sinnliche Gestalt annehmen. Ohne Grund würde man sich vor der Consequenz solcher Visionen scheuen; sie gehören zur menschlichen Natur Jesu. Nicht auf dem Grunde der verständigen Reflexion ist sein Geistesleben aufgebaut, sondern durchaus auf dem jener unmittelbaren Geisteserfahrung, welche das Wesen aller Religion bildet. Aber unter den Bedingungen der natürlichen Erregung geht dieses geistige Erleben auch in die verkörperte Vision über. Die Vision charakterisiert nur da die Schwärmerei, wo sie nichts ist als das Erzeugniß der Phantasie und des einzelnen Momentes; wo aber das ganze Geistesleben durch die Einheit mit Gott getragen, und in allen seinen Momenten durch die Erfahrung derselben erfüllt ist, bringt es im Zusammenhange der Lebensäußerungen von selbst auch dieses Schauen mit sich. Wie nun die Vertrauten Jesu wahrnehmen mußten, daß er in sich einen unerschöpflichen Quell göttlicher Wahrheit, göttlicher Aufschlüsse und Weisungen trug, so wurden sie hiedurch zugleich allmählich zu der Erkenntniß geführt, daß alle diese Lebensäußerungen auf einem Grunde des höheren Daseins beruhen, welchen Jesus in dem Namen des Sohnes, den er sich beilegte, aussprach. Niemand hat noch vermocht, dieses Sohnesbewußtsein Jesu als den Ausdruck sittlicher selbsterrungener Geistesgemeinschaft mit Gott so begreiflich zu machen, daß sich daraus sein Auftreten als Messias und Welt-

[1]) 5, 19 f.

erlöser erklärt. Diese That fordert, daß der, welcher sich den Sohn nannte, die Gewißheit dafür in sich vorfand, wenn er dieselbe auch als Mensch zu behaupten und zu bewähren hatte, und daß auch der Weg dieser Bewährung ihm fortwährend durch göttliche Kundgebungen erleuchtet ist. In jedem Falle konnten seine Jünger diesen Namen des Sohnes nicht anders verstehen, denn als eine Aussage, daß er in einem Verkehre mit Gott stehe, höher als der aller Propheten, so hoch, daß er eben zu diesem Namen berechtige. Und dieser Aussage glaubten sie, weil Lehren und Handeln ihr entsprach.

Was aber so seine Vertrauten im engsten Umgange näher sehen und in der Geburtsstätte selbst beobachten durften, das sprach sich doch auch deutlich genug in seiner öffentlichen Predigt aus. Die göttliche Gerechtigkeit, welche Jesus verkündete, hatte ihre Wahrheit darin, daß die Gläubigen Gottes Kinder sein sollen und ihn selbst nachahmen, wie er ist in seinen Werken, in seinem Wesen. In diesem Sinne geht er von der Naturbetrachtung aus, und geht über das Gesetz hinaus. Aber er lehrt nicht, was Gott ist, er zeigt nicht, wie man diese Erkenntniß von ihm gewinnt. Das ganze Bild, welches derselben zu Grunde liegt, der Glaube, von welchem seine höchsten Gebote getragen sind, erscheint als eine unmittelbare Gewißheit, als die Sache der persönlichen Erfahrung. In jenen Reden spricht Jesus kaum anders von Gott, als mit dem Namen des Vaters. Er nennt ihn dabei nicht seinen Vater, sondern: euer Vater, ihr sollt Kinder sein eures Vaters im Himmel. Auf diese Erkenntniß Gottes als des Vaters, auf das Gefühl dieser Kindschaft baut er das neue Leben seiner Anhänger auf. Er führt dazu nicht auf dem Wege der Lehre, sondern er erzeugt dieses Gefühl durch sein Wort, durch die persönliche Mittheilung. Er wirkt eben dadurch, daß er auf Andere überträgt, was er selbst hat; was ihnen darin zu Theil wird, nehmen sie von dem Seinigen. So ist sein ganzes Lehren getragen von dem eigenthümlichen Sohnesbewußtsein, in dessen geheime Tiefe er seine Gläubigen blicken läßt, welches er ihnen als den Quell seiner Offenbarung enthüllt.

5. Man hat nach dem persönlichen Charakter, nach der individuellen Geistesart Jesu gefragt, und man hat ein Recht, danach zu fragen; denn menschliches Leben ist nur individuell, und die Reinheit desselben schließt nicht seine Eigenart aus. Jesus als allgemeiner Mensch gedacht, alle Kräfte menschlichen Wesens in sich vereinigend, aber auch dieselben in sich zu harmonischem Ebenmaße in sich ausgleichend, ist kein wirklicher Mensch. Indessen geben uns die Evangelien kaum sichere Mittheilungen, aus welchen sich die Züge eines Temperaments oder Naturells erkennen ließen. Die erschütternden Bewegungen des Mitleides, wie des Zornes, welche ihm besonders das zweite Evangelium zuschreibt, gehören höchst wahrscheinlich zum großen Theile wo nicht ganz einer Feder an, welche das Ausmalen in diesem Sinne liebte. Was wir daher überhaupt finden können, das läßt sich einzig dem Gange seines Lebens im Großen, der Entwicklung seiner Sache und der allgemeinen Gestaltung seiner Verhältnisse entnehmen. Hieraus geht nun hervor, daß wir uns diesem Charakter nicht vorzugsweise weich und milde, sondern stark und straff zu denken haben. Nicht die milde Heiterkeit seiner Weltanschauung ist die Grundlage seines Lebens und seiner Predigt,[1] sondern die vollkommene Sammlung für das Eine höchste Ziel, das Durchdrungensein von seinem Offenbarungsberuf. So wenig ihn irgend ein Beispiel der Geschichte erreicht, so trägt er doch den Typus jener männlichen religiösen Charaktere, welche von der Wahrheit ihres Glaubens durchdrungen ihren Weg mit rücksichtsloser Energie im Kampfe gehen. So läßt sich derselbe in den beiden Evangelien erkennen, welche am meisten jedes in seiner Art die persönliche Erinnerung, die lebendige Anschauung athmen. Sein eigenes Entsagungsleben, in welches kein Schimmer dessen, was man menschliches Glück heißt, fällt, die Forderungen, welche er im gleichen Sinne seinen Anhängern stellte, sind Zeugniß davon. Das unaufhaltsame Fortschreiten, welches aus jedem Widerstande nur neue Kraft schöpft, gibt von selbst ein entsprechendes Bild. Allerdings hat er nicht die Natur verläugnet und die Welt weggeworfen, wie der schroffe

[1]) Wie Strauß durchführt, S. 207 f.

Glaube mancher seiner Jünger in früheren und späteren Zeiten gethan hat; sondern die Reinheit seines Glaubens und die Höhe seiner Offenbarung hat ihm den freien Blick, die Liebe im göttlichen Sinne erhalten. Was aber den ihm vorgezeichneten göttlichen Wegen entgegentrat, hat er ohne Fragen und Wanken bekämpft und besiegt. Auch das darf man zu seiner individuellen Art rechnen, daß sein ganzes Geistesleben aufgieng in seinem religiösen Berufe, daß die lichte Höhe dieser Erkenntniß sich mit einem Volksglauben, wie der der dämonischen Krankheiten war, vertrug, und auch ihn, ohne ihn anzutasten, nur in den Dienst der großen Sache, der großen Wahrheit des Gottesreiches stellte. Dieses Leben ganz für die heilige Sache, hingegeben an sie, hingenommen von ihr, ohne menschliche Selbstsucht und Selbstliebe, ohne Empfänglichkeit für Sinnenreiz und Weltlust, so wie wir dasselbe in der Zeit seiner Berufsübung beobachten können, dieß ist es, was man historisch seine Sündlosigkeit nennen kann. Sie besteht weder in der Freiheit von bösen Trieben und böser Lust, noch in der Vollkommenheit aller Tugenden; sondern sie besteht darin, daß er ganz war, was er sein sollte, daß er den ihm verliehenen Grund der Gotteinheit in menschlich-sittlichem Streben und Kämpfen behauptete, und das was ihm göttlich gewiß war, unbedingt sich selbst aneignete und im Leben vollzog.[1])

Es war der Beruf an seinem Volke, für welchen er so zu leben begann; ganz hat er sich demselben hingegeben. Das hohe geistige und sittliche Ziel bedurfte nicht erst sich mit Volksvorstellungen und Erwartungen zu verbinden, um eine greifbare Gestalt, einen irdischen Halt zu bekommen; es war von dieser bestimmten Aufgabe, von einem vorhandenen Leben ausgegangen und wurzelte darin. Aber gerade von dieser Wurzel aus richtete es sich weit hinaus und umfaßte alle Gebrechen der Menschheit, die Unterdrückung aller ihr feindseligen Gewalt. Kranke zu heilen, Sündern zu vergeben, Gläubige zu berufen zur Gerechtigkeit Gottes — waren Werke, die ihrer Natur nach alle Menschen angehen. Die Verkündigung des Reiches in Israel ist so von selbst die Erlösung der Menschheit.

---

[1]) Jahrb. f. deutsche Theol. 1862. S. 665. 677 f.

Zweiter Abschnitt.

Die spätere galiläische Zeit.

---

1. Einleitung.

1. Wenn wir dem Gange des ältesten Evangeliums folgen, so unterscheiden sich die Stücke desselben, welche der Reise Jesu nach Jerusalem vorangehen, von den früheren galiläischen Zeiten sehr bestimmt, theils durch ihre eigenthümliche schriftstellerische Anlage, theils durch gewisse Züge in der Geschichte selbst, aus welchen eine eingetretene Veränderung der Umstände hervorgeht. Schon die beiden Stücke, welche mit der Erzählung des doppelten Speisungswunders beginnen, haben einen historischen Charakter in anderem Sinne, als die früheren Abschnitte ihn wenigstens ihrer Mehrzahl nach haben. Es ist nicht eine Reihe von ähnlichen Begebenheiten, welche ein bestimmtes Verhältniß an mehrfachen Beweisungen aufzeigt, sondern es ist in jedem dieser Stücke ein Gedankengang, welcher die Absicht erkennen läßt, die Entwicklung der Sache Jesu durch verschiedene Hauptmomente in kurzen großen Zügen hiedurch zu veranschaulichen. Der Eingang zeigt ihn in seiner vollen Größe, dem Volke Segen bringend und von ihm verehrt. Aber gerade auf diese Beweisung folgt ein unerwartetes, entgegengesetztes Ergebniß, nämlich Verhandlungen, welche die Spaltung zwischen ihm und dem Volke vergrößern und vollenden müssen; und wenn dann jedesmal noch eine Probe seines

wunderbaren Heilens beigefügt ist, so besagt dieß deutlich, daß auch jene Gegenwirkungen doch nur seinen Erfolg im Großen, nicht aber sein heilsames Wirken überhaupt und die Früchte des Glaubens an dasselbe aufzuheben vermochten. So beabsichtigen diese Stücke sehr deutlich, die entscheidende Wendung in seinem galiläischen Leben zu erklären, oder sie haben die Erinnerung einer solchen Zeit unter eine allgemeine Betrachtung gestellt. Weiter aber derjenige Abschnitt, welcher mit dem Bekenntnisse des Petrus beginnt und mit dem Rangstreite endigt, ergänzt das Vorige dadurch, daß nun durch die Erklärungen zwischen Jesus und seinen Jüngern die Gemeinde der letzteren ihren Höhepunkt erreicht, völlig als messianische konstituiert wird. Den kritischen Charakter dieser Zeiten konnten auch die Bearbeiter des ältesten Evangeliums nicht verkennen. Auch Matthäus hat daher hier weder die Ordnung der Erzählungen verändert, noch größere Reden eingeschaltet, wie er beides in den früheren Abschnitten gethan hat. Nur am Schlusse bezeichnet er durch die Anfügung von eigentlichen Gemeindereden diese Zeit als diejenige, in welcher Jesus seine Gemeinde nach innen zu organisieren anfieng. Im Uebrigen hat er die Parallele der Erzählung zu Markus eingehalten, und damit seinerseits den historischen Charakter, oder die epochemachende Natur dieser Begebenheiten anerkannt. Aber auch das vierte Evangelium hält diesen Standpunkt ein. Es erzählt mit den Synoptikern die wunderbare Speisung, läßt in den eigenthümlichen Gesprächen, welche bei ihm auf dieselbe folgen, die Zeichenforderung eintreten, verbindet damit andere Anklänge an den Inhalt des parallelen synoptischen Abschnittes, so an die Reden über die Reinheit der Speisen, an die Leidensverkündigung, und schließt das Ganze ebenfalls mit dem Bekenntnisse des Petrus und der völligen Aussonderung der Gemeinde. Wenn es daher auch noch andere Stoffe einverflochten hat, wie die Erinnerung an die Scene zu Nazareth, und die Motive der Jüngerwahl, so hat es doch im Ganzen Inhalt und Charakter der Epoche ebenfalls festgehalten.

2. Wie sich aber diese durch die Absicht der Darstellung ausspricht, so sind es auch überall die Spuren eigener und neuer geschichtlicher Verhältnisse, welche das Ganze dieses Abschnittes von den früheren Zeiten unterscheiden. Wir finden nämlich, daß Jesus seinen regelmäßigen Aufenthalt in Kapernaum aufgegeben zu haben scheint; nur vorübergehend besucht er die alten Stätten seines Wirkens. Nie sehen wir ihn mehr in der Synagoge auftreten. Wenn das vierte Evangelium ihn nach der Speisung noch in Kapernaum in der Synagoge reden läßt und dieß ausdrücklich hervorhebt, so deutet es wohl gerade damit an, daß es zum letzten Male geschehen sei. Statt dessen aber bewegt sich nun Jesus in anderen Gegenden, im Norden und Nordosten des Sees, er geht auch über die Grenzen hinaus auf syrischen Boden in heidnisches Land. Die erste Speisung geschieht jenseits des Sees in wüster Gegend. Jesus kehrt nach derselben wieder zurück in die Landschaft Gennezareth, und wird hier wie ein lange Entbehrter begrüßt, Matth. 14, 34 ff. Mark. 6, 53 ff. Sofort drängen sich seine pharisäischen Gegner an ihn und nach dem Streite, welchen er mit ihnen gehabt, entweicht er wieder in das phönikische Gebiet, Matth. 15, 21. Mark. 7, 24. Dann nähert er sich wieder dem See, bleibt aber nach Mark. 7, 31, vgl. Matth. 15, 29, im Norden desselben in der Dekapolis. Die zweite Speisung ist nach dem der Quelle treuesten Markusevangelium 8, 1 ohne weitere Ortsbezeichnung, als daß auch sie in der Wüste vorgeht.[1]) Nach dieser Speisung kommt er wieder über den See herüber, Mark. 8, 10. Matth. 15, 39, woraus so viel klar hervorgeht, daß in der Quelle der Evangelisten selbst auch diese zweite Handlung jenseits vorgehend gedacht ist. Da er aber auch jetzt sogleich wieder einen Zusammenstoß mit den Pharisäern hat, Matth. 15, 1. Mark. 8, 11, so wiederholt sich auch das, wie nach der ersten, daß er alsbald wieder mit seinen Jüngern auf das jenseitige Ufer übersetzt Matth. 16, 5. Mark. 8, 13. Bei Markus folgt dann aber eine Erzählung, in welcher er nach Bethsaida kommt, 8, 22—26,

[1]) Erst Matthäus hat sie mit dem Vorigen verbunden, und indem er die Oertlichkeit als das Gebirge bezeichnet, 15, 29, legt er die Vermuthung nahe, daß sie diesseits des Sees stattgefunden habe.

und zwar ist darunter, weil es als Dorf bezeichnet ist, wahrscheinlich das diesseitige Bethsaida in der Nähe von Kapernaum zu verstehen.[1]) Dagegen finden wir nun in der Erzählung von dem Bekenntnisse des Petrus wieder, Matth. 16, 13. Mark. 8, 27, daß Jesus in die Gegend von Cäsarea Philippi geht, dort trägt sich diese Scene zu, sechs Tage darauf folgt die Verklärung, Matth. 17, 1. Mark. 9, 2, es ist jedoch weder hier noch bei der darauf folgenden Erzählung von der Heilung des dämonischen Knaben eine Ortsangabe. Wohl aber setzt das Folgende, wo eine Wanderung durch Galiläa erzählt ist, Matth. 17, 22 und zwar bei Mark. 9, 30 mit dem Zusatz, er sei von dorther wieder nach Galiläa gekommen, und er sei heimlich durch Galiläa gezogen, voraus, daß auch jene Dinge sich noch außerhalb des Landes begeben hatten, und daß er auch jetzt zwar wieder nach Galiläa kam, aber weder öffentlich daselbst auftrat, noch auch seinen Wohnsitz wieder dort nahm. Wir haben also durch alle diese Stücke hindurch zwar nicht eine zusammenhängende Erzählung; denn der Faden bricht jedesmal ab, wo eine neue Gruppe beginnt, oder ein einzelnes Stück frei eingefügt ist. Wohl aber haben wir eine klare Situation, welche sich über alle erstreckt und damit beweist, daß das Ganze in eine und dieselbe Zeit fällt.

2. Veränderte Stellung Jesu nach außen.

1. Fragen wir nach dem Grunde jenes veränderten Lebens Jesu, so bietet sich zunächst bei den Synoptikern die Erzählung dar, daß der Tetrarch Herodes auf ihn aufmerksam wurde und nach ihm zu fragen begann.[2]) Man erzählte ihm von den Wunderthaten Jesu, und von dem Aufsehen, welches dieselben im Volke machen, so daß dasselbe ihn, wie einen Propheten, ja wie einen der alten Propheten, der wieder erstanden sei, achte. Er selbst

[1]) Man sieht hieraus, wie zwar in den Hauptbegebenheiten die Ortsveränderungen durchgeführt sind, daneben aber die einzelnen Stücke frei angefügt werden.

[2]) Matth. 14, 1 ff. Mark. 6, 14 ff. Luk. 9, 7 ff.

zwar spottete darauf, daß ja wohl Johannes, welchen er hatte enthaupten lassen, wieder auferstanden sei.[1]) Aber diese Worte hatten noch eine andere Bedeutung als die des Spottes, sie ließen in seinem Munde nur Unheil ahnen. Wenn sie zur Kunde Jesu kamen, so wußte er, wessen er sich zu versehen hatte. Daß dieß geschah, ist in einer alten Erzählung, welche in die Spruchsammlung des Lukas Eingang fand, aufbewahrt. Hier sind es Pharisäer, welche Jesu mittheilen, daß ihn Herodes zu tödten suche, und ihm den Rath geben, sich zu entfernen. Jesus antwortet: gehet hin und saget diesem Fuchse: siehe ich treibe Dämonen aus und vollbringe Heilungen heute und morgen, und am dritten werde ich vollendet. Aber heute, morgen, und am dritten Tage muß ich wandern, denn ein Prophet darf nicht umkommen außerhalb Jerusalem. So spricht wohl Jesus im Bilde die Gewißheit aus, daß er seine drei Jahre zu Ende bringen und nur in Jerusalem sein Ende finden werde, und es liegt darin zugleich die Zuversicht, daß er seinen Tod nicht von Herodes haben wird. Aber indem er ihn als das Raubthier der Wüste bezeichnet, legt er doch auf seine feindlichen Absichten das bezeichnende Gewicht, und selbst in der übrigen Erklärung blickt durch, daß er der Gewalt desselben durch sein Wandern entzogen ist, dieses Wort beleuchtet mithin die Erzählung von der Aufmerksamkeit des Herodes, und läßt erkennen, daß es sich um einen Anschlag auf das Leben Jesu handelte, daß Jesus davon erfuhr und sich demselben entzog. Ursache genug, daß der Fürst damals auf Jesus in dieser Weise aufmerksam wurde, liegt in dem Umstande, daß Jesus soeben durch die Aussendung der Zwölfe seinem Wirken eine viel größere Ausdehnung gegeben hatte und damit in neuer Weise an die Oeffentlichkeit getreten war. Daß aber Herodes nicht geneigt war, eine solche Erhebung zu dulden, erklärt sich aus denselben Motiven, aus welchen er den Täufer auf die Seite geschafft hatte. Hatte Jesus deßhalb von Anfang an wenigstens vermieden in Tiberias und

[1]) Matth. 14, 2. Mark. 6, 14. 16. Daran, daß Mark. 6, 14 ἔλεγεν zu lesen ist, darf man sich weder durch die Wiederaufnahme in 16, noch durch Luk. 9, 7 irre machen lassen. Erstere gehört zur Darstellungsweise des Evangeliums; Lukas aber hat die ganze Erzählung zu berichtigen versucht.

dessen nächster Umgebung aufzutreten, so hatte er jetzt Veranlassung genug, sich aus dem Gebiete des Fürsten ganz zu entfernen, und wenigstens nur zeitweilig noch die alte Heimat zu besuchen. Auch daß er nicht mehr in den Synagogen auftritt, ist hiedurch genügend erklärt. Bald aber trugen die nun folgenden Begebenheiten dazu bei, die Rückkehr auch von anderer Seite aus als der des Herodes unmöglich zu machen. Jesus hatte in Folge dessen eigentlich schon jetzt keine andere Wahl mehr, als den Schauplatz seines Auftretens nach Judäa und Jerusalem zu verlegen. Wenn er damit noch einige Zeit gezögert hat, so ist das nicht das Zeichen eines Schwankens in seinen Absichten, sondern er wollte nur eben diese Zeit benützen, um die Bildung und Befestigung seiner Gemeinde zu vollenden.

2. Wir haben alle Ursache anzunehmen, daß die von Herodes her drohende Gefahr nicht das einzige war, was das neue Wanderleben Jesu in dieser Zeit veranlaßte. Es war dazu nur der erste Anstoß von jener Seite aus gegeben, bald sollten noch entscheidendere Motive hinzutreten. So groß war doch die Theilnahme des Volkes an ihm, daß es ihn nicht unbeachtet verschwinden ließ, am wenigsten wohl, wenn die Ursache dazu von dem wenig beliebten Fürsten ausgieng. Zudem hatte gerade jetzt die Mission der Zwölfe, in welcher Jesus selbst die Bevölkerung, wenn auch in anderem Sinne aufgerufen, dieselbe neu für seine Sache in Bewegung gesetzt. So erklärt es sich, daß man ihm in die Einsamkeit nachzog, und daß sich eines Tages eine große Schaar Volkes bei ihm versammelt hatte. Dieß ist der Moment, in welchen nun die Evangelien die Geschichte des Speisungswunders verlegen.[1]) Daß diese Begebenheit obwohl zweimal, und zwar mit einer Veränderung der Zahlen, erzählt, doch nur als eine zu betrachten ist, hat sich schon aus dem Verhältniß der beiden Stücke des Evangeliums, welchen sie angehört, ergeben, und es ist hiedurch zugleich die Weise, wie die Verdoppelung leicht entstehen konnte, erklärt. Auch Lukas scheint die zweite Speisung schon aus

---

[1]) Mark. 6, 30 ff. Par. Matth. 15, 33 ff. Par.

dem gleichen Grunde weggelassen zu haben, aus welchem er auch sonst Wiederholungen der gleichen Stoffe vermeidet, und sogar ganze Erzählungen übergeht, wenn ihm das Wesentliche derselben anderwärts in einem Spruche gegeben schien. Die Wiederholung einer solchen Begebenheit würde den Gang der Geschichte völlig unerklärlich machen. Sie ist aber auch durch die Darstellung selbst ausgeschlossen, indem diese den zweiten Fall ganz wie einen ersten behandelt.

Aber freilich ist es schwer, für die Zurückführung der beiden Berichte auf eine Begebenheit an den Gang der Geschichte zu appellieren, wo die Begebenheit selbst ihrer Natur nach, ob einmal oder mehrmale geschehen, dem Wesen aller Geschichte zu widerstreben scheint. In der That wird Niemand bestreiten können, daß die historische Auffassung der Begebenheit nach dem Buchstaben der Erzählung an einer Schwierigkeit scheitert, welche kein Wunderbegriff, und wäre er erst ganz neu begründet, zu lösen im Stande ist. Eine Sache als Wunder erklären, heißt dieselbe auf eine irrationale in den Lauf der Natur eintretende Ursache zurückführen; und eben darin hat diese Auffassung den Charakter einer Erklärung, daß sie die wunderbare Wirkung und den natürlichen Gang der Dinge unterscheidet, und so der angenommenen Thatsache ihre eigenthümliche Ursache zuschreibt. Damit aber nun eine Erklärung in diesem Sinne möglich sei, ohne welche von einer denkenden Betrachtung überhaupt nicht mehr die Rede sein könnte, muß zuerst das Bild der geglaubten Thatsache als einer Wahrnehmung, welche sich beschreiben läßt, vorliegen. Dieß ist aber bei der wunderbaren Speisung so wenig der Fall, daß die sämmtlichen Berichte über dieselbe den äußeren Hergang selbst vielmehr nur ahnen lassen, und sich begnügen, den Anfang und das Ende der Begebenheit zu verzeichnen.[1]) Hienach hat Jesus wenige Brode gesegnet und seinen Jüngern zur Vertheilung gegeben. Diese haben dieselbe an eine große Masse von Menschen vertheilt, und Alle sind davon satt geworden, ja es blieb zuletzt ein Rest übrig, der größer war als der anfängliche Vorrath. Was aber

[1]) Vgl. Schleiermacher, Leben Jesu, S. 229.

zwischen diese beiden Endpunkte fällt, wie der Hergang von den Betheiligten selbst wahrgenommen worden sei, versucht die Erzählung nicht anzudeuten. Sie hat dadurch zweierlei Erklärung von selbst herausgefordert. Die sogenannte natürliche Erklärung hielt sich eben daran, daß in der Erzählung selbst eine offene Stelle ist, welche sie nun in ihrer Weise auszufüllen meinte. Aber die Evangelisten haben die Lücke nicht in diesem Sinne offen gelassen, sondern sie wollten ein Wunder erzählen, das heißt sie wollen deutlich sagen, daß durch das Segnen und Geben Jesu eine solche Vermehrung des vorhandenen eingetreten sei, durch welche die Menge gesättigt werden, und zuletzt noch jener Rest da sein konnte, vgl. Matth. 14, 19. Mark. 6, 41. Luk. 9, 16, und das vierte Evangelium hat daher ausdrücklich von dem Zeichen geredet, welches Jesus gethan hat, Joh. 6, 14. Um so mehr mußte an die Stelle der natürlichen Erklärung vielmehr die mythische treten, welche hier das volle Gewicht des Umstandes für sich in Anspruch nimmt, daß die Erzählung selbst keine Anschauung einer wirklich erlebten Thatsache, sondern vielmehr nur die Vorstellung von einer solchen zeige, eine Weise der Berichterstattung, die in sich selbst den Charakter der Sage habe. Wie nun aber diese Erzählung sich jeder thatsächlichen Erklärung auch im Sinne der Wunderannahme entzieht, so gibt sie sich vielmehr von selbst als das Bild einer allgemeinen Wahrheit oder eines Glaubens, welcher in Jesus den Wohlthäter und Vermittler alles Segens, in seinem Worte die Geistesmacht erkennt, die auch aller leiblichen Noth abhilft. Gerade hiedurch schließt sich diese Geschichte in gewissem Sinne an die wunderbaren Heilungen Jesu an, und behauptet jedenfalls den engeren Charakter der evangelischen Wundererzählungen. Die älteren evangelischen Geschichten dieser Art kennen überhaupt ein bloßes Größenwunder nicht, sie schreiben Jesu keinen Zauber über die Natur zu, welcher bloß den Zweck gehabt hätte, die Herrschaft über dieselbe zu zeigen, sondern sie lassen eine solche nur eintreten, wo es sich um eine Wohlthat für Menschen handelt. Denn die Ertränkung der Schweine bei der Heilung des Gadarener Besessenen darf überhaupt nicht als selbstständige That, sondern nur als Beiwerk angesehen werden, und anderes, wie die Auffindung des Staters im Fischmaul, ist erst spätere Zuthat.

Hätten wir nun die Erzählung von der Speisung ohne weiteren Zusammenhang, so könnten wir uns eben damit begnügen, daß wir in derselben eine Abspiegelung der Vorstellung vom Wohlthun Jesu überhaupt und der Segensmacht seines Wortes erkennen, und wir dürften den Ursprung derselben immerhin schon in die älteste apostolische Ueberlieferung zurückverlegen; denn der Glaube der Zeugen seines Lebens ist sicher stark genug gewesen, um in ihrer eigenen Erinnerung schon solche Bilder auszugestalten, zumal, wenn man bedenkt, daß jene verständige Auffassung des Naturlaufes, welche heute diesem geistigen Processe entgegenwirkt, bei ihnen nicht vorhanden war, daß es sich also für sie nicht um das Wunder als solches, sondern nur um Herrlichkeit und Charakter desselben handelt.

Aber schon in der ältesten evangelischen Erzählung ist diese Begebenheit mit anderen Dingen verflochten. Sie veranlaßt Jesus sich sogleich von der Menge und dem Schauplatze des Vorgefallenen zu entfernen. Und das vierte Evangelium hat den Sinn dieser Flucht gewiß richtig enthüllt, wenn es Joh. 6, 15 erzählt: Jesus erkannte, daß sie kommen wollten, und sich seiner bemächtigen, um ihn zum König zu machen, und darum zog er sich wieder in die Einsamkeit des Gebirges zurück. Sodann liegt es in der synoptischen Darstellung überhaupt deutlich zu Tage, daß das Aufsehen dieser Begebenheit für Jesus eine weitere entscheidende Ursache wird, seine galiläische bisherige Heimat zu meiden, und sich in weiterem Kreise zu bewegen, ebenso aber auch, daß die heftigeren Angriffe seiner Gegner und die unter denselben erwachsende Gewißheit seiner Leidensbestimmung mit diesem Momente zusammenhängt. Insbesondere ist bezeichnend, daß sich an die zweite Darstellung der Speisung die Forderung eines messianischen Zeichens anschließt. Dieß ist schon in der synoptischen Relation unzweideutig gegeben, und es wird durch die nähere Auseinandersetzung jenes Verlangens und seines Zusammenhanges mit der vorausgegangenen Speisungsgeschichte im vierten Evangelium, Joh. 6, 25 ff. nur in helleres Licht gesetzt. Auch hiedurch also ist bestätigt, daß sich an jene Begebenheit eine große Bewegung anschloß, welche für die ganze Gestaltung der Sache Jesu den wichtigsten Einfluß haben mußte, mit einem Worte, daß die Begebenheit selbst epochemachend in seiner Geschichte sei. Dürfen wir nun, weil wir dieselbe nicht buchstäblich annehmen können, auch diesen ganzen Pragmatismus, in welchem sie erscheint, als unhistorisch verwerfen? Dazu wären wir nur in dem Falle berechtigt, wenn derselbe ein gemachter, oder doch mit Absichtlichkeit durchgeführter wäre. In der That aber ist die Berichterstattung selbst nicht beflissen, denselben hervorzuheben. Im vierten Evangelium ist jene Bemerkung über die Ursache, warum sich Jesus nach der Speisung zurückziehen mußte, nur eine flüchtige und gelegentliche, und bei den Synoptikern ist es nicht der Schriftsteller selbst, welcher jenen Zusammenhang hervorhebt, sondern dieser ergibt sich nur aus dem Gesammtbilde ihrer Erzählung; wir müssen erst darauf schließen aus der Bedeutung, welche für sie die Speisungsgeschichte überhaupt hat, und den Begebenheiten, welche in ihre Nähe gerückt sind; wir haben es also nicht mit einem reflektierten Pragmatismus zu thun, sondern mit einer unbefangenen Darstellung gewisser Eindrücke, aus welchen er sich von selbst ergibt.

Aus allem diesem darf daher mit Sicherheit geschlossen werden, daß hier in der That nicht bloß die sagenhafte Einkleidung einer Meinung des Glaubens an Jesus vorliegt, sondern die Ueberkleidung einer wirklichen Begebenheit, welche den stärksten Eindruck auf die Theilnehmer überhaupt hervorgebracht hat, und daher auch in der Erinnerung der Apostel so groß dastand, daß sie in derselben die Gestalt des Wunders, wie es jetzt erzählt ist, annehmen konnte. Daß diese Begebenheit nun nicht in der Weise der älteren natürlichen Erklärung aus kluger Vorsorge Jesu für das leibliche Bedürfniß hergeleitet werden darf, unterliegt keinem Zweifel. Wenn man überhaupt eine Vermuthung über dieselbe aussprechen darf, so muß vielmehr jedenfalls zu Grunde gelegt werden, daß die Erinnerung an der großen Wirkung des Segens Jesu haftete, und darum auch in der Thatsache selbst nur die Macht dieses Segens über die Gemüther das Entscheidende gewesen sein kann; das Thatsächliche muß irgendwie der Symbolik des Wunders entsprechen, nach welcher dem Glauben von Jesu in jedem Gebiete die Fülle des Segens zu Theil wird. Was hier vorgegangen war, kann nur eine lebendige Bekräftigung jener Aufmunterung der Bergpredigt gewesen sein, worin sie die Sorge Gott überlassen und vor Allem nach seinem Reiche trachten heißt. Wie aber Jesus jetzt diese Lehre dem Volke im Leben veranschaulicht hat, ob es nur die durch ihn hervorgerufene heilige Erhebung der Gemüther war, welche auch mit Geringem satt werden ließ, oder in welcher anderen Art sich das Gefühl des Wunderbaren der Theilnehmer bemächtigte, lassen wir ebenso dahin gestellt, wie die Evangelisten den Hergang ungeschildert lassen. In jedem Falle war es ein Wunder des Glaubens, ein Geisteswunder, groß genug, um diese Menge zu den höchsten Erwartungen zu entflammen, aber auch so noch ganz dem bisherigen Wirken Jesu angemessen, daß sie es nicht als ein messianisches Zeichen betrachtete, und vielmehr jetzt erst ein solches verlangte, oder nach dem Berichte des vierten Evangeliums in ihrer Art ein wirkliches Wunderbrod, Manna oder Himmelsbrod forderte.

Wie sehr auch die Jünger selbst von dem Erlebten voll und in höchster Spannung waren, zeigt die an diese Erzählung sich anschließende weitere von dem nächtlichen Wunder des Wandelns Jesu auf dem See. Dieß ist nun die zweite Begebenheit, welche ein von den Heilungen zu unterscheidendes reines Naturwunder oder Größenwunder enthält. Sie ist von den Evangelien selbst in das Helldunkel einer Nachterscheinung gehüllt, und einer von ihnen, Lukas, hat sie höchst wahrscheinlich deßwegen übergangen, weil er sie für eine Wiederholung der früheren Erzählung hielt, wornach Jesus bei der Ueberfahrt über den See zu der Heilung des Gadarener Besessenen, den ausbrechenden Sturm gestillt hat.[1]) Dort enthält die evangelische Darstellung deutlich genug, daß es sich um einen Beweis des Glaubens handelt. Jesus schlief, während seine Jünger im Schrecken des Sturmes verzagten; er ist in der Ruhe des Schlafes selbst schon das Bild des Gottvertrauens.

[1]) Mark. 4, 36 ff. Par.

Aufgeweckt von den Sorgenden bringt er den Sturm durch sein Wort zur Ruhe, seine Jünger aber tadelt er, daß sie nicht dasselbe durch ihren Glauben vermocht. Sie jedoch können sich nur darüber verwundern, daß ihm auch Wind und Wellen gehorchen. Wenn er hier als der Helfer in der Noth und das Vorbild des Glaubens, welcher dieselbe überwindet, erscheint, und das Wunder sichtlich sich in den wunderbaren Eindruck des Erlebten auflöst, so ist dieß doch auch der Kern jener Nachtgeschichte nach der Speisung.[1]) Denn auch hier ist nicht das, daß sie ihn auf dem Wasser schreiten sehen, das Wesentliche, sondern daß er ihnen dadurch in dem Augenblicke zu Hilfe kommt, wo sie unter widrigem Winde kämpfen und verzagen. Wo die Erzählung so deutlich ihren eigentlichen Kern verräth, sind wir wohl auch berechtigt, diesen auszuscheiden und an ihm allein festzuhalten. In den Bildungsproceß, welcher derselben ihre weitere Gestalt gab, sehen wir aber noch bestimmter hinein, durch den Zusatz, welchen die ältere Darstellung in dem ersten Evangelium erhalten hat, wenn hier Petrus auf das Beispiel Jesu hin selbst den Versuch machen will, auch seinerseits auf dem Wasser zu wandeln, dann aber schon dem Versinken nahe durch Jesus gerettet wird. Diese schöne Allegorie führt auf den Kern des Ganzen, das helfende Einschreiten Jesu zurück, und sie zeigt, wie dieses Wandeln auf dem See das Bild der Glaubensstärke ist, welche die Gefahr überwindet. Wir haben daher auch in diesen Geschichten nur den weiteren Beleg der Geistesmacht, mit welcher Jesus in natürlicher Noth und Bedrängniß so auf den Glauben der Seinigen wirkt, daß sie sich in eine Welt der Wunder versetzt sehen.

3. Die Tageswirkung aber des Vorgegangenen ist nun die, daß, sobald sich Jesus wieder blicken läßt, eine Forderung an ihn herantritt, deren Abweisung von seiner Seite zwar nicht zweifelhaft sein kann, aber auch seine künftige Stellung entscheiden mußte. Nach der Speisung, erzählt das älteste Evangelium,[2]) kamen die

[1]) Matth. 14, 22 ff. Mark. 6, 45 ff.

[2]) Nämlich in der zweiten Redaction der Speisungsgeschichte, Matth. 16, 1. Mark. 8, 1.

Pharisäer zu Jesus und begannen ein Zeichen vom Himmel von ihm zu fordern. Dieselbe Forderung und die Antwort Jesu darauf berichten Matthäus und Lukas aus der Redensammlung, sie steht dort im Zusammenhange mit der pharisäischen Beschuldigung dämonischer Kräfte, als ein Gegenbild derselben.[1]) Aber auch aus dieser Darstellung geht hervor, daß dieß nicht ein öfter wiederholtes Verlangen war, sondern daß dasselbe einen bestimmten Vorfall darstellt. Schon aus der Antwort Jesu, welche sich im Wesentlichen in allen Relationen gleich bleibt, erhellt, daß wir dabei nicht an das Verlangen eines Wunders überhaupt zu denken haben; denn Jesus beruft sich keineswegs auf die vielen Zeichen seiner Heilungen; aber er tadelt auch nicht die Wundersucht überhaupt; sondern er erklärt, daß dieses Geschlecht kein Zeichen erhalten werde; doch ja, eines solle ihm zu Theil werden, nämlich das des Propheten Jona, aber auch nur dieses. In der Redaction der Redensammlung bei Matthäus ist dieses dahin erläutert, daß das Schicksal des Jonas im Meere das Bild des Todes und der Auferstehung Jesu ist. Dieß ist aber sicher ein späterer Zusatz. Nicht nur kennt Lukas ihn nicht, und ebensowenig die aus dem ältesten Evangelium genommene Darstellung dieser Verhandlung; sondern auch bei Matthäus selbst an jenem Orte liegt im Folgenden der Nachdruck darauf, daß die Niniviten auf die bloße Predigt des Jona hin Buße gethan haben. Es kann also das Wort Jesu nach seiner ursprünglichen Ueberlieferung nur die Vergleichung enthalten haben, daß auch für seine Zeitgenossen jetzt sein zur Erneuerung des Sinnes rufendes Wort das entscheidende sein müsse. Und dieß wird auch durch die Sprüche bestätigt, welche Matthäus bei seiner zweiten Darstellung des Vorganges eingefügt hat, wo die Frager erinnert werden, daß sie das Wetter nach den Zeichen des Himmels voraus beurtheilen, und daß sie jetzt ebenso aus der ganzen Zeitlage als redenden Zeichen den Moment erkennen sollten, um welchen es sich handelt. Dahin gieng also seine Erwiderung, daß sie kein weiteres Zeichen brauchen, um an die Nähe des Himmel-

---

[1]) Matth. 12, 38 ff. Luk. 11, 16. 29 ff.

reiches zu glauben, wenn sie nur auf die Zeit achten und in den Ernst seiner Bußpredigt eingehen wollten. Eben daraus aber erhellt, daß sie von ihm nicht ein Zeichen überhaupt, sondern ein Zeichen der Messianität gefordert hatten.

Es war allgemeine Erwartung, daß der Messias, wenn er kommen werde, sich durch ein außerordentliches Zeichen dem Volke beweisen müsse, und längst hatte man auch die bestimmte Erwartung dieses Zeichens dahin ausgebildet, daß dasselbe den großen Zeichen, die bei der Befreiung des Volkes durch Mose geschehen waren, ähnlich sein und nur dieselben an Herrlichkeit übertreffen werde. So beredete noch nach der Zeit Jesu Theudas eine große Schaar ihm an den Jordan zu folgen. Dort wolle er sein großes Zeichen vor ihnen thun: die Wasser des Flusses werden sich vor ihm spalten, und auf sein Wort werden sie alle trockenen Fußes hindurch gehen.[1]) Nach dem vierten Evangelium aber fragen die Juden Jesus nach der wunderbaren Speisung, da er ihnen den Glauben an den Abgesandten Gottes als das rechte Gotteswerk bezeichnet: was thust du für ein Zeichen, daß wir es sehen und dir glauben?[2]) Unsere Väter haben das Manna in der Wüste gegessen, wie geschrieben ist: er gab ihnen Brod vom Himmel zu essen. Jesus aber erklärt ihnen, nicht das sei wirklich Brod vom Himmel gewesen, was Mose gegeben; wohl aber gebe ihnen jetzt sein Vater das wahre Brod vom Himmel. Als das unterscheidende Zeichen jener und dieser Gabe sagt er ihnen, daß das Manna nicht vom Tode befreit habe, daß aber durch ihn das wahre Himmelsbrod, das ewige Leben gegeben werde. Auch diese Auseinandersetzung Jesu wie sie das vierte Evangelium hat, so verschieden sie zunächst lautet, stimmt doch wesentlich überein mit der Antwort, welche Jesus auf die Zeichenforderung nach den Synoptikern gibt, denn wenn er dort die Fragenden ganz auf das Zeichen seines Wortes verweist, so bezeichnet er auch hier einfach sich selbst und sein Erscheinen als das Brod, das vom Himmel kommt, und darin ist das Zeichen der Zeit gegeben, daß

[1]) Jos. Altert. 20, 5, 1. Wie ähnliches in viel späterer Zeit noch vorkam, vgl. Socrat. hist. eccles. VII. 38.

[2]) Joh. 6, 30 f.

jetzt durch dieses Erscheinen das Prophetenwort erfüllt ist: Sie werden alle Gottgelehrte sein, nämlich weil er Gott gesehen hat, und sie denselben durch ihn sehen.[1])

Das war also der Ausgang jener Begeisterung, zu welcher Jesus das Volk in der Wüste fortgerissen hatte, daß es jetzt von dem Gedanken umher getrieben ward, sie könnten in ihm den Messias vor sich haben; sie wollten nur das entscheidende Zeichen von ihm sehen, um sofort ihn an ihre Spitze zu stellen, und ihm zu folgen zu den Siegen, zu welchen sie der Messias führen mußte. Es ist zu beachten, daß die Zeichenforderung nach dem ältesten Evangelium von den Pharisäern ausgeht. Das Matthäusevangelium nennt die Pharisäer und Sadducäer, was aber sicher nur eine verallgemeinernde Anführung ist: die großen Parteien des Volkes sollten sich nach seiner Vorstellung in diesem Augenblicke zu solcher Forderung vereinigt haben. Geschichtlich viel wahrscheinlicher ist, daß es in der That die Pharisäer waren, welche das Verlangen stellten. Die Pharisäer sind die Volkspartei. Sie waren in der Zeit Herodes des Großen die hartnäckigsten und entschlossensten Gegner des Gewaltherrschers gewesen. Sie hatten es gewagt ihm den Eid zu weigern. Sie waren die erbitterten Gegner der Römerherrschaft, und mit pharisäischer Hilfe hatte Judas der Gaulonäer sein Unternehmen begonnen. So waren sie von selbst die Pfleger der messianischen Hoffnung in ihrer nationalen Gestalt. Um so unzweideutiger ist zu erkennen, was diese Zeichenforderung von solcher Seite her zu bedeuten hat. Jetzt da Jesus wirklich die Massen in Bewegung gesetzt hat, da dieselben nur des entscheidenden Wortes harren, um für ihn aufzustehen, sind auch die Pharisäer bereit sich an ihn anzuschließen, wenn er sich für die Sache des Volkes in ihrem Sinne erklärte. Geächtet von dem Vierfürsten wie er war, unstät und flüchtig, schien er keine andere Wahl zu haben, als nun sein Unternehmen zu beginnen, wenn dieß überhaupt in seiner Absicht lag. Sie aber waren bereit allen Hader zu vergessen um den Preis, von ihm zum Siege geführt zu werden.

---

[1]) Joh. 6, 45. Jes. 54, 13.

Dieß war in der That der Augenblick einer entscheidenden Krisis für Jesus. Nie konnte die Versuchung größer an ihn herantreten. Er hatte keinen Anlaß dazu gegeben; er hatte diese Art von messianischer Erwartung nicht genährt. Er hatte sich von den Heiden durchaus ferne gehalten; aber er hatte dem Sinne der strengen Juden in das Fleisch geschnitten mit dem Gebote, daß auch die Dränger und Verfolger, die Heiden zu lieben seien. Er hatte sich derjenigen angenommen, welche um ihres Verkehrs mit den Heiden, um ihrer Dienste für die Fremdherrschaft willen geächtet waren. Doch alles dieß trat jetzt zurück, wenn er die Rolle des Vorkämpfers einer Erhebung der Nation übernehmen wollte. Das Volk selbst, das ihm bisher fremd geblieben, schien ihm zuzufallen, die Leiter desselben, die ihn angefeindet und verachtet, wollten sich unter seine Fahne stellen.

Es war nur ein Moment, und Jesus wies die Versuchung ein für allemal zurück, mit der Ueberzeugung, daß sie so nie wiederkehren konnte. Für ihn war dieß keine Sache des inneren Kampfes. Seine ganze bisherige Arbeit hatte das Ziel gehabt, diesem Geiste entgegenzutreten, diese Hoffnung zu verdrängen durch ein anderes Bild des Reiches, eine andere Weise des Trachtens nach demselben. Daß er jetzt das Anerbieten verschmäht, ist nur der Ausdruck der Nothwendigkeit, mit welcher in ihm das Trachten nach dem höheren Ziel lebt. Vielmehr ist ihm gerade dieses Ansinnen die Ursache, nunmehr das Volk ganz aufzugeben, und sich auch den Pharisäern ganz zu entziehen. Er sagt seinen Jüngern jetzt: hütet euch vor pharisäischem Sauerteig. Auch das geringste Eingehen auf solche Forderungen mußte das wahre Leben für das Reich Gottes ganz zerstören, mußte den Hoffnungen und dem Streben der Gläubigen eine ganz andere Gestalt geben. Und wenn er sie dabei, das Mißverständniß als ob er an das Brod mahnen wollte beseitigend an die wunderbare Speisung erinnert, so mußte auch diese Erinnerung den Unterschied der Friedenswohlthat und der kriegerischen Gedanken jener Partei beleuchten. Abermals entflieht er der Menge und begibt sich in heidnisches Land. Es war jetzt das letzte geschehen, um ihn zu drängen, daß er seine Gemeinde für sich ausbildete. Das vierte Evangelium hat in die Geschichte dieser Abweisung Aeußerungen, welche auf seinen Leidensweg deuten, hereingezogen. Auch dieß entspricht der Bedeutung des Momentes und seiner Erklärungen, sowie nicht minder die Angabe, daß sich nun die Mehrzahl derer, die ihm anhängen wollten, bleibend von ihm trennte.

4. Zu den bisher betrachteten Momenten, welche die äußere Gestaltung des Lebens Jesu in dieser Zeit bedingten, kommt noch ein weiteres dadurch, daß jetzt auch die priesterliche Behörde zu Jerusalem auf Jesus aufmerksam geworden ist und einige Beauftragte zur Untersuchung seiner Sache abgeschickt hat. So erzählt wenigstens das älteste Evangelium nach der Speisungsgeschichte: es traten zu ihm die Pharisäer und einige der Schriftgelehrten, die von Jerusalem her kamen.[1] Man kann dieß nicht anders verstehen, als daß es sich um mehr als einen gelegentlichen oder zufälligen Besuch, daß es sich vielmehr eben um eine förmliche Abordnung mit amtlichem Charakter handelte. Ursache dazu konnte die neuerdings eingetretene größere Erregung des Volkes geben; vielleicht auch gieng die Veranlassung von dem Tetrarchen aus. Es läßt sich nicht bestimmen, ob diese Ankunft dem messianischen Aufstande, der sich in der Zeichenforderung ausspricht, vorangeht, oder umgekehrt. Dem Verfasser der ersten Quelle erscheint beides als ein Gegenbild zu der wunderbaren Speisung, er führt diese Bilder ohne chronologischen Zusammenhang aus; in der Wirklichkeit scheinen alle diese Dinge, welche die Epoche bezeichnen, sich in rascher Folge gedrängt zu haben, und in der Natur solcher Zeiten liegt es, daß auch diejenigen, welche mitten in der Bewegung stehen, rasch vom einen zum anderen überspringen, daß also auch die galiläischen Pharisäer, welche eben noch an der Spitze des Volkes von Jesu das messianische Zeichen begehrt hatten, ebenso schnell, zumal nach der empfangenen Abweisung bereit sind nun sich an die höhere Autorität, welche die Prüfung seiner Gesetz-

---

[1]) Nämlich nach der ersten Redaction der Speisungsgeschichte, Matth. 15, 1. Mark. 7, 1.

mäßigkeit vornimmt, anzuschließen, und darin ihre eigene frühere Stellung wieder zu finden.

In jedem Falle wurde auch dieser Vorgang nur ein neuer Grund für Jesus, sich in die Ferne zu begeben und dort zu bleiben. Nach dem kurzen Zusammenstoße, welchen er mit dieser Deputation gehabt hat, sehen wir ihn sogleich in dem phönikischen Gebiete seine Sicherheit suchen, Matth. 15, 21. Mark. 7, 24, und es läßt sich schon daraus abnehmen, daß es bei dieser Verhandlung anders als früher zum offenen Bruche gekommen sein muß. Wir haben aber hievon eine doppelte Darstellung. Das älteste Evangelium erzählt den Besuch der Pharisäer, und die Verhandlung, welche sie mit Jesus hatten, sowie die Erklärungen Jesu seinen Jüngern gegenüber, welche derselben noch nachfolgten; dieses Stück ist bloß bei Matthäus und Markus erhalten. Matthäus hat nun außerdem Cap. 23 unter den Jerusalemischen Reden eine längere Rede über das pharisäische Wesen, welche er dort anknüpft an eine von den anderen Synoptikern aus dem ältesten Evangelium gegebene kurze Warnung vor der Weise gewisser Pharisäer. Diese Rede ist jedoch in mehrfacher Rücksicht dem Inhalte nach mehr die Parallele zu unserer gegenwärtigen Verhandlung, und es läßt sich wohl denken, daß sie in der That in der Redensammlung die gleiche Erinnerung wie die letztere darstellt, und erst von dem Verfasser des Matthäusevangeliums in diese späteren Zeiten gesetzt wurde. Daß sich dieses wirklich so verhält, und jene Rede unserer Verhandlung entspricht, ist nur aber durch das Lukasevangelium bestätigt, welches die gleiche Rede, die wir Matth. 23 lesen, oder doch wenigstens den Stamm derselben hat, aber nicht in die letzten Jerusalemischen Zeiten verlegt, sondern an die gleiche Streitfrage anknüpft, von welcher unsere Verhandlung mit der Abordnung von Jerusalem ausgeht, Luk. 11, 37 ff. Dieß könnte nun allerdings eine Combination des Lukas ohne weiteren Werth sein. Aber wenn er auch die Einleitung gemacht hätte, so hat er doch der Rede ihre Stellung schwerlich erst gegeben, sondern er hat sie überhaupt an diesem Orte aufgenommen, weil sie schon in seiner Redensammlung mit den älteren Streitreden verbunden war; diese Streitrede über das pharisäische Wesen schließt sich nämlich in seiner Sammlung an die beiden über dämonische Heilungen und über die Zeichenforderung an. Wir sind daher in der That durch ihn berechtigt, diese antipharisäischen Reden in unsere Zeit, statt in die letzte zu Jerusalem zu setzen, umsomehr wenn sich diese Berechtigung zuletzt weiter aus dem Charakter der Aeußerung bestätigt.

Halten wir uns nun zunächst an die Darstellung des ältesten Evangeliums, so sehen wir, daß die Verhandlung mit Jesus Anlaß bekommt durch eine Abweichung von den pharisäischen Satzungen, welche er in den Gewohnheiten des gemeinen Lebens seinen Anhängern gestattete. Es handelt sich um die Unterlassung der üblichen Waschungen vor der Mahlzeit. War es bei der Frage über das Aehrenraufen am Sabbath ein einzelner Vorfall gewesen, so ist es jetzt eine stehende Gewohnheit des Lebens, wodurch seine Schüler gegen die Tradition und ihre Vorschriften verstoßen, und man sieht hieraus wohl, daß diese Schüler selbst schon mehr als damals eine abgeschlossene Körperschaft mit bestimmten Sitten bilden. So scheint es auch, daß der Angriff nicht auf die zufällige Wahrnehmung hin erfolgte, sondern daß die Abgeordneten von den Pharisäern in Galiläa unterrichtet es darauf anlegten, über diese Sitte Jesus zur Rede zu stellen und hiebei von ihm bestimmte Erklärungen über sein Verhältniß zur Tradition überhaupt zu erhalten. Und Jesus läßt sie in der That hierauf nicht warten. Nach der ohne Zweifel ursprünglicheren Darstellung im zweiten Evangelium erwiedert er auf die Frage, warum er seine Schüler gegen die Ueberlieferung der Alten mit unreinen Händen ihr Brod essen lasse, sogleich mit einem Angriff auf den Standpunkt selbst, von welchem diese Wahrung der Tradition ausgeht: Jesaja hat treffend von euch Heuchlern geredet: dieses Volk ehrt mich mit den Lippen, ihr Herz aber ist ferne von mir. Umsonst huldigen sie mir, indem sie Menschengebote zu ihrer Lehre machen. Das Gebot Gottes lasset ihr dahinten, und haltet an der Ueberlieferung der Menschen. Diese Anschuldigung belegt er mit der heillosen Lehre, die den frommen Wahn betrog und der Bosheit half, wonach ein Kind seinen Eltern den Verdienst, mit welchem sie zu unterstützen die Pflicht gebietet, entzieht, und ihn zur Opfergabe macht, um ihnen damit besser zu nützen. An die Leute aber, welche die Verhandlung herbeigezogen hatte, richtet er noch über den ersten Gegenstand derselben die Erklärung: Nichts was von außen in den Menschen kommt, kann ihn verunreinigen, nur das verunreinigt ihn, was aus ihm herauskommt. Dieses Wort war eine kurze Parabel, welche er nun seinen Jüngern besonders erläutert. Die Speise, ist der Sinn, verunreinigt den Menschen nicht; der Körper reinigt selbst, was er empfangen hat; was unrein ist, scheidet er aus. Dieses Unreine aber, das von ihm ausgeht, ist das Bild der bösen Gedanken, die aus dem Herzen hervorgehen.

5. Schon nach dieser Darstellung ist Jesus hier ganz anders gegen die Pharisäer aufgetreten, als wenn er früher seine Schriftauslegung der ihrigen, oder seine Auffassung der frommen Werke ihrer Ausübung derselben entgegenstellte. Dort hatte es sich nur um eine höhere Gerechtigkeit gehandelt, und um die Verurtheilung der Heuchelei, welche sich in die Praxis eingeschlichen hatte. Auch in der Zurückweisung ihrer Angriffe hatte er bisher entweder nur sich selbst vertheidigt, oder doch ihr Verhalten ihm gegenüber angegriffen. Jetzt aber greift er ihr System selbst als ein verderbliches an, er beschuldigt dasselbe der Verführung des Volkes zum Abfall von dem Gebote Gottes. Jesus hat also nichts gethan, um dem Angriff, welcher, ihm durch diese Abordnung drohte, auszuweichen, oder ihn zu beschwichtigen. Im Gegentheile, wenn er früher die Lehre berichtigte und den Mißbrauch des Lebens verurtheilte, so hat er jetzt erst das Princip bestritten und mit ihm offen die Gewalt, welche auf Grund desselben das Volk beherrschte, verworfen. Es entspricht daher ganz der von ihm eingenommenen Haltung, wenn Jesus nach einer Ergänzung der Darstellung bei Matthäus den Aposteln, welche ihn auf die Folgen seines Verfahrens oder zunächst auf den schweren den Pharisäern gegebenen Anstoß aufmerksam machen wollen, kurzweg damit antwortet, daß er die letzteren als die Blinden, welche Blinde leiten wollen, und als eine Pflanzung bezeichnet, die sein himmlischer Vater nicht gepflanzt, die daher auch mit der Wurzel ausgerottet werden wird. Auch die Redensammlung hat den

Standpunkt, welchen er hiebei einnimmt, bezeichnet, wenn sie ihn Matth. 23, 2 damit beginnen läßt, daß er die Autorität der Schriftlehrer selbst zum Gegenstand macht: Auf den Stuhl Mose's haben sich gesetzt die Schriftgelehrten und die Pharisäer. Ebenso hat die Bearbeitung der Rede im Lukasevangelium, obwohl in nicht ganz genauer Vorstellung von den Verhältnissen, doch nicht ohne Grund hervorgehoben, daß er nicht bloß das Thun der Pharisäer angreifen wollte, sondern die Berechtigung der Gesetzesmänner überhaupt, das heißt die Autorität der Tradition und das ganze Regiment, welches auf dieselbe gebaut war. Wenn hiebei die Rede in der Redaction des Matthäus mildernd hinzufügt:[1]) alles, was sie sagen, das thut und haltet; aber nach ihren Werken thut nicht; denn sie reden und thun es nicht, und zum Beweise dafür ihre Heuchelei und ihren Ehrgeiz geltend macht, so hat sie hier die verschiedenen Stufen, welche das Verhalten Jesu erkennen läßt, untereinander gemischt und die schroffere jetzige Haltung in judenchristlichem Interesse von den Gesichtspunkten der früheren aus gemildert; der Verlauf der Rede läßt aber demungeachtet die erstere deutlich erkennen. Ihr Standpunkt liegt in den Worten: wehe euch, daß ihr das Himmelreich vor den Menschen zuschließt,[2]) und weiterhin: ihr Schlangen, Gezüchte der Ottern, wie möget ihr dem Gerichte der Gehenna entgehen?[3]) Die Ergänzung des Einganges, daß sie den Stuhl Moses eingenommen haben, liegt in der Anklage, daß sie die Nachkommen der Prophetenmörder sind, welche den Geist dieser ihrer Väter bewahren.

In diesem Sinne nun ist die umfassende Verurtheilung des pharisäischen Systemes durchgeführt, welches die Redensammlung in der Pharisäerrede des Matthäus und in abgekürzter Form in der des Lukas enthält.[4]) Nach der kunstreichen Anlage der Reden bei Matthäus zerlegt sich dieselbe in ein siebenfaches Wehe. Das erste stellt die große Hauptklage voran, daß der Pharisäismus den Weg zum Himmelreiche verschließt. Ihr folgt die Zeichnung des Proselytenwesens mit der Beschuldigung, daß der Proselyte

---

[1]) Matth. 23, 3. [2]) Matth. 23, 13. [3]) Matth. 23, 33.
[4]) Matth. 23, 13 ff. Luk. 11, 39 ff.

unter ihren Händen schlimmer wird, als er zuvor in seinem Heidenthum gewesen. Hierauf drei Urtheile über pharisäische Lehre und Praxis, den Eid, den Zehenten, und die Reinigung betreffend. Der Abstufung des Eides je nach der Anrufung heiliger Dinge stellt er entgegen, daß der Eid nichts anderes als Berufung auf Gott sein kann. Der kleinlichen Ausdehnung des Zehenten, daß es sich vielmehr darum handelt, mit dem Eigenthum, welches man verzehntet, die Pflichten der Gerechtigkeit, der Barmherzigkeit und der Treue zu erfüllen. Ebenso der sorgfältigen Reinigung der Gefäße, daß man vielmehr darauf denken soll, die Dinge selbst, welche die Gefäße aufnehmen, nur rechtmäßig zu besitzen und mäßig zu genießen. Die beiden letzten Weherufe wenden sich nach diesen Anklagen nun dem Charakter der Angegriffenen selbst zu. Sie werden in dem Bilde der geschmückten Gräber gezeichnet, als die Heuchler, welche unter der Maske der Frömmigkeit das unreine Innere verbergen: aber ihr ganzes Wesen wird enthüllt durch den siebenten Weheruf, welcher sie beschuldigt, daß sie trotz ihrer Klage über den Prophetenmord in den alten Zeiten doch selbst in den Wegen der Prophetenmörder wandeln und das Maß derselben erfüllen. Darum wird die Strafe jener Uebelthaten aller über sie und durch sie über das ganze lebende Geschlecht des Volkes kommen. Hier hat die Redensammlung in die Worte Jesu das Citat einer Schrift aufgenommen, welches bei Lukas noch als Wort der Weisheit Gottes angeführt ist, um aus ihr die Thatsache der Prophetenverfolgung und das Strafgericht, welches für dieselbe kommen muß, zu belegen.

Die Redaction dieser Reden bei Lukas erweist sich deutlich als ein Auszug, welcher einestheils das Ganze an den Anlaß, nämlich die Frage über die Reinigung bestimmter anknüpfen will, und anderentheils hervorzuheben beflissen ist, daß Jesus nicht nur das Pharisäerthum, sondern die Autorität der Gesetzestradition selbst angegriffen habe.

Was nun Jesus hier über die einzelnen Lehren und Gewohnheiten des Pharisäismus ausspricht, das stimmt zunächst ganz mit den Grundsätzen der Bergpredigt überein. Auch hier stellt er der Künstelei des Buchstabens, welche um das Gesetz den

Zaun zieht, die Erfüllung der wahren sittlichen Pflichten gegenüber, und diese Ausführung trifft daher auch ganz mit der Anklage über die Verkehrung der Pflicht gegen die Eltern überein. Nur in einem Punkte will er auch die Buchstabenerfüllung des Gesetzes nicht umstoßen, nämlich in der in's Kleine getriebenen Erfüllung der Zehentpflicht; denn während die Distinctionen des Eides nur der Wahrhaftigkeit schaden, und die Waschungen der Gefäße ohne Sinn sind, so ist in dieser Uebung immerhin eine Selbstverläugnung und Gewissenhaftigkeit möglich, die ihren Werth in sich selber hat. Auch die Klage über die Heuchelei führt noch nicht weiter als die Warnungen der Bergpredigt. Wenn Jesus dagegen die Schriftgelehrten als Mörder der Propheten bezeichnet, wenn er ihrem Proselytenthum nur verderbliche Wirkungen nachzurühmen weiß, wenn er ihr ganzes Wirken nur als Absperrung vom Himmelreiche darstellt, so hat er offenbar mit dem ganzen geistlichen Regimente gebrochen und dasselbe als ein verlorenes und verworfenes charakterisiert. Und hierin liegt die Stellung des jetzigen Momentes. War diese Abordnung von Jerusalem zur Untersuchung seiner Sache der Anfang zu seiner Verfolgung, so hat er diesen Zweck nicht nur erkannt, sondern er hat es auch ausgesprochen, daß seine Sache, die Sache des göttlichen Reiches mit der bestehenden geistlichen Volksherrschaft nichts gemein hat, daß es sich zwischen beiden um einen Kampf auf Leben und Tod handeln muß.

Wie viel von diesen Worten an die Abgeordneten selbst gesprochen war, oder überhaupt öffentlich verkündet wurde, können wir nicht mehr nachweisen. Auch die Einleitung des Matthäusevangeliums: Jesus redete zu dem Volke und den Jüngern, zeigt schon die Ungewißheit des Verfassers hierüber. Nimmt man die Rede des Matthäus als Ganzes, so spricht in der That, trotzdem daß das Wort in den Weherufen an die Pharisäer selbst gerichtet ist, mehr dafür, daß sie den Jüngern gegeben war. Denn nur im engeren Kreise derselben konnte er die Vorschriften geben, durch welche sich ihre Gemeinde von der jetzigen Volksgemeinde unterscheiden soll:[1]) ihr aber lasset euch nicht Rabbi nennen, denn ihr

---

[1]) Matth. 23, 8—11.

habt nur einen Lehrer, ihr aber seid alle Brüder. Nennet Niemanden auf Erden Vater; denn Euer einiger Vater ist der im Himmel. Lasset euch nicht Meister heißen, denn euer einiger Meister ist der Christ. Der Größte unter euch sei euer Diener.[1]) Damit ihr aber auch für die Seinigen die innerliche Lossagung von der Theokratie des Volkes ausgesprochen. Es gibt für sie keinen Stuhl Moses mehr, von welchem aus die Autorität zu herrschen hat; es gilt nur den Dienst Gottes selbst, und die Nachfolge Jesu als des Führers zu ihm, und hiedurch begründet ein Verhältniß der brüderlichen Gemeinschaft. Auch von dieser Seite ist die Aufforderung bestätigt: lasset sie; sie sind blinde Leiter der Blinden.

So rundet sich hier alles zu einem klaren Bilde der entscheidenden Lossagung Jesu von der herrschenden Ordnung und dem Gehorsam der Gesetzeslehre zusammen, wie sie für ihn selbst jetzt vollzogen war, und im Kreise der Seinigen durchgeführt wurde. Wie viel oder wie wenig er aber davon auch nach außen verkündet haben mag; in jedem Falle war seine Antwort auch gegenüber von denjenigen, die ihn aufgesucht hatten, bestimmt genug. Er hatte ihr System angegriffen; er hatte ihnen gesagt, daß er in der Pflege der Tradition, auf welcher die Autorität der herrschenden Gewalt beruhte, nur eine Untergrabung des wirklichen göttlichen Gesetzes finden kann; er hatte sich damit von dieser Autorität losgesagt. Wenn daher nach Matthäus die Jünger ihm berichten, daß die Pharisäer darin ein Aergerniß fanden, so heißt das so viel, als daß sie ihn als einen Abtrünnigen ansahen, und es ist damit sicher über die Wirkung dieser Verhandlung nicht zu viel ausgedrückt. Ebenso hat Lukas diese Erinnerung beleuchtet

[1]) Auch nach außen machte Jesus diese antihierarchischen Grundsätze geltend; so wenn er dem Manne, der nach dem Wege zum ewigen Leben frägt, die Bezeichnung guter Lehrer verbietet, weil Niemand gut sei als Gott, Mark. 10, 18. Luk. 18, 19. Wie das erste Evangelium, Matth. 19, 16 f., zeigt, hat man diese Aeußerung frühe der Würde Jesu nicht entsprechend gefunden. Sie gehört aber zur ältesten Ueberlieferung und hat gar nichts mit dem Selbstbewußtsein Jesu zu thun, sondern ist lediglich ein Tadel der rabbinischen Titel.

mit den Worten des Gesetzeslehrers: indem du das sagst, beschimpfst du auch uns, und mit der Schlußbemerkung, daß das Ganze auf die Angreifer einen unauslöschlichen Eindruck gemacht und seine Verfolgung bewirkt habe.

6. Aber nicht nur mit der theokratischen Autorität der Gesetzeslehrer hat Jesus entschieden gebrochen. Er hat sich auch über seine Stellung zu dem Gesetze schärfer als bisher ausgesprochen, wenn wir anders die Parabel, die er seinen Jüngern erläutert, als ächtes Wort aus seinem Munde ansehen dürfen. Denn der Sinn dieser Parabel führt über die Observanz der Waschungen hinaus. Sie sagt ohne Beschränkung auf dieselben im Allgemeinen, daß der Mensch durch Nichts, was in seinen Mund eingehe, verunreinigt werde. Dieß ist an und für sich eine Erhebung über das Gesetz der reinen und der unreinen Speise. Jesus läßt bloß die natürliche Unreinheit der Ausscheidungen des menschlichen Körpers gelten, eine andere kennt er nicht. Er hat aber auch diese natürliche Unreinheit bloß als Bild angeführt, und dieses Bild soll dahin weisen, daß überhaupt das Wesen der Unreinheit nicht im leiblichen, sondern lediglich im geistigen, im sittlichen Lebensgebiet zu finden sei. Die Sünde, welche aus dem Herzen kommt, ist das Unreine, und vor dieser Befleckung allein haben wir uns zu hüten. Jesus hat eine Aufhebung des Gesetzes auch hier nicht mit dürren Worten ausgesprochen; aber in seinem Verfahren liegt unzweideutig, daß er die ganze Vorstellung über leibliche Unreinigkeit selbst zum bloßen Bilde für die geistige macht. Man kann nicht sagen, daß er damit das Gesetz allegorisch erkläre; aber was die allegorische Erklärung durch die Annahme eines verborgenen Sinnes erreichte, das erreicht er auf einem anderen Wege, nämlich durch jene freie geistige Deutung, welche an das Gesetz bloß anknüpfend die Wahrheit aus eigener Macht aufstellt, und frei über das Alte zum Neuen hinweg fortschreitet.

Wie schon die synoptische Untersuchung dieses Abschnittes gezeigt hat, so spricht für die ursprünglichere Redaction des letzteren bei Markus schon der Umstand, daß nur bei ihm überhaupt die

Natur des parabolischen Wortes, oder vielmehr die Unterscheidung der Parabel und ihrer Anwendung klar vorliegt. Bei Matthäus lautet das erste Wort: Nicht das, was in den Mund eingeht, verunreinigt den Menschen, sondern das, was aus dem Munde ausgeht. Hier ist also die Erklärung selbst in das Bildwort schon aufgenommen, und es konnte sich den Jüngern gegenüber nur darum handeln, dieses aus dem Munde Ausgehende überhaupt noch näher zu bezeichnen und im Einzelnen darzustellen. Daß aber auch seine Relation noch die wirkliche Parabel voraussetzt, beweisen die Worte: wisset ihr nicht, daß das zum Munde Eingehende in den Leib wandert, und ausgeworfen wird? Worte, welche freilich bei dieser Redaction ihren klaren Sinn nicht mehr haben. Wir sehen schon daraus, daß dieselbe den Gedankengang zu mildern suchte. Und Matthäus hat daher auch am Schlusse bezeichnend genug die Negative, welche sich aus demselben ergibt, wieder auf den vorliegenden Fall, nämlich das Essen mit ungewaschenen Händen beschränkt.[1]) Erkennen wir hieraus, daß man in judenchristlichem Kreise die volle Consequenz des Wortes scheute, so spricht dieß nur um so mehr für den historischen Charakter desselben.

Jesus hat auch jetzt seinen früheren Weg nicht verläugnet; er sagt sich nicht von dem Gesetze los; aber er geht über dasselbe hinaus. Und je weiter die Bildung seiner eigenen Gemeinde vorwärts schritt, desto entschiedener mußte er sie auch in diesem Geiste durch Wort und That erziehen.

Eine Parallele zu diesem Verfahren Jesu bildet aber auch noch die Erklärung über die Ehescheidung, welche die synoptische Grundschrift ihn bald darauf schon auf dem Wege nach Jerusalem abgeben läßt.[2]) Daß er von pharisäischer Seite darüber gefragt wird, hat wohl nicht bloß den Sinn, daß ihm der Streit der großen Schulen über diesen Gegenstand vorgelegt werden soll; sondern wir dürfen aus Matth. 5, 31 schließen, daß die strenge Lehrweise Jesu über diesen Gegenstand schon bekannt und daß es daher die Absicht war zu versuchen, wie er sich hiebei über das

---

[1]) Matth. 15, 20. [2]) Matth. 19, 3 ff. Mark. 10, 2 ff.

Gesetz selbst aussprechen würde. Eben deßhalb hat er ihnen nur mit der Schrift selbst geantwortet, welche durch die göttliche Einsetzung der Ehe beweist, daß das Gesetz über den Scheidebrief nur als Concession, nicht als absolute Vorschrift angesehen werden kann. Den Jüngern aber hat er in aller Schärfe dann erklärt, daß allerdings, trotz der Einräumung des Gesetzes, das Verfahren nach demselben der schwersten Sünde gleich zu achten ist, und zwar scheint er dieß jetzt ohne alle Einschränkung erklärt zu haben.[1])

Ganz so, wie sich Jesus hier dem Gesetze gegenüber verhält, zeigt er sich auch in einer anderen Frage, nämlich in der Frage über die Heiden und ihre Berechtigung zu den Wohlthaten des Reiches; und diese Betrachtung schließt sich hier von selbst an, da die Evangelien auf den Streit mit den Pharisäern über das Händewaschen die Entfernung Jesu in das phönikische Gebiet, und die Heilung einer Phönikerin folgen lassen.[1]) Jesus läßt sich diese That erst durch dringendes Bitten der Mutter der Kranken abringen. Man sieht aus der Erzählung, daß er überhaupt in diesen heidnischen Gegenden nicht auftreten und wirken will, daß er dieselben nur als Zufluchtsort für sich und die Seinigen betrachtet. Aber je größeres Aufsehen er unter dem Volke des benachbarten Galiläa's gemacht hat, desto weniger kann er hier ganz verborgen bleiben, und so gelangt auch dieses Ansinnen um seine Hilfe zu ihm. Das phönikische Weib ist sich der Schranke, welche sie von dem jüdischen Propheten trennt, wohl bewußt; sie kennt auch die jüdische Sprache von den ausschließenden Rechten der Kinder Gottes; es befremdet sie daher nicht, daß ihr Jesus dieses Vorzugsrecht als das Hinderniß entgegenhält, welches ihn abhalten muß, auf ihre Bitte einzugehen; aber sie geht in diese Sprache ein, und bittet nur um den Abfall von dem Tische der Kinder für die Hunde. Dieser Sprache versagt Jesus das Gehör nicht weiter, er heilt ihr Kind, aber er entfernt sich auch sogleich aus dieser Gegend wieder, offenbar um nicht weiter in dieser Bahn fortgerissen zu werden. So stellen die beiden ersten Evan-

---

[1]) Mark. 10, 11. [1]) Matth. 15, 21 ff. Mark. 7, 24 ff.

gelien den Hergang dar. In der Redaction des Matthäus ist die Abweisung noch schärfer und bestimmter ihren Gründen nach erläutert durch das Wort: ich bin nicht abgesandt, als allein zu den verlorenen Schafen aus dem Hause Israel — ein Wort, welches hier wohl aus der Apostelrede auf Jesus selbst zurückangewendet ist, übrigens jedenfalls den Sinn richtig erläutert.

Wir sehen aus diesem Vorfalle, daß Jesus auch jetzt noch seinen Beruf für das Volk festhielt, daß er nur ausnahmsweise unter Heiden eine Krankenheilung vollzieht, und dieses nur unter ausdrücklicher Verwahrung thut. Es lag in der Natur der Sache, daß sich sein heilendes Wirken nicht im Allgemeinen auf Heiden erstrecken konnte, wenn wir überhaupt daran festhalten müssen, daß das Heilen durch den Glauben der Geheilten bedingt und daher nur im Zusammenhange mit der Predigt des Reiches möglich ist. Eben darum läßt er es auch hier nur auf den Beweis dieses Glaubens hin eintreten. Aber dieß konnte nur in vereinzelten Fällen vorkommen. Wenn er aber auch dann seinen Beruf für Israel wahrt, so hat dieß doch gewiß nicht den Sinn, daß er das Reich Gottes überhaupt nur für Juden bestimmt hätte. Es ist nur die Wahrung seiner persönlichen Stellung. Noch lag vor ihm der letzte und entscheidende Versuch, das Volk zu retten, welcher in Jerusalem selbst gemacht werden mußte. Dieser Versuch wurde unmöglich, er gab seinen ganzen Beruf auf, sobald er gemeinsame Sache mit den Heiden machte. Ein Universalismus in diesem Sinne hätte alles Auftreten in Judäa unmöglich gemacht, ja er hätte sein ganzes Werk den Winden Preis gegeben. Jesus hätte seine Laufbahn als Zauberer und Wunderthäter unter den Heiden beschlossen, seine Anhänger hätten sich zerstreut, nie hätte seine Gemeinde die Festigkeit begonnen, welche ihr nur die Gewißheit von der Erfüllung des göttlichen Verheißungswortes zu geben vermochte. So sicher und klar daher Jesus diese Grenzlinien einhält, so wenig ist doch damit ein Partikularismus angezeigt, welcher die Heiden für alle Zeiten von dem Reiche Gottes ausschließen würde.

Bestimmte Aussprüche über ihren Eingang in dasselbe haben wir in den früheren Zeiten nicht zu suchen. Der Universalismus der ersten Predigt Jesu ist die Verkündigung der allgemeinen Menschenliebe und die Ueberwindung des Dämonenreiches. Seine und seiner Apostel Mission geht an das Volk Israel. Erst als die Verwerfung dieses Volkes an seinem eigenen Geschicke zur Thatsache wurde, und immer mehr als göttlicher Rathschluß hervortrat, da treten auch die Aussichten auf die Ausbreitung der Gemeinde unter den Heiden, die Errichtung des Reiches bei ihnen in seine Predigt herein, aber sie bleiben Weissagung; sie werden nicht erfüllt in seinem eigenen Leben. Dieß haben alle Evangelien festgehalten, obwohl sie alle ihrer Abfassung nach schon in die Zeiten der Heiden fallen. Selbst das vierte Evangelium, welches doch Jesu Wirken ganz unter den universalsten Gesichtspunkt der Weltbekämpfung und Welterlösung stellt, hat ihm nicht mehr Beziehungen zur nichtjüdischen Welt zugeschrieben als die älteren. Die Redensammlung hat ein einziges Wort, welches in die früheren Zeiten zu gehören scheint, und von dem Antheile der Heiden am Reiche handelt, das Wort, welches bei Matthäus mit der Heilung des Sohnes des Hekatontarchen verknüpft ist: solchen Glauben habe ich in Israel nicht gefunden, ich sage euch: daß viele von Osten und Westen kommen werden und werden sich niederlassen mit Abraham, Isaak und Jakob im Himmelreiche; aber die Söhne des Reiches werden in die Finsterniß draußen hinausgeworfen werden.[1]) Lukas hat dieses Wort in einem anderen Zusammenhang verbunden mit der Drohung des Gerichtes für das jüdische Volk, welches sich vergeblich darauf berufen wird, daß sie ihn in ihrer Mitte gehabt haben.[2]) Aber die Worte sind bei ihm deutlich nicht an ursprünglichem Orte und in ursprünglicher Fassung; ihre Stellung kann daher nicht beweisen, daß sie erst in die Zeiten, als Jesus solche Gerichtsworte über das Volk sprach, fallen. Wir sehen daraus vielmehr, daß das Weissagen des Hereinkommens der Heiden sich in die frühen Zeiten Jesu zurück erstreckt, aber eben nur in dieser noch unbestimmten Anschauung und zunächst ohne praktische Folgen.

Dagegen scheint Jesus allmählich seine Jünger zu dem Ge-

---

[1]) Matth. 8, 11 f. [2]) Luk. 13, 28.

danken erzogen zu haben, daß auch außerhalb des Volkes Glaube und Gottesfurcht gefunden und gepflanzt werden könne, und dieß zu beweisen knüpfte er bei dem nächstliegenden Beispiele, nämlich den Samaritern an, zu welchen ohnehin von den von ihm angenommenen Zöllnern aus kein weiter Schritt war. Das Lukasevangelium hat die Erinnerung aufbehalten, daß er sich nicht scheute, Samarien zu betreten, daß er die ihm feindseligen Samariter geschont haben wollte, daß er in einer Beispielsrede einen Samariter als Vorbild der Barmherzigkeit darstellt, daß er auf die Dankbarkeit eines geheilten Samariters hinweist,[1]) und wir haben keinen Grund, in diesem Verfahren nicht eine geschichtliche Erinnerung zu erkennen, das so sehr seinem ganzen Verhalten entspricht, wenn es auch von den anderen Synoptikern übergangen und von Lukas mit Vorliebe gepflegt ist. Aber auch die johanneische Erzählung von der Begegnung mit der Samariterin und dem Verkehre Jesu mit ihr bestätigt diese Erinnerung. Und der Vorwurf der Juden, daß Jesus ein Samariter sei, weist darauf, daß er durch seine Freiheit diesem Volke gegenüber Anstoß gegeben. Das Evangelium hat zwar sichtlich in jener Begebenheit Geschichte und Zukunft durcheinander gewoben, indem es sofort Jesus in Samarien als Messias anerkannt werden läßt. Die Frau selbst ist ihm zum Bilde des Volkes der Samariter geworden. Aber es hat in jedem Falle auch seinerseits die engen Grenzen dieses Verkehrs, den es auf ein Zusammentreffen beschränkt, und den prophetischen Charakter der ganzen Beziehung für die Jünger festgehalten.

---

3. Die neue Offenbarung.

1. In die Zeit der nördlichen Wanderungen Jesu fällt nun die abschließende Entwicklung der Jüngergemeinde. Die Zwölfe folgten ihm, als er vor Herodes flüchtete, als sich das in seinen

[1]) Luk. 9, 52. 17, 11. 10, 33. 17, 16.

Erwartungen getäuschte Volk von ihm lossagte, als ihm vom Synedrium her Verfolgung drohte. Indem sie ihm die Treue bewahrten, nahmen sie auch das Loos, welches ihm selbst drohte, auf sich. Sie hatten dadurch den ersten Schritt gethan, sich von allen ihren bisherigen Banden loszusagen, anders als bisher, nicht nur von Haus und Familie um seiner Nachfolge willen wegzugehen, sondern es auf die Verstoßung ankommen zu lassen. So mußte nun auch ihre Stellung nach innen zur Reife kommen. Ihr Verhältniß zu ihm selbst mußte sich abschließend gestalten und die Selbstständigkeit und Eigenthümlichkeit ihres Gemeindelebens sich entwickeln. Wir finden daher in unserem Abschnitte den Höhepunkt seiner Selbstoffenbarung ihnen gegenüber; außerdem aber eine Reihe von Gemeindereden, welche theils in die inneren Zustände der Gemeinde, theils in die Erziehung derselben durch Jesus reiche Blicke thun lassen.

Die Enthüllungen Jesu an die Jünger bilden die Spitze einer Erzählungsgruppe aus dem ältesten Evangelium, welche sich bei allen Synoptikern erhalten hat; sie umfaßt das Bekenntniß des Petrus mit der anfangenden Leidensverkündigung und die Geschichte der Verklärung.[1]) Die Darstellung des vierten Evangeliums weicht zwar hievon einigermaßen ab. Das Bekenntniß des Petrus hat von vorneherein nicht die gleiche beherrschende Stellung in dem Evangelium, welches über das ganze Leben Jesu hin den vollen Glanz seiner höchsten Offenbarung verbreitet. Und überdieß ist jenes Ereigniß der Speisungsgeschichte und den zu ihr gehörigen Verhandlungen nur angehängt. Aber der Moment selbst ist doch auch hier erhalten, und diese Erhaltung bezeugt um so mehr die Macht der geschichtlichen Erinnerung.

Diese war so stark, daß die älteste Ueberlieferung nicht nur den Ort festhielt, an welchem das Bekenntniß des Petrus geschehen war, sondern auch die Zwischenzeit, welche zwischen diesem Ereigniß und der darauf folgenden Verklärung lag. Es war in der Gegend von Cäsarea Philippi und zwar auf der Straße, als Jesus seinen Jüngern die Frage verlegte, was das Volk über

---

[1]) Matth. 16, 13—17, 13 Par. Joh. 6, 60 ff.

seine Person denke, sowie sie die verschiedenen Ansichten kennen. Die Antwort lautete, daß man geneigt sei, in ihm einen wiedergekehrten Propheten zu vermuthen, und zwar entweder unbestimmt, oder den letzten, erst kurz getödteten, den Johannes, oder aber den, welcher dem Messias vorangehen sollte, den Elia. Bei Matthäus ist neben diesem noch Jeremija mit Namen aufgeführt, ohne Zweifel in Ergänzung gemäß den messianischen Erwartungen, in welchen auch dieser neben Elia eine vorläuferische Rolle hatte. Einestheils also war immer noch der Eindruck von ihm so groß, daß man ihn unbedingt für einen Propheten hielt, und gerne dabei an den Glauben von Wiederkehr der alten Propheten anknüpfte. Anderentheils aber war man doch auch darüber im Reinen, daß er dem messianischen Reiche gegenüber eben nur im Verhältnisse eines Vorläufers stehen könne. Aber die Frage Jesu war nur die Einleitung für eine wichtigere gewesen; für wen haltet denn ihr mich? Daß dabei Matthäus schon bei der ersten Frage sagen läßt: für was halten die Leute mich, den Menschensohn, ist zwar ohne Zweifel ein Zusatz, aber es bezeichnet wie wir früher gesehen, ganz richtig die Aufgabe, welche Jesus selbst durch diesen Namen, den er sich beilegte, dem Verständniß seines Lebens gegeben hatte. Man konnte eben darin die Aufforderung sehen, ihn als einen Propheten zu achten; man konnte aber auch durch diesen Namen zu seiner messianischen Stellung geführt werden. Auf die Frage Jesu nun antwortet aus dem Kreise der Zwölfe Simon, genannt Petrus: du bist der Christ, oder wie das Johannesevangelium hat: der Heilige Gottes. Matthäus aber erläutert das Wort noch durch den Zusatz: der Sohn des lebendigen Gottes.

Dieses Wort war ein Bekenntniß; es war eine That. Es entschied den künftigen Glauben der Apostel, indem es demselben seine feste Form gab. Es kann nicht eine Bestätigung dessen gewesen sein, was schon öfter zwischen ihnen ausgesprochen war, sondern es muß eine neue Bahn gebrochen haben. So nur läßt sich das Gewicht begreifen, welches demselben Jesus selbst beimißt, so nur die beherrschende Stellung, welche es in den Evangelien einnimmt. Eben deßhalb ist es unmöglich, daß Petrus schon bei der nächtlichen Rettung auf dem See das gleiche Bekenntniß ausgesprochen hätte, und daß Jesus von Anfang an und oft so unzweideutig von seiner Person sollte geredet haben, wie dieß das vierte Evangelium darstellt. Die Apostel wußten, daß einst in diesem Moment Klarheit unter sie gekommen; so haben sie diese Erinnerung bewahrt. Mit Gedankenschnelle ist das Bekenntniß da in dem entscheidenden Augenblicke, wie ein Blitz durchbricht es alles Dunkel, und darum antwortet Jesus nach der Redensammlung: das hat dir nicht Fleisch und Blut geoffenbart, sondern mein Vater im Himmel. Und doch handelt es sich nicht darum, daß den Aposteln jetzt zuerst eine Erkenntniß über Jesus aufgegangen wäre, welche sie überhaupt zur Entscheidung für seine Sache vermocht hätte. Vielmehr hat Jesus gerade darüber schon früher auf das Bestimmteste erklärt, daß ihnen Gott geoffenbart habe, in welchem einzigen Verhältnisse er zu demselben stehe, und, daß er um dessentwillen Gott für den Aufgang des Reiches danken darf. Aber wenn sie ihm auch unbedingt anhiengen, und im Vertrauen auf sein Wort als das aus dem höchsten Verkehre mit Gott geschöpfte so weit gelangt waren, daß er sie sogar von der geistigen Gegenwart des Reiches überzeugen konnte, so war doch immer noch ein entscheidender Schritt übrig gewesen, und diesen sehen wir jetzt durch das Bekenntniß des Petrus vollzogen. Indem sie ihrem Glauben an ihn den Ausdruck geben, daß er der Christ sei, haben sie mit der gemeinen messianischen Hoffnung gebrochen.

Thatsächlich haben sie den jetzt ausgesprochenen Glauben längst bewährt, sie haben sich ihm angeschlossen und sind ihm gefolgt, ganz so wie es der Messiasglaube forderte. Aber Jesus hatte zunächst nur den Glauben an seine Predigt, an das Reich, welches dieselbe verkündete, gefordert, auf diesen hin hatte er sie in sein Vertrauen gezogen und selbst an der Arbeit dieser Predigt Theil nehmen lassen. In dem engeren Verhältnisse hatte er sie zum Glauben an sein Wort als das Wort göttlicher Offenbarung weiter geführt, und bald durch die Macht seiner Person eine unwiderstehliche Herrschaft über sie ausgeübt. Aber nicht nur das Volk konnte ihn als einen Propheten ansehen und doch eben nur als einen Vorläufer. Auch bei diesen seinen Vertrauten war es recht wohl möglich, daß sie neben allem Glauben an seine göttliche Autorisation und an den Anfang des Reiches durch sein Wort doch immer noch Erwartungen über das letztere hegten, bei welchen ihnen der Messias eine ferne Größe, ein Gegenstand des Zukunftsglaubens war. Als das Volk ihn zu einer politisch messianischen Schilderhebung drängte, und auf seine Weigerung hin ihn wieder verließ, hatten sie sich nicht von ihm getrennt, sie hatten also diese Versuchung überwunden. Aber auch dann noch blieb ihnen die Aussicht auf das Messiasreich in reinerer Form übrig, so doch, daß Alles bisher mit der Person Jesu Erlebte nur eine Vorbereitung dafür gewesen wäre. Sollte auch diese letzte Schranke ihrer Erkenntniß fallen, so mußten sie sich klar werden, daß in der That kein anderer zu erwarten, daß vielmehr die messianische Sache ganz in den Händen Jesu liege, daß die ganze Zukunft an seiner Person hänge. Das war es, was das Bekenntniß des Petrus enthielt. Die letzte Hülle war durchbrochen, und der lange gepflanzte und verbreitete Glaube stand nun reif und voll da.

Hält man irgendwie den Gang, welchen uns die Evangelien zeichnen, fest, so kann darüber kein Zweifel sein, daß in der That dieses Messiasbekenntniß über Jesus das letzte war, was aus ihrem Glauben erwuchs. Nicht deßwegen, weil sie in ihm den Messias hofften oder zu erkennen meinten, haben sie sich ihm ergeben und haben dann seiner Person eine außerordentliche Größe und ein besonderes Verhältniß zu Gott zugeschrieben; sondern weil sie ihn in dieser inneren Größe und seinem Umgange mit Gott kennen gelernt hatten, haben sie zuletzt auch gewagt, keinen anderen Messias zu erwarten, und darum ihre ganze Messiashoffnung nach der Wirklichkeit, die sie bei ihm sahen, umgestalten zu lassen. Nicht weil sie den Messias in ihm sehen wollten, haben sie ihn für den Sohn Gottes erklärt, sondern weil sie den Sohn Gottes in ihm erkannt hatten, haben sie ihn auch für den Messias erklärt. Der Beweis für diesen von innen nach außen gehenden Gang ihres Glaubens liegt in der Thatsache, daß ihnen in dem Augenblicke dieser Erklärung durch die vorangegangenen Dinge alle Aussicht volksmäßiger Messiaserwartung bei Jesus bereits genommen ist. Von dieser Erwartung allein aus konnten sie also gar nicht mehr auf ein solches Bekenntniß zu ihm kommen. Wenn Jesus auch jetzt noch dieses Bekenntniß geheim gehalten wissen will, so hat dieses keinen anderen Grund, als daß er jede neue Widerkehr messianischer Anmuthungen an ihn bei dem Volke abschneiden, daß er aber auch zugleich jede Trübung des rechten Geistes dieses Bekenntnisses bei den Jüngern selbst verhindern will.

Es ist mithin nur ein der Sache selbst entsprechender Ausdruck für den Ursprung dieses Bekenntnisses, wenn dasselbe im vierten Evangelium mit den Worten eingeleitet ist: Herr, zu wem sollten wir uns wenden? Du hast Worte ewigen Lebens. Aber die wahre Bedeutung dieses Momentes wirft nun auch von Neuem ein Licht auf das Selbstbewußtsein Jesu. Denn was Jesus in seine Jünger gepflanzt hat, ist nur der Ausdruck seines eigenen Innern. Auch bei ihm ist der Gang nicht ein von außen nach innen, sondern von innen nach außen führender.[1]) Niemand, der irgend den Quellen unserer Geschichte noch ein Recht zugesteht, wird auf den Wahn verfallen, daß die Ueberzeugung, der Messias zu sein, ihm durch den Glauben oder die Wünsche anderer Menschen aufgedrängt worden sei. Er ist mit diesem Namen erst aufgetreten in einem Momente, wo ihm Niemand mehr denselben anbot, wo er sich bereits mit allen volksmäßigen Erwartungen in solchen Widerspruch gesetzt hat, daß er die Behauptung seines messianischen Berufes nur im entschiedenen Kampfe geltend machen, daß er nur bei dem engsten Kreise der an ihn Glaubenden und ganz in seinen Geist Eingeweihten damit durchdringen kann. Was ihn dazu vermochte, kann also lediglich aus seinem eigenen Innern quellen. Wir werden aber kaum zu weit gehen, wenn wir annehmen, daß der Proceß, welchen der Glaube seiner Anhänger durchzumachen hatte, auch ihm selbst nicht fremd war, das heißt, daß auch er selbst einst das Hinderniß des Glaubens an seine Messiasstellung zu überwinden hatte, welches in den irdischen Bildern der Weissagung Israels und noch mehr dem irdischen Sinn ihrer herrschenden Auslegung gegeben war, und daß er dieses nur

[1]) Vgl. darüber auch Strauß, S. 199.

von innen heraus durch das lebendige Bewußtsein seiner Gottessohnschaft überwinden konnte. Jeder Versuch, eine Entwicklung zu denken, bei welcher er von dem einfachen Lehrberuf durch den erwachten Glauben an seine Messianität hindurch erst zum Glauben an ein höheres Band, welches ihn mit Gott verknüpfe, gelangt wäre, ist nicht nur unnatürlich, weil er ihn von Wahn zu Wahn fortschreiten läßt, sondern er widerspricht auch dem Gange der Geschichte, in welchem gerade die Messianität nur als die Anwendung und Folge seines Selbstbewußtseins oder Sohnesgefühles erscheint.

Auch hier werden wir daher auf dasselbe Ergebniß zurückgeführt, zu welchem wir schon durch die Untersuchung der Selbstdarstellung Jesu in der ersten Hauptperiode seines Lebens gelangt sind, nämlich, daß der letzte Grund seines Auftretens nur dieses unmittelbare ihm selbst schlechthin gegebene Sohnesbewußtsein sein kann. Was wir aber über das letztere aus den kritisch gesichteten Quellen zu erkennen vermögen, das weist nirgends darauf hin, daß er eine Lehre der Speculation über ein göttliches Mittelwesen auf sich angewendet hätte. So weit überhaupt solche Lehren in Palästina Eingang gefunden haben mögen, so waren sie doch dem Messiasbegriffe ganz fremd und gar nicht dazu geeignet auf denselben angewendet zu werden. Vielmehr ist es durchaus nur der Ausdruck der inneren Erfahrung des Glaubens an die eigene Sohnesstellung, welcher auf dem höchsten Gebetsleben und der damit zusammenhängenden Offenbarungsgewißheit beruht. Dieß ist der Ausgangspunkt aller seiner Selbstaussagen, er ist es auch für die Selbstbezeugung als Messias und er ist hier die feste Grundlage für die verschiedenen Stufen, in welchen Jesus das messianische Werk unter der Führung des Vaters erkennt und vollbringt.

2. Man kann den Moment, in welchem Jesus das Bekenntniß seiner Apostel veranlaßte, nur richtig begreifen, wenn man ihn im Zusammenhange, mit dem, was unmittelbar darauf folgt, betrachtet, nämlich mit der beginnenden Verkündigung seines Leidens und Todes. Auch das gehört zu den sichersten Thatsachen, welche

sich aus den evangelischen Quellen entnehmen lassen, daß Jesus von seinem bevorstehenden Sterben erst von dieser bestimmten späten Zeit an geredet hat. Dem ältesten Evangelium ist dieser Moment so entscheidend, daß es von da an die weiteren Stufen der Geschichte bis zu den Jerusalemischen Begebenheiten jedesmal mit der Erneuerung dieser Weissagung einleitet und somit die ganze spätere Zeit unter diesen Gesichtspunkt des mit voller Klarheit erfaßten Leidensweges stellt. Man darf daher ohne Weiteres Alles, was in die späteren Bearbeitungen der Geschichte von früherer Leidensweissagung gekommen ist, als Vermischung der Zeiten betrachten. Selbst in der Rede über das Fasten der Johannesjünger ist zwar wohl authentisch, daß Jesus das Nichtfasten der Seinigen von der Anwesenheit des Bräutigams ableitet. Ob er aber auch hier schon die Andeutung gegeben, daß es möglicherweise einst durch die Entfernung desselben zur Ursache der Traurigkeit kommen könne, müssen wir wenigstens dahingestellt sein lassen. Im vierten Evangelium ist es sicher nur der Art und Weise dieser Schrift, die im Allgemeinen zusammengehörigen Dinge in freier Wechselbeziehung erscheinen zu lassen, zuzuschreiben, wenn die bestimmte Hinweisung auf sein zu vergießendes Blut dem Bekenntnisse des Petrus schon vorausgeht. Erst an diese Enthüllung seiner Messianität kann sich die Todesverkündigung angeschlossen haben; aber beides gehört allerdings unzertrennlich zusammen.

Wir werden aber nicht nur sagen dürfen, daß Jesus erst von diesem Augenblicke an seinen Tod verkündet, sondern auch, daß er selbst ihn erst jetzt klar vorausgesehen hat.[1]) Wie die Entwicklung des Reiches ihm selbst durch die göttliche Führung vorgezeichnet wurde, so auch die Entwicklung seines Berufsweges. Jesus hat sich nicht bloß zum Scheine an sein Volk gewendet, es zu retten; er hat mit allem Ernste daran gearbeitet, und erst mit der Thatsache der Verstockung desselben ist ihm auch gewiß geworden, daß ihm durch dieses Volk vielmehr der Opfertod bereitet sei. Die Verfolgung hatte jetzt bereits begonnen, schon wanderte

---

[1]) Matth. 16, 21. Mark. 8, 31. Luk. 9, 22. vgl. Joh. 6, 51.

er flüchtig vor denjenigen, an welche er das erste Recht und welche das erste Recht an ihn hatten. Nicht das ist jetzt das Außerordentliche, daß er überhaupt an sein Todesloos denkt, und dasselbe ahnt, sondern daß er der Wirklichkeit vorgreifend in demselben sofort eine göttliche Bestimmung und einen Weg zur Erfüllung seines Berufes erkennt. Wie die geistige Gegenwart des Reiches ohne alle äußere Größe, so ist auch dieser Glaube an den Todesweg des Messias ein durchaus neuer, und darum ein solcher, welcher nur entstehen und bestehen konnte, wo die Ueberzeugung von seiner Messianität nicht auf menschlicher Vorstellung und äußeren Anlässen beruht, sondern auf einem inneren Leben und Selbstbewußtsein, welches stark genug ist, um auch das Unbegreiflichste sich sofort anzueignen und zu verarbeiten. Man kann darüber streiten, wie weit in die Messiaserwartungen zu seiner Zeit schon der Gedanke eines leidenden Messias eingetreten war. Die Vorstellung schwankte jedenfalls darüber, ob der Messias schon zur Zeit der vorausgehenden Kämpfe oder ob er erst im Uebergange zu der anbrechenden Herrlichkeit erscheinen werde.[1]) Und wahrscheinlich fällt schon in die Zeit Jesu, was sich aus Justin über die Ansichten der Juden im zweiten christlichen Jahrhundert ergibt, nämlich, daß die Unterwerfung des Messias unter Leiden im Allgemeinen zugegeben wurde.[2]) Aber bei alle dem handelte es sich eben bloß darum, ob die messianische Zeit ganz eine Zeit des Kampfes sein und der Messias in demselben zu leiden haben werde.[3]) Niemand aber dachte daran, daß ihn darin der Untergang durch schmähliches Todesloos treffen, und daß er erst nach Erfüllung desselben zum zweiten Male zur Errichtung des Reiches kommen werde.[4]) Darum blieb der gekreuzigte

---

[1]) Vgl. Gfrörer, Jahrh. d. H. II. S. 212 ff. Wie wenig Einheit darüber herrschte, zeigt das Henochbuch, vgl. Dillmann, B. H. S. XXII.

[2]) Vgl. Justin. M. d. c. Tr. 89. 90.

[3]) Wie man eigentliches Leiden von der Person des Messias abzuwehren suchte, ist am Targum des Jonathan zu erkennen, vgl. Gfrörer a. a. O. S. 270, Oehler, Messias in Herzog th. R. E. IX. S. 441.

[4]) Man dachte sich vielmehr das messianische Reich nach Dan. 7, 14 als Reich von grenzenloser Dauer, so im älteren Henochbuche, vgl. Hen. 48, 6.

Messias nachher den Juden ohne Ausnahme ein Aergerniß, den leidenden Messias in diesem Sinne konnten sie nicht begreifen. Wenn daher jetzt Jesus in demselben Augenblicke, in welchem er sich als den Messias anerkennen läßt, zugleich seinen Tod durch seine Feinde voraussagt, und zwar als eine göttliche zu seiner Messiaslaufbahn gehörige Nothwendigkeit voraussagt, so hat er nicht nur etwas ganz Neues ausgesprochen, sondern auch den Glauben seiner Jünger auf die höchste denkbare Probe gestellt. Es war das Geringere, daß er ihnen sagt: auch sie werden die Theilnehmer dieses Looses sein, ihr Weg werde durch Leiden gehen; es werde heißen: nur wer sein Leben verliert, der wird es erhalten, wer es aber erhalten will, der wird es verlieren. Schwerer aber mußte für sie sein, von diesen Worten ihm folgend die Anwendung auf ihn selbst zu machen, und jetzt nicht bloß an einen Messias zu glauben, welcher ohne alle Herrlichkeit und Größe da ist, sondern welcher allen Erwartungen zum Trotze vor ihren Augen untergehen, im Kampfe unterliegen soll.

Das ganze Gewicht dieser Enthüllungen ist durch den Widerspruch angezeigt, welchen sofort der eben mit dem Bekenntnisse hervorgetretene Petrus erhebt. Noch scheint auch dem stärksten

49, 2. 58, 3. Und wenn sich daher im vierten Evangelium die Juden wundern, was das für ein Menschensohn (hier gleich Messias) sei, der nicht, wie man annehme, in Ewigkeit da bleibe, Joh. 12, 34, so haben sie nur den Widerspruch bekannt, in welchem ihre messianische Erwartung zu der Weissagung Jesu über seinen Tod stehen mußte. Dieser Widerspruch würde bestehen bleiben, selbst wenn damals schon die Lehre, daß der Messias natürlicher Weise sterben werde, im Gegensatz gegen die höheren Vorstellungen des Henochbuches unter den Juden gemein gewesen wäre, wie Gfrörer glaubt, a. a. O. S. 252 ff. Das älteste Zeugniß dafür ist aber IV. Esra 7, 29. Denn das spätere Henochbuch, welches Hen. 91, 12—17 das messianische Gericht und Regiment von dem künftigen Weltgerichte, dem Anfang der Ewigkeit wohl unterscheidet, macht hievon auf die Person des Messias keine Anwendung. Und das vierte Esrabuch seinerseits verräth auch hierin schon den Einfluß christlicher Ideen. Dem christlichen Glauben an den gewaltsam getödteten Messias und die Zukunft seiner Herrlichkeit stellte man jetzt das messianische Reich mit langer Dauer und Herrlichkeit entgegen, an dessen Ende der Messias des natürlichen Todes stirbt, um der höheren Entwicklung der Weltvollendung Platz zu machen.

Glauben in ihrer Mitte diese Aussicht unerträglich, und nur schrittweise unter der stetig wiederholten Belehrung vermochten sie darauf einzugehen, nie bis zur wirklichen Erfüllung haben sie es sich ganz angeeignet. Es war die große Arbeit des apostolischen Zeitalters, diese Nothwendigkeit zu begreifen, die Weissagung darin wieder zu finden, und den Heilsgedanken dieses Todes sich zu erklären, so in schwerem Fortschritte geistig erobernd, was ihr Meister selbst mit einem Schlage als göttliche Wahl erfaßt hatte. Aber doch ist auch auf seiner Seite die tiefe Bewegung nicht zu verkennen, in welcher er sich bei dieser Enthüllung befindet, und in der sich deutlich spiegelt, daß es auch für ihn eine neue Sache war. Das Wort des Petrus ist ihm das Wort des Versuchers. Man kann nicht von einem Entschlusse reden, welchen er gefaßt hat. Der eigene Willensentschluß hat da keinen Raum, wo die Erkenntniß des göttlichen Willens sofort zum Leben in diesem wird. Das eben drückt Jesus mit den Worten aus: du denkst nicht was Gottes ist, sondern was der Menschen ist. Aber was hier Gottes Wille ist, das ist auch von ihm jetzt erst ergriffen und so ergriffen, daß alle menschlichen Gedanken darüber für ihn aufhören.

Auch in einem andern Worte ist noch zu erkennen, welche innere Bewegung seiner festen Entschlossenheit zu Grunde liegt: wer einen Thurm bauen will, muß die Kosten berechnen, um zu wissen, ob er es hinausführen kann. Ein König, der seinen Nachbar bekriegt, muß die Stärke seiner Streitmacht veranschlagen, Luk. 14, 28 ff. Ist dieses auch zunächst auf die Entschlüsse seiner Nachfolger bezogen, so weist es doch auf ihn selbst zurück. Und noch tiefer tritt der Kampf seiner Seele hervor in den Worten: Feuer auf die Erde zu werfen bin ich gekommen, und wie wünsche ich, wenn es schon entzündet wäre! Eine Taufe zu bestehen habe ich vor mir, und wie dringt es auf mich ein, bis sie vollendet sein wird! Luk. 12, 49 f.

Mit jener Ankündigung seines Todes ist die Ankündigung seiner Wiederkunft verbunden. Was in der höheren messianischen Erwartung lag, war ja nicht bloß die Hoffnung der Volkesgröße und des Volkessieges; es war die Vollendung der Welt durch das messianische Reich oder im Anschlusse an dasselbe. Die Zukunft dieses Reiches hatte Jesus zuerst verkündet. War es auch für ihn das Himmelreich im erhabensten Sinne, so blieb doch immer mit demselben die Erwartung des Weltgerichtes und der Herstellung einer himmlischen Ordnung auf Erden verbunden. Sein bevorstehender Tod konnte jetzt nur der sichere Weg zur Erfüllung dieser großen Aussicht sein. Daß Jesus diese seine Wiederkunft mit dem Himmelreiche vorausgesagt, gehört ebenfalls zu den gewissesten Bestandtheilen seiner Geschichte.[1]) Je mehr sich alles, was von ihm darüber überliefert ist, mit jenen Erwartungen höherer Art, wie sie das Judenthum bereits vor ihm über das Himmelreich und den Sohn des Menschen an der Spitze desselben entwickelt hatte, berührt, desto leichter scheint es auch, seine eigene Aussage ganz aus dieser jüdischen Theologie abzuleiten. Es ist nur Eines dabei zu erklären, nämlich die Möglichkeit, daß ein lebender Mensch das Bild dieses vom Himmel kommenden Erwählten Gottes auf sich angewendet habe. Weit entfernt, daß durch jene Vorstellung erklärt würde, wie er sich eine himmlische Natur habe zuschreiben können, ist dieselbe gerade in ihrer Anwendung das Unerklärlichste. Das schwärmerische phantastische Wesen, welches hiefür zu denken wäre, steht in einem unauflösbaren Widerspruche mit dem Prediger der Entsagung

---

[1]) Es handelt sich hiebei nicht um eine neue Eschatologie, welche Jesus aufgestellt hätte, vgl. Colani, Jésus Christ et les croyances messianiques de son temps, S. 147 ff., das heißt um eine neue Ordnung der Weltzeiten oder Stellung der messianischen Zeit, sondern um seine persönliche Stellung zu dem vollendeten Gottesreiche der Zukunft. Darüber mußte er sich aussprechen, und darauf beruht der apostolische Glaube an seine Zukunft. Die Ausführung des dadurch bedingten eschatologischen Glaubens im Dogma geschah im apostolischen Zeitalter. Wenn man aber die Verkündigung Jesu von seiner Wiederkunft zur Reichsvollendung für unverträglich hält mit der geistigen Natur seines Reiches und dem Demuthscharakter derselben, so ist vielmehr zu fragen: ob nicht seine ganze Reichsverkündigung darauf beruht, daß die ganze Gegenwart der Anfang einer zukünftigen Herrlichkeit ist. Darin aber blieb sich Jesus auch auf diesem Gebiete gleich, daß er nicht mit dem Dogma begonnen hat, sondern mit dem Leben; seine Stellung zu der Zukunft ist aber eine nothwendige Folge seiner Stellung im Leben der Gegenwart.

und des geistigen Gottesdienstes.[1]) Nie konnte der Glaube seiner Anhänger von dieser Hoffnung ausgehen. Es gibt nur Ein denkbares Band, welches diese so verschiedenen Elemente seiner Selbstbezeugung zu verbinden im Stande ist: die allen Aussichten der Zukunft, allen Vorstellungen seiner Berufswege vorausgehende innere Gewißheit der Erwählung von Gott, der Glaube an sein Sohnesverhältniß. Wo dieser feststeht, da ist auch die kühnste und gewaltigste Zukunftserwartung doch nur ein Ausdruck davon, daß Gott durchführen wird, was er in ihm selbst angelegt hat.

3. Die Umwälzung der Denkweise, welche diese Erklärungen Jesu forderten, gieng bei aller Macht, die er über seine Jünger hatte, doch nicht so leicht vor sich. Ganz haben sie sich in die Gewißheit seines Todes nie eingelebt, aber auch das Wort nur zu ertragen, und weiter in sich zu bewegen, wurde ihnen, wie der Widerspruch des Petrus zeigt, schwer genug. Die Einleitung Jesu in diese Zukunft konnte sich daher nicht auf das eine erste Wort beschränken, vielmehr erklärt sich aus der Nothwendigkeit stetiger Fortbildung in diesen Erkenntnissen schon, warum Jesus seine nördlichen Wanderungen fortsetzte. Wir haben im ältesten Evangelium die Erinnerung, daß er bei jeder wichtigeren Gelegenheit, jeder neuen Wendung in ihren Verhältnissen die Voraussagung wiederholte, um sie durch den Aufschub nicht sicher werden zu lassen, sondern stets in der Ueberzeugung zu erhalten, daß seine Wege unvermeidlich zu diesem Ziele führen. Aber wir haben auch noch eine Erinnerung aus den Tagen nach der ersten Ankündigung, aus welcher hervorgeht, wie tief die Erregung in Folge derselben war, und wie Jesus nicht bloß durch Unterricht, sondern auch dadurch auf die Jünger zu wirken suchte, daß er sie noch tiefer als bisher in die Gemeinschaft seines eigensten Glaubens

[1]) Darum hat Strauß ganz Recht, wenn er hier einen unerklärlichen Charakterzug der Schwärmerei findet, a. a. O. S. 236 ff. Aber wir haben nicht das Recht, deßwegen diese Aussage, wie er in den Geleisen der älteren rationalistischen Erklärung versucht, S. 242 f. abzuschwächen; sie nöthigt uns nur, für das Selbstbewußtsein Jesu eine höhere Grundlage anzunehmen.

und Geisteslebens hineinzog. Je größer hiebei die Aufgabe war, desto leichter erklärt es sich, daß er unter ihnen Stufenunterschiede machen mußte und nur die Befähigtsten und Vertrautesten als Theilnehmer der höchsten und wunderbaren Erlebnisse erscheinen. So beschränkt sich denn auch die Theilnahme an der Verklärung auf die drei, welche früher schon in ähnlicher Weise als seine Vertrauten erscheinen, und überhaupt den Kern in der Genossenschaft der Zwölf bildeten; und die evangelische Erzählung behandelt selbst den ganzen Vorgang als ein Geheimniß, von welchem damals außer den Theilnehmern Niemand etwas erfahren, welches vielmehr gemäß dem Befehle Jesu erst in späterer Zeit nach seiner Auferstehung vor diesen enthüllt worden sei. Um so mehr mußte die Ueberlieferung geneigt sein, das Mysterium dieses Erlebnisses der auserwählten Apostel in das Wunderbare zu malen, und wir haben von vorneherein nicht in demselben Sinne strenge Geschichte zu erwarten, in welchem uns diese in dem vorausgehenden Berichte über das Bekenntniß des Petrus gegeben ist.

Was von demselben erzählt ist,[1]) trägt den Charakter eines Gesichtes: Jesus ist vor ihren Augen verwandelt zu einer glänzenden Lichterscheinung; darauf erscheinen ihnen neben demselben Elia und Mose, welche mit Jesu reden. Und zuletzt überschattet sie eine Wolke, aus welcher sie die Stimme vernehmen: dieß ist mein geliebter Sohn; auf ihn höret. Als sie aber wieder aufsehen, ist alles verschwunden. Diese Darstellung, hat nur bei Lukas eine erheblichere Modifikation erhalten. Sie verliert hier mehr die Art des Gesichtes dadurch, daß gesagt wird was Mose und Elia gesprochen: Sie redeten von dem Ausgang, welchen Jesus in Jerusalem erfüllen sollte. Hiedurch tritt sie aus der bloßen Anschauung heraus, indem sie in dieselbe die bestimmte Handlung einführt. Hiezu kommt aber noch, daß nach Lukas dieß Alles geschieht, während die Jünger schlafen. Erst nach einiger Zeit wachen diese auf, und sehen nun die drei Gestalten. Hiedurch ist also das Vorhergehende zur objektiven Erzählung einer Be-

---

[1]) Matth. 17, 1 ff. Mark. 9, 2 ff. Luk. 9, 28 ff.

gebenheit geworden. Auch im Schlußtheile tritt dieser erzählende Charakter stärker hervor, indem gesagt ist, daß Jesus mit den beiden Propheten in die Wolke hineingeht, und zur Erhöhung des Mysteriums ist das Ganze überhaupt in eine Nachtscene verwandelt. Gerade dieser späteren Fortbildung gegenüber ist an der früheren Darstellung um so deutlicher, daß sie den visionären Charakter des Ganzen festhält. Ohne auf den Buchstaben dieser Erzählung größeres Gewicht zu legen, als dieses bei der Natur des Gegenstandes möglich ist, darf man doch annehmen, daß eine solche Vision nicht bloß der Sage angehört, sondern in dieser Zeit und ihrem Zusammenhange wirklich erlebt wurde. Jetzt, da es sich um neue Erkenntnisse so inhaltsschwerer Natur handelte, deren Aufnahme nur durch eine geistige Umwälzung möglich war, zog Jesus seine Vertrauten in erhöhtem Maße in sein eigenes Gebetsleben herein, um sie in der Theilnahme desselben erfahren zu lassen, daß es sich in der That hier nicht um eine menschliche Meinung, sondern eine göttliche Offenbarung handle. Es war dieß aber eine Schule, in welcher sie selbst zu einem dem seinigen ähnlichen Innewerden und Schauen der göttlichen Wahrheit gelangen sollten, das denn bei ihnen um so leichter in den Momenten höchster Erregung zum sinnlichen Bilde werden konnte. Auffallend ist dabei zunächst nur, daß von der gleichzeitigen Vision der Anwesenden berichtet wird. An und für sich hätte es keine Schwierigkeit anzunehmen, daß das, was einer von ihnen erlebte, in der Ueberlieferung auf Alle ausgedehnt wurde. Bedenkt man aber, daß sie in dieser Gebetsübung, aus welcher die Vision hervorgeht, ganz unter der Leitung Jesu stehen, und daß es nur sein überwältigender geistiger Einfluß ist, auf welchem diese Erlebnisse überhaupt beruhen, so darf man wohl gerade dieses als Eigenthümlichkeit ihres jetzigen Lebens annehmen, daß sie durch ihn nicht bloß überhaupt zu der engsten Geistesgemeinschaft verbunden waren, sondern auch befähigt zum Schritthalten in den besonderen Erfahrungen und selbst zum gemeinsamen augenblicklichen Schauen. Die Geschichte des religiösen Lebens ist gerade an Beispielen für solche Aeußerung des demselben eignenden Gemeinlebens reich, und wir haben uns nicht vor den Analogien krankhafter Erregungen ähnlicher Art zu schauen.[1]) Das Maß der Gesundheit liegt hiebei in der Wahrheit des Zieles, oder darin, daß dieses sinnliche Schauen nur die Spitze eines tieferen Processes ist, das Kleid für ein inneres Schauen und wirkliches Glauben.

Daß nun dieses letztere hier vorliegt, daß es sich in der That um ein tieferes Eindringen in eine geistige Erkenntniß handelt, ist nicht nur aus dem Zusammenhange, in welchen die Vision geschichtlich gestellt ist, sondern auch aus ihrem eigenen Inhalte unschwer zu erkennen. Die höchsten Größen des alten Bundes treten mit Jesus zusammen, um ihm zu huldigen. Jesus selbst erscheint nicht bloß in dem Lichtglanze, der seine himmlische Natur und Würde ausdrückt, sondern umgeben von den großen alten Zeugen Gottes und so von selbst als der, welchen sie vorbereitet haben, bezeugt. Mit ihnen vereinigt ist er jetzt, obwohl noch lebend, doch zum Voraus geschaut als der, der in den Tod gehen, aber in demselben nur zur Herrlichkeit gelangen wird. Und dieses alles wird zuletzt versiegelt durch die göttliche Stimme aus der Wolke, welche ihn mit jenen verhüllt vor den Augen der Menschen, aber hiebei für den Sohn erklärt, auf dessen Wort sie zu hören haben. Deutlich genug weist daher dieses Gesicht auf dasjenige, welches Jesu selbst bei seiner Taufe zugeschrieben ist, zurück. Was dort von ihm selbst erlebt war, das wird jetzt zum Erlebniß der Jünger. Wie ihm selbst dort mit der vollendeten Gewißheit seiner Sohnesstellung sein Beruf gegeben war, und er die innerliche Ausrüstung erhielt, denselben in wachsender Erkenntniß, selbst der des Leidensweges durchzuführen; so erhalten sie jetzt in der Bestätigung dieses Weges als göttlicher Offenbarung und Anordnung die erhöhte Gewißheit von seiner Sohnschaft. Und so fällt von hier aus nicht nur ein neues Licht auf jene Anfänge Jesu selbst zurück, sondern wir dürfen auch annehmen, daß das jetzige Erleben der Jünger hervorgerufen ist durch Mittheilungen von seiner Seite über das, was dereinst mit ihm

[1]) Eine Analogie dieser Einwirkung bildet auch die Methode des Lebens, durch welche man in jüdischen Schulen zu der höheren Betrachtung und dem Schauen des Göttlichen zu gelangen suchte, Phil. de vit. cont. und sonst, vgl. Hilgenfeld, jüd. Apokalyptik, S. 253.

selbst vorgegangen war, und worauf sich seine jetzige unerschütterliche Selbstgewißheit gründet. Die Einführung in sein einstiges Schauen, welches ihn bis hieher begleitet hat und nun auch in die dunklen Pfade, welche vor ihm liegen, geleitet, wurde in der lebendigen Aneignung nun auch für sie zum Schauen, sowie der Moment es für ihre Ausrüstung erheischte. In der Darstellung desselben ist ein Zwiefaches für ihr persönliches Erleben ausgedrückt; einmal die Ueberwältigung unter dem Gefühle der göttlichen Offenbarung, welche sie nur mit heiligem Schauer hinnehmen, aber auch dann die Seligkeit des Momentes, in welchem Petrus Hütten bauen will, um ihn festzuhalten.

4. Aber mit dieser inneren Befestigung des Glaubens seiner Jünger durch das Geheimniß seines Gebetslebens verband Jesus auch weitere Belehrungen über die Wege, welche er ihnen enthüllt hatte, und wie dieß geschah ist uns in einer kleinen mit der Geschichte der Verklärung verbundenen Erzählung aufbewahrt. Die Jünger legen nämlich Jesu die Frage vor, wie es sich nun damit verhalte, daß nach der Ansicht der Schriftgelehrten Elia zuerst widerkommen müsse. Der jüdische Glaube war, daß der Messias zuerst in Verborgenheit leben werde. Er wird unerkannt sein, ja sich selbst unbekannt, bis Elia auftritt und ihn für seinen Beruf salbt. Und diese Vorstellung forderte doch auch für die Apostel eine Zurechtlegung, da sie auf dem Prophetenworte Mal. 3 beruhte. Auf diese Frage der Jünger nun antwortet Jesus nach der Redaction des Matthäus: Elia kommt und wird Alles zurechtbringen. Aber ich sage euch: Elia ist schon gekommen, und sie haben ihn nicht erkannt, sondern an ihm gehandelt nach ihrer Lust. So wird auch der Sohn des Menschen von ihnen leiden.[1]) Und der Evangelist fügt hinzu: sie haben verstanden, daß er zu ihnen von Johannes dem Täufer rede. Hienach löst also Jesus den Zweifel einfach dadurch, daß er die Weissagung über Elia auf den Täufer bezieht, und an dem Schicksale des Täufers ihnen zugleich zu verstehen gibt, wie es

---

[1]) Matth. 17, 11 f.

zu erklären ist, daß auch der Messias leiden muß. Denn die Weissagung geht zwar in Erfüllung, aber diese nimmt durch das Verhalten der Menschen erst ihre thatsächliche Wendung an, anders als man es sich wohl auf Grund der Weissagung allein vorgestellt hat. Man muß dieses letztere im Auge behalten, um die doppelte Redaction der Antwort Jesu zu verstehen, welche damit zusammenhängt, daß man in der apostolischen Zeit irgend welchen Unterschied der Weissagung und der Erfüllung immer weniger annehmen konnte und wollte. Bei Markus lauten nämlich die Worte Jesu etwas anders, er sagt: Elias kommt und bringt Alles zurecht; aber wie ist denn auf den Sohn des Menschen geschrieben, daß er vieles leide und verachtet werde? Aber ich sage euch, daß auch Elia kam und sie haben ihm gethan, wie sie wollten, wie auf ihn geschrieben ist. Daß hier das Schicksal des Täufers selbst als ein in der Weissagung schon begriffenes dargestellt wird, ist offenbar ein Zusatz, welcher den bei Matthäus in dieser Beziehung sichtbaren Unterschied zwischen Schrift und Erfüllung verwischen will. Dagegen hat sich dieser in den ersten Worten nach Markus um so bestimmter erhalten. Was Jesus dort sagt, kann, wenn es nicht überhaupt ursprünglich zur Frage der Jünger gehört, doch jedenfalls nur als Eingehen auf ihren Standpunkt begriffen werden. Jesus bestätigt zunächst, was von Elia erwartet wird, aber die Frage: wie denn vom Leiden des Menschensohnes geschrieben sei? kann nur den Sinn haben, daß hievon in der That nach der herrschenden Ansicht nicht geschrieben war. Wie man aber in Johannes den Elia anzuerkennen hat, obwohl sein Schicksal dem auf den Buchstaben der Weissagung gegründeten Glauben nicht entsprach, so hat man auch den Menschensohn anzuerkennen, obgleich auch bei ihm das Geschick dem ebenso begründeten Glauben nicht entsprechen will. Jesus hat also in jedem Falle hier die herrschende Erklärung der Weissagung zu Grunde gelegt, und darauf hingewiesen, daß der Buchstabe der Schrift und der Gang der Wirklichkeit sich nicht decken. Und Jesus hat nicht erst die Begründung der von ihm erkannten Wahrheit in der Schrift gesucht und aus derselben nachgewiesen, sondern er hat sie ganz auf sich selbst gestellt, und von den Seinigen verlangt, daß sie dieselbe als sein Wort hinnehmen und glauben.[1]) Erst das dritte Evangelium hat bei der letzten Leidensverkündigung dieß anders dargestellt, indem es ihn hier geradezu die Voraussagung seines Leidens und Todes damit einleiten läßt, daß alles, was durch die Propheten auf den Sohn des Menschen geschrieben sei, erfüllt werden müsse, Luk. 18, 31. Es hat aber von dieser seiner Vorstellung aus auch jenes Gespräch nach der Verklärung weggelassen.

Wenn die Synoptiker uns so die Arbeit Jesu vergegenwärtigen, mit welcher er seine Jünger in den Gedanken an das Sterben des Messias einzuführen bemüht ist, so hat das johanneische Evangelium seinerseits in der Darstellung dieser kritischen Wendungen ebenfalls den Gedanken an das Sterben des Gottgesandten und der Welt das Leben bringenden als die höchste Stufe der Enthüllungen dargestellt, mit welchen Jesus allen Erwartungen der Galiläer entgegentrat, Joh. 6, 53, es läßt aber zugleich diesen Gedanken schon in seiner höchsten Ausbildung an dieser Stelle aussprechen, indem es hervorhebt, daß gerade durch dieses Streben und den Glauben an dasselbe die vollkommene geistige Aneignung des Lebens und des Wortes Jesu sich verwirklichen solle. Dieß ist in solcher Weise jedenfalls erst die Sache der späteren Entwicklung gewesen. Für jetzt müssen wir aus den Synoptikern entnehmen, daß selbst die Zwölfe trotz aller Bemühung des Meisters sich noch lange nicht einmal mit der Möglichkeit dieses Todes wirklich versöhnten.

---

[1]) Deßwegen läßt sich auch nicht mit Strauß, S. 230 ff., die Idee des lehrenden und leidenden Messias bei Jesus aus dem Anschlusse an die Weissagungen des zweiten Theiles des Jesaja ableiten. Wie auch Jesus diese Weissagung aufgefaßt haben mag, wir finden jedenfalls nicht, daß er sich im entscheidenden Augenblick darauf berufen hätte. Ueberdieß spricht Alles dafür, daß die Rechtfertigung seines Todes aus der Weissagung der Propheten den Aposteln erst nach seinem Tode allmählich zur Gewißheit wurde.

4. Die messianische Gemeinde.

1. Nicht nur die Grundlegung des wahren messianischen Glaubens, oder vielmehr die Reinigung des Glaubens an Jesus von allen falschen messianischen Vorstellungen geschah im Kreise der Apostel in dieser Zeit; sondern eine große Zahl von Reden geben Zeugniß davon, wie Jesus jetzt durch seine Lehren die Gemeinde selbst entwickelt, und derselben Vorschriften für das gemeinsame Leben gegeben hat. Wir können darin unterscheiden, was sich auf dieses Leben in seinem allgemeinen Charakter bezieht, und was auf besondere Verhältnisse im Kreise der Jünger zurückweist.

In dem Maße, als der Kreis der kleinen Gemeinde in der Erkenntniß des Meisters selbst fortschritt, und sich an seine Person bestimmter anschloß, mußte auch der Beruf ihrer Glieder in diesem Verhältnisse zu ihm bestimmter ausgesprochen werden. Hatten sie bei ihrer Wahl und noch bei der ersten Aussendung den Beruf übernommen, das Reich Gottes zu verkündigen, so kam es jetzt darauf an, sich zu seiner Person zu bekennen, und daher erklärt Jesus in den Sprüchen, in welchen die Redensammlung seine Aeußerungen über den Jüngerberuf vereinigte, und welche dann Matthäus mit der Aussendungsrede verbunden hat: wer mich bekennen wird vor den Menschen, den will auch ich bekennen vor meinem Vater im Himmel. Wer aber mich verläugnen wird vor den Menschen, den werde auch ich verläugnen vor meinem Vater im Himmel.[1]) Im Evangelium des Markus haben die letzteren Worte in Verbindung mit der Aufforderung zur Selbstverläugnung bei der Leidensverkündigung die Gestalt gewonnen: wer sich meiner und meiner Worte schämt — — dessen wird sich auch der Sohn des Menschen schämen, wenn er in der Herrlichkeit seines Vaters mit den heiligen Engeln kommt.[2]) Und in jedem Falle setzt das ganze Wort allerdings schon die neue Verkündigung seiner Wiederkunft für das Reich voraus. Dieses Bekenntniß war aber zunächst noch der Zukunft vorbehalten; jetzt hatten sie noch zu schweigen

[1]) Matth. 10, 32 f. [2]) Mark. 8, 38.

und erst wenn die Zeit erfüllt sein würde, durften sie mit demselben hervortreten, daher sagt er: es ist nichts verborgen, was nicht offenbar werden, nichts geheim, was nicht erkannt werden wird. Was ich euch in der Finsterniß sage, das saget im Licht; und was ihr ins Ohr höret, das prediget auf den Dächern.[1]) So war die Oeffentlichkeit der Zukunft zugleich Trost und Wegweiser der Pflicht für sie.

Mit dem Berufe trat auch die Verheißung in ein neues Stadium: fürchtet euch nicht vor denjenigen, welche den Leib tödten, die Seele aber nicht tödten können; fürchtet euch vielmehr vor dem, der Seele und Leib in der Gehenna verderben kann. Werden nicht zwei Sperlinge um einen Heller gekauft? Und auch nicht einer von ihnen fällt zur Erde ohne Euren Vater. Euch sind aber auch die Haare auf dem Haupte gezählt.[2]) Diese Verheißungen knüpfen an die Lehren der Bergpredigt über die göttliche aus der Natur zu erkennende Fürsorge für seine Geschöpfe an, welche dort der Sorge für die irdischen Dinge entgegengestellt werden; aber sie haben doch eine höhere Beziehung. Es ist jetzt nicht mehr von dem Vertrauen auf Gottes Schöpfergüte überhaupt, sondern von dem Vertrauen auf den besonderen Schutz die Rede, in welchem die Angeredeten als Diener Jesu stehen. Demselben Gedankenkreis gehört daher das Wort an: wer euch aufnimmt, nimmt mich auf, und wer mich aufnimmt, der nimmt den auf, der mich abgesandt hat.[3]) Sie dürfen in seinem Namen und mit dem Vollgefühle seiner Rechte auftreten, ebenso wie sie sich zu seinem Namen bekennen sollen.

Nicht weniger mußten jetzt die irdischen Aussichten des Reiches ihnen größer und bestimmter enthüllt werden. Jetzt konnte ihnen Jesus das Himmelreich schildern als das Senfkorn, welches vom kleinsten Anfange aus zum gewaltigen Baum wird, unter welchem die Vögel des Himmels Schutz finden, das heißt, an welchem auch einst die Heiden Theil nehmen werden. Denselben Gedanken der großen Wirkungen des unscheinbaren und in der Welt ver-

---

[1]) Matth. 10, 26 f. [2]) Matth. 10, 28—30.
[3]) Matth. 10, 40. Luk. 9, 48. 10, 16. Joh. 13, 20.

schwindenden Anfanges drückt die Parabel vom Sauerteige aus. Auch in den Parabeln von der kostbaren Perle und dem Schatze im Acker ist, obwohl hier zugleich der Geist des Opfers, welcher für den Anschluß an die Sache des Reiches nöthig ist, gefordert wird, doch immer die Verborgenheit des Gutes, welches man erst suchen und finden muß, und das doch seinen unendlichen Werth hat, der Grundgedanke.

Die Gemeinde selbst hat aber nicht nur die große Zukunft ihrer Sache für sich, sondern sie hat auch jetzt schon diejenigen Rechte, von welchen ihr selbstständiges Leben und ihre innere Ordnung abhängt. Die Vollmacht des eigenen Urtheiles hatte Jesus seinen Aposteln schon, als er sie zuerst zur Predigt aussandte, zugesprochen, indem er ihnen das Recht gab, über die Städte und Häuser, welche ihnen die Aufnahme verweigern würden, den Fluch des Gerichtes auszusprechen. War es dort ihre Stellung als der Boten des Wortes vom Reiche, worauf sich diese Berechtigung gründete, so ist es jetzt die Gemeinde selbst, welche in das Erbe des Bundesvolkes eintretend, ihre selbstständige Verfassung und ihr eigenes Recht besitzen muß. Daher verleiht er ihr das Recht der Gesetzgebung und des Gerichtes, und zwar in den theils an die Apostel überhaupt, theils an den sie in seinem Bekenntnisse vertretenden Petrus gerichteten Worten:[1]) was ihr bindet auf der Erde, soll gebunden sein im Himmel, und was ihr löset auf der Erde, soll gelöset sein im Himmel.[2]) In der Ansprache an den Petrus ist dieses Recht auch als Uebertragung der Schlüssel des Himmelreiches bezeichnet. Und solchem Gesetzgebungsrechte steht zur Seite die Gewißheit, daß ihr Gebet, wo zwei oder drei in seinem Namen versammelt sind, er-

[1]) Matth. 16, 19. 18, 18.

[2]) Binden und Lösen ist Verbieten und Freigeben, vgl. Lightfoot hor. hebr. p. 378 ff. Aber das Recht der Gesetzgebung für die Gemeinde schloß von selbst das des Richtens ein. Wie es hierauf frühe bezogen wurde, zeigt die Zusammenstellung von Matth. 18, 17 und 18. So konnte es bald dahin kommen, daß die Befugniß nicht nur vorzugsweise als die des Richtens über Gemeindeglieder gedacht, sondern eben daraus das Recht, die Sünden zu vergeben oder zu behalten, abgeleitet wurde, wie denn Joh. 20, 23 nur diese Erläuterung von Matth. 18, 18 ist.

hört werden, daß er selbst in ihrer Mitte sein und für sie eintreten wird.[1])

Das Grundgesetz für das Zusammenleben in der Gemeinde ist das Gesetz der Gleichheit. Wir haben gefunden, wie Jesus in dem Endurtheile, das er über den Pharisäismus ausspricht, seinen Jüngern das Bild der Hierarchie vorstellt und ihnen erklärt, daß unter ihnen sich schlechthin nichts ähnliches gestalten solle; keiner von ihnen soll herrschen, und damit gewiß sich keine solche Entstellung ihrer Gemeinschaft einschleiche, sollen sie selbst diejenigen ehrenden und auszeichnenden Benennungen untereinander vermeiden, welche an sich selbst noch keine bevorzugte Stellung einschließen, aber doch die Gefahr einer solchen mit sich bringen könnten.[2]) Als er aber vernimmt, daß sie sich über den Rang untereinander gestritten haben, stellt er ein Kind in ihre Mitte und erklärt ihnen, daß er diesem Kinde die höchsten Befugnisse übertrage; von ihm, das ohne alles Verdienst ist, soll das Wort gelten: wer es auf seinen Namen aufnehme, der nehme ihn auf, und wer ihn aufnehme, der nehme den auf, der ihn abgesendet habe. Mit diesem Bilde schlägt er alle Ansprüche auf Vorzug wegen besonderer Verdienste nieder.[3])

2. Diese dringende Empfehlung der brüderlichen Gleichheit ist im Wesen des göttlichen Reiches einerseits wie im Wesen der menschlichen Natur andererseits begründet. Aber sie hatte ihre besondere Veranlassung darin, daß auch schon die Gemeinde der Zwölf sehr große Unterschiede unter den Personen erkennen ließ. Und Jesus selbst stellte dieselben nicht so unter sich gleich, daß er mit einem ganz wie mit dem andern verkehrt hätte. Sein Umgang mit ihnen ist nicht nach einer Regel gemacht, er ist frei und lebendig wie das Leben selbst es gab. Vier von ihnen hatte er vor

[1]) Matth. 18, 19. 20. 28, 20. Joh. 14, 13 f. 18. 23. War die Schule des Gebetes überhaupt der Weg, durch welchen sich das Geistesleben Jesu in seinen Jüngern fortsetzte, und worauf daher auch alle ihre göttlichen Rechte beruhten, so ist das Eigenthümliche jetzt schon dieß, daß diese Rechte der Gemeinschaft als solcher zugeschrieben werden.

[2]) Matth. 23, 8—12. vgl. 20, 26. Luk. 22, 25—27.

[3]) Mark. 9, 36. Luk. 9, 46 (Matth. 18, 5).

den anderen nach der synoptischen Quelle berufen. Diese Berufung bildete die Grundlage der späteren Wahl der Zwölfe. Obwohl diese Zahl sicher im Gedanken an die zwölf Stämme genommen war, so war sie doch so geschehen, daß zunächst jener Gruppe von Vieren zwei andere ebensolche zur Seite gestellt wurden. So lebendig war die Erinnerung daran, daß auch später bei allen Abweichungen in der Aufzählung der Einzelnen doch immer die Viergruppen sich ihrem Inhalte nach gleich bleiben, und nur innerhalb derselben die Personen ihre Stellen wechseln.[1]) Auch der Umstand, daß die vier ersten zwei Brüderpaare gewesen waren, blieb maßgebend für die Zukunft. Als Jesus die Apostel ausschickte, hieß er sie zu zwei und zwei gehen, und so bilden sie auch in der Zählung Paare. Doch nur in der einen älteren Ueberlieferung, die bei Matthäus erhalten und auch in Lukas übergegangen ist, finden wir dieß noch ganz durchgeführt. In dem Verzeichnisse des Markus, welches wohl von dem ältesten Evangelium herrührt, hat diese paarweise Zählung von vorneherein einer anderen überwiegenden Erinnerung nachgegeben, nach welcher sich jener Anfang Jesu mit den Vieren mit der Zeit selbst wieder anders bestimmt hatte. Unter den beiden Brüderpaaren steht nämlich bald Andreas zurück, und dagegen treten mit Petrus die beiden Zebedaiden in den Vordergrund, diese drei bilden so sehr die engste Vertrauensgenossenschaft Jesu, daß sie auch in dem Verzeichnisse der Zwölfe vorangestellt werden. Waren sie doch allein die Zeugen des Wunders, welches Jesus an der Tochter des Jairus verrichtete, hatten sie ihn doch allein in seiner Verklärung schauen dürfen, und waren ihm zuletzt auch in den inneren Kämpfen vor seinem Tode die nächsten. Die beiden Söhne des Zebedäus waren sich dessen bewußt, wie nahe sie ihm standen. Im Vollgefühle dieser Stellung konnten sie das Verlangen an ihn richten, einst in seinem Reiche zu seiner Rechten und zu seiner Linken zu sitzen. In demselben Gefühle seine Sache ganz zu der ihrigen zu machen, wollen sie einst durch ihr Gebet Feuer auf ein sama-

[1])		
Petrus.	Philippus.	Jakobus Alphäi.
Andreas.	Bartholomäus.	Thaddäus (Judas).
Jakobus.	Matthäus.	Simon.
Johannes.	Thomas.	Judas.

risches Dorf regnen lassen, welches ihrem Meister ungastlich die Aufnahme weigerte. Jesus selbst hatte ihnen den Namen Donnerssöhne gegeben. Das vierte Evangelium aber schildert ein inniges Verhältniß zarter Liebe und engsten Vertrauens, das zwischen seinem Helden und dem Meister bestand; er war der Jünger, welchen Jesus liebte, der auch beim letzten Mahle zu seiner Seite saß. Wenn auch die Absichtlichkeit, mit welcher dasselbe ihn da und dort dem Petrus gleich stellt oder zuvor sein läßt, von der ersten Begegnung bei dem Täufer an bis zum Grabe des Auferstandenen, Vorsicht gebietet, so sind doch diese Züge sicher geschichtlich.

Wenig ist es, was wir von den meisten übrigen wissen, so wenig daß bei dem einen derselben sogar der Name zweifelhaft geworden ist bis er unsere Evangelisten erreichte.[1]) Auch was das vierte Evangelium von einzelnen erzählt, reicht nicht hin den individuellen Charakter derselben erkennen zu lassen. Zweimal, bei der Speisung wie zuletzt in Jerusalem bei dem Verlangen von Fremden Jesus zu sehen, treten Andreas und Philippus handelnd auf, doch nur als geschäftige Vermittler des äußeren Verkehrs. Einmal tritt Judas, einmal Philippus in den letzten Reden Jesu fragend ein, ebenso Thomas. Daß der letztere die Hände in die Wunden Jesu legen will, um sich von der Person des Auferstandenen voll zu überzeugen, will nicht einen besonderen Zweifelgeist desselben bedeuten, es beruht lediglich darauf, daß er bei der ersten Erscheinung nicht anwesend ist, und nur seinem eigenen Sehen, nicht fremdem Worte glauben will. Wohl aber ist Thomas derjenige, welcher, als Jesus sich kurz vor seinem Ende wieder in die gefährliche Nähe von Jerusalem begibt, die anderen auffordert: wohlan, so laßt uns mit ihm sterben. Ueberhaupt führen diese johanneischen Angaben kaum weiter als zu dem Ergebnisse, daß die übrigen Zwölfe nicht so ganz bloß passiv sich verhalten haben, als dieß nach der synoptischen Darstellung scheinen kann, und dieß eben geltend zu machen ist wohl auch der Zweck jenes Evangeliums. Den Nathanael, welchen dasselbe unter den allerersten Anhängern Jesu nennt und

---

[1]) Vgl. Lebbäus = Thaddäus = Judas, in Matth. 10, 3. Mark. 3, 18. Luk. 6, 16. Apostelgesch. 1, 13.

ganz besonders hervorhebt, hat es als einen der Zwölfe nachher nicht wieder genannt. Zu bemerken ist noch, daß die Annahme, es seien unter den Zwölfen leibliche Verwandte Jesu gewesen, auf sehr unsicheren Schlüssen beruht und kaum mit der Haltung seiner nächsten Familie gegen ihn zu vereinigen ist.[1])

Unter allen aber ragt nach der synoptischen Ueberlieferung Simon hervor. Wir haben mehrere Spuren, daß Jesus wenigstens in einzelnen Fällen seinen Anhängern neue Namen gab, keinem einen so auszeichnenden, wie diesem. Das Bild des Felsen hatte Jesus für das Bauen auf sein Wort gebraucht. Wenn er nun diesem Jünger den Namen des Felsen gab, so hieß das nicht weniger als ihn für das Urbild dieses Glaubens erklären, und die Sage veranschaulichte dieses in dem Bilde, in welchem er ihm auf dem wogenden Wasser die Hand zur Stütze reichte. Wir wissen nicht, wann er diesen Namen erhalten hat. Das vierte Evangelium verknüpft die Ertheilung desselben schon mit der ersten Begrüßung. Die Redensammlung gedenkt ihrer bei dem messianischen

---

[1]) 1. Die Annahme, daß Jakobus Alphäi Vetter Jesu gewesen, stützt sich theils mit Unrecht auf den Bericht des Hegesippos (Eus. K. G. 4, 22) über die Bischofswahl des Symeon in Jerusalem nach Jakobus dem Gerechten, wo über die Abkunft des Jakobus gar nichts gesagt ist, theils auf die unberechtigte Combination des synoptischen und johanneischen Berichtes über die Frauen, die unter dem Kreuze Jesu standen, unter sich und mit der Erzählung des Hegesippos. Es ist lediglich Vermuthung, daß die Maria des Klopas bei Joh. 19, 25 die Frau des Klopas, und eins mit der Mutter des Jakobus in Matth. 27, 56. Mark. 15, 40, Klopas oder Alphäus aber der von Hegesipp erwähnte Vatersbruder Jesu sei. Jener johanneische Bericht über die Frauen am Kreuze ist von dem synoptischen ganz unabhängig und weicht im wichtigsten Punkte von ihm ab. Hegesipp sagt kein Wort davon, daß sein Klopas der Vater des Jakobus gewesen.

2. Ebensosehr steht die Verwandtschaft der Zebedaiden mit Jesus in der Luft, welche lediglich darauf begründet wird, daß die Mutter der Zebedaiden, Matth. 27, 56 identisch sein soll mit der Joh. 19, 25 genannten Schwester der Mutter Jesu.

In Wahrheit wissen wir nicht nur über alle diese Verhältnisse gar nichts Sicheres, sondern das Stillschweigen der Evangelien und die Worte Jesu über die Verläugnung der Verwandten sprechen dafür, daß er unter seinen Aposteln keine Verwandte hatte.

Bekenntnisse, doch mehr so als ob Jesus um dessentwillen den Namen bestätige, nicht erst denselben gebe. Sie hat hiebei die Erklärung Jesu: auf diesen Felsen will ich meine Gemeinde bauen, und die Thore des Hades sollen sie nicht überwältigen.[1]) Auch läßt sie hier zum erstenmale Jesus die Gewalt des Bindens und des Lösens und zwar dem Petrus persönlich ertheilen. Wenn auch das letztere bloß die Einleitung zu dieser Ertheilung an die Gemeinde überhaupt ist, so ist doch keine Frage, daß Jesus den Petrus an die Spitze der letzteren gestellt hat. Er hat dieß nicht bloß um dieses Bekenntnisses willen gethan, er hat nicht dem darin ausgesprochenen Glauben die Felsennatur zugesprochen, sondern er hat die Person des Petrus damit ausgezeichnet, so wie er sich bisher bewiesen hat, als der gewaltigste unter ihnen. Auch von ihnen aus scheint diese Stellung anerkannt. Petrus ist auch sonst der Sprecher für alle, der sich für sie an Jesus wendet. Er war es, der zuletzt im Namen aller fragte: siehe wir haben Alles verlassen. Was wird uns nun dafür?[2])

Daß die Mehrzahl der Apostel nach unseren Quellen im apostolischen Zeitalter keine hervorragende Thätigkeit zeigt, beweist nicht, daß sich Jesus in denselben getäuscht hätte. Wir wissen nicht, wie lange sie gelebt haben, unsere Nachrichten sind auch viel zu mangelhaft, als daß wir sagen könnten: sie haben überhaupt nicht gewirkt. Sie haben in ihrer Einheit jeden Falls den großen Beruf erfüllt, den sie überkommen hatten, durch ihren

[1]) Matth. 16, 18, das heißt, wenn sie sich aufthun, also durch das Heer, welches aus ihnen hervorbrechen könnte; ähnlich Apok. 9, 1. vgl. Ewald, die drei ersten Evangelien, S. 272.

[2]) Matth. 19, 27. Ob die Frage, welche Mark. 10, 28 fehlt, ursprünglich sei, thut hiebei Nichts zur Sache. Der Sinn derselben liegt auch in der Anrede dieser Redaction, und keinenfalls ist die Frage weggelassen, weil man in dem Lohnverlangen etwas gesehen hätte, das dem Petrus nicht zur Ehre gereichte. Ueberhaupt läßt sich vom Markusevangelium nicht sagen, daß es zu Ehren des Petrus darstelle, zusetze oder weglasse. Nur das ist richtig, daß die Bedeutung, welche Petrus in der Grundschrift hatte, bei ihm am besten erhalten ist, vgl. oben S. 119. Dagegen hat in der Verarbeitung derselben das Matthäusevangelium gerade die Verherrlichung des Petrus mehr durchgeführt, vgl. Matth. 14, 28 ff. 15, 15. 16, 18 f.

Zusammenhalt in schwerster Zeit die feste Grundlage der Kirche zu bilden, und wenn auch nicht die Namen der Einzelnen, so ist doch der Name der Zwölf selbst der große Hort und der Gegenstand der Verehrung für die ganze Zeit. Nur ein einziger von allen hat die Probe nicht bestanden, sondern ist in der entscheidenden Stunde abtrünnig und zum Verräther an seinem Meister geworden. Daß Jesus den Judas von Karioth in seinen engsten Kreis gezogen, ist weder ein Beweis, daß er sich in demselben getäuscht, noch aber ist es ein Unrecht, daß er ihn dieser großen Versuchung, in welcher er fallen mußte, ausgesetzt hat. Daß es so kommen mußte, ist nicht eine Nothwendigkeit, welche für Jesus oder für Judas von Anfang an vorhanden war, sondern es stellt sich erst dem Rückblicke, der den Zusammenhang der Dinge als göttliche Fügung betrachtet, so dar. Wenn aber das vierte Evangelium Jesus schon zu der Zeit, als Petrus sein Glaubensbekenntniß abgelegt hatte, sagen läßt: Einer unter Euch ist ein Teufel,[1]) so hat es wohl in seiner Art die Worte schärfer zugespitzt, als sie in jenem Augenblicke gesprochen waren, aber es hat nicht die Geschichte entstellt. Vielmehr haben wir alle Ursache zu der Annahme, daß Jesus mehr als einmal den innerlich schwankenden Mann gewarnt und zu sich selbst gerufen hat. Sicher war ihm etwas an demselben gelegen, und er hat das Seine gethan, damit der Kampf, dessen lange Dauer schon bezeugt, wie stark die bessere Natur in ihm gewesen sein muß, nicht mit dem Untergang, sondern mit dem Siege endigen möge. Die Reden Jesu auf synoptischem Gebiete enthalten mehr als eine Spur, daß er schon die Zwölfe vor falscher Sicherheit gewarnt hat; er hat ihnen gesagt, daß er selbst unter den Seinigen unlautere Elemente nur trage, weil sie noch einen Raum der Probe haben sollen, aber daß er sie damit nicht vor dem Gerichte schützen wolle. Ja die Reden lassen deutlich merken, daß er Anklagen und Bedenken über seine Langmuth, die gegen ihn ausgesprochen wurden, damit niedergeschlagen hat. In dem Gleichnisse vom Acker, in dessen Saat der Feind sein Unkraut mischt, ist nicht bloß dieses Zuwarten erklärt,

---

[1]) Joh. 6, 70.

sondern die Knechte, welche das Unkraut ausreißen wollen, werden damit zurückgewiesen. Auch die Parabel vom Netze mit den guten und schlechten Fischen beweist, wie geflissentlich er von diesen Dingen redete. Und sehr spät noch ist der Mann ohne Hochzeitgewand beim Festmahle eine ernste Mahnung für den Einen, der unter ihnen abtrünnig sein möchte. Aber auch ohne parabolische Hülle hat er vom Aergerniß in ihrer Mitte geredet; vor Gott ist es wohl eine Sache der Nothwendigkeit, daß Aergerniß kommt; aber wehe dem Menschen, durch den es geschieht; es wäre ihm besser, in die Tiefe des Meeres gestürzt zu werden. Lieber Hand und Fuß oder Auge hergeben, als inmitten der heiligen Gemeinde zum Aergerniß werden.[1])

3. Unter den Pflichten des Gemeindelebens, welche Jesus seinen Jüngern entwickelte, stand keine höher als die versöhnliche Liebe. Auch das Wort von der Menschenliebe erhält jetzt eine andere Gestalt, als da er einst in der Bergpredigt über dieselbe zu dem Volke redet. Hatte er dort geboten, den Feind zu lieben, so mußte er jetzt inmitten der Gemeinde predigen, daß sie als Brüder vor allem unter sich die dienende und die versöhnliche Liebe zu üben haben. Hieher gehören die Worte: richtet nicht, auf daß ihr nicht gerichtet werdet. Ziehe vorerst den Balken aus dem eigenen Auge, ehe du den Splitter aus deines Bruders Auge ziehen willst.[2]) Hieher die Antwort auf die Frage, ob siebenmal dem Bruder vergeben genug gethan sei: nein, sieben und siebenzigmal sollst du vergeben.[3]) Diese Pflicht beleuchtet die Parabel von dem Schuldner, der, nachdem er selbst die Barmherzigkeit seines Herrn erfahren, um geringer Schuld willen unbarmherzig gegen seinen Mitknecht verfährt.[4]) Und diese Pflicht der Versöhnlichkeit ist die einzige, welche Jesu Veranlassung gegeben hat, für das Zusammenleben der Gemeinde positive Vorschriften zu geben.[5]) Den fehlenden Bruder soll der Beleidigte Auge in Auge wieder zu gewinnen suchen. Gelingt es nicht, so soll er es mit Hilfe

---

[1]) Matth. 18, 6 ff. Mark. 9, 42 ff. Luk. 17, 1 f.
[2]) Matth. 7, 2—5. [3]) Matth. 18, 22. [4]) Matth. 18, 23 ff.
[5]) Matth. 18, 15—17.

eines oder zweier anderen wiederholen, und endlich, wenn auch dieses vergeblich war, vor der ganzen Versammlung der Brüder. Hört er auch darauf nicht, so darf er als fremd geworden wie der Heide und der Zöllner angesehen werden. Es ist kein Grund, diese Vorschriften nicht als Gebot Jesu selbst anzuerkennen, sobald man nicht die durch den ganzen Gang seines Wirkens bezeugte Thatsache leugnen will, daß er eine Gemeinde gegründet hat.

Wie aber das Gebot der Gleichheit im brüderlichen Leben ein Gegengewicht war gegen die Unterscheidung der einzelnen, die von Jesus selbst ausgieng, und ihnen nahe legte, daß sie daraus nicht ein Recht und Gesetz für ihr Zusammenleben machen sollten: so hat auch die Einschärfung der Versöhnlichkeit und der Duldung sehr deutlich ihren besonderen Grund. Wir haben Spuren genug, daß es sich dabei um bestimmte Verhältnisse innerhalb der Gemeinde selbst handelte. Und insbesondere läßt ein Theil seiner Jüngerreden erkennen, daß ein gewisser Gegensatz der Erstberufenen und der später Hinzugekommenen unter ihnen bestand. Aber nicht bloß dieser frühere oder spätere Eintritt gab zu Eifersucht Anlaß, welche Jesus durch seine Ermahnungen niederzuhalten hat, sondern auch die Herkunft und der frühere Charakter eines Theiles wenigstens der später Berufenen. Die Mehrzahl der ersten Jünger gehörten zu den Gerechten des Volkes, den frommen Israeliten, welche auf die Botschaft des Reiches vorbereitet waren und als Erben desselben betrachtet werden konnten. Wenn die Tradition richtig ist, nach welcher das erste Evangelium den Zöllner Levi als den nachmaligen Apostel Matthäus bezeichnet, so war dieser Eine unter den Zwölfen allerdings aus einem anderen Lebenskreise; aber er ist auch der einzige unter den Zwölfen, bei welchem wir dieses vermuthen können. Aber bald hatte Jesus, wie wir gesehen, seine persönliche Wirksamkeit mit besonderer Vorliebe dem Kreise der Zöllner und Abtrünnigen zugewendet. Sicher ist diese nicht ohne Folgen geblieben, er selbst spricht aus, daß er unter denselben Glauben gefunden.[1]) Es lag

---

[1]) Matth. 21, 31 f. Die Erklärung ist in der kleinen Parabel, Luk. 7, 41—43, ausgeführt.

aber weiter in dem natürlichen Gange der Dinge, daß in den späteren Zeiten diejenigen, welche sich ihm noch anschloßen, vorzugsweise dieser Klasse angehörten. Nachdem Jesus selbst schon so viel als geächtet von den Gesetzesmännern war, und seine Sonderstellung gegenüber der Synagoge ziemlich unverhüllt ausgesprochen hatte, war der Zutritt der Juden, welche an diesem Verbande treu festhielten, mindestens sehr erschwert; um so leichter aber konnten sich Solche ihm zuwenden, welche schon vorher sich in einer äußerlich ähnlichen Stellung befanden. Daß sich überhaupt ein größerer Kreis, als der der Zwölfe jetzt um ihn bildete, ist durch manche Nachrichten des Alterthums von Schülern Jesu,[1]) welche nicht zu diesen gehörten, durch die Schilderung des ersten Gemeindebestandes nach seiner Auferstehung[2]) und in den Evangelien durch die Angabe des Lukas über die siebenzig Jünger,[3]) welche er später, wie einst früher die Apostel, ausgeschickt habe, hinlänglich begründet. Daß aber unter denselben vorzugsweise Elemente der bezeichneten Art waren, läßt sich aus den uns bei Matthäus und bei Lukas erhaltenen Reden erkennen. Schon daran nahmen die älteren Jünger Anstoß, daß Jesus es geschehen ließ, wenn Leute, die sich ihm nicht eigentlich anschlossen, doch sich seines Namens bedienten und unter demselben Zeichen der Heilung verrichteten.[4]) Den Pharisäern gegenüber hatte er allerdings einst gesagt: wer nicht mit mir ist, der ist wider mich; und wer nicht mit mir sammelt, der zerstreut.[5]) Solchen zweifelhaften Anhängern gegenüber aber bezeugte er sich jetzt mit der Hinweisung darauf, daß er alle diejenigen, welche in seinem Namen Thaten gethan, ohne seine Gerechtigkeit zu befolgen, im Gerichte zurückweisen werde. Denn dieß ist ohne Zweifel der historische Gehalt des von den Evangelisten in verschiedener An-

[1]) Vgl. Euseb. K. G. 1, 12. [2]) Apostelgesch. 1, 21.

[3]) Luk. 10, 1.

[4]) Mark. 9, 38. Luk. 9, 49. So nahe hiebei der Gedanke liegen mag, diese Erzählung sei aus apostolischen Zeitverhältnissen hervorgegangen, so hat dieselbe doch eben für diese nichts Charakteristisches in dem besonderen Stoffe, während dieß um so mehr für die Zeit Jesu selbst zutrifft.

[5]) Matth. 12, 30.

wendung modificierten Spruches von der Zurückweisung der falschen Jünger im Gerichte.[1]) Und als einst einige der Zwölfe ihn fragten, ob sie Recht thun, einem, der nicht mit ihnen gehe, und doch in seinem Namen Dämonen austreibe, dieses zu verbieten, erwiederte er: wer nicht gegen uns ist, der ist für uns.[2]) Auch hier, wie in der Berufung der Zwölfe selbst, war er langmüthig und machte das Netz weit.

Aber die älteren Jünger waren anderer Ansicht. Ihnen fiel es schon schwer sich darein zu finden, daß auch die Spätgekommenen von ihm nicht anders behandelt würden, als die, welche ihm schon längst in Treue angehangen hatten. Ihnen hat er darum die Parabel von den Arbeitern im Weinberge entgegengehalten.[3]) Der Herr des Weinberges schließt seine Einladung nicht ab. Von Stunde zu Stunde erneuert er sie, und auch den letzten, die erst in der Abendstunde berufen sind, und nur noch diesen kurzen Rest des Tages über ihre Dienste thun konnten, ist er so gnädig, wie denjenigen, welche des Tages Last und Hitze getragen haben. Denn es ist seine Sache, was er mit dem Seinigen beginnen will. Dieses Bild mag in der apostolischen Zeit bald seine Anwendung auf die verschiedenen Elemente, aus welchen sich die Kirche zusammensetzte, gefunden haben; aber seinem Ursprunge nach geht es sicher auf die Verhältnisse jener Gemeinde, welche sich einst um Jesus selbst scharte. Er selbst ist es, der von Stunde zu Stunde neue Arbeiter aufsucht, diese bilden nicht zwei Klassen, wie Juden und Heiden, sondern der Unterschiede unter ihnen sind so viele, als der Stunden des Tages; nicht um ihr Recht überhaupt handelt

[1]) Matth. 7, 21 ff. (Luk. 13, 25 ff.) [2]) Mark 9, 40.

[3]) Matth. 20, 1—16. Diese Parabel endigt mit dem Doppelspruche: daß Manche, die die Ersten waren, die Letzten sein werden und umgekehrt, und: daß Viele berufen, Wenige aber erwählt sind. Da der erste auf Matth. 19, 30, der zweite auf Matth. 22, 14 verweist, so ist deutlich, daß beide aus verschiedenen Quellen stammen. Sie sind aber wohl nur der in der Tradition wechselnd erhaltene Ausdruck eines und desselben Wortes Jesu, welches zwar zugibt, daß die Berufung noch nicht über die wahre und bleibende Zugehörigkeit zum Reiche entscheide, aber diese Wahrheit auch auf die zuversichtlichen Verkläger der Letztgekommenen zurückwälzt. Dieser Gedanke liegt auch in der kurzen Parabel Matth. 21, 28 ff.

es sich, sondern um den Lohn, welcher der Zeit des Dienstes entsprechen soll. Und dieser Lohn lag schon offen vor, denn er selbst behandelte die einen wie die anderen als seine vollen und ganzen Jünger.

Aber in anderen Reden kommt allerdings noch etwas anderes zur Sprache, nämlich das Bedenken, welches die älteren Jünger gegen die Berufung dieser späteren überhaupt haben und welches sie aus der Vergangenheit derselben schöpfen. Schon in den Gemeindereden, welche wir bei Matthäus zusammengestellt finden, sind Elemente dieser Richtung kaum zu verkennen. Die Reden sind angeschlossen an die Niederschlagung des Rangstreites durch die Darstellung eines Kindes, als einer von ihm auserwählten Person. Aber was im Folgenden von den Kleinen gesagt ist, ist diesem Zusammenhange eben nur angepaßt.[1]) Schon daß vor dem Aergerniß, welches den Kleinen gegeben werden kann, gewarnt wird, steht nicht im Zusammenhang mit der Idee der Darstellung des Kindes. Ueberdieß werden die Kleinen als Glaubende bezeichnet. Wenn es weiter heißt: Sehet daß ihr nicht einen dieser Kleinen verachtet, denn ich sage euch, daß ihre Engel im Himmel allezeit das Angesicht meines Vaters im Himmel sehen, so geht auch das schwerlich auf die Kinder; denn es schließt sich daran das Wort, daß der Menschensohn kam, das Verlorene zu retten, mit der Ausführung, daß die Gnade Gottes gleich dem Hirten ist, der von hundert Schafen das eine verlorene sucht. Wir haben daher hier höchst wahrscheinlich die Reste von solchen Aussprüchen, in welchen das Verhalten zu den geringer Geachteten unter den Jüngern geregelt und diese als die Kleinen bezeichnet sind. Ihnen gilt es, daß man sie nicht verachten soll. Und was zu dieser Verachtung Anlaß geben konnte, ist damit gesagt, daß sie einst als verloren anzusehen waren, jetzt aber gefunden und angenommen sind. Auf den gleichen Gesichtspunkt weist in den Matthäusreden die Parabel vom Gastmahle hin, wenn wir sie des entstellenden Zusatzes, in welchem sie vorliegt entkleiden.[2]) Ist das Himmelreich gleich dem Hochzeitmahle des Königssohnes, so haben doch diejenigen,

---

[1]) Matth. 18, 10 ff. (6.) [2]) Matth. 22, 1—14.

an welche die Einladung dem Rechte nach zuerst ergieng, dieselbe ausgeschlagen, in irdischem Sinn und weltlichem Treiben befangen Jetzt allerdings hat der König auf die Straßen geschickt, und von dorther Gäste zusammenrufen lassen, für welche dieses Niemand erwarten konnte. Keine Spur weist darauf, daß diese Gäste aus einem fremden Volke genommen wären. Der König hat sie aus seinem eigenen Lande berufen. Aber es sind diejenigen Bürger desselben, welche seiner Ehre unwürdig erschienen. So ist die Berufung der Zöllner und Sünder auch hier deutlich angezeigt, und die Parabel hat die Bestimmung gehabt, im Jüngerkreise die Bedenken, die hierüber entstanden, zu beschwichtigen. Wie sehr man sich aber dieser engeren Bedeutung noch bewußt blieb, zeigen die Zusätze, welche die Evangelien, jedes in seiner Art machen, um den großen Gedanken dieses Wortes auf die Verhältnisse der Kirche, den Gang derselben von Israel zu den Heiden anwenden zu können. Endlich gehört in diese Kategorie noch aus dem Kreise der dem dritten Evangelium eigenthümlichen Reden die Parabel vom verlorenen Sohne,[1]) und kaum läßt ein anderes Wort so tief in diese Verhältnisse hineinsehen, wie dieses. Stellt der ältere Sohn den Gerechten des Volkes dar, welcher stolz auf seine Tugend sich auch seiner Rechte bewußt ist, so ist der verlorene Sohn doch nicht ein Fremder, sondern das Kind desselben Vaters. Er ist nur eine Zeitlang aus dem Vaterhause getreten und unter Fremden gewesen. Schon hierin liegt deutlich genug, daß der verlorene Sohn nicht das Heidenthum vorstellt, und daher auch die Parabel nicht um deßwillen dem apostolischen Zeitalter zugeschrieben werden darf. Aber es ist sogar ausdrücklich als ein Zug in dem Elende des verlorenen Sohnes hervorgehoben, daß er draußen mit Heiden und heidnischem Leben in Berührung kam. So haben wir unverkennbar das Bild eines Juden, der dem Gesetze untreu geworden und in die Genossenschaft der Ungläubigen gerathen ist, der sich aber jetzt wieder aufrichtig und mit heilsamer Demuth und Sündenerkenntniß in das Vaterhaus zurückwendete. Uebrigens würde auf diesen Sinn der Parabel schon die Zusammenstellung mit den beiden

---

[1]) Luk. 15, 11—32.

anderen von dem verlorenen Schafe und dem verlorenen Groschen hinweisen, da unter dem Einen von Hundert, die die Heerde umfaßt, nur das abtrünnig gewordene Glied des Volkes, nicht aber das Heidenthum verstanden sein kann. Alle diese Parabeln aber rechtfertigen die Wiederannahme des verlorenen gegenüber von Zweifeln, welche dagegen erhoben worden sind, und diesen Zweifeln ist in der Parabel von den Söhnen durch die Reden des älteren Sohnes der Ausdruck gegeben. Hier ist es nicht mehr bloß die Beschwerde, daß ihm sein vieljähriges Dienen keinen Vorzug vor dem spätgekommenen geben soll, sondern er behauptet, eine ganz andere Stellung ansprechen zu können als die, welche jetzt auch der Abgefallene nach seiner Wiederkehr erlangt.

Aber auch die Parabel von dem kranken Lazarus und dem reichen Manne [1]) gehört ursprünglich unter den gleichen Gesichtspunkt. So wie sie jetzt vorliegt, stellt dieselbe das reiche Judenthum auf der einen Seite und das arme Judenchristenthum auf der anderen dar. Jenes, das Judenthum, läßt sich durch Mose und die Propheten nicht bekehren, es ist aber selbst gegen das Zeugniß der Todtenauferstehung Jesu verschlossen. Die Volksgenossen, welche das Evangelium angenommen haben, aber sind diesen Juden schon um ihrer Armut willen verächtlich. Gerade darin liegt die Verkehrtheit ihres Sinnes, und sie werden deßhalb einst erfahren müssen, daß vor Gottes Gericht ein anderer Maßstab gilt, denn dort wird gerade die Armut ein Grund sein, die, welche sie geduldet haben, zu entschädigen. In der scharfen Art, mit welcher dieses ausgesprochen wird, spiegelt sich deutlich der Geist des Judenchristenthums, welches in diesen Verhältnissen und Anschauungen lebte; eben deßhalb kann die Parabel in dieser Gestalt nicht von Jesus herrühren. Aber sie ist nicht erst zur Darstellung jener Ansichten gemacht worden, sondern wie wir sonst finden, daß die Parabeln durch Hinzufügung einzelner Züge oder weitere Fortführung dem späteren Bedürfniß angepaßt wurden, so läßt sich auch hier noch ein Kern,

---

[1]) Luk. 16, 19—31. Bei dieser wie bei der folgenden Parabel müssen wir den Sinn Jesu selbst von mehrfacher Modifikation, welche derselbe im apostolischen Gebrauche erlitten hat (s. o.), unterscheiden. Die Berechtigung hiezu hat die Untersuchung der Quelle gegeben.

der von Jesu selbst herrühren muß, erkennen; auf welchen schon der Umstand hinleiten muß, daß das Ganze in seiner jetzigen Gestalt gar keine wirkliche Parabel, sondern eine Beispielserzählung bildet. War es aber ursprünglich eine wirkliche Parabel, in der Art der Parabeln Jesu, so kann auch der Reichthum und die Armut nur das Bild eines anderen geistigen Verhältnisses sein, und welches dieses ist, läßt sich auch hier deutlich aus dem Umstande erkennen, daß der Arme vor der Thüre des Reichen von den Hunden geleckt ist. Auch hier also sehen wir einen Juden, welcher von den Heiden Wohlthaten empfängt, der überhaupt dahin gebracht ist, sich mit denselben einzulassen. Wenn derselbe vor der Thüre des Reichen liegt, so ist darin angezeigt, daß er ein Ausgeschlossener war, der Reichthum des anderen aber kann nur die Fülle der Rechte ausdrücken, in welchen derselbe sich im Hause befindet, ebenso wie der ältere Bruder des verlorenen Sohnes im Vaterhause, deren er sich aber freilich auch in sorglosem Uebermuthe getröstet. Zuletzt aber zeigt sich, daß der Ausgestoßene ein Sohn und Erbe Abrahams geblieben war, der aber, welcher auf sein Hausrecht gepocht hatte, vielmehr an den Ort der Qual gehen muß. Lazarus also ist in der Parabel das Bild des Zöllners, an welchem sich dasselbe bewährt, was Jesus über den Zakchäos ausspricht: daß nämlich seinem Hause Heil widerfährt, weil auch er, obwohl Zöllner, doch in Wahrheit ein Sohn Abrahams ist.[1])

Haben wir so eine Reihe von Reden und Parabeln, welche die Berechtigung dieser Klasse für das Reich darthut, und in welcher daher Jesus sein Verhalten jetzt ebenso im Jüngerkreise wie früher gegenüber von den Pharisäern rechtfertigt, so zeigt uns die Parabel vom ungerechten Haushalter[2]) wahrscheinlich noch an einem Beispiele, wie Jesus mit den Zöllnern selbst redete, die er auf den rechten Weg bringen wollte. Ihnen gilt das Vorbild des Mannes, der sich Freunde erwirbt mit dem Vermögen seines Herrn, dadurch, daß er den gegen ihn Verschuldeten Nachlässe gewährt. Ihnen die Erinnerung, daß was sie verwalten doch nur der Mammon der Ungerechtigkeit ist. In diesem Verhältnisse

[1]) Luk. 19, 9. [2]) Luk. 16, 1 ff.

sind jene Nachlässe keine Ungerechtigkeit, sondern vielmehr Erleichterungen eines ungerechten Druckes, eine Milde, welche die wahre Gerechtigkeit fordert. So erscheint diese Parabel, welche man längst nicht mehr in ihrem ursprünglichen Sinne verstand, wenn man sie alles Beiwerkes, das erst spätere Erklärungsversuche hinzugethan haben, entkleidet. Auch sie hat ihre Parallele in der Geschichte des Zakchäos, denn dieser ist der Zöllner, welcher den Mammon der Ungerechtigkeit zu Werken der Barmherzigkeit verwendet. Er kann sich darauf berufen, daß er seine Stellung in der Weise wieder gut macht, in welcher Jesus dieses durch jene Rede gefordert hat.[1])

4. In diesem ganzen Verhältnisse haben wir nicht eine neue Wendung des Verfahrens Jesu zu erkennen. Er hat von seiner Seite aus nur fortgesetzt, was er von Anfang an gethan, indem er sich gerade dieser Klasse als der bedürftigsten besonders angenommen hat. Wenn jetzt sein Verfahren mit denselben sowie die Rechtfertigung ihrer Annahme in seinen Reden einen größeren Umfang einnimmt, so ist dieß doch nur die Durchführung jener Anfänge. Es ist also nicht eine Verbitterung, welche ihn jetzt erst dahin getrieben hätte. Und noch weniger kann man sagen, daß er im Kampfe mit der Gesellschaft jetzt die Armut heilig gesprochen und als die wahre Bedingung für die Theilnahme am Reiche verkündet habe. Allerdings hat ein Theil der Reden diese Farbe, von dem Eingange der Bergpredigt des Lukas an, welcher die Hälfte der Seligpreisungen in Weherufe über die Reichen verwandelt hat, bis zu der Verherrlichung der Armut in der Person des Lazarus. Aber dieser Zug ist nur dem Lukasevangelium eigen, und die Analyse der Quellen läßt kaum einen Zweifel, daß diese Richtung eine spätere Umbildung seiner Worte ist.

In den Anweisungen Jesu selbst erkennen wir von Anfang bis zu Ende keine Hochhaltung der Armut als solcher, sondern nur die Forderung nicht auf den Besitz zu vertrauen, denselben zur Barmherzigkeit zu verwenden, und allerdings zugleich die ernste

[1]) Luk. 19, 8.

Warnung vor den Gefahren des Reichthums. Wie diese schon in der Bergpredigt und ihrer Warnung vor der Theilung des Herzens zwischen Gott und dem Mammon lag, so ist sie in dem Beispiele des Mannes, der in der ruhigen Sicherheit über seine gefüllten Scheunen die Sorge für seine Seele vergessen hatte, enthalten;[1]) so und nicht anders auch in der Erklärung Jesu über den reichen Jüngling, der sich von seinem Besitze nicht trennen konnte, um Jesu zu folgen.[2])

In solchen Fällen sind die Forderungen Jesu durchaus nach Maßgabe der Zeit und ihrer Lage zu beurtheilen. Wer jetzt unter seine Anhänger treten und den Gang seines Kampfes mit ihm bestehen wollte, der durfte nicht zurücksehen, während er die Hand an den Pflug legte. Dieß und Nichts anderes hat Jesus an dem reichen Jüngling durchgeführt. Dieß und nichts anderes liegt auch in den Worten über die freiwillige Ehelosigkeit um des Himmelreiches willen, welche das Matthäusevangelium künstlich mit der Erklärung über die Ehescheidungsfrage verknüpft hat.[3]) Diese Worte können nur besagt haben, daß jetzt auch Keiner an Schließung der Ehe denken darf, der ihn begleiten will. Nie hat Jesus den Grundsatz des ehelosen Lebens als eines heiligeren ausgesprochen, so wenig als den der Vollkommenheit durch freiwillige Armut. Das urapostolische Christenthum widerlegt jede Annahme dieser Art durch Thatsachen.

5. Aus allem Bisherigen erkennen wir, daß die Lehre Jesu in dieser zweiten Periode den Umständen gemäß eine neue war, im Unterschiede von der Zeit der ersten Verkündigung des Reiches und des Streites mit den Pharisäern. Sie bezieht sich jetzt auf die Gemeinde, an welche sie gerichtet ist. Die großen Wahrheiten von der Gerechtigkeit Gottes erhalten ihre bestimmte Gestalt in der Anwendung auf das brüderliche Leben, die Gemeinschaftsrechte und Gemeinschaftspflichten. Die allgemeine Liebe wird zur brüderlichen Gleichheit und Versöhnlichkeit. Das Vertrauen auf

---

[1]) Luk. 12, 16 ff.
[2]) Matth. 19, 23 ff. Par.
[3]) Matth. 19, 10—12.

Gottes Vorsehung wird zum Glauben an den Schutz, welchen er seinen Dienern zukommen läßt. Die Ueberzeugung des Gerechten, Gottes Kind zu sein, wird zu der Gewißheit der Glaubensgenossen, daß was sie im Namen Jesu thun, auch im Namen Gottes geschieht. Eine Reihe von Belehrungen und Vorschriften, welche die besonderen Verhältnisse betreffen, schließt sich an dieses Allgemeine an, und beleuchtet die Wahrheit desselben von neuer Seite. Alle diese Reden aber beziehen sich auf praktische Verhältnisse. Sie enthalten die Moral der Gemeinde, die Grundlagen ihrer Ordnung. Wir haben keine Reden, welche neue Glaubenslehren erörtert hätten. Nicht einmal, was Jesus mit seinen Jüngern von dem heiligen Geiste redet, kann dahin gerechnet werden. Theils ist auch dieß nichts weniger als ein Dogma, theils gehört das Wesentlichste davon ohne Zweifel erst den Abschieds- und Zukunftsreden an. Nichts kann der Wirklichkeit mehr widersprechen als die Meinung, Jesus habe seine Gemeinde auf neue Dogmen begründet, oder er habe ihr überhaupt solche mitgetheilt. Das Dogma schafft keinen lebendigen Glauben; es ist seinem Wesen nach schon die Reflexion über denselben.

Nichts destoweniger treten durch die Führung Jesu in den Glauben der Jünger allmählich eine Reihe von neuen Momenten ein, welche zwar jetzt nur die Gestalt der Erfahrung und des thatsächlichen Glaubens haben, welche aber von selbst mit der Zeit die Quelle einer Lehre der Gemeinde werden müssen. Die ersten derselben schließen sich durchaus an die große Wendung der Dinge, welche in dem Leben und der Offenbarung Jesu selbst eingetreten ist, an. Von dem Augenblicke an, als er sich endgiltig über seine Stellung als Messias gegen sie erklärt hatte, hatten auch ihre Vorstellungen über den Messias selbst nicht nur das alte Gewand abgeworfen, sondern sie mußten jetzt den neuen Inhalt aus der Erfahrung über seine Person gewinnen. War der Messias als solcher seiner Würde nach der Auserwählte oder Sohn Gottes, so hatten sie bereits in ihm diesen Begriff des Sohnes Gottes von einer anderen Seite kennen gelernt, als des Vertrauten, der mit Gott eins ist in seinem Gebet wie in seinem Leben. Und nicht auf der Macht, die ihm Gott verleiht, auf der Größe, zu welcher er ihn erhebt, sondern auf diesem Geheimnisse seines persönlichen Lebens beruhte ihnen jetzt sein Name und seine Würde. Diese Anschauung mußte sich um so klarer entwickeln durch die Ankündigung seines Todes. So wenig sie sich dieses Glaubens sogleich ganz zu bemächtigen im Stande waren, so war doch das Wort selbst, das sie gehört, hinreichend, um seine geistige Größe vollends abzulösen von allem Beiwerk, und als den alleinigen Quell ihres Glaubens an ihn zu befestigen. Nicht anders war es mit dem Begriffe des Reiches. Mit der Reinigung der Zukunftshoffnungen hatte auch bei ihnen der Einfluß Jesu begonnen; von hier aus waren sie unter seinem Einflusse zu dem Glauben gelangt, daß sie in der jetzigen wahren Vorbereitung schon das Reich selbst besitzen, daß dieses nur noch seiner Vollendung harre und demnach die himmlische Zukunft desselben nur eine höhere Stufe des jetzigen Lebens, das Reich selbst ein durch verschiedene Offenbarungen hiedurch sich entwickelndes sei. Das Reich war jetzt ganz an die Person Jesu geknüpft, es war mit ihm verborgen in der Welt, es sollte mit ihm zur Herrlichkeit erhöht werden. Aber die Gewißheit seiner Gegenwart bekam eine feste Unterlage in dem abgeschlossenen Gemeindeleben, in der Ordnung, welche Jesus demselben gab, den Rechten, welche er ihm zuschrieb. Diese Gemeinschaft selbst, in ihrer Stellung zu Gott, war jetzt ein Gegenstand des Glaubens, eine Reihe von Parabeln läßt uns in ihrem Fortschritte erkennen, wie das Reich Gottes immer bestimmter für sie seine Existenz in dem Gemeindeleben selbst hat. Ebenso aber erwuchs im gleichen Fortschritt für sie eine Reihe von neuen Erkenntnissen über das Gesetz Gottes. An der einen Parabel über das was zum Munde eingeht, läßt sich erkennen, wie Jesus ihnen nunmehr das Bewußtsein über die wahre Natur der göttlichen Gebote einflößt, und sie hiebei von der buchstäblichen Auffassung des Gesetzes befreit. Aus dem Gespräche mit dem reichen Jüngling sehen wir, wie er offen die Erfüllung der Zehengebote für ungenügend erklärt, wenn nicht die der einzelnen Person nöthige Selbstüberwindung als das Höhere hinzukommt, an den Erklärungen über die Entscheidung, wie er im Gesetze Ewiges und Vergängliches unterschied. Alles dieß sind ebenso viele Winke darüber, daß er um so mehr seine Vertrauten lehrend in solchen Grundsätzen befestigt hat.

Wenn Jesus in diesen Punkten überall nur die Vorstellungen seiner Jünger umzubilden hatte, so sehen wir auf der anderen Seite, wie auch ganz neue Elemente als Grundlagen neuer Erkenntniß und künftiger Lehre in ihren Glauben eintreten; auch diese nicht in der Gestalt von Dogmen, sondern als das unmittelbare Ergebniß, die Summe der Erfahrung selbst. Das Lehren Jesu geschieht durch die That, die Bildung neuer Erkenntniß des Glaubens wächst organisch aus den Lebenswegen selbst hervor. Unter diesem Gesichtspunkt haben wir diese Bereicherung seiner Lehre mit grundlegenden Ideen zu betrachten.

Vor Allem muß hier erwähnt werden der Gedanke einer gänzlichen Lebenserneuerung. Wir finden, daß Jesus den Seinigen als Bedingung für den Antheil am Himmelreiche erklärt hat, es gehöre dazu, daß man den Kindern gleich werde, und sein Leben von vorne anfange.[1]) Diese Erklärung wurde bald nach seinem Tode der Gemeinde der eigentliche Ausdruck für das Evangelium; ihr ganzes Selbstbewußtsein, ihre ganze Heilsgewißheit verknüpfte sich mit diesen Sätzen. Sie wurden die Erläuterung der Taufe, der Aufruf, der sich an den Täufling wendete.[2]) In den Evangelien ist uns derselbe in verschiedener Gestalt erhalten. Das älteste Evangelium erzählt, daß man Kinder Jesu zuführte sie zu segnen. Seine Jünger wollten es verhindern, Jesus aber verweist ihnen dieses und erklärt: die Kinder haben ein Anrecht an ihn; solchen gehöre das Reich Gottes. Ja, wer das Reich Gottes nicht wie ein Kind aufnehme, der könne nicht in dasselbe gelangen. Dieselbe Sache, das gleiche Wort wenigstens war in der Redensammlung enthalten. Matthäus hat den Ausspruch derselben mit dem anderen Vorfalle vermischt, wo Jesus den Rangstreit unter den Aposteln dadurch niederschlägt, daß er einem Kinde alle Vorzugsrechte, die ein Apostel haben kann, zuschreibt. Die Worte

[1]) Mark. 10, 13—16; Matth. 19, 13—15; Luk. 18, 15—17. Matth. 18, 3. vgl. Joh. 3, 3 ff.

[2]) Just. M. apol. I. 61.

aus der Redensammlung aber lauten: Wahrlich ich sage euch, wenn ihr nicht umkehret und werdet wie die Kinder, so kommet ihr nicht in das Himmelreich. Dasselbe Wort ist dann im vierten Evangelium schon in der ersten Rede Jesu, dem Nikodemus gegenüber ausgesprochen in der Form: wahrlich ich sage dir, wenn einer nicht von obenher geboren wird, so kann er das Reich Gottes nicht sehen, wobei das Evangelium absichtlich in dem Doppelsinn des Wortes ἄνωθεν die Grundlage des von einer Neugeburt handelnden Spruches Jesu mit der höheren Deutung derselben als einer Geburt von oben verbindet. Auch hier hat dieses Evangelium an den geschichtlichen Anfang gestellt, was nur der Idee nach den Anfang bildet. Aber allerdings war diese Wahrheit schon in den Anfängen der Geschichte begründet.[1]) Es war die höhere Vollendung jenes Aufrufes zur Sinnesänderung, mit welchem Jesus so wie der Täufer begonnen hatte. Damals aber handelte es sich von Ablegen der Sünde und des weltlichen Treibens, von besserer Gerechtigkeit. Jetzt erst konnte er den Jüngern sagen, daß sie einen neuen Anfang des ganzen Lebens zu machen haben, oder vielmehr er durfte sie daran erinnern, daß ein solcher Anfang ihnen zu Theil geworden sei. In der That war ihr äußeres, noch mehr aber ihr religiöses Leben ein ganz anderes geworden.

Sie hatten alles Alte aufgeben, sich in ganz neue Ueberzeugungen, in eine ganz neue Denkweise über das Höchste und Wichtigste finden müssen. Sie konnten jetzt begreifen, daß er von Solchen, welche sich ihm noch anschließen wollten, große entscheidende Aeußerungen für dieses ganz neue Anfangen forderte, so wie er es von dem reichen Jüngling verlangte. Aber auch für sie selbst war damit der Grund gelegt zu der Erkenntniß, daß es sich um eine vollständige sittliche Erneuerung ihres Lebens handle. War die Welt des Heiligen ihnen in ein durchaus neues Licht getreten, so verstand es sich von selbst, daß auch nur ein innerlich erneuter Mensch derselben angehören kann. Jesus kann daher

[1]) Bezeichnend ist jedenfalls, daß das Evangelium, welches sonst den Begriff des Gottesreiches nicht mehr hat, denselben wenigstens noch in dieser ersten Zeit anwendet, vgl. Jahrb. f. deutsche Theol. 1859, S. 758.

jetzt auch in seinen Reden immer bestimmter voraussetzen, daß Jeder sich bewußt ist, wie ihm der Zugang zum Reiche nur durch Vergebung seiner Sünde gewährt ist, und der Eintritt in dasselbe die Ablegung des sündigen Menschen fordert. In diesem Sinne kann er von dem Balken im eigenen Auge reden, von der Gefahr, gerichtet zu werden, wenn man selbst richtet, kann in der Erläuterung, daß wir sieben und siebenzigmal zu vergeben haben, voraussetzen, daß, der die Pflicht zu vergeben hat, immer selbst zuvor mit einer noch größeren Schuld vor Gott belastet war. Jesus hat keine Lehre über die Sünde vorgetragen, weder über ihr Wesen noch über ihre allgemeine Verbreitung. Aber was das Christenthum über das Verderben im menschlichen Leben als Dogma aussagt, das beruht auf der Forderung eines neuen Lebens. Jesus hat dieselbe ausgesprochen als Wahrheit des Lebens selbst in dem Augenblicke als Alles für seine Schüler neu geworden war, es war der Rückblick, auf welchen sich dieses vorwärts drängende, alles erneuernde Wort gründete.

Mit ihm zusammen hängt noch eine andere Erkenntniß, welche ganz ebenso wie diese aus der Lebensführung selbst hervorwächst; es ist die Erkenntniß der erlösenden Liebe Gottes. Wie das neue Leben die Befreiung von dem alten voraussetzt, so schließt es die Vergebung der Schuld, und zwar ohne menschliches Verdienst und Werk, ohne Opfer und Mittel, ein. Sie haben das Evangelium vom Reiche geglaubt und sind in dasselbe aufgenommen worden. Jetzt erst vermögen sie zu erkennen, wie viel ihnen dadurch vergeben worden ist. Jesus hatte besonderen Anlaß, diese göttliche Gnade darzustellen, wenn er über die Annahme der Zöllner und Abtrünnigen handelt. Alle die Reden, welche sein Verfahren mit diesen rechtfertigen, sind ebenso viele Reden über die vergebende und rettende göttliche Liebe. Er hat aber die Sünder allen anderen Jüngern gleich gestellt, und darin liegt auch für sie die Wahrheit, daß sie sich nicht besser dünken dürfen, daß sie sich jenen gleich selbst als Sünder erkennen sollen. So kann er dem Petrus vorhalten, daß er als Knecht dem Mitknechte zu vergeben hat, weil ihm selbst einst viel mehr vergeben worden ist. Daß sie zu ihm gekommen sind, ist nicht ihr Verdienst, es hat keine andere Ursache als das Wohlgefallen, den Willen Gottes, seine Gnade. Wenn aber Jesus diese Gnade Gottes selbst darstellt in seiner Annahme der Zöllner, so lag auch darin von selbst, daß diese Erlösung Gottes durch ihn geschieht.[1]) Sein Verfahren ist es, durch welches Gott den Sünder rettet. Sein Wirken ist das Werk der göttlichen Liebe. So führen seine Wege von selbst zu seiner Erkenntniß als des Erlösers.

---

[1]) Vgl. Joh. 15, 16.

Dritter Abschnitt.

Die Jerusalemische Zeit.

1. Einleitung.

Daß Jesus sich zuletzt noch nach Jerusalem wendet, und hier dem Volke das messianische Heil anbietet, liegt ganz in seiner Aufgabe und in der Haltung, welche er von Anfang an eingenommen hat. Darüber, daß es geschehen, sind auch die Nachrichten der sämmtlichen Evangelien in Uebereinstimmung. Die Frage, welche durch ihre verschiedenen Berichte entsteht, ist nur die, wann es geschehen, und wie es ausgeführt wurde. Auch darin sind die Evangelien einig, daß er wenige Tage vor dem Passah, in dessen Zeit sein Tod fällt, Jerusalem in feierlichem Einzuge betrat. Aber das vierte Evangelium läßt ihn ein halbes Jahr vorher schon die Stadt betreten, dieselbe in Zwischenräumen bis in den Winter hinein mehrmals besuchen, und jenem letzten Einzuge noch einen längeren Aufenthalt in Judäa vorausgehen. Einigermaßen nähert sich dieser Auffassung schon die Darstellung in der Redensammlung des dritten Evangeliums, insoferne als dieselbe jedenfalls die Vorstellung hat, daß in die Reise Jesu von Galiläa nach Jerusalem eine lange Reihe von Reden und Thaten desselben falle, oder daß man das lehrende Wirken Jesu als eine große Wanderung nach Jerusalem auffassen könne. Dagegen kennt allerdings das älteste Evangelium weder den früheren

Besuch in Jerusalem, noch auch eine längere Erstreckung der Reise. Ohne dieselbe chronologisch zu verfolgen, läßt es doch eine andere Vorstellung von ihr daran erkennen, daß es nach wenigen Begebenheiten, welche in die Reise verlegt sind, ihn sofort mit seinen Jüngern in die Nähe von Jerusalem kommen und hierauf ununterbrochen den Weg dahin über Jericho vollenden läßt. Bei der Zusammensetzung dieser Schrift indessen kann von einer lückenlosen Erzählung von vorneherein nicht die Rede sein, es muß vielmehr offen stehen, daß sie durch andere Berichte ergänzt werde. Hiezu kommen noch zwei Umstände, welche das Fehlen jener Begebenheiten erklären. Das ganze Auftreten in Jerusalem war ohne eigentlichen Erfolg gewesen, es konnte sich daher sehr leicht der Erinnerung in das kurze Bild zusammendrängen, welchem zufolge Jesus daselbst dem Volke und den Oberen desselben seinen Beruf verkündet, und nach einigen Streitverhandlungen seinen Untergang findet. In der Erörterung der Tempelreinigung haben wir überdieß schon gesehen, daß in dieses Bild wahrscheinlich alle hervorragenden, auch der Zeit nach entlegenen Erinnerungen von Jerusalemischen Begebenheiten aufgenommen wurden. So bildete sich der Schematismus der Darstellung, daß Jesus in Galiläa begonnen und in Jerusalem geendet, bei welchem dann das Einzelne in Betreff des Letzteren nicht weiter unterschieden wurde. Hiezu kommt zweitens der Umstand, daß auch nach der johanneischen Darstellung Jesus anfangs in Jerusalem nicht von seinen galiläischen Jüngern umgeben erscheint; er konnte auch kaum die Absicht haben, hier gleich mit einem Anhange, mit dem Scheine eines Parteigängers aufzutreten. Um so weniger wurde dann das Vorgefallene Gemeingut der apostolischen Erinnerung. Trotz alledem übrigens hat sich auch noch in der Darstellung des ältesten Evangeliums die Spur erhalten, daß es sich nicht bloß um eine einfache Reise Jesu nach Jerusalem handelt. Wenn dasselbe sagt: Er brach auf von da (Galiläa) und kam in das Gebiet von Judäa und Peräa,[1]) so ist das nicht die Schilderung einer Reise, sondern die Anzeige eines Aufenthaltes in diesen Gegenden.

[1]) Mark. 10, 1.

2. Die Kämpfe nach dem vierten Evangelium.

1. Haben wir somit das Recht, der johanneischen Erzählung Raum zu geben, so muß dieselbe sich ihres Inhaltes wegen durch ihre innere Wahrscheinlichkeit selbst beglaubigen. Aber von vorneherein, werden wir sie nur in derjenigen Freiheit benutzen dürfen, welche sie schon bisher und besonders zuletzt in dem Berichte über die Krisis in Galiläa im Vergleiche mit der synoptischen gezeigt hat. Wie sie nämlich dort zwar alle wesentlichen Momente der Geschichte entlehnt, aber dieselben nicht nur mehr dem idealen als dem wirklichen Zusammenhange nach verbindet, sondern auch das Einzelne vorausgreifend im Lichte apostolischer Erkenntniß weitergebildet hat, so werden wir auch in dieser Geschichte der Jerusalemischen Krisis dieselbe Behandlung voraussetzen und daher nur die wesentlichen Züge als geschichtlich im strengeren Sinne annehmen dürfen. Hiezu sind wir doppelt berechtigt dadurch, daß in der That wenigstens in einzelnen Abschnitten, wie in den Reden Joh. 10, 1—18 ganz offenbar der eigentliche Faden der Erzählung abbricht, und eine Reihe von Erklärungen Jesu nur dem Sinne nach zusammengestellt sind.

Indem wir daher zunächst auf die johanneische Darstellung allein angewiesen sind, haben wir dieselbe zu Grunde zu legen, und erst wenn dieß geschehen, wird sich fragen, in wie weit sich auch aus der synoptischen derselbe Gang der Dinge belegen läßt.

Ueberblickt man den ganzen Abschnitt Joh. Cap. 7—11, so ergibt sich sofort, daß sich in demselben mehrere Gruppen der Darstellung unterscheiden lassen, in welchen die Entwicklung der Verhältnisse stufenweise geschildert wird. Zuerst tritt Jesus 7, 1—8, 20 in Jerusalem am Laubhüttenfeste auf und behauptet seine göttliche Sendung, worüber sofort im Volke die Vermuthung entsteht, daß er mit messianischen Ansprüchen auftrete. In einem weiteren Abschnitte, 8, 21—59, bestreitet er die eingebildeten Rechte des Volkes und stellt ihnen seinen Beruf, neues Leben zu bringen, entgegen. Drittens 9, 1—41 gewinnt er einen Blinden durch die Heilung desselben zum völligen Glauben an seine Person. Viertens

10, 1—42 bestreitet er die Meinung, daß er sich doch noch als Parteigänger entpuppen werde, und vertheidigt seinen Charakter gegen den Vorwurf der Gotteslästerung. Fünftens endlich tritt er Cap. 11 durch die Auferweckung des Lazarus zuletzt aus der Verborgenheit noch einmal in öffentliches Aufsehen heraus. Diesen fünf Abschnitten entspricht die Entwicklung seines Schicksales. Anfangs schwankt das Volk über ihn, das Synedrium ist schon zum Einschreiten geneigt, hält sich aber noch aus Klugheit zurück. Bald stößt er durch seine Erklärungen über die Rechte und den Charakter der Nation die Massen so von sich, daß er in Lebensgefahr geräth. Jetzt spricht auch das Synedrium über jeden, der ihm anhängen wird, den Bann aus. Bei abermaligem Auftreten erneuert sich zuletzt der Volksunwille in der Art, daß Jesus sich nach Peräa in die Wüste zurückzieht. Die Krankheit des Lazarus ruft ihn wieder hervor, die Auferweckung desselben führt ihm Gläubige zu, bewirkt aber auch, daß das Synedrium seinen Untergang beschließt, und er hält sich deßhalb noch einmal außerhalb Jerusalems in Judäa bis zuletzt verborgen. Was das Evangelium über das äußere Leben Jesu in dieser Zeit berichtet, besteht daher im Wesentlichen in Folgendem: Jesus hat sich vom Laubhüttenfeste bis zum letzten Passah immer nur kurz in Jerusalem aufgehalten. Er kam nach dem Feste noch mehrmals, zuletzt am Enkänienfeste dahin, aber schon vor diesem letzten Besuche waren von dem Synedrium Maßregeln gegen seine Sache ergriffen, nichts destoweniger versuchte er das Volk noch zu gewinnen; da aber auch dieses mißlang, setzte er in Peräa und Judäa sein verborgenes Leben fort, bis die Krisis durch außerordentliche Umstände herbeigeführt wurde.

2. Die historische Darstellung des Auftretens Jesu in Jerusalem am Laubhüttenfeste, zu welcher das Nächstfolgende sich ganz und das Weitere zum Theil als eine Reihe von Nachträgen verhält, ist in 7, 1—8, 20 gegeben. Hienach wäre der nächste Anstoß zu der Reise dahin Jesu von seiner Familie gekommen. Seine Brüder drängten ihn doch auf das Fest zu gehen, und sich daselbst Anerkennung zu verschaffen. Wie seine Familie ihn früher

zurückhalten wollte, so würde sie ihn nun vorwärtsschieben, um doch etwas zur Entscheidung zu bringen und in der Hoffnung, daß er noch zu Ruhm gelangen könne. Sie können sich nicht darein finden, daß er, dessen angeblicher Beruf ein öffentliches Auftreten erfordert, sich im Dunkel der Verborgenheit hält; und indem sie das Motiv geltend machen, daß auch seine Jünger die Größe seiner Thaten sehen sollen, deutet dieß darauf hin, daß in dem Kreise derselben die Gefahr des Erkaltens bereits eingetreten wäre oder doch gedroht hätte. In jedem Falle setzt diese Aufmunterung voraus, daß in seiner Sache ein Zögern eingetreten war und daß er jetzt in der Zurückgezogenheit lebte. Da in Jerusalem weiterhin seine Erklärung, man werde ihn nicht lange mehr sehen, sogleich gedeutet wird, als wolle er in die Diaspora gehen,[1]) so ist hiedurch auch darauf hingewiesen, daß er sich schon außerhalb der Landesgrenzen aufgehalten hatte. Jesus selbst verweigert ihrer Aufforderung zu folgen, seine Zeit sei noch nicht da und er dürfe sich dem Hasse der Welt nicht aussetzen. Er geht dann doch, aber nur insgeheim. Er hat also den Entschluß nach einigem Kampfe gefaßt, aber doch auch dann sich eines öffentlichen Auftretens, welches Aufsehen machen mußte, enthalten, und ist deßhalb auch ohne Begleitung gekommen.

Ganz abgesehen von der Gefahr, daß die Treue seiner Anhänger erkalten konnte, war allerdings seine Lage eine solche geworden, wie sie nicht allzulange unverändert fortdauern konnte. Da Jesus seinen Beruf an Israel nicht aufgegeben hatte, und doch die Fortsetzung der galiläischen Thätigkeit in der alten Weise nicht möglich war, so mußte er einen neuen Weg suchen; indessen aber konnte auch in seinem engsten Kreise eine Spannung eintreten, welche in dem Maße wuchs, als er sie auf die dunkle Zukunft seines Leidens vorbereitete, und welche endlich unerträglich werden mochte. Dieß war hinreichendes Motiv, nicht länger mehr mit dem Schritte, welcher die Entscheidung einleiten mußte, zu zögern. Aber andererseits durfte er die letztere nicht heraufbeschwören; im Bewußtsein der unausbleiblichen Anfeindung also

---

[1]) Joh. 7, 35.

zog er es vor, zunächst allein ohne Anhang aufzutreten, und in Jerusalem lediglich durch sein Wort sich kund zu thun.

Aus diesem Festaufenthalte erzählt das Evangelium nur einzelne Scenen, in welchen neben dem Lehren Jesu selbst theils der Eindruck desselben auf das Volk, theils das Verhalten der Pharisäer und des Synedriums geschildert werden. In der Mitte der Festwoche tritt Jesus zuerst auf, 7, 14—36, erregt Aufsehen durch sein Lehren, vertheidigt sich gegen die Anklage, durch das Heilen am Sabbath das Gesetz gebrochen zu haben, und veranlaßt, daß das Volk die Frage bewegt, ob er doch der Messias sein könnte, daß aber auch schon das Synedrium seine Festnehmung anordnet. Weiter 7, 37—52 tritt er am Schlusse des Festes abermals auf und bewirkt durch seine Erklärung über seinen Beruf, daß das Volk auf's Neue in jenem Sinne seine Person bespricht, während das Synedrium auf seine Absicht zunächst verzichten muß. Zum drittenmale 8, 12—20 spricht aber Jesus öffentlich und noch bestimmter von seiner Sendung und läßt sich in einen Streit darüber mit den Pharisäern ein, in dem Raume, in welchem der Tempelschatz aufbewahrt wurde.

In den Worten, welche hiebei von Jesus berichtet werden, lassen sich gewisse Ausgangspunkte unterscheiden, an welche sich alles Uebrige anlehnt, und welche in ziemlich deutlicher Stufenfolge den Gang seines Auftretens zeichnen. Dieser geht hienach von der Vertheidigung zum Selbstzeugnisse vorwärts. Jesus tritt auf diesem Boden mit dem vollen Bewußtsein darüber auf, daß er eine besprochene Person, seine Sache eine angefochtene ist. Daher fordert seine erste Erklärung nichts, als daß man ihn nicht verurtheile, ohne ihn gehört und die Natur seiner Lehre nach eigener Kenntniß geprüft zu haben; wer den Willen Gottes thue, der werde sich bald überzeugen, ob er als Gesandter Gottes in dessen Namen oder ob er von sich selbst rede; er dürfe sich frei darauf berufen, daß er nicht seinen eigenen Ruhm gesucht habe 7, 16—18. Und was die Vorwürfe betreffe, daß er das Gesetz gebrochen habe, so habe er nicht mehr und nicht weniger am Sabbath gethan, als das Gesetz selbst für gewisse Fälle fordere und in der Uebung bestehe, 7, 19—24. Was er dann weiter am letzten Tage des Festes verkündet, ist in das Wort zusammengedrängt: wer da dürstet, der komme zu mir und trinke. Wer an mich glaubt, der ist es, von dem die Schrift sagt: es werden Ströme lebendig quellenden Wassers aus seinem Leibe fließen. Dieser Spruch gehört zu denjenigen, welche das Evangelium als historische dadurch auszeichnet, daß es eine Auslegung beifügt, dieselbe jedoch als spätere apostolische Deutung von dem Worte Jesu selbst unterscheidet. In dem Spruche selbst ist eine doppelte Beziehung gegeben, nämlich auf eine Schrift, welche angewendet wird, und auf den Gebrauch des Festes. Die Schriftstelle selbst kann nur aus einem Apokryphon genommen sein. Sie bezieht sich aber unzweifelhaft auf den Gebrauch der Libationen, welcher dieses Fest begleitete.[1]) Waren diese Wassergüsse schon zum sinnvollen Zeichen geworden, so wendet dieses Jesus dahin, daß dieses Lebensbild sich im Glauben derjenigen erfüllen werde, welche heilsbegierig sein Wort annehmen, ihren Durst bei ihm löschen. Wir sehen hieraus, daß Jesus nunmehr von der Vertheidigung zum Anerbieten des Heiles in seinem Worte fortgeschritten ist. Nur dieses im Allgemeinen hat das Evangelium charakterisiert, ohne uns seine Predigt selbst zu schildern, sie kann nur in der Verkündigung des Reiches und der Gerechtigkeit Gottes bestanden haben, wie einst in Galiläa. Aber noch bestimmter redet er auf der dritten Stufe davon, daß dieses Heil von seiner Person und Sendung ausgeht, wie dieses in dem ebenso hervorragenden Worte 8, 12. enthalten ist: ich bin das Licht der Welt; wer mir folgt, wird nicht in der Finsterniß wandeln, sondern das Licht des Lebens haben. So verlangte er doch, daß man, um des Heiles theilhaftig zu werden, vor Allem seine Sendung anerkennen, an den Aufgang eines neuen göttlichen Lichtes glauben, und mit dem ganzen gegenwärtigen Zustande brechen müsse, in der Erkenntniß, daß derselbe von Gott und seinem Leben abgewendet sei, und er kann sich nun

[1]) Die bestimmte Form des Spruches erlaubt nicht, an eine freie Anwendung alttestamentlicher Worte zu denken. Die κοιλία ist wahrscheinlich von dem Becken, durch welches die Wasserströme gegossen wurden, zu verstehen. Daß Jesus in der Anwendung das Bild des Trinkens voranstellt, knüpft allerdings nicht an den Ritus an, es gehört aber zu der freien Verwendung der Symbolik desselben.

auch zum Beweise dafür bereits auf seine ganze Vergangenheit, das ganze Wirken, in welchem Gott offenbar für ihn Zeugniß abgegeben habe, berufen.

Aus allem diesem ersehen wir, daß Jesus hier in Jerusalem ebensowenig wie einst in Galiläa damit begann, sich als den Messias anzukündigen, sondern er lehrte hier wie dort den Weg des Heiles, den Weg zu Gott. Aber es lag, ganz abgesehen von der johanneischen Darstellungsweise, in der Natur der Sache, daß er von vorneherein mehr von sich selbst reden mußte. Denn wie er jetzt auftritt, hat er seine Vergangenheit hinter sich. Er war der Prophet von Nazareth, von dessen Galiläischem Lehren und Wirken man bereits gehört hatte; man wollte wissen, was daran sei; man hatte vernommen, daß er Anstoß in seinem gesetzlichen Verhalten gegeben; er mußte sich darüber rechtfertigen. Man hatte gehört, daß es sich in Galiläa schon darum gehandelt hatte, ihn als Messias auszurufen: hatte er auch dieses abgelehnt, so blieb immer noch die Vermuthung, daß er es dennoch sei, daß er ja nur mit der Enthüllung zurückhalten könne. So konnte Jesus nicht umhin, von Anfang an auf dieses alles einzugehen. Er ließ sich nicht auf unmittelbare Erklärungen über seinen Beruf ein; aber er berief sich darauf, daß man selbst urtheilen solle, und er konnte gerade, weil er hievon zu reden hatte, um so rascher auch offen aussprechen, daß an seinen Worten und seiner Mission das Heil hänge. Im Volke hatte nun sein Auftreten eine gemischte Wirkung. Auch hier war der Eindruck seiner Lehre ein großer. Man wunderte sich um so mehr darüber, als er nicht die gelehrte Bildung eines Schriftlehrers hatte, 7, 15. Ebenso großen Eindruck machte der Ruf seiner Thaten, 7, 31. Endlich schien das Synedrium selbst ihn zu fürchten, ihn gewissermaßen anzuerkennen, obwohl man wußte, daß es gegen ihn war, 7, 25 f. Man war deßhalb geneigt, diese fremdartige Größe, die plötzlich mitten unter der Priesterschaft und den Theologen auftrat, für einen Propheten zu halten, ja wohl für den bestimmten Propheten, welcher das messianische Reich einführen sollte, 7, 10. Aber noch mehr wurde die Frage selbst besprochen, ob er nicht dennoch der Messias sei, 41. Daß er sich nicht als solchen bezeichnete, daß er nicht in der messianischen Größe auftrat, war hiefür vorläufig kein Hinderniß. Nach dem herrschenden Glauben sollte ja der Messias erst eine Periode erleben, in welcher er unerkannt war. Aber allerdings erwuchsen doch gerade hieraus Bedenken. Denn diese Erwartung schloß zugleich in sich, daß sein Auftreten ein plötzliches und unvermuthetes sein werde; er werde da sein mit Einem Schlage, ohne daß man wisse woher. Dieß traf aber bei Jesus nicht zu. Er hatte schon ein längeres öffentliches Leben hinter sich, das nicht in diesem mystischen Geheimniß stand, sondern offen da lag, 7, 27. Und noch mehr mußte man sich an dem Schauplatze dieses Lebens, an seiner Heimat selbst stoßen. Der Messias, wenn er aus seinem Dunkel hervortrat, mußte sich ausweisen als Nachkomme Davids, geboren in Bethlehem. Jesus that nichts der Art, vielmehr kannte man ihn als einen Galiläer 7, 41 f. vgl. 52. So blieben die Stimmen getheilt, schwankend.

In jedem Falle aber zeigt sich aus dieser ganzen Ueberlegung, welcher Art die Aufnahme war. Allerdings war man auch in Jerusalem bereit, aufzuhorchen, wenn es sich um einen messianischen Aufstand handeln konnte, ja man war noch rascher dafür zur Hand als in Galiläa. Aber man war auch überlegter, ruhiger, man hatte seine festen Vorstellungen, nach welchen man jede Erscheinung der Art beurtheilte, und verhielt sich dagegen mit kühler Verständigkeit. Die Aufmerksamkeit auf die Sache steht der in Galiläa nichts nach; aber sie ist durchaus kritisch; es fehlen die unmittelbaren Eindrücke, die religiösen Motive, man läßt sich nicht begeistern. Nicht nur also mußte der Erfolg im Großen ein ebenso ungünstiger sein wie in Galiläa, sondern es blieb auch der Glaube der Unmündigen aus. Kein entgegenkommender Glaube veranlaßte Jesus, Kranke zu heilen, kein zulaufendes Volk begleitete ihn bis in die Einsamkeit, um in seiner Nähe sich geistig gehoben zu fühlen. Er kam, redete, wurde gehört, gieng wieder und wurde beurtheilt.

Das Synedrium seinerseits war über ihn instruiert; man war bereits mit ihm fertig, und traf Anstalten, ihn als gefährliche Person festzunehmen; vgl. 7, 30. 32. 44. Aber dieß kam noch nicht zur Ausführung. Die Beauftragten hatten keine unbedingte Instruction; sie sollten ihn beobachten, und im rechten

Momente einschreiten. Dieser Moment schien ihnen nicht gekommen. Sie berichteten an die Auftraggeber, daß er zunächst nur mit ungewöhnlicher Gewalt zu reden wisse, 46: Man tadelte nun freilich ihr Zögern, und beschuldigte, daß sie sich selbst haben blenden lassen, wie das Volk, welches das Gesetz nicht verstehe. Kein Mitglied des Synedrimus, kein Pharisäer hatte ihm ja geglaubt. Damit war er verurtheilt. Aber im Schoße des Synedriums selbst hatte man doch Bedenken gegen ein rasches Verfahren. Die Rechtsformen mußten doch eingehalten, er mußte selbst erst vernommen werden. Nikodemus sprach dieses aus; er mußte sich gefallen lassen, daß man ihn selbst einen Galiläer höhnte.[1])

3. Aber ohne daß das Synedrium einzuschreiten brauchte, nahm die Sache Jesu in Jerusalem bald eine ungünstigere, hoffnungslose Wendung, 8, 21—59. Das Evangelium läßt ihn jetzt selbst schon hoffnungslos reden. Er spricht davon, daß er bald von ihnen gehen werde, 8, 21,[2]) daß sie selbst ihn erhöhen, das heißt durch seinen Tod seinen Hingang zu seinem Vater veranlassen werden, 28. Dann werde eine Zeit kommen, wo sie ihn vergeblich suchen, zu spät werden sie sich besinnen und erkennen, wer er gewesen ist; sie werden dann rettungslos untergehen. Nicht ganz war sein Reden ohne Erfolg, bereits schien es, als ob sich auch hier eine Schaar von Gläubigen ihm anschließen würde. Aber gerade dieß führte nur um so schneller zum unwiderruflichen Bruche, denn ihnen gegenüber trat er nun mit denjenigen Wahrheiten hervor, an welchen sie in entscheidender Weise Anstoß nahmen. Es kam zu Verhandlungen, in welchen er diesen Anstoß nicht beseitigt, sondern vielmehr immer rückhaltloser mit der Wahrheit

---

[1]) Nikodemus ist im vierten Evangelium in seinem Verhalten gegen Jesus ganz so geschildert, wie es sich von einem Juden seiner Stellung erwarten läßt. Trat er allmählich der Sache Jesu näher, so erklärt sich, wie man von einer früheren Verhandlung desselben mit ihm, Joh. Cap. 3, wissen und dieselbe so gestalten konnte, wie dieß im Evangelium geschieht.

[2]) Vgl. 7, 33. Es liegt in der Art des Evangeliums, jedes solche neue Moment vorher schon vorzubereiten.

hervortritt. Das Volk, durch diese beleidigt und zum offenen Tumulte fortgerissen, greift ihn thätlich an; sie versuchen ihn zu steinigen. Nur wunderbar vermochte er ihnen zu entgehen, 59.

Diese Wendung der Dinge tritt ein, als Jesus jetzt auf das Wesen und die Bedingungen des Heiles näher eingieng. Er erklärt, daß die Wahrheit desselben sie befreien soll, er deutet an, daß der jetzige Zustand des Volkes ein Zustand der Knechtschaft war. Die Darstellung des Evangelisten, welcher hier ganz seine großen alles umfassenden Begriffe und Gegensätze walten läßt, läßt nicht erkennen, in wie weit er die Gesetzestradition, oder zunächst die sittlichen Zustände bekämpfte, oder aber die geistige Neugeburt für das Reich überhaupt lehrte.

Aber sie läßt erkennen, und bezeichnet dieses sehr bestimmt, daß die Verhandlungen bald genug eine Wendung nahmen, welche in dieser schroffen Weise in Galiläa nie eingetreten war, und welche fast nothwendig verhängnißvoll werden mußte. Der Streit verbreitet sich über die nationalen Rechte. Die Juden glauben keiner solchen radikalen Erneuerung zu bedürfen, weil sie die Rechte von Söhnen Abrahams besitzen. Jesus aber erklärt ihnen, daß sie diese längst verwirkt durch ihre Sünden, daß sie durch die letzteren zu Sklaven geworden sind, und daher nicht darauf zählen dürfen, wie ein Sohn des Hauses den Sitz in diesem zu behalten. Sie haben sich in die Gewalt des Satans begeben. Von ihr befreit zu werden wäre Erlösung, aber diese Gewalt eben fesselt mit den Banden der Lüge. Man wird nicht zu weit gehen, wenn man das Verletzende dieser Wendung neben der Kränkung des nationalen religiösen Wahnes noch in einem besonderen Momente erkennt, worauf die Bezeichnung des Zustandes der Juden als eines Zustandes der Knechtschaft hinweist. Jesus hat die Jerusalemiten daran erinnert, daß sie in der That die Freiheit, welcher sie sich als Abrahams Söhne und Schutzbefohlene Gottes berühmen, verloren haben, indem sie der römischen Herrschaft verfallen sind. Ihm war dieser Zustand nur ein Bild der geistigen Knechtschaft der Sünde, aber er war ihm zugleich ein Beweis gerechten göttlichen Zornes, eine Strafe Gottes; und indem er dieses aussprach, schlug er nicht nur allen messianischen

Hoffnungen, welche sich etwa an seine Person knüpfen konnten, sondern auch dem ganzen nationalen Selbstgefühl in's Angesicht. Jetzt war seine Verwerfung, war der Zorn über ihn entschieden. Nur ein Samariter, ein Wahnsinniger konnte so reden.

Das Evangelium fügt diesem noch eine Fortsetzung des Streites bei, in welcher Jesus durch die Verheißung des ewigen Lebens für seine Gläubigen sich in den Augen der Juden über Abraham und die Propheten erhebt und dadurch seinen Wahnsinn völlig beweist, noch mehr aber durch die Erklärung, daß er selbst vor Abraham gewesen, den erbittertsten Angriff hervorruft. Daß das Evangelium hier ihn von seinem ewigen Seyn im Sinne der Logoslehre Zeugniß geben lassen will, ist nicht zu verkennen; die Aussagen selbst aber gehen nicht hinaus über jenes ewige Dasein, welches der Messias nach der höheren jüdischen Lehre im Rathe Gottes hat. Im ersteren Sinne hat Jesus selbst sicher nicht gesprochen, auch wenn wir ihm selbst diese Gedanken zuschreiben dürften, denn Niemand konnte dieß verstehen. Aber im zweiten Sinne konnte er wohl von sich reden, wann und wo er sich überhaupt unverhüllt als den Messias offenbarte; auch dieß aber ist in diesem Augenblicke kaum anzunehmen; das Evangelium hat wohl auch hier den Moment und dessen Werth mit seinen höheren Bezügen verbunden. Dagegen dürfen wir annehmen, daß Jesus die Ansichten der Juden auch durch das, was er ihnen über Abraham selbst sagte, verletzte, indem er das ewige Leben durch sein Wort mit dem Todesloose der Erzväter und Propheten verglich. Er hat damit nichts anderes gethan, als was auch durch die Vergleichung des Täufers mit den Genossen des Himmelreiches geschah, deren geringster hoch über jenem steht, das heißt den großen Unterschied des neuen Evangeliums und der alten Ordnung ausgesprochen. Hatte er zuvor die Nothwendigkeit einer neuen Ordnung auf das Verderben des bestehenden Zustandes gegründet, so zeigte er jetzt, daß das Heil nicht in der Erneuerung der alten Quellen, sondern nur in einer neuen göttlichen Lebensmittheilung zu finden sei. Die nationalen Ansprüche sind nicht nur durch das thatsächliche Verderben verwirkt, sondern die Quellen, auf welchen sie beruhen, sind selbst nicht mehr als

Weissagungen und Vorbereitungen. Die Juden dürfen ihr Vertrauen nicht bloß deßwegen nicht auf Abraham gründen, weil sie nicht die würdigen Söhne desselben sind, sondern weil Abraham ihnen das Leben nicht geben kann; er hat es selbst nur geweissagt.

4. Dieß waren die Lehren, durch welche Jesus sich das jüdische Volk in Jerusalem entfremdete, ja es zur Erbitterung reizte. Von Seiten des Synedriums ließ man diese Dinge geschehen, ohne sich weiter darein zu mischen; es gieng alles von selbst den Gang, welchen man wünschte. Aber den Beschluß faßte man vorläufig, jeden, der sich als Anhänger Jesu bekennen und für ihn auftreten würde, mit dem Banne zu belegen, 9, 22. 34. Dieser Beschluß kam zur Anwendung, als Jesus einen Blinden heilte,[1]) und dieser bei angestelltem Verhöre zwar sich zurückhaltend erklärte, aber doch auf dringendes Fragen zuletzt zu der Ueberzeugung bekannte, der Mann, welcher ihm dieses erwiesen, müsse ein Prophet sein, 9, 17., vgl. 30—33. Man sieht aus dieser Erzählung zugleich, daß bei jedem Verdachte des Anhängens an ihn der Terrorismus eintrat, der sich darauf stützte, daß Jesus als Uebertreter des Sabbathes nur ein Abtrünniger, der von dem Gesetze sich losgesagt, sein könne. Mit jüdischer Schlauheit weichen die Eltern des Blindgewesenen daher aller Erklärung aus und der Geheilte vermeidet dieselbe so lange als möglich. Aber dieser Mann ist doch so ergriffen von dem, was er erlebt, daß er gerne auf die Frage Jesu, ob er an den Sohn Gottes, oder den Messias glaube, 9, 36, sich bereit erklärt auf das Wort dessen, der ihm diese Wohlthat erwiesen, den Messias anzunehmen, wo er ihm denselben zeigen würde. Jesus enthüllt sich ihm und überwältigt fällt er vor ihm nieder.

Diese Heilungsgeschichte unterbricht aber nur kurz den Zusammenhang der Jerusalemischen Reden. Sie werden sofort wieder aufgenommen 10, 1—42, und es ist deutlich, daß in dem nun folgenden Stücke jene von den Rechten der Abrahams-Söhne ausgehenden Reden fortgeführt und noch von einer anderen Seite

---

[1]) Joh. Cap. 9.

aus dargestellt oder ergänzt sind. Die erste Hälfte dieser Reden 10, 1—21 ist auch ohne geschichtliche Einleitung gegeben, und führt, wie die früheren, zu dem Resultate, daß die Juden über Jesus nicht eins werden können, aber sich im Ganzen doch zu der Ansicht neigen, sie haben es mit einem Wahnsinnigen zu thun 10, 19—21. Der zweite Theil derselben findet am Enkänienfest in der Halle Salomo's im Tempel statt 10, 23, und endigt wie jene frühere Verhandlung damit, daß sie ihn steinigen wollen, 10, 30—33. 39. Jener erste Theil enthält die Parabeln von der Thüre zu den Schafen und vom guten Hirten. Der zweite daran anknüpfend handelt über den Vorwurf, daß die Selbstaussage Jesu eine Blasphemie sei. Die beiden Parabeln besagen zunächst, daß Jesus der einzige Weg und wahre Führer zum Heile sei. Die Parabel, welche von dem richtigen Wege handelt, auf welchem alle gehen müssen, die Führer der Schafe werden wollen, scheint zunächst eher eine Rede an die Jünger als eine öffentliche Streitrede zu enthalten. Aber indem sie in die vom guten Hirten hinübergeführt wird, kommt sie mit dieser unter den gleichen Gesichtspunkt, wonach beide den Unterschied seiner Mission von dem Auftreten Anderer darlegen. Die Bedeutung des Ganzen liegt in den Sätzen: alle, welche vor mir kamen, sind Diebe und Räuber; aber die Schafe haben nicht auf sie gehört. Der Dieb kommt, um zu stehlen und zu verderben. Ich bin gekommen, damit sie Leben haben. Der gute Hirte läßt sein Leben für die Schafe. Der Miethling flieht vor dem Wolfe und läßt die Schafe von diesem zerstreuen.[1]) Die Personen, welchen Jesus hier sich selbst entgegenstellt, müssen solche sein, die mit ihm verglichen werden können in Ansehung des Aufrufes, der an die Schafe ergeht; sein Unterschied von ihnen ist: er ruft die Schafe und sie folgen ihm. Da es sich in der Parabel nicht um das ordentliche Hüten und Weiden der Schafe, sondern um das Herausrufen derselben aus ihrer Ordnung handelt, so können unter denjenigen, die vor ihm gekommen sind, nicht die ordentlichen Leiter und geistlichen Herrscher

[1]) Joh. 10, 8. 11. 12.

desselben verstanden werden, sondern nur solche Führer, welche ähnlich wie Jesus selbst den Aufruf zum Reiche Gottes haben ergehen lassen. Jesus unterscheidet sich und seine Sache also hiermit von allen solchen messianischen Versuchen. Er beruft sich darauf, daß die Anstifter derselben noch immer das verführte Volk rasch im Stiche gelassen haben, sobald die Gefahr kam, weil sie nur an sich dachten; wogegen er bereit ist, nicht nur bei denselben auszuharren, sondern sein Leben für seine Anhänger zu lassen, und zwar in einen ganz freiwilligen Tod zu gehen.[1]) In diese Ausführung ist dann noch der Gedanke verwoben, daß nicht nur hier, wo er den Ort seines Wirkens hat, die ihm bestimmten Schafe seine Stimme hören und ihm folgen, sondern daß sich an diese auch noch andere entfernte anschließen werden, und mit jenen eine Heerde bilden.[2]) Aber den eigentlichen Grundstock und Stamm der Rede bildet offenbar die Apologie, welche den Verdacht abwehrt, als ob auch er noch als messianischer Freibeuter sich enthüllen und die Leute verführen werde; welchem gegenüber er seine feste Entschlossenheit zu beharren, aber auch die Ueberzeugung ausspricht, daß dieses zum äußerlichen Untergange führen wird. In der zweiten Hälfte dieser Reden 10, 22—39 aber drängen die Juden Jesum, nun gerade mit Beziehung auf solche Erklärungen, endlich sich offen auszusprechen, ob er der Messias sein wolle. Jesus beschränkt sich allerdings zunächst darauf, daß er erinnert, wie er schon lange auf seine Thaten als die Zeugnisse, daß Gott für ihn sei, hingewiesen habe. Indem er aber darauf verzichtet, sie zum Glauben zu bringen, weil sie, die mit ihm streiten, nicht zu den ihm von Gott gegebenen Schafen gehören, so erklärt er doch: ich und der Vater sind eins, und dieß ist es, was ihm als Lästerung angerechnet wird und zu einem thätlichen Angriffe gegen ihn führt. Jesus hebt in seiner Verantwortung hervor, daß er sich nicht zum Gott gemacht, sondern vielmehr als den Sohn Gottes bezeichnet hat, aber er bedient sich zu seiner Rechtfertigung eines biblischen Beweises, in welchem er ganz auf ihre Art eingeht. Die Schrift nennt in Ps. 82, 6 so-

---

[1]) Joh. 10, 18. [2]) Joh. 10, 16.

gar diejenigen Götter, an welche nur das Wort Gottes ergieng, und doch kann die Schrift nicht gelöst werden, wie viel mehr kann er der von Gott Geheiligte und in die Welt Gesandte, für den Gott durch seine Werke zeugt, sich Gottes Sohn nennen. Das Evangelium läßt hier zwar Jesus ein sehr offenes Zeugniß über seine Person vor dem gegnerischen Volke geben, aber es läßt ihn auch hier nichts aussprechen, was in bezeichnender Weise seine Logoslehre ausdrücken würde. Jesus, so schildert es das Evangelium, hat nichts gesagt, als daß er der Sohn Gottes sei; er hat dieß den Gegnern gegenüber damit gerechtfertigt, daß er eine göttliche Auserwählung und Sendung in die Welt aus seinen Thaten nachweisen konnte; er hat sein Sohnesverhältniß selbst nur so beschrieben, daß er sich mit dem Vater völlig eins wisse. Alles dieß sind die Züge seiner Selbstdarstellung, wie sie sich aus seinem ganzen bisherigen Leben ergeben haben. Ebenso stimmt die hier gegebene Ueberführung der Juden durch einen Schriftbeweis ganz mit seinem sonstigen Verfahren. Er stellt sich mit demselben auf den Standpunkt der Gegner; er selbst bindet sich nicht an den Buchstaben der Schrift, sondern knüpft an denselben in voller Freiheit seine Gedanken an.

Später hält sich Jesus in Peräa auf,[1]) wo er noch von den Zeiten des Täufers her Anknüpfungspunkte hat, und zuletzt im judäischen Lande.[2]) Nur einmal läßt ihn das vierte Evangelium noch vor dem Passah nicht in Jerusalem selbst, aber doch in der Gegend, nämlich in Bethanien auftreten. Er kommt dorthin, gerufen von einem befreundeten Hause, in welches ihn die Schwestern Maria und Martha berufen, weil sie Hilfe für ihren todtkranken Bruder Lazarus von ihm hoffen. Seine Jünger, welche jetzt zum erstenmale in seiner Umgebung wieder auftreten,[3]) suchen ihn von diesem Gange der unzweifelhaft drohenden Gefahr wegen abzuhalten. Da er aber von großer Glaubenszuversicht ergriffen auf ihre Vorstellungen nicht eingeht, so entschließen sie

---

[1]) Joh. 10, 40. [2]) Joh. 11, 54.

[3]) Mit Ausnahme von Joh. 9, 2, wodurch aber das Gesammtbild in dieser Beziehung kaum verändert wird.

sich ihn zu begleiten, bereit lieber mit ihm zu sterben, als ihn zu verlassen. Lazarus ist inzwischen gestorben. Jesus aber ruft ihn aus dem Grabe, in welchem er schon am vierten Tage liegt, so daß auch die Verwesung schon begonnen hat, lebendig hervor. Dieß geschieht vor so vielen Zeugen, daß es das größte Aufsehen macht, Jesus dadurch viele Anhänger gewinnt, aber das Synedrium nun auch den Beschluß faßt, ihn zu tödten. Dieses Wunder ist im vierten Evangelium die Höhe der Thaten Jesu. Die Auferweckung eines Todten ist hier mit Umständen geschildert, wie sie in keinem Falle der älteren Ueberlieferung vorkommen; es ist geflissentlich Alles hervorgehoben, was den vollendeten Tod beweisen kann, und die Darstellung unterscheidet sich hiedurch offenbar absichtlich von der ähnlichen bei den Synoptikern über die Erweckung der Tochter des Jairos. Zu einer natürlichen Erklärung, der Annahme menschlicher Veranstaltung gibt das Evangelium keinerlei Anlaß und Halt. Wohl aber läßt dasselbe erkennen, daß es dabei von idealen Gesichtspunkten geleitet ist. Es ist die Summe der ganzen bisherigen Jerusalemischen Predigt Jesu im Evangelium, daß die Gläubigen Jesu den Tod nicht sehen, daß er ihnen das ewige Leben gibt.[1]) Diese Wahrheit gipfelt hier in dem Beweise der Thatsache. Im Verlaufe der letzteren spricht Jesus selbst aus: ich bin die Auferstehung und das Leben.[2]) Die Umstände der Handlung erinnern bis auf die Einwickelung des Leichnams in Linnen an die Auferstehung Jesu selbst. Die von ihm hier verrichtete That ist dadurch zum Beweise für seine eigene nachfolgende Auferstehung gestempelt. Auch abgesehen davon, daß die synoptische Ueberlieferung von dieser Thatsache nichts weiß, berechtigt daher die johanneische Darstellung der Sache, in welcher das allegorische Moment offenbar so stark vorherrscht, selbst zu der Ansicht, daß wir es kaum mit einer streng historischen Schilderung zu thun haben. In wieweit dieselbe an etwas Thatsächliches anknüpft, muß dahin gestellt bleiben. Auch der pragmatische Zusammenhang der Begebenheit mit der Katastrophe Jesu kann diese Ansicht nicht aufheben. Der Pragmatismus im vierten Evangelium ist zu be-

[1]) Vgl. Joh. 8, 51. 10, 28. [2]) Joh. 11, 25.

achten, wo er auf gelegentlichen Angaben beruht; wo er mit Absichtlichkeit enthüllt ist, verräth er die Nachhilfe des Apostelschülers.

3. Die Kämpfe nach den Synoptikern.

1. Die johanneische Darstellung gibt nicht nur eine Reihe von Bildern des Aufenthaltes Jesu in Judäa und seiner Beziehungen zu Jerusalem, sie gibt eine Geschichte derselben. Wenn gleich über diese Geschichte nicht nur die Farbe der johanneischen Ideen ausgebreitet ist, sondern auch der eigenthümliche sekundäre Pragmatismus, der so manches nur künstlich verbindet, sein Netz darüber geworfen hat, so treten doch die festen geschichtlichen Mittelpunkte in scharfem Gepräge aus dieser Umhüllung hervor, die Falten der Gewandung lassen die Formen des Leibes der wirklichen Geschichte noch deutlich erkennen. Jesus ist derselbe, der er in Galiläa war. Sein Dringen auf innere Umgestaltung, die Einführung durch dasselbe in die Natur des messianischen Heiles, Die Führung zur Erkenntniß seiner Person durch die Natur seiner Offenbarung, durch die Darlegung seines gottverwandten Geistes — Alles dieß wiederholt sich mit der Treue und Wahrheit des unverlöschlichen Bildes, welches er zurückgelassen hat. Alles was hier anders ist, als dort, läßt sich mit leichter Mühe aus der verschiedenen Natur des Bodens sowie aus der Vergangenheit, welche der Moment bereits hinter sich hat, erklären. Die Apologie seines persönlichen Auftretens mußte hier im Vordergrunde stehen, der Gegensatz gegen den nationalen Dünkel, welcher alle geistige Erhebung verhinderte, mußte schroffer und gewaltsamer hervortreten. Es liegt im Charakter dieser Periode von selbst, daß sie das eigentliche Feld für jene Geschichtschreibung in großen Zügen ist, für das Evangelium, dem die Apologie der Mission Jesu und der Gegensatz des ungläubigen Judenthums die Hauptsache war.

Aber wenn wir so die Geschichtlichkeit dieses Berichtes durch die Unterscheidung des Kernes von seiner Hülle festzuhalten suchen, erwächst derselben um so mehr eine andere Gefahr aus der Parallele der Synoptiker. Es läßt sich erklären, daß die Synoptiker oder vielmehr, daß das älteste Evangelium diesen Aufenthalt in Judäa vor dem letzten Passah übergangen hätte, daß es eben nur die wenigen Tage, die Jesus vor diesem Feste in Jerusalem zubrachte, berichtet. Und auf den ersten Blick scheinen diese Tage mit ihren Begebenheiten so eigenthümlich, so ganz anders als die großen jerusalemischen Zeiten des vierten Evangeliums, daß man die ersteren ohne Bedenken als die Folgezeit nach den letzteren betrachten könnte. Aber die nähere Betrachtung zeigt dann doch einen auffallenden Parallelismus zwischen beiden. Rechnen wir die Tempelreinigung und etwa noch die Verfluchung des Feigenbaumes ab, so bieten die Stücke der synoptischen Stammerzählung aus den Tagen zwischen dem Einzuge Jesu und dem Passah, eine merkwürdige Parallele zu den Stoffen, welche Johannes vom Laubhüttenfeste an erzählt.[1]) Die Verhandlungen, welche Jesus in Jerusalem nach dieser Erzählung mit seinen Gegnern, den Synedristen und den Pharisäern hätte, beginnen damit, daß ihm die Frage vorgelegt wird, in welcher Vollmacht er handle. Seine eigentliche Antwort darauf ist die Parabel vom Weinberge. Sofort folgt die Frage der Pharisäer, ob man den Census zahlen solle, mit der Antwort, gebt dem Kaiser was des Kaisers ist und Gott was Gottes ist. Nun wenden sich die Sadducäer an ihn, und forschen seine Ansicht über die Auferstehung aus; ihnen erwidert er mit einem Worte, in welchem er auf Tod und Leben der Erzväter, oder die lebendige Beziehung Gottes zu diesen hinweist. Darauf folgt zuletzt die Frage an ihn über das größte Gebot, die er mit der Gegenfrage, wieferne man den Messias den Davidssohn nennen kann, erwidert. Ueberblickt man diesen Gang der Verhandlungen, so stellt sich bald heraus, daß er den großen Umrissen nach der nämliche ist, welchen die jerusalemischen Streitreden bei Johannes zeigen. Denn auch dort beginnt Jesus mit einer Apologie, einer Rechtfertigung der Vollmacht, in welcher er auftrete. Was er in der Parabel vom Weinberge sagt über seine Sendung als die höchste von allen

[1]) Matth. 21, 23—22, 46. Mark. 11, 27—12, 37. Luk. 20, 1—44.

Prophetensendungen, über die Uebertragung des Reiches von den Juden an andere Völker, das hat seine Parallele bei Johannes in den Reden von den Rechten der Abrahamssöhne, sodann vom guten Hirten, und den Schafen aus anderen Orten. Vorzüglich aber hat im gleichen Fortschritte der Darstellung der Uebergang von der Vertheidigung seiner Vollmacht zu der Rede vom Census und den Römern seine Parallele in den johanneischen Reden von dem Sklavenstand, in welchem sich die Juden jetzt befinden. Die synoptischen Worte über die Stellung der Erzväter finden wir wieder in den johanneischen Reden über die Größe Abrahams. Und zuletzt schließen auch die johanneischen Reden mit ähnlichen Verhandlungen, wie die synoptische über den Davidssohn. Die Argumentation für den Gottessohn aus dem Namen Götter im Psalm erinnert von selbst an die synoptische Frage, wie sich der Begriff des Davidssohnes mit dem Psalme reime. Allerdings sind die Stoffe zum Theil ganz anders gewendet, es bleibt die ganze Verschiedenheit des johanneischen Geistes, die Parallele der Ausführung ist eine sehr freie, sie ist aber stark genug, um die Identität der Ueberlieferung, auf welcher beide Darstellungen beruhen, mit Sicherheit annehmen zu lassen. Hieraus folgt das Dilemma: entweder hat das johanneische Evangelium die synoptischen Stoffe frei nach seinen Ideen fortgebildet, und dabei auch den weiteren historischen Rahmen der Zeit und der Anlässe ebenso frei erst geschaffen, oder aber die synoptische Tradition hat die mannichfaltigen Erinnerungen einer ausgedehnten Zeit in wenigen kurzen Bildern bewahrt, und diese dann zuletzt irrthümlich in die wenigen Tage zwischen Einzug und Tod Jesu gesetzt. Je mehr sich die johanneischen Reden zu den synoptischen verhalten, wie ein in das Weite gezogenes Schattenbild zu der scharfen gedrungenen Gestalt der Wirklichkeit, desto mehr wird man zu der ersteren Annahme geneigt sein. Indessen ist nicht zu übersehen, daß auch im zweiten Falle, wenn nämlich die Einrahmung der synoptischen Geschichte nicht richtig, und die johanneische Berichtigung der Zeiten begründet sein sollte, dennoch zugleich die johanneische Ausführung der Reden auf der Grundlage des synoptischen Vorbildes beruhen kann.

Untersucht man die synoptische Darstellung genauer, so spricht dennoch in der That Alles dafür, daß in derselben nicht nur zu den Geschichten der letzten Tage noch ein oder das andere aus früherer Jerusalemischer Ueberlieferung hinzugefügt ist, sondern daß sie ganz aus einem weiteren Umfange der Ueberlieferung zusammengestellt sind. So annehmbar auf den ersten Blick das Bild scheint, wonach in den Tagen nach dem Einzuge Jesus täglich im Tempel lehrt und eine Partei nach der anderen ihn dort aufsucht, ihm Fragen vorlegt und mit ihm anknüpft, theils aus Neugierde, theils in böser Absicht, so muß man doch bedenken: daß gerade diese klassenweise Ordnung der Zusammenstöße vielmehr an die Sammlung von Resten einer großen Erinnerung erinnert, als an den wirklichen Gang einiger Tage. Auch ist die Erzählung von vorneherein ganz so summarisch, wie es die Art einer solchen Sammlung und wie es in der That die Art des ältesten Evangeliums überhaupt ist. Die Verhandlungen Jesu in Jerusalem beginnen mit der an ihn gestellten Frage: in welcher Vollmacht thust du dieses? Die Begründung dieser Frage könnte in seinem Einzuge oder in der Tempelreinigung liegen, aber unmittelbar geht derselben nur die Geschichte vom Feigenbaum voran und die Antwort auf die Frage beweist, daß der Gegenstand derselben das ganze bisherige Auftreten Jesu ist. Denn Jesus redet nicht von irgend einer besonderen That, sondern er vergleicht seine ganze Mission mit derjenigen des Täufers. Es ist also hier ganz summarisch angezeigt, daß er überhaupt, als er nach Jerusalem gekommen war, Rechenschaft geben sollte über sein bisheriges Auftreten und Wirken, und in dieser Weise sind demnach wohl überhaupt diese Erzählungen in's Große zu verstehen, oder als Charakterbilder für gewisse Verhältnisse zu betrachten.

Aber man wird weiter gehen dürfen und sagen, daß in der That diese Scenen in den letzten Tagen vor dem Tode Jesu kaum stattfinden konnten. Es stimmt gewiß nur schwer zusammen, daß Jesus etwa fünf Tage lang nach seinem Einzuge täglich im Tempel ganz offen lehrte, daß ihn dabei allerlei Vertreter verschiedener Richtungen aufsuchten, und zwar wohl unfreundliche Absichten verfolgen, aber doch nur friedlich mit ihm verhandeln, und höchstens weit angelegte Plane gegen ihn verfolgen, während von denselben Leuten oder doch ihren nächsten Verbündeten, der Beschluß ihm den Proceß zu machen, bereits gefaßt sein soll. Ja noch mehr, es ist immer unbegreiflich gewesen, daß man eines Verräthers bedurfte, um sich der Person Jesu zu bemächtigen, wenn er wirklich alle Tage im Tempel lehrte dann aber auch in unvermeidlicher Oeffentlichkeit sich in einen benachbarten Flecken zurückzog. Sagt man hiegegen, es sei darauf angekommen, ihn in einem Augenblicke zu fassen, wo er mit seiner nächsten Umgebung allein, ohne schützenden Anhang des Volkes war, so läßt sich doch eben nicht absehen, wie man einen der Seinigen brauchte, um seinen Aufenthalt zu verrathen, wenn er so öffentlich aus- und eingieng. Die ganze Erzählung über die Rolle, welche der verrathende Apostel gespielt und die Bedeutung, welche dieser Verrath gehabt, ist nur möglich, wenn Jesus in diesen Tagen nach dem Einzuge sich völlig in der Verborgenheit gehalten hatte, und wenn ihm dieses wirklich gelungen war. Allerdings sagt er bei seiner Gefangennehmung: ich war täglich bei euch, lehrend im Tempel und ihr habt mich nicht festgenommen, aber dieses Wort, wenn es so ächt ist, kann sehr wohl auf eine frühere, größere Zeit, als diese letzten Tage hinweisen. Der wirkliche Sachverhalt für die letzteren erhellt noch aus dem Umstande, daß Jesus mit großer Heimlichkeit zuletzt sich selbst nach der synoptischen Erzählung das Passah bereiten läßt, und selbst dann erst am Abend in die Stadt hereinwagt. Gerade jene Berufung auf sein früheres öffentliches Lehren im Tempel kann dann den Anlaß zu der Darstellung gegeben haben, als seien diese sämmtlichen Jerusalemischen Verhandlungen bei solchem Lehren in den letzten Tagen geschehen. So bildete sich die Vorstellung, Jesus sei hiezu täglich hereingegangen, jedesmal Abends jedoch zum Uebernachten wieder nach Bethanien ausgezogen. Dieß hat aber in der That erst Lukas so ausgeführt. Noch an Markus läßt sich erkennen, daß im ältesten Evangelium bloß enthalten war, wie Jesus am Abende nach dem Einzuge wieder nach Bethanien hinausgieng und daß dann die folgenden Stücke ohne eine durchgeführte Vorstellung von den äußeren Umständen einzeln angefügt waren. Als Jesus die Parabel vom Weinberge gesprochen hatte, ist gesagt: sie suchten ihn zu fassen, aber sie fürchteten das Volk und so unterließen sie es. Auch dieß gehört schwerlich in dieselben Tage, in welchen dann dennoch der Beschluß seiner Vernichtung gefaßt und sogleich ausgeführt wurde. Es deutet vielmehr auf eine andere Zeit, und entspricht auch in dieser Rücksicht den Erzählungen im johanneischen Evangelium Cap. 7, wonach das Synedrium schon im Herbste diese Plane hatte, dieselben aber unter den damaligen Umständen noch nicht ausführen konnte. So werden wir diese synoptischen Erzählungen in die durch Johannes gegebene Zeit vor dem Einzuge verlegen und hienach den Gang der Entwicklung vorstellen dürfen.

2. Auch nach der synoptischen Darstellung begann das Auftreten Jesu in Jerusalem mit seiner Apologie.[1]) Er war jetzt an den Ort gekommen, wo ihm sogleich die Frage entgegentrat, auf welches Recht hin er überhaupt sein ganzes Unternehmen begonnen habe. Auch hier weicht Jesus bestimmten Erklärungen über seine Person aus. Er thut dieß hier dadurch, daß er sich auf den Vorgang des Täufers beruft, welcher doch immer noch wenigstens in den Augen des Volkes das Ansehen eines Propheten genoß. Die Frage selbst war so wie der Bericht lautet nicht in förmlicher Untersuchung an ihn gestellt, wohl aber vom Synedrium veranstaltet und von seinen Leuten ausgeführt. Jesus wich aber zunächst einer entscheidenden Erklärung aus. Dagegen scheute er sich nicht im parabolischem Vortrage an die vielfache Verwerfung und, wie es wenigstens die damalige jüdische Tradition vorstellte, selbst Ermordung der Propheten zu erinnern und indem er weissagte, daß dieses sich endlich auch bei dem Messias wiederholen werde, auszusprechen, daß das Volk durch sein eigenes Thun sich um das messianische Reich bringen werde. Dieß ist der Sinn der Parabel vom Weinberge und den aufrührerischen Weingärtnern. Auch in dieser Parabel war nicht ausgesprochen, daß er selbst jener Sohn sei, welchen der Herr des Weinberges zuletzt sendet, und

[1]) Matth. 21, 23—46. Mark. 11, 27—12, 12. Luk. 20, 1—19.

welcher das Todesloos seiner Vorläufer theilen wird. Aber man sieht aus dieser Parabel wie aus den johanneischen Reden nicht nur, daß hier sogleich von den messianischen Erwartungen gehandelt wurde, sondern auch, daß Jesus auf diesem Boden alsbald sein Verwerfungsurtheil ausspricht, und auf die Gewißheit begründet, daß diese Leute für die messianische Botschaft unempfänglich sind. Trat ihm hier noch viel mehr als in Galiläa das starre Festhalten an den Volksrechten entgegen, so wollte er darüber keine Täuschung lassen, daß gerade dieß der sichere Weg sei, das messianische Heil zu verlieren. Seine Parabel aber ist insbesondere gegen das Regiment der Priester gerichtet; sie sind es, welche auch die Verwerfung des Sohnes zuletzt nicht scheuen, vielmehr führen sie dieselbe herbei, weil sie nicht ihre Herrschaft abgeben wollen, ganz so, wie bei Johannes Jesus sein Thun dem ihrigen, das nur die eigene Ehre im Sinne hat, entgegenstellt.

So schnell die Sachlage in Jerusalem sich so entwickelt haben mochte, daß Jesus dieses Urtheil aussprechen konnte, so setzt auch dieß doch immerhin schon einige an diesem Orte selbst gemachte Erfahrungen voraus. Daß diese ihm vorliegen mußten zeigt sich an einer ganz neuen Wendung, welche in seiner Verkündigung desselben eingetreten ist, nämlich der Weissagung der bevorstehenden Heidenberufung. Auch in Galiläa hatte Jesus dem Volke und besonders den begünstigten Orten das Gericht verkündet; er hatte die Sache des Reiches durch die Gründung seiner Gemeinde von der des Volkes getrennt, aber er hat noch nicht ausgesprochen, wo diese Gemeinde ihre Heimat und ihr Wachsthum künftig finden solle. Denn die Entscheidung über die Nation selbst stand noch bevor. Jetzt da er den Unglauben der heiligen Stadt und der priesterlichen Leiter des Volkes selbst vor sich hat, verurtheilt er in demselben das Recht der Nation, und jetzt erst tritt die Erklärung ein, daß der Weinberg diesen Weingärtnern genommen und anderen gegeben werden wird. Und die Worte der Redensammlung, welche Matthäus beifügt: das Reich Gottes wird von euch genommen und einem Volke, welches seine Früchte bringt, gegeben werden, sind sicher die richtige Erklärung jener Weissagung. Sie hat eine ganz andere Tragweite als jene

Aeußerungen über die dereinstige Aufnahme vieler, die von Morgen und von Abend kommen, im Reiche Gottes sich niederzulassen. Dieß war noch eine allgemeinere prophetische Mahnung, welche von der Annahme einzelner Heiden sprach, hier ist der Gang des Reiches Gottes selbst in einem bestimmten Urtheile beschrieben. Man darf also in diese Zeit die universalistische Wendung der Lehre Jesu oder den Uebergang zu der Ankündigung der Heidenberufung nicht nur, sondern der Heidenkirche setzen. Das Wort welches so entscheidend in dieser Parabel uns erhalten ist, erklärt auch, daß die apostolische Ueberlieferung die Fassung der späteren Reichsparabeln im gleichen Sinne gestaltete, wie dieß insbesondere in der Parabel vom großen Gastmahle geschah. So fällt eben auch in diese Zeit die johanneische Erklärung, daß er noch Schafe an anderen Orten habe, die er mit den seinigen zu einer Heerde vereinigen werde. Deutlicher hat er sich bald in diesen letzten Zeiten noch hierüber im Kreise der Apostel ausgesprochen, sowohl über die Verwerfung des Volkes, als über die bevorstehende Predigt des Reiches unter den Heiden.

Daß er jetzt aber öffentlich dem Volke bei beharrlicher Unbußfertigkeit den allgemeinen Untergang verkündete, ist auch in einem kleinen Redestücke bei Lukas zu erkennen.[1]) Die Grausamkeit, mit welcher Pilatus das römische Regiment als Prokurator aufrecht erhielt, gab dazu Anlaß. Die Hinrichtung einer Schaar von Galiläern, die der Absicht des Aufruhrs verdächtig waren, im Heiligthum selbst, hatte allgemeinen Schrecken verbreitet. Aber sorglos über die eigene Zukunft sprach die Menge nur von dem besonderen Anlaß. Jesus jedoch sah darin Zeichen und Anfang der Gottesgerichte über das unbußfertige Volk. In diesem Sinne sollten sie solche Vorgänge betrachten, diese Betrachtung auch auf alle öffentlichen Unglücksfälle ausdehnen, nicht von jenen Galiläern als halben Fremdlingen sollten sie in Jerusalem reden, sondern die Zeichen, welche in dieser Richtung mahnten, auf sich selbst beziehen.

Auch der in den Evangelien an verschiedenen Orten (Matth.

---

[1]) Luk. 13, 1—5.

19, 28. Luk. 22, 30) aufbewahrte Spruch, daß es den Aposteln in der künftigen Ordnung der Dinge beschieden sein wird, die zwölf Stämme Israels zu richten, gehört zu den Beweisen dieses Bruches. Israel hat seine Rechte verloren, und wie seine Stellung im Reiche an die Erstlinge der neuen Gemeinde übergegangen ist, so ist das Volk statt der Heiden der Gegenstand des Gerichtes geworden.

Die Stellung, welche Jesus zu der nationalen Gewalt und den nationalen Ansprüchen einnahm, sollte aber bald noch einen viel schärferen Ausdruck bekommen, als ihm die Frage von Pharisäern vorgelegt wurde, ob er die Bezahlung der römischen Steuer billige.[1]) Es mag hiebei die arglistige Absicht mitgewirkt haben, ihn zu einer revolutionären Aeußerung zu veranlassen, welche nach Umständen als Anklage und Mittel ihn zu verderben, benutzt werden könnte. Jedenfalls aber hat Jesus selbst durch die Antwort, gebt dem Kaiser was des Kaisers und Gott was Gottes ist, der Sache eine ganz andere Wendung gegeben, indem er durch dieselbe der ganzen Vorstellung, daß der Glaube des Volkes vor allem seine politische Unabhängigkeit fordere, und sein messianisches Heil mit dieser zusammenfalle, auf das entschiedenste entgegentrat. Denn diese Antwort ist keineswegs als eine ausweichende zu betrachten, welche gewissermaßen ein Räthsel aufgegeben hätte. Auch liegt darin nicht bloß die Anerkennung der römischen Herrschaft als einer thatsächlichen, gegen welche jeder Erhebungsversuch umsonst wäre, sondern Jesus hat sich damit entschieden für das Recht jener Steuer und gegen jede jüdische Revolution ausgesprochen, nämlich eben in dem Sinne, in welchem diese hier zur Sprache gebracht war, als eine durch die Religion geforderte. In dem Gegensatze dessen, was des Kaisers ist, und dessen, was Gottes ist, liegt unzweifelhaft, daß zu den Rechten Gottes und den Pflichten seiner Diener das Ankämpfen gegen die Römerherrschaft nicht gehört, die göttliche Gerechtigkeit hat mit diesen Dingen nichts zu schaffen: insoferne liegt in dieser kurzen Hinweisuug auf das eigenthümliche Gebiet der letzteren der

---

[1]) Matth. 22, 15 ff. Mark. 12, 13 ff. Luk. 20, 20 ff.

Rückblick auf die ganze Lehre Jesu von der himmlischen Natur des Reiches und der göttlichen Gerechtigkeit. Es liegt darin der folgenschwere Gedanke, daß die Sache des Glaubens nicht an die Sache der Nation gebunden ist. Was aber die jetzige Römerherrschaft betrifft, so ist den Juden damit erklärt, daß sie sich allerdings mit Recht unter derselben befinden. Es ist ihnen das gleiche gesagt, was im vierten Evangelium dahin lautet, daß sie Sklaven geworden seien, weil sie sich unter die Sünde begeben haben. Jesus hat hiermit weder eine allgemeine Theorie über die Staatsgewalt aufgestellt, noch hat er eine politische Stellung genommen. Aber er hat eine politische Stellung bestritten, oder vielmehr er hat sich gegen die politische Farbe der messianischen Hoffnung erklärt. Kann man daher dieser Erklärung unmittelbar nur einen negativen Charakter beilegen, so liegt das positive, was dieselbe ergänzt, darin, daß er für ein Gottesreich zu leben auffordert, welches eine himmlische Zukunft, und in Erwartung derselben eine in ihrem Wesen geistige und in ihren Lebensformen lediglich auf eine religiös-sittliche Gemeinschaftsordnung beschränkte Gegenwart hat.

Die synoptische Darstellung der jerusalemischen Reden Jesu hat wenigstens ein Stück, in welchem gezeigt ist, wie Jesus auch hier die wahre Gerechtigkeit übereinstimmend mit seiner ersten Verkündigung darstellte.[1]) Die Frage nach der Rangordnung der Gebote war schon eine ächte geläufige Schulfrage geworden. Jesus erklärt nicht nur die Liebe Gottes für das erste, sondern auch die unbedingte Nächstenliebe für identisch mit derselben. So war dadurch allerdings mehr ausgesprochen, als die Frage gefordert; es war ein besonderer Werth der Cerimonialgebote verneint, überhaupt aber denselben der Charakter des Gottesdienstes abgesprochen, wie dieses in der Redaction des Markusevangeliums die erläuternde Darstellung des Verfassers ausspricht.[2])

3. Auch die Streitverhandlung mit den Sadducäern, welche das älteste Evangelium in diesem Abschnitte erzählt, gehört wesent-

[1]) Matth. 22, 34—40. Mark. 12, 28—34. [2]) Mark. 12, 33.

lich dazu, die Entwicklung der Stellung Jesu zu beleuchten.[1]) Sie legen ihm eine Schulfrage vor, welche gegen die Auferstehungslehre gerichtet ist und dieselbe durch die Schwierigkeiten, die ihr aus der Leviratsehe erwachsen, widerlegen soll. Man sieht daraus, daß Jesus in der That ähnlich, wie es im vierten Evangelium durchgeführt ist, von der Auferstehung und dem ewigen Leben geredet haben muß. Jesus aber verweist nicht nur auf die Kraft Gottes, welche im Reiche einen neuen himmlischen Zustand begründen wird, für den diese Schwierigkeit nicht vorhanden ist. Sondern er erklärt ihnen zugleich, daß sie die Schrift nicht verstehen, welche eine Auferstehung fordere. Er beruft sich dabei auf den Pentateuch, um die Sadducäer aus dem Gesetze selbst[2]) zu schlagen. Wollen sie an dem Buchstaben des Gesetzes festhalten, so werden sie von diesem selbst widerlegt. Denn das Gesetz nennt Gott den Gott Abrahams, Isaaks und Jakobs, nun kann aber Gott nicht ein Gott todter Männer sein. Er würde sich also sicher nicht so nennen, wenn es nicht auch für diese Todten eine Auferstehung gäbe. In der freien Weise seines Schriftgebrauches führt er die Schrift über sich selbst hinaus und zeigt daran das Widersprechende des Buchstabendienstes. Aber er gibt auch zu verstehen, daß die Erzväter, welche den Juden die höchsten Autoritäten sind, tief unter der messianischen Herrlichkeit stehen, und nur dadurch erhöht werden, daß sie in dieses Reich aufgenommen werden. Wir haben also auch hier den Gedankengang wie in Joh. 8, 51 ff., daß Abraham starb, und nur durch das Evangelium in den Antheil am wahren Leben gelangen kann, mithin das Evangelium hoch über aller Herrlichkeit der alten Größen steht.

Aber die Polemik Jesu gegen die jüdischen Ansichten erreicht ihre Höhe in den Worten über das Wesen des Christos und seine Benennung als Davidssohn.[3]) Diese Benennung bezeichnet nicht nur den allgemeinen Glauben in Betreff der Bedingung der

[1]) Matth. 22, 23 ff. Mark. 12, 18 ff. Luk. 20, 27 ff.

[2]) Ohne daß man deßhalb anzunehmen braucht, die Sadducäer hätten nur den Pentateuch anerkannt.

[3]) Matth. 22, 41 ff. Mark. 12, 35 ff. Luk. 20, 41 ff.

Herkunft, welche an dem erfüllt sein mußte, der als Messias erkannt werden sollte, sondern sie bezeichnet auch den ganzen nationalpolitischen Charakter der Hoffnungen. Jesus bestreitet diese: ihr nennet, sagt er, den Messias den Sohn Davids, David aber hat ihn selbst seinen Herrn genannt, also kann er nicht sein Sohn sein. So zeigt er, von einer anerkannten Auslegung des Psalms ausgehend, daß das Wesen des Messias nicht in dem Namen des Davidssohnes aufgehen könne, daß es ein höheres sein müsse. Diese Erklärung ist zunächst bloß negativ; sie entfernt aber jede Vermuthung, daß Jesus selbst sich als Davidssohn erheben wolle, daß er eine messianische Unternehmung dieser Art im Sinne führe. Sie trifft hierin ebenfalls mit der Abwehr solcher Vermuthungen, wie sie das johanneische Evangelium zeigt, zusammen. Und diese Abwehr war um so gewichtiger, wenn Jesus damals als Davidssohn begrüßt wurde, und wenn er seiner Geburt nach einen Anspruch darauf machen konnte. Das letztere ist eine nicht nur durch die Genealogien der Evangelien, sondern auch durch den Apostel Paulus[1]) so stark bezeugte apostolische Ansicht, daß kein Grund vorhanden ist, es zu bezweifeln. Die Genealogien haben es nicht begründet, sie dienen nur der schon feststehenden Ueberzeugung; auch ist diese ganz unabhängig von der allerdings nur bei Lukas vereinzelt auftretenden Vorstellung, daß Jesus in Bethlehem geboren sei. Was aber die Anwendung des Messiastitels Davidssohn auf ihn betrifft, so ist dieselbe in den evangelischen Quellen nur eine sehr seltene, und darf als gesichert vor dem Einzuge in Jerusalem fast nur in der Geschichte des Blinden von Jericho angesehen werden.[2]) Nur das erste Evangelium hat ihn öfter[3]) bei der Geschichte von Heilungen, aber es war dieß schwerlich schon in den Quellen gegeben, sondern es rührt erst vom Verfasser des Evangeliums nach seiner Weise her. Daß aber Jesus dort in der Nähe von Jerusalem so angeredet wird, beweist, daß wenigstens vereinzelte Versuche gemacht wurden, ihn zur messianischen Schilderhebung herauszufordern, wie dieß sich

[1]) Röm. 1, 3. vgl. Apok. 5, 5.

[2]) Matth. 20, 30. Mark. 10, 47. Luk. 18, 38.

[3]) Matth. 9, 27. 12, 23. 15, 22.

auch durch die Begebenheiten des letzten Einzuges vermuthen läßt, und wie es auch damit zusammenhängt, daß man ihm in Jerusalem entgegenhielt, er sei ja nicht von Bethlehem geboren und daher auch nicht der Davidsohn.[1]) Auf ihn selbst hat das Eine so wenig als das Andere Einfluß gehabt. Er fand es nicht der Mühe werth, über den Mangel seiner Geburt in Bethlehem zu reden. Er nahm aber auch die Begrüßung als Davidssohn nicht an, obwohl er ein Recht darauf nach seiner Geburt hatte. Indem er nun ausdrücklich in Jerusalem sich gegen die ganze Benennung ausspricht, hat er auch alle Verantwortung derselben von sich abgelehnt.[2]) Er hat dabei ebenso sehr wie in der Streitrede Joh. 10, 34 ff. auf die höhere Natur des wahren Messias hingewiesen. Für seine Person war demnach unzweifelhaft ausgesprochen, daß er jeden messianischen Anspruch in jenem volksmäßigen Sinne ablehnte. Aber er hatte auch dieser volksmäßigen Erwartung überhaupt den offenen Krieg erklärt, und damit seinen Widerspruch gegen Geist und Sinn, der in Jerusalem herrschte, vollendet.

Es ist nur ein einzelner weiterer Beleg für sein Auftreten daselbst,[3]) wenn er nach dem ältesten Evangelium gelegentlich vor den Pharisäern, ihrer Ehrsucht und Herrschsucht warnt, aber nicht nur hievor, sondern insbesondere vor der Habsucht, mit welcher sie ihre Stellung mißbrauchen, und zumal die verlassenen Frauen ausbeuten. Wir sehen noch den Anlaß dieser Aeußerung durch ihren Zusammenhang mit der Anekdote von dem Scherflein der Wittwe;[4]) wie Jesus auf den wahren Opfergeist dieser Frau hinweist, welche ihr Alles hergibt, so redet er davon, daß die Pharisäer die Häuser der Wittwen durch ihre Heuchelei verzehren. Es handelte sich also hier nicht von einem Angriffe auf die ganze Genossenschaft und ihre Lehre, auf ihren Einfluß vom Stuhle Moses aus, sondern einzig von einer Rüge ihrer habsüchtigen Praxis, und dieser Tadel verläugnet daher keineswegs die Vorsicht, welche doch Jesus in allen diesen Verhandlungen beobachtet

[1]) Joh. 7, 42. [2]) Vgl. Strauß, S. 223.

[3]) Mark. 12, 38—40. Luk. 20, 45—47.

[4]) Mark. 12, 41—44. Luk. 21, 1—4.

hat. Nie geht er weiter als es sein muß. So entschieden er sich in den Grundsätzen erklärt, so greift er doch die herrschenden Mächte nicht thatsächlich an. Er kann nicht dadurch wirken, daß er ihrer Denkweise die höhere Wahrheit voll und frei entgegenstellt, so weit diese nämlich bloß dem willigen Glauben geoffenbart werden kann; daher beschränkt er sich, zu derselben einzuladen; nie stellt er persönliche Ansprüche auf, welche nur mißverstanden werden konnten. Die johanneische und die synoptische Darstellung ergänzen sich daher gegenseitig; jene ist nach dieser zu beschränken, soweit sie das Selbstzeugniß Jesu betrifft; diese aber wird durch den geschichtlichen Rahmen, welcher in jener gegeben ist, erst begreiflich.

---

4. Die letzten Enthüllungen.

1. Fragen wir nach dem Gewinne jener Jerusalemischen Zeiten und Verhandlungen Jesu, so kann von einem äußeren Erfolge kaum die Rede sein; wenn auch einzelne gewonnen wurden, so bildeten dieselben doch jedenfalls nur eine verschwindende Zahl. In die Geschichte haben diese Wirkungen nicht eingegriffen. Auch diejenigen, welche sich durch die Größe Jesu und die Reinheit seiner Lehre angezogen fühlten, brachten es doch höchstens dahin, daß sie, wie das Markusevangelium Jesus über den Lehrer, der nach dem größten Gebote fragt, urtheilen läßt, nicht ferne waren vom Reiche Gottes.[1]) Das vierte Evangelium sagt in gleichem Sinn: auch von den Herrschern haben Manche an ihn geglaubt, aber die Furcht vor der Macht des Pharisäismus sei zu groß gewesen.[2]) In anderer Richtung aber hatte diese Zeit einen großen äußeren Erfolg. Die Dinge waren im Laufe derselben reif geworden für die Katastrophe. Das von Jesus selbst schon seit der bedenklichen Wendung seiner Sache in Galiläa vorausgesehene Ende mußte jetzt in Erfüllung gehen. Hiezu kommt noch ein unberechenbarer innerer Gewinn. Die Verwerfung, mit welcher die

[1]) Mark. 12, 34. [2]) Joh. 12, 42.

Juden seine Verkündigung beantworteten, hatte seinen Beruf für das Volk aufgehoben, so durfte er es jetzt frei aussprechen, daß das Reich einem anderen Volke übertragen werden, das Evangelium zu den Heiden übergehen solle. Damit hatte die Gemeinde, die er bereitet hatte, ihre Zukunft gewonnen. Diese judäische Zeit ist die Geburtsstätte des Universalismus: war dieser von Anfang an im Wesen des Evangeliums Jesu begründet, so hatte er nun seine freie Entwicklung und Verkündigung gewonnen. Von nun an konnte äußerlich nichts übrig sein, als die irdische Vollendung seines Geschickes; mit dieser aber mußte sich auch die Bedeutung desselben für das Heil, der höhere Sinn seines Todes offenbaren.

Die Leidensgeschichte beginnt in den Evangelien mit dem Entschlusse des Synedriums, Jesus zu ergreifen und zu tödten.[1]) Das älteste Evangelium spricht nur davon, daß sie einige Tage vor der Ausführung über die Art und Weise, wie dieß geschehen könne, nachgeforscht und dabei sich vorgenommen haben, lieber die Zeit des Festes vorübergehen zu lassen, um einen Volkstumult zu vermeiden. Erst das Anerbieten des Judas änderte dieses. Der Beschluß selbst wird bei dieser Darstellung vorausgesetzt. Nur Matthäus hat denselben in leichter Aenderung des Textes an dieser Stelle eingetragen, ohne ihn jedoch weiter zu erläutern. Die Erklärung lag von selbst in allen bisherigen Beweisen der feindseligen Stellung, welche die Pharisäer gegen ihn eingenommen hatten. Der Pharisäismus war die eigentliche Verkörperung des damaligen Judenthums, seines Geistes und seiner Ansprüche, der abergläubischen Buchstabengesetzlichkeit und der hohlen Einbildung fanatischer Zukunftshoffnungen. Den Pharisäern konnte Jesus nichts anderes sein, als ein Neuerer gefährlichster Art; er griff in ihren Augen das Gesetz an, und er zerstörte durch den Geist seiner Lehre die nationale Existenz und nationale Kraft. Aber die Pharisäer waren nicht an der Herrschaft. In den höheren Sphären des Priesterthums war der Sadukäismus vertreten, der weder die pharisäische Tradition anerkannte, noch jene nationalen Hoffnungen theilte und überhaupt ohne ei-

[1]) Matth. 26, 3—5. Mark. 14, 1 f. Luk. 22, 1 f.

gentlichen religiösen Eifer das Gesetz vielmehr nur als Mittel der Priesterherrschaft festhielt. Ihm gehörten die vornehmsten Geschlechter an, wahrscheinlich der Hohepriester selbst mit seinem Anhang.[1]) Hatten diese nicht dieselben inneren Motive des Hasses wie die Pharisäer, so war doch schon das Verlangen der letzteren für sie ein Entscheidungsgrund, denn die pharisäische Demokratie war doch die Stütze der Priesterherrschaft. Und mehr als die Pharisäer scheuten sie alle Unruhen und Veranlassung zu solchen. Was in diesem Falle zu thun sei, mußte für sie zunächst eine Frage der Staatsklugheit sein. In diesem Sinne erzählt das vierte Evangelium daß die hohepriesterliche Sippe mit den Pharisäern im Synedrium berathschlagte. Das durchschlagende war die Erwägung, daß eine Volksbewegung drohe, welche die Römer erbittern und das Verderben des Volkes herbeiführen könnte. Und es war eine Sage unter den Christen, daß der Hohepriester Kaiphas, ohne Ahnung des tieferen Sinnes seiner Worte, als Priester unwillkürlich weissagend den Ausspruch gethan habe: es sei besser, daß ein einzelner Mensch für das Volk sterbe, als daß das Volk selbst zu Grunde gehe.[2])

Jesus selbst hatte sich, nachdem ihn auch das Volk in Jerusalem mit Erbitterung zurückgewiesen, in Judäa verborgen gehalten.[3]) Der Kreis seiner Jünger hatte sich allmählich wieder um ihn gesammelt. Auch in die Nähe von Jerusalem war er vorübergehend wieder gezogen worden durch das befreundete Haus in Bethanien. Daß er dort eine solche zweite Heimat gewonnen hatte, ist einstimmige evangelische Ueberlieferung. Das älteste Evangelium nennt es das Haus Simon's des Aussätzigen und hebt seinerseits hervor, daß er in demselben besonders die Verehrung der Frauen genoß.[4]) Die Dienstleistung, welche eine Frau dem

---

[1]) Man kann dieß, abgesehen von der Familie, der er angehörte, schon aus der nach den damaligen Verhältnissen sehr langen Zeit schließen, über die er seinen Sitz behauptete; Jos. Alterth. 18, 2, 2. 4, 3. vgl. übrigens über den Sadducäismus der Familie, ebend. 20, 9, 1.

[2]) Joh. 11, 50 f. [3]) Joh. 11, 54.

[4]) Mark. 14, 3 ff. Matth. 26, 6 ff. vgl. Joh. 12, 1. 2, wonach Lazarus sich dort befindet, ohne daß das Haus als das des Lazarus bezeichnet wäre.

Gaste in der letzten Zeit nach der Sitte, aber in besonders reichem Maße zu Theil werden ließ, wird von Jesus selbst als eine Vorahnung seines Todes, als Salbung zu seinem Begräbnisse bezeichnet. Das dritte Evangelium erzählt schon früher von einer Einkehr Jesu im Hause der beiden Schwestern Maria und Martha, von welchen jene das Bild der gläubigen Achtsamkeit auf sein Wort, diese das des emsigen Sorgens für ihn wurde.[1]) Das vierte Evangelium bezeichnet diese Schwestern als die Glieder jenes bethanischen Hauses, den erweckten Lazarus als ihren Bruder, und läßt jenen letzten Liebesdienst durch Maria geschehen.[2]) Sind auch die Erinnerungen über die Personen mit der Zeit schon schwankend geworden, so bleibt doch die Thatsache der Freundschaft dieses Hauses, welches in den letzten Zeiten ein Sammelplatz aller Freunde wurde.

Daß Jesus zuletzt aus seiner Verborgenheit wieder hervortrat und vor dem Passah nach Jerusalem kam, ist unbezweifelbar. Wir wissen aber nicht, woher er zunächst kam, und was ihn dazu veranlaßte. Wahrscheinlich sammelten sich um diese Zeit seine Jünger wieder um ihn, und drängten zur Entscheidung. Jesus aber, der stets dem Zuge der Dinge als göttlicher Führung folgte, widerstrebte auch jetzt nicht. Daß die Jünger in dieser Weise den Anlaß gaben, ohne es zu wollen, geht aus zwei synoptischen Erzählungen hervor. Das älteste Evangelium berichtet: daß Petrus anfieng zu sprechen: Siehe wir haben Alles verlassen und sind dir gefolgt. Matthäus läßt ihn hinzu setzen: Was wird uns werden?[3]) Jesus antwortet: Hundertfältig werden sie das Aufgegebene wieder empfangen und das ewige Leben haben.[4]) In anderer Weise drängen die Zebedaiden auf die Zukunft hin mit der Bitte der Begeisterung, ihnen im Reiche die Plätze zu seiner Rechten und seiner Linken zuzusichern.[5]) Jesus erwidert ihnen, daß dieses Gottes Sache sei, er aber habe sie in das Leiden zu

[1]) Luk. 10, 38—42. [2]) Joh. 12, 3.

[3]) Mark. 10, 28. Luk. 18, 28. Matth. 19, 27.

[4]) Aus Mark. 10, 30. Luk. 18, 30 ist zu ersehen, daß man an dieses parabolische Wort frühe anfieng, chiliastische Hoffnungen zu knüpfen.

[5]) Matth. 20, 20 ff. Mark. 10, 35 ff.

führen. Aus diesen Fragen und Bitten erhellt, daß die Jünger im Gefühl der Lage, welche zur Entscheidung kommen mußte, anfiengen, dieß von ihm zu fordern. Haben sie auch nach Johannes ihn vorübergehend vor Jerusalem gewarnt, so waren sie doch auch wieder bereit mit ihm in den Tod zu gehen.[1]) So läßt sich die hochgehende Fluth ihrer vorwärts drängenden Erwartung nicht verkennen.

Aber ganz hatten sie sich immer noch nicht in den Gedanken eingelebt, daß sein Tod unvermeidlich sei. Als sie mit ihm in die Nähe von Jerusalem kamen, begannen sie zu zagen in banger Erwartung. Und da er ihnen seine Weissagung eindringlicher als je wiederholte, konnten sie es doch auch jetzt noch nicht völlig fassen und glauben.[2])

So kamen sie sechs Tage vor dem Passah nach Bethanien,[3]) und hier vereinigte sich mit ihnen eine größere Schaar von Freunden, welche mit ihnen des Weges zogen. Jesus konnte und wollte dieses nicht verhindern. Er mußte es dulden, daß die Menge ihn freudig begrüßte; die Begeisterung flammte noch einmal auf, man fieng an seinen Pfad mit Zweigen und Kleidern zu bestreuen, und ihm den Willkomm des Sohnes David, der im Namen des Höchsten komme, zuzurufen.[4]) Zum ersten Male kam es so zu einer öffentlichen Kundgebung des Glaubens seiner Anhänger, welche die Menge mit sich fortrissen. Jesus gab dem Schauspiele wenigstens die Wendung, daß auch er ein Zeichen des Geistes hinzufügte, in welchem er komme. Er ließ sich ein Eselfüllen geben, anzudeuten, daß er nicht als Krieger und Aufrührer, sondern als Fürst des Friedens komme.[5]) Und als man dann in Jerusalem angelangt war, hielt er alle weitere Begrüßung von sich ferne. Hellenische Proselyten hatten von dem Zuge vernommen und be-

---

[1]) Joh. 11, 8. 16. [2]) Mark. 10, 32—34.

[3]) Matth. 21, 1 ff. Mark. 11, 1 ff. Luk. 19, 29 ff. Joh. 12, 12 ff.

[4]) Im Anschlusse an Ps. 118, 25 f.

[5]) Ob Jesus sich hiebei auf die Symbolik der Handlung beschränkte, oder selbst schon diese nach prophetischem Worte deutete, kann dahin gestellt bleiben. Das erstere ist aber an sich wahrscheinlicher, und durch Joh. 12, 16 bestätigt.

gehrten ihn jetzt zu sprechen.[1]) Jesus aber lehnt es ab, und spricht auf's Neue in tiefer Bewegung von der Nähe seines Leidens, welche ihm jetzt mit erschütternder Gewißheit vor die Seele getreten ist. Das Volk hatte in dem Augenblick der Begeisterung ein Zeichen vom Himmel zu vernehmen geglaubt. Als es ihn aber mit den Seinigen laut von seinem Tode reden hörte, da begann auch alsbald der Zweifel und Widerspruch wieder: was sollte das für ein Messias sein, der nicht, nachdem er erschienen, seine bleibende Herrschaft begänne? Jesus entzieht sich daher aller weiteren Verhandlung. Er geht in die Verborgenheit zurück; wie es scheint hielt er sich im Geheimen in Bethanien auf.

Es widerspricht der Darstellung der Evangelien, und noch mehr dem Gange der bisherigen Geschichte, in diesem Einzug Jesu eine absichtsvolle Veranstaltung von seiner Seite zu sehen. Darin den Versuch finden, durch welchen er jetzt zuletzt im Sturme das Volk erobern, sich wohl an die Spitze eines messianischen Aufstandes stellen wollte, heißt das ganze Bild seines Lebens und seiner Lehre läugnen. Ebenso wenig aber war es die Demonstration eines Schwärmers, der sich wenigstens für einen Augenblick das Traumbild der Größe gefallen läßt. Es ist sein Geschick, welches sich vollenden muß, und weil er dieses weiß, und die Zeit dazu gekommen sieht, entzieht er sich nicht dem ungesuchten Ausbruche. Nicht in Schwäche läßt er sich fortreißen, sondern in der tiefen unerschütterlichen Standhaftigkeit erlebt er mit, was um ihn vorgeht, ohne es herbeizuführen, ohne es zu hemmen, weil es für ihn eine göttliche Nothwendigkeit ist, daß sich Alles so erfüllt. Und in der That war dieses ein würdigerer Anfang des Endes, als wenn er sich ohne Weiteres in der Verborgenheit suchen ließ, und hervorschleppen zum Gerichte. Konnte er auch dieß nicht vermeiden, so hatte er doch zuvor gezeigt, daß er die Furcht nicht kenne; und er hatte jetzt noch einmal gezeigt, in welchem Sinne er kam.

2. Aber auch darin bleibt er sich jetzt noch treu, daß er in keiner Weise das Ende beschleunigt, daß er es nun seinen Feinden

[1]) Joh. 12, 20 f.

überläßt, zu der Gewalt fortzuschreiten. Nicht in einem Aufstande durfte er erliegen; er mußte als der Schuldlose ergriffen und ungerecht gerichtet werden; darum hält er sich nach dem Einzuge abermals in der Stille verborgen, und widmet sich ganz und allein noch diese wenigen letzten Tage seinen Jüngern. Was er noch an ihnen gethan, zeigen die unvergeßlichen Erinnerungen des letzten Abendes, in welche besonders das vierte Evangelium die Fülle seiner vertrautesten Mittheilungen gelegt hat. Aber dem, was ihn selbst und sie betraf, mußte ein anderes vorausgehen; auch sie mußten jetzt in die Gedanken der Zukunft eingeführt werden, die für ihn selbst in diesen letzten Zeiten ihre Vollendung erhalten hatten.

Schon als sie sich Jerusalem näherten, hatte er das Loos der Stadt beklagt, welche ihn so oft abgewiesen hat und nun ihrem Schicksale verfallen ist.[1] Am Bilde des Feigenbaumes, der keine Frucht gegeben, und der nur auf die Bitte des Gärtners noch dieses letzte Jahr die Frist erhalten, hatte er ihnen das Geschick des Volkes gezeigt; der Fluch, den er zuletzt über denselben gesprochen, wurde bald als ein Wunder erzählt. Und als er nun in diesen Tagen mit ihnen die gewaltigen Massen des Tempelbaues betrachtete, enthüllt er ihnen die Gewißheit, daß auch dieses herrliche Denkmal der Gnade Gottes und der Erwählung seines Volkes völlig untergehen muß. Diese Weissagung hat sich in der Ueberlieferung erhalten, so schwer es später noch der apostolischen Gemeinde wurde daran zu glauben.[2] Da fragten

---

[1]) Matth. 23, 37—39. Luk. 11, 34 f. Wenn in diesen Worten den Bewohnern die Aussicht eröffnet ist, nach der Zeit der ἐρήμωσις ihn dereinst als Messias zu begrüßen, so schließt dieser Gedanke weder die Zerstörung der Stadt, noch die Verwerfung des Volkes als solchen aus; auf die Fassung desselben haben aber die nationalen Wünsche der apostolischen Zeit so gut Einfluß geübt wie bei Matth. 10, 23.

[2]) Es ist ein falscher Schluß, wenn man aus einzelnen Spuren späterer Hoffnung, Jerusalem oder doch der Tempel werde erhalten werden, folgert, daß Jesus die Zerstörung nicht vorausgesagt, daß ihm dieß vielmehr erst nach der wirklich eingetretenen Zerstörung in den Mund gelegt sei. Allerdings ist jene Hoffnung noch Apok. 11, 1 ff. ausgesprochen, aber dieß beweist nur, wie weit die Apokalypse sich in gewissen Stücken von der urapostolischen Ansicht

sie ihn nach der Zeit und dem Zeichen dieser Ereignisse.[1]) Jesus aber bestimmt ihnen keine Zeit der großen Zukunft, nur auf die allgemeinen Zeichen des Weltganges sollen sie merken, um daraus zu schließen; auch jetzt dient der Feigenbaum zum Bilde dafür. Für sie aber hat er jetzt Warnung, Aufschluß und Verheißung über die Zukunft. Das erste ist, daß sie sich jederzeit hüten, falschen Propheten, die als Messias auftreten, zu folgen.[2]) Allerdings wird der große Tag des Menschensohnes kommen; aber er wird kommen wie der Blitz zündet, unversehens, plötzlich.[3]) Sie aber haben jetzt einen Beruf vor sich bis dahin. Wenn Israel ihn verworfen hat, so kommen nun die Zeiten der Heiden, das Evangelium muß allen Völkern verkündet werden.[4]) Auf diesem Wege ihres Berufes werden sie alles das zu erfahren haben,

---

entfernt. Diese werden wir in Apostelgesch. 6, 13 f. zu erkennen haben. Wäre jener Schluß richtig, so müßte sich die Aeußerung Jesu über das Tempelgebäude erst da finden, wo auch in der Zukunftsrede selbst die Zerstörung eingeführt ist, wie Luk. 21, 20. 24. Sie findet sich aber auch da, wo statt dessen nur das *βδέλυγμα τῆς ἐρημώσεως* steht, wie Matth. 24, 15. Mark. 13, 14, wie denn überhaupt die ältere Redaction der Reden hierin noch sehr zurückhaltend ist, vgl. Matth. 23, 38 f. Luk. 13, 35. auch Matth. 10, 23. Daß aber daneben sich die Aeußerung über das Tempelgebäude von Anfang an erhielt, erklärt sich aus der spröden Natur eines solchen an äußeren Umständen hängenden Wortes, und beweist nur für die Ursprünglichkeit desselben. Wie dieses dem ältesten Evangelium angehörige Wort später auch in der Redensammlung verwendet und ausgeführt wurde, zeigt sich in der Parallele desselben Luk. 19, 41—44.

[1]) Mark. 13, 4. Luk. 21, 4. Bei Matth. 24, 3 geht die Frage auf die Zeit dieser Dinge, das Zeichen seiner Wiederkunft und der Vollendung der Weltzeit. Dieß ist Ergänzung derselben nach der Antwort. Nach der älteren Darstellung sind es nicht die Jünger, welche alle diese Dinge zusammen denken, sondern Jesus hat von der Frage über den Tempel auf die Parusie hingelenkt.

[2]) Matth. 24, 5. 11. 24. Mark. 13, 6. 22. Luk. 17, 23. 21, 8.

[3]) Matth. 24, 27. Luk. 17, 24. vgl. 1. Thess. 4, 16.

[4]) Das Wort Matth. 10, 23: ihr sollt mit den Städten Israels nicht fertig werden, bis der Sohn des Menschen kommt, obwohl hier in frühere Zeit verlegt, ist doch seinem Ursprunge nach nur eine Parallele dieser Zukunftsreden. Es schließt aber die Mission unter den Heiden nicht aus, vgl. Matth. 10, 18, sondern es gibt nur einen Ausdruck der großen Nähe jener Zukunft.

was er ihnen längst über die Nothwendigkeit der Verläugnung, über die schweren Zwiste und Spaltungen, die in ihr Leben fallen, vorausgesagt, was sie auch längst schon zu erleben angefangen haben. Aber auch der Weg der Verfolgung wird ihnen so wenig wie dem Meister selbst erspart bleiben. Sie werden aber in dem Schutze Gottes stehen, und jetzt tritt eine Verheißung auf, welche sie bisher so noch nicht erhalten haben; ohne Furcht sollen sie den Zeiten entgegengehen, wo sie sich vor Tribunalen aller Art wegen ihres Glaubens zu verantworten haben. Der Geist Gottes, derselbe Geist, in dessen Kraft er selbst sichtlich sein großes Werk begonnen und vollendet hat, wird dann auch mit ihnen sein, er wird ihnen geben zu reden, was sie zu reden haben.[1]) Auch dieß ist keine Lehre vom Wesen und den Werken des heiligen Geistes; es ist eine Erinnerung an ihre Erfahrung, eine Erweckung des Glaubens für die Zukunft auf Grund dieser Erfahrung.

Zu diesen Weissagungen gehören noch einige Zukunftsparabeln, welche die Ermahnung und Warnung derselben fortsetzen. Die Parabeln vom Knechte, der über den Haushalt seines Herrn gesetzt ist, von den Knechten, welchen ihr abwesender Herr Pfunde zu verwalten gibt, und von den Jungfrauen, welche auf das Hochzeitfest warten.[2]) Nur die beiden ersteren finden sich bei Matthäus und Lukas, die dritte ist dem Matthäus allein eigen, klingt aber bei Lukas in der Zehnzahl der Knechte mit den Pfunden, sowie in einzelnen Sprüchen durch. Diese Parabeln, mit Ausnahme der von den Pfunden, welche eine originale Entwicklung hat, entfernen sich etwas von der ächten Parabelart, sie gehen in die unverhüllte Lehrrede über, die Parabel ist fast zur losen Einkleidung der letzteren geworden; nimmt man hinzu, daß sich eben die Parabel vom Knechte, sowie die von den Jungfrauen auf Bildsprüche ermahnender Art stützen, so muß es zweifelhaft bleiben, in wie weit die jetzige Ausführung auf Jesus selbst zurückgeführt werden kann. Charakteristische Beziehungen auf den Jüngerkreis in der Zeit Jesu und seine Erfahrungen

[1]) Matth. 10, 19 f. Luk. 12, 11 f. Mark. 13, 11. Luk. 21, 14 f.

[2]) Matth. 24, 45 ff. Luk. 12, 42 ff. Matth. 25, 14 ff. Luk. 19, 12 ff. Matth. 25, 1 ff.

mit demselben finden sich in denselben nicht, mit Ausnahme vielleicht des Zuges vom faulen Knecht, welcher gegen die geistige Uebermacht und Alleinherrschaft Jesu sich auflehnt. Daß diese Reden in der apostolischen Zeit, je länger der in ihnen beschriebene Zustand des Wartens dauerte, auch um so weiter und eifriger ausgebildet wurden, erklärt sich von selbst. Aber die Parabeln oder die denselben zu Grunde liegenden Bildworte bewegen sich sämmtlich um einen einfachen Hauptgedanken, welcher sicher von Jesus herrührt. Er hat seinen Jüngern gesagt, daß sie die Zeit nach seinem Tode als eine Zeit der Probe ansehen sollen, in welcher sie auf seine Wiederkehr warten, und weil die Zeit derselben unbestimmt ist, beständig sich darauf gefaßt halten. In diesem Sinne sind sie aufgefordert, die Gemeinde in seinem Namen treu zu versorgen, mit dem Evangelium als anvertrautem Gelde zu wuchern, die Lampen für sich selbst brennend zu erhalten, in ihrer Liebe nicht zu erkalten. Die Welt wird sich in den Zeiten des Messias verhalten, wie sie sich zu der Zeit Noahs verhalten hat; sie wird im Taumel leben, bis das Gericht über sie kommt. Die Gemeinde Jesu wird in voller Erwartung diesem Augenblicke entgegengehen, und diese Erwartung wird sie schützen vor jeder Verirrung.

Die apostolische Welt forschte emsig nach den Zeichen der Zeit, sie eignete sich die apokalyptische Weisheit des Judenthums an und brachte sie zu neuer Blüte. In die Darstellung der Zukunftsreden Jesu selbst wurden Stücke aus apokalyptischen Schriften aufgenommen, vielleicht darauf gestützt, daß Jesus selbst gelegentlich auf die Erwartungen derselben und das Wahre in ihnen verwiesen hatte. Wie es scheint beschränkte sich die Redensammlung nur auf Anklänge, das älteste Evangelium nahm sie in größerem Umfange auf. Aber trotzdem erhielten sich Aussprüche, in welchen die Grenze der eigenen Reden Jesu so deutlich angezeigt ist, wie das Wort, daß Niemand, auch des Menschen Sohn nicht, die Zeit wisse, oder daß man nur werde aus der Weltlage schließen können, wie aus dem Knospen des Baumes, daß aber die Ankunft Jesu sein werde wie das Kommen des Diebes in der Nacht, wie der Aufgang des Blitzes aus der Höhe, ebenso unvermuthet, ebenso unberechenbar.[1]) Aus diesen Erklärungen geht zur Genüge hervor, daß Jesus selbst keine Apokalypse der Zukunftsgeschichte gegeben hat.[2])

Die einzige Angabe über den Gang der Dinge in der Zukunft, welche wir auf ihn selbst zurückführen dürfen, ist die, daß das gegenwärtige Geschlecht, daß die Apostel selbst sie noch erleben werden.[3]) Dieß ist nicht nur in den Reden Jesu nach unseren Evangelien enthalten, es ist durch die ganze apostelische Hoffnung bestätigt. Die Zukunftserwartung Jesu selbst war, wie wir gesehen, von Anfang an in einer fortwährenden Entwicklung begriffen. Der Proceß dieser Entwicklung sollte nicht mit ihm selbst schließen, er mußte sich in seiner Gemeinde fortsetzen. So konnte er ihr allein das Erbe jener Glaubenskraft hinterlassen, deren Stärke auf der Hoffnung beruht, daß sie die Vollendung des Reiches in Kurzem erleben werden. Nicht die Zukunftserwartung überhaupt ist in seine Verkündigung erst eingetreten, um seiner Sache eine greifbare Gestalt und die Fähigkeit der Dauer zu geben. Wohl aber hat er ihnen vor seinem Tode diese bestimmte Aussicht auf die Nähe seiner Wiederkehr in steigendem Maße enthüllt, und ihnen dadurch die Stütze des Glaubens gegeben, welcher für ihn auf seinem innersten Wesen beruhte, so daß nun auch in der Trennung von ihm ihr Sinn ganz auf die höhere himmlische Welt gerichtet bleiben mußte. Er lebte der Zuversicht, daß er durch seinen Tod zur Herrlichkeit bei Gott gelange, sein Hingang steht daher unter dem Bilde des Hochzeitfestes,[4]) von dort wird er wieder kommen, um sie in die Theilnahme seiner Errungenschaft einzusetzen. Die Zeit, welche bis zu diesem Kommen verläuft, muß das Evangelium allen Völkern

---

[1]) Matth. 24, 32 ff. Par.

[2]) Ebenso hat er keine neue Lehre über den Zustand nach dem Tode, über Weltgericht und Auferstehung gegeben. Alles was Lehrhaftes hierüber in seinen Reden enthalten ist, schließt sich an bereits bestehende Ansichten an. Aber die umbildende Kraft auch für diese Erwartungen lag in der beherrschenden Stellung seiner Person für alle Zukunftserwartung.

[3]) Matth. 24, 34 Par. Matth. 16, 28 Par.

[4]) Matth. 25, 1. Luk. 12, 36.

bringen. Sie ist die Zeit der Probe für die Seinigen, für ihre Treue, ihre Arbeit in seinem Dienste. Auf diese Hoffnung sind die großen Anfänge der Kirche gegründet.

Man muß durchaus festhalten, daß diese Zukunftsermahnungen und Aussichten gleichzeitig mit der Verkündigung des bevorstehenden Gerichtes über das jüdische Volk gegeben wurden. Hiedurch erhalten die Winke über den Ausgang des Evangeliums unter die Heiden, über die Stellung der Apostel als Verwalter, welche über einen großen Haushalt gesetzt werden, und welche das anvertraute Pfund zu vermehren haben, ihr volles Licht. Jesus hat jetzt den Universalismus, welchen er den Juden gegenüber auszusprechen begonnen hatte, seiner Gemeinde mitgetheilt.[1]) Hatte er schon in seiner ersten Zeit die Liebe auch zu den Heiden verkündet, so kann er jetzt diese barmherzige Menschenliebe als das Band, welches alle Völker in das Reich Gottes führen wird, darstellen. Die Gerichtsparabel, mit welcher die Matthäusreden schließen,[2]) bezieht sich nicht auf die Jünger Jesu, sie zeigt, wie auch unter den Heiden ein Band besteht, das sie mit den Seinigen, ohne daß sie es wissen, zu seiner Gemeinde vereinigt. Die Jünger werden dort Barmherzigkeit erfahren, und diese Barmherzigen werden als die Seinigen angesehen werden.[3]) Die Parabel hat ihre kunstvolle Gestalt jedenfalls erst in der apostolischen Darstellung erhalten; sie zeigt, so wie sie lautet, die Stufe der apostolischen Ansicht, auf welcher die Heiden durch die Liebe der Christen ein zweites Recht im Reiche Gottes erhalten, eine Ansicht, welche auch in der apostolischen Anwendung der Parabel vom ungerechten Haushalter zu erkennen ist. Aber sie beruht sicher auf Belehrungen, welche die Jünger von Jesus erhalten hatten, in welchen er sie zu der Mission in der Heidenwelt er-

[1]) Vgl. Matth. 19, 28. Luk. 22, 30. [2]) Matth. 25, 31 ff.

[3]) In welchem Sinn Jesus sich persönlich als den Weltrichter verkündete, kann dahin gestellt bleiben. In jedem Falle hat er verkündet, daß die Entscheidung für Alle im Weltgericht von seinem Worte und der Stellung zu seiner Sache abhängt, und das Gericht in diesem Sinne sein ist, wie dieses Joh. 5, 22 ff. und sonst ausgeführt ist.

muthigte, indem er ihnen die Menschenliebe, die auch dort zu finden ist, als ein Band für das Reich Gottes zeigte.

3. Mit diesen synoptischen Jüngerreden der letzten Tage stimmen die großen johanneischen Abschiedsreden Jesu an seine Jünger wesentlich überein, so sehr auch gerade sie das eigenthümliche Gepräge johanneischer Reden in vollendeter Weise tragen.

Sie beginnen damit, daß Jesus von seinem Hingange als bevorstehender Verherrlichung redet, wobei er den Seinigen das Gebot der brüderlichen Liebe hinterläßt 13, 31 ff. Und der größere Theil des folgenden ist die Ausführung dieser beiden Sätze, 14, 1—15, 17. Die Natur des Hinganges Jesu soll ihnen aus der Gesammterfahrung von seiner Person und seinem Leben erhellen 14, 1—11, die Herrlichkeit desselben werden sie dann an den Wirkungen, welche für sie selbst davon ausgehen, erkennen und sich darüber zu freuen im Stande sein 14, 12—31. Aber die Bedingung hiefür ist, daß sie in ihm, und durch ihn in der brüderlichen Liebe bleiben 15, 1—17. Auf diese erste Ausführung folgt aber eine weitere, 15, 18—16, 33, die von der Ankündigung der ihnen bevorstehenden Verfolgungen ausgeht, und hievon wieder auf die Verheißung, nämlich die des göttlichen Geistes zurückgreift 15, 18—16, 15, und daran schließt sich noch einmal die Aussicht, daß die bevorstehende Trennung nur gleich Geburtswehen zu achten ist, welche zur Freude des Lebens führen, 16, 16—33.

Auch diese Reden lassen erkennen, daß Jesus von der Zukunft seines Reiches und dessen Herrlichkeit zu seinen Jüngern geredet hat. Wenn man schon durch Erklärungen wie: ich komme zu euch, und: an jenem Tage werdet ihr erkennen, daß ich in meinem Vater bin und ihr in mir und ich in euch, 14, 18. 20, an das Wiedererscheinen Jesu in bestimmter Zeit, erinnert wird, so tritt die Aussicht auf eine Vollendung des neuen Lebens in bestimmter Zeit ganz unverkennbar hervor in der Erklärung: ich werde euch wieder sehen, und euer Herz wird sich freuen, und eure Freude nimmt Niemand von euch, und an jenem Tage werdet ihr mich nichts bitten, sondern was ihr den Vater fordern werdet, wird er euch geben in meinem Namen 16, 22 f. Auch in diesen Reden finden wir die Weissagung der Verfolgungen, und die Verheißung für die Zeit derselben, welche in dem Versprechen des heiligen Geistes ihren höchsten Ausdruck hat. Auch hier dieselbe Ermahnung zur Treue gegen Jesus, und der dadurch bedingten brüderlichen Pflichterfüllung.

Aber was in den Synoptikern im Hintergrunde angedeutet ist, daß Jesus selbst durch seinen Tod in die Herrlichkeit Gottes eingeht, und daß er von dort aus über den Seinigen wacht, und ihnen den Abglanz seines Lebens zukommen läßt, das ist hier in den Vordergrund gerückt. Den eigentlichen Mittelpunkt, auf welchen die Betrachtung von allen Seiten stets zurückkommt, bildet der Gedanke der geistigen Vereinigung mit den Seinigen, welche eben dadurch bedingt ist, daß er selbst in die Erhöhung bei dem Vater eingeht.

Ist nun diese Anschauung schon zugleich der Widerschein der höchsten Geisteserfahrungen des apostolischen Lebens, so zeigt sich doch gerade dadurch, wohin die Anweisungen Jesu geführt haben, und worin wir Kern und Wesen derselben erkennen müssen. Die Summe dessen, wozu Jesus die Seinigen, durch Ermahnung und Parabeln angeleitet hat, ist der entscheidende Gedanke, daß ihr Leben nach der Trennung doch ganz im Aufsehen auf ihn, in der geistigen Treue gegen seine Person besteht. Was in den synoptischen Reden Ermahnung in dieser Richtung ist, das ist in den johanneischen mehr zur Verheißung geworden. Aber in beiden spiegelt sich in gleicher Weise die geistige Gewalt, mit welcher der Scheidende seine Gläubigen ganz an seine Person fesselte, den Glauben an ihn selbst zur Grundlage ihres ganzen Lebens schuf, so daß dieses Leben in der That eine Fortsetzung des seinigen werden konnte. Dieß ist nicht das Werk letzter Stunden oder Tage, es ist das Werk seiner ganzen bisherigen Führung. Aber es ist bezeichnend für diese Führung und für das ganze Wesen Jesu, daß er in diesen letzten Stunden das Ergebniß der Vergangenheit mit dieser Klarheit zusammenfaßt, und durch das Vermächtniß seiner Abschiedsreden besiegelt. Wenn auch die Hoffnung des Zukunftsreiches ihrem Glauben noch wie Anfangs seine Stärke verleiht, so ist doch dieses Reich ganz mit seiner Person verbunden, und das ganze Bild desselben geht im Glauben an sein Kommen auf. Hatte er damit angefangen, daß er das Reich verkündigte und durch diese Predigt auf sich selbst hinlenkte, so ist es jetzt der Glaube an ihn selbst, auf welchen sich die Erwartung des Reiches stützt.

Dieses Ergebniß sollte aber noch in anderer Weise befestigt werden, durch die Bedeutung welche Jesus seinem Tode gab, und mit welcher er das Andenken desselben tief in das Gedächtniß der Seinigen zu schreiben wußte. Der letzte Abend, welchen er mit ihnen zubrachte, trug im nahen Vorgefühle der Trennung auch die ganze Weihe dieses Augenblickes. Auch jetzt noch einmal ließ Jesus seine Vertrauten tiefe Blicke in sein innerstes Leben im Gebete thun.[1]) Das Vollbewußtsein des Sohnes, welcher in seinem Sterben sich zu seinem himmlischen Vater gerufen weiß und welchem sein ganzes Leben jetzt nichts mehr ist als eine Zeit der vollbrachten Sendung, deren Eingang und Ausgang auf das Leben bei dem Vater als sein wahres Leben weist, dieses Bewußtsein sollte sich seinen Gläubigen mittheilen, und wie diese Erinnerung nach vielen Jahren in einem derselben Alles verklärt, zeigt uns die Aufzeichnung des vierten Evangeliums, welche sich darauf stützt. Wie er aber zugleich bemüht war, die Grundgesetze ihres gemeinsamen Lebens ihnen zum letzten Male einzuprägen, beweist dasselbe Evangelium, mit der Erzählung, daß er beim gemeinsamen Mahle den Knechtsdienst der Fußwaschung an ihnen verrichtet, um ihnen das Gebot des demüthigen Dienens und der Gleichheit noch einmal lebendig zu machen, wie denn auch das dritte Evangelium in diese Augenblicke noch solche Demuthsreden verlegt.[2])

---

[1]) Joh. Cap. 17.

[2]) Joh. 13, 4 ff. Luk. 22, 27. Daß man in dem Dienste vorbildlicher Demuth bald ein Symbol der Reinigung sah, ist an sich leicht erklärlich und aus Joh. 13, 9 f. vgl. 15 zu erkennen. Aber eben daraus, daß dieß nicht allgemein geschah, erklärt sich, daß die Synoptiker diesen Akt überhaupt unerwähnt lassen konnten. Doch ist nach der Weise des vierten Evangeliums allerdings möglich, daß derselbe auch einem anderen als diesem bestimmten Moment angehören kann.

4. Die höchste Weihe dieses letzten Zusammenseins aber bildet die Handlung, welche den Jüngern die Frucht seines ganzen Lebens als eine durch seinen Tod reifende darstellte, und darum von selbst zu der heiligen Gedächtnißfeier der Gemeinde wurde. Wir sahen schon aus den Berichten über die wunderbare Speisung, daß Jesus die Gewohnheit hatte, in feierlichen Augenblicken das Brod beim Mahle unter Dankgebet den Seinigen zu reichen.[1]) An diesem Abende sprach er dazu die Worte: nehmet, esset, das ist mein Leib.[2]) Die älteste Auslegung dieses Wortes ergänzte dasselbe: der Leib, der für euch gegeben oder gebrochen wird. So hatten es die Apostel selbst verstanden. Der Leib Christi wurde durch seinen Tod zum nährenden Brode, indem er dem Saamenkorne glich, welches durch seinen Tod hindurch die Leben gebende Frucht bringt.[3]) Wie er ihnen jetzt das Brod reicht, so weiht er ihnen die Frucht seines Lebens, die durch seinen Tod aufgehen wird, und wie sie das Brod essen, so sollen sie durch das, was ihm bevorsteht, sein Leben empfangen.[4]) Und im gleichen Sinn und Geiste reicht er ihnen den Kelch des Weines und heißt sie denselben trinken als das Blut des Bundes, welches um Vieler willen vergossen werde,[5]) indem er hinzufügt, daß er vom Gewächse des Weinstockes von nun an nicht mehr trinke, bis er es neu trinke im Reiche Gottes. War hiemit sein Tod noch zweifelloser hervorgehoben, so war auch zugleich der Zweck und die Frucht desselben noch deutlicher erläuternd bezeichnet. Durch das Opfer seines Lebens sollte der Bund begründet werden, aber dieses Opfer sollte von ihnen geistig empfangen und innerlich angeeignet werden, wie sie den Wein jetzt trinken.[6])

Wie uns das älteste Evangelium diese Handlung berichtet,

---

[1]) vgl. Luk. 24, 30.

[2]) Matth. 26, 26 ff. Mark. 14, 22 ff. Luk. 22, 19 ff. 1 Cor. 11, 24 ff.

[3]) Joh. 12, 24. [4]) Joh. 6, 51 ff.

[5]) Im apostolischen Gebrauche wurde erläuternd bald die Bezeichnung des Bundes als des neuen, bald der Zweck der Sündenvergebung hinzugefügt; sowie für das Ganze die Aufforderung, dieses zu seiner Erinnerung zu thun.

[6]) Daß der Begriff des Bundesblutes oder Bundesopfers hiebei nur der untergeordnete, die Bedeutung seines Sterbens selbst erläuternde sein kann, versteht sich im Zusammenhange des Ganzen von selbst.

ist sie das Erzeugniß des Augenblickes. Aus dem Gefühle des Scheidens ist sie geboren, darum wiederholt er jetzt das segnende Darreichen des Brodes, indem er demselben zum letzten Male den höchsten Sinn gibt, darum redet er beim Darbieten des Weines davon, daß dieses Trinken desselben das letzte sei. So waren denn die Worte zunächst geheimnißvoll für die Jünger, tiefen Sinn in der größten Kürze zusammendrängend und denselben der Zukunft ihres Verständnisses überlassend. Aber sie hatten in Allem, was er bisher über sein Scheiden gelehrt hatte, den Schlüssel des Verständnisses. Von dem Augenblicke, da er ihnen mit der Enthüllung seines messianischen Berufes seinen Tod vorausgesagt, hatte er ihnen denselben auch als eine göttliche Nothwendigkeit, welche zur Vollendung des Reiches führen wird, vorgestellt; er hatte ihnen gezeigt, daß er alle menschlichen Gedanken verläugne um diesen Beruf zu erfüllen, und es lag darin von selbst, daß er es um ihretwillen thue. Er sprach wohl auch, wenn er sie zum Dienen und zur Demuth ermahnte, von seinem Tode als dem höchsten Beweise der Aufopferung, mit welcher er selbst für sie diene; des Menschen Sohn ist gekommen, nicht sich dienen zu lassen, sondern zu dienen und sein Leben zu geben als Lösegeld für Viele,[1]) oder nach Johannes: Niemand hat größere Liebe, als daß er sein Leben lasse für seine Freunde.[2])

Waren sie so in das Wesen seines Todes eingeweiht, so galt es doch ihnen zum vollen Gefühl zu bringen, daß er dieses Opfer für sie bringe, daß sie in demselben seine ganze Liebe, als die Liebe, in welcher die Gnade Gottes beruht, erleben. Mit dieser Erkenntniß war auch der Zweck seines Sterbens an ihnen erfüllt, und jenes Leben mit ihm bei ihnen begründet, welches nach seinem Tode beginnen sollte. Darin lag der Doppelsinn jener Darbietung.[3])

Diese Handlung nun schließt seine ganze Wirksamkeit ab. Sie enthält die reiche Frucht derselben, sie ist darum die Probe

---

[1]) Matth. 20, 28. Mark. 10, 45. [2]) Joh. 10, 18. 15, 13.

[3]) In diesem Sinne hat das vierte Evangelium 6, 51 ff. die Weissagung seines Todes als Aufforderung zur Aneignung seines Lebens widergegeben, auch hier das Einzelne unter das Ganze stellend.

für alles Vorangegangene. Nur wenn Jesus lange bemüht war, die Jünger in seine Gottesgemeinschaft einzuführen, nur wenn er hierauf ihren ganzen Glauben gründete, wenn die ganze Wahrheit desselben auf seiner Person beruhte, konnte er zuletzt diese Worte sprechen. Nur dann konnte er in der Selbstaufopferung bis zum Tode auch den Weg zeigen, wodurch sie in die innerliche Lebensgemeinschaft mit ihm vollendet eingeführt werden, konnte er das Eintreten in diese als sein höchstes Vermächtniß ihnen hinterlassen. Nur wenn er sie in der Schule des Geistes allmählich vom Gesetze frei gemacht, konnte er seinen Tod als die Versiegelung seines Bundes bezeichnen. Indem er sein ganzes Evangelium in diese sinnbildliche Handlung legt, hat er das Parabellehren seines Lebens abgeschlossen und im höchsten Bilde zugleich das Räthsel gelöst.[1]) Diese Handlung ist fast das GewissESTe, was wir aus seinem Leben wissen. Sie ist der entscheidende Beweis, daß wir seine ganze Geschichte, wie es schon das vierte Evangelium gethan hat, unter den Zweck seiner Offenbarung stellen dürfen: ich und der Vater sind eins. Wer mich gesehen hat, der hat den Vater gesehen.[2]) Das vierte Evangelium hat deßhalb gewiß auch den historischen Schlüssel zum Verständniß der bei jener Handlung gesprochenen Worte gegeben, wenn es ihn nach der wunderbaren Speisung sagen läßt: ich bin das lebendige Brod, das vom Himmel gekommen ist; wer von diesem Brode isset, der wird in Ewigkeit leben; und das Brod, das ich geben werde, ist mein Fleisch, das ich für das Leben der Welt geben werde. Aber auch: der Geist ist es, der lebendig macht, das Fleisch nützt nichts; die Worte, die ich gesprochen habe, sind Geist und Leben.[3])

Nach den synoptischen Evangelien ist das Mahl, welches zu dieser Handlung Anlaß gibt, das Passahmahl.[4]) Jesus hat die Veranstaltung zu demselben im tiefen Geheimnisse in befreundetem Hause in Jerusalem durch seine Jünger treffen lassen, und bei Lukas sind die Worte überliefert: Sehnlich habe ich danach verlangt, mit Euch dieses Passah zu essen vor meinem Leiden. Eben-

---

[1]) Joh. 16, 29 (25). [2]) Joh. 10, 30. 14, 9.

[3]) Joh. 6, 51. 63.

[4]) Matth. 26, 17 ff. Mark. 14, 12 ff. Luk. 22, 7 ff. 15.

daher war der folgende Tag, der Todestag Jesu, der erste Tag des Festes, und wenn derselbe theils von dem Synedrium durch die Gerichtsverhandlung, theils von den Frauen, welche das Begräbniß Jesu besorgen, nicht wie ein Sabbath gehalten, sondern von dem darauf folgenden Wochensabbath gerade durch diese größere Freiheit unterschieden wird, so haben wir anzunehmen, daß die Festsitte dieses damals gestattete, daß es jedenfalls das älteste Evangelium so ansah.[1]) Dagegen ist unzweifelhaft, daß das vierte Evangelium den Tod Jesu erst auf den Tag verlegt, an dessen Abend das Passah gegessen wurde, 18, 28. vgl. 19, 14. 31, und es ist daher nach ihm das dem Todestag vorangehende Mahl nicht das Passahmahl 13, 1. 2. 29. Nimmt man diese Darstellung als die richtige an, so fallen allerdings die Bedenken weg, welche daraus hervorgehen, daß der Todestag nicht wie ein Festtag behandelt scheint. Aber die Geschichte dieses Mahles selbst enthält doch ein Moment, welches für den Passah-Charakter desselben entscheidet. Wir sehen nicht nur, daß Jesus sich überhaupt in diesen letzten Tagen mindestens vom Abende an außer der Stadt verborgen hielt, sondern auch, daß er hiemit übereinstimmend die Vorbereitung zum Mahle heimlich besorgen läßt. Es muß also ein ganz besonderer Grund gewesen sein, der ihn veranlaßte an diesem Abend in die Stadt zu kommen und seine Jünger um sich zu versammeln, und diesen können wir kaum in einem anderen Umstande finden, als darin, daß er eben das Passah feiern wollte. Dieß ist ein Gesichtspunkt, welcher auch ganz unabhängig von jedem etwaigen Vorurtheile der älteren evangelischen Geschichtschreibung für die Passahfeier, das ihre Darstellung bestimmt haben könnte, besteht und seine Geltung anspricht. Dagegen erklärt sich der johanneische Bericht leicht aus der Feststellung der späteren Ansicht, daß Jesus an der Stelle des Passah seinen Tod erlitten habe und so selbst das wahre Passahlamm geworden sei, woraus denn zu folgen schien, daß er auch an dem Tage getödtet wurde, da man das Passahlamm

---

[1]) Um so mehr als die Tradition nicht hiegegen entscheidet. vgl. Wieseler. chronol. Syn. S. 361 ff.

schlachtete.[1]) Hat aber Jesus auch das Passah gefeiert, so folgt daraus nicht, daß er die Verbindlichkeit des Gesetzes dadurch aufrecht erhalten wollte. Er hat die Feier selbst eben so frei gehalten, wie er die Schrift des Gesetzes angewendet hat. Die Weihehandlung dieses Abendes ist nicht an die Passahfeier angeknüpft; sie enthält nicht einmal eine Umdeutung oder höhere Anwendung des Passahritus. Wie sie dem Geiste nach eine durchaus freie Schöpfung ist, so stützt sie sich auch ganz und ausschließlich auf die Vorgänge der Sitte und Lehre Jesu selbst.

[1]) Die Angabe des Evangeliums widerspricht daher nicht den Nachrichten, daß Johannes selbst die kleinasiatische Festsitte theilte, wenn diese nicht die Fortsetzung der jüdischen Festfeier, sondern die Feier des Todes Jesu war. Aber sie läßt sich nur dann begreifen, wenn das Evangelium aus den Mittheilungen des Apostels hervorgegangen ist, so daß auch hier schon die Deutung der Sache sich mit der geschichtlichen Erinnerung vermischt hat.

Schluß.

1. Dieses Passahmahl hat Jesus, wie aus der großen mit demselben verbundenen Handlung erhellt, als seinen Abschied betrachtet. In der That waren bereits alle Anstalten getroffen, seine Gefangennehmung herbeizuführen. Judas von Karioth, einer der Zwölfe, hatte sich dem Synedrium erboten, Jesus ihnen auszuliefern. Er wählte dazu eben diesen Abend, an welchem, wie er wußte, Jesus in der nächsten Nähe der Stadt übernachten würde. Alles dieses war für Jesus nicht unbemerkt geblieben, und er hatte ihn zum letzten Male gemahnt, indem er im Kreise der Zwölfe aussprach, einer unter ihnen werde ihn verrathen. Welches Motiv den Verräther geleitet, können wir nur errathen. Das vierte Evangelium deutet an, daß er ein Opfer der Habsucht geworden, welche ihn auch zum Betruge verführt habe. Vielleicht liegt der vollständigere Schlüssel in der Andeutung der Parabel von den Pfunden, in welcher der untreue Knecht sich beschwert: daß sein Herr ernte, wo er nicht gesäet. Ihm war durch die Macht der eigenen Selbstsucht das Band, welches die Jünger mit Jesus verband, zum drückenden Joch geworden.

Da nun aber Judas sich heimlich entfernte, gerieth Jesus in große Bewegung. Die Vollendung seines Geschickes war ihm gewiß. Keiner der übrigen Jünger hatte eine Ahnung des Verbrechens, welches diese herbeiführte. Die dunklen Worte des Meisters über Verrath hatten sie wohl befremdet und erschüttert, aber doch nur ihrer eigenen Treue gewiß gemacht. Als ihnen jetzt Jesus wehmuthsvoll davon sagt, daß sie bald werden zersprengt und von ihm getrennt werden, erklären sie sich bereit, Alles mit ihm zu bestehen; Petrus vor Allem gelobt unerschütterlich auszuharren. Nach einer Ueberlieferung dachte Jesus einen Moment daran, daß sie sich wenigstens vertheidigen sollten. Er frägt nach Waffen; aber als sie ihm ein Schwert zeigen, wehrt er wieder ab.[1])

Unter bangen Ahnungen kamen sie in das Gehöfte, welches ihnen zum Uebernachten dienen sollte. Jesus bleibt im Freien, um zu beten, zum letzten Male läßt er seine Vertrautesten dem Gebete anwohnen. Alle tiefe Bewegung, welche von der ersten Erkenntniß dieses Weges sich fort und fort wieder bei ihm eingestellt hat, bricht nun gewaltsam hervor. Er bittet als ein Mensch, daß der Kelch dieses Leidens vorübergehe; er fügt in der Ergebung des Glaubens hinzu, daß er sich dem höheren Willen seines Vaters unterwirft. Und mitten im eigenen Kampfe ist er bewegt über das Loos seiner Jünger, welche ahnungslos dem Schlafe erliegen, ein Bild der Gefahr, der sie entgegengehen.

Diese Erschütterung Jesu ist nicht ein einzelner Moment, der eine Ausnahme in seinem Leben bildete. Stets hat er die Bitterkeit des Todes menschlich vorausgefühlt, der Eintritt in die heilige Stadt hatte ihn mit Zagen und Bangen erfüllt,[2]) das letzte Mahl hatte ihm Anlaß gegeben, den Schmerz des Scheidens in sein Vermächtniß zu legen. Auch das vierte Evangelium, obwohl es diese Scene im Garten nicht schildert, verläugnet doch diese Gefühle nicht. Und es ist kein Gegensatz zwischen dieser menschlichen Erschütterung und der geistigen Größe und Erhabenheit, welche über den Tod hinweg auf dessen himmlische und irdische Früchte sieht, in der synoptischen Abendmahlsstiftung so gut, als in dem johanneischen letzten Gebet. Ohne diesen menschlichen Kampf gab es kein göttliches Opfer; und die Höhe des Glaubens gründet sich auf die Wahrheit dieser That. Es ist kein befremdlicher Wechsel der Stimmungen, der sich hierin kundgibt, es offenbaren sich Elemente des inneren Lebens, welche sich

[1]) Luk. 22, 36—38. [2]) Joh. 12, 27.

gegenseitig bedingen. Aber es liegt auch darin das Maß für unsere Auffassung seiner ganzen Person. Die Gotteinheit, die er in sich trägt, ruht auf dem Grunde menschlicher Lebenswahrheit.

Während Jesus betete, kam Judas mit der Mannschaft des Synedriums, nach Johannes zugleich mit einer Abtheilung der römischen Cohorte herbei, und eilt auf Jesum zu, umarmt ihn zum Zeichen, welcher es sei. Jesus aber tritt selbst vor und gibt sich zu erkennen, er spricht seine Verwunderung aus, daß man ihn nächtlich überfalle, nachdem er so oft in Jerusalem öffentlich aufgetreten, ohne belästigt worden zu sein. Indem er sich selbst darbietet, befreit er seine Jünger aus der Gefahr.[1]) Schon hatte man auch sie zu greifen begonnen, ja es war zu einem kurzen Handgemenge gekommen, in welchem Petrus mit dem Schwerte einen hohepriesterlichen Knecht verwundete. Dem entschlossenen Auftreten Jesu gelang es, die Seinigen zu schützen, und ihnen Raum zur Flucht zu verschaffen; diese geschah so eilig, daß einer von ihnen sein Gewand zurückließ.

Die Wache führte Jesus vor den Hohenpriester, und zwar weisen alle Berichte darauf hin, daß wir eine doppelte Verhandlung zu unterscheiden haben, wovon die erste in die Nacht, die andere in die Frühe des Morgens fällt. In der Nacht versammelte sich eine Abtheilung des Synedriums, um eine Voruntersuchung vorzunehmen, und zwar geschah dieses nach dem vierten Evangelium im Hause des früheren Hohenpriesters Anna, der der Schwiegervater des jetzigen, Kaipha, und immer noch die Seele der Verwaltung war. Am Morgen fand dann eine förmliche Sitzung statt, deren Ergebniß der Beschluß war, Jesus vor den römischen Prokurator zu bringen und als todeswürdigen Verbrecher anzuzeigen, denn das Synedrium hatte das Recht der Todesstrafe nicht mehr.[2])

---

[1]) Joh. 18, 5 ff. Matth. 26, 51 ff. Mark. 14, 47 ff. Luk. 22, 49 ff.

[2]) Die Frage, ob damals in Jerusalem noch ein regelmäßiges Synedrium bestand oder nicht, welche sich jedenfalls nicht durch Josephus Alterth. 20, 9, 1 beantworten läßt, und ebenso schwerlich aus den offenbar tendentiösen Nachrichten des Talmud, kann hier unerörtert bleiben. Allerdings würde sich das ganze Verhalten der Juden, und insbesondere die wiederholte Verhandlung

Es ist weder für die Erkenntniß Jesu noch seiner Feinde von entscheidendem Belang, zu sehen, unter welchem Titel sie ihr Urtheil über ihn aussprachen, denn dieses Urtheil stand jedenfalls zuvor schon fest. Aber es ist eine Bestätigung des Bildes, welches die Evangelien von seinem Auftreten geben, daß eine ordentliche Verurtheilung nicht zu Stande kam, daß dieselbe vielmehr nur tumultuarisch war. Man befragte ihn über seine Lehre, über den Bund, den er gestiftet, er verwies auf die Oeffentlichkeit, in welcher Alles geschehen. Man suchte ihm eine Auflehnung gegen Gesetz und Heiligthum nachzuweisen, aber man hatte nichts vorzubringen, als eine Aussage über beabsichtigte Zerstörung des Tempels, die wohl den Worten nach nicht ganz unbegründet war, aber doch viel zu unsicher, um die Anklage darauf stützen zu können. So schritt man zu der Frage, ob Jesus sich für den Messias ausgebe. Jesus bejaht dieses, setzt aber hinzu, daß sie die himmlische Erscheinung des Menschensohnes erwarten sollen. So lehnte er, indem er auf eine göttliche Kundgebung der Zukunft verwies, doch zugleich jede Art von thatsächlicher Schilderhebung, welche dem Gesetze verfallen konnte, von sich ab. Er sprach damit nur aus, was sein ganzes Leben bewies. Wenn nun dennoch der Hohepriester das Schuldig verkündet, ohne sich weiter an den Charakter dieses Bekenntnisses zu kehren, so war dieß kein richterlicher Spruch, sondern eine tumultuarische Verwerfung, und das ganze Verfahren hatte keinen anderen Zweck, als den Schein der Gesetzlichkeit nothdürftig zu wahren.

Das Verhalten Jesu gegenüber dem römischen Prokurator war dasselbe, wie gegenüber dem Hohenpriester und dem Synedrium. Er bekannte sich nach dem ältesten Evangelium zwar zu der Anklage, daß er in einem gewissen Sinne der König der

---

noch besser erklären, wenn der Hohepriester mit seinem Anhange nur zeitweilig den Versuch machte, das Synedrium mit seiner alten Gewalt zu repräsentieren. Aber die evangelischen Quellen setzen das Gegentheil doch sehr bestimmt voraus. Bei dem raschen Wechsel der Verhältnisse in jener Zeit läßt sich Gewisses wohl kaum aufstellen, und jedenfalls ist es wahrscheinlich, daß das Synedrium sich in jedem Augenblicke, in welchem es Duldung fand, wieder constituierte.

Juden sei, er setzte aber weiterhin allem Fragen und Drängen nur würdevolles Schweigen entgegen. Sein Verhalten war jedenfalls von der Art, um auszudrücken, was er nach dem vierten Evangelium förmlich ausgesprochen hat: daß sein Reich nicht von dieser Welt sei, und daß er auch die Gewalt des Richters über sein Leben nicht fürchte, weil er auch sie von Gott abhängig weiß.

Pilatus, so wie der Charakter seiner Verwaltung geschichtlich fest steht, hätte wohl wenig Umstände mit einem Menschen gemacht, der ihm von dem Synedrium als eines revolutionären oder doch wenigstens verdächtigen Unternehmens schuldig übergeben wurde. Es kam aber ein Zwischenfall, welcher beinahe den Gang der Dinge an diesem äußersten Punkte zu hemmen schien. Der Prokurator hatte die Gewohnheit dem Volke auf das Passah einen Staatsgefangenen frei zu geben. Dieß war nach der rücksichtslosen Weise des Pilatus gerade jetzt um so mehr versäumt worden, als es sich nur um einen gewissen Jesu bar Abba handeln konnte, der als Aufrührer ergriffen und vielleicht um Geständnisse von ihm zu erlangen, von dem Prokurator noch nicht processiert worden war. Heute aber nun begehrte das Volk in einem Auflaufe sein Recht,[1]) und forderte in drohender Weise gerade diesen Jesu bar Abba. Pilatus hatte Gründe diesen nicht gerne frei zu geben, und bot daher lieber die Freilassung des neuen Gefangenen, Jesu, an, dessen Verbrechen ihm nicht so gefährlich scheinen mochte. Denn wenn ihn auch das Synedrium der Rebellion beschuldigte, so war er ja doch nicht auf der That ergriffen, und es schien seine ganze Sache mehr auf einem Religionsstreit der Juden zu beruhen. Aber das Volk beharrte um so mehr auf dem Rechte seiner Wahl, und forderte den Jesu bar Abba; den anderen Jesus möge er immerhin kreuzigen. Pilatus hatte dießmal nicht Lust, es mit der Bevölkerung weiter kommen zu lassen; er gab ihnen den Rebellen Preis, und verurtheilte den anderen Angeklagten nur um so gewisser zum Tode, um doch auch heute zu zeigen, welches Loos aller Aufruhr zu erwarten habe. Grund dazu bot das Zeug-

---

[1]) Vgl. Mark. 15, 8.

niß des Synedriums und das für ihn immerhin zweideutige Bekenntniß Jesu genug.

Bis hieher geben die evangelischen Nachrichten ein im Wesentlichen übereinstimmendes Bild, in welchem zwar die eigene Betrachtung manches etwas anders gestellt hat, welches aber sich in seinen Hauptzügen doch als ein ächt geschichtliches leicht erkennen läßt. Wenn auch die Verhandlungen namentlich bei dem Synedrium nicht öffentlich vor sich giengen, so waren doch so viele Menschen dabei betheiligt, daß das Wesentliche wohl in die Kenntniß der Apostel gelangen und in ihrer Ueberlieferung behalten werden konnte. Auch ist hier und im Folgenden so vieles Einzelne ächt geschichtlich, wie die Geißelung vor der Kreuzesstrafe, das Reichen des Essigs am Kreuze, die Vertheilung der Kleider des Hingerichteten, daß man dieser Ueberlieferung ohne Weiteres folgen darf.

Dagegen werden die Berichte gerade da unsicherer, wo die Scene selbst in die volle Oeffentlichkeit kommt, nämlich bei der Kreuzigung.[1]) Es wirken hier zwei Ursachen zusammen. Die Apostel selbst waren nicht Augenzeugen des Vorganges; sie hatten nach jener nächtlichen Flucht sich zerstreut; nur Petrus und, wenn das vierte Evangelium Recht hat, Johannes hatten es gewagt bis in das Haus des Hohenpriesters ihm nachzugehen und den Verlauf der Dinge zu beobachten, in der Hoffnung unentdeckt zu bleiben im Gedränge; da sie aber doch verdächtig wurden, zog Petrus in Abrede Jesus zu kennen, und es gieng so in Erfüllung was ihm Jesus bei seinen zuversichtlichen Versprechungen am Abend für die Stunde der Gefahr vorausgesagt hatte. Jetzt aber als die Verurtheilung Jesu erfolgt war, und die Verwicklung dieser Sache mit jenem Volkstumult sie noch mehr bedrohte, hielten sich alle ganz verborgen, und nur einige der Frauen, welche schon lange her zu den Vertrauten des Kreises Jesu gehörten und sich jetzt am Feste mit in Jerusalem befanden, waren aus der Ferne Zeugen der Kreuzigung. Eine andere Ursache, daß die Erinnerungen hier

---

[1]) Selbst die Zeit der Kreuzigung ist verschieden angegeben, Mark. 15, 25. Joh. 19, 14 (wo die sechste Stunde römischer Zählung schon aus offen liegenden sachlichen Gründen nicht angenommen werden kann).

weniger sicher werden, ist der Umstand, daß die unendliche Bedeutung, welche diese heiligen Augenblicke nachher für die Gläubigen hatte, es kaum zuließ, daß die Dinge in einfacher Erzählung überliefert wurden. Vielmehr schuf sich in der Vorstellung des einzelnen die Ansicht des Glaubens, wie dieses gewesen sein müsse, frühe Raum. Wir finden deßhalb, daß schon das älteste Evangelium die einzelnen Dinge ganz nach dem Vorbilde eines hieher bezogenen Psalmwortes schildert.

Jesus starb mit derselben Geistesgröße, mit der er dem Synedrium und dem Prokurator gegenüber seinen Charakter behauptet, und mit der er auch an beiden Orten schon rohe Mißhandlungen getragen hatte. Aber das Bild der Stunden, die er am Kreuze zubrachte, war in der ältesten Erinnerung doch ein durchaus düsteres, wie dieses nicht nur aus der Verfinsterung der Sonne, von der sie erzählt, sondern auch aus dem einzigen Worte Jesu, das sie anführt, sich ergibt; aber auch dieses Wort, mein Gott, mein Gott, warum hast du mich verlassen? ist schon ein seiner bestimmten Fassung nach dem Psalme entlehntes. Bald hernach rief Jesus abermals laut und starb. Das Gewisse an diesen Erinnerungen ist also, daß er mit der ganzen Kraft seines Glaubens um seinen Tod gefleht hat. Die späteren evangelischen Berichte haben nun theils Worte, welche Jesus noch am Kreuze an andere gerichtet oder über sie gethan, wie Lukas die Fürbitte für die unwissenden Schergen und das Gespräch mit dem bereuenden Mitgekreuzigten, Johannes aber das Testament für seine Mutter und seinen Lieblingsjünger; theils haben sie den Augenblick des Sterbens selbst erläutert, indem sie den letzten Ausruf in Worten berichten: Vater, ich gebe meinen Geist in deine Hände, oder: es ist vollendet. Aber wir sind nicht mehr in der Lage den Grund dieser Ueberlieferungen festzustellen. Was sich als das Wesentliche aus dem Gesammtbilde ergibt, ist die Thatsache, daß Jesus auch am Kreuze das Gebet seines Lebens fortsetzte, ja jetzt eben dasselbe mit der höchsten Kraft vollzog, und daß Gott diesen gewaltigen Ruf erhörte durch einen schnellen Tod.

2. Was die Jünger Jesu nach seinem Tode mit ihm erlebten, kann strenge genommen nicht mehr zu dem irdischen Wirken Jesu gerechnet werden, außer soferne diese Erlebnisse Zeugniß geben von der gewaltigen Gesammtwirkung seines Lebens, und insbesondere von der Weissagung seines himmlischen Fortlebens, durch welche er sie in der letzten Zeit für diese Offenbarung nach seinem Tode befähigt hatte.

Alles Vorangegangene aber reicht nicht hin, die Geschichte der Auferstehung oder vielmehr die Erscheinungen derselben zu erklären. Die Jünger sind darin offenbar von einer außerhalb ihres eigenen Lebens liegenden und auf sie wirkenden Gewalt abhängig. Weniger Gewicht möchte zwar darauf zu legen sein, daß die tiefe Niedergeschlagenheit über den Tod Jesu einem solchen Aufschwunge des freudigen Glaubens entgegenstehe, und keine Vermittlung zwischen beiden möglich sei. Die Niedergeschlagenheit war gewiß nicht bloße Betäubung und innere Erschlaffung, sondern daß nun das zwar längst Vorhergesagte, aber doch nie von ihnen ganz Begriffene und innerlich Angenommene, wirklich geschehen war, mußte sie in eine Aufregung versetzen, in welcher sie das Kühnste unternehmen konnten, jedenfalls aber einem Anstoße zu begeisterter Erhebung zugänglicher als je waren. Dagegen spricht Alles dafür, daß sie auf eine sofortige Wiedererscheinung Jesu zumal in Form der Auferstehung aus dem Tode nicht gefaßt waren. Die evangelische Ueberlieferung ließ später allerdings Jesus dieses Ereigniß zugleich mit seinem Tode voraussagen, aber in der Bemerkung, daß man damals dieses Wort nicht begriffen habe, zeigt sie selbst an, daß es mehr die spätere Deutung ist, welcher diese Weissagung ihre bestimmte Gestalt verdankt.[1]) Dagegen verband Jesus mit

---

[1]) Mark. 9, 10. Joh. 2, 22. Eine spätere Bildung ist das Wort Matth. 12, 40. Mit der dreimal wiederholten Todesweissagung Matth. 16, 21, Par.; 17, 22, Par.; 20, 19, Par. ist jedesmal die der Auferstehung am dritten Tage verbunden, sie ist von der ersteren unzertrennlich. Aber die Form der Leidensweissagung selbst schließt sich deutlich an das Erlebte an, und dieß gilt sicher auch von jenem Punkte. Was Jesus gesagt hat, kann sich kaum auf eine Erscheinung aus dem Grabe bezogen haben. Nicht aus einer solchen, sondern lediglich aus der künftigen Parusie sollten seine Jünger Trost schöpfen. Da-

der Voraussagung seines Todes stets eine andere, nämlich die seiner himmlischen Zukunft. Kann man auch nicht sagen, daß diese die Auferstehung ausschließe, so erfüllte sie doch mit ihrer Erwartung den Sinn der Jünger so ganz, daß daneben keine Auferstehungshoffnung denkbar ist, aus welcher eine rein subjektive Verwirklichung der letzteren begreiflich wäre.

Wie nun aber die Erlebnisse selbst zu denken sind, ist bei der Natur der Berichte sehr schwer zu bestimmen. Thatsache ist, daß das apostolische Zeitalter in seinen sichersten Nachrichten nicht nur den allgemeinen Glauben an eine Reihe von wirklichen Erscheinungen Jesu nach seinem Tode, sondern auch die Gewißheit der Betheiligten selbst über dieselben bezeugt. Wenn der Apostel Paulus, von dem wir dieses wissen,[1]) seine eigene Christuserscheinung zu diesen rechnet, so folgt daraus nur, daß er selbst dieser die gleiche Objektivität zuschreibt, welche er bei denjenigen der älteren Apostel annehmen mußte, und dieß auf das Gefühl von völliger wunderbarer Ueberwältigung seiner Person durch die erlebte Erscheinung begründete.[2])

Aber die Berichte der Evangelien über die ersten Erscheinungen gehören theils, wo sie am meisten in das Einzelne gehen, entschieden der späteren Ueberlieferung an, theils zeigen sie ein großes und unlösbares Auseinandergehen dieser überhaupt. Zu den ersteren gehören die Erzählungen im dritten und vierten Evange-

rum haben sie auch kein Auferstehungserlebniß an ihm erwartet. Wenn Jesus von einer Auferstehung damals mit ihnen sprach, so kann er sie nur seiner Versetzung in himmlisches Leben versichert haben.

[1]) 1 Cor. 15, 5—8.

[2]) Will man das Erlebniß des Apostels Paulus ganz aus ihm selbst als ein bloß subjektives erklären, so läßt sich daraus doch nicht auf eine solche Natur der Christuserscheinungen der älteren Apostel schließen. Vielmehr könnte zur Erklärung seiner eigenen nur vorausgesetzt werden, daß er von jenen als Thatsache gehört hatte und von der Frage über ihre Wirklichkeit innerlich bewegt war. Uebrigens scheitern die Versuche, welche zu einer subjectiven Erklärung der paulinischen Christuserscheinung gemacht worden sind, bis jetzt offenbar, nicht sowohl an der Schwierigkeit einer solchen Sinnestäuschung, als vielmehr an der Nothwendigkeit, ein Christusbild oder einen Christusglauben schon zur Erklärung voraussetzen zu müssen, der sich ihm sicher erst nach seiner Bekehrung so entwickelt hat.

lium. Schon das dritte geht in seiner ganzen Darstellung mit auffallender Absichtlichkeit darauf aus, die wirkliche leibliche Erscheinung darzuthun, und die Annahme, er sei als Geist erschienen, auszuschließen,[1]) und es läßt sich nicht läugnen, daß die Momente, welche hiebei hervortreten, der Darstellung einen legendenhaften Charakter geben. Aber auch das vierte Evangelium, obwohl sein Bericht dieß nicht so auffallend anzeigt, läßt doch den gleichen Zug erkennen,[2]) und wenn man die Ergänzung des Nachtragskapitels hinzunimmt, so ist auch bei ihm kaum zu verkennen, daß die Apostelschüler hier an die Erinnerungen ihres Zeugen die wichtigsten Mittheilungen der damaligen Ueberlieferung überhaupt anknüpften.[3]) Diese beiden Evangelien nun aber versetzen die Erscheinungen im Kreise der Zwölfe ganz nach Jerusalem, Jesus gibt nach Lukas auch sogleich den Befehl, daß sie dort bleiben sollen,[4]) und nur jenes Schlußcapitel des vierten Evangeliums fügt auch noch eine galiläische Geschichte oder vielmehr Legende hinzu. Dagegen weiß das älteste Evangelium nur davon, daß Jesus sich seinen Jüngern in Galiläa gezeigt habe. Schon am letzten Abend vor seinem Tode läßt es ihn davon reden und der Engel am Grabe wiederholt den Befehl, daß sie dahin gehen, um ihn dort zu sehen.[5]) Man kann nun allerdings vermuthen, daß dieß nur das Erste gewesen, daß sie sich darauf rasch wieder in Jerusalem sammelten, und dort die weiteren Erscheinungen vorfielen; aber man muß auch zugestehen, daß die Berichte selbst für diese Vereinigung keine Stütze geben, sondern ihrem Wortlaute nach dieselbe ausschließen.

Von diesen Geschichten zu unterscheiden ist die Wahrnehmung des leeren Grabes, welche denselben vorangeht. Nach der ältesten Ueberlieferung ist diese lediglich Frauen zu Theil geworden, und sie auch hatten dabei eine Engelserscheinung, welche ihnen die Sache erklärte. Erst allmählich gehen die Berichte theils dazu fort, daß die Thatsache selbst, die Wegwälzung des deckenden

---

[1]) Luk. 24, 39—43. [2]) Joh. 20, 20. 27.
[3]) 21, 11. 16. 18. 22. [4]) Luk. 24. 49. Apostelgesch. 1, 4.
[5]) Matth. 26, 32. Mark. 14, 28; Matth. 28, 7. Mark. 16, 7. Ebenso Matth. 28, 10 Jesus selbst.

Steins durch den Engel, und das Hervorgehen Jesu aus dem Grabe geschildert wird,[1]) und andererseits, daß auch Apostel, erst Petrus, sodann Petrus und Johannes sich von dem Leerstehen des Grabes überzeugt haben.[2]) Von Anfang aber ist dieser Moment in das Dunkel eines Erlebnisses im Zwielicht und der Berichte der Frauen gehüllt, und scheint mehr zur Erklärung der nachfolgenden Erscheinungen gedient zu haben.

Aber wenn auch die leibliche Gestalt der Auferstehungsthatsache sich weder beschreiben noch sicher stellen läßt, so haben wir damit das wunderbare Wesen derselben nicht aufzugeben. Nicht darin liegt die entscheidende Frage, ob es sich um eine greifbare Erscheinung oder eine Vision handelt, sondern darin, ob die Erscheinung ein eigenes Erzeugniß des Glaubens und der Phantasie der Jünger, oder ob sie diesem Glauben durch eine höhere Macht gegeben und mit zwingender Gewalt über ihn gekommen ist.

Die Erscheinungen, welche die Jünger hatten, entziehen sich schon in dem Sinne jeder natürlichen Erklärung, daß wir nicht im Stande sind, in den inneren Proceß, der mit diesen Vorgängen verbunden war, einzudringen. Aber wir müssen hinzusetzen, daß es unmöglich ist, dieselben auf einen solchen Proceß allein zurückzuführen, und daß wir daher auf einen außer ihnen liegenden Grund derselben verwiesen werden. Geschichtlich ist uns die sehr bestimmte Erinnerung darüber verbürgt, daß die Jünger nach dem Tode Jesu eine Auferstehung, deren Zeugen sie werden sollten, keineswegs erwarteten. Daß sie aber sich durch Erscheinungen von einer solchen überzeugten, ist ebenfalls eine geschichtliche Thatsache. Denn dadurch geschah es, daß sie in ihrem Glauben Stand hielten, sich wieder vereinigten, und die Kirche gründeten. Keinenfalls haben wir es also bloß mit einer späteren Sage zu thun; ebenso wenig mit neckischen Trug- und Spuckbildern, welche die Phantasie auf dunkle Gerüchte hin da und dort erzeugte. Nach dem Berichte des Paulus hatten die Zwölfe, dann fünfhundert Brüder, später wieder alle Apostel zugleich

[1]) Matth. 28, 2 ff.

[2]) Luk. 24, 34. (wozu der zweifelhafte Vs. 12) Joh. 20, 2 ff.

Christus gesehen. Man zählte diese Erscheinungen als die Momente, in welchen die Kirche ihren Glauben und den Grund ihres Daseins gewonnen hatte. Dieser Bericht macht es aber auch unmöglich, an ein bloßes Gesicht zu denken. Daß die Jünger Jesu in der Zeit seines Lebens, und zwar auch mehrere zusammen, große und für ihre ganze geistige Entwicklung entscheidende Gesichte erlebten, scheint außer Zweifel zu sein. Es liegt daher nahe, auch das, was sie nach seinem Tode erlebten, unter diesen Gesichtspunkt zu stellen. Aber es fehlt eben jetzt die mächtige Ursache, aus welcher die früheren Vorgänge zu erklären sind, die persönliche Einwirkung Jesu und seines Geistes, der sich in Momenten des Gebetes mit ihm ihrer bemächtigte. Niemals wird es gelingen denkbar zu machen, daß sie gerade jetzt von sich aus zur Ergänzung einer solchen Erfahrung befähigt gewesen wären. Wie wir sie bisher in den höchsten Momenten ganz von ihm abhängig sahen, so können wir auch dieses Erlebniß, so wenig sich die äußere Gestalt desselben noch sicher feststellen läßt, nur von einer fortgesetzten Einwirkung dieser Person, oder einem göttlichen Antriebe, der in ihr Leben eingreift, ableiten, und in diesem Sinne bleibt dasselbe ebenso sehr ein göttliches Wunder, als dieses das ganze Auftreten Jesu, seine Anfänge, und seine Person überhaupt sind.

Aber ebenso gewiß können wir dieses Wunder ein geschichtliches Ereigniß nennen, und es in dem Sinne geschichtlich erklären, daß wir die Macht, welche die Thatsache geworden ist, mit den Voraussetzungen, unter welchen dieses möglich war, verknüpfen. Nur dann konnten die Apostel auf die Auferstehung Christi die Gewißheit des Sieges seiner Sache gründen, wenn sie von ihm gelernt hatten an sein Leben bei dem Vater, an die Verherrlichung durch seinen Tod als den Weg zu glauben, durch welchen der Welt das wahre und ewige Leben kommen werde. So gewiß es ist, daß der Glaube an die Thatsache der Auferstehung nicht aus ihnen selbst hervorwuchs, ebenso gewiß ist es, daß dieser Glaube nie eine so großartige Entwicklung und Frucht haben konnte, wenn er nicht auf eine geistige Saat traf, die nur ihrer Befreiung und Belebung harrte. Wenn wir die letzte Entwicklung des Umganges Jesu mit seinen Jüngern, den ganzen Inhalt seiner späteren Reden beachten, so bedarf es keiner Frage, woher diese Befähigung kam und worin sie bestand. Als Jesus seinen Anhängern enthüllt hatte, daß er wirklich der Messias sei, aber damit auch die Weissagung seines Todes verband, hatte er schon ihre Gedanken auf die Erwartung seines zweiten Kommens zur Vollendung des Reiches hingelenkt, aber das Nächste, was sich an jene Offenbarung anschloß, war die Entwicklung der hiedurch zu ihrem vollen Selbstgefühl gelangten Gemeinde in ihrem Berufe und ihrer inneren Verfassung. Dieß geschah aber noch unter seinen Augen, und die Trennung von ihm stand noch in der Ferne. Je näher nun die letztere heranrückte, desto mehr galt es dahin zu wirken, daß durch dieselbe nicht die Grundlage dieses Lebens und Glaubens der Jünger erschüttert werde. Sie mußten jetzt ein volles Bewußtsein davon erlangen, was sie bis jetzt thatsächlich besessen hatten, ein Bewußtsein davon, daß ihr Leben ganz an seine Person gebunden war. So hatten in der That alle seine Zukunftsreden ihren höchsten Zweck darin, ihnen dieses zu vergegenwärtigen. Aber die Ueberzeugung, daß dieses Verhältniß nach seinem Tode fortbestehe, konnte nur auf dem Glauben beruhen, daß er fortlebe, und zwar in einer Weise fortlebe, in welcher er die höchste Macht für seine und ihre Sache einzusetzen im Stande sei.[1]) Jene Zukunftsreden setzen dieß voraus, sie

[1]) Der Glaube an dieses himmlische Fortleben Jesu kann nicht erst nach seinem Tode bei den Jüngern entstanden sein, so daß dann aus demselben die Auferstehungsgeschichte entstanden wäre. Noch weniger kann zwischen dem Tod und den Erscheinungen im Streite für die durch den Tod so sehr ausgesetzte Messianität Jesu die Hoffnung seines Lebens und seiner Auferstehung entstanden sein, und die Phantasie zur Erzeugung jener Erscheinungen gereizt haben: wofür schon die Zeit unter allen Umständen zu kurz ist. War jener Glaube nicht von Jesus selbst schon begründet, so mußten sie seine Sache mit dem Tode verloren geben; und selbst ein Wunder fand dann kaum den Boden, dessen der Glaube daran bedurfte. Nicht nur aber müssen wir annehmen, daß Jesus jenen Glauben an sein Fortleben selbst begründet hat, sondern es war auch der Sache nach ein neuer Glaube. Die jüdische Messiaserwartung enthielt keine demselben entsprechende Vorstellung. Der Glaube aber an die Entrückung und das himmlische Leben des Henoch, Elia, oder auch des Mose

mußten diesen Glauben schaffen und befestigen. Die johanneischen Abschiedsreden wie die Reden dieses Evangeliums aus der späteren Zeit überhaupt aber stellen mit größter Evidenz die Thatsache fest, daß der Schwerpunkt der Mittheilungen Jesu an die Seinigen in dieser Gewißheit seines Fortlebens lag.[1]) Die Ueberzeugung, welche in ihm selbst lebte, gieng auf die Seinigen über, und er brachte sie zu der Erkenntniß, daß es für sie besser sei, wenn er zu seinem Vater gehe.[2]) Die Thatsache, daß die Auferstehung jene mächtige Wirkung auf sie hatte, ist die glänzendste Bestätigung für die Wahrheit der johanneischen Darstellung. Nur unter der Voraussetzung, welche diese in ihr volles Licht setzt, war jene Wirkung möglich.

3. Die letzten Ausgänge des Wirkens Jesu zeigen am deutlichsten, wie wir geschichtlich das Evangelium Jesu in seiner wahren Größe und nach seiner gewaltigen Wirkung zu verstehen haben. Nicht das äußere sinnliche Wunder ist es, was demselben seinen Charakter gibt. Es ist auch nicht die Läugnung des Wunderbegriffes, welche uns diese Stütze entzieht. Es ist die Geschichte selbst, die Kritik der Quellen, welche überall die Gebrechlichkeit dieser Seite überzeugend darthut. Aber das geistige Wunder vermag Niemand aus derselben zu entfernen. Denke man sich dasselbe als eine Seelengröße und Vertiefung des religiösen Lebens, welche mit der größten menschlichen Originalität auftritt, oder denke man sich dieselbe als eine göttliche Neuschöpfung dieses Lebens: so bleibt doch die geschichtliche Grundlage immer dieselbe, nämlich eine Person, welche wohl im Zusammenhange der geschichtlichen Entwicklung, welche aber mit ihrem eigensten Wesen ganz auf sich selbst steht, und darum nicht nur den Glauben der Welt beherrscht, sondern ihn auch eben zum Glauben an ihren Namen gemacht hat.

Wer nicht von der dogmatischen Formel dieses Glaubens, sondern von den lebendigen Berichten des Alterthums selbst aus-

---

war eher ein Hinderniß für die Anwendung solcher Vorstellungen auf einen Menschen der Gegenwart, zumal einen solchen, welchen man sterben sah.

[1]) Joh. 6, 57. 14, 19. [2]) Joh. 14, 28. 16, 7. 20.

geht, kann nicht daran zweifeln, daß diese Person auf alle Zeugen den Eindruck eines ganzen und vollen Menschen, der bei allem Wunderbaren, das von ihm ausgeht, lebte wie ein anderer, eines Menschen mit starken Gemüthsbewegungen und mit wachsender Erkenntniß, gemacht hat: und selbst das vierte Evangelium, obwohl getragen von dem Glauben, daß das ewige göttliche Offenbarungswort hier Fleisch geworden, hat diese Grundlage nicht bedecken können, und hat es nicht gewollt. Offen genug liegen auch die Beweise da, daß er als Mensch von Ansichten seiner Zeit abhängig war, welche die Welt nach ihm überwunden, oder die Geschichte von selbst beseitigt hat. So hat er mit seiner Zeit an die Gewalt der Dämonen geglaubt, so hat er aus dieser Zeit heraus erwartet, daß die Vollendung der Welt noch von dem Geschlechte, mit welchem er umgieng, werde erlebt werden. Ja, wir dürfen selbst hinzusetzen: so frei sein Blick über alle menschlichen Verhältnisse ist, so groß seine Ansicht der Natur, so sehr er der menschlichste der Menschen in Liebe und vorurtheilsloser Anerkennung alles Guten war, so trägt doch sein menschliches Lebensbild den Stempel aller stark religiös angelegten männlichen Naturen in seiner Einseitigkeit, das strenge unerbittliche Erkennen göttlicher Nothwendigkeit im Gange der Dinge, die Unterordnung des ganzen Weltlaufes unter die großen Eingänge und Ausgänge desselben, die leicht alle Mittelglieder überspringt. Die ganze Ueberlieferung über Jesus gibt dieses Bild so gleichmäßig wider, daß jene starre Durchführung der großen Grundsätze und Gegensätze, welche dem johanneischen Evangelium eigen ist, so sehr sie das Einzelne umgestellt haben mag, doch ein wahres Gesammtbild des Charakters enthält.

Aber wenn Jesus auf der einen Seite so ganz aus Volk und Zeit hervorgewachsen ist, so stammt auch alle Freiheit, alles Erhabene und Große, was im Laufe der Zeiten sich in seiner Schule oder seiner Gemeinde entwickelt hat, schon von ihm selbst her. Die apostolische Zeit hatte eine große und lange Arbeit, den von ihm gegründeten Glauben ganz von den Fesseln des Gesetzes und des Judenthumes loszumachen. Aber selbst der große Kämpfer für diese Freiheit, der Apostel Paulus, der die höchste Idee des Evangeliums wie kein anderer seiner Zeit zu klarem Verständniß gebracht hat, schöpft nicht etwa aus einer Vorstellung über Jesus, die er selbst sich erst gebildet hat, sondern er knüpft an an die Gewalt, welche Jesus selbst über seine persönlichen Schüler übte, indem er sie vermochte an einen gekreuzigten Messias zu glauben, und ihre ganze Hoffnung auf die Gewißheit seines Fortlebens zu gründen. Niemals wäre der Sieg dieses Bekämpfers des Gesetzes, nie von Anfang an seine Duldung als eines Boten des Evangeliums möglich gewesen, wenn dieses Evangelium nicht in der urapostolischen Erinnerung trotz der Gebundenheit eigener Ansichten als Erinnerung einer höheren Freiheit, einer nicht durch das Gesetz bedingten Heilsgewißheit fortgelebt hätte. Und wie uns die Evangelien die Stellung Jesu zu dem Gesetze erkennen lassen, so ist diese hoch über die des Apostels Paulus selbst erhaben. Was dieser sich mühesam durch seine Dialektik zurecht legte, das ist für den Geist Jesu unmittelbare Gewißheit, es ist seine persönliche Berechtigung, die Forderungen des Gesetzes höher zu deuten, über den nächsten Sinn seines Wortes frei hinauszugehen, in der Sicherheit, darin den wahren Geist göttlicher Offenbarung zu enthüllen. Nicht anders verhält es sich mit der Berufung der Heiden, mit der Stiftung der großen Weltgemeinde. So ganz Jesus seinen persönlichen Beruf auf Israel beschränkte, so ganz frei zeigt er sich innerlich von Anfang an darin, daß er für sich keinen Unterschied unter den Menschen macht, wie sie für Gott da sind, als der Gegenstand seines Wohlthuns. Die Anweisung, daß sein Evangelium zu den Heiden gehen solle, ist nicht eine umwälzende Erkenntniß für ihn, sie ist die innerlich vorbereitete reife Frucht seines Geschickes.

Die eigentliche Größe und das Wunder seines Lebens liegt aber darin, daß sein Evangelium das Evangelium von seiner Person ist, daß er auch das göttliche Reich, welches er verkündete, nur auf diese gegründet, und alle Befugniß seines Thuns aus der Gewißheit seines einzigen Verhältnisses zu Gott geschöpft hat. Jedes Glaubensleben fühlt seine höchsten Antriebe als eine Wirkung Gottes selbst, eine Offenbarung desselben. Aber was Jesus von sich sagte, und wonach er handelte, geht weit über dieses hinaus. Ihm war sein ganzes Selbst, sein Dasein eine solche Offenbarung, sein Leben darum nur ein einziger großer Antrieb von oben. Auch kein Vorbild der Propheten, kein hebräischer und jüdischer Offenbarungsglaube konnte dieses begründen. Im Gegentheile konnte das Erbtheil des väterlichen Glaubens der Erkenntniß seiner Person und seines Berufes zunächst nur ein gewaltiges Hinderniß setzen. Er erfüllte Gesetz und Weissagung anders, als man es erwarten mußte, er war ein anderer Messias als ihn seine Nation hoffen konnte, anders auch und höher, als ihn die alten Propheten geschaut hatten. Daß er an diesen Verheißungen festhaltend, sie stufenweise verklärte, ist der stärkste Beweis, daß er seine Gewißheit nicht von außen, sondern von innen geschöpft hat. Ließe sich eine solche Persönlichkeit je aus der Natur des Menschen erklären, so bliebe sie immer noch die höchste Erscheinung, die sich nicht wiederholen wird. Seine Gemeinde hat aber mit Recht sich daran gehalten, daß das Leben aus Gott und mit Gott, welches ihr durch ihn aufgegangen ist, in ihm selbst Wahrheit gewesen, das heißt eine göttliche Stiftung gewesen sei; daß er sich für den Sohn Gottes nicht nur hielt, sondern es auch war.

Verfolgen wir den Gang des Wirkens oder der Offenbarung Jesu, so knüpfen sich an denselben in stufenweisem Fortschritte die höchsten Wahrheiten alles Glaubens, ohne welche wir uns jetzt ein wahres menschliches Leben nicht mehr vorstellen können. Wir finden durch ihn zuerst als Bestimmung des Menschen verkündet jene göttliche Gerechtigkeit, welche in der Nachfolge des göttlichen Lebens selbst besteht, und ohne ein anderes Gesetz als das der eingeborenen Kindschaft Gottes in freiem Triebe nach Reinheit und Liebe strebt. Wir hören ihn dann, je mehr er in der Gründung seiner Gemeinde fortschreitet, immer klarer verkünden, daß es für jeden, der dazu bereit ist, ein Gesetz der Freiheit gibt, durch welches er, was auch seine Vergangenheit und sein bisheriges Wesen sein mag, jederzeit ein neuer Mensch im strengsten Sinne des Wortes werden kann, und daß diese Befreiung das Werk der erlösenden göttlichen Gnade ist. Er stellt endlich für die zu diesem Glauben Gelangten das ganze menschliche Leben unter den Begriff einer Prüfung und Berufserfüllung, welche nicht nur ihre Verantwortung in der Zukunft vor sich hat, sondern welche ihren ganzen Halt und ihre Kraft daraus schöpft, daß das jetzige Dasein mit einem höheren vollendeten seinem innersten Wesen nach bereits verknüpft ist, mit demselben eine einige große göttliche Lebensordnung bildet.

Hätte Jesus nichts anderes gethan, als diese Glaubenswahrheiten zum erstenmale so rein und so erschöpfend gelehrt, so bliebe er doch für immer der Wohlthäter der Menschheit. Er bliebe auch als der erste, der das vermocht, für immer das Vorbild, zu welchem alle kommenden Geschlechter aufzusehen haben. Aber das Gedächtniß seines Namens ist in einem anderen Sinne erhalten worden. Jene Lehren sind nur dann Lebenswahrheiten für uns, wenn wir die Gewißheit haben, daß eine solche Nachfolge des Vaters im Himmel, eine solche sittliche Erlösung durch seine Gnade, eine solche Gewißheit in seinem Dienste und Berufe zu leben, daß dieses nicht bloß unsere Meinung ist, sondern daß es von Gott selbst ausgeht, und wir es darin persönlich mit ihm zu thun haben. Die Kraft dieses Glaubens in uns ruht daher ganz und allein darin, daß derjenige, von welchem derselbe herrührt, uns diese Wahrheit durch seine Person verbürgt, daß wir in ihm das persönliche Organ Gottes erkennen, und aus seinem Leben und dem einzigen eigenthümlichen Wesen desselben die gewisse Ueberzeugung eines solchen Lebensbandes zwischen Gott und der Menschheit schöpfen. Wir entnehmen dieß aus seinen Worten und Thaten, wir entnehmen es aber vor Allem daraus, daß sein Lebensgang selbst sich als das Werk, durch welches das von ihm Verkündete geworden ist, darstellt. Die Offenbarung der großen Glaubenswahrheiten ist zugleich eine stufenweise Offenbarung seiner Person gewesen, durch welche er seine Jünger an sich gebunden hat. Er begann damit, sie zu Kindern Gottes zu machen, indem er sich als den Sohn erkennen ließ, der als solcher von Gott als dem Vater zeugen kann. Er ließ sie hierauf in seiner Geistesgemeinschaft das wahre Leben finden, indem er sie selbst an den Offenbarungen Gottes Theil nehmen ließ. Er band zuletzt ihr ganzes Glaubensleben an das geistige Fortleben mit ihm als dem Mittler zwischen Gott und den Menschen. In diesem Sinne ist sein Leben eine Glaubenswahrheit, die erste und grundlegende, auf welcher unsere Gerechtigkeit und Seligkeit beruht. Das Christenthum, wie viel man auch von seinem später ausgebildeten Dogma bei Seite legen mag, läßt sich nicht trennen von der Person seines Stifters und dem göttlichen Charakter, dem Wunder seiner Stiftung.